ERIC CLARK **WELTMACHT WERBUNG**

ERIC CLARK

WELTMACHT WERBUNG

Die Kunst, Wünsche zu wecken

Aus dem Englischen von Judith Barkfelt
und Gabi Burkhardt

GUSTAV LÜBBE VERLAG

Copyright © 1988 by Eric Clark
Titel der Originalausgabe: The Want Makers
Originalverlag: Hodder & Stoughton Publishers,
London, Sydney, Auckland, Toronto
Aus dem Englischen von Judith Barkfelt und
Gabi Burkhardt
© 1989 für die deutschsprachige Ausgabe bei
Gustav Lübbe Verlag GmbH, Bergisch Gladbach
Lektorat: Dörthe Emig, Frankfurt am Main

Umschlaggestaltung: Klaus Blumenberg, Köln
Satz: Kremer-Druck-Hartegasse GmbH, Lindlar
Druck und Einband: May & Co., Darmstadt

Printed in West Germany
ISBN 3-7857-0534-4

INHALT

Einleitung —————————————————— 7

TEIL 1: DIE MASCHINERIE ———————————— 19
Die Werbebranche ——————————————— 20
Werbeforschung (1)—————————————— 74
Werbeforschung (2) ————————————— 118
Regeln und Schiedsrichter ——————————— 170

TEIL 2: DIE ZIELGRUPPEN ———————————— 225
Konsumenten ————————————————— 226
Die Kranken —————————————————— 281
Raucher ———————————————————— 327
Alkoholkonsumenten —————————————— 363
Wähler ———————————————————— 407

TEIL 3: DIE MEDIEN —————————————— 443
Werbung und die Medien ——————————— 444
Die Zukunft —————————————————— 521

Dank ————————————————————— 533
Anmerkungen ————————————————— 535
Bibliographie —————————————————— 551
Register ———————————————————— 555

EINLEITUNG

In einer bekannten Kurzgeschichte von Edgar Allan Poe wird fieberhaft nach einem verschwundenen Brief gesucht.[1] Möbel werden auseinandergenommen, Polster mit spitzen, langen Nadeln durchbohrt, Teppiche entfernt und die Dielen unter dem Mikroskop untersucht. Die ganze Zeit über liegt der Brief sichtbar auf dem Kaminsims, verborgen durch seine Offensichtlichkeit.

Werbung ist wie dieser verschwundene Brief. Indem sie heimtückischer sowie überzeugender geworden ist und in zunehmendem Maße einen Bestandteil unseres täglichen Lebens darstellt, wurde sie zugleich großenteils unsichtbar. Ihre Erscheinungsbilder werden als selbstverständlich hingenommen. Anzeigen haben eine natürliche Qualität erlangt.

Doch Werbung ist nicht vollkommen unsichtbar, denn wir nehmen ihre Botschaften auf, ob es uns nun gefällt oder nicht. Die *Times* formulierte es so: »Werbung hat ihre Wirkung – ohne daß wir diese Wirkung auf uns bemerken. Und gute Werbung wirkt um so verstohlener.«[2]

Darin liegt eine gewisse Ironie: je mehr wir mit Werbung bombardiert werden, desto weniger bemerken wir sie und desto stärker werden wir – mit fast hundertprozentiger Sicherheit – von ihr beeinflußt. Natürlich nicht *wir persönlich*. Bei Umfragen über den Einfluß der Werbung sind sich die meisten Befragten darüber einig, daß sie Auswirkungen hat, jedoch nicht auf die Befragten selbst. Es scheint, als seien die Befragten als einzige gegen Werbung immun; einige Gruppen, wie zum Beispiel Ärzte, sind davon sogar fest überzeugt. Lediglich die für die Werbung verantwortlichen Fachleute sind anderer Meinung: schließlich kennen sie die Resultate.

Es gibt viele Theorien über die Werbung und ihre Auswirkungen. Eine davon stammt von Dr. Herbert Krugman, dem langjährigen Leiter der Werbeabteilung von General Electric. Er behauptet, der spezielle Einfluß der Werbung beruhe auf der Tatsache, daß wir der Werbung *wenig* Aufmerksamkeit schenkten. Infolgedessen würden wir unvorsichtig; wir nähmen nicht unsere normale Abwehrhaltung ein. Möglicherweise bemerkten wir es gar nicht, doch die Botschaften würden aufgenommen und gespeichert, um im richtigen Moment abgerufen zu werden. Krugman erklärt das folgendermaßen: »Die Auswirkungen der Werbung auf den einzelnen sind gering, aber in der Anhäufung und im Verlauf der Zeit sind sie gewaltig. Wie bei einer Erosion, die durch den ständigen Wechsel der Gezeiten verursacht wird, ereignet sich in jedem Augenblick eine kaum merkliche Veränderung, auch wenn sich deutliche Auswirkungen erst später zeigen.«

Werbung ist heute ein riesiger Bereich, in wachsendem Maße internationalisiert und zunehmend »wissenschaftlich« in ihren Methoden. Ihre Dominanz über die Fernsehprogramme, die wir uns anschauen, sowie über die Inhalte der Zeitungen und Magazine, die wir lesen, erscheint von Jahr zu Jahr ausgeprägter. Sie hilft mit bei der Entscheidung, welche Politiker wir wählen, welche Medikamente wir einnehmen, welches Spielzeug unsere Kinder sich wünschen und welche Sportart floriert oder an Bedeutung verliert. All das ist neu – das Ausmaß und der Umfang, die Auswirkungen und die Gefahren. Wahlaufrufe sind austauschbar mit Coca-Cola-Werbung; Produkte werden nicht mehr nur durch Werbung verkauft – in zunehmendem Maße *sind* sie die Werbung. In großem Umfang, von Jeans über Bier bis hin zu Medikamenten, unterscheiden sich gleichartige Produkte einzig und allein durch ihre Werbung. Das Wachstum der Werbung in den vergangenen Jahren ist überwältigend. Weltweit stiegen die Ausgaben für Werbung in den letzten 20 Jahren bis 1985 um das Sechsfache, wobei das größte Wachstum in den Vereinigten Staaten zu verzeichnen ist. 1987 erreichten sie einen Stand von 200 Milliarden Dollar, mehr als die Bruttosozialprodukte von Dänemark, Finnland, Irland, Israel und Kenia zusammen. Robert J. Coen von McCann-Erickson Worldwide, ein anerkannter Experte in Sachen Werbeausgaben, sagt voraus, daß sie bis zum Jahr 2000 die Grenze von einer Billion Dollar erreichen werden. Amerikas Werbeausgaben wurden als »das größte Informationsbudget der Welt«[3] bezeichnet.

Diese Zahlen an sich sind, außer für die Experten, größtenteils bedeutungslos. Erst wenn die ungeheuren Summen in die eigentliche Werbung umgesetzt werden, erlangen sie Bedeutung. Amerika ist darin führend: im Radio kann man pro Sendestunde 40 Minuten lang Werbespots hören; die Sonntagsausgabe der *New York Times* enthält manchmal 350 *Seiten* mit Anzeigen; zum Zeitpunkt seines Abgangs von der Highschool hat der typische Amerikaner über eine Viertelmillion Werbespots im Fernsehen gesehen[4]; der Film *Superman* wurde mit 6,5 *Milliarden* Erwähnungen in Rundfunk, Fernsehen, Zeitschriften und Zeitungen bekannt gemacht, zusätzlich zu der Werbung für mehr als 1000 Produkte, die mit *Superman* in Zusammenhang standen.[5]

Doch Amerika ist längst kein Einzelfall mehr. Werbespots aus New York, London, Paris oder Tokio für Waren, die in ebenso vielen Ländern produziert werden, erscheinen auf Bildschirmen in Hongkong, auf den Leinwänden mobiler Kinos in Kenia oder in den Videofilm-Pausen in Saudi-Arabien. Werbung hat Einzug in die Straßen von Moskau gehalten, wo Pepsi-Cola-Anzeigen die Busse schmücken. Sie ist in das kommunistische China eingedrungen, in einen riesigen Kontinent, der von internationalen Agenturen als »der Welt größter ungenutzter Werbemarkt« aufmerksam beobachtet wird.

Großveranstaltungen wie die Olympischen Spiele werden zu weltweiten Werbeereignissen. Bei Leichtathletik-Weltmeisterschaften übermitteln die Trikots der Athleten den Fernsehzuschauern in ungefähr 160 Ländern die Namen der werbenden Unternehmen; Filmbänder werden für die erwarteten Werbespots freigehalten, und wichtige Kunden erhalten von den Inserenten Freitickets.

Werbungtreibende finanzieren Opernaufführungen, Literatur und Segelsport, Schülerlotsen und Schulhefte. Es wird immer schwieriger, der Werbung zu entkommen. Sogar auf der Rückseite von Türen öffentlicher Waschräume ist Platz für Werbung geschaffen worden. In Taxis oder Bussen hat bereits das Radio und sogar das Fernsehen Einzug gehalten. Im Krankenhaus hängen Bildschirme in vielen Wartezimmern und schütten zweistündige Abfolgen von Programmen und Werbespots aus.

Als visuelles Äquivalent zur gezielten Klangberieselung sollen Werbespots an Orten mit Publikumsverkehr, wie Bars und Hotelhallen, für eine Art Videoberieselung sorgen und vor allem Handlungsreisende erreichen.[6] Der Leiter einer Firma, die das Konzept des »ambient Video« entwickelte, erklärte gegenüber der Zeitschrift *Advertising Age*, daß die Leute vor zehn Jahren, also 1975, noch keine elektronische Werbung in Taxis geduldet hätten, wie sie es heute tun, ganz zu schweigen von Werbespots während des Fluges oder auf den Anzeigetafeln der Baseball- und Football-Stadien. Doch der heutige Konsument weiß inzwischen, daß er eine wertvolle Beute darstellt, wenn er sich einfangen läßt.»Und er glaubt, ihn einzufangen sei das Videospiel der Zukunft.«

Der heutige Werbungtreibende besitzt vor allem die Fähigkeit, sich überall Zugang zu verschaffen. Kim B. Rotzoll, Professor für Werbungsforschung an der Universität Illinois, brachte es auf den Punkt, als er schrieb, die Werbungtreibenden hätten »nicht die Macht, etwas zu *erzwingen*, so weit ihre Bemühungen in der Werbung auch gehen mögen. Sie haben jedoch die Möglichkeit, *sich durchzusetzen* – in unseren Zeitschriften und Zeitungen; in unseren Radio- und Fernsehprogrammen; in den Regalen und in den Auslagen der Geschäfte; und schließlich in unseren Auswahlkriterien.«

Die Herrschaft der Werbung ist derart unangefochten, daß es überflüssig erscheinen mag, sie zu definieren. Webster behauptet, es handele sich dabei um »jegliche Form öffentlicher Bekanntmachung, die darauf abzielt, direkt oder indirekt den Verkauf einer Ware zu fördern, Arbeitsplätze zu sichern etc.« Jeremy Bullmore, Vorsitzender von J. Walter Thompson in London, meint: »Eine Anzeige ist eine bezahlte Mitteilung, die einen oder mehrere Menschen informieren und/oder beeinflussen soll.« Rosser Reeves, der große amerikanische Werbefachmann, bezeichnete Anzeigen als »die Übertragung einer Idee von einem Menschen auf einen anderen«.

Es gibt weniger sachliche und umfassende Definitionen, von denen viele von der Tatsache herrühren, daß Werbung, was immer sie auch sein mag, *kein* Journalismus ist, sondern eine Verkaufstechnik; als solche steht sie nicht unter dem Zwang, alle Hintergründe aufzudecken. Nicholas Samstag, der ehemalige Werbeleiter des *Time*-Magazins, erklärt: »Halbwahrheiten bilden den Kern der Werbung.« Truman W. Eustis III, ein erfahrener Anwalt der *New York Times*, formuliert es folgendermaßen: »Jede Art von Werbung ist von Natur aus irreführend. So verkauft man Dinge.«[7] H. G. Wells glaubt, Werbung sei die Kunst, den Leuten beizubringen, bestimmte Dinge haben zu wollen.

Werbung ist dazu da, um zu informieren – doch mehr noch, um zu verführen. Sie verkauft Waren und Dienstleistungen, indem sie sie in

Bilder und Träume verwandelt. Als Disziplin ist sie eine seltsame Mischung: Sie ist weder Kunst noch Wissenschaft, enthält aber Elemente beider Bereiche. Das Element der Wissenschaft besteht in einer bestimmten Art von Forschung, aber es ist eine leichtgewichtige Wissenschaft, obgleich sie sich mit Hilfe riesiger Datenbanken und elektronischer Entwicklungen immer mehr ausweitet. Auch als Kunst kann Werbung kaum bezeichnet werden, obwohl viele ihrer Anwender diese Aussage vehement bestreiten würden. Doch Kunst ist Selbstzweck; Kunst in der Werbung hingegen ist nichts weiter als ein Mittel zum Zweck. In dieser Mischung liegt jedoch auch eine gewisse Stärke. Sie ermöglicht es, in den besten Anzeigen »die Leidenschaft von Patton und die Gerissenheit von Rommel« miteinander zu verbinden, wie es ein Werbefachmann ausdrückte.

Als Wirtschaftszweig besitzt die Werbung einen Einfluß, der über ihre erfaßbare Größe hinausgeht. Auf einer Liste der umsatzstärksten englischen Firmen, die von der Zeitschrift *Business* im Jahre 1987 zusammengestellt wurde, rangierte die größte Werbeagentur – Saatchi and Saatchi – nur an 47. Stelle.[8] Auf einer Liste der nach dem Aktienmarktwert führenden Unternehmen Amerikas, die 1986 von *Business Week* erstellt wurde, tauchte die führende Werbeagentur Interpublic, zu der Agenturen wie McCann-Erickson gehören, erst an 643. Stelle auf.[9]

Dennoch hat die Werbebranche Anspruch darauf, als *der* Wirtschaftszweig der achtziger und neunziger Jahre betrachtet zu werden: sie ist für die sogenannte »Ich-Generation« maßgeschneidert. Der Begriff bezeichnet eine Generation, der es nach Ansicht der Werbefachleute geradezu *gefällt*, mit Reklame überschüttet zu werden (obwohl diese Behauptung mit der Tatsache in Einklang gebracht werden muß, daß die Branche damit beschäftigt ist, dieselbe Generation davon abzuhalten, Werbespots aus vorher gesendeten Fernsehprogrammen wirksam werden zu lassen). »Wir leben im Zeitalter der *visuellen* Bildung«, meint ein Werbefachmann. Die Werbung nehme dabei eine führende Position ein: »Sie ist die populäre Kunstform unserer Zeit.«

Prosaischer ausgedrückt: Wir leben in einem Zeitalter, in dem eine ständig wachsende Anzahl von Waren von der Werbung abhängig ist, nicht zuletzt aufgrund der Fülle des Angebots. Mitte der siebziger Jahre bot ein durchschnittlicher amerikanischer Supermarkt

seinen Kunden etwa 9000 Artikel an, 1985 waren es bereits 22 000;
in einem einzigen Monat wurden 235 neue Artikel auf den amerikanischen Markt gebracht.

Die Anbieter aller möglichen Dinge, vom Hotelzimmer bis zum
Computer, vom Waschmittel bis zum Auto, sind sich heute nahezu einig, daß Werbung ein integraler Bestandteil des Angebots ist. Ed Ney,
der ehemalige Vorsitzende der riesigen amerikanischen Werbeagentur Young and Rubicam, weist darauf hin, daß Mitte der siebziger
Jahre noch viele Firmen »heftig darüber diskutierten, ob sie Werbung machen sollten oder nicht«. Diese Zeiten seien vorbei, meint
Ney, weil »der Erfolg beweist, daß Werbung wirksam ist«.

Der Werbungtreibende wird auch als Auftraggeber immer wichtiger. Viele Medien werden heute nicht mehr nur von den Inserenten
gefördert, sondern sind vielmehr in ihrer Existenz völlig von ihnen
abhängig. Obwohl die Behauptung weit verbreitet ist, daß wir am Beginn einer weltweiten Revolution im Bereich der Kommunikation
stünden, mit unzähligen Programmen, die direkt zu Hause empfangen werden könnten, haben nur wenige die Konsequenzen dieser
Entwicklung wirklich erkannt. Die wahre Macht wird wahrscheinlich
jenen zufallen, die es sich leisten können, die Programmgestaltung
zu finanzieren. Wer wohl wird dazu in der Lage sein? Den großen Inserenten und ihren Agenturen fällt die Antwort auf diese Frage nicht
schwer.

Angesichts des tatsächlichen und ständig wachsenden Einflusses
der Werbungtreibenden und der Werbefachleute ist es von großer
Bedeutung, mehr über diese Menschen und ihre Arbeit zu erfahren.
Sie behaupten, daß sie weder neue Bilder noch neue Werte schafften,
sondern daß sich vielmehr in ihrer Arbeit die Gesellschaft widerspie-
gele. Werbung tue nichts anderes, als das aufzugreifen, was bereits
existiere. Ihre Kritiker, behaupten sie weiter, kritisierten in Wirklichkeit die Gesellschaft oder legten eine elitäre Einstellung gegenüber
dem Verkaufen an den Tag; sie verspürten ein Unbehagen angesichts
einer Welt, in der eine Firma 34 verschiedene Sorten Popcorn an-
biete, während andernorts Menschen verhungerten. Sie übertrügen
ihre Gefühle auf die (höchst sichtbare) Werbung.

Das Verkaufen selbst kommentierte *Punch* im Jahre 1848 mit den
Worten: »Wir wollen eine Nation von Geschäftsleuten bleiben, solange es uns gefällt, aber es ist nicht notwendig, daß wir eine Nation

von Werbungtreibenden werden.« David Bernstein, einer der führenden Werbefachleute Großbritanniens, meint:»Dinge herzustellen ist ehrenhaft; doch scheint man es als schmutzig und hinterhältig anzusehen, sie verkaufen zu wollen. Und Werbung ist der sichtbarste Teil des Verkaufens.«[10]

In der Tat klagen die Werbeleute darüber, daß das Image ihres Berufsstandes schlecht sei. Die Branche veröffentlichte deshalb in Amerika und anderen Ländern Anzeigen, um dieses Image zu verbessern.[11] In den Vereinigten Staaten versucht man, die Leute mit Anzeigen davon zu überzeugen, daß Werbung dabei helfe,»die richtige Wahl zu treffen«, oder daß»ohne Werbung selbst die besten Ideen ewig brauchen, um anzukommen«. Das Motto lautet:»Werbung – ein anderes Wort für freie Auswahl.« In Australien lief während der Kampagne ein Werbespot im Fernsehen, in dem einem mittelständischen Haushalt nach und nach all sein Hab und Gut weggenommen wurde, während eine Stimme aus dem Off ertönte: »In einigen Ländern haben sie keine Werbung, die ihnen das alles verkauft hat.« In Kanada lautete das Motto:»Zu Ihrer Information – Werbung.« In Europa begannen die Kampagnen in Belgien und in der Schweiz. Angeblich herrschte in Italien besonderer Bedarf: Innerhalb von zwei Jahren hatte dort die Zahl der Werbespots von 45 000 auf 400 000 zugenommen; man befürchtete, daß diese»Explosion« zu»negativen Verbraucherreaktionen« führen würde.

Man muß gegenüber der Werbung nicht feindlich eingestellt sein, um zu begreifen, daß es nicht nur um Mißverständnisse und ein daraus resultierendes falsches Image geht, sondern um weiterreichende Mißstände. In den armen Ländern ist die Kluft zwischen der Wirklichkeit und den von der Werbung hervorgerufenen Träumen offensichtlich genug. Reklametafeln, die unrealistische Hoffnungen und Wünsche wecken, überragen trostlose städtische Kulissen. 1985 tagte die International Advertising Association (I.A.A.), der Internationale Verband der Werbefachleute, in der Türkei. Die Teilnehmer hatten dabei Gelegenheit, über Interessengebiete wie das Einkaufen von zu Hause per Computer zu diskutieren – in einem Land, in dem viele Menschen um die nackte Existenz kämpfen.

Man muß auch nicht gegen Werbung sein, wenn man der Meinung ist, daß sich die Werbungtreibenden manchmal gerade an diejenigen wenden, die am wenigsten in der Lage sind, damit zurechtzukommen. »Halbieren Sie ihre monatlichen Zahlungsverpflichtungen durch ein einfaches Darlehen«, heißt es in einer englischen Anzeige, die damit andeutet, daß der Kreditnehmer damit all seine Schulden begleichen könne. Die Zielperson ist offensichtlich jemand, der bereits Schulden hat. Auch gibt es »versteckte Werbung« der Art, wie sie in einem (mittlerweile vom Markt genommenen) zahnärztlichen Ratgeber für Kinder zu finden war. Der Ratgeber versuchte offensichtlich, die Rolle von Süßigkeiten bei der Entstehung von Karies herunterzuspielen – was vielleicht verständlicher wird, wenn man weiß, daß der Ratgeber vom Hersteller des Mars-Schokoladenriegels herausgebracht wurde.

Die Auswirkung von Werbung reicht über bloße Überzeugungsmacht hinaus. Da das Interesse potentieller Kunden bereits in den ersten Sekunden einer Sendung geweckt werden muß, müssen Fernsehprogramme, die Werbeaufträge anziehen sollen, von Anfang an ein hohes Tempo entwickeln, um die Zuschauer nicht zu verlieren. Aus diesem Grunde sind selbst die spannendsten englischen Serien und Fernsehspiele für amerikanische Sender zu langsam. Entweder werden in Filmen gleich »Pausen« vorgesehen, oder es werden gewaltsam Zeitlücken geschaffen. Franco Zeffirelli versuchte vergeblich, einen Fernsehsender in Mailand gerichtlich zu belangen, der Zeffirellis Behauptung zufolge seinen Film *Romeo und Julia* dadurch ruiniert habe, daß er ihn 18mal für Werbezwecke unterbrach.

Die Werbung hat uns neue Worte geschenkt – »pflegeleicht«, »Blitzwürfel«, »Fließheck«, »Körpergeruch« und »Belag« (für Zahnbelag). Sie erfand die Bezeichnung »Fußpilz«, und sie zeigte uns, wie aus einem einfachen Imbiß aus Brot, sauren Gurken und Käse das zentrale Element der Mittagessens-Gewohnheiten von britischen Geschäftsleuten und von Touristen werden konnte. Die Werbung hat bestimmte Bezeichnungen dadurch zerstört, daß sie ihre Bedeutung abwertete. Der Begriff »natürlich« erfährt – je nach Bedarf – gleich mehrere Bedeutungsverschiebungen. So gibt es »natürliche« Deosprays (von Weleda); Schokolade mit »natürlichen« Zutaten (von Hershey); »natürliche« Kosmetik für junge Mädchen (von Granny's Girl).[12]

Trotz des Wachstums und der Entwicklungen der jüngsten Zeit sind viele Dinge in bezug auf die Werbung unverändert geblieben. Werbeleute befassen sich nach wie vor mit den Hoffnungen und Ängsten der Menschen, und William Bernbach, einer der wirklich Großen der Branche, erklärte:»Die menschliche Natur hat sich seit einer Million Jahren nicht verändert.«John Caples, der bekannte amerikanische Werbetexter, meinte:»Die Zeiten ändern sich, aber die Menschen nicht. Wörter wie *frei* und *neu* sind so wirkungsvoll wie eh und je.« Rod Mimpress, ein Marketingdirektor von ITT, sagte:»Angst, Neid, Eitelkeit, Gesundheit, Nutzen, Profit, Stolz, Liebe und Unterhaltung. Wenn man Geld ausgibt, dann aus einem dieser Gründe.«Doch vieles ist dabei, sich zu verändern, und allem Anschein nach werden diese Veränderungen die Werbung zu einer noch einflußreicheren Kraft in unserem Leben machen.

Zwei charakteristische Merkmale von Werbefachleuten sind hervorzuheben. Das erste Merkmal ist die unter ihnen weit verbreitete Überzeugung, daß die Kritiker der Werbung einer untypischen, sentimentalen Minderheit angehörten, wenn nicht sogar ausgesprochene Anti-Kapitalisten seien, die keinesfalls mit»normalen Menschen« verwechselt werden dürften. Das ist eine bequeme und einfache Ausrede. Es sollte und muß möglich sein, die Werbung zu kritisieren, ohne gleich ihre Existenz oder das in einer modernen Gesellschaft herrschende Bedürfnis nach Werbung grundsätzlich in Frage zu stellen. Mit anderen Worten: Werbung ist viel zu wichtig geworden, um sie nur den Werbefachleuten zu überlassen. Doch bleibt weithin unbeachtet, daß genau dies geschieht.

Das zweite Merkmal wird von den Werbeleuten nur selten eingestanden: Sie selbst stellen so etwas wie eine elitäre Minderheit dar, weil sie sich selbst kaum jemals Reklame anschauen. Oder besser gesagt, sie sehen sich Werbung nur in unwirklichen Arbeitssituationen an. Das gilt sowohl für die Auftraggeber als auch für die Profis, die die Anzeigen entwerfen. 1986, als ein durchschnittlicher Erwachsener in Großbritannien etwa zwölf Stunden pro Woche Werbefernsehen konsumierte, sahen die meisten Angestellten der Branche weniger als ein Viertel davon, und ein Fünftel von ihnen sah sich überhaupt keine Werbung im Fernsehen an. Eine eigentümliche Beziehungslosigkeit zu ihren Zielen zeigte sich bei einer anderen Untersuchung. Auf dem Höhepunkt der Debatte, ob die BBC Werbespots ausstrahlen sollte, wurden aus einem Verzeichnis der wichtigsten britischen Unternehmen (Dun and Bradstreet's Key British Enterprises) wahllos 199 Marketingdirektoren und Verkaufsleiter ausgewählt und befragt.

Als Marketingdirektoren oder Verkaufsleiter sprach sich die Mehrheit von ihnen für Werbung in den Programmen der BBC aus. »Als Mitglied der Öffentlichkeit und als Fernsehzuschauer« jedoch reagierten die meisten sehr ablehnend. Sie stimmten also freudig zu, daß andere Leute dem ausgesetzt würden, was sie selbst sich nicht zumuten wollten. In den Büros der Werbeagenturen allerdings schaut man sich Reklame auf Video an – es gibt spezielle Firmen, die solche Werbespots für sie aufzeichnen und zusammenstellen.

Daraus ist zu folgern, daß Menschen, die mit dem Produkt konfrontiert sind, eher das Recht haben zu prüfen und zu kritisieren, als diejenigen, die es zwar produzieren, aber kaum anschauen. John O'Toole, ein führender amerikanischer Werbefachmann, wies in seinem Buch *The Trouble with Advertising* darauf hin, daß die Amerikaner pro Tag schätzungsweise 1600 Werbebotschaften ausgesetzt sind. »Wenn einen etwas so hartnäckig überallhin verfolgt, dann ist von Vorteil, wenn man weiß, was dahinter steckt.« Das vorliegende Buch versucht, Fragen wie »was steckt dahinter« und »wie und warum funktioniert es« zu beantworten. Der Autor ist Fernsehzuschauer, Zeitungsleser, Konsument und Vater; er ist weder antikapitalistisch eingestellt, noch steht er der Werbung ablehnend gegenüber. Die ursprüngliche Intention war, eine Untersuchung der Organisationsform dieser Branche und ihrer führenden Repräsentanten vorzulegen. Schon bald jedoch stellte sich heraus, daß die Praktiken der Branche einen weitaus wichtigeren Aspekt darstellten – wie sie hinter der schillernden Fassade versucht, uns dazu zu bringen, *ihrem* Willen zu folgen.

Werbung ist ein unerschöpfliches Thema. Obwohl ich vier Jahre lang Hunderte von Leuten interviewte, von Werbetextern über Werbungsforscher bis hin zu den Leitern großer Agenturen, erhebt dieses Buch nicht den Anspruch, eine umfassende Darstellung zu sein. Ich habe mich auf die Bereiche konzentriert, denen meiner Ansicht nach besondere Beachtung geschenkt werden sollte.

Werbung in der Dritten Welt ist ein Thema für sich. Dieses Thema wird zwar in einzelnen Kapiteln angeschnitten, aber dieses Buch bezieht sich in erster Linie auf die westliche Welt. Ich habe mich dabei auf die Vereinigten Staaten und auf Großbritannien konzentriert, weil beide Länder zusammen geradezu beispielhaft für die heutige Werbung stehen – und zwar über ihre Ländergrenzen hinaus.

Werbung hat eine Anzahl eng verwandter Bereiche, wie etwa den Direktvertrieb, Verkaufsförderung und Public Relations, die alle an Bedeutung und Größe zunehmen. Abgesehen von Aspekten des Direktmarketings gehe ich nicht näher auf sie ein. Ich beziehe jedoch das mit ein, was man »versteckte Werbung« nennen könnte – Sponsorentum, also finanzielle Förderung, die häufig benutzt wird, um sich über Werbungsverbote wie beispielsweise bei Zigaretten hinwegzusetzen, sowie die Plazierung von Markenprodukten in Fernsehprogrammen und Kinofilmen.

Die Werbewirtschaft ist Teil eines großen Kreislaufs. Dazu gehört die eigene Einstellung der Branche gegenüber der Öffentlichkeit in bezug auf ihre Macht. Abhängig von der Zeit und den besonderen Umständen neigt sie dazu, entweder viel oder wenig Macht für sich in Anspruch zu nehmen. Die Werbeleute erscheinen entweder als große Verführer oder nur als einfache Verkäufer, deren Methoden lediglich darauf hinauslaufen, die Gesellschaft widerzuspiegeln. In den vergangenen Jahren ist es üblich geworden, den Einfluß der Werbung herunterzuspielen, was von Agenturen und Werbungtreibenden öffentlich unterstützt wurde (obgleich man inoffiziell selten damit konform ging), die sehr darauf bedacht waren, im Stadium der Expansion nicht noch weitere Einschränkungen zu provozieren.

Ich begann meine Nachforschungen unvoreingenommen; auch heute noch stehe ich Werbung positiv gegenüber. Die Alternative scheint mir unhaltbar zu sein. Doch um einen Vergleich heranzuziehen: Man muß nicht unbedingt Gegner des Autos sein, um Tempolimits, Sicherheitsgurte und ein Alkoholverbot für Autofahrer zu fordern.

Werbung ist alles andere als schwach und harmlos; sie ist kein bloßes Spiegelbild. Ihr Einfluß ist real und im Begriff, sich enorm auszuweiten. Dabei geht es nicht darum, von heute auf morgen Gehirnwäschen vorzunehmen, sondern darum, subtile, doch reale Veränderungen zu bewirken: Es geht um die Macht, sich durchzusetzen.

TEIL 1:
DIE MASCHINERIE

DIE WERBEBRANCHE

»Wenn ich nochmal von vorne anfangen müßte, würde ich wahrscheinlich
in die Werbung einsteigen.«
Präsident Franklin D. Roosevelt

Im Frühjahr 1986 schloß Pepsi-Cola ein in jeder Hinsicht außergewöhnliches Geschäft ab. Das Unternehmen erklärte sich bereit, dem
27jährigen Popsänger Michael Jackson fast 15 Millionen Dollar für
seinen Auftritt in zwei Fernseh-Werbespots und die künstlerische
Beratung für einen dritten Werbespot zu zahlen. Für 180 Sekunden
Bildschirmauftritt und seinen Rat sollte Jackson fünfmal so viel bekommen, wie Marlon Brando für einen abendfüllenden Film verlangen konnte. Außerdem würde Jackson weder mit einer Flasche Pepsi
in der Hand noch beim Trinken zu sehen sein. Denn es ist allgemein
bekannt, daß er als Anhänger der Zeugen Jehovas niemals einen
Tropfen des Produkts anrühren würde.

Die 15 Millionen Dollar waren nur ein erster Schritt. Bei der Produktion kamen noch etwas über zwei Millionen Dollar pro Werbespot
hinzu (fast das Doppelte der Herstellungskosten für den prämierten
Film *Mein wunderbarer Waschsalon* und fast dreimal soviel wie für
den ebenfalls vielgepriesenen Film *Brief an Breschnew*). Ferner entstanden noch Kosten für den Ankauf der Sendezeit, die weltweit etwa
weitere 50 Millionen Dollar ausmachten. Insgesamt also über 65 Millionen Dollar. Und das alles nur, um ein kohlensäurehaltiges, alkoholfreies Getränk zu vermarkten, das, was immer auch seine Vorzüge
sein mögen, Millionen von Kunden wahrscheinlich nur anhand des
Namens auf der Flasche von anderen Colamarken unterscheiden
können.[1]

Doch genau *das* ist der Punkt. Wie sein Erzrivale Coca-Cola, verkörpert auch Pepsi-Cola in erster Linie sein Image. Es ist das, wofür
es Millionen Konsumenten *halten*, oder womit sie es in Verbindung
bringen. Das mag wenig rational erscheinen (obwohl die Entscheidung, soviel Geld auszugeben, überwältigend rational ist: denn der
Markt für kohlensäurehaltige, alkoholfreie Getränke beläuft sich
schätzungsweise auf 65 *Milliarden* Dollar), doch die Entscheidung,

etwas zu kaufen oder lieber »A« statt »B« zu wählen, wird schließlich selten aus Vernunftgründen getroffen. Das ist an sich nichts Neues. Jedem, der etwas verkaufen will, ist das von Anfang an bewußt; danach muß er sich richten. Neu ist, daß die Werbung nicht mehr nur das Image schafft, das dazu *beiträgt*, das Produkt zu verkaufen. Heutzutage *ist* die Werbung das Produkt. Was die Leute kaufen, seien es Getränke, Jeans, Medikamente oder Elektrogeräte, ist die Vorstellung von dem Produkt, die ihnen die Werbung vermittelt hat, und diese Vorstellung kann Erfolg und Mißerfolg auf dem Markt bewirken.

Mike Detsiny ist geschäftsführender Direktor der Londoner Werbeagentur The Creative Business und ehemaliger Marketingdirektor der Allied Breweries, wo er die Kontrolle über vier Biersorten hatte. Er meint: »Die vielen verschiedenen Marken sind im Grunde in Geschmack, Farbe und Alkoholgehalt gleich, und nach zwei oder drei Gläsern Bier könnte sie nicht einmal mehr ein Experte auseinanderhalten. *So trinkt der Konsument buchstäblich die Werbung, und die Werbung ist gleichbedeutend mit der Marke.*« (Hervorhebung durch den Autor)[2]

Eine solche Vorgehensweise geht über die Produkte hinaus, zwischen denen nur ein geringer oder gar kein Unterschied besteht. Selbst wenn es solche Unterschiede gibt, ist es besser, das Image zu verkaufen. Der Grund dafür ist einfach: Das Produkt kann leicht seine Wirkung verlieren, wenn die Konkurrenz etwas besseres auf den Markt bringt; sein Image kann es nicht verlieren, weil es nicht von jeder neuen Gegebenheit abhängig ist.

Dr. Stuart Agres, Direktor für strategische Planung in Marschalk, New York, erklärte: »Angesichts der raschen technologischen Verbesserungen der Herstellungsmethoden kann ein Produkt seinen Vorsprung nicht sehr lange halten. Jeder Vorsprung kann sehr schnell verlorengehen. Wenn man sich beim Verkauf an rein rationalen Bedürfnissen orientiert, kann der nächste Hersteller diese Faktoren nicht nur kopieren, sondern er kann sich rühmen, den anderen immer eine Nasenlänge voraus zu sein. In den fünfziger und sechziger Jahren machten Waschmittel die Wäsche weiß. Dann machten sie sie weiß und strahlend. Später wuschen sie weiß, strahlend und frisch. Und schließlich machten sie die Wäsche weiß, strahlend, frisch und weich…«

Der Werbende bemüht sich heute, sein Produkt alterslos erscheinen zu lassen. Scotch Videotape von 3M, einem amerikanischen Firmenverbund mit einem Umsatz von 8,5 Milliarden Dollar, liefert ein bemerkenswertes Beispiel. Während der Markt für Videorecorder in Großbritannien floriert, kämpft eine Anzahl von großen Markenherstellern um den Absatz von Videobändern. Sie würden alle gern behaupten, daß ihr Band eine Qualität besitzt, die die der Konkurrenz übertrifft.

Der Agentur Wight Collins Rutherford Scott wurde die Aufgabe übertragen, für Scotch Videotape Reklame zu machen. Sie fand heraus, daß das Band mehr als 500mal überspielt werden konnte, ohne an Bildqualität einzubüßen. Da gab es jedoch ein kleines Problem: Alle Qualitätsbänder können dies leisten. Mit den Worten der Agentur: »Das Risiko bei diesem Verkaufsobjekt war offensichtlich – es war nicht einzigartig. Konkurrenten konnten uns leicht die Schau stehlen.« 3M hatte es sich zum Grundsatz gemacht, bei Reklamationen alle Bänder ohne Ausflüchte zu ersetzen, aber das taten viele seiner Konkurrenten auch. Die Schlußfolgerung der Agentur lautete: Gib dem Band eine lebenslange Garantie und veranschauliche das mit Anzeigen, die ein »knuddeliges und nettes« Skelett namens Archie zeigen, das immer noch dasselbe Band benutzt, das es in den achtziger Jahren des 20. Jahrhunderts gekauft hat. So bekamen die Kunden das Gefühl, daß Scotch etwas anbot, das kein anderer Hersteller offerierte. Dieses Beispiel zeigt den Idealtypus einer gelungenen Umsetzung: Wurde den Konsumenten erst einmal Scotchs Botschaft bewußt, würde »jede Anstrengung von seiten der Konkurrenz seine Position als das Erste, das Echte und das Beste auf dem Markt nur noch weiter stärken«. Scotch gab rasch 1,9 Millionen Pfund aus, um diese neue Botschaft zu verbreiten. Die Werbung wurde ein sensationeller Erfolg. Innerhalb von zwei Monaten wurde das Band zum führenden Markenartikel.

Die Werbung von 3M war witzig; nicht selten sind Gags ein Zeichen dafür, daß der angepriesene Artikel eigentlich nichts Besonderes zu bieten hat. »Ein großer Teil der unterhaltsameren Werbung wird für Waren produziert, die keine besonderen Unterscheidungsmerkmale aufweisen«, so John Salmon, der Leiter von Collett Dickenson Pearce, einer Londoner Agentur. Sie wirbt für Heineken-Bier mit dem ironischen Slogan, daß dieses Bier »die Körperteile erfrischt, die andere Biere nicht erreichen können«. Salmon erklärte, dies basiere auf der Idee, »daß Heineken ungewöhnlich erfrischend ist. Dafür gibt es keine Grundlage. Es ist ebenso erfrischend wie jedes andere helle Bier«.

Werbungtreibende haben lange Zeit versucht, Markenartikeln ein gewisses Flair und damit einen zusätzlichen, unbestimmbaren Wert zu verleihen. Charles Revson, Begründer der Firma Revlon, wird oft mit den Worten zitiert: »Im Laboratorium stelle ich Kosmetika her, im Laden verkaufe ich Träume.« Nüchterne und alltägliche Produkte werden mit Farbe, Glanz und Metaphorik umgeben: ein süßes, kohlensäurehaltiges englisches Getränk aus Äpfeln (Babycham) verwandelt Mädchen vom Aschenputtel in eine bildschöne Prinzessin; Schokoladentäfelchen mit Pfefferminzfüllung (After Eight), die in Massen produziert werden und so billig sind, daß Kinder sie sich vom Taschengeld kaufen können, erscheinen wie Luxusartikel.

Werbeleute nennen dies »Markenimage«. Barry Day, Vizepräsident von McCann-Erickson Worldwide, bezeichnet es als das Element, das »einzigartig, einprägsam und unlösbar mit dieser und keiner anderen Marke verbunden« ist. Hinter dem »Markenimage«, meint er, »verbirgt sich nicht das, was das Produkt *ist*, sondern wie es wirkt und was die Werbung suggeriert«. Das »Markenimage« von Martini ist die Phantasiewelt der Teens und Twens, die in den geschickt gemachten Jet-Set-Werbespots vorgeführt wird. Coca-Colas Markenimage beginnt bei der Flaschenform; die Werbung vermittelt das Gefühl, daß dies *das* alkoholfreie Getränk Amerikas sei.

Das Markenimage kann von unbezahlbarem Wert sein. Carl Hixon, ein ehemaliger Berater der Agentur Leo Burnett in Chicago, erzählte bei einer Konferenz einen Traum, in dem er die Philip Morris Company kaufen will und den Preis von 850 Millionen Dollar genannt bekommt. Daraufhin unterbreitet er das Angebot, nur einen Teil des Morris-Imperiums zu kaufen, nämlich die Rechte, seine eigenen Zigaretten mit dem Namen Marlboro herzustellen und einen Cowboy zu benutzen, um die Marke zu verkaufen. Diesmal lautet die Summe 45 Milliarden Dollar! Als Ronson, ein bekannter Hersteller von Feuerzeugen, Rasierapparaten und Elektroartikeln, bankrott ging, wurde sein Name von anderen übernommen, die ihn dann an Hersteller verschiedener Produkte in Lizenz vergaben. Einer davon war ein Zigarettenfabrikant; »Ronson hat einen phantastischen Ruf als Mar-

kenname«, erklärte der leitende Direktor der Zigarettenfirma. Die
US-Firmen Fruit of the Loom und Stetson stellen selbst nichts her. Sie
gestatten die Verwendung ihres imageträchtigen Namens gegen
Lizenzgebühren. Auf diese Weise werden Produkte mit einem *schein-
baren* Unterschied ausgestattet.

Marken am Leben zu erhalten, bedeutet ständige Modifikation: In
den 30 Jahren seit seiner Markteinführung wurde Tide-Seifenpulver
55mal deutlich verändert. Doch da heutzutage ein Markenartikel
seine Werbung *ist*, werden Modifikationen oft nicht mehr nur vorgenommen, um Wettbewerbsvorteile zu erringen, sondern um ein
Image zu schaffen.

1983 hatte Guinness, die wohl bekannteste Brauerei der Welt,
Probleme; dabei ging es nicht um Schwierigkeiten in der Firma, die
erst später zutage traten, sondern um Probleme im Hinblick auf das
berühmte Getränk selbst. Obwohl von dem dunklen Bier pro Tag sieben Millionen Gläser in 140 Ländern verkauft wurden, war sein Umsatz seit zehn Jahren rückläufig. Manche waren der Meinung, das
Problem von Guinness sei ganz einfach: in einer Zeit der leichteren
oder geschmacksschwächeren Getränke sei dieses Bier aus der Mode
gekommen. Die Fachzeitschrift *Drinks Marketing* stellte fest: »Zyniker behaupten immer noch, daß das berühmte dunkle Bier, das seit
220 Jahren gebraut wird, aufgrund des veränderten Geschmacks-
verhaltens der Verbraucher überholt sei und man ihm gestatten
sollte, mit Würde abzutreten.«

Das ist natürlich alles schön und gut, wenn einem die Brauerei
nicht gehört. Mit Hilfe psychologischer Untersuchungen startete
Guinness eine neue Kampagne, um das Image loszuwerden, dieses
Bier werde nur von alten Damen in muffigen Bars getrunken, und zu
zeigen, daß dieses Getränk auch zum Typus des Jungmanagers
passe. Die Werbespots – kurze Szenen, die sich um das Wort »Guinn-
less« (jemand, der noch kein Guinness getrunken hat) drehten – kamen für einen Oscar sicherlich nicht in Frage, aber der Rückgang der
Verkaufszahlen konnte nicht nur gestoppt werden, sondern der Absatz begann tatsächlich wieder zu steigen. Das Produkt war dasselbe
geblieben, doch sein Image hatte sich verändert.

Autos besaßen schon immer das Image eines wichtigen Verkaufs-
artikels. In der Werbung lag lange Jahre die Betonung auf wesentlichen Unterschieden in der Produktqualität. Vertretern der Auto-

mobilbranche zufolge verschwinden diese Unterschiede infolge der globalen Gemeinsamkeiten der Technologie und der Management-methoden. Vor einer Konferenz der National Automobile Dealers' Association, die 1987 in Las Vegas stattfand, erklärte ein Experte: »Der Qualitätsunterschied ist gering, und in fünf Jahren müssen alle [Hersteller von Personenwagen] die Schwelle des Weltklasseniveaus überschritten haben, um weiterhin konkurrenzfähig bleiben zu können.« Die Produktqualität wird also keinen großen, tatsächlichen Unterschied mehr darstellen. Daher lautete der Rat des Experten an die Manager: »Nehmen Sie sich die Zeit, ein Image aufzubauen, das sich durch die neunziger Jahre hindurch aufrechterhalten läßt.«

Diese und andere Faktoren machen die Werbung zu einem der großen Wachstumsbereiche unserer Zeit. Um die Nachfrage nach einem Produkt zu wecken, kann der für die Werbung ausgegebene Betrag den voraussichtlichen Einnahmen aus dem Verkauf entsprechen. Scheinbar absurde Summen werden ausgegeben, um Märkte für die Zukunft zu schaffen – Victor Kiam (der Unternehmer, dem ein Rasierapparat so gut gefiel, daß er die Herstellerfirma kaufte) steckte 1984 vier Millionen Dollar in seine Werbung in Deutschland, den zweifachen Betrag der Einnahmen des vergangenen Jahres. All das verlangt immer mehr und immer geschicktere Werbung und erfordert ungeheure Geldsummen und eine enorme Kreativität. Werbung kann beides in Hülle und Fülle haben: Geld von den Anbietern der Produkte und Dienstleistungen, und Kreativität von den Werbeleuten, den professionellen Verführern.

Werbung ist ein kostspieliges Geschäft. Die rivalisierenden Seifenpulvergiganten Procter and Gamble und Lever Brothers gaben in Großbritannien fast 80 Millionen Pfund im Jahr allein dafür aus, um uns dazu zu bringen, ihre Produkte zu kaufen. Pedigree investierte über 30 Millionen Pfund, um uns zu überreden, unsere Haustiere mit Pedigree-Erzeugnissen zu füttern, und Imperial Tobacco gab mehr als 25 Millionen Pfund aus, um uns zu ermuntern, Embassy und John Player zu rauchen anstatt Silk Cut oder Senior Service.*

---

* Die Zahlen stammen aus dem Jahr 1985, ebenso wie alle anderen Zahlen in diesem Buch, sofern nichts anderes angegeben ist. Die Zahlen für Großbritannien sind der Zeitschrift *Campaign,* die Zahlen für Amerika der Zeitschrift *Advertising Age* entnommen.

In Amerika sind die Ausgaben für Werbung noch erstaunlicher. General Motors und Ford geben jedes Jahr fast 1,4 Milliarden Dollar für Werbung aus, Pepsi und Coke über 860 Millionen Dollar. McDonalds macht mit einem Aufwand von 550 Millionen Dollar für seine Hamburger Reklame, und Anheuser-Busch gibt fast ebensoviel für seine Bierwerbung aus.

Die Summen, die für die Herstellung der Werbemaßnahmen ausgegeben werden, mögen im Vergleich zu solch astronomischen Zahlen gering erscheinen, doch sind auch diese Aufwendungen alles andere als unerheblich. Im Vergleich mit dem Geld, der Zeit, der Energie und der Kreativität, die für einen 30-Sekunden-Werbespot aufgeboten werden, erscheint der Aufwand für die meisten großen Spielfilme geradezu niedrig. »Gemessen an der Sendezeit pro Pfund Sterling lassen Produktionen von Werbespots sogar noch Filme wie *Heaven's Gate* billig erscheinen«, erklärte Alan Parker, der sich von der Herstellung von Werbespots der von Filmen wie *Midnight Express* oder *Fame* zuwandte.

Der Manhattan-Anflug-Werbespot der Fluggesellschaft British Airways – in dem ein sinnbildlich dargestelltes New York durch die Lüfte fliegt – soll 600 000 Pfund gekostet haben. Der Apple-Werbespot von 1984 von Chiat/Day kostete 500 000 Dollar und ist (zum Zeitpunkt der Entstehung dieses Buches) nur einmal gezeigt worden. Ein Werbespot über Diät-Cola, der in der Radio City Music Hall aufgenommen wurde, soll angeblich 1,5 Millionen Dollar verschlungen haben. In Großbritannien kostete 1986 ein Werbespot der Barclays Bank von der im Trend liegenden Werbeagentur Yellowhammer angeblich 750 000 Pfund.

All das macht Werbespots bei weitem zur teuersten Filmart. Von dem Berater Miner Raymond vorgelegte Zahlen zeigen, daß ein Fernsehfilm im Durchschnitt 90 000 Dollar pro *Stunde*, ein 30-Sekunden-Werbespot hingegen durchschnittlich 140 000 Dollar pro *Minute* kostete. 1985 lagen die durchschnittlichen Kosten für die Herstellung eines amerikanischen TV-Werbespots bei 200 000 Dollar. Für britische Werbespots werden die Kosten mit »nur« 50 000 Pfund angegeben. Mike Townsin, Mediendirektor von Young and Rubicam in London, schätzte die Produktionskosten für einen Werbespot etwa gleich hoch wie die Ausgaben kommerzieller Fernsehanstalten für eine Neunzig-Minuten-Sendung. »Wenn sie in gleichem Maße Geld ausgeben würden, dann hätten wir das beste Fernsehprogramm der Welt.«[3] Es ist kaum verwunderlich, daß Regisseure gerne Werbespots drehen und daß dieses Medium von Joseph Losey bis hin zu Federico Fellini eine Menge berühmter Vertreter dieses Berufstandes angezogen hat. Nicht nur das Honorar ist verlockend, sondern auch die Möglichkeit der perfekten Umsetzung wenn auch in einer kleinen – manche würden sagen trivialen – Welt.

Steigende Kosten sind ein immerwährender Gesprächsstoff unter den Auftraggebern, die mit der morbiden Neugier von Krankenhauspatienten, die sich Einzelheiten über ihre Operationen erzählen, Horrorgeschichten austauschen. Miner Raymond berichtet von einem Art Director, der einen Eßzimmertisch ablehnte, der in einem Werbespot benutzt werden sollte.[4] Als man ihn darauf hinwies, daß der Tisch mit einer Decke zugedeckt würde, entgegnete er: »Aber *ich* würde wissen, was unter der Decke ist, und das wäre nicht gut.« Anne Birnhak, eine Engländerin, deren Hände für einen Werbespot für Marigold-Gummihandschuhe zwei Tage lang (für 35 Pfund in der Stunde) gefilmt wurden, erzählte: »Ich trug die ganzen zwei Tage diese Handschuhe. Sie hätten dafür genausogut einen Gorilla engagieren können.«

Für den Produzenten von Werbespots jedoch ist alles – oder fast alles – von Bedeutung. Peter Levelle, Medienleiter der Londoner Agentur Collett Dickenson Pearce, meinte:

»Alles muß perfekt sein. In einem Spielfilm kann es eine Szene geben, in der zwei Männer in einer Bar bei einem Glas Bier miteinander reden. Wenn man dieses Glas Bier in ein Produkt umwandelt, dann muß man ganz anders an die Sache herangehen. Wie sieht das Bier aus? Kommen seine Vorzüge zur Geltung? Hat es die richtige Farbe und ist die richtige Menge Schaum drauf? Sieht es frisch aus? Es muß ein perfekt gezapftes Bier sein.«[5]

Wenn – wie eine Redensart behauptet – Genie zu großen Teilen aus Fleiß besteht, dann kann man mit einem gewissen Recht behaupten, daß die Gestaltung eines Werbespots etwas mit Genie zu tun hat. Zwei Beispiele mögen dies belegen. Die Werbespots für Heineken-Bier sind zu einer Institution geworden. Mit Hilfe eines Glases Heineken-Bier geschehen wunderbare Dinge. In einem Werbespot macht es Heineken möglich, daß Wordsworth sein Gedicht »Narzissen« schreiben kann, nachdem zuvor mehrere Versuche fehlschlugen. Der fertige Film zeigt den Dichter umgeben von Narzissen. Tatsächlich sind 6000 Narzissen von London aus mit zwei Möbelwagen zum Lake District in Nordengland geschafft und dort für den Film an den Hängen eingepflanzt worden. Oder nehmen wir einen französischen Werbespot für HOM-Sportkleidung. In diesem Spot fliegt ein Helikopter über Grönland. Ein Mann zieht sich aus, springt in Sporthosen aus dem Helikopter und landet im Wasser zwischen turmhohen Eisschollen. Er schwimmt zu einem Schlauchboot, klettert hinein, die Kamera zeigt sein Gesicht in Großaufnahme und auf dem Bildschirm erscheinen die Worte »Sportswear HOM«, der erste Hinweis auf das Produkt. Im Film sind zwar viele Dinge möglich, doch diese Aufnahmen wirkten echt. Bei einer für Werbeleute aus der ganzen Welt veranstalteten Vorführung saß ich neben Jacques Séguéla, dessen Pariser Agentur diesen Werbespot produziert hatte. »Hat er das tatsächlich getan, Jacques?«, flüsterte ihm ein Werbefachmann zu, als der Film zu Ende war. »Ja, er riskierte sein Leben.« Später am Rednerpult kam Séguéla noch einmal auf diesen Punkt zu sprechen. »Zum ersten Mal in der Geschichte der Werbung hat ein Mann sein Leben riskiert, um für ein Produkt zu werben«, verkündete er.

Der Erfindungsreichtum und die Mühe, die in diese Werbespots einfließen, sind in der Tat ehrfurchtgebietend. Autos werden für Szenerien, die die englische Region Yorkshire im Winter zeigen sollen, von England nach Kanada gebracht; die Gegend von Bordeaux wird auf der Suche nach einem geeigneten Weinkeller durchkämmt, um dort ein Weinfaß zu fotografieren (die Aufnahme entstand schließlich in England, nachdem die Suche in Frankreich erfolglos geblieben war); unzählige Werbespots werden in Venedig, auf den griechischen Inseln oder den Bahamas gedreht, um das »richtige Licht« zu bekommen. Ein Filmteam hauste drei Wochen lang in einem aus kräftigem Draht gefertigten »Versteck« in einem schottischen Wildpark, in dem sechs kanadische Wölfe lebten – sie wollten für eine britische Zigarettenwerbung Wölfe filmen, die den Mond anheulen.[6] (Auch dieser Versuch schlug fehl. Die Szene wurde schließlich in Slough mit zahmen Wölfen gedreht, die der Frau eines Börsenmaklers gehörten. Die Aufnahmen vom Himmel entstanden separat. Anschließend wurde alles im Studio zusammengeschnitten.)

Wer wie Raymond Chandler glaubt, daß Werbung die größte Verschwendung menschlicher Intelligenz sei, muß den Renault-

Alliance-Werbespot der Agentur Grey Advertising in New York als klassisches Beispiel dafür empfinden.* Es ist unmöglich, von der logistischen Leistung bei diesem Unterfangen nicht beeindruckt zu sein. Der Film zeigte die Park Avenue in New York; Autos strömten aus den Seitenstraßen, dann war die Park Avenue plötzlich leer – bis auf 300 Autos, alle vom Typ Renault Alliance.

Zunächst plazierten Agentur und Produktionsgesellschaft Spielzeugautos in ein Modell der Park Avenue. Man entschied, daß 30 Wagen genügen würden, um den gewünschten Effekt zu erzielen: die 30 Autos konnten hinterher im Schneideraum in 300 verwandelt werden. Dann fragte man bei der zuständigen Abteilung der New Yorker Stadtverwaltung an und erhielt die Erlaubnis, vier Blocks der Park Avenue sowie alle Seitenstraßen drei Tage lang zwischen 10 Uhr vormittags und 15 Uhr nachmittags während zehnminütiger Intervalle für die Filmaufnahmen abzusperren. An der Kreuzung der Park Avenue und der 92. Straße wurde ein Gerüst für eine Kamera aufgebaut; eine Wache mußte sicherstellen, daß die Kamera nicht entwendet wurde. Präzisionsfahrer wurden in Kalifornien angeworben und von der Westküste eingeflogen. Man fand Parkplätze für die 30 Autos (und die sechs Ersatzwagen); dann wurden die Wagen in Plastik eingehüllt und ebenfalls unter Bewachung gestellt. Während der Aufnahmen hielten Fahrer, Regisseur und Kameramann über Funk Kontakt. Die Wagen mußten mit genau derselben Geschwindigkeit fahren, so daß der Film später so zusammengesetzt werden konnte, daß der Eindruck entstand, es handle sich um 300 Autos. Leute, die in der Park Avenue lebten und arbeiteten, wurden gebeten, die Vordereingänge nicht zu benutzen; andere bat man, nicht über die Straße zu gehen.

Die Zahl der Unternehmen, die das Geld für solche Extravaganzen aufbringen können, ist vergleichsweise gering. Obwohl viele Unternehmen Reklame machen, sind nur wenige Industriezweige oder Konzerne wirklich dominierend, dann aber häufig weltweit. Eine Analyse der 100 wichtigsten Werbungtreibenden in den Vereinigten Staaten im Jahre 1985 zeigt, daß zehn Gruppen jeweils über eine Mil-

---

* Chandler meinte: »Schach ist eine ebenso aufwendige Verschwendung menschlicher Intelligenz, wie es sonst nur noch einer Werbeagentur nachgesagt werden kann.«

liarde Dollar für Werbung ausgaben: die Automobilindustrie, die Hersteller von Nahrungsmitteln, Alkohol, Süßigkeiten und alkoholfreien Getränken, von Drogen und Arzneimitteln, die Unterhaltungsbranche, der Einzelhandel, die Hersteller von Toilettenartikeln und Kosmetika, Reiseveranstalter, Hotels und Ferienorte sowie Dienstleistungsunternehmen.

Die Namen von werbungtreibenden Firmen und oft auch ihre Produkte haben häufig weltweite Präsenz. 87 der 100 größten Werbungtreibenden Amerikas sind multinationale Konzerne.[7] Zu den wichtigsten Advertisers Australiens gehören Unilever und Philip Morris; in Brasilien sind es BAT und Ford; in Kanada die Regierung sowie Procter and Gamble; in Frankreich IBM und Renault; in Japan Toyota und Matsushita; in Deutschland Volkswagen, Procter and Gamble sowie Henkel; in Großbritannien Procter and Gamble, Mars und Kellogg; und in Italien Fiat und Alfa Romeo.

Es ist kein Zynismus, wenn man nach einem Blick auf die Namen der wichtigsten Werbungtreibenden und Produkte zu dem Schluß gelangt, daß ein Artikel um so abhängiger von der Werbung ist, je weniger Nachfrage danach besteht. Oder wie es Norman Goluskin von der New Yorker Agentur Smith/Greenland ausdrückte: »Wenn ich ein Mittel gegen Krebs entdeckt hätte, könnte ich das in einem Zehn-Sekunden-Spot sagen. Aber wenn ich nichts Aufregendes oder Wichtiges zu sagen habe, muß ich es Ihnen um so kräftiger um die Ohren schlagen.«

In der Regel sind die Großen der Branche Hersteller der sogenannten FMCGs – Fast Moving Consumer Goods –, also alltäglicher Dinge, wie Zigaretten, Süßigkeiten, Kartoffelchips und Waschmittel. Viele der großen Werbungtreibenden in den USA und in Großbritannien gehören dieser Kategorie an: Procter and Gamble, Unilever, Kellogg, General Mills, Nestlé, Mars und Pedigree-Tiernahrung.

Doch bedienen sich heute auch ganz andere Gruppen der Werbung. Dazu gehören Unternehmen, die versuchen, politische Philosophien zu verkaufen, Gewerkschaften, die Arbeiter anwerben, Juden, die die Russen dazu bewegen wollen, »das jüdische Volk ausreisen zu lassen«, und die in Verruf geratenen österreichischen Winzer, die versuchen, nach dem Skandal um Frostschutzmittel im Wein den Markt zurückzuerobern. Die Pfadfinder in Amerika bedienen sich der Werbung. Und ebenso die Dow Chemical Company, die ihr Image wieder aufpolieren möchte, das wegen der Herstellung von Napalm und dem Entlaubungsmittel Agent Orange stark gelitten hatte. In einer Anzeige dieses Unternehmens kann ein stolzer Vater kaum seine Freudentränen unterdrücken, als er erfährt, daß sein Sohn in der besagten Firma eine Anstellung bekommen hat.[8] Bei ihrem Versuch, die amerikanische Öffentlichkeit gegen Präsident Reagans »Star-Wars«-Pläne aufzubringen, ließ die Sowjetunion in der *New York Times* einen Leitartikel der *Prawda* abdrucken.[9] Im Frühjahr 1986 warb Großbritanniens größte Gewerkschaft, die der Transportarbeiter, als erste im Land im Fernsehen um neue Mitglieder.[10] Selbst die BBC, die sich dagegen wehrte, Werbung zur Lösung ihrer finanziellen Probleme auszustrahlen, startete eine großangelegte Werbekampagne, in der sie sich selbst vollmundig zum »besten Sender der Welt« erklärte.[11]

Die Skala derer, die für ihre Erzeugnisse oder Dienstleistungen Reklame machen, hat sich nicht nur auf Ärzte, Anwälte und sonstige Berufsgruppen ausgeweitet, denen Werbung einst ein Greuel war, sondern auch auf diejenigen, die Grabstellen und sogar Särge verkaufen.[12] Selbst den unmöglichsten Produkten widmen die Werbeleute ihre volle Aufmerksamkeit.[13] Razor Ribbon, ein Stacheldraht der American Security Fence Corporation (Hersteller von Sicherheitszäunen), der »schwere Verletzungen verursachen kann«, wird »in mehreren attraktiven Farben« angeboten.

Unternehmen machen nicht nur Reklame, um ihre Produkte zu verkaufen, sondern auch um die Leute davon zu überzeugen, wie außergewöhnlich sie sind. Shell präsentiert sich als Umweltschützer; IBM versucht, den Leuten das menschliche Gesicht des hochtechnisierten Konzerns vorzuführen. Werbung ist zu einem integralen Bestandteil von Machtkämpfen geworden; 1986 brachte die *Financial Times* in einem Zeitraum von drei Monaten 100 Seiten mit Anzeigen der genannten Art, im Vergleich zu drei bis vier Seiten im Jahr zuvor. Wohltätige Einrichtungen bedienen sich im Wettstreit um finanzielle Mittel derselben Methoden und Fachleute wie die Hersteller von Produkten. Die Church of England Children's Society änderte sogar auf Anraten ihrer neuen Werbeagentur Yellowhammer ihren Namen in Children's Society um, weil die Agentur der Meinung war, der alte Name sei »ein Hemmnis – er rieche nach überalterten viktorianischen Wertmaßstäben«.

Von zunehmender Bedeutung im Bereich der Werbung sind auch die Regierungen. Die Ausgaben der britischen Regierung für Werbung beliefen sich 1987 auf über 88 Millionen Pfund, von den 96 000 Pfund, die die Historic Building and Monuments Commission ausgab, bis zu den über 14 Millionen Pfund Ausgaben zur Förderung der allgemeinen Vermögensbildung. In Großbritannien und Frankreich wurden ungeheure Summen investiert, um staatliche Industriebetriebe zu veräußern. 1986 investierte British Gas innerhalb von drei Monaten mit 21 Millionen Pfund genug in seine Aktien-Angebots-Kampagne, um alle anderen Markenwerbungen für den Rest des Jahres auszustechen. In den Vereinigten Staaten gab die Regierung 1987 über 300 Millionen Dollar aus, lag aber damit unter den Werbungtreibenden doch nur an 29. Stelle. In einem Zeitraum von drei Jahren stiegen die Ausgaben der spanischen Regierung für Werbung von 1,5 Milliarden Peseten auf 6 Milliarden Peseten.[14]

Regierungen fordern ihre Bürger auf, nach Genuß von Alkohol nicht mit dem Auto zu fahren, staatliche Eisenbahnen zu benutzen, Staatsanleihen zu kaufen, keine Drogen zu nehmen und mitzuhelfen, die Verbreitung von AIDS zu verhindern. Südafrika startete in Großbritannien und den Vereinigten Staaten Kampagnen zur Imageverbesserung unter dem Vorwand, »unfairer« Berichterstattung in den Medien entgegenwirken zu wollen. Eine typische Anzeige zeigte auf etwa einem Drittel des Anzeigenraumes glücklich und wohlhabend aussehende Schwarze beim Einkaufen, der dazugehörige Text ging ausführlich auf die »Tatsachen« ein.

Werbung ist sowohl für die Regierung als auch für die Agenturen von nicht zu unterschätzender Bedeutung. Der Regierung erlaubt sie, das Image zu entwerfen, das sie in der Öffentlichkeit haben will. Es läßt sich darüber streiten, ob eine Werbekampagne gegen Heroinkonsum der beste Weg ist, Geld auszugeben, aber sie zeigt in jedem Fall, daß sich die Regierung um das Problem kümmert. Für die Agenturen zählt das Geld, doch noch wichtiger ist für sie ein starkes Profil, das sie gegen andere abhebt. Und da es bei Regierungsaufträgen keinen Maßstab für Effektivität (wie etwa Umsatzsteigerungen) gibt, werden den Agenturen oft große kreative Freiräume zugestanden.

Trotz all dieser Entwicklungen ist der Konzern Procter and Gamble als traditionelles FMCG-Unternehmen der weltweit größte Werbungtreibende. Der Umfang seiner Werbung und der daraus resultie-

rende internationale Einfluß ist in der Tat beeindruckend. 1987 gab
das Unternehmen allein in den Vereinigten Staaten fast 1,4 Milliarden Dollar für Werbung und Promotion aus. In vielen Ländern hat
Procter and Gamble eine führende Position inne – einschließlich
Großbritanniens.

P & G produziert hauptsächlich Waschmittel, Zahnputzmittel und
Windeln, und seit der Übernahme von Richardson-Vicks und
G. D. Searle ist das Unternehmen obendrein Amerikas führender
Hersteller von rezeptfreien Arzneimitteln. Es vermarktet 83 Markenartikel in 38 Produktkategorien in den USA und in 140 Ländern. Dazu
gehören Camay-Seife, Ivory und Zest Soap, Pampers-Windeln, Head
and Shoulders-Shampoo, Crest-Zahnpasta, Jif-Erdnußbutter, Duncan Hines-Backmischungen und -Kekse, Vicks-Erkältungsmittel und
Produkte von Vidal Sassoon. Die Markennamen sind international so
geläufig, daß in Singapur Imitate dieser Produkte beispielsweise unter Namen wie Tibe, Tike, Tile und Tipe hergestellt und in arabischen
Ländern verkauft wurden, die glauben machen sollten, daß es sich
um das echte Tide handelte.

Procter and Gamble erkannte die Bedeutung der Werbung von
Anfang an, und bereits 1913 war das Unternehmen der größte Werbungtreibende der USA. Die erste brillante Marketingstrategie
stammte von Harley Procter, dem Sohn eines der Mitbegründer. 1878
entwickelte Procter and Gamble nach Jahren des Herumexperimen-
tierens eine weiße Seife, die P & G White Soap heißen sollte. Harley erklärte, daß bereits eine Anzahl von Firmen weiße Seife vertrieben;
das neue Produkt des Unternehmens brauche einen besonderen, auf-
sehenerregenden Namen, der in der Folge gut vermarktet werden
müsse.

Thomas Barratt von Pears Soap in Großbritannien soll gesagt haben: »Jeder Trottel kann Seife herstellen. Aber man muß clever sein,
um sie zu verkaufen.« Harley Procter wußte, wie man Seife verkauft.
Der passende Name für das Produkt fiel ihm ein, als er eines Sonntag-
morgens in der Episkopalkirche von Mount Auburen dem Pfarrer
lauschte, der folgenden Psalm vorlas: »Deine Kleider sind lauter
Myrrhe, Aloe und Kassia; aus Elfenbeinpalästen erfreut dich Saiten-
spiel.« [Psalm 45]

In *Eyes on Tomorrow*, einer mit Billigung des Unternehmens ver-
faßten Firmengeschichte, heißt es: »Harley achtete plötzlich nicht

mehr auf die Worte des Pfarrers. Seine Gedanken konzentrierten sich auf die Wendung ›aus Elfenbeinpalästen‹. *Elfenbein!* Elfenbein war weiß, fest und langlebig. Das Wort weckte in ihm Vorstellungen von Reinheit und Luxus. An diesem Sonntagmorgen verließ Harley die Kirche aufgeregt und ausgelassen. *Ivory soap!*«[15]

Harley beschloß, die Seife auf ihre Reinheit hin untersuchen zu lassen und sie als zu »99,44 Prozent rein« anzupreisen, ein Slogan, der noch 100 Jahre später Erfolg hatte. Großes Aufheben machte man auch von der Tatsache, daß Ivory Soap auf dem Wasser schwamm. Ohne Boshaftigkeit kann Werbung als die Kunst definiert werden, nur die halbe Wahrheit zu sagen, und Ivorys Fähigkeit zu schwimmen ist ein nahezu perfektes Beispiel. Sie schwimmt deshalb auf dem Wasser, weil sie eine Menge Luft enthält. (Es heißt, ein Arbeiter sei zum Mittagessen gegangen und habe vergessen, die Seifenrührmaschine auszuschalten.) Man könnte behaupten, daß der Kunde mehr Luft als Seife kauft. Doch er bekommt ein Produkt, das ihm gefällt und das sich von anderen unterscheidet.

Im Laufe der Jahre kamen andere Produkte hinzu, und gleiches gilt für die Werbung. Anfang der achtziger Jahre zeigte Procter and Gamble bereits 18 000 bis 20 000 Werbespots allein im amerikanischen Fernsehen.[16] Doch der Einfluß von Procter and Gamble hört hier keineswegs auf. Die Verpackung der Botschaften ist ebenso bedeutsam wie die Botschaften selbst, und das Unternehmen produziert zudem pro Jahr 1000 Stunden eigenes Fernsehprogramm, sowie Kurz-Serien wie *Holocaust* und *Marco Polo*, die weltweit über die Bildschirme flimmerten. Der *Cincinnati Enquirer* formulierte es so: »Im guten wie im schlechten Sinn investiert Procter and Gamble ... mehr Geld und mehr Zeit in das Fernsehen, um sich in das Bewußtsein der amerikanischen Öffentlichkeit zu bringen, als irgend jemand sonst.« Und weil sowohl Procter and Gamble als auch das Fernsehen überall verbreitet sind, trifft diese Feststellung auf viele andere Länder zu.

Zufällig erlebte ich am Abend vor meinem Besuch bei dem Unternehmen selbst eine solche »Impfung«. In meinem Zimmer im Westin Hotel – das mit einem 2,6-Millionen-Dollar-Kredit von Procter and Gamble errichtet worden ist, wobei mit der Rückzahlung erst begonnen werden soll, wenn ein Gewinn erwirtschaftet wird – schaute ich mir im Fernsehen den ersten Teil von *A. D.* an, mit Ava Gardner und

James Mason in den Hauptrollen. Mit einem Kostenaufwand von 30 Millionen Dollar ist dies die größte von einem Werbungtreibenden mitfinanzierte Kurz-Serie seit Bestehen des Fernsehens. Diese insgesamt zwölfstündige Serie ist Teil der Strategie Procter and Gambles, in der Fernsehprogramm-Gestaltung der Hauptsendezeiten eine zentrale Rolle zu spielen. Am nächsten Morgen erhielt das Programm gute Kritiken. Und was noch wichtiger war: es verzeichnete laut Nielsen eine Einschaltquote von 32 Prozent. Experten erklärten mir später, daß P & G wieder einmal ins Schwarze getroffen habe.

Procter and Gamble macht aus demselben Grund Fernsehprogramme, aus dem es auch seine anderen Aktivitäten entfaltet – um auf die wirtschaftlichste Weise noch mehr von seinen Produkten zu verkaufen. *A. D.* ist (einer Fachzeitschrift zufolge) »ein maßgeschneiderter Marketingträger« für 41 Markenartikel des Unternehmens. In der kleinen Fernseh-Serie ist Raum für insgesamt 84 Minuten Werbung. Procter and Gamble nimmt davon allein 68 Minuten für sich in Anspruch. Die Medienforscher erklärten, daraus ergebe sich eine ganz einfache Rechnung. Wenn Procter and Gamble zur Hauptsendezeit bei der NBC Werbung mache, lägen die durchschnittlichen Kosten für 30 Sekunden bei ungefähr 130 000 Dollar. Wegen seines enormen Einflusses würde P & G nicht so viel zahlen müssen*, aber doch noch immer erheblich mehr, als *diese* Programmunterbrechungen für Werbespots kosten – unter 100 000 Dollar pro Spot. NBC hat ferner zugesagt, *A. D.* innerhalb von zwei Jahren zu wiederholen. Dann werden die Kosten für die Ausstrahlung der Werbespots von P & G noch weiter sinken.

Millionen von Menschen, die sich später im Ausland die Serie im Fernsehen anschauen, werden davon nichts ahnen. Was sie sehen werden, ist ein außerordentlich professionelles, schön produziertes, leichtes und unterhaltsames Stück historischen Unsinns, das dazu beitragen soll, ein paar Abende in relativer Zufriedenheit zu verbringen, aber das gewiß niemanden beleidigen, anspornen oder aufregen wird. Es handelt sich um langweilige Unterhaltung nach Art des *Reader's Digest*, mit all ihren Vorzügen und Mängeln. Als Stephanus zu Tode gesteinigt wird, bleiben als einzige Spuren von dem gewalti-

---

* Welche Beträge das Unternehmen bezahlt, ist ein Geheimnis, das ebenso streng gehütet wird wie die Protokolle des sowjetischen Politbüros.

gen Steinhagel, der auf ihn niederprasselt, lediglich ein paar dezente Blutspritzer auf seinem Gesicht zurück.* Dies ist eine Welt, die den Werbebedürfnissen und Werten des amerikanischen Mittelwestens entspricht.

Procter and Gambles Beteiligung an Programminhalten ist nichts Neues. Das Unternehmen darf sich rühmen, die Seifenoper als Zugpferd für seine Werbespots eingesetzt zu haben. »Procter and Gamble schuf praktisch das Tagesprogramm für die Rundfunksender«, schrieb Oscar Schisgall in *Eyes on Tomorrow*. »Frauen hörten bei der Hausarbeit zu. Ihren Briefen zufolge weinten sie manchmal um die Figuren. Wenn sie dann im Laden einkauften, erinnerten sie sich an die Werbespots, die sie im Radio gehört hatten, und das Geschäft von Procter and Gamble blühte.«

Der Hauptsitz von Procter and Gamble liegt in Cincinnati, eine Stunde und 50 Minuten Flugzeit von New York entfernt, und somit seiner Bedeutung entsprechend im Herzen der Vereinigten Staaten. Einerseits wird das Unternehmen wegen seiner Arroganz und seiner Abschottung nach außen angegriffen, andererseits aber auch für seine strenge Loyalität und sein Streben nach Perfektion gelobt. Angeblich ist die Zahl herausragender Mitarbeiter so groß, daß aus deren Mitte nach Angaben des Experten Hercules Segalas im Jahr 1982 die Positionen von Präsidenten oder leitenden Angestellten von 47 US-Gesellschaften besetzt wurden. Die Bedeutung von Persönlichkeiten wird jedoch heruntergespielt. Gordon Wade, ein Management- und Marketingberater in Cincinnati, erklärte: »Die Maxime lautet: Menschen sterben, doch das Unternehmen lebt weiter.«[17]

Procter and Gamble gilt als eines der verschwiegensten Unternehmen der Welt. Angeblich führen die Büroleiter regelmäßig Kontrollen durch, um sicherzugehen, daß Schreibtischschubladen verschlossen sind. Mitarbeiter werden ermahnt, weder in Flugzeugen noch in Zügen, Restaurants, Aufzügen oder an anderen öffentlichen Plätzen über geschäftliche Dinge zu sprechen.[18] Das Unternehmen erwartet, daß solche Sicherheitsvorkehrungen auch in den Werbeagenturen getroffen werden. Als sich Procter and Gamble nach 34 Jahren von seiner Agentur Young and Rubicam trennte, erschienen

---

* In Großbritannien schrieb der Fernsehkritiker des *Guardian*: »*A. D.* ist im wahrsten und unverfälschtesten Sinne des Wortes eine Seifenoper.«

umgehend vier Leute in dem Londoner Büro der Agentur, um Tausende von Unterlagen über den Konzern zu entfernen. Sie brauchten fast einen ganzen Tag, um 50 Kisten mit Akten, Briefen und Forschungsberichten wegzuschaffen.

Robert V. Goldstein ist der für die Werbung des Unternehmens zuständige Vizepräsident, und als solcher ist er der mächtigste Mann im Geschäft; sein Name ist jeder großen Agentur oder Mediengesellschaft bekannt. Er hat nie für ein anderes Unternehmen gearbeitet. Goldstein begann als Markenreferent (P & G führte das sogenannte »Markenmanagement« ein, bei dem Manager die volle Verantwortung für einzelne Marken übernehmen, so als ob sie selbständige Unternehmer wären), stieg stetig auf und übernahm 1979 seinen gegenwärtigen Posten.

Wir trafen uns an seinem 49. Geburtstag. Um 8.30 Uhr war er bereits bei der Arbeit und stand ohne Jackett am Fenster seines Büros im elften Stock, im Hintergrund die Betonwüste des neuen und nicht sehr schönen Cincinnati. Das elfte Stockwerk ist sozusagen die Chefetage. Der teure Teppich auf dem Korridor war zartgrün, die Täfelung aus dunklem Holz. An den Wänden hingen Porträts ehemaliger Chairmen und Präsidenten. Durch offene Türen sah man Angestellte, die in großen Büros schweigend arbeiteten. Alle Arbeitsplätze schienen mit Computer-Terminals ausgestattet. Auch in Goldsteins Büro stand ein Computer auf einem zweiten Schreibtisch hinter seinem eigentlichen Arbeitsplatz. Gegenüber den Schreibtischen standen Regale mit Andenken, darunter Fotos von seiner Familie – von seiner Frau, die er im Alter von 21 Jahren geheiratet hatte, und von seinen drei Söhnen.

Eine Pappfigur von »Meister Proper« stand in einer Ecke – die Marke wurde in diesem Jahr 25 Jahre alt. Auf einem eingerahmten Schild stand zu lesen: »Das Auge wird sich an das erinnern, was das Ohr vergißt.« Goldstein erklärte, er habe diesen Ausspruch von einem Verbraucher im Rahmen einer Meinungsumfrage gehört: »Diese Worte fassen in der Tat das zusammen, was einen Werbespot wirksam macht.«

Goldstein war sehr zuvorkommend. Man hatte mir gesagt, daß es Menschen gebe, die ihn »hassen und fürchten« – wie es auch Procter and Gamble selbst ergeht. Mehrere Stunden lang beantwortete er höflich meine Fragen. Er zeigte nur leichten Ärger, als ich das

Gespräch auf Thesen lenkte, die Werbungtreibende als dem Wettbewerb schädlich hinstellen oder ihnen gar Manipulation in der Vermittlung von Werten nachsagen.

Die Philosophie von Procter and Gamble sei, so Goldstein, ganz einfach:»Wenn man ein besseres Produkt herstellt, um den Bedürfnissen der Kunden entgegenzukommen, sollte man ihnen davon Mitteilung machen. Mit der Zeit haben wir herausgefunden, daß Massenwerbung für die Art von Waren, die wir verkaufen, das tauglichste und wirksamste Mittel ist. Der durchschnittliche TV-Werbespot zur teuersten Sendezeit in den Vereinigten Staaten vermittelt eine Botschaft für weniger als eineinhalb Cents pro Haushalt. Zu diesem Preis kann man nicht einmal einen Brief oder eine Postkarte verschicken ... Bei näherer Betrachtung ist das eine sehr wirksame Verkaufsmethode. Wenn es einen besseren oder billigeren Weg gäbe, würden wir keine Werbung betreiben.«

Trotz der ungeheuren Summen und der Kreativität, die aufgebracht werden müssen, sowie des umfassenden Einsatzes von Marktforschung, war Goldstein nicht der Meinung, daß sich die grundlegende Praxis in über 100 Jahren geändert habe.»Ich glaube nicht, daß sich der kreative Schaffensprozeß in der Werbung seit der ersten Anzeige für Ivory Soap im Jahre achtzehnhundertsoundso dramatisch verändert hat. Die Anzeigen haben heutzutage viel mehr Reiz, und sie sind unserer heutigen Sichtweise angepaßt. Wenn ich eine Anzeige von heute mit einer 30 Jahre alten Anzeige vergleiche, gefällt mir die heutige besser. Aber das ist nur deshalb so, weil sich meine Sichtweise geändert hat. Das hängt auch von äußeren Umständen ab.« Er fügte noch hinzu:»Es ist die Aufgabe der Werbung, das Produkt zu verkaufen. Hier gibt es eine Vielzahl von Möglichkeiten, doch letztlich nur ein Ziel.«

Goldstein wies darauf hin, daß weniger als zehn Prozent aller neuen Produkte, die in Amerika auf den Markt gebracht würden, nach drei Jahren noch zu haben seien.»Wenn wir so verdammt klug wären, hätten wir keine Mißerfolge.« Dennoch ist der finanzielle Aufwand für das Austesten neuer Produkte und die Art und Weise, für sie Reklame zu machen, überwältigend. Das Unternehmen behauptet, es habe jedes Jahr über zwei Millionen Kontakte zu Verbrauchern, um zu erfahren, was Kunden von den Produkten halten, die sie benutzen, und welche Verbesserungen sie sich wünschen. Das Forschungsprojekt zählt zu den größten der Welt. Goldstein erklärte, er schätze, »daß, wenn es sich um ein eigenes Unternehmen handeln würde, es das fünft- oder sechstgrößte Marktforschungsunternehmen der Welt wäre. Wir geben eine Menge Geld aus, eine unglaubliche Summe, obwohl es sich eigentlich nur um ein offenes Gespräch mit dem Kunden dreht. Wir stellen Fragen und bekommen Antworten.« Procter and Gamble speichert seine Daten seit 25 Jahren in Computern. »Wahrscheinlich könnten wir viel mehr aus den Daten herausholen. Ich glaube, wir könnten uns ein besseres Bild von den Kunden machen – aber ›besser als was?‹ Besser als der Mann im Laden, mit dem sie jeden Tag sprechen? Nein! Besser als vor 20 Jahren? Ja – ich glaube, das ist möglich.«

Procter and Gamble arbeitet sehr eng mit seinen Werbeagenturen zusammen. Goldstein sagte, es bestünden tägliche Kontakte. Regelmäßig fliegen Angestellte von Werbeagenturen zu Konferenzen nach Cincinnati, die schon mit »Indoktrinationsveranstaltungen« verglichen wurden. Jede Agentur, die für Procter and Gamble arbeitet, ist sich bewußt, daß sie innerhalb eng gesteckter Grenzen und unter ständiger Kontrolle arbeiten muß. Doch der Lohn dafür ist angemessen: große Budgets, neue Aufträge und eine außergewöhnliche Loyalität. Die Zeitschrift *Marketing Week* schätzte, daß eine Agentur *im Durchschnitt* 37 Jahre für Procter and Gamble arbeitet. P & G beschäftigt in den USA ein Dutzend Agenturen; im Geschäftsjahr 1985/86 verdienten fünf von ihnen mit Aufträgen von P & G über 100 Millionen Dollar: Leo Burnett, Grey, Wells Rich Greene, Saatchi and Saatchi Compton und D'Arcy Masius Benton and Bowles (erstaunliche 197 Millionen Dollar).[19]

Goldstein erklärte, daß es in den Beziehungen zu den Agenturen »kein Pardon und keine Geheimnisse« gebe. Er schilderte eine »typische Situation«: »Wir sind uns einig, daß eine Notwendigkeit besteht [für eine neue Kampagne] – sagen wir, für ein neues Produkt. Nehmen wir an, wir haben eine Idee für einen Keks von Duncan Hines, der aus Bananen und Hafermehl besteht.« Das Produkt wird entwikkelt und getestet (wobei Marktforscher die Reaktionen von potentiellen Konsumenten auswerten). Dem Entwurf einer Werbestrategie folgt die Zusammenstellung von Anzeigen durch die Agentur. Weitere Verbrauchertests schließen sich an. »Sie kommen dann mit den Ergebnissen und sagen, ›Das scheinen die zwei besten zu sein.‹ Wir können dann eine davon wählen.« Produkt und begleitende Werbung werden auf einem Test-Markt ausprobiert. »Das ist die Welt in Miniaturformat.« Während das Produkt danach beurteilt wird, wie gut es sich verkauft und was die Leute davon halten, geschieht dasselbe mit der Werbung: Die Leute werden gefragt, ob sie sich daran erinnern und wie sie darauf reagieren. Sofern es sich nicht als Mißerfolg herausstellt, werden Produkt – und Werbung – im nationalen Rahmen eingesetzt.

Werbeagenturen, die für Procter and Gamble arbeiten, mögen finanziell sehr gut gestellt sein, aber sie müssen sich mit dem Spott ihrer »kreativen« Kollegen abfinden. Der Werbestil von Procter and Gamble, der auf Absicherung und Marktforschungstests beruht (wie zum Beispiel der »Day After Recall«, der Test am Tag nach dem Werbemittelkontakt, bei dem eine Anzeige danach beurteilt wird, ob sich die Leute daran erinnern), mag zum Verkauf von Produkten beitragen, wird aber nicht sehr geschätzt. In Procter and Gambles schablonenhaften Spots führen Frauen ihren Nachbarinnen Reinigungsmittel oder Waschmittel vor, erzählen ihren albern lächelnden kleinen Töchtern, daß Spülmittel sanft zu ihren Händen sind. Moderatoren fassen die Ratschläge kurz zusammen. Werbekritiker behaupten, solche Spots seien für den umstrittenen Ruf des Gewerbes verantwortlich. Das ist ein Thema, bei dem Goldstein empfindlich reagiert; in der Tat ist die Werbung des Unternehmens in letzter Zeit verhältnismäßig kühn geworden. »Wir haben nicht nur einen einzigen Werbestil«, betont er. »Wir haben einschmeichelnde Werbung und solche, die es nicht ist. Wir setzen sowohl ›normale‹ Menschen als auch berühmte Persönlichkeiten ein. Wir machen einerseits Werbung, die auf reinen Tatsachen beruht, und andererseits Werbung, die sehr geschönt ist und Träume verkauft. Das steht im Widerspruch zum öffentlichen Eindruck, aber es trifft zu.« Goldstein schob eine Videokassette in den Recorder, und wir sahen uns die neuesten Werbespots an, die verschiedene Agenturen für verschiedene Marken gemacht hatten. Bei der Werbung für Pampers werden Frauen mit versteckter Kamera aufgenommen; Wondra führt eine aggressive Verkaufstaktik vor; Downy zeigt Szenen aus dem Leben (der Spot wirkt völlig amerikanisch, obwohl er in Deutschland produziert wurde); Jif führt Kinder und Gesang vor; Bounce zeigt Handtücher in einer Waschmaschine (»Diesen Spot hasse ich, aber es ist harte

Verkaufstaktik«); Duncan Hines zeigt Kinder in Nahaufnahme beim Essen (»entzückend«); New Hope zeigt eine Frau, die ihre Haare wäscht; es gibt eine Menge Seifenblasen (»Hier verkaufen wir Sex-Appeal und Träume…«).

Am Ende meinte Goldstein: »Es ist doch wohl eindeutig: Es gibt nicht nur einen Stil. Wenn ich einen Verkäufer einstelle, um Hunderten von Leuten ein Produkt zu verkaufen, würden Sie dann von ihm erwarten, daß er überall dieselbe Verkaufstaktik anwendet?«

Procter and Gamble ist ein mißtrauischer Kunde, der von seinen Agenturen völlige Loyalität erwartet. Goldstein gab freiwillig zu, daß er »mehr [Agenturen] verloren oder gefeuert« habe »als irgend jemand sonst in der Geschichte des Unternehmens. Bis vor fünf Jahren verloren wir nur solche Agenturen, die aus dem Geschäft ausstiegen. Doch in den vergangenen fünf Jahren habe ich mich von drei Agenturen getrennt.«

In jedem dieser Fälle war der Grund für die Trennung, daß Procter and Gamble einen Interessenkonflikt mit einem anderen Auftraggeber voraussah, für den seine Agentur arbeitete. Das Unternehmen verfolgt im Hinblick auf Konflikte einen harten Kurs. »Konflikt bedeutet *Interessen*konflikt«, erklärte Goldstein, wobei er die Betonung auf »Interessen« legte.

»Würden Sie einen Anwalt wählen, der in einem Prozeß sowohl Sie als auch die gegnerische Partei vertritt? Würden Sie einem Unternehmensberater vertrauen, der mit Ihnen an langfristigen Plänen zur Informationsvermittlung arbeitet, gleichzeitig aber auch einen Konkurrenten berät? Ich stelle hier rhetorische Fragen. Ich glaube nicht, daß irgend jemand sich so verhalten würde. Möchten Sie, daß der Leiter Ihrer Einkaufsabteilung auch der Inhaber der Firma ist, die Ihnen Material verkauft? Ich würde sagen, nein.«

Nach einer Reihe großer Fusionen von Agenturen nahm Procter and Gamble eine Umverteilung von Aufträgen im Wert von mehreren Millionen Dollar vor, um Konflikte zu vermeiden, aber sicher auch, wie Beobachter meinen, um die Agenturen an seine Macht als Geldgeber zu erinnern. Das Unternehmen zog sogar die Möglichkeit in Betracht, eine Agentur zu kaufen, aber der Gedanke wurde wieder fallengelassen. Offensichtlich war Procter and Gamble zu dem Schluß gelangt, daß es keinen Ersatz für die Werbefachleute gab.

Wie der englische Werbefachmann David Bernstein dargelegt hat, ist
es die Fähigkeit, Ideen zu entwickeln, die die Agentur vom Werbungtreibenden unterscheidet. Die Kunden der Agenturen mögen glauben, sie wüßten alles über Werbung, doch letzten Endes sind es die
Leute von den Agenturen, die die Ideen einbringen.

Die Angestellten der Werbungtreibenden und die der Agenturen
könnten von verschiedenen Planeten stammen. Sie sind zwar aufeinander angewiesen, doch gibt es zwischen ihnen selten eine Liebesbe-
ziehung. »Der durchschnittliche Werbungtreibende«, meint Geoffrey
Palmer-Moore, der Leiter eines Londoner Unternehmens, das Werbungtreibenden bei der Auswahl einer Agentur behilflich ist, »ist ein
kühler, kommerziell ausgerichteter Geschäftsmann.« Viele Werbeleute allerdings schätzen ihn als schwerfällig, gediegen und langweilig ein. Auf der anderen Seite betrachten Kunden die Werbeagenturen als befremdliche Stätten, die von seltsamen Gestalten bevölkert
sind. »Vielen Firmenchefs ist die Welt der Werbung ein Rätsel«, erklärte Michael Cox, Marketingdirektor von Matthew Clark, einem
Getränkegroßhändler in Großbritannien. »Werbung ist ein notwen-
diges Übel, eine gigantische Verschwendung, oder, im anderen Fall,
eine Möglichkeit, das Selbstbewußtsein des Unternehmens zu stärken. Genauso rätselhaft wie die Welt der Werbung sind auch die
Agenturen, die von den seltsamsten Kreaturen bevölkert sind, die
vorgeben, etwas zu sein, was sie nicht sind.«

Viele Kunden beobachten verwirrt das Auf und Ab und den ständigen Wandel in der Welt der Werbeagenturen. Sie verfolgen stau-
nend das Entstehen und den Untergang von Agenturen, Akquisitio-
nen, Fusionen und Trennungen. Die Namen von Unternehmen
verändern sich ständig. So lautet eine Fußnote zu einer Auflistung
von Agenturen: »Pritchard Wood und Erwin Wasey Ruthraef haben
sich zu Wasey Pritchard Wood zusammengeschlossen. Später wurde
daraus Wasey Campbell-Ewald. Dann wurde es von Lowe Howard-
Spink übernommen und hieß von nun an Lowe Howard-Spink Campbell-Ewald.« (Seitdem hat sich der Name wieder geändert!) Eine Londoner Agentur nannte sich 1987 stolz Still Price Court Twivy D'Souza.

In den Augen vieler Menschen »ist die Welt der Werbeagenturen
eine Welt der Zigeuner«, so Keith Monk, Werbeberater von Nestlé.
»Sie kommen und gehen so schnell, wie man Hemden wechselt.«[20]
Fred Turner, Chairman der Hamburger-Kette von McDonalds, be-

zeichnet Werbe- und Marketingleute allgemein als »Scheißkerle«. Von Malcolm Parkinson, Marketingdirektor von B & Q, der führenden britischen Ladenkette für Heimwerkerbedarf, wurden Werbeagenturen, die sich den 4,6-Millionen-Pfund-Werbeauftrag des Unternehmens unter den Nagel reißen wollten, des ständigen Versuchs beschuldigt, »uns zu behandeln wie Dorftrottel aus der Provinz. Sie denken, sie können uns mit dem Glanz der Großstadt betören.«[21] Die Gehälter, die die Werbeagenturen zahlen, lösen oft Erstaunen aus. John Harvey-Jones, der ehemalige Direktor von ICI (Imperial Chemical Industries, des größten britischen Chemiekonzerns), wurde einmal mit den Worten zitiert, er verdiene weniger als der Chef einer seiner kleineren Werbeagenturen.

Dennoch werden sie gebraucht. In den Vereinigten Staaten gibt es etwa 10 000 Werbeagenturen, in Japan ungefähr 3000, in Frankreich 2500, in Brasilien 1400 und in Großbritannien knapp unter 1600.[22] Es handelt sich tatsächlich um einen weltweiten Wirtschaftszweig. »Ich glaube nicht, daß es ein Land auf der Erde gibt, in dem man keine Werbung kennt«, meinte Robert Jenkins, ein weitgereister Werbefachmann, der jetzt eine eigene Agentur in London betreibt. »Sogar in Gebieten wie Papua, Neuguinea, gibt es Werbeagenturen.«

Wo Geschäfte jeder Größenordnung anfallen, sind auch die großen Agenturen zur Stelle. Ed Ney, der frühere Vorsitzende von Young and Rubicam in New York, erklärte: »Man muß nur nach einer mittelständischen Wirtschaftsstruktur Ausschau halten. Denn dort nimmt die Bedeutung von Werbung ständig zu... Momentan ist China für uns von großem Interesse. Die Möglichkeiten im Hinblick auf Werbung sind dort einfach unglaublich.«

Die Agenturen unterscheiden sich in ihrer Größe, angefangen von einer kleinen wie Jenkins (mit fünf Angestellten sowie freien Mitarbeitern) bis zu den riesigen Agenturen wie Young and Rubicam (mit 4000 Angestellten allein in New York und einem Umsatz von nahezu fünf Milliarden Dollar im Jahr).

Der Werbefachmann verdankt seine Existenz der Industriellen Revolution. Hersteller mußten sich im Inland einen Absatzmarkt für ihre Erzeugnisse schaffen; außerdem war die Werbung ein Mittel, um die Macht vom Verkäufer auf den Hersteller zu übertragen – sie ermutigte die Leute, spezielle Artikel zu verlangen, und zwang damit die Einzelhändler zum Aufstocken ihrer Warenbestände.

Die ersten Werbeagenten hatten eher die Funktion von Medienmaklern. Die amerikanische Agentur N. W. Ayer, die 1869 gegründet wurde und noch heute sehr aktiv ist, gestaltete die Branche von Grund auf um, indem sie nicht mehr als Vertreter der Medien auftrat, die Raum für Anzeigen anbieten, sondern als Vertreter des Inserenten, der diesen Raum erwerben will. Dafür erhielt die Agentur eine feste Provision, 15 Prozent des Medienbudgets des Auftraggebers, ein System, das heute noch funktioniert (obwohl heute in zunehmendem Maße niedrigere Prozentsätze oder aber festgesetzte Honorare verlangt werden, deren Höhe von der Bedeutung des Kunden abhängt).

Der nächste wichtige Schritt in der Entwicklung bedeutete für die Agenturen, sich an der Konzeptionierung der Anzeigen zu beteiligen – eine Aufgabe, die sie zunächst nur unter stillschweigender Duldung übernahmen. Hauptberufliche Werbetexter gab es erst gegen Ende des Jahrhunderts. Einer von ihnen, John E. Kennedy, der früher der Königlich Kanadischen Berittenen Polizei angehört hatte, steuerte die Anzeigenwerbung in eine neue Richtung. Man erzählt sich, daß Albert Lasker, einer der Giganten der Werbebranche (er erwarb sich ein Vermögen von 52 Millionen Dollar), eines Tages in seinem Büro einen Zettel überreicht bekam, auf dem stand: »Ich bin unten im Salon, und ich kann Ihnen sagen, was Werbung ist. Ich weiß, daß Sie es nicht wissen. Es würde mir viel bedeuten, Sie wissen zu lassen, was Werbung ist, und es wird auch Ihnen viel bedeuten. Wenn Sie wissen wollen, was Werbung ist, dann lassen Sie es mich durch einen Boten wissen.« Der Zettel stammte von Kennedy, der damals als Werbetexter für Dr. Shoops Stärkungsmittel Reklame machte.

Bis zu diesem Zeitpunkt bestand der Zweck der Werbung darin, der Öffentlichkeit einen Namen ständig vorzuführen.[23] Kennedy änderte das grundlegend. Seine Definition lautete: »Werbung ist gedruckte Verkaufstechnik.« Lasker stellte Kennedy zu dem phantastischen Gehalt von 28 000 Dollar im Jahr ein. Innerhalb von zwei Jahren verdiente er 75 000 Dollar.

John O'Toole, der Laskers Agentur weiterführte, schrieb: »Heute erscheint das alles so einfach und einleuchtend. Doch diese Definition von 1904 bewirkte einen radikalen Kurswechsel in der Werbung. Sie machte es möglich, daß die Werbung heute in unserer Wirtschaft eine so große Rolle spielt. Denn sie offenbarte die wahre Natur der Werbung, indem sie die Funktion einer Anzeige mit der Funktion eines Verkäufers gleichsetzte, der sich im persönlichen Gespräch an den Kunden wendet. Zum ersten Mal wurde das Konzept der Überredung, das für einen Verkäufer oberstes Gebot ist, auf die Entwicklung von Werbung übertragen.«

Obwohl die Werbebranche Anfang der dreißiger Jahre von der Depression hart getroffen wurde, erholte sie sich schnell wieder und entwickelte sich von 1935 an stetig weiter. Das eigentliche Wachstum kam nach dem Zweiten Weltkrieg, als US-Unternehmen energisch auf den ausländischen Markt drängten. Anfang der sechziger Jahre waren die meisten großen Agenturen »full service«-Agenturen, das heißt, sie boten eine ganze Palette von Dienstleistungen an, darunter Forschung, Medienanalyse und Produktplazierung, sowie Bereiche, die sich auf die Entwicklung neuer Produkte bezogen, einschließlich der Verpackung und der Beratung in bezug auf den Markennamen.

Wie viele andere Industriezweige hat auch die Werbung verschiedene Phasen durchlaufen. Heute ist das Zeitalter der Mega-Agenturen und (im Gegensatz dazu) der kleinen, unkonventionell-»kreativen« Agenturen, die entschlossen sind, etwas anzubieten, das sich von den »anonymen« Produkten der Großen der Branche unterscheidet. Die Großen werden immer größer; die Agenturen mittlerer Größe geraten unter immer stärkeren Druck. Durch Fusionen und Firmenübernahmen sind neue, gigantische Unternehmen entstanden. Drei große amerikanische Agenturen, BBDO, Doyle Dane Bernbach und Needham Harper, schlossen sich 1986 zusammen und wurden damit zur größten Agentur der Welt; bereits einen Monat später wurden sie von ihrer Spitzenposition verdrängt, als Saatchi and Saatchi in England die Ted Bates-Agentur übernahmen und damit ein Unternehmen mit einem Umsatz von 7,5 Milliarden Dollar schufen.

Die Mega-Agenturen sind überall auf der Welt aktiv. Die American Interpublic Group (eine Holdinggesellschaft, zu der die Agenturen McCann-Erickson Worldwide und Lintas Worldwide gehören) besitzt eine Weltkarte, auf der die Außenstellen mit grünen Kreisen, roten Dreiecken und schwarzen Quadraten eingezeichnet sind, wobei jede Farbe einer bestimmten Agentur zugeordnet ist. Grüne Kreise verlaufen wie Punktlinien durch Zentralamerika, schwarze Quadrate zieren Indien. Unter der Karte sind die Länder in alphabetischer Reihenfolge aufgelistet – von Argentinien bis Zimbabwe. Sowohl Taiwan als auch das chinesische Festland gehören dazu. Die Karte erinnerte mich an die Karte des US-Außenministeriums, auf der die diplomatischen Vertretungen und die Konsulate eingezeichnet sind. Sie könnte auch, abgesehen von ihrer modernen Graphik, aus einem alten englischen Schulatlas stammen, der das Britische Empire auf dem Höhepunkt seiner Macht zeigt.

Auch von anderen Agenturen könnte man Karten entwerfen, die nicht weniger beeindruckend wären: die Welt der Agentur Young and Rubicam mit ihren 41 Filialen in Amerika und 125 Außenstellen in Übersee; Ogilvy and Mather (60 Filialen in den USA und 209 im Ausland); J. Walter Thompson (73 in den USA und 130 im Ausland). »JWT besiedelte Südamerika kurz nach Kolumbus«, sagt man in der Branche.

Das Geschäft expandiert und internationalisiert sich zunehmend, und diese Entwicklung geht stetig weiter. In den drei Jahren bis 1986 tätigte Foote Cone and Belding (Laskers alte Agentur) 17 neue Abschlüsse außerhalb der Vereinigten Staaten; damit nahm die Zahl der Länder, in denen die Agentur mit Außenstellen vertreten ist, um 16 Staaten zu, und die Agentur wurde »größer, stärker und wirklich international«.

Wie bei den Werbungtreibenden selbst (nach denen sie sich gewöhnlich richten) erscheinen auch in der internationalen Werbebranche immer wieder dieselben Namen. J. Walter Thompson ist die größte Agentur in Argentinien, Chile, Ecuador, Griechenland, Indien, Spanien und Venezuela[24]; in Großbritannien, Kolumbien und Malaysia steht sie an zweiter Stelle; in Kanada an dritter, und in der Dominikanischen Republik, in Hongkong und in Italien an vierter Stelle. McCann-Erickson ist die größte Agentur in Italien; in Chile, der Dominikanischen Republik, Ecuador, Finnland, Mexiko und Singapur nimmt sie den zweiten Platz ein.[25]

1987 bearbeiteten die sieben führenden Agenturen mehr als ein Fünftel des Weltauftragsvolumens der Werbung. Von den zehn größten Agenturen der Welt stammten 1987 fünf aus Amerika, zwei aus Japan und drei aus Großbritannien. Die größte Holdinggesellschaft der Welt war Saatchi and Saatchi.*

---

* Die größte Werbeagentur der Welt war die japanische Agentur Dentsu, gefolgt von Young and Rubicam, Saatchi and Saatchi Advertising, Backer Spielvogel Bates Worldwide, Ogilvy and Mather Worldwide, J. Walter Thompson Co., McCann-Erickson Worldwide, Lintas Worldwide und Hakuhodo International. Bei den Holdinggesell-

Die Geschichte der Saatchi-Brüder Charles und Maurice ist bekannt. Im Alter von 27 beziehungsweise 24 Jahren gründeten sie ihr Imperium mit einem Startkapital von 25 000 Pfund und einem winzigen, gemieteten Büro. Sie verfügen über ein Gespür für Publicity, die sie nicht zuletzt durch den wohlangewandten Kunstgriff fördern, sich nach Art von Howard Hughes abzusondern. Zu den wichtigsten Entwicklungsschritten der Agentur zählte die Übernahme einer alteingesessenen Agentur namens Garland-Compton, von Vorsicht und Tradition geprägt, aber zweimal so groß wie Saatchi, und mit einem erstklassigen Kundenstamm, darunter Procter and Gamble. Der zweite Schritt folgte 1978, als die Agentur dazu ausersehen wurde, die Werbung für die Konservative Partei zu übernehmen. Der Wahlsieg der Torys war nicht zuletzt das Verdienst der Werbung. Plötzlich war Saatchi and Saatchi in aller Munde.

Die Agentur zieht Bewunderung wie auch Feindschaft auf sich. Es herrscht jedoch Übereinstimmung darüber, daß sie sich durch ein pragmatisches Geschäftsverständnis auszeichnet. John Salmon, Vorsitzender von Collett Dickenson Pearce, erzählte mir:»Charles Saatchi sagte einmal zu mir, ›Wenn unseren Kunden unsere Arbeit nicht gefällt, dann zeige ich ihnen ein bißchen Abfall und frage: Gefällt Ihnen das?‹«

1979 übernahm Saatchi and Saatchi J. Walter Thompson und war damit die größte Werbeagentur Großbritanniens. Drei Jahre später wurde pro Monat eine Akquisition getätigt. Die Methode, solche Übernahmen zu finanzieren, ist von brillanter Einfachheit. Einer ersten Anzahlung folgen mehrere Jahre aufgeschobener Zahlungen, die vom Erreichen künftiger Gewinnziele abhängig gemacht werden. Der Kauf von Agenturen bringt Saatchi neue Kunden. Durch das angenommene Wachstum dieses Kundenstammes werden die Ausgaben der Agentur für die Akquisition bald gedeckt.

Die Übernahme der amerikanischen Agentur Ted Bates durch Saatchi versetzte die amerikanische Werbebranche in Erstaunen. Ted Bates nimmt eine ganz besondere Stellung in der amerikanischen Werbung ein. Ende der vierziger Jahre befaßte sich die Agen-

schaften kam nach Saatchi and Saatchi die Interpublic Group, gefolgt von der Omnicom- und der WPP-Gruppe (zu der auch JWT gehört). Von den zehn größten Holdinggesellschaften stammten 1987 vier aus England, eine aus Frankreich, eine aus Australien und nur drei aus Amerika.

tur zunächst mit Massenartikeln. Sie war die Agentur, die Herrn und Frau Jedermann ansprach. Sie war es auch, die der Werbebranche die bekannteste Abkürzung gab – USP, Unique Selling Proposition (»einzigartiges Werbeargument«), geprägt von Rosser Reeves, dem Mitbegründer der Agentur. In den fünfziger Jahren erarbeitete Reeves eine systematische Werbemethode, die nach seiner Auffassung zur Schaffung einer USP für jedes Produkt, jedes Unternehmen oder jede Dienstleistung führen könne. So entstand dank Bates und USP der Slogan, Anadin bringe schnellste Linderung (»Fast, fast, fast relief«), der laut Reeves eine Absatzsteigerung von 17 auf 54 Millionen Dollar brachte. Für Mars' »M & M's« galt der Slogan: »Schmilzt im Mund, nicht in der Hand.« Für die Rekrutierung der Navy: »Es ist nicht nur ein Job, es ist ein Abenteuer.« Und für Bic: »Er schreibt jedesmal wie das erste Mal.« Die Übernahme war von beträchtlicher emotionaler Bedeutung und, wichtiger noch, sie festigte im Zeitalter weltweiter Werbung Saatchis Stellung an vorderster Front.

Der ständig wachsende Internationalismus ist eines der wesentlichsten Merkmale der Werbung in den achtziger Jahren. Nimmt man zum Beispiel in der Türkei eine Zeitung zur Hand, findet man darin sehr wahrscheinlich eine Anzeige von Marlboro oder Löwenbräu; schaltet man das Fernsehgerät ein, zeigen die Werbespots Autos von Daimler-Benz oder Mitsubishi.

Diese Entwicklung wird von vielen Faktoren gesteuert. Wenn der Markt zu Hause gesättigt ist, werden die Hersteller in immer neue Bereiche gedrängt, um das Wachstum aufrechtzuerhalten. Wenn Produkte internationalisiert werden können, kann die Massenproduktion kostengünstiger erfolgen (und damit auch die Werbung.) Diese Entwicklungen gehen Hand in Hand mit entsprechenden Trends im Medienbereich. Der *International Herald Tribune* beispielsweise erscheint in Paris, wurde aber 1986 in acht Weltzentren gedruckt; und Satelliten strahlen über Kontinente hinweg dieselben Fernsehprogramme aus.

Ein Getränkeanbieter ging mit mir die Produkte durch, die heute »international« sind: Jeans, T-Shirts, Sportschuhe, alkoholfreie Getränke, Elektrowerkzeuge, Kreditkarten, Hamburger ... Er machte den Vorschlag, wir sollten alle Marken aufschreiben, die uns innerhalb von fünf Minuten einfielen. Die Liste war eindrucksvoll: Colgate-Zahnpasta, American Express Cards, Ariel-Waschpulver, Bacardi,

Ballantine's Whisky, Canada Club, British Airways, Canon-Kameras, Coke und Pepsi, Ford Escort, Heineken-Bier, IBM-Computer, Kellog's Cornflakes, Kodak-Film, Marlboro-Zigaretten, Marsriegel, Nescafé-Instant, Persil, Philips, der Fiat Uno, der Golf von Volkswagen, Lego-Spielzeug, Hamburger von McDonald's ... In welche europäische Stadt man auch kommt, man wird stets feststellen, daß diese Namen zum täglichen Leben gehören und die Anzeigen für diese Produkte Bestandteil der dort üblichen Werbung sind.

Weltweit agierenden Unternehmen stehen drei Möglichkeiten zur Wahl. Sie können ein Produkt standardisieren, anpassen oder für die Kunden in Übersee etwas anderes produzieren. Die gleichen Möglichkeiten bieten sich im Hinblick auf die Werbung.

Bei großen internationalen Unternehmen zeichnet sich der Trend ab, die Werbung einer geringeren Anzahl von Agenturen zu überlassen. Kodak senkte die Zahl der Agenturen, die für das Unternehmen arbeiteten, von 50 auf zwei. Der führende amerikanische Werbefachmann Ed Ney erklärte:»Große Auftraggeber wählen sich die Agenturen aus, die eine bestimmte Größe und Struktur und internationalen Einfluß haben. Große Unternehmen kommen damit leichter zurecht und haben mehr Einfluß, wenn sie nur mit zwei oder drei Agenturen verhandeln. Wenn in Caracas etwas schiefläuft, dann rufen sie entweder mich oder Bill Phillips [Chairman/CEO von Ogilvy and Mather] oder Bill McKay [von J. Walter Thompson] an und sagen nur, ›Hey, wir arbeiten mit euch in 25 Ländern; ihr vermasselt das; bringt das wieder in Ordnung.‹ Und, glauben Sie mir, es wird in Ordnung gebracht.«

Agenturen ohne internationale Verbreitung haben erkannt, daß sie in zunehmendem Maße benachteiligt sind. Zur Verteidigung führen sie an, daß die Welt zwar kleiner werden mag, daß aber Unterschiede richtig und notwendig seien; deshalb sei die Werbung der großen Agenturen immer nur Werbung auf dem kleinsten gemeinsamen Nenner. David Bernstein erinnert sich, daß er einmal als einer von 30 Vertretern des mittleren Managements nach New York eingeladen wurde, um an einer Präsentation für Coca-Cola teilzunehmen. »Der beredsame Moderator zeigte Bilder von zehn hübschen Mädchen, und jedes dieser Coke-Modelle kam aus einem anderen Land. Wir sollten raten, welches aus welchem Land stammte. Keiner von uns schnitt dabei gut ab. Das gefiel dem Moderator, doch die Aussicht

auf eine Weiblichkeit des kleinsten gemeinsamen Nenners stimmte
ein paar Europäer traurig.«

Jacques Séguéla behauptet außerdem, daß dieser Nenner amerikanisch sein wird:»Es gibt heute keine Demokratie in der Werbung,
weil Amerika in dieser Branche dominierend ist. Die Engländer spielen in diesem Kampf ein falsches Spiel. Sie kämpfen zuerst für sich
selbst. Aus Saatchi and Saatchi wurde eine Agentur amerikanischen,
nicht europäischen Stils. Werbung ist unsere Wurzel, weil unsere
Kinder aus der Werbung lernen. Sie verbringen mehr Zeit vor dem
Fernsehgerät als in der Schule. In zehn Jahren werden nicht mehr
Bordeaux-Wein und Bier im Mittelpunkt stehen, sondern Coca-Cola.
Für mich hat der dritte Weltkrieg bereits begonnen: es ist kein Rake-
tenkrieg, sondern ein Meinungskrieg im Fernsehen, in den Zeitungen, im Kino und auf Plakaten.«

Die Gegner weltweiter Werbung kennen viele Anekdoten, die sie
bereitwillig erzählen, um kulturelle Unterschiede aufzuzeigen, die
angeblich grenzüberschreitende Werbung unwirksam machen. Séguéla berichtet von einer afrikanischen Werbung für eine Marken-
batterie. Zu Anfang wird sie in ein Aquarium gelegt. Die zweite Szene
spielt eine Woche später: die Batterie wird aus dem Wasser geholt
und in ein Radio eingelegt, das auf Anhieb funktioniert. Der Verkauf
der Batterien jedoch war ein Fiasko. Marktforscher fanden den
Grund heraus: Potentielle Kunden hatten die Anzeige so verstanden,
daß die Batterie *nur* funktionierte, wenn man sie zuerst in Wasser
tauchte.

In Taiwan las sich die Übersetzung von Pepsis amerikanischem
Werbeslogan »Werde lebendig mit der Pepsi-Generation« auf den Reklametafeln angeblich so:»Pepsi wird deine Vorfahren von den Toten
auferwecken.«[26] In Brasilien warb eine amerikanische Fluggesellschaft dafür, daß es in ihren Flugzeugen »Rendezvous lounges« gebe,
ohne zu ahnen, daß »Rendezvous« auf Portugiesisch einen Ort bezeichnet, wo man miteinander schläft. Für den französischsprachigen Teil Kanadas übersetzte Hunt-Wesson seinen Markennamen
»Big John« in »Gros Jos«, eine umgangssprachliche französische
Redewendung, die eine Frau mit großen Brüsten bezeichnet.

Dr. Jean-Bruno Bouée, ein Franzose, der die Psychologie C. G.
Jungs für seine Beratungstätigkeit im internationalen Handel einsetzt, berichtet von einem aus dem Westen stammenden Shampoo,

das im japanischen Fernsehen angepriesen wurde. Der Werbespot zeigte eine Männerhand, die sanft über das Haar eines Mädchens strich. Eine Auswahl von 30 japanischen Männern und Frauen wurde gebeten, sich vorzustellen, was als nächstes passiert. Mit einer Ausnahme erklärten alle, der Mann werde ein Schwert ziehen und dem Mädchen den Kopf abschlagen! Der Werbespot wurde zurückgezogen.

Den Befürwortern der internationalen Werbung gefallen solche Geschichten selbstverständlich auch. Doch nach ihrer Auffassung beweisen diese Anekdoten lediglich, daß die Werbung nicht sorgfältig genug entworfen wurde.

Werbung, so behaupten sie, *kann* Grenzen überschreiten. Für »Impulse«, ein Parfumdeodorant von Elida-Gibbs, wird von Südafrika bis Südamerika ein grundlegender Ablauf verwendet: Ein Mann stürzt los, um einem Mädchen Blumen zu schenken, das vom Duft des Deosprays umgeben ist. (Die Männer sind unterschiedlich: in Südamerika und Italien werden ältere Männer bevorzugt, während man den Frauen in Großbritannien nachsagt, sie fänden solche Männer »zu bedrohlich«.) Die Werbung für Ballantine's Whisky erscheint unverändert auf 46 Märkten. Henry Pomeroy, der Werbeleiter von Hiram Walker, erklärte: »Wo immer ein Konsument unsere Werbung sieht, wird ihm dieselbe Botschaft präsentiert. Er besteigt ein Flugzeug in Hongkong und sieht Ballantine's Botschaft, die überall dieselbe ist: in der Abflughalle, im Duty-Free-Shop, an Bord, in den internationalen Zeitschriften, die er während des Flugs liest, und auf Werbeplakaten, wenn er an seinem Reiseziel ankommt.«

Eine Kommission der International Advertising Association (Internationaler Verband von Werbefachleuten) hatte keine Zweifel im Hinblick darauf, wie die Zukunft aussehen wird: »Es [das globale Marketing] bedeutet den Durchbruch des Marketingstils der achtziger Jahre, und es wird in den kommenden Jahrzehnten die Werbebranche und das Fernsehen verändern.« Warum gerade jetzt? fragte die Kommission und gab sich selbst die Antwort: wegen der technischen Neuerungen wie Kabel- und Satellitenfernsehen.

Anhänger der Werbung weisen darauf hin, daß Wünsche und Bedürfnisse der Menschen dieselben bleiben. Erik Elinder erklärte vor 20 Jahren im *Journal of Marketing*: »Der Wunsch, schön zu sein, ist ein allgemeines Bedürfnis. Solche Schlagworte wie ›Mutter und

Kind‹, ›frei von Schmerz‹, ›strahlende Gesundheit‹ kennen keine
Grenzen.«[27] Heute kommt es in zunehmendem Maße zu einer Annäherung des Geschmacks, der Gewohnheiten, der Aktivitäten und der
Lebensstile. Selbst der Geschmack in bezug auf das Essen, der immer
als eines der wichtigsten nationalen Merkmale betrachtet wurde, hat
eine gewisse Uniformität angenommen. Nestlé verkauft tiefgefrore-
nes Mussaka in Frankreich, in Großbritannien ißt man Müsli, die Italiener kaufen Tomatenketchup, und überall gibt es Joghurt und Mineralwasser. »Was den Essensgeschmack betrifft, bewegen wir uns auf
eine gewisse Uniformität zu, wenn nicht weltweit, so doch sicherlich
in Europa«, erklärte Michèle Pougny vom Forschungsinstitut für
Sozialen Wandel in Paris.

Werbefachleuten, denen die Welt der großen Agenturen nicht gefällt, steht eine Lösung offen: sie können kündigen und eine eigene
Agentur gründen. Ständige Neugründungen sind ein Merkmal der
Werbebranche und tragen dazu bei, daß dieses Geschäft so aufregend ist – heute ein Telefon und ein Zimmer, und morgen ... In einer
Boomperiode wurde in London fast jede Woche eine neue Agentur
gegründet. (Doch sie können ebenso schnell wieder vom Erdboden
verschwinden. In den USA steigen schätzungsweise sechs von zehn
Agenturen innerhalb von fünf Jahren aus dem Geschäft aus.) Es ist
einfach, eine Agentur zu eröffnen. Man braucht nichts weiter (vorausgesetzt, man hat ein oder zwei begabte Leute) als ein Büro, ein
Telefon und genügend Startkapital, um zu überleben, bis die ersten
Einnahmen verbucht werden können. Kleine Agenturen locken eine
unverhältnismäßig große Anzahl der besten Werbeleute an, die die
großen Agenturen als Werbemaschinen betrachten.

Kunden wollen nicht, daß sich ihre Agentur mit der Arbeit eines
Konkurrenten befaßt. Das bedeutet in der Praxis, daß die größten
Agenturen nur begrenzt die auf dem Markt angebotenen Aufträge
übernehmen können und so der Fortbestand einer Vielfalt von Agenturen gewährleistet ist. Ein Interessenkonflikt mag für den Außenstehenden nicht gleich erkennbar sein. Hallmark Cards entzog Young
and Rubicam seinen 40-Millionen-Dollar-Auftrag, weil die Agentur den
Etat von AT&T Communications für internationale Ferngespräche
gewonnen hatte.[28] Der Konflikt: An »besonderen« Tagen wie Mutter-
tag und Weihnachten gebe es Streit darüber, ob man telefonieren
oder eine Karte von Hallmark schicken sollte.

Was immer auch diesbezüglich geschieht, es kann den kleineren
Agenturen nur von Nutzen sein (weniger den Agenturen mittlerer
Größe). Das kann, wie insbesondere in Großbritannien, zu der seltsamen Situation führen, daß große Agenturen manchmal mit sehr kleinen wegen desselben Kunden aneinandergeraten. Es ist beinahe so,
als würden die Bechtel Corporation und eine Gruppe irischer Bauarbeiter um den Auftrag kämpfen, ein neues Stadion zu bauen. Der Unterschied besteht nur darin, daß in der Welt der Werbung die irischen
Bauarbeiter manchmal gewinnen.

Heute gibt es auf der Welt drei große Zentren der Werbung: New York,
London (das man allgemein für das kreative Zentrum der Werbung
hält) und Tokio (die Heimat von Dentsu, der mächtigsten Werbeagentur der Welt).

Niemand kann bestreiten, daß New York die geistige Heimat der
Werbung ist. Und in vielerlei Hinsicht ist es immer noch führend. Fast
die Hälfte aller Werbeausgaben wird in den Vereinigten Staaten getätigt; dort wird der höchste Prozentsatz des Bruttosozialprodukts für
Werbung eingesetzt*, und die meisten großen Agenturen operieren
immer noch von den USA aus. Für viele Leute steht die Madison Avenue für die New Yorker Werbebranche schlechthin. In Wirklichkeit
sind die Agenturen über die ganze Stadt verteilt. Die American Association of Advertising Agencies (Amerikanischer Werbefachverband)
hat in New York mehr als 100 Mitglieder, aber kaum mehr als ein Dutzend davon befinden sich in der Madison Avenue. J. Walter Thompson hat sich in Lexington niedergelassen, Ayer in der Sixth Avenue,
Ogilvy in der 48th Street und Grey in der Third Avenue. Eine Reihe
von Agenturen hat sich völlig aus dem Zentrum Manhattans zurückgezogen und ist in die Innenstadt abgewandert. Die Gegend, die sie
sich rund um Park Avenue und Fifth Avenue aussuchten, nannten sie
»Madison Avenue South«. Das Hauptmotiv, das sie hierher und sogar
noch weiter südlich in Richtung Hudson Square führte, waren die Kosten, doch die Gegenden waren mehr als eine preiswerte Alternative
zur Madison Avenue. Sie bedeuteten eine Flucht, eine Befreiung von
dem Anzug-, Krawatten- und Taschenrechner-Milieu der traditionel-

---

* Mit 2,4 Prozent des Bruttosozialprodukts liegt die Werbung über dem organisierten
Verbrechen, das vom Magazin *Fortune* auf 1,1 Prozent geschätzt wird.[29]

len Madison Avenue. Diese Agenturen waren phantasievoll und wagemutig – Eigenschaften, aus denen Kreativität erwächst. Aber die Madison Avenue blieb als Symbol bestehen. »Wenn die Wall Street ein Symbol für den amerikanischen Kapitalismus ist – düster, grau, kalt wie Stein, berechnend«, schrieb Michael Schudson, ein amerikanischer Soziologe, »dann ist die Madison Avenue ihr optimistisches Gegenstück – Stahl und Glas, spritzig und wortgewandt, eher zynisch als ernsthaft, eher unter Druck als Druck vermittelnd, lächelnd, doch brüsk.«[30]

London hat nichts der Madison Avenue Vergleichbares zu bieten. In den siebziger Jahren scharten sich viele um Covent Garden; ein Jahrzehnt später galt die Gegend bereits zu sehr als Teil des »Establishment«, und neue Agenturen begannen sich in Soho niederzulassen. Viele der bekannten Namen sind jedoch anderswo angesiedelt: Boase Massimi Pollitt (wahrscheinlich Londons meist bewunderte All-Round-Agentur, die von Werbefachleuten wie Kunden gleichermaßen bevorzugt wird) in umgebauten Lagerhallen hinter dem Bahnhof Paddington; J. Walter Thompson in einem soliden, respektablen Gebäude aus dem 18. Jahrhundert am Berkeley Square, wie es sich für eine Agentur geziemt, die man als »Ministerium für Werbung« bezeichnet, und Lowe Howard-Spink in Knightsbridge.

Im Gegensatz zu New York herrscht in der Londoner Welt der Agenturen eine bedrückende Enge. Es gibt sogar eine Fachzeitschrift namens *Campaign*, die von Klatsch und Tratsch lebt: »In Amerika ist Werbung reines Business, hier ist sie Showbusiness«, erklärte ihr ehemaliger Herausgeber Bernard Barnett.

Außerhalb Amerikas ist London heute die größte Werbemetropole der Welt. 1987 stammten acht der größten Londoner Agenturen aus Amerika, doch die US-Agenturen haben in der Branche stetig an Effektivität und Ansehen verloren. Eine Untersuchung von *Advertising Age* ergab, daß ihr Anteil am britischen Markt zwischen 1980 und 1984 von 43 auf 36 Prozent sank. *Campaign* kommentierte: »Tatsache ist, daß die Amerikaner ihren Biß verloren haben; von den absoluten Spitzenleuten will keiner mehr für sie arbeiten.«

London hält sich selbst für das kreative Zentrum der Werbung. Martin Boase erklärt: »Zweifellos war New York in den sechziger Jahren das Mekka der Werbung. Es besteht aber auch kein Zweifel, daß es sich in den siebziger Jahren hierher verlagerte und immer noch hier ist.« Dieser Ansicht sind nicht nur Briten. Jacques Séguéla meint spaßhaft, daß der glücklichste Mann der Welt derjenige sei, der »eine englische Werbeagentur, ein amerikanisches Gehalt, einen französischen Koch und eine chinesische Frau« habe. Vincent Daddiego, ein Texter bei Young and Rubicam in New York, hält auch Vorlesungen über Werbung und zeigt seinen Studenten englische Werbespots. »Englische Spots sind wie der Heilige Gral«, meint er.

Boase glaubt, daß sich für Großbritanniens Überlegenheit mehrere Gründe anführen lassen. Als ersten Faktor nennt er die britische Einstellung zur Verkaufstaktik: »Wir finden es peinlich, sich einer offenen Verkaufstaktik zu bedienen. Überredung muß versteckt sein.« Zweitens hätten die britischen Werbungtreibenden der Macht der Werbung gegenüber eine skeptischere Einstellung als die amerikanischen. Und drittens, meint Boase, habe Großbritannien als Land genau die richtige Größe: groß genug für Etats, die es den Agenturen ermöglichten, gute Leute einzustellen, aber es sei nicht wie die USA »so gigantisch, daß es nur zu einer Herr-Diener-Beziehung führen kann«. Die historische Entwicklung der Werbespots in Großbritannien und in den USA ist ebenfalls ein wichtiger Faktor. In den USA ahmten die frühesten Werbespots die Werbung im Radio nach, wobei die Wiederholung von Markennamen das Hauptmerkmal war. In Großbritannien dagegen waren TV-Werbespots kleinere Versionen von Kino-Werbespots. Viele waren eher kurze Filme.

Großbritanniens Klassensystem und seine starren Strukturen haben erstaunlicherweise ebenfalls zu der außerordentlichen Kreativität des Landes in der Werbung beigetragen. Jay Chiat von Chiat/Day, eine der kreativsten Agenturen Amerikas, ist davon überzeugt, daß Werbung in England junge Leute angezogen hat, weil sie ihnen die Möglichkeit bot, aus dem »Kastensystem« auszubrechen.[31] »Es ist ein traumhafter, gutbezahlter Job. Und man muß nicht aus reichem Hause stammen oder die richtige Schule besuchen, um in diese Berufe hineinzukommen. Die jungen Leute kommen unerfahren und wißbegierig daher und bringen eine Leidenschaft für ihre Arbeit mit, die es bei den jungen kreativen Leuten hier gar nicht mehr zu geben scheint – zumindest nicht bei denen, die wir interviewt haben.« Robin Wight in London stimmt dem zu. »Junge Talente aus der Arbeiterklasse finden in der Werbung ein Betätigungsfeld. Werbung ermöglicht den sozialen Aufstieg aus der eigenen Klasse. In vielen

Branchen ist das nicht möglich – man denke nur an Banken und Juristen.«

Die mächtigste Werbeagentur der Welt befindet sich jedoch weder in New York noch in London, sondern in Tokio. Ihre Stellung in Japan wird regelmäßig am Neujahrsabend deutlich, wenn Dentsu für 5000 Gäste die spektakulärste Party des Landes veranstaltet. Der Wettstreit um Einladungen ist gewaltig; Heerscharen von hochbezahlten Ginza-Mädchen wandeln durch große Aufenthaltsräume im Imperial Hotel, die sich über zwei Stockwerke erstrecken.

Als Werbemarkt wird Japan lediglich von den USA übertroffen; die jährlichen Werbeausgaben beliefen sich 1986 auf über 3,5 Billionen Yen (22 Milliarden Dollar).[32] Dentsus Anteil liegt bei ungefähr einem Viertel (und der Anteil der zweitgrößten Agentur, Hakuhodo, bei etwa neun Prozent). Japans Markt wird von den japanischen Agenturen kontrolliert. Diese Situation ist einmalig. Japanische Agenturen waren ursprünglich und in erster Linie Medien-Agenturen. In Japan besteht ein komplexes, verflochtenes System von Unternehmensbeteiligungen zwischen Agenturen, Zeitungen und Fernsehsendern. Den meisten Agenturen gehört entweder ein Teil der Medien, oder sie selbst gehören im wesentlichen den Medien. Das alles bedeutet in der Praxis, daß Agenturen, und insbesondere Dentsu, in großem Umfang Raum in Zeitungen und Sendezeit zur Verfügung haben, die sie nach eigenem Ermessen vergeben können. Werbungtreibende benötigen daher stets mehrere Agenturen. Sie brauchen eine bestimmte Agentur, um Zugang zu bestimmten Sendezeiten im Fernsehen zu erhalten oder Anzeigenraum in Zeitungen zu bekommen.

In diesem System kommt der Agentur große Macht zu. Dentsu beispielsweise nimmt für sich in Anspruch, für fast alle Automobilhersteller zu arbeiten. Dentsus Ansichten über bestimmte Medienprogramme sind daher von großer Bedeutung: Wenn der Agentur ein Programm gefällt, kann sie darin sehr viel Werbung einsetzen, wenn sie das will. Die Agentur hat auch schon Zeitungen vor dem Ruin bewahrt, indem sie ihnen Anzeigen vermittelte.

Dentsu ist der Überzeugung, Konflikte zwischen den verschiedenen Kunden dadurch vermeiden zu können, daß sie 15 separate Kundenabteilungen eingerichtet hat, die alle örtlich voneinander getrennt sind und von denen jede einen eigenen Direktor hat. Das Hauptgebäude ist ein imposanter, grauer, 20stöckiger Block in Tokios

Ginza-Distrikt. Bezeichnenderweise sind Dentsus Kreativdirektoren und Werbetexter in einem anderen, etwas weiter entfernten Block untergebracht. Kreativität gehört nicht zu den vorrangigen Aufgaben japanischer Agenturen: Viel Arbeit wird an die lokalen »hot shops« vergeben, und viele große Inserenten wie Suntory, der Getränke-Gigant, besitzen eigene Kreativabteilungen. Die beiden großen Aufgabenbereiche sind Media und Kontakt; von den Kontaktern wird erwartet, daß sie *täglich* mit den Kunden sprechen.

Die Ausbildung ist, gemessen an westlichen Standards, eher formal. Bei Hakuhodo besuchen die Anfänger die unternehmenseigene Werbefachschule und erhalten Unterricht in Marketing, im Verfassen von Werbetexten und in der Kundenbetreuung. Nach drei Monaten werden sie einer Abteilung zugewiesen.

Dentsus Mitarbeiter werden dazu angehalten, »Dentsus zehn Gebote« zu beachten, die von Hideo Yoshida festgelegt wurden, der zwei Jahre nach Kriegsende die Präsidentschaft übernahm und Dentsus Machtstellung begründete. Darin heißt es unter anderem: »Wenn du eine Aufgabe anfängst, gib niemals auf – vollende sie, um was es sich auch handeln mag ... Hab keine Angst vor Konflikten; sie sind der Ursprung des Fortschritts und der Ansporn zu dynamischem Handeln. Wenn du Auseinandersetzungen scheust, wirst du unterwürfig und ängstlich.«

Das Fernsehen ist das größte Medium für Werbung in Japan, gefolgt von den Zeitungen. Die Werbespots sind kurz – 15 Sekunden – und erscheinen alle zehn Minuten. Diese ständige Berieselung ist recht heimtückisch. Den Werbebotschaften kann man nicht entkommen. Große Werbungtreibende benutzen alle fünf kommerziellen TV-Kanäle gleichzeitig. Die Werbespots selbst sind demgegenüber weichste Verkaufstaktik, mitunter scheint es, als wollten sie überhaupt nichts verkaufen. Junji Imaki von Hakuhodo zeigte mir eine Reihe von Werbespots seiner Agentur. Viele waren bezaubernd und zielten darauf ab, im Zuschauer ein angenehmes Gefühl zu wecken, an das er sich beim Einkaufen erinnern sollte. In einem besonders eindrucksvollen Spot klettert ein Spielzeugfeuerwehrmann eine Leiter zum Dach eines Wolkenkratzers hinauf, wo er eine brennende Zigarette ausmacht. Der Spot ist für National-Batterien. Ich glaube nicht, daß sie besser sind als andere Batterien, aber wenn ich vor die Wahl gestellt würde, käme ich mir wie ein Lump vor, wenn ich nicht nach den Batterien von National griffe. »Die Annäherung an den Verbraucher erfolgt über das Auslösen von Emotionen«, erklärte Mr. Imaki. »Die Leute in Japan wollen in erster Linie schöne Werbespots. Ich glaube, einige aus dem Ausland sind nicht schön. Sie erklären das Produkt rational. Darin liegt keine Spannung für den Zuschauer...«

In einem Werbespot schwimmt eine nackte Frau in einem Pool. Das Wasser ist an einem Ende gelb und am anderen purpurfarben gefärbt. Man kann kurz eine ihrer Brüste sehen. Aus dem Off ertönt eine Stimme: »Wasser ist sanfter als Männer. Parco.« Parco ist der Name eines eleganten Kaufhauses. In einem Suntory-Werbespot für Whisky wird ein kleiner Hund gezeigt, der verschiedene kleine Abenteuer erlebt, während er im Regen in der Stadt umherirrt. Der Werbespot endet damit, daß eine Hand einer anderen ein Glas Whisky mit Eis reicht. Der Off-Kommentar lautet: »Es gibt die unterschiedlichsten Lebensweisen. Paß auf. Paß auf jeden Fall auf. Jeder sollte aufpassen.«

Agenturen haben viele Gemeinsamkeiten, ob es sich nun um riesige internationale Agenturen oder um kleine lokale Werbebüros handelt. Sie alle beschäftigen eine bestimmte Art von Menschen mit gleichartiger Begabung, sie sind in vergleichbarer Weise organisiert und sie bieten dieselbe Art von Produkt an. »Um es auf den Punkt zu bringen: Wir verkaufen unseren Kunden Anzeigen, mit deren Hilfe diese den Verbrauchern etwas zu verkaufen hoffen«, erklärte Bert de Vos, Vorsitzender von D'Arcy Masius Benton and Bowles in London.

Das Wachsen und Gedeihen oder aber das Verkümmern und der Untergang von Agenturen hängen davon ab, ob sie neue Aufträge bekommen oder nicht. Louis Hagopian, Chairman von N. W. Ayer in New York, meinte: »Um einen Etat zu bekommen, muß man einen Kunden davon überzeugen, daß man für andere bereits Wunderdinge vollbracht hat. Dann wird er die Voraussetzungen dafür schaffen, daß man dasselbe für ihn tun kann.« Es überrascht keineswegs, daß Agenturen potentielle Kunden beharrlich verfolgen. Ein Inserent kann mitunter feststellen, daß er ebenso hartnäckig umworben wird wie eine begehrenswerte Frau. Ein Werbungtreibender, der sich einverstanden erklärte, das Büro der britischen Agentur Allan Brady and Marsh aufzusuchen, die dafür bekannt ist, mit großem Aufwand auch kleinsten Aufträgen nachzujagen, erzählte mir, ein Chauffeur habe ihn am Bahnhof erwartet, der sich sein Gesicht anhand von Fotos eingeprägt hatte. Beim Lunch stellte sich außerdem heraus, daß sich die Agentur sehr sorgfältig nach seinen Vorlieben beim Essen erkundigt hatte.

Mitarbeiter von Agenturen strömen zu Konferenzen, bei denen potentielle Auftraggeber anwesend sind. Mögliche Kunden werden anvisiert und, wenn nötig, jahrelang verfolgt. Angeblich treten manche Etatdirektoren sogar Clubs und Organisationen bei, zu deren Mitgliedern anvisierte Kunden zählen. Eine der größten Agenturen soll einen Mitarbeiter in England dazu ermutigt haben, in ein Dorf zu ziehen, wo ihn seine Lebensweise in regelmäßigen Kontakt zu einem wichtigen Auftraggeber bringen würde, der derselben religiösen Glaubensminderheit wie er angehörte.

Ein Hinweis auf Unzufriedenheit eines Kunden genügt, um hektische Aktivität auszulösen. Als sich Woolworths in England von seiner Agentur trennte, brachte die Agentur Gold Greenless Trott an einer Stelle ein Plakat an, an der es der Marketingdirektor der Kaufhauskette jeden Tag auf dem Weg zur Arbeit sehen mußte. Auf dem Plakat stand in großen Buchstaben sein Name, und darunter: »Gehen Sie nicht immer zu denselben alten Läden«, gefolgt vom Logo der Agentur und deren Telefonnummer.

Vor der Entscheidung für eine neue Agentur fordern die Werbungtreibenden oft die Agenturen auf, an einem – wie es auf der Madison Avenue genannt wird – »creative shootout« teilzunehmen, oder prosaischer ausgedrückt, unverbindliche Präsentationen durchzuführen. Dabei werden ausgewählte Agenturen »eingeladen«, Kampagnen zu entwerfen, als ob sie den Auftrag bereits in der Tasche hätten. Die Branche betrachtet diese Praktik mit gemischten Gefühlen, während sie den Werbungtreibenden in der Regel jedoch zusagt. Die meisten der großen, begehrten Kunden bestehen darauf. Mit wenigen Ausnahmen halten die Agenturen diese unverbindlichen Präsentationen für unfair, kostspielig (was den Aufwand an Mitarbeitern, Zeit und Geld betrifft) und erniedrigend. Dennoch gehören sie dazu. Allein in Großbritannien finden jedes Jahr über 500 solcher Präsentationen statt, wobei zwischen 1500 und 2000 Eingaben vorgelegt werden. Die Summen, die von den teilnehmenden Agenturen dabei eingesetzt werden, sind oft immens: Angeblich gab jede der Agenturen, die sich in Amerika um den Hallmark-Auftrag bewarben, über 500 000 Dollar für die Zusammenstellung von Werbespots aus. Vor allem in Großbritannien treten die kleinen Agenturen gegen die großen an. Der Inhaber eines Werbebüros gestand, daß kreative Wettbewerbe mit großen Agenturen so seien, als ob man sich »mit 50 Dollar an den Tisch setzte, um zu pokern, und dabei immerzu bluffen müßte«. Doch in der Regel beteiligen sich kleine Agenturen gerne – schließlich haben sie die Chance, einen guten Eindruck zu hinterlassen.

Neue Agenturen haben kein Geld und sind hungrig nach Aufträgen. »Offenbar erwartet man von Leuten, die gerade ein neues Geschäft aufbauen, fanatischen Enthusiasmus«, meinte Peter Kirvan, kurz nachdem er mit zwei Partnern in London eine neue Agentur eröffnet hatte. »Die einzige Möglichkeit, sich in diesem Geschäft zu behaupten, ist der Angriff.« In den vorangegangenen drei Monaten hatte sich Kirvans Firma neunmal um Aufträge beworben und dabei viermal gewonnen und zweimal verloren. Das Ergebnis der übrigen drei Bewerbungen stand noch aus. Dieses Tempo kann seiner Meinung nach nicht unbegrenzt durchgehalten werden. »Wir können nicht 36mal im Jahr um Aufträge kämpfen. Das würde bedeuten, von acht Uhr morgens bis acht Uhr abends und auch noch am Wochenende zu arbeiten, immer in der Hoffnung, daß es im nächsten Jahr anders sein wird.« Doch dann wird es wieder ein paar neue Agenturen geben, die willig und erpicht darauf sind, so lange und so viel zu arbeiten.

Bei der Jagd nach neuen Aufträgen kommt eine weitere Seite der Werbung zum Vorschein: das Showbusiness. Stars werden eingesetzt: Beim Kampf um den Hallmark-Auftrag, bei dem Ogilvy and Mather gegen Young and Rubicam, Foote Cone and Belding und Leo Burnett antrat, erschien David Ogilvy persönlich in Kansas City. Boase Massimi Pollitt steckte Leute in gelbe Pagenkleidung, um den Auftrag für Yellow Pages zu bekommen. Geer DuBois verpflichtete Liv Ullman, als Empfangsdame bei der Ankunft wichtiger Mitarbeiter des Magazins *People* zu agieren, dessen Etat zu vergeben war. Young and Rubicam leitete seine Bewerbung um den Etat von Kentucky Fried Chicken damit ein, daß die Agentur Mitarbeiter in die Schnellrestaurants zum Arbeiten schickte. Der Vorsitzende von British Rail (der Britischen Eisenbahn), der in das Büro von Allen Brady and Marsh kam, soll einer Branchenlegende zufolge von einem Mitarbeiter empfangen und in einen vernachlässigten Raum geführt worden sein, wo er unbeachtet saß, bis sich jemand herabließ, ihm Tee in einer angeschlagenen Tasse zu bringen. Als er schließlich gehen wollte, wurde er von Peter Marsh aufgehalten, der wie ein Schauspieler genau aufs Stichwort erschien und erklärte, der unfreundliche Empfang sei symbolisch zu verstehen, um dem Vorsitzenden der Eisenbahn zu zeigen, welchen Eindruck die Öffentlichkeit von British Rail habe.

Werbeleute tragen gelegentlich dazu bei, das Image zu bekräftigen, das viele Geschäftsleute von ihnen haben. Jerry della Femina, der lange als der wilde Mann der Madison Avenue galt, präsentierte angeblich gegen seinen Willen für Alitalia. Bei der Präsentation gefielen ihm anscheinend die Leute von der Fluggesellschaft ebensowenig, wie ihm zuvor die ganze Angelegenheit gefallen hatte. Höhepunkt seiner Präsentation war eine Demonstration, wie geschickt die Agentur ein Intim-Spray namens Feminique beworben hatte. Der Kunde unterbrach della Feminas Redefluß brüsk: »Mr. della Femina, Alitalia ist kein zweites Feminique.« »Richtig«, entgegnete della Femina, »aber das kommt wenigstens am richtigen Ort an.« Im nachhinein konstatierte della Femina: »Diese Bemerkung kostete mich den Auftrag. Aber vor die Wahl gestellt, entweder einen Millionenumsatz zu machen oder meine Meinung zu sagen, zog ich letzteres vor. Es zeigte mir, daß ich noch ich selbst war und mich nicht von dem Umsatz beeinflussen ließ, der auf dem Spiel stand.«

Bei einer Präsentation für die Londoner Polizei murmelte David Abbott hörbar »Hello, hello, hello«, als Sir Robert Mark, der Polizeichef, den Raum betrat. Mark, der keinen Sinn für Humor hatte, drehte sich um und verließ den Raum.

Man wird nie erfahren, wie selten oder wie häufig schmutzige Tricks angewandt werden. Nur wenige gelangen an die Öffentlichkeit. So versuchte man zu verhindern, daß Grey Advertising den Auftrag der Saudi Airlines bekam, indem man die Fluggesellschaft daran »erinnerte«, daß die Agentur in New York von Juden geleitet wurde. Leyland Trucks wurden falsche Informationen über die britische Agentur Cogent Elliott zugespielt, nachdem diese in die engere Auswahl gekommen war. Bernard Barnett, Herausgeber der Zeitschrift *Campaign*, behauptete 1983 zu wissen, daß eine Agentur auf dem Rücksitz des Wagens eines angehenden Kunden eine Menge Geld hinterlegte, das dieser nach der Präsentation finden sollte.

»Wer glaubt, daß solche Dinge den schlimmen alten Zeiten der Kun-
denwerbung angehören, dem versichere ich, daß sich dieser Vorfall
erst vor zwei Wochen ereignete.«

Was für die eine Agentur Gewinn bedeutet, ist in der Regel für eine
andere ein Verlust: Aus irgendeinem Grunde trennte man sich von
ihr. Der Verband amerikanischer Werbeagenturen (A.A.A.A.) erklärt,
daß im Durchschnitt die Geschäftsbeziehung zwischen einer Agentur und einem Kunden acht Jahre dauert, während bei den größten
Agenturen zehn Jahre die Regel sind. Dennoch kommt es häufig zum
Bruch. Zahlen der Zeitschrift *Advertising Age* bewiesen, daß in nur
einem Jahr Werbeaufträge im Wert von 1,4 Milliarden Dollar von einer Agentur auf eine andere übergingen. In Großbritannien befaßte
sich ein Fünfjahresbericht, der in der Zeitschrift *Campaign* veröffentlicht wurde, mit solchen Kunden, die Etats der Größenordnung
von 100 000 Pfund und mehr vergaben. Man fand heraus, daß 53
Prozent der in diesem Zeitraum erteilten Aufträge ein Wechsel der
Agentur vorausgegangen war, in einigen Fällen sogar nicht weniger
als drei Wechsel. Es entbehrt nicht einer gewissen Ironie, daß man
sich in der Werbung anscheinend weitgehend darin einig ist, daß bei
der Trennung von einem Kunden »schlechte Arbeit« eine geringere
Rolle spielt als eine Anhäufung von Mißverständnissen. Deshalb wird
sehr viel Wert darauf gelegt, zum Kunden eine gute Beziehung aufzubauen.

Agenturen sind, unabhängig von ihrer Größe, meist in drei Bereiche unterteilt: in den kreativen Bereich (der sich aus den Leuten zu-
sammensetzt, die die Anzeigen entwerfen), den Medienbereich (der
die Anzeigen unterbringt) und die Kundenbetreuer, die Kontakt mit
den Kunden halten und für deren Zufriedenheit verantwortlich sind.

Die Kundenbetreuer, auch Kontakter genannt (Leiter der Abteilung ist der Etatdirektor), gelten als die »Herren im feinen Anzug«;
sie sind die »Geschäftsleute« der Branche. Sie sind das Verbindungsglied zwischen den Werbungtreibenden und denjenigen, die die Anzeigen entwerfen, und sie vermitteln zwischen beiden Seiten. Sie beherrschen die Sprache der Werbung, die sich ständig verändert,
perfekt. (Der geflügelte Ausspruch, »Let's run it up the flagpole and
see if it salutes« – »Laßt uns erst mal die Fahne hissen, dann werden
wir schon sehen, ob sie flattert«, stammt beispielsweise aus den fünfziger Jahren.) Die Terminologie ist teilweise dem militärischen Be-

reich entnommen: »target audiences« (»Ziel«-Gruppen), »shotgun approaches« (»Schrotflinten-Ansatz«, ein Werbekonzept, das maximale Streuung anstrebt und dabei Streuverluste in Kauf nimmt), »breakthrough campaigns« (»Durchbruch-Kampagnen«), »a blitz on competitors« (»Großangriff« auf die Konkurrenz). Auch aus dem Sport stammen einige Ausdrücke: zum Beispiel »game plan« (»Spielfeld«) oder die Ausdrücke »touch base« und »run with it« aus dem Rugby. Ideen sind nicht einfach gut, sondern »big«, und eine erfolgreiche Werbekampagne hat »legs«. Den Etatdirektoren gefällt vor allem die »cash-cow«, die ertragreiche Kuh, die der Kunde jahrelang »melken« kann. Wenn er nichts zu sagen hat, dann kann das mit Phrasen wie »We're hitting the norms« (»Wir sprengen die Normen«) verschleiert werden.

Bis vor ungefähr 20 Jahren galt der Kontakter als der wichtigste Mann. Vincent Daddiego, einer der Kreativen bei Young and Rubicam, erinnert sich an seine Zeit als Youngster: »In vielen Fällen waren die Kontakter daran gewöhnt, selbst die Werbung zu gestalten.« Die wichtigsten Leute in den größten Agenturen kommen meist (aber nicht immer) aus den Reihen der Kontakter. Als Berufsgruppe haben sie dann das größte Gewicht, wenn die Werbung von den Kunden beherrscht wird. Kunden und Etatdirektoren spielen miteinander Tennis oder Golf und verbringen sogar die Ferien gemeinsam.

Der Bedeutungszuwachs der »kreativen« Werbung* – die fasziniert und unterhält, um die Zuschauer zum Hinschauen zu verleiten – hat dazu geführt, daß die »kreativen Teams« aus Werbetextern und Art director heute in den Agenturen mehr Macht haben. Im Laufe der jüngeren Geschichte der Werbung wechselten sich Perioden ab, in denen entweder Kreativität oder eine aggressive Verkaufstaktik dominierte. Aggressive Verkaufstaktik kann etwa ein Schauspieler-Verkäufer verkörpern, der mit den Händen fuchtelt und seinen Text herunterrasselt, oder eine Schauspielerin-Hausfrau, die ein Kleidungsstück hochhält, um ihrer Nachbarin zu zeigen, daß ihre Wäsche weißer ist. Kreativität setzt dagegen auf Unterhaltung – humoristisch, wie Pepsis archäologische Ausgrabung in der fernen

---

* Das große kreative Zeitalter waren die sechziger Jahre, als William Bernbach Anzeigen kreierte wie »Sie müssen kein Jude sein, um Levy's zu mögen«, mit Negerjungen und Indianern, die in Roggenbrot beißen, und die bekannten Werbespots von Volkswagen.

Zukunft, in der keiner mehr weiß, was eine Coca-Cola-Flasche ist – oder faszinierend, wie die Werbung für Chanel No 5, in der ein Garten zu Klaviertasten wird, die sich wiederum in den Himmel verwandeln. Gegenwärtig ist Kreativität »in« – und damit auch »kreative« Werbeleute –, weil sie in einem Zeitalter, in dem die Konsumenten von einer Unzahl von Anzeigen verfolgt werden, offensichtlich ankommt. Sogar solche Agenturen, die nicht für ihre Kreativität bekannt sind, haben sie auf ihre Fahne geschrieben – mit unterschiedlichem Erfolg.

»Es ist einfacher, zehn passable Sonette zu schreiben als eine eindrucksvolle Anzeige«, sagte einmal Aldous Huxley, ein ehemaliger Werbetexter. Diejenigen, die Werbung texten – oder entwerfen oder inszenieren – können, konnten zusehen, wie sich ihr Wert erhöhte, als sich Agenturen um die besten Leute stritten. Reuben Mark, Chef von Colgate-Palmolive, soll all seine Mitarbeiter aufgefordert haben, in den Kontakten mit den Agenturen die Werbeleute dazu zu bringen, daß sie nur noch für Colgate arbeiten *wollen*. »Er sagte mir, er wisse, daß die besten, kreativen Leute sich aussuchen könnten, womit sie sich beschäftigen wollen«, erzählte Len Sugerman von Foote Cone and Belding, einer der Agenturen, die für Colgate arbeiten. »Das ist richtig. Schließlich sind es die kreativen Leute, die eine Agentur braucht. Es bedarf einer ganz besonderen Begabung, um auf Anhieb eine durchschlagende Idee zu entwickeln und dann auch noch die Fähigkeiten zu besitzen, diese Idee in die Tat umzusetzen. Leute, die das können, sind Mangelware, sie verdienen eine Menge Geld und sind sehr gefragt. Wenn man sie zu etwas zwingt, besteht die Gefahr, daß sie kündigen.«

Die Kreativen werden sogar von ihren Kollegen in der Werbung oftmals als eigenartige Geschöpfe betrachtet. Alle Agenturen lassen ihnen einen gewissen Spielraum. Ein (ungenannter) Leiter einer Agentur erklärte der Zeitschrift *Campaign*: »Sie sind wie kleine Kinder, alle total naiv. Sie müssen so sein, weil sie mit anderen kleinen Kindern [dem Rest der kreativen Abteilung] über im Grunde triviale Dinge sprechen. Können Sie sich vorstellen, daß ein normaler Erwachsener so etwas verfaßt wie ›Hey, Tosh, hast du schon 'ne Toshiba?‹«[33]

Ein kreatives Team beginnt nicht einfach mit einem völlig leeren Stück Papier und einer groben Vorstellung (wie zum Beispiel ein Romanschriftsteller oder Drehbuchautor). Das Team wird vielmehr mit einer sogenannten »Strategie« konfrontiert. Dabei handelt es sich um ein Dokument aus der Forschung, das im Detail darlegt, was die Werbung erreichen, was verkauft werden soll und an wen. Von dem Team wird erwartet, daß es innerhalb dieser Grenzen etwas zustande bringt.

In diesem Stadium besteht die Haupttätigkeit der Werbegestalter darin, zu lesen, Interviews durchzuführen, zu reden und nachzudenken. Für kurze Zeit werden sie in bestimmten Bereichen zu Experten. David Abbott hat allein 60 Anzeigen für die britische Supermarktkette Sainsbury verfaßt. »Zwei Wochen lang bin ich Experte für Käse oder rosafarbenen Champagner«, erklärte er mir. »Ich entwerfe die Anzeige und gehe zum nächsten Artikel über.« Wie vielen Kreativen gefällt ihm »die Tatsache, daß es sich um eine vergleichsweise kurze Zeitspanne handelt«. Neil Patterson, Creative director von TBWA in London, »stürzte sich auf Buchhandlungen und Bibliotheken mit medizinischen Fachbüchern«, besuchte Krankenhäuser und Spezialabteilungen, um sich für eine Anzeige zur Anwerbung von Pflegepersonal über Anorexie (Appetitlosigkeit) zu informieren – »Ich lud sogar einen Magersüchtigen zum Lunch ein.«[34]

Vincent Daddiego meint, daß es Werbefachleute gebe, die instinktiv entwerfen. Er erinnert sich an den ersten Auftrag, mit dem er betraut wurde. Er war damals 23, und es ging darum, eine Reihe von Werbespots für den »18-Stunden«-Hüfthalter von Playtex zu kreieren. »Was zum Teufel weiß ich über Hüftgürtel«, fragte er sich. Doch er erinnerte sich daran, daß sich seine Mutter, wenn die Familie von einem Besuch nach Hause kam, stets beklagte: »Mein Hüftgürtel bringt mich um!« Diesen Ausruf benutzte er für seine Kampagne. Ein Werbespot zeigte eine Sopranistin und einen Tenor, die nach der Opernaufführung vor den Vorhang traten. Beide strahlten übers ganze Gesicht, doch als die Kamera näher heranfuhr, konnten die Zuschauer den Sopran murmeln hören: »Mein Hüftgürtel bringt mich um!« Ein anderer Spot zeigte eine sehr attraktive Frau in einem Abendkleid, die eine wunderschöne Melodie spielte. Sie drehte sich zur Kamera, lächelte und flüsterte dieselben Worte. Daddiego meint, daß seine Kampagne »dafür verantwortlich war, daß der Absatz schneller stieg als die Hüftgürtel hergestellt werden konnten«. Als er sich das ausdachte, erklärt er, habe er nur das getan, »was jeder alte

Marktschreier tut. So ein Reklamefuchs weiß genau, was die Kunden
zum Kauf eines Produkts veranlaßt.«

Bob Pritikin, ein Werbetexter aus San Francisco, entspricht Dad-
diegos Definition eines »Reklamefuchses«[35]. Er verfaßte seine beste
Anzeige gleich zu Beginn seiner Karriere für eine Firma namens Pureta Sausage & Co. Auf der Suche nach einer zündenden Reklame-
idee für den »Hot dog« der Firma erfuhr er bei einer Werksbesichti-
gung, daß das ganze Rind – mit Ausnahme solcher »unappetitlichen
Teile wie Augäpfel und Nasenlöcher« – in den Fleischwolf kommt. Die
Headline, erinnerte er sich, traf ihn wie ein Blitz: »Pureta – ein T-
Bone Steak in jedem Würstchen.«[*]

In den dreißiger Jahren löste ein Werbefachmann namens Obie
Winters die Verkaufsprobleme des Herstellers eines Einreibemittels
für Pferde mit dem Namen Absorbine.[36] Winters hatte das Einreibe-
mittel im Labor untersuchen lassen und herausgefunden, daß es bei
Scherpilzflechte am Fuß half. Sein Erfindergeist dachte sich einen
ganz neuen Namen für Scherpilzflechte aus, der das mit neuer Zielsetzung versehene Produkt einer breiten Öffentlichkeit verkaufen
würde – »athlete's foot« (Fußpilz), eine Bezeichnung, die heute sogar
im Wörterbuch steht und so oft gebraucht wird, daß ihre Herkunft
in Vergessenheit geriet.

Der legendäre Claude Hopkins, der als »der größte Werbetexter
aller Zeiten« galt, entdeckte bei einer Besichtigung der Betriebe der
Quaker Oats, daß die Körner für Puffweizen und Puffreis beim Rösten
in kanonenähnlichen Behältern explodierten. Einer plötzlichen Ein-
gebung folgend prägte er den Slogan »Food shot from guns« (sinngemäß: »Lebensmittel – von Kanonen produziert«). Einige hielten
dies für »den Einfall eines Schwachsinnigen«, aber der Slogan steigerte den Umsatz und wurde noch 70 Jahre später verwendet. Für
Pepsodent-Zahnpasta erfand er die Bezeichnung »film« (Zahnbelag)
in Anzeigen, die in 17 Sprachen erschienen. Hopkins' Agentur Lord
and Thomas überredete außerdem die Amerikaner, Orangen zu *trinken*: bis dahin (1916) wurden sie nur gegessen. Eine klassische Anzeige mit der Überschrift »Trink eine Orange« lautete folgender-

---

[*]   Die Geschichte nahm ein trauriges Ende. Die Lebensmittelbehörde protestierte und
stoppte die Anzeige, jedoch erst, als die Kampagne mehrere Monate gelaufen und der
Verkauf in die Höhe geschnellt war.

maßen:»Orangensaft – ein *köstliches* Getränk – ist die Gesundheit
selbst.« Ein Mann wurde engagiert, um einen Entsafter zu erfinden
(den die Anzeigen in seiner tatsächlichen Größe zeigten), der für 10
Cent bei den Lebensmittelhändlern zu haben war. Mehr als drei Millionen wurden praktisch über Nacht verkauft. Hopkins verdiente die
phantastische Summe von 185 000 Dollar im Jahr.

Die Ideenfindung kann manchmal Wochen in Anspruch nehmen.
In den sechziger Jahren suchte ein Team wochenlang nach einer
Idee, um die Zuverlässigkeit des Volkswagens im Winter zu zeigen.
Schließlich war man sich einig, daß der Fahrer eines Schneepflugs einen ausgezeichneten Sprecher abgeben würde. Der Durchbruch kam
eine Woche später, als sich einer aus dem Team laut fragte:»Wie
kommt der Fahrer des Schneepflugs zu seinem Schneepflug?«

Kürzlich erinnerte sich Ian Potter, Kreativdirektor von FCO, einer
Londoner Agentur, an eine Kampagne für Araldite.[37] Er erhielt den
Auftrag für fünf Zeitungsanzeigen, die»etwas mehr ausdrücken sollten als ›Dieser Klebstoff klebt alles‹. Ich ging zu Richard [French, Leiter der Agentur] und fragte ihn nach seiner Meinung. Er wollte wissen, woran ich dachte. Ich sagte: ›Wie wär's, wenn wir ein Auto auf
ein Plakat klebten?‹ Das war ebenso einfach wie schwierig.« Die
Kampagne wurde mit einem Ford Cortina gestartet, der an einem
Plakat klebte.

Auf der Seite der Agenturen stellt sich Werbung als ein Freibeuter-
Job dar. Es gibt keinen vorgeschriebenen Weg, den man einschlagen
muß, und kein Anforderungsprofil. Nur der Erfolg zählt. In die Werbebranche hineinzukommen, ist nicht leicht. In einem guten Jahr
beispielsweise gibt es in Großbritannien etwa 120 freie Stellen, und
die Konkurrenz ist groß. Die Agentur Boase Massimi Pollitt behauptet, daß sich von je 35 Universitätsabgängern einer bei ihr bewirbt.
In den USA gibt es eine Spezialausbildung für Studenten: An etwa
90 Colleges in 42 Bundesstaaten wird ein Unterrichtsprogramm
»Werbung« angeboten, und fast 5000 Studenten machen darin ihren
Abschluß.

Werbung ist jedoch einer der Bereiche, in dem sich Arbeitgeber
auf ihr Gefühl verlassen und Arbeitsproben höher bewerten als Qualifikationen. Vielleicht ist der bloße Entschluß, in die Werbung zu gehen, die beste Voraussetzung. »Werbung befaßt sich mit dem Verkauf
von Dingen – jeder, der in die Werbung geht, sollte in der Lage sein,

sich selbst zu verkaufen«, erklärte mir eine Agentur. Daher werden
Studenten, die Reklametafeln herumtragen oder sich als Superman
verkleiden, in der Regel zumindest zu Vorstellungsgesprächen eingeladen.

J.Walter Thompson in New York bediente sich einer ungewöhnlichen Methode, um Nachwuchs anzuwerben. Die Agentur inserierte
in der *New York Times* und lud angehende Werbetexter ein, sich
einem acht Punkte umfassenden Copy-Test zu unterziehen. Frage
sechs lautete:»Sie kennen sicherlich schon die Geschichte von dem
Mann, der ein Vermögen damit machte, daß er Eskimos Kühl-
schränke verkaufte. Beschreiben Sie mit nicht mehr als 100 Worten,
wie Sie einem Trappistenmönch ein Telefon verkaufen würden, der
das strikte Schweigegebot befolgt (er darf am Ende jedoch zustimmend nicken).« Frage sieben lautete:»Entwerfen Sie zwei Plakate.
Eines für den Erlaß eines strengen Waffengesetzes, und das andere
zur Unterstützung der NRA (National Recovery Administration).«

Werbung kann ein hartes Geschäft sein, sie macht aber auch
Spaß.»Werbung ist der Rock-'n'-Roll der Geschäftswelt«, meinte
Tom Manahan von der Bostoner Agentur LMS. Man jagt mit gleicher
Hingabe sowohl dem Vergnügen als auch dem Erfolg nach. Büros erhalten oftmals durch Spielautomaten, Musikboxen, Karikaturen, le-
bensgroße Puppen, große verzinkte, freundlich bemalte Mülltonnen
und Gags (ein Hut, in dem ein Beil steckt) eine persönliche Note, aber
auch durch funktionale – und teure – Gegenstände wie speziell kon-
struierte Schreibtische oder verschiedene Wanddekorationen, die
teuer und kurzlebig sind. Autos spielen eine nicht zu unterschät-
zende Rolle, sowohl als Teil eines Bündels von Nebenleistungen, An-
reizen und Vergünstigungen als auch als Statussymbole. Mitte der
achtziger Jahre war ein Porsche wahrscheinlich das bekannteste An-
reizmittel in London (verschiedene Modelle kosteten bis zu 35 000
Pfund und mehr), obwohl es auch Ferraris (die bald mehr als das
Doppelte kosteten) und andere Luxusmodelle wie zum Beispiel den
Aston Martin gab.

Werbeleute gelten überall mit Recht als die größten Restaurant-
kunden. Sie verteidigen diese Gewohnheit – Kontakte seien sehr
wichtig, und ein Essen biete dafür die beste Gelegenheit ... In der Tat
wären zum Beispiel in London mindestens drei der namhaftesten
Speiselokale bis zu drei Vierteln leer, wenn die Werbeleute plötzlich

ausblieben: nämlich Langans, L'Etoile und White Tower. Dave Trott, ein Werbefachmann der neuen Generation, meinte verächtlich, daß Werbung im Leben vieler Mitarbeiter von Agenturen erst an dritter Stelle stehe: »Die beiden wichtigsten Dinge sind Mittag- und Abendessen.«

Auch in anderen Bereichen werden große Anstrengungen unternommen, etwa wenn es darum geht, die besten Parties zu organisieren oder die schönsten Weihnachtskarten zu entwerfen. So gab Boase Massimi Pollitt beispielsweise eine Weihnachtsparty in Madame Tussauds Wachsfigurenkabinett, bei der 150 Mitarbeiter Masken trugen, die Ähnlichkeit mit Martin Boase hatten, und weitere 150 mit Masken erschienen, die aussahen wie John Webster, der leitende Creative director. Bei einer anderen Agentur namens KMP feierte ein Creative director seinen 40. Geburtstag. Ein Helikopter holte ihn ab und flog ihn zum Lunch zu einem Restaurant in einem englischen Badeort. Abbott Mead Vickers hatte eine ungewöhnliche Idee für seine Weihnachtskarte – der Weihnachtsmann bekommt einen Strafzettel, weil er seinen Schlitten falsch geparkt hat. Für das Foto, das auf der Straße vor der Agentur aufgenommen wurde, brauchte man nichts weiter als lebende Rentiere und 2500 Liter Schaum für den künstlichen Schnee.

Die Verteidiger der Werbebranche meinen, daß das zwar alles zutreffen könne, aber dennoch nur den äußeren Schein darstelle. Was die Leute nicht sähen, sei der Werbefachmann, der in der Nacht und an den Wochenenden arbeite und sich ganz den Kunden und dem Produkt widme. Und häufig folgt der Hinweis darauf, daß es den meisten Werbeleuten dabei weniger um das Geld gehe, als um die perfekte Anzeige. Und das mag tatsächlich stimmen. Es bedeutet dennoch nicht, daß Werbeleute sich nichts aus Geld machen. Alfred Politz war in den fünfziger und Anfang der sechziger Jahre ein bedeutender Werbeforscher in Amerika. Er erinnerte sich, daß er, als er von Deutschland nach Amerika kam, um dort ein neues Leben zu beginnen, sich die Frage gestellt habe: »In welchem Beruf kann man mit der geringsten Intelligenz das meiste Geld verdienen?« Die Antwort lautete: »In der Werbung.« Philip Dusenberry, leitender Creative director von BBDO, erklärte: »Ich bin fest überzeugt, daß das Texten von Anzeigen die zweitlohnendste Form des Schreibens ist. An erster Stelle stehen natürlich Lösegeldforderungen...«

Die Leute an der Spitze der Werbebranche werden natürlich alles
andere als schlecht bezahlt.[38] 1987 verdiente Philip Geier von Interpublic 1,4 Millionen Dollar und Ed Meyer von Grey Advertising schätzungsweise 1,3 Millionen Dollar. In Großbritannien war den Zahlen
von 1988 zu entnehmen, daß das Einkommen von Maurice und Charles Saatchi jeweils 500 000 Pfund betrug, während Robin Wight und
Peter Scott von WCRS je 250 000 Pfund plus Zulagen verdienten.[39]
Doch bei den Genannten handelt es sich um Männer in hohen Positionen. Es ist interessanter, sich die Gehälter weiter unten auf der Skala
anzusehen. Mitte der achtziger Jahre sollen große Agenturen in London Spitzenkräften angeblich 150 000 Pfund und mehr gezahlt
haben. In den USA berichtete *Adweek* von einem 30jährigen Werbetexter mit einem Gehalt von fast 90 000 Dollar, der erzählte: »Das
Telefon hört nie auf zu klingeln. Ich bekomme pro Woche etwa fünf
gute Angebote, und jedes Angebot ist mit einem phantastischen Honorar verbunden. Agenturen zahlen beinahe jeden Preis, wenn sie jemanden haben wollen.«[40] Der Headhunter Judy Wald konnte 1987
über 30 Kreative zu je 150 000 Dollar plus Spesen an Agenturen vermitteln, ungeachtet der Tatsache, daß es in diesem Jahr durch eine
größere Zahl von Firmenübernahmen viele Entlassungen gab. Im
darauffolgenden Jahr zeigte eine Untersuchung, daß britische Werbefachleute beträchtlich höhere Einkommen erzielten als ihre Ver-
handlungspartner auf der Seite der Werbeauftraggeber.

Anreize und Vergünstigungen reichen von Autos oder Mitgliedschaft in einem Country Club über Zuschüsse zu persönlichen Ausgaben oder Hypothekenzahlungen für ein Landhaus bis zu Schul-
und Internatsgebühren für die Kinder und einem »Taschengeld« für
den Urlaub. Optionen auf Aktien und Zulagen können zu »goldenen
Handschellen« werden. Eine Prämie bei einer Agentur kann bis zu 50
Prozent des Gehalts betragen, sogar die phantastische Summe von
150 000 Dollar erreichen. Winston Fletcher meinte: »Man kann auf
Kosten des Unternehmens leben, das Essen, Auto, Reisen und die
Wohnung in der Stadt werden bezahlt. Das Gehalt ist dann ein reines
Taschengeld.«[41]

Einige Werbeleute werden behaupten, daß die Gehälter und Ver-
günstigungen zum Teil nicht nur der Ausgleich für einen Mangel an
Talenten auf dem Arbeitsmarkt sind, sondern auch für das hohe
Risiko. Der Streß wird als hoch eingeschätzt: Es handelt sich in der

Tat um ein Geschäft mit engen Terminsetzungen, deren Einhaltung belohnt und Nichteinhaltung bestraft wird. Auch verwischt sich die Grenze zwischen Freizeit und Arbeit, und die Tatsache, daß man vieles im voraus planen muß, stellt einen weiteren Faktor ständiger Anspannung dar.

Professor Cary Cooper vom Institut für Wissenschaft und Technik an der Universität Manchester führte eine genaue Untersuchung über beruflichen Streß durch. Werbung erzielte ein Ergebnis von mehr als sieben Punkten auf einer zehn Punkte umfassenden Streß-Skala und kam damit in die Spitzenkategorie – zusammen mit Zahnmedizinern, Bergleuten, Bauarbeitern, Schauspielern, Polizisten, Piloten von Fluggesellschaften, Gefängnisaufsehern und Journalisten.

Eine andere Untersuchung ergab, daß über 90 Prozent der Befragten zugaben, über das empfohlene »Sicherheits«-Maß hinaus Alkohol zu trinken (das entspricht wöchentlich 18 Gläschen Spirituosen oder 18 Gläsern Wein bei Männern und 12 bei Frauen). Mrs. Denise Larkin, Generalsekretärin der National Advertising Benevolent Society, die kranke oder arbeitslose Werbeleute betreut, sagte, es gebe ein Verhaltensmuster beim Trinken: Weil jemand einen festen Termin hatte, mußte er die Nacht durcharbeiten. Er konnte sich nicht entspannen, also trank er etwas. Am nächsten Tag konnte er nicht arbeiten, also trank er noch mehr ... Kreative Werbeleute wachen auf und glauben plötzlich, sie hätten ihre Fähigkeiten verloren. »Sie sind ohnehin ständig nervös und angespannt. Einem guten Werbefachmann machen Schwierigkeiten nichts aus, wenn mal etwas schiefläuft. Ich glaube, sie müssen darauf vorbereitet sein, Risiken einzugehen. Sie sind im allgemeinen risikofreudig.«

Der Verlust von Kunden und der Zusammenschluß von Agenturen bedeutet auch immer den Verlust von Arbeitsplätzen. Mrs. Larkin meint, Arbeitslosigkeit sei ein spezielles Problem, weil Werbeleute an ein gutes Leben gewöhnt seien und in der Regel nicht dazu neigten, »Geld anzuhäufen«. Sie erklärte: »In dem Moment, in dem man ihnen ihre Beförderung mitteilt, gehen sie schon zum nächsthöheren Lebensstil über – ein neues Haus, ein neues Auto, Privatschule. Einer von ihnen sagte mir: ›Leuten, die entsprechend ihren Verhältnissen leben, fehlt jeglicher Ehrgeiz.‹«

Das Alter ist ein hoher Unsicherheitsfaktor. Werbung, sagen viele, ist ein Job für junge Leute. Ein kreativer Kopf, der ungenannt bleiben wollte, äußerte gegenüber der Zeitschrift *Design and Art Direction*: »Es ist ein verdammt gefährlicher Job. Wenn man auf die 40 zugeht, kann man sich ausrechnen, daß einem vielleicht noch zehn Jahre bleiben; keiner kann wirklich einschätzen was passiert, weil Agenturen ein vergleichsweise junges Gewerbe sind.«[42] So ist die Werbeszene in London von jungen Leuten geprägt. Die Begründung ist einfach. Werbeleute müssen sich mit allem beschäftigen, was neu ist. Es ist ein Geschäft, das Modeerscheinungen unterworfen ist. Werbung setzt alles für ihre Zwecke ein. Man geht davon aus, daß sich ein junger Mensch besser auf ständige Veränderungen einstellen kann.

Eine Untersuchung für J. Walter Thompson in London aus dem Jahre 1976 mit dem Titel »Alte Männer in der Werbung« kam zu folgendem Schluß[43]:

»Es scheint, daß ältere Werber, mit wenigen Ausnahmen, keinen effektiven Beitrag mehr leisten. Daher empfinden sie keine Freude an der Werbearbeit. Es liegt im Interesse der Angestellten wie des Managements, zu erkennen, daß die Werbung vielen von ihnen keine Lebensstellung bieten kann. Die Aussicht auf eine zweite Karriere ist nicht so schlecht, wie es scheinen mag. Obwohl man die speziellen Fähigkeiten, die man in der Werbung braucht, anderswo nur begrenzt einsetzen kann, sind sie ein hervorragender Ausgangspunkt für sehr viele andere Berufe, sogar noch mit 40 Jahren oder darüber.«

Einigen Behauptungen zufolge liegt der Grund für den Entschluß älterer Werber, mit der Werbung aufzuhören, manchmal nicht so sehr darin, daß sie das Geschäft nicht mehr beherrschen, sondern darin, daß sie ihr »entwachsen« sind. Sie finden Werbung intellektuell schlicht unerträglich. Shepherd Mead, Autor des Buches *How to Succeed in Business Without Really Trying*, war kreativer Leiter von Benton and Bowles in New York, bis er seinen Job im Alter von 41 Jahren aufgab, um nur noch zu schreiben. Er meinte: »Werbetexte schreiben ist eine Form von intellektueller Prostitution. Kein kreativer Mensch wird in der Werbung bleiben, wenn er es sich leisten kann aufzuhören. Wer will schon über Seifenpulver schreiben, wenn er einen Roman verfassen kann?«[*44]

---

[*] Andere Schriftsteller, die in der Werbung gearbeitet haben und diesen Job aufgaben, sind unter anderem Sherwood Anderson, John P. Marquand, Eric Ambler und Scott Fitzgerald.

Die Mehrheit jedoch bleibt. Viele ziehen es tatsächlich vor, über Seifenpulver zu schreiben, anstatt Romane zu verfassen. Sie lieben die Mischung aus Spaß und Geld, und sie brauchen den Termindruck und den Beifall. Sie denken nicht an das endgültige Produkt, außer im Hinblick auf persönlichen Erfolg oder Mißerfolg und die Reaktionen ihrer Berufskollegen. Es geht nicht so sehr darum, daß der Zweck die Mittel heiligt (was ein Werbungtreibender als Rechtfertigung anführen könnte), sondern daß die Mittel sich selbst heiligen. John Caples, der Werbefachmann, der solche Klassiker schrieb wie »Alle lachten, als ich mich ans Klavier setzte«, hat darauf hingewiesen, daß bei den Erwartungen eines Werbefachmanns zwei Kräfte am Werk sind: Skepsis und der Wunsch zu glauben. Ein guter Werbefachmann ist bereit, sich ganz auf letzteres zu konzentrieren.

Vor fast 80 Jahren gab ein Lehrbuch Werbeleuten den Rat: »Beim Entwurf einer Anzeige, die die Aufmerksamkeit der Öffentlichkeit wecken soll, ist vor allem eines zu beachten: *Sag es so einfach wie möglich* ... Die breite Masse der Leute, ob arm oder reich, hat ein schlichtes Gemüt, und man muß auf einfache Weise zu ihnen sprechen.« Werbeleute von heute tun das immer noch – aber nur, wenn sie davon überzeugt sind, daß es wirkt. Doch nichts sollte die Tatsache verschleiern, daß es bei dem Geschäft um Resultate geht, so schillernd die Werbeszene auch sein mag, oder so nett und sympathisch die Leute sein mögen.

Joe Bensman, ein Soziologe, der acht Jahre in einer Agentur arbeitete, schrieb, daß Werbung nicht das Metier für jemanden sei, der »freundlich, nett oder religiös ist und ethische Grundsätze hat ... Werbung verlangt die Fähigkeit, sich zu verteidigen, Härte, starke Nerven und die Bereitschaft, sich selbst und andere auszubeuten.«[45] Oder wie Jerry della Femina, selbst Leiter einer Agentur, es ausdrückte: »Wenn du an Werbung denkst, dann denke nicht an Rock Hudson, wie er an Doris Day herummacht. Denke vielmehr an H. R. Haldeman [einer der Watergate-Verschwörer und ehemaliger Werbemann], der versucht, Tonbänder zu manipulieren. Das kommt der Tätigkeit von Werbeleuten in großen Agenturen am nächsten.«[46]

WERBEFORSCHUNG (1)

»Werbeleute, die die Forschung ignorieren, sind genauso gefährlich wie Generale,
die entschlüsselte feindliche Signale mißachten.«
David Ogilvy

In dem kleinen, verdunkelten Raum einer Zimmerflucht in einem
Einkaufszentrum von Florida starrt ein Freiwilliger auf die Seiten des
Playboy-Magazins, die auf eine kleine Leinwand vor ihm projiziert
werden. Wenige Minuten zuvor hatte er sich noch Zigaretten gekauft;
nun sitzt er, nachdem man ihn überredet hat, sich an einer nicht näher erklärten Marktanalyse zu beteiligen, in Zimmer 521, Altamonte
Mall. Durch Druck auf einen Knopf kann er selbst weiterblättern und
sich so nach eigenem Belieben durch das Magazin arbeiten.

Er weiß nicht, daß ein unsichtbarer Infrarotstrahl auf seine Augen gerichtet ist. Der Strahl ermöglicht es, jede Sechzigstelsekunde
die Stellung seiner Pupillen per Computer aufzuzeichnen. Nach der
Sitzung können die Forscher das Band abspielen, das so mit einem
Videogerät gekoppelt ist, daß sie die Seiten des *Playboy* in der gleichen Weise sehen, wie seine Augen sie überflogen. Ein hin- und her-
springender kleiner Lichtkegel legt exakt fest, worauf sein Blick
jeweils gerichtet ist. Durch dieses Verfahren können die Forscher
sehen, ob er lange bei den Aufnahmen von Dana, »der neuen Porno-
prinzessin«, verweilte, aber die wortreichen Bildunterschriften über-
ging, ob er die Partywitze las, aber den Bericht über eine neue Regen-
bekleidung ignorierte. Die Forscher werden sich jedoch mehr dafür
interessieren, wie seine Augen bei der Anzeige für Lord Calverts
kanadischen Whisky reagierten, ob sie bei der zweiseitigen Anzeige
für einen Jeep verweilten und wieviel Aufmerksamkeit er dem langen
Werbetext für RCA-Bänder widmete.

Das ist ernsthaftes Werbegeschäft. Zusammen mit anderen Freiwilligen in fünf weiteren Testzentren von New York bis Dallas hilft dieser Mann den Werbungtreibenden und ihren Agenturen, die beste
Möglichkeit zu finden, ihre Waren im Stil der achtziger Jahre zu verkaufen. Das Magazin, das er durchlesen sollte, war zufällig der *Playboy*; es hätte auch *Newsweek* oder *Business Week, Cosmopolitan*

oder *Sports Illustrated* sein können. Oder man hätte ihm statt Zeitschriften eine Reihe verschiedener Anzeigen vorlegen können, von denen einige noch in der Entwicklungsphase steckten. Das damit befaßte Unternehmen, Perception Research Services in New Jersey, testet pro Jahr etwa 40 000 Leute – 20 jeden Tag in jedem Zentrum –, um herauszufinden, ob eine Anzeige Aufmerksamkeit erregt und den Betrachter fesselt. Oder, um es mit den Worten von Elliot Young, Präsident des Unternehmens, auszudrücken, ob die Anzeige »stopping power« besitzt, also die Fähigkeit, die Aufmerksamkeit des Betrachters zu fesseln. Wenn dieser sogenannte »eye-tracking«-Test ergibt, daß die Anzeige diese Fähigkeit nicht besitzt, kann noch manches verändert werden: Der (teure) Star in einer Anzeige eines Herstellers alkoholhaltiger Getränke erregte nicht mehr Aufmerksamkeit als ein normales Modell. Das Unternehmen veränderte die Anzeige und entledigte sich der prominenten Persönlichkeit.

Nach jedem Tag wird zu jeder veröffentlichten – und noch nicht vollständig entwickelten – Anzeige ein Bericht erstellt. »Wenn jemand eine Zeitschrift durchsieht, können drei Dinge passieren«, erklärt Young. »Möglicherweise sieht er sich die Anzeige überhaupt nicht an – vielleicht blickt er immer nur nach links und nie nach rechts. Vielleicht blickt er auch nur ganz flüchtig darauf. Oder, die dritte Möglichkeit, er beschäftigt sich damit.« Etwa um das Jahr 1969 half Young mit, die »eye-tracking«-Methode zu entwickeln; er arbeitete damals als Forscher bei der Interpublic-Gruppe. Perception Research wurde 1972 als Tochtergesellschaft von Interpublic gegründet: Young und vier seiner Mitarbeiter kauften das Unternehmen vier Jahre später.

Youngs Kunden sind Werbungtreibende, Verleger und Agenturen, darunter so große Namen wie Seagram, Du Pont, Eastman Kodak, Kellogg, *Reader's Digest, New Woman, People*, McCann-Erickson, J. Walter Thompson und Young and Rubicam. Sie alle wollen wissen, wie man Anzeigen zusammenstellt, auf denen das Auge verweilt. Außerdem interessiert es sie, wo man sie am besten plaziert: Youngs Forscher fanden heraus, daß, obwohl beispielsweise der *Playboy* mit Anzeigen für Alkohol überladen ist, seine Leser gegen weitere Anzeigen nichts einzuwenden haben. Auch ein anderes Forschungsergebnis dürfte kaum überraschen: daß »die Wirkung der Anzeige in gewissem Maße davon abhängt, was sich auf der gegenüberliegenden

Seite befindet. Ist beispielsweise ein Fotomodell doppelseitig in der
Heftmitte beigeheftet – was beim *Playboy* nicht praktiziert wird –,
dann würde eine Anzeige ignoriert...« Mitunter werden bei Werbung, die sich noch in der Testphase befindet, die geplanten Anzeigen
mit anderen vermischt, die eine gewisse »Unordnung« hineinbrin-
gen oder das eigentliche Produkt verschleiern. Werbeforscher erkennen so, ob eine bestimmte Anzeige oder ganze Reihen von Anzeigen
Aufmerksamkeit erregen.

Doch die Tests haben ihre Grenzen. Ganz offensichtlich zeigen sie
nur, worauf jemand *blickt*, aber nicht, was er oder sie dabei denkt
oder fühlt. Die Testperson könnte zum Beispiel auf die Anzeige starren und dabei daran denken, daß sie vergessen hat, einen Brief ein-
zustecken. (Youngs Organisation versucht dem dadurch zu begegnen, daß den Tests Interviews folgen, bei denen die Leute danach
gefragt werden, was sie gesehen haben.) Da ist zudem noch die nicht
unwichtige Tatsache, daß sich die Testsituation von der realen Welt
ganz erheblich unterscheidet. Doch obwohl dies allgemein bekannt
ist, gibt es immer noch viele Werbungtreibende und Agenturen, die
glauben – in der Größenordnung von fünf Millionen Dollar, die sie jedes Jahr für die Tests von Young ausgeben –, daß ihnen die erworbe-
nen Kenntnisse in der Werbung im Hinblick auf ihre potentiellen
Kunden einen gewissen Vorteil verschaffen. Youngs Unternehmen ist
nicht das einzige, das sich der »eye-tracking«-Methode bedient. Zudem ist diese Methode nicht auf die USA beschränkt. Sie wird in Australien, Kanada, Japan und vielen Ländern Westeuropas angewandt.

Es gibt sogar noch seltsamere Methoden, um Anzeigen zu kreieren, die die Leute dazu überreden sollen, etwas zu kaufen: So werden
Freiwillige an Geräte angeschlossen, die ihre Gehirnströme messen,
während unzählige andere von Psychologen befragt, von Anthropologen überwacht oder gebeten werden, durch das Formen von Lehm
auszudrücken, was sie von bekannten Markenartikeln halten. Und
all das nur, um herauszufinden, was potentielle Käufer tief in ihrem
Innern tatsächlich fühlen. Warum, werden Sie sich fragen, fragt man
sie nicht einfach? In der Tat *werden* jedes Jahr Millionen gefragt. Die
Antworten lassen die Flut der Daten ständig ansteigen, die den Mar-
keting- und Werbeleuten zur Verfügung stehen. Doch das reicht aus
vielerlei Gründen nicht aus: Die Leute lügen häufig; selbst wenn sie
es nicht bewußt tun, ist es ein Beweis dafür, daß sie nicht wissen, was

sie wollen. Deshalb müssen die Forscher weiter in die Tiefe gehen. Konsumenten werden gebeten, sich zu entspannen, ihre Scheu abzulegen und ihre Wünsche, Neigungen, Schwächen, Ambitionen und Träume zu offenbaren, damit die Werbungtreibenden rechtzeitig von diesem Wissen Gebrauch machen können, um ihre Jeans, Parfums oder Autos zu verkaufen.

Man macht sich die Arbeit von Psychiatern, Psychologen, Anthropologen und Soziologen zunutze und übernimmt ihre Theorien. Computer werden eingesetzt, um manchmal scheinbar unterschiedliche Informationen zu vergleichen und in Zusammenhang zu bringen. So wird es beispielsweise möglich, Gemeinsamkeiten festzustellen zwischen Leuten, die Soßenpulver und Topfpflanzen kaufen!* Forscher sammeln Ansichten und Informationen und bringen sogar Geräte ins Spiel, die automatisch beliebige Telefonnummern wählen, um auch die Konsumenten nicht zu vergessen, die nicht im Wahlregister verzeichnet sind. (Einwohner-Melderegister gibt es weder in den USA noch in Großbritannien; Anm. d. Red.) Angeblich benutzen sie dabei Geräte, die den Grad der Spannung in der Stimme des Angerufenen messen, so daß die Fragesteller den Wahrheitsgehalt der Antworten nachprüfen können.

Dieser Aufwand soll den Werbeleuten eine Frage beantworten: Wie muß eine Anzeige beschaffen sein, die der Leser oder Betrachter bemerkt, in sich aufnimmt und – das eigentliche Ziel – die ihn zum Kaufen verleitet, sei es nun die Entscheidung für Colgate-Zahnpasta anstatt Crest, oder für eine Hi-Fi-Anlage, von der der Käufer bis dahin nicht einmal wußte, ob er sie überhaupt wollte, ob er sie sich leisten konnte oder es sich schuldig war? Es geht darum, die Leute zu erreichen, die vielleicht ein bestimmtes Produkt kaufen wollen, und sie dazu zu bringen, daß sie dieses und kein anderes haben wollen. »Werbung«, erklärte Herbert Zeltner, ein Marketingberater aus New York, »hat eine doppelte Funktion: Zum einen soll sie die Leute dazu bringen, ein Produkt besitzen zu wollen, und zum anderen soll sie ihnen sagen, wo sie es bekommen können. Ersteres ist der für Werbeleute interessanteste Aspekt.«

---

* In Großbritannien konnte Spillers Foods diese Information gut gebrauchen: Das Unternehmen warb für seine Homepride Cook-in-Sauce und seine klassische Currysoße und bot gleichzeitig kostenlose Pflanzen an.

Die heutigen Werbungtreibenden haben ganz besondere Probleme. Das erste, auf das wir zuvor bereits gestoßen sind, besteht darin, daß der Unterschied zwischen den konkurrierenden Produkten häufig nicht mehr erkennbar ist. Deshalb ist das, was der Werbungtreibende verkaufen will – sowohl in seiner Anzeige als auch in den Regalen – nicht per se die Geldausgabe des Kunden wert. Das zweite Problem liegt darin begründet, daß es für ein Produkt in den Läden, im Fernsehen und in den Zeitungen zunehmend schwerer wird, sich von den konkurrierenden Produkten abzuheben. Die wichtigste Aufgabe von Anzeigen, nämlich überhaupt bemerkt zu werden, wird von Jahr zu Jahr schwieriger. Da es immer mehr Anzeigen gibt, wird der Wettbewerb um die Aufmerksamkeit des Zuschauers und des Lesers immer größer. In den USA nahm die Zahl der gedruckten Anzeigen und der Werbespots zwischen 1967 und 1982 um 103 Prozent zu. Ein ähnlicher Anstieg war in Großbritannien zu verzeichnen, und 1985 wurde vorausgesagt, daß sich die Zahl der Anzeigen gegen Ende des Jahrhunderts noch einmal verdoppeln würde.[1] Es gibt nicht nur mehr Fernsehprogramme, in denen Spots untergebracht werden können, sondern die verfügbare Zeit wird mit immer mehr Werbespots vollgepackt. Nach über einem Jahrzehnt, in dem der 30-Sekunden-Werbespot die Regel war, begann Amerika in den achtziger Jahren den 15-Sekunden-Spot einzuführen; in Großbritannien machten 1985 20-Sekunden-Spots etwa ein Fünftel aller Werbespots aus.*

In den achtziger Jahren wurde es für jeden Werbungtreibenden schwieriger, seine Zielpersonen dazu zu bringen, sich seine Werbung anzuschauen oder sie zu lesen. Steve Fajen, Mediendirektor bei Saatchi and Saatchi Compton in New York, holte mitten in einem längeren Gespräch über seine Arbeit einige Forschungsunterlagen hervor und meinte: »Wir zeigen das nicht vielen Kunden. Aber das sind Tatsachen.« Mit »das« meinte er Forschungsmaterial darüber, wie viele der teuren Spots, die dem amerikanischen Verbraucher auf dem Bildschirm präsentiert wurden, tatsächlich zu irgend etwas führten. Seine Daten beruhten auf der durchschnittlichen Zahl der Stunden,

---

* Viele Werbeleute finden an den 15-Sekunden-Spots wenig Gefallen; Marshall Karp, leitender Creative Director bei Marschalk in New York, bezeichnete sie als »Werbung ohne Vorspiel«.

die Amerikaner wöchentlich fernsehen – 47. Diese Zahl errechnet sich aus 43 ½ Stunden öffentlichem, unabhängigem Regional- oder Kabelfernsehen, zwei Stunden und 45 Minuten Abspielen von aufgezeichneten Videos und 50 Minuten für bespielte geliehene oder gekaufte Videos. Diese Zahlen gelten für den Durchschnittshaushalt in einer durchschnittlichen Woche, obgleich Fajen hinzufügt, daß hier »jede Menge Durchschnittswerte« enthalten seien. Von dieser Zeit sendet das Fernsehen siebeneinhalb Stunden Werbespots; hinzu kommen 30 Minuten Werbung für die zwei Stunden und 45 Minuten dauernden aufgezeichneten Programme. »Wieviel wird nun tatsächlich gesehen?« fragt Fajen mit dem Gesichtsausdruck eines Zauberers, der dabei ist, das Kaninchen aus dem Hut hervorzuholen. Es stellt sich heraus, daß durch »Herausschneiden« (»zapping«) – d. h. beim Video Betätigen der Vorlauftaste während der Werbespots – oder weil die Leute reden oder ins Bad gehen und all die Dinge tun, die man eben tut, wenn die Werbespots kommen, die siebeneinhalb Stunden zu einer Stunde und 27 Minuten zusammenschrumpfen, die tatsächlich dem Anschauen von Werbung gewidmet werden. Von den 30 Minuten (wobei die Wahrscheinlichkeit größer ist, daß bei aufgezeichneten Programmen etwas »herausgeschnitten« wird) bleiben nur drei Minuten übrig. Das bedeutet, sagt Fajen, daß jeder einzelne etwa 120 Werbespots pro Woche sieht. »Nun, die Sender bringen etwa 4000 Werbespots in der Woche. Doch nur 120 davon werden im Durchschnitt von dem Zuschauer gesehen. Das ist erschreckend. Nehmen Sie an, Sie wären mein Kunde, Eric Clark Inc., und ich sage Ihnen, daß all dieses wunderbare Zeug, das wir entworfen haben, 75 Prozent des Publikums erreichen wird ... Doch in Wirklichkeit sage ich Ihnen, daß die *Fernsehprogramme* von 75 Prozent gesehen werden...«

Eine Untersuchung, die in Großbritannien von der Post durchgeführt wurde, ergab ein ähnliches Bild.[2] Es zeigte sich, daß mehr als ein Viertel der Leute, die sich eine Ausgabe der Sendung *News at Ten* angeschaut hatten, *keinen* der Werbespots gesehen hatten. 26 Prozent hatten einfach nicht aufgepaßt, 21 Prozent hatten sich während des Werbungsintervalls einen Drink gemixt, 20 Prozent verließen das Zimmer, elf Prozent waren mit anderen Dingen beschäftigt, acht Prozent schalteten auf einen anderen Kanal, sechs Prozent gingen ins Bad und fünf Prozent unterhielten sich mit jemandem.

Doch das ist noch nicht alles. Fajen spricht über die Werbespots, die die Leute *sehen*. Was dann passiert – oder nicht passiert – ist eine andere Sache. Die Mehrzahl der Werbespots, die gesehen werden, schaffen niemals »den Durchbruch«. Das menschliche Gehirn kann nicht allem Bedeutung beimessen, was ihm begegnet; der Verstand beschließt, sich mit den meisten Anzeigen gar nicht erst zu befassen, oder aber sie möglichst schnell wieder zu vergessen. Ein Branchenlehrbuch mit dem Titel *Consumer Behaviour* stellt fest: »Nur etwa ein Drittel der Werbespots, denen jemand ausgesetzt ist, hinterläßt einen nachhaltigen Eindruck. Von den Spots, denen man Beachtung schenkt, wird nur etwa die Hälfte verstanden und weniger als fünf Prozent bleiben für 24 Stunden in Erinnerung.« Doch auch dieses Wissen löst nicht das Problem der Werbeleute: Reklame muß gesehen und bemerkt werden, wenn sie Wirkung haben soll, aber darüber hinaus muß sie die Menschen zum Handeln veranlassen, und das ist wieder etwas anderes.* Zieht man dies alles in Betracht, so wird deutlich, daß eine Art Kriegslist erforderlich ist: Das Gehirn baut eine Schutzbarriere auf; die Werbedesigner müssen einen Weg finden, diese Barriere zu überwinden – darum herum, darüber hinweg, darunter hindurch oder direkt hindurch zu kommen. Es ist der Erstürmung einer Burg vergleichbar: Die Anstürmenden haben mehr Aussicht auf Erfolg, wenn die Angriffstaktik vorher festgelegt ist: ob es vernünftiger ist, das Tor zu stürmen, die Mauern zu erklimmen, einen Tunnel zu graben oder sich verkleidet hineinzuschleichen.

Das Heer der Forscher, das die Werbeleute unterstützt, ist riesig und wächst ständig. 1987 schätzte man die Summe, die weltweit für Marketing, Werbung und Meinungsforschung ausgegeben wurde, auf nahezu vier Milliarden Dollar; der größte Teil davon wurde in den USA und in Europa ausgegeben.[3] Auf der Suche nach den Gründen, die die Leute zum Kaufen veranlassen, werden Millionen von Konsumenten ständig beobachtet, befragt und in fast jede erdenkliche Gruppe und Untergruppe eingeteilt und untersucht. Ihre Verhältnisse, Ansichten, Gewohnheiten und Verhaltensweisen werden fortwährend verglichen; Trends werden laufend verzeichnet und analysiert, um zu der Entscheidung beizutragen, welche Produkte reif für

---

*   Es gibt allerdings die Theorie, daß die Werbung »tröpfchenweise« auf die Menschen einwirkt, ohne daß sie ihr bewußt Aufmerksamkeit schenken.

den Verkauf sind. Eine Studie von Doyle Dane Bernbach zum Beispiel ergab, daß die Menschen von einer geheimen Angst hinsichtlich ihrer möglichen sozialen Isolation beherrscht werden. Daraus zog die Agentur den Schluß, daß in der Zukunft die sogenannten »sozialen Helfer« – Fitnessclubs, Urlaub, Spiele und Telekommunikation – und »soziale Surrogate« wie Videospiele und Computer an Bedeutung gewinnen werden.

Bei der Schaffung neuer Produkte und neuer Anzeigen ist die Forschung in jedem Stadium beteiligt. In der Praxis bedeutet das, daß große Werbungtreibende oder Agenturen praktisch nichts an die Öffentlichkeit bringen, bevor eine Meinungsumfrage gestartet, das Produkt auf dem Markt getestet oder ein Test mit dem Text durchgeführt und Gruppen von Konsumenten unterbreitet wurde, deren Meinungen in statistische Tabellen umgewandelt oder von Psychologen analysiert wurden.

Einige Veteranen der Werbebranche erinnern sich an eine Zeit, die noch gar nicht so lange zurückliegt. »Forschung« bedeutete damals, daß ein Werbetexter sein Büro verließ, einen »echten Konsumenten« – etwa einen Verwandten oder Nachbarn – aufsuchte und ihn fragte, was er oder sie von dem Produkt hielten, das der Werbemann zu verkaufen suchte. Den so gewonnenen Eindruck konnte er dann bei der Formulierung seines Textes berücksichtigen – oder auch nicht. Viele Werbeleute sind der Meinung, daß sich ein wirklich kreativer Anzeigengestalter dadurch auszeichne, daß er instinktiv wisse, was gesagt werden muß. Die Geschichte der modernen Werbung ist zum großen Teil durch den Kampf zwischen zwei Gruppen gekennzeichnet: den Forschern mit ihren Modellen, Tabellen und Formeln über die Wirkungen der Werbung, und den kreativen Werbeleuten, die *wissen*, wie Werbung wirkt.

Robert Benson, Leiter der bekannten Agentur S. H. Benson (Dorothy L. Sayers arbeitete dort als Werbetexterin), meinte zur Forschung: »Ich vergesse nie den Ausspruch, ›Zeige mir einen Forscher und ich werde dir einen Narren zeigen.‹ Das klingt unnötig hart, aber ich glaube zu wissen, was damit gemeint ist.«[4] Albert Lasker, den man den »Vater« der modernen Werbung nannte, beschrieb Werbeforschung als »etwas, das einem sagt, ein Esel habe zwei Ohren«[5]. »Nach Tausenden von Versuchen«, meinte er weiter, »findet der Werbefachmann schließlich das richtige Verkaufsargument für eine

Ware oder ein Angebot.«[6] Bill Bernbach war folgender Meinung: »Forschung kann einem sagen, was die Leute wollen, und man kann sich dann entsprechend verhalten. Das ist eine nette, sichere Art, Geschäfte zu machen, aber wer zum Teufel will schon sicher sein … Jedenfalls ist Werbung keine Wissenschaft, sondern Überredung. Und Überredung ist eine Kunst.«[7] Als man ihm sagte, daß eine vorgeschlagene Kampagne für Avis nicht den vollen Erfolg bringe und weitere Anstrengungen nichts nützen würden, soll er geantwortet haben: »Dann besorgt mir andere Forschungsergebnisse.«

Die Meinungen sind sehr unterschiedlich. John O'Toole, Chairman von Foote Cone and Belding, meint: »Forschung liefert den Stoff, aus dem Anzeigen gemacht werden: Information. Damit ist sie die wichtigste Tätigkeit überhaupt. Ohne vorherige Untersuchungen hätte die Kampagne keinen Gehalt. Im weitesten Sinne ist Forschung unser Berührungspunkt mit dem Konsumenten, unser Verbindungsglied zur Realität.«[8]

Die Gegner der Untersuchungen finden Bestätigung in der Sprache der Forscher. Folgende Formulierung leitete einen Artikel ein, der in den USA im *Journal of Advertising Research* veröffentlicht wurde: »Diese Untersuchung befaßt sich mit der Beziehung zwischen den auf einer Skala erfaßten Verhaltensreaktionen gegenüber TV-Werbespots und den demographischen Merkmalen der Zuschauer, ihrem Umgang mit Produkten, ihrer Markenpräferenz und den situativen Variablen der Interviews.« Ein anderer Abschnitt beginnt mit dem Satz: »Es muß noch einmal darauf hingewiesen werden, daß die diagnostischen Tabellen Ergänzungen des zentralen Evaluationsmaßstabs darstellen, der sich mit den Kaufreaktionsmustern nach dem Test befaßt (wobei die Kaufmuster vor dem Test als Co-Variante dienen).«[9] Man könnte noch weitere seltsame Beispiele anführen. Das Wesentliche bei diesen Formulierungen ist ihre »Normalität« – kein Forscher, der sie liest, wird begreifen können, weshalb sich andere darüber lustig machen.

Skeptiker könnten anführen, daß die Sprache dazu beiträgt, die Ungenauigkeit der Marktforschung zu verschleiern. Mit anderen Worten, viele sind der Meinung, daß vieles beschönigt wird. Iain Murray, ein englischer Marketingfachmann, definierte den obersten Grundsatz der Marktforschung folgendermaßen: »Wer auch immer diese Forschungen durchführen läßt, muß dabei gut wegkommen.«[10]

Andere weisen darauf hin, daß sich die Forscher weniger damit befassen, die Wirkung der Werbung herauszufinden, als vielmehr, wie das menschliche Gehirn funktioniert. So betrachtet, ist es vielleicht nicht verwunderlich, daß selbst ein Anhänger der Forschung (wenn auch mit leichter Übertreibung) zugeben kann, daß trotz aller Theorien über die Werbung und ihre Wirkung »noch kein begriffliches System entwickelt wurde, das mit den Leistungen eines Newton oder Galilei verglichen werden könnte«[11].

Tatsache ist auch, daß Forschungstheorien kommen und gehen: die »Lösung« von heute ist morgen schon vergessen. Wie so vieles andere in der Werbung ist die Forschung zeitweise in Mode und zeitweise nicht, und zwar nicht nur im Hinblick auf die ihr beigemessene Bedeutung, sondern auch hinsichtlich dessen, was die Branche von ihr verlangt. Wenn die Zeiten hart sind und es mit der Wirtschaft bergab geht, setzt man die Forschung ein, damit sie hilft, erfolgversprechende und fachmännische Anzeigen zu schaffen; wenn die Zeiten besser sind, soll sie die Werbetexter und Artdirektoren dabei unterstützen, »kreativere« Anzeigen zu entwerfen.

Der größte Teil der Marktforschung findet außerhalb der Agenturen in speziellen Organisationen statt, angefangen von dem gigantischen Nielsen-Marktforschungsunternehmen bis hin zu einzelnen Experten. Doch die meisten großen Agenturen unterhalten eigene Forschungsabteilungen – zum Beispiel Young and Rubicam, J. Walter Thompson und Leo Burnett, die allein in ihren Hauptgeschäftsstellen in den USA über 100 Forscher beschäftigen. Den veröffentlichten Forschungsergebnissen wird enorme Bedeutung beigemessen, ein Aspekt, auf den sich die Forscher bei ihrem Streben, zu verstehen und zu überzeugen, stützen können. Ihr Ausmaß läßt sich dadurch illustrieren, daß für einen Bericht für den *Annual Review of Psychology* 790 Artikel rezensiert werden mußten, die in nur zwei Jahren zur Werbeforschung veröffentlicht worden waren.

Werbeforschung ist ein Versuch, Werbung in eine Art Wissenschaft zu verwandeln. Dr. Johnson war bereits vor über 200 Jahren der Meinung, man habe dieses Ziel erreicht: »Die Werbung ist heute fast so vollkommen, daß es nicht einfach ist, Verbesserungen vorzuschlagen«, erklärte er 1761. Vor 60 Jahren, 1925, meinte der Insider Claude Hopkins: »Die Zeit ist gekommen, da die Werbung eine Wissenschaft geworden ist. Sie basiert auf festen Prinzipien und ist ziem-

lich exakt. Die Ursachen und Wirkungen ... wurden untersucht, bis
man sie verstand.«

Die Branche begann schon in der Anfangszeit der modernen Werbung, Grundlagenforschung zu betreiben. Die New Yorker Agentur
N. W. Ayer tat dies bereits 1879.[12] Eine Herstellerfirma wollte eine Liste der Zeitungen aus den Gebieten haben, wo Dreschmaschinen verkauft werden konnten. Die Agentur schickte Telegramme an staatliche Behörden und Verleger überall in den Vereinigten Staaten, und
innerhalb von drei Tagen stellte sie eine Marktübersicht zusammen.
Diese Information bot Ayer dem Hersteller an, wenn die Agentur als
Gegenleistung dafür mit dem Auftrag betraut würde.

Nach dem Ersten Weltkrieg kam es zu entscheidenden Entwicklungen. 1918 begann Daniel Starch, ein Professor für Marketing in
Harvard, Wiedererkennungs-Methoden für das Testen von Werbetexten zu erforschen. O'Toole erklärt in *The Trouble with Advertising*,
daß die Marktforschung in den zwanziger Jahren erst richtig begonnen habe. Er erwähnt ein Gespräch mit George Gallup, bei dem dieser die Entwicklung Albert Lasker zuschreibt. Laut Gallup war Laskers Agentur Lord and Thomas damals mit einem Auftrag für
Kondensmilch in Dosen beschäftigt. Als das Produkt auf einem Test-
markt in Indiana angeboten wurde, war der Absatz zunächst ausgezeichnet, aber dann sank er fast auf Null. Lasker schickte Mitarbeiter
in die Gegend, die von Tür zu Tür gehen mußten, um herauszufinden,
was an dem Produkt schlecht war. Es stellte sich heraus, daß die
Milch einen leichten Mandelgeschmack hatte, den die Verbraucher
nicht mochten. Das war leicht zu korrigieren. »Und so entstand eine
neue Branche«, schreibt O'Toole. Der eigentliche Wendepunkt jedoch
kam nach seiner Auffassung, als Lasker »zu einem Schluß kam, der
... in den zwanziger Jahren ... Stirnrunzeln, wenn nicht sogar Wut
verursacht haben muß. Er behauptete nämlich, daß die Werbeagentur in Wirklichkeit nicht den Hersteller gegenüber den Konsumenten
vertrete, sondern umgekehrt.« Das ist ein Standpunkt, der heute von
den Forschern unterstützt wird. Bis zu einem gewissen Grad mag
diese Behauptung sogar zutreffen. Letzten Endes jedoch zielt die
Arbeit der Agentur oder der Forscher darauf ab, dem Auftraggeber
beim Verkauf seiner Produkte zu helfen, auch wenn sie ihn manchmal dazu überreden, wirkliche oder – was wahrscheinlicher ist –
kosmetische Veränderungen daran vorzunehmen.

Gallup selbst gründete 1929 die erste eigentliche Werbefor-
schungsabteilung – und zwar für Young and Rubicam. Auf Wunsch
von Raymond Rubicam kam Gallup, ein Statistikprofessor aus Indiana, nach New York. Die Arbeit von Gallup und Daniel Starch in den
zwanziger Jahren lieferte die Grundkonzeption für das Copy-testing,
die heute noch gilt – soweit sie gelesen und verstanden wird.

Die dreißiger Jahre brachten weitere Neuerungen. 1933 begannen Gallup, Elmo Roper und Archibald Crossley mit »Techniken der
willkürlichen Auswahl« zu experimentieren, die Meinungsumfragen
noch genauer machen sollten. Befragungen waren ursprünglich
Sache des Journalismus. 1824 führte der *Harrisburg Pennsylvanian*
eine Umfrage durch, um herauszufinden, ob die Bürger von Wil-
mington, Delaware, John Quincy Adams oder Andrew Jackson als
Präsidenten haben wollten. Zu Beginn des 20. Jahrhunderts waren
Umfragen bereits alltäglich geworden, doch war damals noch eine
Vielzahl von Testpersonen nötig. Der Durchbruch kam mit den syste-
matischen Umfragen, die den Unternehmen und Werbeagenturen
die Möglichkeit eröffneten, die Wünsche und Ansichten der Verbraucher relativ einfach, kostengünstig und rasch festzustellen.

Etwa um dieselbe Zeit begann die A. C. Nielsen Company, heute
das größte Marktforschungsunternehmen der Welt, Drugstores zu
begutachten.[13] Das Unternehmen hatte 1923 als Beraterfirma für
Technik angefangen; die neue Aufgabe wurde auf eine Anfrage eines
Kunden hin übernommen. Eher zufällig traf man die Entscheidung,
eine ständige Testgruppe von Drugstores zu benennen, die repräsentativ für das ganze Land war. Gemessen wurden die Warenbewe-
gungen und das Marktpotential, und man entwickelte das Konzept
der Marktanteile von Produkten, gemessen in Prozenten – ein Konzept, das noch heute die Arbeit der Marketingleute beherrscht. Während Nielsen in den Läden erfragte, was sie verkauften, beschloß
J. Walter Thompson, die Leute zu fragen, was sie kauften. Die Agentur rief 1939 die erste Verbrauchertestgruppe ins Leben, eine Auswahl von Haushalten, die stellvertretend für die ganze Nation sein
sollten. Diese Gruppe berichtete jeden Monat über den Kauf von Lebensmitteln, von bestimmten Toilettenartikeln, Kleidung und anderen Gebrauchsgegenständen, an denen JWT interessiert war.

In den fünfziger Jahren vollzog sich ein grundlegender Wandel.
Bis kurz nach dem Zweiten Weltkrieg war die Werbung allgemein

stark produktorientiert, doch in den fünfziger Jahren begann sie sich in zunehmendem Maße auf die Wünsche und Bedürfnisse der Leute einzustellen. Als eigenständige Disziplin erreichte das Marketing in dem Wettbewerbsboom der fünfziger und sechziger Jahre seine größte Wachstumsperiode. Wie die Marketingspezialisten die Fähigkeit entwickelt hatten, die Wünsche und Bedürfnisse der Leute zu verstehen, versuchten sie jetzt auch, diese Bedürfnisse zu wecken. Die sechziger Jahre erlebten die Geburt des Computerzeitalters. Computer machten es möglich, mit ungeheuren Zahlen herumzuspielen, und Forscher stürzten sich darauf, um sich diese Fähigkeit zunutze zu machen. Sie jonglierten mit der Masse an Informationen, die sie über die Menschen gesammelt hatten, und unterteilten sie in immer feinere Gruppen. Man entwarf Modelle, um Probleme zu lösen, ungeachtet der Tatsache, daß diese Modelle in zu vielen Fällen Informationen benötigten, die es einfach nicht gab. Die Forscher »lösten« dieses Problem auf ihre Weise: Sie zogen Spezialisten heran, die die fehlende Information aus dem bereits vorhandenen Wissen sowie aus ihrem Expertenwissen zu konstruieren hatten.

Computer spucken nach wie vor ungeheure Mengen an Material aus; der Desk-Top-Terminal ist für das Büro eines Werbeforschers von gleicher Bedeutung wie ein Behälter mit Stiften für einen Texter oder Art director. Doch der Zauber hat nachgelassen. Das Pendel der Forschung schlug immer deutlicher in eine bestimmte Richtung aus: Wünsche, Bedürfnisse und Reaktionen der Menschen – und wie man daraus Kapital schlagen kann – gewannen an Bedeutung gegenüber dem Zahlenmaterial.

Psychologen kamen in der Werbung erstmals nach dem Ersten Weltkrieg in Einsatz. Die damals neue Richtung des Behaviorismus wurde von den Werbungtreibenden und Agenturen aufgegriffen, die ihrer Fähigkeit keine Grenzen gesetzt sahen, Wünsche zu wecken, um ihre Waren zu verkaufen. Mehr als 6o Jahre später (1984) bezeichnete Joel S. Dubow, ein für Kommunikationsforschung bei Coca-Cola in den USA zuständiger Manager, einen der herausragenden Vertreter des Behaviorismus, Iwan Pawlow, als »den Vater der modernen Werbung«[14]. Auf einem Workshop über Werbeforschung, der von der Association of National Advertisers (A.N.A., US-Verband von auf nationaler Ebene Werbung treibenden Unternehmen; Anm. d. Red.)

organisiert wurde, erklärte Dubow: »Pawlows ›bedingter Reflex‹ kann schon durch geringste Mengen von Nahrung ausgelöst werden, die die Speichelsekretion anregen ... Man bedenke, was Pawlow leistete: Er nahm einen neutralen Gegenstand, und indem er ihn mit einem bedeutungsvollen Gegenstand in Verbindung brachte, machte er ihn zu einem Symbol für etwas anderes; er erfüllte ihn mit Metaphorik, er gab ihm eine zusätzliche Bedeutung. Ist das nicht genau das, was wir in der modernen Bildwerbung zu tun versuchen?«

Ein Buch, das 1919 in New York veröffentlicht wurde, vermittelt einen Eindruck von den Erwartungen, die Agenturen damals in Psychologen setzten. Das Buch *Advertising: Its Principles and Practice* widmete den »Psychologischen Faktoren in der Werbung« einen großen Abschnitt, in dem die »wichtigsten Instinkte« aufgelistet wurden, »an die man in der Werbung appellieren kann«. Es zollte der Psychologie Tribut und stellte fest, daß mehrere Unternehmen mittlerweile einen Psychologen unter ihren Mitarbeitern hätten, und viele andere »sich an Marktforschungsinstitute wenden, damit entweder in deren Räumen oder direkt bei den angenommenen Verbrauchern Forschungen und Tests geplant und durchgeführt werden«.

»So wie sich der Hersteller die Sachkenntnis des Chemikers, des Elektrotechnikers, des Physikers und des Ingenieurs zunutze macht, so macht sich der Werbungtreibende die Sachkenntnis des Psychologen zunutze.« Forderungen nach einer wissenschaftlichen Basis wurden beiseite geschoben: »In der heutigen Zeit haben Experimente ziemlich eindeutig die relative Überzeugungskraft verschiedener Appelle bewiesen, die als Verkaufsanreiz in Werbetexten benutzt werden können. Die experimentellen Methoden wurden anhand der Analyse von tatsächlichen Werbekampagnen und den genauen Ergebnissen einzelner Texte überprüft.«

Damals wie heute war es ein Problem, eine Anzeige zu entwerfen, die gleich zu Anfang Aufmerksamkeit weckte, das Interesse zu fesseln vermochte und eine Assoziation oder einen Eindruck hinterließ, der von Dauer war, und der »überzeugte, überredete oder verführte und schließlich beeinflußte und eine bestimmte Reaktion auslöste«.

Seit damals haben Forscher, Agenturen und Werbungtreibende Millionen von Arbeitsstunden darauf verwendet, mit diesem Problem fertig zu werden, doch die Autoren von 1919 waren sich sicher, die Lösung gefunden zu haben. Diese fußte auf einer Werteskala, Begriffe, die mit null bis 100 Punkten zu bewerten waren. Die fünf am höchsten eingestuften Werte waren »Gesundheit« (92), »Sauberkeit« (92), »durchdachter Aufbau« (88), »Zeitersparnis« (84) und »appetitanregend« (82). Am niedrigsten bewertet wurden die Begriffe »importiert« und »verschönernd«, die beide nur zehn Punkte erreichten. Dieses System funktionierte auf sehr einfache Art und Weise. Dem Werbungtreibenden wurde empfohlen, das höchste Attribut auszuwählen, das auf sein spezielles Produkt paßte. Dies waren dann die Charakteristika, auf die jeweils besonderer Wert gelegt wurde. Im Falle von Schmuck waren die drei wichtigsten Attribute »Qualität« (72), »modischer Stil« (72), sowie »Markenname und Garantie« (58).

Das war grundlegendes, unverfälschtes Material. (In diesem Zusammenhang ist wichtig, daß die Reihenfolge der Beurteilung von rein subjektiven Werten abhing und keine Abweichung zuließ, die vom Produkt abhängig war.) Das Interessante dabei ist, daß die Erfinder dieser Methode schon damals der Überzeugung waren, daß, was immer auch Verbraucherschützer behaupten mochten, Männer und Frauen nicht allein (oder überhaupt nicht) aus Vernunftgründen auswählen. Folgendes Zitat könnte aus einer heutigen Veröffentlichung stammen:

»Es ist eine der bemerkenswertesten Neigungen des Menschen, aus instinktiven, emotionalen Gründen zu handeln, zu urteilen, zu glauben oder zu wählen, und dann nach durchgeführter Handlung zu versuchen, sie mit intellektuellen oder logischen Gründen zu rechtfertigen oder zu verteidigen ... Männer kaufen Autos aus den gleichen Gründen. Ich kaufe mir ein Auto, weil mein Nachbar eines hat, weil es meine Eitelkeit oder meinen Stolz befriedigt. Nachdem ich das Auto gekauft habe, suche ich nach logischen Rechtfertigungen für mein Verhalten.«

Mit stolzem Unterton fügten die Autoren hinzu:

»Der Werbefachmann beginnt, sich diese menschlichen Schwächen zunutze zu machen, und häufig findet man Anzeigen, die stark emotional geprägt einsetzen und damit den Leser überreden und verführen. Dann folgen eine Reihe logischer Begründungen, die die Entscheidungen des Kunden wahrscheinlich kaum beeinflussen, ihn jedoch wappnen gegen die Einwände seiner Schwiegermutter, seines Arbeitgebers, seiner Bank und seines Gewissens.«

Erst ein Vierteljahrhundert später, nach dem Zweiten Weltkrieg, richteten Werbeleute und Forscher ihre Aufmerksamkeit auf die Träume und Ängste der Menschen. Und dies geschah aus einem sehr praktischen Grund. In den USA konnten die Unternehmen nach dem Krieg in größerem Umfang Waren herstellen, als der Markt aufzunehmen vermochte. Damit wurde Marketing wichtiger als Produktion. Um mehr verkaufen zu können, mußten der Werbungtreibende und seine Agentur viel mehr über das Verhalten der Verbraucher wissen. Der Schritt weg von der produktorientierten, begründenden Werbung wurde durch die zunehmende Bedeutung des Fernsehens als wichtiges Werbemedium unterstützt. Seiner Natur nach ist das Fernsehen besser dafür geeignet, Bilder statt Fakten zu übermitteln. Die Entwicklung von werberechtlichen Vorschriften war ein weiterer Ansporn – Werbungtreibende, die nicht in der Lage waren, detaillierte Angaben über ihre Produkte zu machen, fanden schnell heraus, daß sie ihre Werbebotschaften dennoch vermitteln konnten, wenn sie schauspielartige Techniken anwandten.

Als Ergebnis all dieser Entwicklungen wurde aus einem Wirtschaftszweig, den man früher als Informationsbranche hätte bezeichnen können (obschon eine Informationsbranche, die nur die Punkte hervorhob, die der Auftraggeber zu betonen wünschte), eine totale Verführungsbranche. Mitte der siebziger Jahre konnte weniger als die Hälfte der amerikanischen Werbespots als informativ eingestuft werden, selbst wenn man die recht großzügige Definition anwendet, nach der sie nur eines von 14 verschiedenen Informationskriterien beinhalten mußten, einschließlich Preis, Qualität oder Funktionsfähigkeit.[15] Lediglich einer von 100 Werbespots bot Informationen in drei oder mehr Kategorien an. Nach denselben Kriterien enthalten 14 Prozent der Zeitschriftenanzeigen überhaupt keine Information.[16]

»Werbung«, glaubt Marcel Blenstein-Blanchet, ein erfahrener französischer Werbemann und Gründer der Agentur Publicis, »drückt Wünsche aus, die in uns bereits existieren.«[17] Professor Hugh Rank, ein Kritiker der Werbung, ist derselben Ansicht, fügt aber hinzu: »Wenn Werbungtreibende so häufig beschuldigt werden, mit Träumen hausieren zu gehen, dann müssen wir zuerst daran denken, daß das *unsere* Träume sind: Es sind alles zutiefst menschliche Wünsche; sie sind die Wohltaten, nach denen wir suchen.«[18]

David Bernstein, ein bekannter englischer Anzeigengestalter, ist der Meinung, daß alle in der Werbung gemachten Versprechungen einer oder mehr der folgenden Kategorien zugeordnet werden können: Selbsterhaltung, Nächstenliebe, Selbstverwirklichung, Neid, Faulheit, Lüsternheit, Unersättlichkeit, Stolz oder Habsucht. »Es gibt kein Produkt, das nicht an die Mehrzahl dieser neun Eigenschaften appelliert.«[19] Aber welche besonderen Träume, welche Wünsche, welche Eigenschaften herrschen zu welcher Zeit vor? Und wie erfaßt man sie?

In den fünfziger Jahren wandte sich die Werbeindustrie bei dem Bemühen um eine Lösung dieses Problems bestimmten Aspekten der Freudschen Theorie zu. Psychologen suchten nach den verdeckten Motivationen, die die Verbraucher zu einer bestimmten Handlungsweise veranlaßten; die Macht der Symbolik wurde hervorgehoben – ein Auto etwa galt nicht wegen seiner Leistung oder seines Preises als unverkäuflich, sondern wegen seiner zu schlicht gestylten Motorhaube. Und weil ein Auto ein Phallussymbol darstellt, fehlte diesem Wagen der Anschein von Potenz und Penetrationsfähigkeit!

Der Guru des neuen Zeitalters der »Motivforschung« war Dr. Ernest Dichter, dessen Name dank der Darstellung seiner Arbeit in Vance Packards Buch *Die geheimen Verführer* weltweit bekannt wurde. Dichters Einfluß war international. »Seine Forschungen«, schrieb Blenstein-Blanchet, »statteten die Werbung mit einer Art Radar aus, mit dessen Hilfe sie ihren Weg durch das Dunkel des Unterbewußtseins finden konnte.« Schon bald, so erinnerte sich ein Insider, mußte jede Agentur ihren eigenen »Motivations«-Experten haben: »Da waren all diese Psychologen und Psychiater, die Tiefeninterviews führten und Vorschläge machten. Sie unterbreiteten brillante Ideen und durchsetzten ihre Ausführungen mit Wiener Akzent. Sie erklärten einem die Freudsche Bedeutung eines Produkts. Diese Kerle konnten für einen einzigen Auftritt viele tausend Dollar verlangen.«

Werbeleute von heute setzen oft die Motivationsforschung herab; wie bei so vielen anderen Erscheinungen in der Werbung ziehen sie es vor, die Motivationsforschung als Teil einer fremden Vergangenheit oder als schwarzes Schaf der Familie zu betrachten, von dem in feiner Gesellschaft nicht mehr gesprochen werden darf. Motivforschung, heißt es in dem Lehrbuch *Consumer Behaviour*, sei eine »Invasion«, die »mehr Wärme als Licht erzeugte«, und sie wird als Auswuchs der Forschungsgeschichte abgetan. Doch David Bernstein weist darauf hin, daß »die Leute, die Ernest Dichter kritisieren, dieselben sind, die seine Ideen benutzen, wenn auch in modifizierter Form«. In der Tat ist Motivationsforschung – und ihr Einfluß auf die Verführungsbranche – so lebendig wie eh und je. Doch weil diese Tatsache nicht direkt eingestanden werden kann, veränderte sie einfach ihr öffentliches Erscheinungsbild.

Dr. Ernest Dichter spricht in seinem Arbeitszimmer am Telefon mit einem Zeitungsreporter. Mit Zustimmung des Anrufers hat er einen Lautsprecher eingeschaltet, damit ich das Gespräch mitverfolgen kann. »Das könnte Ihnen helfen«, murmelt er und legt dabei die Hand über die Sprechmuschel. Dichter glaubt an Eigenwerbung. Der Reporter fragt Dichter nach den Machenschaften der Supermärkte, die ihre Kunden zu verleiten suchen, mehr zu kaufen, als sie eigentlich wollen. »Ich will es mal so ausdrücken«, meint der Doktor mit unverkennbar wienerischem Akzent. »Jeder Käufer ist potentiell ein Feinschmecker. Wenn man es ihm nicht leicht macht ... Die grundlegende Idee ist, daß menschliche Wünsche grenzenlos sind...«

Vom Arbeitszimmer Dichters aus blickt man auf Bäume. Dichter wohnt in einem weiträumigen, farmähnlichen Haus in New Yorks Westchester County. Er selbst – plump, rosig wie ein Cherub, mit Brille und spärlichem, lockigem Haar – sitzt an seinem Schreibtisch, und seine Füße ruhen auf einer Spiegelglasplatte, die den Teppich schonen soll. An zwei Wänden reichen Bücherregale bis zur Decke. Die Regale tragen Aufschriften wie *Management, Marketing, Psychopathologie und Diagnose, Kinderpsychologie, Verbrauchermotivation* ... Im Raum befinden sich ein Fernseher, drei Radios, ein Computer und die übliche Büroausstattung wie Aktenschränke und ein Diktiergerät. Man sieht aber auch afrikanische Kunst und viele kleine Pflanzen; auf dem Balkon steht ein Vogelhäuschen. Im unteren Stockwerk befinden sich die Zimmer der Mitarbeiter sowie die Archive und ein »Fokus-Zimmer« mit einem »Spionspiegel«, also einem auf einer Seite durchsichtigen Spiegel.

Kurt, einer der Mitarbeiter, kommt herein, läßt sich auf einen Stuhl fallen, hört zu, lächelt und flüstert: »Er arbeitet dreimal so hart wie jemand, der nur halb so alt ist wie er.« Beide Männer tragen

Sporthemden, und das ist vielleicht ihr einziges Zugeständnis an die
Tatsache, daß Karfreitag ist und in New York, das eine Stunde entfernt liegt, die meisten Büros geschlossen sind.

Das Interview läuft nicht gut. Dichter beantwortet alle Fragen,
aber es ist offensichtlich, daß der Reporter nicht das erfährt, was er
gerne hören möchte: Dichters Antworten sind nicht provokativ genug. Dichter bemerkt die Frustration des Reporters. Die Unterhaltung wird beendet, doch zwei Stunden später gärt es noch immer in
ihm. Dichter wiederholt mehrmals, daß der Reporter seine Antworten als »lediglich dem gesunden Menschenverstand entspringend«
bezeichnet habe. Man kann fast alles über Ernest Dichter sagen, nur
eines nicht: daß seine Aussage »*lediglich* dem gesunden Menschenverstand entspricht«. Das ist gerade so, als hätte man Merlin zum
bloßen »Zauberer« abgestempelt. Oder vielleicht, so flüstert mir eine
innere Stimme zu, würde man sich dann wie der Junge verhalten, der
des Kaisers neue Kleider nicht sah.

Ernest Dichter, der drei Monate nach unserer Begegnung seinen
78. Geburtstag feierte und nur wenige Tage vor meinem Besuch
von Besprechungen in Wien und London zurückgekehrt war, ist der
Vater der Motivationsforschung. Viele Jahre lang wurde er »bloß-
gestellt«, angegriffen, ausgelacht und als Fossil der Forschungsgeschichte abqualifiziert. Er ertrug all dies und konnte schließlich
mit Genugtuung festzustellen, daß er und seine Arbeit akzeptiert
wurden. »Er hat seinen Kampf gewonnen; er hat die Leute dazu gebracht, die Motivationsforschung zu akzeptieren«, hieß es 1984 in
einem Artikel in *Advertising Age*, den er mir zusammen mit einer
Menge anderer Literatur über seine Arbeit übergab. Noch ein-
drucksvoller aber sind die eingerahmten Dankschriften und Ur-
kunden, die ich an den Wänden hängen sah: der Market Research
Council (Rat für Marktforschung) erhob ihn 1983 in die »Hall of
Fame« »in Anerkennung seines hervorragenden Beitrags zur
Praxis der Marktforschung, der von bleibendem Wert sein wird«;
der Berufsverband Amerikanischer Psychologen ernannte ihn 1980
zum Mitglied; der Amerikanische Marktforschungsverband (AMA)
bescheinigte ihm die Aufnahme in die »AMA-Attitude Research Hall
of Fame«.

»Wenn man erst einmal als Guru gilt, wird einem unterstellt, daß
man für alle Probleme eine Lösung kennt«, meint er. »Alle großen

Namen sterben aus – Gallup, Politz* ... Ich bin der letzte Mohikaner. Ich habe den Vorteil, daß ich auf jahrelange Erfahrungen zurückblicken kann. Wie ein guter Arzt kann ich sehr schnell eine Diagnose stellen.« Er zählt einige Projekte auf: für eine Bank in Arizona untersucht er, was die Leute in Zukunft in ihren Häusern, Büros und Fabriken haben wollen; für eine Verpackungsfirma läuft eine Untersuchung über den Unterschied zwischen Milchtrinkern und Nicht-Milchtrinkern. Dann soll eine neue Creme auf den Markt gebracht werden, die angeblich Falten verschwinden läßt: »Ich ziehe die Richtigkeit dieser Aussage nicht in Zweifel.«

Die Ernest Dichter Motivations Inc. versucht herauszufinden, warum manche Leute Einkaufsrabattmarken sammeln und manche nicht: »Was steckt dahinter? Haben die Markensammler eher einen analen Charakter oder haben die Nichtbenutzer Angst davor, als jemand zu gelten, der jedes Billigangebot ausnützt? Markensammler – aus Habgier oder als Zeichen der Zuneigung?« Ein anderer Fall: Jemand möchte Armbänder importieren. »Das ist interessant – das Armband ist ein Relikt der Sklaverei. Wenn ein Mann ein Armband verschenkt, könnte das bedeuten, ›Du bist jetzt meine Sklavin.‹« Kurt mischt sich ein: »Ich habe dasselbe über Eheringe gehört.« Das Ganze trägt den typischen Dichter-Stempel: Wenn ein Unternehmen Armbänder verkaufen will, legt er die potentiellen Kunden auf die Couch des Psychoanalytikers.

Heublein, den gigantischen Alkoholproduzenten, soll Dichter beraten, welches von zwei Werbekonzepten das Unternehmen für seinen Black Velvet Whisky nehmen soll. Beide Anzeigenentwürfe zeigen Frauen. Eine hat weniger an als die andere; auch ihre Sexualität ist offenkundiger. Ihr ist der Slogan zugeordnet: »Haben Sie in letzter Zeit Samt gefühlt?« Die andere Frau bezeichnet Dichter als »eher traditionell«. Hier lautet der Slogan: »Nur *ein* Kanadier fühlt sich an wie Samt.« Dichter hat bereits einige Untersuchungen mit Gruppen von Männern durchgeführt, aber er ist offenbar der Meinung, daß das erst ein Anfang ist. Seine erste Frage lautete, wieviel Heublein ausgeben wolle: »25 000, 30 000? Ich gab ihnen [den Leuten von Heublein] ein Bonbon – als Werbemann sollte ich in der Lage sein, für mich

---

*   Alfred Politz: ein Physiker, der zu einem einflußreichen Marktforscher wurde und in den fünfziger Jahren ein großer Rivale von Dichter war.

selbst Reklame zu machen. Ich sagte: ›Vielleicht ist das Sexistische im neuen Look reeller. Die andere ist aggressiv – sie ist diejenige, die sich verstellt.‹ Ich nannte ihnen eine mögliche Verdrehung des Slogan – ich sagte ihnen, daß der eine Slogan vielleicht zu pornographischen Verdrehungen einlade. Danach könnte die eine Frau ja auch sagen, ›Haben Sie in letzter Zeit 'ne Muschi befühlt?‹«

Kurt nickt zustimmend. Ein Hauch des Unwirklichen liegt im Raum. Wenn er die Untersuchung fortsetzt, will Dichter Psychodramen mit Männern und Frauen inszenieren, wobei die Frauen die Rollen der in den Anzeigen dargestellten Frauen spielen sollen. Ferner will er Einzelinterviews durchführen (»Auch mit Frauen, denn daran haben sie gar nicht gedacht«) und danach »vielleicht 100 strukturierte Fragen stellen, die auf eine quantitative Weise entwickelt wurden«.

Für Alberto Culvers VO5-Shampoo arbeitet Dichter in ähnlicher Weise. Dieses Shampoo ist mit einem veralteten Image behaftet, das Alberto neu zu beleben versucht. Bisher, so erklärt er, haben sie das mit neuen Ingredienzen wie dem Duft der Nachtkerze und Zugaben von Vitamin E und Henna versucht. Alberto Culver beauftragte ihn, nach England zu reisen, um einen bestimmten Aspekt zu untersuchen. Es gibt ein Shampoo namens Timotei von Elida Gibbs, das Dichter zufolge »den Markt im Sturm erobert hat. Der Kunde beauftragte mich, herauszufinden, was Timotei richtig macht, und ob wir das auf unser Produkt in Großbritannien und möglicherweise auch in den USA anwenden könnten.«

Alberto Culvers Werbeagentur in Großbritannien hatte bereits die Situation erforscht. »Sie überprüften alle möglichen Frauentypen und übersahen dabei, daß 50 Prozent berufstätig sind«, meint Dichter mit einem Ausdruck des Triumphes. »Sie dachten nicht darüber nach. Das geschieht häufig: ein großer Produzent und eine große Werbeagentur, und dennoch denken sie nicht richtig darüber nach. Das war mein Ansatz: was ist mit den berufstätigen Frauen?«

In Purley versammelte man Mütter und Töchter, die Dichter interviewen wollte. Timotei verkauft sich anscheinend vor allem aus einem Grunde so gut: Es wird als so mild angepriesen, daß man die Haare damit waschen könne, so oft man wolle. Es überrascht keineswegs, daß Dichter den Sachverhalt für weniger einfach hält. Er glaubt, daß einige Frauen es wahrscheinlich als ein »eher jungfräuliches Produkt« betrachten. Auf der Flasche von Timotei befindet sich über dem Buchstaben »i« ein besonders gestalteter Punkt. Auf dem Schreibtisch steht vor Dichter eine Flasche Timotei, und von Zeit zu Zeit schaut er sie an. »Dieses ›i‹«, überlegt er laut, »verbirgt vielleicht ein Geheimnis...«

Dichter studierte Psychologie in Wien. Ein Jahr vor Hitlers Einmarsch in Österreich übersiedelte er nach Paris, wo er sich bemühte, für sich und seine Frau Hedy ein Einreisevisum für die USA zu bekommen. Lange Zeit waren seine Bemühungen erfolglos. Schließlich fragte ihn ein Vizekonsul, was er in Amerika tun würde, falls er ein Visum bekäme. Dichter legte ihm in Umrissen seine Ideen dar, psychologische Erkenntnisse auf Marketing, Wahlen und politische Probleme anzuwenden: »Da muß es bei ihm innerlich geklickt haben, jedenfalls schickte er ein Telegramm nach Washington, um meinen Antrag zu unterstützen.«

Nach seiner Übersiedlung rief er unter anderem die Agentur Compton an und wurde mit der Werbung für Ivory Soap beauftragt. Er erklärte der Agentur, daß es beim Baden nicht nur um die körperliche Sauberkeit gehe, sondern daß es sich dabei auch um ein psychologisches Befreiungsritual handle. Daher habe er bei dem Slogan, »Sei klug und beginne jeden Tag mit Ivory Soap ... und wasche all deine Sorgen fort«, seine anthropologischen Kenntnisse benutzt. »Ich wußte, daß Baden ein Ritual ist. Man reinigt sich nicht nur von Schmutz, sondern auch von Schuld.« Nachdenklich fährt er fort: »Ich stellte keine große Rechnung. Es war wahrscheinlich die erste Untersuchung, die sich der Motivationsforschung bediente. Compton ist immer noch mein Kunde.«

In seinem Buch *Strategy of Desire* erklärt Dichter, daß es sein Ziel sei, »zur Realität des menschlichen Verhaltens zurückzukehren«. Es gebe, so schrieb er, zwei Phasen in der Motivationsforschung. »In der ersten soll festgestellt werden, warum sich Leute so und nicht anders verhalten. Und in der zweiten Phase soll ein Mittel gefunden und entschieden werden, wie die Leute motiviert werden können.« Er fügte hinzu: »Kritiker beziehen sich vor allem auf die zweite Phase, wenn sie über die Ethik der Verführung diskutieren.«

Dichters zweiter Forschungsauftrag ist berühmt-berüchtigt: eine Untersuchung für Chrysler über Gewohnheiten beim Autokauf. Dichter formulierte das Gleichnis, ein Cabrio symbolisiere die Geliebte und eine Limousine die Ehefrau. Der offene Wagen, erklärte er, sei das Symbol der Jugend, der Freiheit und der Träume; die Limousine hingegen sei konservativ und praktisch.

Während des Krieges arbeitete er als Fachmann für Propaganda, ehe er Berater wurde. Er gesteht freiwillig ein, daß der Bestseller von Vance Packard, *Die geheimen Verführer*, sein »großer Einbruch« gewesen sei. Das Buch schilderte seine Arbeit in Grundzügen und entlarvte Dichter und seine »Manipulation« der Menschen. Dennoch, meint Dichter, »ist PR sehr lustig. Solange sie deinen Namen richtig buchstabieren ... Ich war in jedem (Fernseh)Programm. Ich erhielt von überall auf der Welt Einladungen.« Er eröffnete ein Dutzend Büros; eines befand sich in London. Den Briten erklärte er, daß ihr hoher Verbrauch an Süßigkeiten und Schokolade ein wichtiges Ventil für ihre unterdrückten Emotionen darstelle. »Leute kanalisieren ihre lasterhaften Neigungen, indem sie Süßigkeiten essen. Deshalb sind die Briten die größten Konsumenten von Süßigkeiten auf der Welt.«[20] Sein Heim wurde »eine Burg« mit 26 Zimmern. Und er fügt nüchtern hinzu: »Ich hatte einen Herzinfarkt; das war unvermeidlich.« Er hat zweimal sein Geschäft veräußert, es aber später wieder zurückgekauft, da die Käufer der Meinung waren, es verliere ohne seine persönliche Gegenwart an Wert. Er unterhält noch immer Büros in Zürich, Frankfurt und Paris, und seinen Angaben zufolge sind seine Dienste sehr gefragt. »Ich habe mich seit ein paar Jahren nicht mehr verkauft ... Kunden feilschen [um die Honorare], aber nicht sehr ernsthaft.« Er rechnet damit, daß er noch immer rund 150 000 Dollar im Jahr verdient.

Er überreicht mir einen Prospekt seines Unternehmens. Darin sind über 120 Kunden alphabetisch aufgeführt, angefangen von Affiliated Advertising Agencies International bis zur Zentralsparkasse in Wien. Auch viele große Namen sind dort zu finden: Agenturen wie Burnett und Young and Rubicam, Werbungtreibende wie Coca-Cola, General Foods, Sears Roebuck und Westinghouse, Medienunternehmen wie CBS, *Esquire* und die *New York Times*. »Ich weiß an keinem Tag im voraus, welche Aufträge hereinkommen werden.« Er erwähnt weitere, zur Zeit laufende Projekte: »Ich versuche nur, Ihnen ein Gefühl für diese Sache zu vermitteln – manchmal erschrecke ich selbst.«

Doch nicht alle Aufträge betreffen die Vermarktung von oder die Reklame für Waren oder Dienstleistungen. Für das Rote Kreuz beschäftigte er sich mit dem Problem, wie man die Leute dazu bringen könnte, mehr Blut zu spenden, und für die amerikanische Krebsgesellschaft ging er der Frage nach, wie man die Leute veranlassen könnte, mit dem Rauchen aufzuhören. Für die israelische Regierung hat er eine Untersuchung darüber angestellt, durch welche Faktoren sich im Fernsehen bestimmte Wirkungen erzeugen lassen. Die Unterhaltung ist sprunghaft – Informationen, Ideen, Gedanken, Bemerkungen sprudeln hervor wie Salven eines Maschinengewehrs. Es ist leicht einzusehen, warum ihm Unternehmen gern 5000 Dollar zahlen, nur damit er einen Tag lang mit einer Gruppe ihrer leitenden Angestellten spricht. Es ist eine Ein-Mann-Sitzung, bei der Brainstorming betrieben wird. Er ist auch schon gebeten worden, für den Frieden zu werben. Sein erster Gedanke ist, daß die Amerikaner und die Russen dem Verfahren einen falschen Namen gegeben haben. »Abrüstung ist das falsche Wort. Niemand will sich entwaffnen. Man müßte es anders nennen.«

Dichter ist aus zwei Gründen noch immer bedeutend. Erstens macht seine eigene Arbeit deutlich, wie weit die Werbungtreibenden und ihre Agenturen gehen, um den Verbraucher zu verführen oder zu manipulieren. Zweitens repräsentiert er, wenn auch manchmal recht extrem, eine Forschungsrichtung, die sehr großen Einfluß hat und die weitgehend den Inhalt der Werbung bestimmt.

Es gibt mehrere Möglichkeiten, Werbeforschung zu klassifizieren. Eine Möglichkeit ist, zwischen der sogenannten »quantitativen« und der »qualitativen« Forschung zu unterscheiden. Die erste Möglichkeit wurde als das »Zählen von Köpfen« bezeichnet. Dabei handelt es sich um die Informationen, die anhand von Beobachtung (welche Produkte sind in den Läden vorrätig, welche verkaufen sich), Experimenten (was passiert mit unserem Markenartikel, wenn wir hier und nicht dort Reklame machen) und aufgrund von Antworten bei Umfragen gesammelt werden können. 100 Leute über einen Werbespot zu befragen, der am Abend zuvor im Fernsehen lief, und dabei festzustellen, daß 53 Personen sich an ihn erinnerten, ist Bestandteil »quantitativer« Forschung. Die Menge an quantitativem Material, das den Agenturen zur Verfügung steht, ist beinahe unfaßbar. Und jeden Tag kommt neues hinzu.

Auf der anderen Seite definierte man »qualitativ« als das »Eindringen in die Köpfe der Menschen«. Bei der qualitativen Forschung

werden potentielle Kunden dazu ermutigt, ihre »wahren« Gedanken
und Gefühle zu »offenbaren«. Hinter dieser Art von Forschung steht
die Überzeugung, daß man dadurch der »Wahrheit« näher kommt;
diese Methode soll die Einsichten liefern, die den Anzeigengestaltern
bei ihrem Versuch helfen sollen, »den Nagel auf den Kopf zu treffen«.
Dichter nennt das »interpretierende« Forschung. Er macht den Unterschied zwischen den beiden Forschungsmethoden am Beispiel eines Kleidungsfabrikanten deutlich. Der Hersteller muß wissen, wie
viele Anzüge der durchschnittliche Mann in seinem Schrank hängen
hat und welche Farbe sie haben. Das kann durch quantitative Forschung (oder, wie Dichter es nennt, durch »deskriptive« Forschung)
festgestellt werden. »Wenn er jedoch in diesem Bereich eine Veränderung bewirken und den Normalverbraucher dazu bringen will,
sich im Durchschnitt einen Anzug mehr als bisher zu kaufen, muß er
die Motivation kennen, die hinter dem Anzugkauf steckt, und er muß
wissen, wie er an die Bedürfnisse, Neigungen und Wünsche herangehen muß, um diesen Durchschnitt zu erhöhen. Interpretierende Forschung ist das einzige Mittel, das es ihm ermöglicht, diese Kenntnisse
zu erlangen.«[21]

Nach Dichters Auffassung unterscheidet sich seine Methode nicht
grundsätzlich von der, die ein Arzt anwendet, um den Gesundheits-
zustand eines Patienten zu diagnostizieren: »Als ich hierher [in die
USA] kam, verblüffte mich die Tatsache – und das ist immer noch so –,
daß die Marktforschung die Antwort dadurch zu finden versuchte,
daß man Leute fragte, warum sie tun, was sie tun. Das ist dasselbe, als
würde irgendein idiotischer Autor nach Neuguinea fahren und die
Leute ausfragen, warum sie so etwas Merkwürdiges tun. Die Antwort
wäre sicherlich interessant, aber wenn sie unbesehen geglaubt wird,
dann ist das nicht sehr gut. Ein Arzt nimmt schließlich die Antwort
eines Patienten auch nicht als Grundlage seiner Diagnose.«

Ich fragte Dichter, als was er sich selbst bezeichnen würde, und er
antwortete ohne Zögern: »Als Wissenschaftler.« Bei seiner Vorgehensweise frage er sich zunächst selbst, wie die möglichen Lösungen
für ein Problem aussehen könnten. Wie ein medizinischer Forscher
stelle er dann eine Reihe von Hypothesen auf, die er teste. »Ich versuche einfach, eine moderne, korrekte, wissenschaftliche Methode
anzuwenden.« Interpretierende Forschung »muß mit Ahnungen,
Vermutungen und Hypothesen beginnen«.

Im Hinblick auf die Befragung von Leuten bedeutet das, daß »wir moderne Methoden entwickelt haben, die in der klinischen Psychologie angewendet werden«. Er nannte mir ein Beispiel aus der Politik. Bei Umfragen werden die Bürger nach ihren Wahlabsichten gefragt. Die Leute geben eine klare Antwort; doch »wenn sie ehrlich wären, müßte der größte Teil erklären, daß sie ganz verwirrt seien«. Aus diesem Grund, meint er, seien Umfragen in zunehmendem Maße ungenau. Die Dichter-Methode bekomme heraus, was die Leute wirklich denken. Ein Beispiel: der Kampf zwischen Mondale und Reagan um die Präsidentschaft. »Ich würde fragen, ›Wenn Mondale ein Tier wäre, was für eines wäre er dann?‹ Man hätte mir vielleicht geantwortet, er wäre ein harmloses Kaninchen oder vielleicht eine Maus. Reagan wäre wahrscheinlich ein Jaguar oder ein Fuchs, also ein wesentlich aggressiveres Tier. Nun, wenn man weiß, daß die Wähler von heute eine Vaterfigur suchen, daß sie einen Diktator wollen...« Er winkte ab und ließ die Schlußfolgerung offen.

Im Mittelpunkt der Arbeit Dichters und seiner Gefolgsleute steht die Annahme, daß viele Entscheidungen von Motivationen gelenkt werden, über die die Menschen nicht nur keine Kontrolle haben, sondern von denen die betreffende Person möglicherweise nicht einmal etwas weiß. Menschen verhalten sich irrational, und außerdem wollen sie wahrscheinlich den wahren Grund ihrer Entscheidung nicht zugeben.

Ein Fall aus Dichters Praxis macht diese Behauptung besonders deutlich. Ein Unternehmen vermutete, daß die beste Reklame für seine Babynahrung in dem Versprechen gegenüber den Müttern bestehe, daß das Produkt gut für die Gesundheit ihrer Kinder sei. Dichter behauptet, nach 300 Interviews festgestellt zu haben, daß den Müttern am meisten daran gelegen sei, das Verabreichen der Nahrung für *sie selbst* bequemer und angenehmer zu machen. Deshalb sei es die Aufgabe der Werbung zu erklären, daß die Kinder die Babynahrung gerne essen würden – und gleichzeitig zu betonen, daß dieses Produkt die Zeit verkürze, die zum Verabreichen der Nahrung benötigt werde; ein Appell also an eine viel weniger idealistische Motivation.

Ein anderer Kunde, eine Ölgesellschaft, fragte Dichter, wie man die Engländer dazu bringen könne, mehr Zentralheizungen zu installieren.[22] Dichter behauptet, einen schwerwiegenden Grund für

die Abneigung der Engländer gegen Zentralheizungen gefunden zu
haben: »Die Furcht, mit der englischen Tradition der Zähigkeit zu
brechen, die Furcht vor Verweichlichung.« Die Lösung lautete:

»Wir machten uns lustig über die zähen Engländer, die lieber er-
frieren würden, als ihre Vorstellung von Robustheit aufzugeben. Wir
wiesen darauf hin, daß offene Kamine auch eine Art Zentralheizung
seien, wenn auch eine ineffiziente. Außerdem sorgten wir in bezug
auf den potentiellen Kunden für die notwendige vernünftige Betrachtungsweise, indem wir ihn überzeugten, daß er mit der Ölzentralhei-
zung bei besserer Gesundheit wäre und es ihm dadurch ermöglicht
würde, öfter bei rauhen Sportarten im Freien mitzumachen, als
wenn er dauernd unter Schnupfen zu leiden hätte. Obwohl die meisten Engländer heute Zentralheizung benutzen, versuchen sie immer
noch, ›überheizte‹ Häuser und Büros, wie sie in Amerika anzutreffen
sind, zu vermeiden.«

Mit einigen Kunden hat Dichter Probleme: Sie erschrecken über
seine Ideen, obwohl sie ihn engagiert haben. Da ist zum Beispiel ein
Unternehmen für Saatgut, das darüber besorgt ist, daß viele Leute
keinen Gartenbau betreiben. Unter den Antworten, die die Leute bei
Umfragen gegeben haben, sind recht offensichtliche Argumente: Sie
hätten keine Zeit und keinen Platz, oder es sei billiger, Obst und Gemüse zu kaufen, anstatt es selbst anzubauen. Dichter jedoch behauptet, einen tiefergehenden, wichtigeren Grund gefunden zu haben. Er
meint, Teil des Problems sei, daß das Obst und das Gemüse in der
Werbung des Unternehmens *allzu* perfekt aussehe. Die Leute, erklärt
Dichter weiter, hätten Angst, ihre eigenen Tomaten anzubauen, weil
sie wüßten, daß sie niemals mit den in der Werbung gezeigten Er-
zeugnissen konkurrieren könnten. Er versucht, das Unternehmen
dazu zu bringen, das nächste Mal seine Abbildungen zu verändern,
damit seine Produkte weniger perfekt aussehen. Er gibt zu, daß sein
Rat möglicherweise nicht befolgt werde; »das geht dem Unternehmen gegen den Strich«.

Dichter ist der Meinung, daß Werbung den Lesern und Zuschauern immer etwas zu tun übriglassen sollte[23]: »Obwohl der Vergleich
an den Haaren herbeigezogen scheint, haben wir bei einer Untersuchung von Ketchup-Werbung folgendes herausgefunden: Wenn
wir in der Anzeige eine exakt abgemessene Menge Ketchup auf einen
Hamburger taten, wurde dem potentiellen Käufer dadurch das Ge-

fühl genommen, er könne die Handlung selbst vollenden. Praktisch gesprochen heißt das, daß ein Plakat, auf dem das Ausgießen von Ketchup beginnt, aber nicht beendet wird, der Kreativität des Betrachters eine Chance bietet, weil es eigene Mitwirkung zuläßt.«

Man hat Dichter vorgeworfen, und zwar mit einigem Recht, die Macht der von ihm gepredigten Lehre zu übertreiben. Seine Leistungen jedoch sind beeindruckend, und seine Klienten sind offenbar von der Effektivität seiner Arbeit überzeugt. Nach dem Erfolg befragt, weist Dichter darauf hin, daß die Kunden »stets wiederkommen«.

Werbeforscher wie Dichter verteidigen ihre Arbeit mit der Behauptung, daß sie die Dinge lediglich realistisch darstellten. »Mit Motivationsforschung und ebensolchem Denken versuchen wir«, sagt Dichter, »zur Realität des menschlichen Verhaltens zurückzukehren.« Er kann nicht begreifen, warum viele Leute seine Arbeit erschreckend finden. »Warum haben wir solche Angst davor, beeinflußt oder verführt zu werden?« fragt er. Er behauptet, die einzig richtige Debatte sei die über den *Zweck*, auf den sich die Verführung richte.

»Ist es moralisch, dabei mitzuhelfen, die Menschen von der Schönheit eines neuen Autos zu überzeugen und sie dazu zu bringen, 3000 oder 4000 Dollar auszugeben, die sie für etwas anderes hätten verwenden können? Und wenn es unmoralisch ist, wo sollen wir die Grenze ziehen? Braucht man wirklich einen Kamin im Haus, wenn man Ölheizung hat? War es richtig, die Abfallbeseitigungsanlage zu kaufen, die wertvolle Essensreste in den Abwasserkanal spült, die man für den natürlichen Gartenbau auf den Komposthaufen hätte werfen können?«[24]

Dichter erklärt, das Endprodukt der Motivationsforschung müsse nicht ausschließlich Reklamezwecken dienen. Als Beispiel führt er seine Arbeit für die Krebsgesellschaft an, bei der herausgefunden werden sollte, wie man die Leute dazu bringen kann, sich regelmäßig untersuchen zu lassen. (Offenbar hatte eine Hälfte der Befragten Angst davor, daß der Test positiv sein könnte; die andere Hälfte meinte, daß man nichts finden würde, daß sie deshalb Geld verschwenden und sich albern vorkommen würde.) Doch nichts von alledem scheint völlig überzeugend. Häufig wirkt der Werbeforscher wie ein bezahlter Killer: solange jemand da ist, der ihn bezahlt, tut er, was notwendig ist und stellt keine Fragen. Davon ist viel zu spüren, wenn

Dichter schreibt:»Wir haben klinisches Material über das Rauchen
benutzt, das auf den Reaktionen von Kettenrauchern basierte. Diese
Methode hat sich als äußerst hilfreich erwiesen, als es darum ging, zu
einem Verständnis der Schuldgefühle beim Rauchen zu gelangen,
eine Tatsache, die für die Annahme oder Ablehnung von Behauptungen über Auswirkungen auf die Gesundheit maßgebend sein kann.«

Ein weiteres Argument wird zur Verteidigung angeführt – daß der
Forscher als Brücke zwischen Käufer und Verkäufer agiere. Das
komme dem Verbraucher zugute, weil auf dem Hersteller der Druck
laste, die wahren Bedürfnisse des Verbrauchers zu befriedigen. Robert Worcester, Geschäftsführer des britischen Forschungsunternehmens MORI, sagt:»Forschung heißt Repräsentation. Ich bekomme
eine Menge Geld dafür, daß ich den Leuten Dinge ins Ohr schreie, die
sie gar nicht wissen wollen.«

Das vielleicht bekannteste Beispiel dafür ist die Geschichte der
Betty-Crocker-Backmischung. Als das Produkt auf den Markt kam,
mußten die Käufer nur noch Wasser dazugeben und das Ganze in den
Backofen schieben. Doch der Erfolg blieb aus. Ein cleverer Werbeforscher machte sich daran, nach dem Grund zu suchen. Er zeigte den
Frauen zwei Einkaufslisten; auf der einen stand die Backmischung,
auf der anderen statt dessen Mehl. Die Frauen waren der Meinung,
daß diejenigen, die die erste Liste benutzten, die fauleren seien. Daraus wurde gefolgert, daß das Benutzen der Backmischung Schuldgefühle erzeugte. Das Unternehmen ergänzte das Rezept, so daß man
noch ein Ei hinzufügen mußte. Damit wurde der Hausfrau das Gefühl
gegeben, sie backe den Kuchen tatsächlich selbst. Der Umsatz stieg.
Das Beispiel mag nicht gerade weltbewegend erscheinen. Aber es *ist*
wichtig, wenn man die Aufgabe hat, eine neue Backmischung zu verkaufen, oder wenn man zu den Tausenden von Beschäftigten gehört,
die auf den Erfolg ihrer Firma angewiesen sind. Oder wie ein Forscher meinte: Der Mann, der die richtige Lösung parat hatte, hat
wahrscheinlich ungeheuer vielen Frauen eine furchtbare Plackerei
erspart.

Schon in den sechziger Jahren wurde behauptet, daß die Motivationsforschung ihre»besten Zeiten« hinter sich habe. Es stimmt, daß
eine Machtverlagerung von den Forschern in den Werbeagenturen
(die die Motivationsforschung bevorzugten) zu kundenorientierten
Unternehmen (deren Forschungsleiter gewöhnlich aus Bereichen

kamen, in denen auf Wirtschaftlichkeit und Statistiken Wert gelegt wurde) bedeutende Auswirkungen hatte. Der neue Trend in der Forschung bezog den Computer mit ein und reduzierte Marketingprobleme auf mathematische Formeln. Ein Mathematiker sah in einer Rede den Tag voraus, an dem Werbetexte von Computern geschrieben werden!

Doch was sich tatsächlich veränderte, war nicht so sehr der Motivationsforscher, sondern die Art und Weise, wie er seine Berichte abfaßte, damit sie weniger nach Freud und statt dessen prosaischer und pragmatischer klangen. Mit anderen Worten, weniger »verrückt«.

Die Motivationsforscher von heute – obgleich sie die Bezeichnung vermeiden und für nicht zutreffend halten – sind keineswegs eine aussterbende Rasse. Sie nennen sich selbst »qualitative Forscher« und erheben wie Ernest Dichter den Anspruch, die wahren Gedanken und Gefühle aufzudecken, indem sie die Leute zu offenbaren ermutigen, was in ihnen vorgeht. Der Mittelpunkt ihrer Welt ist die »Fokusgruppe«, die anscheinend so genannt wird, weil die Aufmerksamkeit einer ganzen Gruppe von Leuten, die von den Forschern zusammengestellt wurde, auf das Produkt, das Konzept oder die Strategie gerichtet ist, die bewertet werden soll.[25] Bestimmte Gruppen werden dazu ermutigt, Situationen durchzuspielen; es werden auch »Tiefeninterviews« durchgeführt.

Wem dies alles vertraut erscheint, dem werden auch die Methoden vertraut vorkommen – obwohl die Forscher, die sich ihren Kunden anpassen, häufig in nüchternem, geschäftsmäßigem Ton berichten, anstatt sich der Sprache der Freudschen Analyse zu bedienen. Sue Robson von der Qualitative Consultancy in London glaubt den Grund für den Einfluß der qualitativen Forschung darin zu sehen, daß die »qualitativen Forscher« zu einem entscheidenden Zeitpunkt »aufhörten, private Psychoanalytiker zu sein, und pragmatische, marketingorientierte Mitglieder eines Werbeteams wurden...«[26]

Es besteht kein Zweifel, daß die »qualitative« Forschung auf die Werbung Einfluß nimmt. Das gilt vor allem für Großbritannien, aber in zunehmendem Maße auch für die USA, wo zum Beispiel der Spielzeughersteller Mattel in nur einem Jahr 70 000 Kinder und Erwachsene befragte. Beispiele aus Großbritannien und den USA illustrieren solche Forschung in der Praxis. In Großbritannien zog das Londoner Büro von Leo Burnett qualitative Forscher hinzu, um seine Kampagne für Perrier zu überprüfen.[27] Zwei Jahre lang hatte die Werbung aus einer Reihe von Wortspielen bestanden, die alle auf *eau*, dem französischen Wort für Wasser, basierten. So lautete eine Anzeige zum Beispiel »H2EAU«. Die Werbeforscher fanden heraus, daß den Konsumenten von Perrier das Wasser selbst gleichgültiger war als die unverwechselbare Form der Flasche – die Flasche erschien den Kunden als der wichtigste Teil von Perrier. Von diesem Zeitpunkt an wurden die Wortspiele der Kampagne stärker auf die visuellen Aspekte bezogen, so etwa »Picasseau«, wobei die Flasche in einzelnen Bruchstücken dargestellt wurde.

In den Vereinigten Staaten mußte General Electric ein völlig neues Image entwerfen, um den Verkauf seiner breiten Palette von Radiogeräten, für die vor allem die Jugend als Zielgruppe galt, zu fördern. Fokusgruppen halfen mit, einen Werbespot zu entwickeln, der Abenteurer in einer Phantasiewelt zeigte, die mithilfe eines Radios von General Electric eine Prinzessin befreiten. Außerdem überzeugten sie Elizabeth Arden von der Notwendigkeit, den »geheimen Bestandteil« eines neuen Produkts als Primilin II (statt Primilin I!) anzupreisen, und zeigten Kronenbourg, wie man den Konsumenten ein maskulines Image vermittelt (das Bier mußte sich über den Tisch ergießen). Ein weiteres Faktum erscheint weitaus beunruhigender: Fokusgruppen wurden vom Weißen Haus eingesetzt, um festzustellen, wie Präsident Reagan den Amerikanern seine Gipfeltreffen mit Michail Gorbatschow am besten »verkaufen« konnte; ferner kamen sie bei der Vorbereitung des Rechenschaftsberichts des Präsidenten an die Nation zum Einsatz. Solche Gruppen wirkten auch vor Präsident Reagans Teilnahme am Moskauer Gipfeltreffen 1988 bei der Entscheidung über seine öffentlichen Erklärungen im allgemeinen und sogar im Hinblick auf bestimmte Formulierungen mit.

Die Gruppen werden manchmal ermutigt, nicht nur zu reden, sondern auch zu handeln, zu spielen, sogar zu malen oder als Modell zu dienen. Man bittet sie, so zu tun, als seien sie Verkäufer oder Gestalter von Anzeigen, oder sogar die Marke selbst, die plötzlich zum Leben erwacht. Mitunter werden sie auch gebeten, Geschichten zu Ende zu erzählen, die etwa folgendermaßen beginnen: »X [der Name der Marke] ging eines Tages auf eine Party und...« Manchmal sollen die Konsumenten Markenartikel mit Musikstücken oder hübschen Bildern in Verbindung bringen. Das alles diene dem Ziel, wie es ein

Experte für Werbeforschung ausdrückte, »dem Kunden um eine Nasenlänge voraus zu sein«.

In Großbritannien läuft eine Forschungssitzung etwa nach folgendem Muster ab: Eine Gruppe von Hausfrauen steht in einem Zimmer. Eine Frau geht auf eine andere zu und wird sofort beschimpft: »Geh weg, du Lump. Du wirst mich zerkratzen, mich verderben ... Oh! Hu! Du tust mir weh. Das ist wie eine Vergewaltigung! Geh dort hin (zeigt auf eine andere Frau). Sie liebt das.« Sie wendet sich einer anderen Frau zu. »Ich will dich«, sagt sie und winkt sie heran. »Mmm, schön. Streichle mich. Liebkose mich.«

Diese Frauen hat man auf der Straße angesprochen und sie überredet, ihre innersten Gefühle über Küchenreiniger zu offenbaren. In diesem speziellen Teil der Sitzung spielen sie ein Spiel. Die Frau, die zunächst schimpft und dann liebevolle Worte spricht, spielt ein Spülbecken! Ihre Worte richten sich an die Frauen, die die Rollen von zwei miteinander konkurrierenden Marken übernommen haben, von denen sie die eine offensichtlich nicht mag.

Der Mann, der diese besondere Form der Forschung ins Leben rief, heißt Peter Cooper. Früher hielt er Vorlesungen an der Universität Manchester; jetzt ist er Leiter eines Forschungsunternehmens, zu dessen Kunden Mars, Lever Brothers und Rowntree Mackintosh gehören. Laut Cooper und Judie Lannon, Leiterin der Forschungsabteilung bei J. Walter Thompson in London, stellt das bei solchen Sitzungen gesammelte Material »eine reichhaltige Quelle an Gedanken, Sprache und kreativen Ideen« für die Werbegestalter dar.[28]

Cooper behauptet, ein wichtiger Unterschied zwischen der qualitativen Forschung von heute und der Motivationsforschung der sechziger Jahre bestehe darin, daß man heute erkannt habe, daß Konsumenten keine passiven Objekte sind. Sie seien besser informiert, und zumindest in Großbritannien mögen sie Werbung; es bestehe eine Wechselwirkung zwischen der Werbung und ihnen. Vor 20 Jahren betrachteten die Motivforscher den Kunden nicht als denkenden Menschen. »Er war wie eine Ratte in einem Irrgarten. Die klassische Freudsche Testperson wurde von Kräften gelenkt, die sie nicht verstand, und clevere Werbeleute erkannten diese Kräfte.«

Cooper ist jedoch auch daran interessiert, verborgene Schichten zu entdecken; das wird in einem Aufsatz deutlich, den er zusammen mit Judie Lannon verfaßte.[29] Darin erklären sie, daß obenan »bewußte Faktoren« stünden, die »für strukturierte Fragebögen zugänglich sind«. Als nächstes kämen »persönliche Gefühle und Sprache«, die »eine einfühlende Interviewstruktur brauchen«. Darunter befänden sich angeblich zwei weitere Ebenen: Erstens »intuitive Assoziationen« – sie benötigten »nicht-verbale Spiel-Methoden«. Zweitens »unbewußte Faktoren« – sie verlangen eine »projizierende Befragung (und Beobachtung, Deduktion); spontane, Reaktionen«.

Dieses »Modell«, erklären die Autoren, »ähnelt in mancher Hinsicht den Ideen der Motivationsforschung in den fünfziger und Anfang der sechziger Jahre, indem es auf unbewußt verdrängte und peinliche Motivationen hinweist. Der Hauptunterschied – und das ist wichtig – ist das Erkennen der *intuitiven* Ebene, die weitgehend für die nicht-artikulierte und aktive Beziehung der Konsumenten zur Werbung verantwortlich ist.«

In der Praxis führen diese Aspekte zu Sitzungen, die an psychiatrische Kliniken erinnern. Der erste Schritt ist, Verbraucher von der Straße zu holen – der Werbeforscher kennt ungefähr die Mischung, die er haben will: hinsichtlich allgemeiner Faktoren wie Alter, Geschlecht und sozialer Hintergrund, sowie spezieller Faktoren wie Benutzer oder abtrünnige Benutzer einer bestimmten Marke. Keiner von ihnen weiß genau, worum es geht. Der kooperative Typus nimmt daran aus Neugier teil und weil er am Ende der Sitzung ein kleines Geschenk erhält.

Die Versuchspersonen werden in einen Raum gebracht und einem »Moderator« anvertraut. Er hat die Aufgabe, sie dazu zu bringen, »sich zu offenbaren«. Cooper sagt: »Wir wollen die Leute dazu bringen, daß sie ihre Vorbehalte ablegen.« Die Fähigkeiten des Moderators gelten als entscheidende Faktoren. Ein Forscher meint, der Konsument müsse sich entspannen; doch wolle man, daß »er gleichzeitig auch lebhaft ist: es ist nicht gut, wenn er zu entspannt ist«. Hinter einem Spionspiegel sind bei wichtigen Sitzungen Zuschauer und Videokameras verborgen.

Abgesehen von Rollenspielen wie bei dem erwähnten Beispiel, in dem Frauen als Markenartikel oder Küchenarbeitsflächen auftreten, benutzt Cooper eine Reihe anderer »Methoden zur Erforschung der Psyche des Verbrauchers«. So werden einzelne Personen dazu ermutigt, sich Phantasielösungen auszudenken, indem sie so tun, als ob sie träumten, und sich dann ein Bild von der idealen Welt machen;

und er beschwört Konflikte zwischen Mitgliedern der Gruppe herauf, damit sie miteinander wetteifern, um Produkte zu »verkaufen« oder für Ideen einzutreten.

Bei einer Methode, dem sogenannten Psychodrawing, werden Leute gebeten, ihre Gefühle gegenüber einem Konzept oder Produkt aufzuzeichnen, wobei sie Farben und Formen ihrer Wahl benutzen können. Bei einem politischen Forschungsprojekt – über die Sozialdemokratische Partei (SDP) in Großbritannien – zeichnete ein Wähler auf einem Bild ein gitterartiges Gebilde mit einem ›X‹ daneben, und auf einem anderen eine Reihe von Figuren, die sich die Hände reichen.[30] Das erste Bild, erklärte Cooper später, spiegle »eine Ansicht von der heutigen Politik« wider. »Sie wird als ein undurchdringliches Gewirr dargestellt, das aus sich gegenseitig bekämpfenden Gruppen besteht. Das ›X‹ bezeichnet die Testperson, die sich außerhalb befindet, in Distanz zu dem ganzen Prozeß.« Das andere Bild zeigt, wie nach Meinung des Befragten – eines SDP-Wählers – die Politik sein *sollte*. Diese Zeichnungen entstanden, bevor die Konflikte innerhalb der SDP die Partei spalteten.

Bei einem vergleichbaren Projekt, das der Werbestrategie dienen sollte, bekamen die Testpersonen »massenweise Papier und Buntstifte«. Man bat sie, ihre Gefühle in bezug auf Walnut Whip aufzuzeichnen, einem kegelförmigen, sehr süßen Konfekt von Rowntree Makkintosh. Die Testpersonen entwarfen »käfigähnliche Bilder voller Bewegung«. Laut Cooper hatte es den Anschein, »als ob sie auf sehr spielerische Weise in das Produkt hineinschauten«. Die Zeichnungen spiegelten sich in den Anzeigen wider, die wirbelnde Wolken und Traumarchitekturen zeigten. Bei einer Sitzung für Maltesers (Schoko-Malz-Kugeln von Mars) entstanden zarte und ausgefeilte Zeichnungen, so eine Muschel oder ein Blatt – ein Hinweis darauf, daß die Schmackhaftigkeit des Konfekts Gefallen fand, meint Cooper. Die Tatsache, daß sich Mars, ein Unternehmen mit einer harten Verkaufstaktik, solcher Forschungsmethoden bedient, ist ein Zeichen dafür, wie tief die Werbeforschung bereits in der Branche verwurzelt ist.

Zusätzlich zu den Zeichnungen bittet Cooper außerdem einige Mitglieder der Gruppe, ihre Gefühle in Ton zu formen. Er gibt selbst zu, daß das »ziemlich extrem« ist, aber er hält es bei Männern für besonders nützlich. Der Mann, so scheint es, bemüht sich, in Gegenwart der Forscher an seinen rationalen Verhaltensweisen festzuhalten. Wenn man ihm dagegen einen Klumpen Ton gibt und ihn damit spielen läßt, hilft ihm das angeblich, »offener, intuitiver und unvoreingenommener« zu sein. Der »Uterus«, den ein Mercedes-Besitzer bei einem entsprechenden Test formte, bedeutete für die Werbeleute sowohl »ziemlichen Spaß« als auch nützliches Material. (Übrigens plazierte sich der Künstler in die Mitte seines Werks – »umgeben von einer weichen, warmen Schutzhülle«.)

Einer, der gern helles Bier trank, suchte mit seinem Klumpen Ton die Gefühle auszudrücken, die er empfand, wenn er das traditionelle englische Dunkelbier trank. Das Ergebnis war ein fest aussehender Klumpen: »Er will damit ausdrücken, wie schwer ihm das Bier im Magen liegt.« Eine offensichtlich verärgerte Anhängerin der SDP schuf ein Gebilde mit einer Anzahl von Löchern darin. Die Frau selbst bezeichnete es als ein »Sieb mit immer größer werdenden Löchern, durch die die Hoffnungen schnell verschwinden«. Das Modellieren, sagt Cooper, half ihr, sich klarer auszudrücken.

Über die Anwendung solcher Methoden meinen Cooper und Judie Lannon: »Von entscheidender Bedeutung ist es, mit welcher Methode auch immer, in die innere Welt der Imagination, der Intuition, der persönlichen Sprache und des Spiels einzudringen. Sie sind ein wichtiger Stoff für die Werbung.« Qualitative Methoden, behaupten sie, »erlauben uns, die Welt so zu sehen, wie die Verbraucher sie erleben«, und außerdem »ermöglichen sie uns, kulturelle Begriffe wie Schönheit, Schmerz, Spaß, Hoffnung und Spiel zu erkunden, so wie sie von Menschen« in ihrem täglichen Leben definiert und erfahren werden.«

Beschäftigt man sich mit derartigen Untersuchungen, ist leicht verständlich, daß sie den Werbeforschern Spaß machen. Einer von vielen: »Gruppen sind sehr aufregend. Die Leute stellen fest, daß sie sich dabei sogar über ganz banale Dinge aufregen, weil der Prozeß an sich aufregend ist.«

Die Entwicklung der qualitativen Forschung in den Vereinigten Staaten wurde durch die Forderung nach mehr kreativer Werbung vorangetrieben. Ein Werbeforscher nennt das »den heiklen, empfindlichen Teil der Marktforschung«, und der Forschungsleiter der American Advertising Research Foundation bezeichnet es als den Inbegriff der »Nähe zum Kunden«. Bei Leo Burnett in Chicago hat die Anwendung von »Tiefeninterviews« seit 1972 drastisch zugenom-

men. Damals wurde Barbara Thomas, eine Spezialistin für Gruppenforschung, gebeten, eine Gruppe zu bilden, um solche Interviews zu
führen. In demselben Jahr leitete sie 59 Gruppendiskussionen; 1987
führten sie und ihre Mitarbeiter über 400 Gruppeninterviews und
1300 individuelle Tiefeninterviews. Die kleinere New Yorker Agentur
Smith Greenland erklärt begeistert, daß qualitative Forschung »das
einzig richtige Mittel sei, um die rationalen und, was noch wichtiger
ist, die emotionalen Probleme zu verstehen, die sich auf die Kaufent-
scheidung des Verbrauchers auswirken«.

Werbeforscher eines Herstellers für Damenunterwäsche gewannen ihre Einsichten nicht durch Zuhören, sondern durch Beobachten. Flexnit, ein erstklassiger Hersteller von Damenunterwäsche,
brachte durch Inserate in örtlichen Zeitungen eine Gruppe von
Frauen zusammen. Man stellte fest, daß während einer Sitzung drei
Frauen »eine defensive Haltung einnahmen und ihre Arme über der
Brust verschränkten«. Außerdem »machten sie laufend negative,
beinahe feindselige Bemerkungen«. Der Grund dafür: Die Frauen
trugen BHs der Größe A und gehörten damit anscheinend zu einer
Gruppe, die von den Herstellern vernachlässigt wurde. Daher fühlten
sie sich »schlecht behandelt und waren ärgerlich«. Bei weiteren Untersuchungen fand man heraus, daß 18 bis 20 Prozent der amerikanischen Frauen BHs der Größe A trugen. Der Hersteller rückte daraufhin seine BHs der Größe A ins rechte Licht und bot sie (unter dem
hübschen Namen A-OK) mit großem Erfolg an. Diese Geschichte hat
laut Frederick D. Buggie, dem Präsidenten von Strategic Innovations
International, auch noch eine Moral: »Man muß auf Zeichen und
Signale empfindlich reagieren ... Verbraucher sind nicht kreativ,
und sie werden einem keine Antworten geben. Man kann sie nicht
einfach nach ihren Bedürfnissen fragen. Man muß sie verstehen.«

Steve Barnett, ein Kulturanthropologe, hat sich diese Philosophie
zu eigen gemacht und sie in ein florierendes amerikanisches Unternehmen umgesetzt. Er hatte einst drei Jahre in Dörfern im Süden
Indiens verbracht und dort Diskussionen über die Heirat zwischen
Cousins und Cousinen verfolgt. Das stand in Zusammenhang mit seiner Promotion an der Universität von Chicago. Heute hört er immer
noch Leuten zu, doch jetzt geht es darum, was die Leute von bestimmten Produkten oder Dienstleistungen halten, angefangen von
der Energieversorgung bis hin zu Arzneimitteln. Wie Cooper in Groß-

britannien bildet er Gruppen und fordert die Teilnehmer zum Spielen auf (zum Beispiel bringt er Leute dazu, ein Kernkraftwerk aus Holzklötzchen zu bauen). Außerdem hat er Fernsehkameras in Privathäusern installiert.

Barnett, der Gründer des New Yorker Forschungsunternehmens Planmetrics Inc., erklärt, seine Arbeit lasse häufig einen großen Gegensatz zwischen dem erkennen, was die Leute ihren Angaben zufolge tun und denken und ihrem tatsächlichen Verhalten.[31] Das wurde an einem Beispiel deutlich, als er bei einem Projekt für eine Gruppe von Stromversorgungsunternehmen in 150 Häusern Fernsehkameras installierte. Viele von Barnetts Studien zielen darauf ab, Werbestrategien zu entwickeln, doch in diesem Fall interessierten sich die Unternehmen dafür, weshalb ihre Schätzungen hinsichtlich des Verbrauchs an Heizenergie ständig unter den tatsächlichen Zahlen lagen. Nachdem er die Videofilme eingehend analysiert hatte, stellte Barnett folgendes fest: »Die Leute behaupteten zwar, sie hielten die Heizung bei 20 Grad Celsius, aber es stellte sich heraus, daß sie jeden Tag daran herumfummelten. Ältere Familienmitglieder und Kinder – insbesondere Teenager – neigten dazu, sie hochzudrehen, und ebenso Reinmachefrauen. Sogar Besucher taten es. In vielen Häusern herrschte zwischen demjenigen, der die Rechnung bezahlen mußte, und allen anderen Familienangehörigen wegen des Thermostats ein regelrechter Guerillakrieg.«

Barnett lehrte in Princeton, am Massachusetts Institute of Technology und an der Universität von Chicago, ehe er »in die Werbung ging«. Er vergleicht seine Forschungsarbeit mit dem »Herumlungern an Straßenecken«. Zehn bis 15 Leute nehmen an seinen drei- bis vierstündigen Gruppensitzungen teil (als Gegenleistung erhalten sie eine kleine Geldsumme). Normale Marktforschung, meint er, sei »äußerst unnatürlich«. »Ein Interviewer stellt einem Fremden sehr spezifische Fragen, wobei dieser wahrscheinlich nie zuvor über das nachgedacht hat, was man ihn jetzt fragt. Die Testperson gibt schließlich Antworten, von denen sie annimmt, daß sie von ihr erwartet werden.«

Der Kontrast trat bei zwei Projekten zutage, bei denen es um eine neue Reformkost und einen neuen Sportschuh ging. »Die konventionelle Marktforschung erklärte den Unternehmen, daß die Leute an genauen Angaben über den Vitamingehalt der Kost und an einer

Menge Informationen über die Konstruktion des Schuhs interessiert seien. Unsere Umfrage ergab genau das Gegenteil; was potentielle Kunden von beiden Produkten tatsächlich erwarteten, war ein ganz allgemeines Gefühl des Wohlbefindens.«

Zu Planmetrics-Kunden zählen Westinghouse und Gulf States Utilities ebenso wie große Hersteller von Haushaltswaren und Parfums. Im Mittelpunkt des Credos der Firma steht die Überzeugung, daß kulturelle Prägungen eine starke, unbewußte Kraft ausüben, die Wertvorstellungen, Angewohnheiten wie auch Verhaltensweisen von Menschen beeinflussen. Planmetrics behauptet, es könne diese unbewußten Überzeugungen dadurch identifizieren, daß es in Gruppensitzungen die Leute mit einer hypothetischen Herausforderung oder Situation konfrontiere. Die Forscher nehmen diese Sitzungen mit Video-Kameras auf und suchen später die wichtigen Worte oder Handlungen heraus.

Bei einem Projekt wurden Leute, die an einer »bestimmten Krankheit« litten, auf Video aufgenommen, als sie über ihr Leiden sprachen. Barnett erklärt, er habe später 45 verschiedene Mienenspiele und Gesten registriert, die die Leute benutzten, als sie über den Schmerz und seine Linderung sprachen. Diese Gesten wurden danach von Schauspielern eingehend studiert und in die Werbespots für das Schmerzmittel integriert. Andere Gruppen, die für einen Auftrag der Gulf States Utilities zusammengestellt wurden, bekamen Bauklötzchen und verschiedene Haushaltsgegenstände, aus denen sie Kernkraftwerke bauen sollten. Sie benutzten die Hauben von Tortenplatten, um das Kernkraftwerk darin einzukapseln. Nach Ansicht der Beobachter zeigte dies, daß die Testpersonen glaubten, völlig abgeschlossene Kernkraftwerke seien sicherer. Das spiegelte sich in den Anzeigen wider, die alle eine kuppelförmige Schutzhülle über dem Kernkraftwerk zeigten.

Eine Reihe von Agenturen in Großbritannien, und seit kurzem auch in den USA, übernahmen die Gruppen- und »Tiefen«-Forschung und machten sie zu einem zentralen Bestandteil beim Entwurf von Anzeigen. Eine neue Disziplin entstand. Die Werbeleute bezeichnen sie als »Werbeplanung«. Bis zu einem gewissen Grad wird sie heute von fast jeder größeren Werbeagentur in London eingesetzt, einschließlich der Büros der internationalen Agenturen mit Stammsitz in den USA. Gleichzeitig hat sich ihr Anwendungsbereich

vergrößert. Britische Werbeplaner besuchen andere Länder, wie
etwa Australien, um dort die neue Disziplin einzuführen und zu verbreiten. Auch eine der größten Agenturen Amerikas – Chiat/Day –
übernahm diese Philosophie als Eckpfeiler ihrer Arbeit. »Sie ist heute
zu einer weltweiten Bewegung geworden«, schwärmt David Cowan,
Leiter der Abteilung für Werbeplanung bei der Agentur Boase Massimi Pollitt in London, die gemeinhin als die Urheberin dieser neuen
Methode gilt. »Sie macht den Unterschied zwischen Forschung, die
Werbung vernichtet, und Forschung, die Werbung kreiert, deutlich.«

Die Werbeplanung wurde Mitte der sechziger Jahre von einem
der Begründer von BMP eingeführt, dem verstorbenen Stanley Pollitt,
einem exzentrischen Professorentyp, der von einem Kollegen als »ein
ziemlich untypischer Chef einer Werbeagentur« beschrieben wurde.
Pollitt bezeichnete später sein neues Konzept als »nicht vermittel-
bar«, was vielleicht den Disput zwischen einigen Praktikern hinsichtlich der präzisen Bedeutung des Begriffs erklärt.

Im Grunde sollen Werbeplaner den Verbraucher vertreten, so wie
der Kontakter einer Agentur den Kunden repräsentiert. Diese Funktion nehmen sie dadurch wahr, daß sie Untersuchungen durchführen, die Ergebnisse interpretieren und so die Sichtweise des Konsumenten darstellen. Auf dieser Grundlage repräsentieren sie den
Verbraucher während der gesamten Entwicklungsphase einer Kampagne. »Die Planung rückt den Verbraucher in den Mittelpunkt«, erklärt Cowan. Seiner Ansicht nach verlieren dadurch die »traditionellen« Agenturen an Gewicht, die von den Werbe-Auftraggebern, also
den Agenturkunden beherrscht werden. Die Werbeleute unterwerfen sich seiner Meinung nach zu stark dem Willen des Kunden. Aus
diesem Grund tun sie nicht das, was notwendig ist, um den Konsumenten zu befriedigen. Werbeplanung, behauptet Cowan, »befreit«
die Kreativen in den Agenturen: »Sie sagt ihnen: ›Ihr müßt den Leuten nur dieses ein bestimmtes Gefühl vermitteln; wie ihr das tut, liegt
bei euch.‹ Wenn man vom Kunden beherrscht wird, kann er die
Regeln aufzwingen. Er kann Forderungen stellen: zum Beispiel
›Keine Komik‹ oder ›Der Markenname muß soundso oft erwähnt
werden...‹ Die Leidtragenden dabei sind das Produkt und der Verbraucher.«

Die Werbeplanung ist in hohem Maße auf die qualitative Forschung angewiesen, um all diese Ansprüche erfüllen zu können. BMP

führt die meisten Forschungen selbst durch – eine in der Branche eher ungewöhnliche Situation. »Wir investieren eine Menge in die Forschung, und das ist sicherlich auch ein Grund für unsere Stellung in der Branche. Ein Planer kann pro Jahr mit 30 Gruppen zu jeweils acht Leuten arbeiten. Nach einem gewissen Zeitraum hat er wahrscheinlich mit Tausenden von Leuten gesprochen, die für den Absatzmarkt relevant sind.« BMP besitzt ein Netz von etwa 80 Hausfrauen, die über das ganze Land verteilt sind. Diese Frauen werben Männer oder Frauen an, die nach Alter und Aussehen das speziell anvisierte Werbepublikum repräsentieren sollen. Einer von BMPs Planern leitet die Sitzungen. Gruppen werden den »Tiefen«-Interviews vorgezogen. Denis Robb, einer der Planer von BMP, führt zur Begründung an, daß der Interviewer bei Einzelsitzungen zu viel Einfluß auf die Antworten habe. »In einer Gruppe kann man die Leute dazu bringen zu sagen, was sie denken.«

Auf der Grundlage der Ergebnisse dieser Sitzungen entsteht die Werbestrategie: »Was sollen die Leute nach unseren Vorstellungen tun oder denken? Welcher Markt wird anvisiert? Woran sollen sie sich erinnern können? Das sind ziemlich konventionelle Dinge...« Das gesammelte Material dient zur Information für das kreative Team, das dann die Rohfassung eines Werbespots in Form eines Trickfilms produziert. Dieser Film wird mehreren Gruppen vorgeführt.

»In diesem Stadium hat man einen Trickfilm für 2000 Pfund, keine Produktion für 80 000 Pfund«, sagt Cowan. »Man bekommt eine Reaktion. Wenn sie erwartungsgemäß ausfällt, wird produziert; wenn nicht, werden eine Reihe von Fragen gestellt: Ist die Sache schlecht, weil die Botschaft falsch ist? Stimmt die Grundaussage nicht?« Das sei beispielsweise bei einem geplanten Werbespot für Hustenpastillen namens Victory V der Fall gewesen, erzählt Cowan. Einer der Werbespots sollte einen Oberbefehlshaber zeigen, der vor dem Angriff der Leichten Brigade Victory-V-Pastillen verteilte. »Das paßte zu Victory, British, Old Established ... Man konnte beinahe sehen, wie die Pastillen im Mund wirkten. Das Kommando ertönte, und alle schrien ›Angriff‹, weil das Bonbon sehr scharf war. Doch der Spot drückte aus, daß die Pastillen sehr stark waren – und das war schlecht. Es war deshalb schlecht, weil dieser Anspruch bereits von einer anderen Marke, und zwar Sharps Extra Strong Mints, erhoben

wurde. Victory-V-Bonbons sind frisch und angenehm, und nicht einfach scharf.« Das Kreativteam mußte einen neuen Werbespot mit
einer anderen Botschaft entwerfen.

Bei anderen Gelegenheiten, sagt Cowan, zeigen die Forschungs-
tests mit Gruppen, daß »die Kommunikation versagte«. Zu BMPs
Klienten zählt auch Quaker Oats, für deren Produkt Sugar Puffs (in
Honig und Zucker gerösteter Weizen) die Agentur ein reizendes, pel-
ziges Wesen namens »Honey monster« erfand. Dieses Wesen, erinnert sich Cowan, hatte man sich ursprünglich als kleines und sehr
lautes Monster vorgestellt – »wie ein ungezogenes Kind«. Als man
Müttern und ihren Kindern die Rohfassung des Werbespots zeigte,
war die Reaktion »extrem negativ«. Die Kinder reagierten mit Verle-
genheit, und die Mütter waren der Meinung, daß der Spot die Kinder
regelrecht dazu ermutigen würde, sich schlecht zu benehmen. Die
Planer jedoch waren davon überzeugt, daß die Idee mit dem Monster
an sich nicht schlecht war, sondern daß lediglich die *Art* des Monsters
nicht ankam. »Es lag an der *Ausführung*. Man nahm Veränderungen
vor – das war sehr einfach, aber das Monster wurde ganz anders. Es
wurde größer, plump und verspielt.«

Cowan erklärt, daß mit diesem Verfahren ursprünglich aus »wenig löblichen« Gründen begonnen wurde. Kurz nach ihrer Gründung
stellte die Agentur einige Werbespots für Smash Instant Potato her,
ein Auftrag, der für die neue Agentur lebenswichtig war, weil es sich
bei dem Kunden um den riesigen Nahrungsmittelhersteller Cadbury
handelte. Die Werbespots kosteten 16 000 Pfund und waren ein Reinfall, sagt Cowan. Vorabtests kamen damals gerade auf – »also machten wir rasch etwas anderes daraus, und heute gibt es für diesen Flop
eine hochkomplizierte Rechtfertigung«. Die Agentur hält das Verfahren heute für obligatorisch. Laut Cowan hofft die Agentur, die Werbespots schon nach einer einzigen Gruppenbefragung korrigieren zu
können. »Manchmal unternehmen wir zwei, drei oder vier Vorstudien. Normalerweise verliert man nach vier die Kontrolle über die
Situation.« Er hält es für schwierig, das Verfahren bei gedruckten
Anzeigen anzuwenden, bei denen perfekte Fotos wichtiger seien.
»Im Fernsehen ist die Idee eher von der Dramatik als von der Film-
produktion abhängig. Kritiker sagen: ›Es hängt alles von der Film-
produktion ab.‹ Wir sagen, es hängt vom Kern der Idee ab.«

Einige Kritiker fragen sich, ob Gruppen von sechs bis acht Leuten tatsächlich Hunderte, Tausende oder sogar Millionen von Menschen repräsentieren können. Cowan meint dazu:»Wenn jeder aus unterschiedlichen Gründen motiviert wäre, gäbe es keinen gemeinsamen Markt. Wenn man also mit 30 Leuten des Absatzmarktes spricht, forscht man nach dem Grund, warum die Leute eine bestimmte Marke kaufen. Die Menschen können sich hinsichtlich des Alters, des Berufs, der Erziehung unterscheiden, doch wenn sie die Marke kaufen, dann sind sie aufgrund ihrer Bedürfnisse, Wünsche und Verhaltensweisen, die sie zum Kauf dieser Marke veranlassen, miteinander verbunden. So bringen Markenartikel die Bevölkerung zusammen. Die Käufer werden durch das, was ihnen daran gefällt, zusammengebracht.«

Planung als Agentur-Philosophie ist sowohl für die Agentur als auch für ihre Kunden von Vorteil, unabhängig davon, wie gut oder schlecht sie funktioniert. Weil die Anzeigen dadurch getestet werden, daß man sie »repräsentativen Verbrauchern« vorlegt, können sich Agentur und Kunde in der Sicherheit wiegen, daß die Entscheidung für eine bestimmte Werbemaßnahme aus einer Ansammlung von objektiven Gründen getroffen wurde. Viele Agenturen drängen ihre Kunden, bei den Tests dabei zu sein.»Für den Kunden«, sagt Cowan, »resultiert aus der Planung effektivere Werbung – Werbung, die stärker auf der Realität gründet, Werbung, die fast wissenschaftlich ansetzt, obwohl sie immer noch als eine Kunst anzusehen ist. Das Risiko wird verringert. Er [der Kunde] spürt immer mehr, daß das der richtige Weg ist.« Martin Boase, Chairman von BMP, vergleicht den Planer mit dem Navigator eines Flugzeugs (wobei der Kontakter der Pilot sei).»Das heißt, daß im Mittelpunkt ein dreiköpfiges Team steht: ein Planer, dem es um Objektivität geht, ein Kontakter, dem die Zweckmäßigkeit des Ganzen am Herzen liegt – was kann getan werden und was nicht –, und ein Kreativer, der sich um eine einfallsreiche Umsetzung bemüht.«

Befürworter der Planung behaupten, sie sei sowohl kreativ als auch zweckdienlich; mit anderen Worten, sie diene beiden Bereichen. Diese Besonderheit hebt auch Jay Chiat von Chiat/Day hervor, eine Agentur, die einige der phantasievollsten und umstrittensten Werbekampagnen in den USA entworfen hat.»Wir nutzen Forschung in hohem Maße«, sagt Chiat.»Wir haben die britische Methode der Planung übernommen, weil sie kreative Ergebnisse zeitigt. Die Kun-

den merken, wenn eine Werbeidee getestet wurde, auch wenn sie ab-
scheulich erscheinen mag.«

Chiat heuerte Jane Newman an, die ehemalige stellvertretende
Leiterin der Planungsabteilung bei BMP. Sie berichtet, daß sie zunächst sowohl seitens der Kollegen als auch seitens der Kunden auf
großen Widerstand gestoßen sei.[32] Vor allem die Kontakter sahen
in der Werbeplanung eine Bedrohung.»Werbeplanung ist schwer zu
beschreiben, man muß sie in der Praxis erleben; und wenn man versucht, sie einem Kontakter zu erklären, dann hört es sich in der Tat
häufig so an, als wolle man ihm einen Teil seines Arbeitsbereichs
wegnehmen.« Ihrer Auffassung nach kam der Durchbruch, als sie
aufhörte, über Planung zu reden, und sie statt dessen in die Praxis
umsetzte. Zuerst gewann sie die Kollegen für sich, dann die Kunden.

Die Idee, die der packenden Werbung für Nike-Sportkleidung zugrunde liegt, schreibt die Agentur der Planung zu. Nike wünschte
sich von Chiat/Day lustige, respektlose Werbung. Ausgehend von ihren Planungsstudien gelangte die Agentur jedoch zu dem Ergebnis,
daß dies genau verkehrt sei. Richtig sei vielmehr, die anstrengende
Realität des Sports und Nikes Verständnis für den Sportler hervorzuheben. Das Ergebnis waren Anzeigen, die Sportler in Aktion darstellten – den Olympia-Weitspringer Carl Lewis mitten im Sprung, oder
eine Gruppe von erschöpften, verschwitzten Läufern. Innerhalb von
sechs Monaten stieg der Umsatz von Nike in Los Angeles angeblich
um 30 Prozent.[33]

Wem die angeführten Beispiele so erscheinen, als hätten die Forscher den »Stein der Weisen« entdeckt, der hat sowohl Stärke als
auch Schwäche dieser Forschungsarbeit erfaßt, ob man sie nun
»Motivationsforschung«, »qualitative« Forschung oder anders nennt.
Ein wesentlicher Punkt ihrer Anziehungskraft ist ihr klangvoller
Name. Einige Skeptiker behaupten, den Werbeagenturen gefalle die
qualitative Forschung vor allem deshalb, weil sie sie von strengen
Regeln befreie und nach Belieben Anzeigen entwerfen lasse. Andere
weisen darauf hin, daß diese Art Forschung den Kunden gefalle, weil
sie leicht zu verstehen sei und ihnen das Gefühl gebe, gut unter-
richtet zu sein. Raymond Monbiot, der Präsident von Campbell Soup
in Großbritannien, erklärte begeistert, seiner Ansicht nach sei es
eine der lehrreichsten Beschäftigungen für einen Generaldirektor, in
einer Fokusgruppe den Tee zu servieren.

Mary Tuck ist Psychologin und ehemalige Forscherin bei einer Werbeagentur. Sie glaubt, daß Gruppendiskussionen »einen Beruhigungs-Mechanismus für diejenigen darstellen, die Entscheidungen treffen müssen. Ihre soziologische Funktion besteht darin, Hypothesen oder Bestätigungen zu liefern, die die Verantwortung für Entscheidungen aufteilen«.

Viele meinen, die befragten Leute könnten deshalb nicht als repräsentativ gelten, weil es sich dabei immer um Männer und Frauen handle, die sich bereitwillig interviewen lassen; Forscher fühlten sich immer zu Angehörigen der Mittelschichten hingezogen; die Sitzungen, ob Einzelgespräche, Gruppendiskussionen oder Rollenspiele, hätten nichts mit der Wirklichkeit zu tun. Und was immer die Leute auch sagten, werde dann von jemandem interpretiert. »Ich habe noch nie eine Sitzung erlebt«, erzählte mir ein Skeptiker, »bei der am Ende nicht alle zufrieden waren – in der festen Überzeugung, daß das, was gesagt wurde, ihre eigenen Ansichten rechtfertigte und bestätigte.«

Dennoch: Ein Großteil der Forschungs- und Werbebranche und viele große Unternehmen sind anderer Meinung. Invasion des Verstandes? Eine weitere Möglichkeit, den Verkäufern von Träumen zu helfen, die Wünsche der Verbraucher zu manipulieren? Oder ein Milliarden-Pfund-Äquivalent zu des Kaisers neuen Kleidern? Oder vielleicht von beidem etwas ... Möglicherweise stellen jene, die die Methode angewandt haben – und immer wieder auf sie zurückgreifen –, die beste Empfehlung für die qualitative Forschung dar: zähe Marketingunternehmen wie Procter and Gamble und Mars.

Forschungsmethoden sind Modeerscheinungen. Diese spezifische Methode kann entweder ewig währen oder einfach nur eine Zeitlang populär sein und dann untergehen. Geht sie unter, dürfte es nicht allzu schwer sein, sie zu ersetzen. Die Forscher haben noch eine Menge anderer Waffen in ihrem Arsenal.

WERBEFORSCHUNG (2)

»Der Werbungtreibende und die Werbeagentur sollten nie vergessen,
daß es zwei Möglichkeiten gibt, Kunden und zukünftige Kunden zu beeinflussen:
sie zu verführen oder sie zu konditionieren.«
Claude Bonnange, Mitbegründer der Agentur TBWA

Wenn Dr. Sidney Weinstein über seine Arbeit spricht, stellt sich für ihn das Problem, daß kaum ein Kunde öffentlich mit Weinsteins Arbeit in Verbindung gebracht werden will. Einige Kunden, wie etwa die Agentur Foote Cone and Belding, haben dagegen nichts einzuwenden. Die Namen von ein oder zwei anderen Kunden, die seine Dienste in Anspruch genommen haben, wurden während des Gesprächs offenkundig, obwohl sie nicht wirklich erwähnt wurden – zum Beispiel British Airways. Doch in der Regel, gesteht Weinstein leicht gekränkt, »erklären die anderen, daß sie nicht wollen, daß es bekannt wird«. Es herrsche »immer die Aura von Big Brother. Ich weiß nicht, warum. Wir tun es doch nicht heimlich.«

Dr. Sidney Weinstein ist außerordentlicher Professor der neurologischen Abteilung der medizinischen Fakultät der Universität von New York und der Post Graduate Medical School, ferner Präsident der Neuro Communications Research Laboratories Inc. Er bringt an den Köpfen der Leute Sensoren an und überwacht ihre Gehirnströme, während sie sich Werbespots anschauen. Er erklärt, daß es damit möglich sei, nicht nur Sekunde um Sekunde das Maß des Interesses eines Zuschauers genau festzustellen, sondern auch, ob das, was dieser sieht, den Verstand oder aber das Gefühl anspricht.

Mit Hilfe der gesammelten Informationen kann der Werbungtreibende dann die Wirkung seines Werbespots nochmals überprüfen und damit – so die Behauptung – die Chance erhöhen, »den Nagel auf den Kopf zu treffen«. Weinstein nannte mir ein Beispiel. In einem neuen Werbespot für Frühstückskost aus Getreide sollte gegenüber den Müttern besonders der Nährwert des Produkts betont werden. Es sollte vor allem die linke Hemisphäre des Gehirns der Zuschauerin angesprochen werden, also die vorwiegend für das analytische Denken zuständige Seite. Statt dessen beobachteten die Forscher auf der rechten – oder emotionalen – Seite eine von ihnen nicht erwartete

Aktivität. Die Forscher kämpften mit diesem Problem und fanden schließlich die Lösung. Ursache der Aktivität war der Moderator – er sah viel zu gut aus. Die Mütter konzentrierten sich ganz auf ihn und nicht auf das, was er sagte. Deshalb wurde der Moderator durch einen Kommentar aus dem Off ersetzt.

In dem kleinen, holzgetäfelten Raum in Danbury, Connecticut, ereignen sich solche Dinge mehrere hundert Mal im Jahr. Danbury ist eine der Städte Neuenglands, die in den vergangenen Jahren zu einem Anziehungspunkt für die Hauptgeschäftsstellen der großen Unternehmen geworden sind. In besagtem Raum befinden sich ein Fenster mit einem Vorhang, eine Couch und ein paar Stühle sowie ein Fernsehgerät. Die Wände sind kahl. Man hat den Eindruck, als handle es sich um ein gutbürgerliches Wohnzimmer am Tag nach dem Einzug der neuen Besitzer: das Wesentliche ist da, aber noch sind Dutzende von Gegenständen nicht ausgepackt, die ein Haus erst zu einem Heim machen.

Dieser Eindruck ändert sich, wenn der Raum voll ist. Im Durchschnitt, sagt Weinstein, sitzen in diesem Raum pro Jahr mehrere tausend Leute; zusammen sehen sie »ein paar hundert« Werbespots. Normalerweise sitzen fünf dieser »Testpersonen« vor dem Bildschirm. An ihren Köpfen sind Sensoren von der Größe eines Hemdknopfes befestigt. Sie werden mit einer Paste festgeklebt, die wie Zahnpasta aussieht. Die Sensoren sind mit einem kleinen Kasten verbunden, der hinter dem Zuschauer steht. Die Gehirnströme werden aufgezeichnet und dann mit Hilfe eines Computers verarbeitet.

Die Einrichtung und die Ausrüstung wurden im Laufe der Jahre verbessert, um eine annähernd normale Atmosphäre herzustellen. Dr. Herbert Krugman, einer der herausragenden Werbeforscher Amerikas, der bei General Electric Gehirnforschung betrieb, schilderte mir begeistert, daß die Testpersonen heutzutage in einer Art Wohnzimmer säßen, Sensoren trügen, die so leicht seien, daß sie sie kaum spürten, und daß sie nach einer Weile vergäßen, was wirklich geschehe. »Man wartet eine Weile und zeigt ihnen dann ein paar Filme. Wenn sie sich dann die Werbespots anschauen, verhalten sie sich ganz normal.«

Krugman untersuchte schon sehr früh den möglichen Zusammenhang zwischen Gehirnströmen und der Gestaltung von Werbung. Mit General Electric hatte er einen Vertrag geschlossen, der ihm solche Experimente ermöglichte. Als Krugman 1967 bei diesem gigantischen Unternehmen anfing, machte er zur Bedingung, ein Prozent vom Budget seiner Abteilung dafür ausgeben zu dürfen, im Labor »herumzuexperimentieren«. General Electric, erinnert er sich, habe mit Freuden zugestimmt. Von dieser Zeit an vernachlässigte Krugman seine »Nebenbeschäftigung« mit diesen Experimenten nicht mehr, selbst wenn seine Haupttätigkeit in großen Aufgaben wie etwa einer eine Million Dollar teuren und zehn Länder umfassenden Untersuchung bestand. Eines Tages schloß er seine Sekretärin an eine Maschine an, die ihre Gehirnströme überwachte. Er erinnert sich: »Ich schaltete das Fernsehgerät ein, und ihre Gehirnströme veränderten sich.« Krugman berichtete in einem Artikel über sein Experiment. Er wurde kritisiert, weil er es veröffentlichte, obwohl er nur mit einer einzigen Testperson experimentiert hatte. Sein Kommentar: »Newton benötigte lediglich einen Apfel.«

Heute ist Weinstein *der* Mann im Bereich Gehirnströme und Werbung. Sein schriftlicher Lebenslauf, den er mir überreicht, läßt keinen Zweifel an seiner Bedeutung aufkommen: zwölf Seiten in Kleindruck mit einzeiligem Abstand. Weinstein ist Psychologe; er forschte für die NASA (über die Auswirkungen von Isolation und sensorischer Deprivation), für die US-Navy und für verschiedene Stiftungen (zum Beispiel über das kortikal erzeugte Potential bei geistig zurückgebliebenen Kindern für die Hale Mathews Foundation). Die Liste seiner veröffentlichten Forschungsarbeiten erstreckt sich über achteinhalb Seiten. Einige Arbeiten sind geheim und werden lediglich als Aufsätze für die US-Regierung aufgelistet. Weinstein gibt zu: »Ich habe in verschiedenen geheimen Bereichen für die Regierung gearbeitet. Die Russen programmieren Leute, auf bestimmte Streßzustände nicht zu reagieren: Ich vermute, wir tun das auch. Man kann den Lügendetektor austricksen. Aber was man nicht tun kann – und niemals können wird –, ist, die eigenen Gehirnströme abzustellen.« Das Gehirn, erklärt er weiter, muß reagieren, um etwas verdrängen zu können. »Wir zeigten einen Werbespot für Kaugummi mit einem spärlich bekleideten Mädchen. Ein Mann verließ das Zimmer und äußerte seinen Unmut darüber, daß sie kaum etwas trug. Seine Reaktion war so heftig, daß wir seine Aussage überprüften. Wir stellten fest, daß sein Interesse am größten war, wenn das Mädchen auf dem Bildschirm erschien.«

Weinstein hatte 1969 damit begonnen, die Analyse von Gehirnströmen für den Bereich der Werbung anzuwenden. Er erklärt, daß er zwei Dinge messe: zum einen die Beta-Wellen-Aktivität. Beta-Wellen wurden vor mehr als 50 Jahren entdeckt (und so genannt, weil die Entdeckung kurz nach der der Alpha-Wellen stattfand). Physiologische Psychologen »stimmen generell darin überein«, daß das Ausmaß an Alpha-Aktivität umgekehrt proportional zu dem Maß an tatsächlicher Aufmerksamkeit ist. Alpha-Wellen sind charakteristisch für den normal wachen, aber unaufmerksamen Erwachsenen. Wenn die Aufmerksamkeit infolge eines Reizes zunimmt, dann sinkt im Verhältnis dazu die Alpha-Aktivität und die Alpha-Wellen werden durch die Beta-Wellen mit höherer Frequenz ersetzt. Folglich ist das Gehirn bei Auftreten von Beta-Wellen eher aktiv, bei Alpha-Wellen eher passiv.

Der zweite Maßstab, fährt Weinstein fort, ist das sogenannte Cortical Evoked Potential (in der Fachsprache CEP genannt; das kortikal, also in der Gehirnrinde erzeugte Potential). Damit kann man die Wachsamkeit und den Grad der Aufmerksamkeit feststellen. Die Beschäftigung mit diesem Potential begann damit, daß man Elektroden in die Gehirne von Katzen einpflanzte. Man benutzte klickende Geräusche, um bei den Tieren ein großes CEP zu erzeugen. Dann wurde ihnen eine Maus (in einem Glasgefäß) gezeigt. Das CEP verschwand. Die Aufmerksamkeit, die sich auf die Maus richtete, hob die Neuralreaktion der Katze auf das Klicken auf, erklärte Weinstein. Er wandte diese Methode auch auf Menschen an. Das erste Mal Ende der sechziger Jahre, als er für die Navy die Gehirnreaktion von Männern untersuchte, die auf den Bildschirm eines Unterwasserortungsgeräts schauen. Weitere Untersuchungen für die Regierung folgten, darunter auch einige geheime Aufträge. Laut der Literaturliste wurde bei einer der Forschungsarbeiten offenbar diese Methode angewandt, um zu testen, ob jemand aufgrund seiner Reaktion auf ein Wort eine Sprache kennt.* Weinstein wendet diese Methode jetzt auf Werbespots an. Dabei mischt er etwa jede Sekunde kaum wahrnehmbare

---

*   Dies kann bei einem Verhör sehr nützlich sein. Im allgemeinen haben Werbeforschung und Geheimdienst viele gemeinsame Interessen. Schließlich ist Werbung eine Art Propaganda, derer sich auch Geheimdienstorganisationen bedienen. Werbung und Geheimdienste sind daran interessiert, bestimmte Personen zu etwas zu überreden. Außerdem möchten sie wissen, was Menschen denken.

Blitze und Geräusche unter das, was man auf dem Bildschirm sieht und hört:»Die Leute behaupten, sie könnten sie weder sehen noch hören. Doch die Reaktion des Gehirns beweist das Gegenteil.« Wenn die Aufmerksamkeit durch das Bild, das man sieht, genügend gebannt wird, verdrängt das Gehirn die Wirkung der beigemischten Geräusche.

Weinstein mißt sowohl die linke als auch die rechte Hemisphäre. Der Beweis dafür, daß die beiden Hirnhälften verschiedene Aufgaben haben, geht auf die Untersuchung von verletzten Gehirnen zurück. Im Grunde geht man davon aus, daß die linke Hemisphäre das Zentrum der Rationalität ist und mit Lesen, Analysieren und Sprechen zu tun hat. Die rechte Hemisphäre dagegen ist das Zentrum der Emotionalität und für das Sehen und Wahrnehmen, das Aufnehmen und das Ausdrücken von Gefühlen zuständig.

Weinstein behauptet, er könne Sekunde um Sekunde das Interesse links und rechts und die Erregung links und rechts messen. Wenn ein Werbespot einen logischen Ansatz hat, dann erwartet man Aktivität von der linken Hirnhälfte; ist der Ansatz emotional, erwartet man sie von der rechten Hirnhälfte. Doch ein Werbespot, der sich zu einem emotionalen Höhepunkt steigert, scheint nach Weinsteins Forschungen am Anfang eine Menge Aktivität in der linken (logischen) Hirnhälfte aufzuweisen – der Grund hierfür liegt darin, daß solche Werbespots oft mit einem Problem beginnen und der Zuschauer sich hinsichtlich des Resultats Sorgen macht. Wenn das Problem gelöst ist (indem man das richtige Seifenpulver, Reinigungsmittel oder was auch immer benutzt), geht die Aktivität auf die rechte (emotionale) Hirnhälfte des Zuschauers über.

In der Praxis kann man Kunden Details vorführen, die das Maß an Interesse für jede Szene auf einer Skala von Null bis 100 zeigen. General Electric hat dies getan und einzelne Werbespots in Fünf-Sekunden-Abschnitten analysiert. Damit können Werbespots verändert werden, und zwar am deutlichsten dadurch, daß man die »langweiligen« Sequenzen herausschneidet oder kürzt.

Diese Art Forschung soll Werbungtreibenden außerdem bei der Beurteilung helfen, wo sie die Information in emotionalen Werbespots am besten plazieren, um das Höchstmaß an Effektivität zu erreichen. In einem getesteten Werbespot folgte die Kernaussage unmittelbar nach einer Szene, in der ein Vater seiner Tochter seine

Zuneigung gezeigt hatte. Das war den Meßergebnissen zufolge ungeschickt.»Denn die rechte Hemisphäre war noch sehr aktiviert, und
diese Dominanz könnte die Wahrscheinlichkeit einer erfolgreichen
sprachlichen Verarbeitung verringern, was meist zumindest im gleichen Maß Aktivität der linken Hemisphäre wie der rechten erfordert.«

Eine weitere Möglichkeit liege darin, erklärt Weinstein, das Maß
an Interesse festzustellen, das durch prominente Personen geweckt
wird, die die Werbungtreibenden als Moderatoren oder Anpreiser
einsetzen. So machte sich beispielsweise die Agentur von British Airways darüber Gedanken, was passieren würde, wenn ihr prominen-
ter Moderator Robert Morley stürbe. Man begann, für diesen Fall Vor-
kehrungen zu treffen.

Potentiellen Kunden von British Airways in den Vereinigten Staaten wurden kurze Filmausschnitte mit anderen bekannten englischen Schauspielern und Schauspielerinnen gezeigt. Aufgrund der
Tests wurde eine Liste der Personen zusammengestellt, die das
größte Interesse weckten. Weinstein lehnt es ab, weiter ins Detail zu
gehen, aber anscheinend gehörten James Mason und Rex Harrison
zu denen, die niedrig eingestuft wurden.

Sendeanstalten benutzen die Tests für ähnliche Zwecke. Dabei
überrascht es Weinstein keineswegs, daß ihnen nichts daran liegt,
dies öffentlich bekannt werden zu lassen:»Leuten wie Barbara Wal-
ters würde das nicht gefallen...« Ein Sender ließ Rockstars testen,
um herauszufinden, ob sie in sein Programm miteinbezogen werden
könnten. Einer dieser Stars war die Sängerin Cher. Laut Weinstein
erweckte sie bei Männern das größte Interesse; bei Frauen rangierte
sie an dritter Stelle. Der Sender hatte den Test dann mit gezielten Interviews wiederholt. Dabei hatten Frauen anscheinend erklärt, sie
wollten Cher nicht sehen:»Sie sagten, ›Wir würden dieses Flittchen
nicht in unser Wohnzimmer lassen.‹« Weinstein meint, das sei ein
klassisches Beispiel dafür, daß Leute das eine sagen und das andere
meinen.

Mit anderen Untersuchungen, sagt Weinstein, habe man zur Lösung des Problems beigetragen, wieviel Werbung ein Hersteller betreiben muß. Studien lassen darauf schließen, daß die Werbewirksamkeit, wie anhand von EEGs gemessen wurde, ihren Höchststand
beim zweiten Kontakt mit einer Anzeige erreicht (und damit wird die

Theorie von Krugman gestützt, daß drei Kontakte mit jeder Anzeige ausreichen, um Wirkung zu erzielen).*

Die Agentur Foote Cone and Belding hat sich die Arbeit über die linke und rechte Hemisphäre zunutze gemacht und eine Werbetheorie entwickelt – das FCB-Raster. »Wir haben mit diesem Raster weltweit Erfolg«, erklärt David Berger, der Forschungsleiter des Unternehmens. Richard Vaughn, der Forschungsleiter der Agentur in Los Angeles, entwickelte in Zusammenhang mit der Konzentration auf Gehirnreaktionen eine Anzahl von Theorien, warum Leute bestimmte Dinge kaufen, ob Produkte von »großem oder geringem Interesse« sind, und über die Rangfolge von Werbewirkungen. Er legte eine Tabelle vor, auf der Kaufentscheidungen waagerecht eingetragen waren, angefangen mit Dingen, von denen die Leute *glauben*, daß sie sie haben wollen, bis zu Dingen, bei denen die Leute das *Gefühl* haben, sie zu wollen. Auf der Senkrechten wurde die Skala der Entscheidungen eingetragen: von Entscheidungen mit hohem Risiko und großem Interesse bis zu Entscheidungen mit geringem Risiko und geringem Interesse. Stellen wir uns ein Spiel mit Nullen und Kreuzen und vier Feldern vor. Links oben steht unter Glauben und großem Interesse »35mm Kameras«; ein Auto rangiert weit oben in der Interessenspalte, liegt aber auch direkt im Zentrum von rational und emotional; Parfum rangiert unter Gefühl und großem Interesse.

Nachdem dieses Raster erstellt worden war, beauftragte FCB Brian Ratchford, einen Professor von der State University of New York in Buffalo, die Fragen zu entwickeln, die dazu führen sollten, die Produkte gemäß den Aussagen der Konsumenten in der Tabelle zu plazieren. 1985 wurden in 23 Ländern Studien durchgeführt, 20 000 Verbraucher wurden interviewt, und die Tabelle diente weitgehend dazu, Werbestrategien aufzustellen. »Die Arbeit an diesem Modell«, erklärte Berger, »hat uns dazu veranlaßt, mehr Aufmerksamkeit auf die Frage zu lenken, ob die Werbung für einen Markenartikel in erster Linie rational oder emotional sein sollte, oder aber eine sinnvolle Mischung aus beidem.«

---

* »Kontakt« ist nicht dasselbe wie Sehen. Der Begriff impliziert vielmehr, daß jemand einer Anzeige tatsächlich Aufmerksamkeit schenkt. Menschen können einer Anzeige ein dutzendmal ausgesetzt sein, ohne in diesem Sinne mit ihr in »Kontakt« zu kommen.

Laut Berger hat die Agentur festgestellt, daß bei der Auswahl von Marken in den Köpfen der Verbraucher weltweit sehr ähnliche Prozesse ablaufen. Es gibt jedoch einige länderbedingte Unterschiede. Zum Beispiel halten die hundefreundlichen Schweden den Kauf von Tiernahrung für eine äußerst wichtige Entscheidung, aber nicht so die Italiener.

Begeisterte Anhänger der Gehirnforschung geben zu, daß deren Einfluß nicht so groß war, wie sie erwartet hatten. Nach Ansicht Weinsteins liegt der Grund dafür in der Tatsache, daß die Werbungtreibenden »hinsichtlich der Differenziertheit dessen, was wir tun, ein ungutes Gefühl haben«. Einige Agenturen und Inserenten erklärten mir, daß für sie die Schwierigkeit darin läge, die erhaltenen Informationen zu interpretieren. Es sollte erwähnt werden, daß keine der Agenturen, mit denen ich sprach, irgendwelche Zweifel hinsichtlich der Moral der Gehirnforschung äußerte, sondern nur in bezug auf die gegenwärtige Praxis.

Mittlerweile gehen die Bemühungen weiter, die Forschung stärker auf die Gestaltung von Werbespots und auf den Verkauf von Waren zu beziehen. Einige Experimente beschäftigen sich mit dem sogenannten »brain typing« (Typologisierung der Gehirnaktivitäten). Man hat beispielsweise festgestellt, daß jüngere Männer eher eine Neigung zur rechten Gehirnhälfte aufweisen. Das, so wird vermutet, erklärt den großen Erfolg, den sensorisch ausgeprägte Werbung bei ihnen hat. Die Arbeit zeigt ferner, daß auch die Produktnutzung in dieses Klassifizierungsschema eingeordnet werden kann. Bei einer bestimmten (ungenannten) Produktkategorie neigen angeblich Verwender mit großem Produktinteresse mehr zur linken Hemisphäre, Verwender mit niedrigem Produktinteresse mehr zur rechten.

Das eröffnete die Möglichkeit, diese Typologisierung bei der Gestaltung von Werbung heranzuziehen. Weinstein und zwei seiner Mitarbeiter berichteten: »Ausgehend von der speziellen Zielgruppe könnten Werbespots mit einem emotionalen Werbeappeal für ein zur rechten Hemisphäre neigendes Zielsegment, und mit einem logischen Werbeappeal für ein zur linken Hemisphäre neigendes Segment entwickelt werden. Die Verbindung emotionaler und logischer Elemente mag sich für ausgewogene oder vermischt ausgerichtete Zielgruppensegmente eignen.«[1]

Weinstein betonte mehrfach, daß die Analyse von Gehirnströmen darauf abziele festzustellen, was Leute tatsächlich glauben oder fühlen – so wie bei den Frauen, die über die Sängerin Cher befragt wurden. Sie erklärten dem Interviewer, sie wollten sie nicht auf ihrem Bildschirm sehen; die Reaktion ihres Gehirns lieferte eine andere Antwort. Das ist im Prinzip dieselbe Art von Rationalisierung, die wir aus der Motivationsforschung oder bei Fokusgruppen kennen.

Die Vermutung liegt nahe, daß die Forscher gemeinsam mit denjenigen, die nach besseren Möglichkeiten suchen, um Überläufer und mutmaßliche Spione zu verhören, mit einer ganzen Reihe von Projekten experimentiert haben, um Veränderungen im autonomen Nervensystem der Menschen festzustellen. Man benutzte ein »Psychogalvanometer«, ähnlich einem Lügendetektor, um unfreiwillige Sekretion der Schweißdrüsen zu messen; andere Apparate maßen die Erweiterung der Pupillen – stark erweiterte Pupillen galten als Zeichen für mangelndes Interesse an dem Gezeigten. Werbung für Nahrungsmittel wurde anhand von Tests beurteilt, die die Speichelproduktion messen. Den Angaben zweier Marketingexperten zufolge wird bei den meisten dieser Methoden »die unfreiwillige körperliche Reaktion« gemessen, »weil sie angeblich einen Hinweis auf das Interesse oder die Reaktion in bezug auf die Werbung bietet«. Robert Chestnut, Forschungsleiter der Stiftung für Werbemittelforschung in New York, behauptet, daß Tests zur Feststellung von Schweiß auf den Handflächen »anhand der Reaktion auf bestimmte Werbebotschaften allgemein die Stufen der Erregung feststellen« können. Joseph Plummer, Leiter der Forschungsabteiluung bei Young and Rubicam in New York, meint, das größte Problem bei all diesen Tests seien »die Stichhaltigkeit und die Interpretation«. Y & R, fügt er hinzu, wende sie wegen der Kosten und weil es sich noch um eine »Grauzone« handle selektiv an, obwohl Fortschritte in der Planung und in der Technologie zu ihrer Glaubwürdigkeit beigetragen hätten.[2]

Weiterhin kommen Geräte zur Analyse der Stimme zum Einsatz. Diese Apparate sind ebenfalls eine Art Lügendetektoren: Sie sollen ein »kaum hörbares Vibrieren« oder die Menge an Betonungen in der Stimme eines Menschen messen. Im Gegensatz zu den Geräten, die Veränderungen der Schweißbildung, des Pulsschlags oder des Blutdrucks messen, müssen diese nicht an die befragten Personen angeschlossen werden. Die Testperson braucht nicht einmal zu erfahren, daß ein solches Gerät benutzt wird. Entweder kann man es in einer

Tasche oder in der Hand verstecken (einige sind nicht größer als ein Taschenrechner), oder man kann die Gespräche auf Band aufnehmen und die Stimmen beim Abspielen »testen«. Diese Methode wurde anscheinend von der CIA eingeführt und gelangte dann auch im Kommunikations- und Informationsbereich der Werbung sowie in der Marktforschung zur Anwendung. Die Werbeforscher des Magazins *Life* benutzen das Gerät zur Entscheidungsfindung für die Titelseite. Angeblich wird immer die Titelseite ausgewählt, die bei dem Test am besten abschneidet.[3]

Auch Hypnose kam zum Einsatz. Eine amerikanische Agentur namens Ruthrauff and Ryan versetzte einige Testpersonen in Hypnose, nachdem sie sich eine Anzeige angeschaut hatten. Man wollte herausfinden, wieviel von der Werbebotschaft in ihr Unterbewußtsein eingedrungen war; das Experiment wurde dann aber abgebrochen. Zumindest eine britische Werbeagentur hielt es der Mühe wert, von Hypnose Gebrauch zu machen.[4] Mrs. Jane Lang, eine Hypnotherapeutin, führte im Auftrag eines Modedesigners am Institut für Zeitgenössische Kunst in London ein Experiment durch. Einem Bericht zufolge, den ihr Mann dem Magazin *Marketing Week* lieferte, sollen an diesem Abend mehrere Leute Kleider anprobiert und vorgeführt haben. Mrs. Lang versetzte dann Freiwillige in einen leichten Trancezustand, in dem sie ihre innersten Gefühle gegenüber den Kleidungsstücken offenbarten. »Das Interessante dabei war«, sagte Lang, »daß es hinsichtlich ihrer unbewußten Reaktionen ein bemerkenswertes Maß an Übereinstimmung gab, obwohl ihre bewußten Reaktionen sehr unterschiedlich waren. Einige hatten erklärt, wie sehr ihnen ein Kleidungsstück gefiele, aber unter Hypnose gefiel es ihnen überhaupt nicht.«

Die Langs gründeten eine Firma namens Hypnoscan. Einer ihrer ersten Kunden war eine Werbeagentur, die eine Auswahl zwischen mehreren Werbetexten treffen wollte. Jede Version schien die wesentlichen Gesichtspunkte zu beinhalten. Doch den Langs zufolge »lieferten die Methoden von Hypnoscan einen besseren Text, indem sie auf schwerwiegende Mängel bei den vorgelegten Texten hinwiesen, und das Resultat war eine erfolgreiche Werbekampagne«. Nach Meinung von Mrs. Lang ist es für Marktforschungszwecke nicht notwendig, daß Leute in einen tiefen Trancezustand versetzt werden. Sie versetzt die Menschen vielmehr in einen angenehm entspannten Zustand, in dem das Unterbewußtsein in den Vordergrund tritt. Etwa 90 Prozent der Leute seien für die Hypnose geeignet, erklärte sie.

Weniger utopisch anmutende Methoden zielen darauf ab, der »Wahrheit« auf den Grund zu gehen, indem sie den Leuten ermöglichen zu reagieren, ohne zu sprechen. So müssen die Betrachter von Anzeigen etwa Knöpfe drücken oder an Wählscheiben drehen, um sich auszudrücken. Bei den Debatten zwischen Reagan und Mondale während des Präsidentschaftswahlkampfes 1984 plazierte das Forschungsteam von Reagan und Bush Testpersonen unter den Zuschauern und registrierte mit Hilfe tragbarer Geräte ihre innersten Gefühle auf das Gehörte.

Ein solches Gerät ist das Hauptmerkmal eines elektronischen Marktforschungslabors, das Mitte der achtziger Jahre als Gemeinschaftsprojekt von British Direct Television, British Medical Television und Glen Smith Associates, eines Forschungsunternehmens, dessen Vorsitzender gleichzeitig Geschäftsführer des Children's Research Unit ist, ins Leben gerufen wurde.[5] Ein elektronisches Handgerät, das mit einem Computer verbunden ist, macht es möglich, die Gefühle von Leuten zu registrieren, die sich Werbung ansehen. Der Gerät hat fünf Knöpfe und eine Bewertungsskala, die von »sehr interessiert« bis »überhaupt nicht interessiert« reicht. Die Befragten können ihr Votum ändern, wann immer sich das Bild auf dem Schirm ändert. Beobachter können somit Szene für Szene einen Eindruck davon gewinnen, wie Werbespots gesehen werden. »Das erlaubt es uns, sofort – im Bruchteil einer Sekunde – Schwachstellen in einem Werbespot festzustellen oder seine Stärken zu erkennen«, erklärt Smith. »Aber diese Methode hat noch andere, weniger offensichtliche Vorteile. Bei normalen Gruppengesprächen gibt es einige klassische Probleme, vor allem was Kinder betrifft. Wir haben mit dem Druck zu kämpfen, der von der Gruppe ausgeht, und mit dem Einfluß von dominierenden Personen. Ein starker Charakter kann eine ganze Gruppe beherrschen. Mit Hilfe dieser Methode kontrollieren wir die Veränderungen, weil die Abstimmung geheim ist und das Verfahren für alle dasselbe ist. Zudem scheint diese Methode die Befragten zu ermuntern, so genau wie möglich abzustimmen...«

Solche Geräte werden benutzt, um Sekunde für Sekunde die Wirksamkeit, die emotionale Reaktion und die Glaubwürdigkeit von Werbespots zu überprüfen. Bei einigen Verfahren wird das gesammelte

Datenmaterial gleichzeitig mit der betreffenden Anzeige nochmals abgespielt, während die Testpersonen gefragt werden, weshalb sie so reagiert haben.

Amerikanische und kanadische Verfahrensweisen tragen Namen wie Prolog, PERC (Program Evaluation Analysis Computer, Programmbewertungsanalyse) oder ARC (Audience Response Channel, Reaktion des Publikums) und Perception Analyser (Wahrnehmungsanalyse). ARC hebt hervor, eine Wählscheibe und keine Knöpfe zu benutzen.[6] Tom Westbrook, der Präsident des Unternehmens, das dieses Verfahren entwickelte, soll erklärt haben: »Ein analoger Vergleich wäre, ob man es vorzieht, ein Auto mit einem Lenkrad zu steuern anstatt mit einem Drucktastenblock ... Man kann sich kaum eine laufende TV-Show oder eine politische Debatte ansehen und gleichzeitig entscheiden, ob man einen von fünf Knöpfen drücken soll, um die eigene Reaktion festzuhalten.« Die Wählscheibe funktionierte wie der Lichtregler einer Lampe und führte dem Datenspeichergerät einen elektrischen Impuls zu.

Den Kreativen in der Werbung gefallen solche Methoden nicht. Barry Day erinnert sich an eine ähnliche Methode – ASL (Audience Studies LTD.) – und spricht von »dem braven Testpublikum, das an Knöpfen herumdrehte, um sein Interesse zu zeigen, während der Spot weiterlief. Wir beobachteten die Interessenkurve mit angehaltenem Atem. Wie vorauszusehen war, begann das Interesse der Zuschauer zu erlahmen, als das Produkt ins Bild kam. Wir erschlafften mit ihnen.«[7]

Die Marschalk Company in New York entwickelte ein Verfahren, bei dem die Verbraucher gebeten werden, ihre Reaktionen zu zeigen, indem sie das passende Bild aus einer Reihe von Zeichnungen auswählen. Auf jeder Zeichnung ist ein Gesicht mit einem anderen Ausdruck abgebildet. Das Unternehmen lehne physiologische Meßverfahren wegen der Schwierigkeit ab, die Ergebnisse auszuwerten, erklärt der Psychologe Dr. Stuart Agres, Leiter für Strategische Planung. Man sei aber auch mit Methoden unzufrieden, bei denen Menschen gebeten würden, ihre Antworten verbal zu geben. Das Problem bei diesen Methoden sei, behauptet Agres, daß sie erstens die Leute dazu veranlaßten, ihre Gefühle zu »intellektualisieren«, und zweitens »sind wir als Gesellschaft nicht darin geübt, Emotionen in Worte zu fassen, und wir tun dies entsprechend schlecht«.

Laut Agres fand Marschalk die Lösung, indem das Unternehmen das Beispiel von Kleinkindern benutzte, die bereits auf Gesichtsausdrücke reagieren, ehe sie sprechen können. 15 verschiedene Emotionen – darunter Liebe, Freude, Gespanntheit, Mitleid und leichte Traurigkeit – wurden ausgewählt, und ein Illustrator übertrug jede davon auf ein Gesicht. Verbraucher schauen sich sowohl Rohentwürfe als auch fertige Anzeigen an und werden gebeten, sich vorzustellen, daß das Produkt in einem Werbespot erschiene. Ihre Antwort besteht in der Auswahl des passenden Gesichts. Die Absicht sei, so gesteht Agres, »kognitive Reaktionen zu vermeiden«.

Mit Hilfe einer anderen Forschungsmethode soll getestet werden, wie *schnell* die Leute auf Fragen antworten; die Forscher nennen dies »Entscheidungszeit«. Bei einem solchen Test werfen computergesteuerte Diaprojektoren Fotos von miteinander konkurrierenden Produkten auf eine Leinwand, und die Testpersonen, die mit Lichtstiften ausgestattet sind, sollen zeigen, welches der beiden Produkte sie eher kaufen würden.[8] Der Computer speichert die Entscheidung und die bei jeder Wahl verstrichene Zeit (Entscheidungszeit). Zwei Forscher, James MacLachlan, ein außerordentlicher Professor an der School of Management des Rensselaer Polytechnischen Instituts in Troy, New York, und John G. Myers, der Leiter des Graduierten-Programms an der Graduate School of Business Administration der Universität von Kalifornien in Berkeley behaupten, ihre Arbeit »rechtfertige in vollem Umfang die Überprüfung der Entscheidungszeit bei der Durchführung von Studiotests«.

»Psychologen ist seit langem bekannt, daß die Schnelligkeit, mit der Antworten gegeben werden, ebenso informativ sein kann wie die Antwort selbst«, schrieben sie im *Journal of Advertising Research*. »Wenn zum Beispiel eine Testperson gefragt wird, ob sie Coke oder Pepsi den Vorzug geben würde, und sie antwortet schnell ›Coke‹, dann deutet das auf eine starke Präferenz für Coke hin; antwortet sie hingegen langsam, läßt das auf eine schwache Präferenz schließen.« Man fand heraus, daß, wenn Interviewer am Telefon nach den Präferenzen zwischen zwei Alternativen fragten, »schnellere Entscheidungszeiten auf eine stärkere Präferenz hindeuteten«. Die beiden Forscher verglichen im Laufe ihrer Tests auch Werbespots und erklärten, daß es »mit Hilfe der Messung der Entscheidungszeit möglich ist, schlechte wie auch gute Werbespots zu erkennen«.

Andere Geräte sollen den Fragebogen »entmenschlichen« und jedes Vorurteil beseitigen, das der Interviewer vermitteln könnte. Telefoninterview-Verfahren mit Hilfe von Computern ermöglichen nicht nur, daß zufällige Nummern angewählt werden (um den Forschern Zugang zu Nummern zu verschaffen, die nicht im Telefonbuch stehen), sondern sie können auch ihre eigenen Fragen stellen. Ein vergleichsweise billiges Testsystem besteht aus zwei Tonbandgeräten, die mit einem kleinen Mikrocomputer, einem Anrufbeantworter und einem Drucker verbunden sind.[9] Man behauptete voller Stolz, mit dieser Methode könne man jede Liste mit Nummern durchwählen, wie lang sie auch sei, mit den Leuten am anderen Ende der Leitung sprechen und ihnen dabei eine Reihe von vorher aufgenommenen Fragen stellen. Pauline Marks, die Leiterin eines Beratungsbüros, das dieses System installiert hatte, erklärte: »Dabei passiert folgendes: Der Computer ruft eine Nummer an, die auf der Lochkarte steht, stellt sich und die Organisation vor, in deren Namen die Untersuchung durchgeführt wird, und macht eine Pause, bis die Antwort auf Band aufgenommen ist. Wenn das geschehen ist, wird die nächste Frage gestellt, die auf der Liste steht, und dann folgt wieder eine Pause.«

Wenn man meint, es ginge zu weit, den Interviewer durch eine Maschine zu ersetzen, so können Menschen auch mehr oder weniger auf die Funktion eines Sprachrohrs für den Computer reduziert werden.[10] Der Interviewer sitzt vor einem Monitor, der ihm die Frage zeigt, die er stellen soll. Er gibt dann die Antwort direkt in den Computer ein. Sie wird sofort verarbeitet, und der Computer präsentiert ihm schon die nächste Frage, die er vom Bildschirm ablesen kann.

Ausgestattet mit all den Daten, Interviews, Testergebnissen und Erkenntnissen bemühen sich die Forscher weiter darum, noch mehr »wissenschaftliche« Wege zu erschließen, um der Werbung zu ihrer Wirkung zu verhelfen.

Werbespots können beschleunigt werden, indem man sie elektronisch »komprimiert«. Mit Hilfe eines Geräts, das man »Zeitraffer« nennt, werden sowohl Ton als auch Bild so geschickt beschleunigt, daß weder Zuschauer noch Hörer etwas bemerken. Durch die Temposteigerung – in der Regel um etwa 15 Prozent – werden die Stimmen *nicht* verzerrt. Der größte Vorteil dabei ist, daß man in denselben Zeitraum mehr hineinpacken kann – ein Werbespot von 38 Sekunden kann ohne jede Streichung auf 30 Sekunden komprimiert werden.

Doch das ist bei weitem nicht der einzige oder der wichtigste Vorteil. Von noch gößerer Bedeutung sei, so wird behauptet, daß beschleunigte Werbespots auf diese Weise ihre Überzeugungskraft erhöhen, ebenso wie das Erinnerungsvermögen der Zuschauer und Hörer. Studien, die in den Vereinigten Staaten veröffentlicht wurden, haben gezeigt, daß Werbespots im Zeitraffer im Gegensatz zu Werbespots mit normaler Geschwindigkeit die spontane Erinnerung um 36 Prozent und die Erinnerung mit Gedächtnisstütze um 40 Prozent verbesserten.[11]

Zeitraffung als Methode zur Erhöhung der Werbewirkung ist anscheinend die Folge einer Anzahl von Experimenten und Schlußfolgerungen. In den sechziger Jahren fanden die Psychologen Emerson Foulke und Thomas Sticht heraus, daß Menschen auch noch Werbebotschaften verstanden, die um bis zu 250 Prozent beschleunigt wurden. Hatten sie selbst die Kontrolle über das Tempo, bevorzugten die Testpersonen eine Geschwindigkeit, die um 25 Prozent über der normalen lag. Die Forscher folgerten daraus, daß Werbespots mit einem schnelleren Tempo die Aufmerksamkeit der Leute eher fesseln. Und aufgrund der gesteigerten Aufmerksamkeit wird mehr Information im Gedächtnis gespeichert.

Andere stützten sich auf die Erkenntnis von Psychologen, daß Leute schneller sprechen, wenn sie mit dem, was sie sagen, zufrieden sind, und auf Studien, die gezeigt haben, daß Zuhörer schnellere Sprecher für klüger, aufrichtiger, vertrauenswürdiger und intelligenter halten. James MacLachlan meint: »Wenn wir aus der psychologischen Forschung allgemeine Schlüsse für die Werbung ziehen können, dann wäre es wünschenswert, Schnellsprecher zu engagieren. Es gibt jedoch eine Grenze, bis zu der dies zweckmäßig ist.«

Es nützt nichts, den Sprecher oder die Sprecherin einfach zu bitten, schneller zu sprechen. Emerson Foulke drückte das, was dabei passiert, wissenschaftlich aus: »Wenn ein Sprecher versucht, seine Sprechwerkzeuge mit einer Geschwindigkeit zu bewegen, die um vieles höher ist als die normale, dann beginnen diese zu versagen. Wenn die Muskeln, die an der Artikulation von Sprachlauten beteiligt sind, dazu veranlaßt werden, zu schnell zu reagieren, dann wird dadurch die Koordination ihrer Funktionen beeinträchtigt, was zu Fehlern in der Artikulation führt. Außerdem ist es selbst unterhalb dieser kritischen Grenze durchaus zweifelhaft, ob ein Sprecher eine Geschwindigkeit, die schneller ist als seine normale, sehr lange durchhalten kann.« Die Folge dieses Problems sei, erklärte MacLachlan, daß schnelles Sprechen sehr leicht undeutlich klinge;»es ist normalerweise weniger resonant und wohlklingend, und die Dauer der Pausen ist sehr verkürzt«.

Dieses Problem kann jedoch durch Zeitraffung vermieden werden. Man nimmt dabei sehr kurze Intervalle – in der Regel etwa zehn Millisekunden – von »überflüssigem Ton« an geeigneten Stellen heraus. Vergleicht man die unveränderte Botschaft mit ihrer zeitgerafften Version, spricht ein einziger erkennbarer Unterschied zugunsten der beschleunigten Version – sie klingt »etwas lebendiger und enthusiastischer«. MacLachlan meint dazu:»Mit Hilfe des Zeitraffers klingen die Worte eines Sprechers weniger hastig, als wenn man ihn bitten würde, schnell zu sprechen – und zwar aus dem Grund, weil Präsentation, Intensität, Artikulation und der Anteil der für Pausen verbleibenden Zeit dem normalen Sprechen vergleichbar sind.«

MacLachlan experimentierte mit Werbespots im Radio, die er um 25 Prozent von 60 auf 48 Sekunden komprimierte, wobei er einen Prototyp des Zeitraffer-Zeitdehner-Modells 1200 von Lexicon benutzte (»Dieses Gerät ist in der Rundfunkbranche sehr verbreitet«). Den Hörern wurde entweder die schnelle oder die normale Version des Werbespots mit der Bitte vorgeführt, die Sprecherinnen und Sprecher auf vier Tabellen zu bewerten, die die Forscher benutzten, um Freundlichkeit, Wissen, Enthusiasmus und Energie zu beurteilen. In drei von vier Fällen wurde der »Sprecher im Zeitraffertempo« im Hinblick auf Wissen besser beurteilt; hinsichtlich des Enthusiasmus wurden die Sprecherinnen und Sprecher im Zeitraffertempo in jedem Fall günstiger bewertet. »Der deutlichste Unterschied lag in der Wahrnehmung von ›Energie‹. In allen Fällen hielt man den Sprecher in dem durch Zeitraffung beschleunigten Werbespot für energischer, in drei Fällen wurde dies sogar als deutlich ausgeprägt wahrgenommen…« Außerdem »wirkte die Zeitraffung auf die Hörerwahrnehmung bei diesen audioverbalen Werbespots ohne Musik nicht behindernd, sondern steigerte sie sogar ein wenig«[12].

Auch die Lautstärke bei TV-Werbespots stellt ein Problem dar. Die

Fernsehsender widersprechen der weitverbreiteten Meinung, daß Werbespots in einer größeren Lautstärke als die sie umrahmenden Programme gesendet werden. In den USA ist dies gesetzwidrig; es wird sogar behauptet, daß eine derartige Praxis die Stromleitungen überlasten würde. Im britischen Rundfunkgesetz wurde eindeutig festgelegt, daß Reklame »nicht übermäßig laut oder schrill sein darf«. Dennoch teilte mir D. J. R. Coulson, der für Werbung zuständige stellvertretende Kontrolleur der Rundfunkbehörde IBA, in einem ausführlichen Brief mit, daß es »betriebstechnisch außerordentlich schwierig ist, gewisse subjektive Unterschiede in der Lautstärke zu vermeiden, vor allem, wenn Werbespots in relativ ruhige Programmpassagen eingefügt werden. Ich kann Ihnen versichern, daß die Lautstärke bei der Ausstrahlung von Werbespots nicht absichtlich erhöht wird.«[13] Die »Lautstärke« eines Tons, fuhr er fort, hänge nicht von seiner Höhe ab (die man messen könne), sondern von der »Kraft«, die von dem Ton ausgehe. »Mit Meßgeräten ist dies viel schwieriger festzustellen, deshalb werden hier Toningenieure eingesetzt. Tests haben gezeigt, daß ›Lautstärke‹ sehr stark von verschiedenen ›subjektiven‹ oder psychologischen Faktoren abhängig ist, die außerhalb des Kontrollbereichs der Sender liegen.« Zu diesen Faktoren zähle zum Beispiel das Alter der Zuschauer und ihr Wohnort, ob sie also in der Stadt oder auf dem Land lebten. Im Durchschnitt erhalte die IBA etwa eine Beschwerde pro Monat wegen der Lautstärke von TV-Werbespots.

Der Werbungtreibende kann in der Praxis dafür sorgen, daß sein Werbespot mit einem Lärmpegel arbeitet, der dem höchsten Lärmpegel der Darbietungen entspricht, die ihn umrahmen. Während dieser Lärmpegel bei einer Show nur eine kurze Weile anhält, bleibt er bei einem Werbespot immer oder fast immer auf dieser Stufe – deshalb ist er in der Praxis insgesamt lauter.

Die Forscher treten in Aktion, wenn es darum geht, die Tonart festzustellen, die am besten in das Bewußtsein der Menschen dringt. Man hat herausgefunden, daß die menschliche Stimme die größte Wirkung hat, wenn sie im Frequenzbereich zwischen zwei und sechs Kilohertz liegt. Die Toningenieure können den Klang der Stimme elektronisch manipulieren, damit er innerhalb dieses Frequenzbereiches bleibt. Die Forscher empfahlen außerdem, daß die Sprechertexte möglichst viele Konsonanten enthalten sollten – das menschliche Ohr reagiert auf Konsonanten empfindlicher als auf Vokale. Natürlich wird mit Hilfe der Forschung auch die Hintergrundmusik sorgfältig ausgewählt, um die gewünschten Emotionen zu wecken.

Leonard Matthews, der Präsident des Berufsverbandes amerikanischer Werbeagenturen, vergleicht die Klangtechniken mit einem Vertreter, der seinen Fuß in die Tür stellt. »Den Leuten mag das nicht gefallen. Aber wenn der Kerl nicht hineinkommt, dann hat er überhaupt keine Chance.«[14] Al Ries und Jack Trout von der New Yorker Agentur Trout and Ries Advertising behaupten, daß das, was in einem TV-Werbespot gesagt wird, wichtiger sei als das, was man sieht. »Wir sind zu dem Schluß gelangt, daß der Verstand mit dem Gehör arbeitet und nicht mit den Augen. Ein Bild ist *keine* tausend Worte wert.«[15] Um die anhaltende Macht des Klangs in Werbespots zu demonstrieren, führen sie als Beispiel den klassischen Radio-Werbespot »Pepsi-Cola trifft den Nagel auf den Kopf« an, der 1940 das erste Mal gesendet wurde. »Nichts, absolut nichts, gelangte über das Auge ins Gedächtnis. Doch der Werbespot traf den Nagel auf den Kopf. Noch heute haben einige Leute die Anfangstakte der Pepsi-Musik im Ohr und können jedes Wort des Jingles auswendig.«* Wenn man Sachverständige bezüglich des Erinnerungsvermögens befragt, erklären sie, daß das Gehör in der Reaktion schneller sei als das Auge. »Man hört nicht nur schneller als man sieht, sondern das, was man hört, bleibt auch länger im Gedächtnis. Ein visueller Eindruck, sei es Bild oder Schrift, verschwindet innerhalb einer Sekunde, wenn der Verstand nicht sofort den grundlegenden Gedanken verarbeitet. Andererseits bleibt das Gehörte vier- bis fünfmal länger im Gedächtnis haften.«

Nach Auffassung dieser Sachverständigen ist eine »völlige Neuorientierung von einem visuellen zu einem verbalen Standpunkt« in Werbespots notwendig. »Wir behaupten nicht, daß das Visuelle keine wichtige Rolle spielt. Selbstverständlich spielt es diese Rolle. Wir meinen jedoch, daß das Verbale die treibende Kraft sein sollte, und die Bilder sollten die Worte bekräftigen ... In einem TV-Werbespot sollte das gesprochene Wort der Träger der Verkaufsbotschaft sein. Und

---

* Das gilt auch für den alten Pepsodent-Jingle »Du staunst nur, wie das Gelb verschwindet...« Viele Leute können die Melodie heute noch singen, obwohl sie aus den fünfziger Jahren stammt.

wichtiger noch: Bilder und Bewegungen sollten niemals den Ton
überdecken. Wenn das passiert, hören die Zuschauer nicht mehr zu,
und es findet kaum eine Kommunikation statt.« Sie glauben, daß
Procter and Gambles »vielgeschmähte« Werbesendungen, die ein
Stück wirklichen Lebens zeigen, deshalb so gut ankommen, weil das
Ganze vom Wort getragen werde und kaum visuelle Ablenkungen
enthalte. »Die Leute schwärmen nicht von den Werbespots; sie erinnern sich ganz einfach an sie.«

Dagegen ließe sich einwenden, daß die Aufmerksamkeit der Zuschauer vor allem durch die Bilder auf dem Bildschirm gefesselt
wird, während sie sich die Botschaft anhören. Doch wie verhält es
sich beim Radio, bei dem es nichts zu sehen gibt? Radiohörer sind ne-
benher meist noch mit anderen Dingen beschäftigt – Auto fahren, ab-
waschen, Zeitung lesen. Wie können die Werbungtreibenden unter
solchen Umständen sicherstellen, daß die Leute den Werbespots
auch tatsächlich *zuhören*, anstatt sich völlig auf das zu konzentrieren, was sie »nebenbei« tun? Drei Forscher, darunter der Leiter für
Kommunikationsforschung bei du Pont, präsentierten ein einfaches
Testverfahren.[16]

Die Forscher nannten es das »NOLAD«-Konzept – NOLAD steht für
»NOn Listening Attention Demand« (sinngemäß: Beanspruchung
der Aufmerksamkeit des Hörers durch eine andere, gleichzeitig ab-
laufende Aktivität). In der Praxis, erklärten sie, sei »der tatsächliche
NOLAD-Level bei fast jeder Tätigkeit ständigen und oftmals großen
Schwankungen unterworfen. Der Fahrer auf der Autobahn beispielsweise erfreut sich eines niedrigen NOLAD-Levels, bis er um eine
Kurve biegt und vor sich auf der Straße zertrümmerte Autos, ver-
streut herumliegende menschliche Körper und blinkende Lichter
sieht, worauf sein NOLAD-Level in die Höhe schnellt.« Man könnte
meinen, unter diesen Umständen hätte kein Werbespot große Chan-
cen. Doch die Forscher fügen hinzu: »In ähnlicher Weise sind die
meisten unserer täglichen Tätigkeiten einer schwankenden Beanspruchung von NOLAD von nicht spezifizierter Dauer unterworfen.«

Um die Fähigkeit von Anzeigen zu testen, sich auf Hörer mit verschiedenen NOLAD-Levels einzustellen, führten die Forscher ein Experiment durch. Sie sorgten dafür, daß Leute, die mit Videospielen
unterschiedlicher Schwierigkeitsgrade beschäftigt waren, im Hintergrund mit »leiser Unterhaltungsmusik« berieselt wurden. In das Mu-

sikprogramm waren sechs Werbespots eingestreut. Jeder Werbe-spot, erklärten die Forscher, »wurde einer Reihe von Testpersonen unter jeder Spielbedingung – das heißt, unter jedem NOLAD-Level – ausgesetzt«. Hinterher wurden sie zu den Werbespots befragt. Auf der Grundlage dieser Antworten wurde die Fähigkeit der Werbespots beurteilt, ihre Botschaften trotz unterschiedlicher NOLAD-Bedingun-gen zu vermitteln. Es überrascht kaum, daß einige Spots dies besser konnten als andere. Doch das hieß nicht, daß die Werbespots mit niedriger »Gesamtwirkung« ausrangiert werden mußten. Die Wer-bungtreibenden mußten lediglich besser auf ihre Plazierung achten: sie mußten in Sendungen wie Nachrichten, Wetterbericht oder Sport untergebracht werden, bei denen sich die Hörer mit größerer Wahr-scheinlichkeit auf die Botschaft konzentrierten und der NOLAD-Level niedrig war. Die Forscher empfahlen, diese von ihnen entwickelte Methode für Vorstudien über Werbung im Hörfunk zu verwenden.

Andere Forscher konzentrierten sich auf die Frage nach dem Wir-kungsgrad der ausgestrahlten Programme auf die Werbespots. Leo Bogart, Generaldirektor des American Newspaper Advertising Bu-reau, schreibt den Programmen, in die die Werbespots eingebettet sind, eine bedeutende Rolle zu. Gesunder Menschenverstand sowie »eine brauchbare psychologische Theorie sagen uns, daß eine Wer-bebotschaft anders wahrgenommen wird, wenn die Unterbrechung an einem natürlichen Einschnitt im Handlungsablauf erfolgt, als wenn sie ein laufendes Programm unterbricht, in das sich der Zu-schauer hineinversetzt hat. Sie wird anders wahrgenommen, wenn die vorhergehende Sendung vergnüglich oder bewegend war, als wenn sie furchterregend oder unerfreulich war«, erklärte er gegen-über der amerikanischen Stiftung für Werbemittelforschung. Er be-klagte, daß Werbungtreibende Sendezeit nur aufgrund von Zuschau-erzahlen kauften, »ohne Rücksicht auf die geistige Befindlichkeit des Publikums«. »Die Frage nach dem Kontext wird zunehmend wichti-ger, da die Kommunikationsformen komplexer werden und das Publi-kum in der Lage ist, unter verschiedenen Möglichkeiten zu wählen – vom gedruckten Text über Fernsehen und Hörfunk bis zu Fotos –, und statt sich alles anzusehen, was in der Glotze kommt, geht es dazu über, sich nur das anzuschauen, was es will.«

Die Forschung sieht sich dem Problem gegenüber – obwohl dies für das Zielpublikum beruhigend sein mag –, daß allgemein aner-

kannte Wahrheiten selten sind. Dr. Herbert Krugman vertritt zum
Beispiel folgende Meinung: Obwohl Werbespots, die Programme
»unterbrechen«, von den Zuschauern möglicherweise als »unange-
nehm« empfunden würden, sei es aber dennoch »sehr fraglich, ob
sie dadurch weniger ›wirksam‹ sind«[17]. Nach Sichtung des For-
schungsmaterials über alle 56 Fernsehprogramme, die in einem
Zeitraum von zehn Jahren von der General Electric Company als
Sponsor gefördert wurden, behauptet Krugman, Anzeichen für eine
gegenteilige Wirkung entdeckt zu haben: »Man nimmt an, daß, wenn
eine interessante Show von einem interessanten Werbespot unterbrochen wird, das Moment des geweckten Interesses überwiegt.«

Viele Werbungtreibende halten es heute für wichtig, daß den
Zuschauern ihre Werbespots gefallen – damit sie sie nicht aus ihren
Videoaufzeichnungen herausschneiden. Einige Forscher versuchten,
die Faktoren zu bestimmen, die man einbauen müßte, um diese
Wirkung zu erzielen. Zwei von ihnen, David A. Aaker und Donald
E. Bruzzone, untersuchten unter dieser Zielsetzung 524 TV-Werbespots zur Hauptsendezeit.[18] Nach ihrer Auffassung handelt es sich
um einen wichtigen Bereich, weil »empirische Erkenntnisse und psychologische Theorien darauf schließen lassen, daß beliebte Werbespots wirksamer sind als Werbespots, die weder beliebt noch unbe-
liebt sind … Es kann vielleicht sogar noch wichtiger werden, über
Zuschauerreaktionen auf einen Werbespot Bescheid zu wissen, da
die neuen Videotechnologien den Leuten immer mehr Möglichkeiten
bieten, sich reklamefreies Fernsehen anzuschauen.« Sie präsentierten drei verschiedene Möglichkeiten, eine »positive Einstellung« gegenüber Werbespots zu »erzeugen«. Die erste Möglichkeit war, sie
unterhaltsam zu machen, was gewöhnlich amüsant bedeutete. Die
zweite Möglichkeit bestand darin, Wärme zu vermitteln, »etwa, indem man sich auf die Familie, auf Kinder oder auf die Beziehung
zwischen Freunden konzentriert«. Und die dritte Möglichkeit war,
»ihnen persönliche Relevanz zu verleihen, indem man nützliche
Informationen miteinbezog«.

Aber … In der Tat gibt es auch hier ein »aber«. Denn all das bedeutet nicht, daß die Werbung, die den Leuten gefällt, notwendiger-
weise auch ein Produkt am besten verkauft. So berichtet Jerry Jontry,
Manager der Walt Wesley Company in New York, daß das Unternehmen viele Anzeigen testet, von denen die Leute *behaupten*, sie wür-

den ihnen gefallen, doch »die Aussage des Kunden ist immer dieselbe – diese Anzeigen verkaufen nicht sehr viel«. Das Wichtigste
scheint zu sein, eine Reaktion zu bekommen. »Wenn wenig oder
gar keine Reaktion erfolgt, dann war es ein Reinfall, ob die Anzeige
nun gefallen hatte oder nicht.«[19]

Die Frage, ob Anzeigen witzig sein sollen, führte jahrzehntelang
zu Kontroversen. Vor mehr als 60 Jahren sprach sich der amerikanische Werbetexter Claude Hopkins gegen Werbung in der Verbindung
mit Komik aus. In einem denkwürdigen und vielzitierten Satz erklärte er: »Die Leute können einen Clown nur einmal ertragen.« Dieser Grundsatz wurde viele Jahre hindurch von den meisten Werbungtreibenden und Anzeigengestaltern beachtet. In seinem 1963
erschienenen Buch *Confessions of an Advertising Man* warnte David
Ogilvy vor dem Einsatz von Komik und erklärte, daß »gute Werbetexter immer der Versuchung widerstanden haben, unterhaltend zu
wirken«. In den siebziger Jahren, bemerkte David Vadehra, Präsident des New Yorker Forschungsunternehmens Video Storyboard
Tests, »mieden die Werbungtreibenden Komik wie die Pest«. Als Argument führten sie an, daß Komik vielleicht dazu beitragen könne,
Aufmerksamkeit zu wecken, aber auch ebensogut die Verkaufsbotschaft überdecken könne. Die Leute erinnerten sich an den Gag, nicht
aber an das Produkt.

In den achtziger Jahren jedoch änderte sich das Klima. Witzige
Anzeigen waren in den Vereinigten Staaten, in Großbritannien und in
anderen Ländern, vor allem in Holland, weit verbreitet. David Stewart-Hunter, der Planungsdirektor von Saatchi, überprüfte 1985
sämtliche TV-Werbespots, die an einem Tag im ITV-Sendebereich in
London ausgestrahlt wurden. Er stellte fest, daß mehr als 30 darauf
ausgerichtet waren, die Zuschauer zum Lachen oder zumindest zum
Lächeln zu bringen. Selbst David Ogilvy änderte seine Meinung. 1983
vertrat er in seinem Buch *Ogilvy über Werbung* die Meinung, daß
Hopkins' Ansichten bis vor kurzem noch gestimmt hätten, »doch die
letzte Faktorenanalyse zeigt, daß Komik jetzt doch verkaufen kann«.

Die Forschung sollte natürlich den erforderlichen statistischen
Rückhalt liefern. Bei einer Untersuchung von 500 Fernsehwerbe-
spots durch das Unternehmen McCollum Spielman & Co fand man
heraus, daß bei einer Reihe von Tests zur Messung der Wirksamkeit
witzige Anzeigen zwei andere beliebte Arten der Werbung, nämlich

Anzeigen mit Prominenten und mit »Leuten wie du und ich«, weit hinter sich ließen. Die lustigen Werbespots blieben im Durchschnitt länger im Gedächtnis haften und wirkten überzeugender als die beiden anderen Anzeigentypen. Insgesamt kam die Forschung zu dem Schluß, daß sich »Gags relativ stark einprägten«, und daß amüsante Werbespots »in angemessener Weise überzeugten«.

Agenturen und einzelne Werbeleute sind unterschiedlicher Auffassung darüber, ob es möglich ist, Leitfäden für die Gestaltung von Anzeigen aufzustellen. Viele sind in dieser Hinsicht skeptisch. Burton Manning, Chairman von J. Walter Thompson in den USA, wußte, daß ich Ogilvy and Mather aufsuchen wollte, und sagte mir, ich würde dort eine Menge Unterlagen bekommen, die zahlreiche Leitfäden enthielten. Kunden einer Agentur haben nach seiner Auffassung gern das Gefühl, daß man sich um Probleme kümmert, und daß es Regeln für den Umgang mit Problemen gibt. Aber Regeln, so meinte er, »werden gebrochen. Sie [die Kunden] erkennen nicht, daß es sich bei Werbern auch nur um normale Menschen handelt, die herumhetzen und ›Oh Gott‹ sagen. Den Kunden gefällt die Ungewißheit des ganzen Prozesses der Werbung nicht.«

Manning hatte recht mit O&M. Norman Berry, der Creative director der Agentur, überreichte mir ein Buch aus seinem Regal und erklärte, er sei der Meinung, daß alle Werbeleute aus diesem Buch etwas lernen könnten. Der Titel lautete: *How to Make Your Advertising Make Money*, und es war das letzte einer ganzen Reihe solcher Bücher, die John Caples geschrieben hatte, ein erfahrener Werbetexter, dem die klassische Formulierung gelang: »They laughed when I sat down at the piano.« (»Alle lachten, als ich mich ans Klavier setzte.«) Die Kapitelüberschriften des Buches weisen schon auf dessen Inhalt und Stil hin: »5. 303 Worte und Sätze, die ›ziehen‹; 8. Wie man Schlagzeilen schreibt, die Geld einbringen; 14. Möglichkeiten zur Verbesserung von Werbetexten.«

Auch die Agentur Ogilvy and Mather gab solche Leitfäden heraus. Einer davon trägt den Titel *How to Create Advertising that Sells* und enthält eine Einführung von David Ogilvy: »Ogilvy and Mather gab ungefähr sechs Millionen Dollar dafür aus, um die Resultate unserer Werbung zu bewerten. Wir haben dabei *positive* Faktoren festgestellt, die die Verkaufskraft von Werbekampagnen *steigern*, sowie *negative* Faktoren, die ihre Verkaufskraft *verringern*.«

Über Schlagzeilen schreibt er: »Die Überschrift wird im Durchschnitt von fünfmal so vielen Leuten gelesen wie der Textteil. Wenn man daher das Produkt nicht gleich mit der Überschrift verkauft, hat man 80 Prozent seines Geldes verschwendet. Aus diesem Grund enthalten die meisten Schlagzeilen von Ogilvy and Mather den Markennamen und das Werbeversprechen ... Überschriften, die einen Vorteil versprechen, sind verkaufskräftiger als die, die es nicht tun ... Allmählich entdeckten wir, daß es sich auszahlt, echte *Neuigkeiten* in die Schlagzeilen zu packen ... Die Überschrift sollte signalisieren, was man sagen will – in möglichst einfacher Sprache.«

Daran ist wenig auszusetzen; es wird jedoch noch konkreter: »Bei einer Untersuchung von Schlagzeilen, die in Zusammenarbeit mit einem großen Warenhaus durchgeführt wurde, stellte man fest, daß Überschriften, die aus zehn oder mehr Wörtern bestanden, mehr Waren verkauften als kurze Schlagzeilen.

In bezug auf das *Erinnerungsvermögen* sind Schlagzeilen dann am wirkungsvollsten, wenn sie aus acht bis zehn Wörtern bestehen.

Bei der *Versandhauswerbung* werden bei Schlagzeilen, die aus sechs bis zwölf Wörtern bestehen, die meisten Coupons zurückgeschickt.

Mit langen Überschriften lassen sich im Durchschnitt mehr Waren verkaufen als mit kurzen – nehmen wir zum Beispiel unsere Schlagzeile: ›Bei Tempo 90 ist das lauteste Geräusch in diesem neuen Rolls Royce das Ticken der elektrischen Uhr.‹«

Unmittelbare Reaktionen betreffend meint Ogilvy: »Tests zeigen, daß Anzeigen auf der Rückseite einer Publikation oder auf der einem Artikel folgenden Seite eine um 150 Prozent höhere Aufmerksamkeit erfahren als doppelseitige Anzeigen, die einen fortlaufenden Text unterbrechen.«

Zur Firmenwerbung sagt Ogilvy: »Überwinden Sie Ihre Scheu vor langen Werbetexten. Die Forschung beweist, daß bei bis zu 50 Wörtern die Leserzahl rapide zurückgeht, während sie bei Texten, die zwischen 50 und 500 Wörter umfassen, kaum abnimmt.«

In der *Harvard Business Review* machten sich Ogilvy und Joel Raphaelson, leitender Creative director des Chicagoer Büros der Agentur, über jene Werbeleute lustig, die »sich nicht die Mühe machen, Forschungsergebnisse zu studieren ... In der Regel sammeln Werbungtreibende und Agenturen ihre Testergebnisse nicht und analysieren sie auch nicht, um zu erfahren, welche Methoden am besten funktionieren.«[20] Vor etwa 25 Jahren, erklärten die beiden Autoren mit Bedauern, »verlor die Werbegemeinde das Interesse daran, Faktoren zu analysieren, sehr zur Freude jener Extremtypen unter den Kreativen in den Agenturen, die jegliche Forschung verabscheuen, die ihren Anspruch auf Allwissenheit in Frage stellen«. Es folgen weitere »Regeln«, so beispielsweise in bezug auf TV-Werbespots: »Karikaturen und Trickfilme zeigen bei Kindern Wirkung, aber bei Erwachsenen rangieren sie unter dem Durchschnitt ... Werbespots, die nicht die Verpackung zeigen, oder an deren Schluß nicht der Markenname genannt wird, liegen hinsichtlich der Veränderungen der Markenpräferenz unter dem Durchschnitt...« Oder im Hinblick auf Zeitschriftenanzeigen: »Darstellungen von Vorher und Nachher liegen über dem Durchschnitt ... Es lohnt sich, das Produkt im Gebrauch und das Endergebnis nach dem Gebrauch zu zeigen ... Schlagzeilen, die in Anführungszeichen gesetzte Zitate einer Persönlichkeit enthalten, liegen in der Bewertung sehr weit oben – einer Studie zufolge 28 Prozent über dem Durchschnitt aller Schlagzeilen, an die man sich erinnert.«

Ogilvy und Raphaelson stellten sich dem kritischen Gegenargument, daß einige der erfolgreichsten Kampagnen keinen »Regeln« gefolgt seien. Das sei richtig, sagen sie, aber es führe zu einer falschen Schlußfolgerung – nämlich zu »der Lehrmeinung, daß der Erfolg *einiger* Leute, die sich untypisch verhielten, bedeuten müsse, daß ein solches Verhalten der beste Weg zum Erfolg sei. Ein blindes Schwein findet manchmal auch Trüffel, aber die Wahrscheinlichkeit nimmt zu, wenn es in einem Eichenwald nach Futter sucht«.

Ein Problem mit solchen »Regeln« besteht darin, daß sie nicht einmal bei ihren Verfechtern immer funktionieren. Zum Beispiel gelangen verschiedene Studien über die beste Plazierung von Anzeigen in Zeitschriften zu unterschiedlichen Schlußfolgerungen: Normalerweise gilt die Regel, daß die Vorderseite der Rückseite und die rechte der linken Seite vorzuziehen seien, aber es gibt eine Anzahl von Untersuchungen, die zu völlig anderen Ergebnissen kommen.

Mit anderen Worten: Wie weiß man, ob eine Anzeige ankommt oder nicht? Es ist gut und schön zu behaupten, kurze (oder lange) Schlagzeilen seien besser, aber woher *weiß* man das?

Der Zweck der Anzeige besteht schließlich darin, zu *verkaufen.*

Eine Anzeige mag vielleicht Aufmerksamkeit und Bewunderung wecken, Preise gewinnen, in eleganten, großformatigen und reichbebilderten Modejournalen abgedruckt werden und ihrem Gestalter zu einem guten Namen verhelfen. Aber wenn sie nichts verkauft – sei es nun eine Idee, ein Produkt oder eine Dienstleistung –, ist sie als Mißerfolg zu betrachten. Und dies gilt auch umgekehrt – selbst wenn das manchem wenig zusagt. Denn wenn die Anzeige nicht gefällt, nie einen Preis gewinnt, von den Kollegen abgetan wird und doch zum Kauf anreizt, ist sie als durchschlagender Erfolg zu bewerten.

Agenturen bestreiten das nicht: alle behaupteten, daß ihr Werbestil deshalb so und nicht anders sei, weil er Wirkung zeige. Die Agentur Benton and Bowles stellte ihre Werbefeldzüge gewöhnlich unter das Motto: »Nichts ist kreativ, wenn es nicht zum Kaufen anregt.« Agenturen traten miteinander in Wettstreit, bei dem es keinen Preis für Kreativität, sondern für Wirksamkeit gab.

Hierin liegt jedoch ein weiteres Problem: Wie kann man erkennen, ob eine Kampagne auch das verkauft, wofür sie wirbt? Wie kann man die Wirksamkeit der Werbung von allen anderen beteiligten Faktoren absondern? Nehmen wir zum Beispiel ein neues, alkoholfreies Getränk. Welcher Anteil seines Absatzes läßt sich auf die Werbung zurückführen, und welcher Anteil auf andere Dinge, wie das warme Wetter, die Anzahl von Geschäften, die man zur Aufnahme des Getränks in ihr Angebot überredet hat, seine Plazierung in den Regalen von Supermärkten, die Form der Flasche, usw.?

Mit den Jahren wurden verschiedene Modelle entwickelt, die dazu dienen sollten, die Wirksamkeit von anderen Faktoren als Werbung bei gesteigertem Umsatz isoliert zu betrachten. Beecham zum Beispiel entwickelte dafür das sogenannte AMTES (Area Marketing Evaluation System; Marketing-Evaluationssystem). Manche Experten sind jedoch davon überzeugt, daß dies gar nicht möglich sei. »Niemand in der Werbung glaubt ernsthaft daran, daß der Erfolg einer Werbekampagne isoliert von all den anderen Faktoren wie Herstellung und Vertrieb beurteilt werden kann.« Mit diesen Worten gab Bernard Barnett, der Herausgeber der Zeitschrift *Campaign*, die Meinung der Zyniker wieder.

David Bernstein erklärt, »bei einer normalen Absatzlage« könnten nicht weniger als 50 Faktoren den Verkauf eines Produkts beeinflussen. Helmut Sihler von der Firma Henkel, dem großen deutschen

Waschmittelhersteller, gab zu, daß seine Firma jede Hoffnung aufgegeben habe, die Resultate von Werbung mit Hilfe von mathemati-
schen Modellen vorherzusagen. »Es ist ein Traum, von dem wir uns
wohl endgültig verabschieden müssen.«[21]

Bei dem Versuch, die Verkaufskraft einer Anzeige zu beurteilen,
bewerten die Forscher verschiedene Faktoren, so beispielsweise, ob
man sich an eine Anzeige erinnert oder ob sie das Verhalten der
Leute verändert. Es wird behauptet, daß solche Faktoren als Maßstab für die spätere Fähigkeit einer Anzeige dienen, ihrer Aufgabe
gerecht zu werden.

Es gibt viele Theorien über das Funktionieren der Werbung. In
den zwanziger Jahren führte Dr. Daniel Starch, ein Psychologe, eine
berühmte Methode ein, um Anzeigen zu bewerten. Damit sie Wirkung zeigen, erklärte er, müsse folgendes geschehen: Man müsse sie
sehen, lesen, ihnen glauben, sich an sie erinnern und sich danach
richten. Eine andere Theorie, kurz AIDA genannt, besagt, daß Anzeigen, die Erfolg haben sollen, folgende Reaktionen hervorrufen müssen: Aufmerksamkeit (Attention), Interesse (Interest), Wunsch (Desire) und Handeln (Action). Und eine weitere Theorie mit dem Namen
DAGMAR führte Bekanntheitsgrad (Awareness), Verständnis (Com-
prehension), Überzeugung (Conviction) und Handeln (Action) an.

Mehr als 30 Jahre lang gingen die Meinungen der Forscher darüber auseinander, ob nun die *Erinnerung* an eine Anzeige oder das
Verhalten der Leute der richtige Maßstab sei. Die meisten Mitarbeiter von Werbeagenturen, die ich kennenlernte, gaben dem Verhalten
den Vorzug, weil sie der Meinung waren, man müsse es verändern,
um die Leute dazu zu bringen, ihre Kaufgewohnheiten zu ändern.
Die Werbeforscher beurteilen, was Leute von den Eigenschaften einer Marke halten (ob sie zum Beispiel ein alkoholisches Getränk für
sehr stark oder sehr schwach halten oder es irgendwo dazwischen
ansiedeln); außerdem beurteilen sie, ob die Leute an etwas Gefallen
finden oder nicht, und wie sehr sie es zu kaufen wünschen. Mit gleichen Tests, die vor und nach Werbekampagnen durchgeführt wurden, lassen sich Veränderungen im Verhalten aufzeigen, und damit
auch, so wird behauptet, die Wirksamkeit der Kampagne.

Die am weitesten verbreitete Texttest-Methode in den USA ist jedoch die Erinnerungsmethode, auch wenn sie häufig von den Werbeleuten in den Agenturen verlacht wird. Burkes Methode der Messung

von Werbeerinnerung einen Tag nach dem Werbemittelkontakt wurde von der Burke Marketingforschung für Procter and Gamble entwickelt und als »Maßstab für die Beurteilung der Wirksamkeit von TV-Werbespots« bezeichnet. Das Unternehmen ruft am Tag, nachdem ein Werbespot gezeigt wurde, von seinen 30 regionalen Büros aus Leute an. Die Forscher sitzen am Telefon, bis sie 200 Leute erreicht und interviewt haben, die das betreffende Programm gesehen hatten. Das können bis zu 5000 Anrufe sein. Ihre Fragen halten sich an eine bestimmte Reihenfolge, die folgendermaßen beginnt: »Als Sie (Name der Sendung) sahen, haben Sie da auch Werbespots für (die Produktkategorie) gesehen oder nicht...? ...für eine (Marke) oder nicht?« Man konzentriert sich dabei vor allem auf den Prozentanteil der Befragten, der das Programm gesehen hat und in der Lage war, sich an mindestens ein wesentliches Element des betreffenden Werbespots zu erinnern.

Andere Unternehmen bedienen sich ähnlicher Methoden. Das SRI Research Center wendet eine Methode an, auf deren Grundlage die Informationen für eine regelmäßig in der Zeitschrift *Advertising Age* erscheinende Kolumne mit dem Titel »Ad Watch« erstellt werden. Die Konsumenten werden gefragt: »Von all der Werbung für (Produktkategorie), die sie in den vergangenen 30 Tagen gesehen, gehört oder gelesen haben – welche Anzeige fällt Ihnen da als erste ein?« Die Zeitschrift veröffentlicht dann Tabellen mit den Anzeigen, an die man sich am besten erinnerte. So waren in einer Ausgabe (vom 4. Januar 1988) California-Rosinen und Budweiser Bud Light die beiden Favoriten; Pepsi holte rasch auf und trat mit Coca-Cola in Wettstreit.

Solche Forschungsmethoden eignen sich allenfalls für die Beurteilung der Erinnerungsfähigkeit in bezug auf eine Anzeige. Ihre Verfechter halten dies jedoch für entscheidend: Um wirksam sein zu können, muß eine Anzeige zuerst in das Bewußtsein der Leute dringen. »Ohne Erinnerung gibt es keine Kommunikation; aber mit Hilfe der Erinnerung ist sie möglich«, erklärte Robert L. Weiss von Gallup and Robinson, einem Forschungsunternehmen, das Erinnerungstests zur Fernsehwerbung durchführt.[22] Diese Arbeit halten viele Werbeleute für unsinnig. »Niemand konnte bisher beweisen, daß eine Beziehung zwischen Erinnerungsvermögen und Absatz besteht«, meint David Ogilvy. Viele Agenturen erklärten mir, daß Mogeln für die Werbungsgestalter sehr einfach sei, wenn man wisse, daß ein Kunde bezüglich der Erinnerung eine hohe Punktzahl erreichen wolle. »Wenn man ein Mädchen in einem durchsichtigen Kleid zeigt, werden sich die Leute zwar daran erinnern, aber verkaufen wird man nichts«, sagt David Bernstein. Viele behaupten, daß Erinnerungstests solche Anzeigen begünstigen, die mit Informationen vollgepackt sind, »solche, die ganz offensichtlich direkte Versprechungen machen, wie ein Moderator, der einem etwas vorschwindelt«, meint Len Sugerman von Foote Cone and Belding. Daher werden Anzeigen, die diese Kriterien nicht erfüllen, unterbewertet.

Wenn man diese Argumente akzeptiert, könnte es den Anschein haben, als würden solche Messungen von Erinnerung die Wirkung von Anzeigen aufblähen. Manche Experten behaupten jedoch, daß solche Messungen in Wirklichkeit die Wirkung *unter*schätzen. Eine der faszinierendsten Theorien über Werbung ist die von Dr. Herbert Krugman, die bereits in der Einleitung erwähnt wurde.[23] Krugman ist im wesentlichen davon überzeugt, daß die besondere Macht der Werbung von der Tatsache herrühre, daß sich die Leute für die Anzeigen kaum interessierten. Fernsehen, erklärt er, trage zu einem Lernverhalten bei, das man als »Lernen mit geringer Beteiligung« bezeichnen könne. Die Leute würden weder überzeugt, noch ändere sich ihr Verhalten. Es gebe jedoch eine Art »Zeitzünder«-Wirkung. Bei den Leuten *ändere* sich zwar die Struktur ihrer Wahrnehmung im Hinblick auf ein Produkt, aber es passiere nichts, bis sie in ein Geschäft gingen, um etwas zu kaufen. Dann sei »die Kaufsituation der Katalysator, der all die Potentiale für Veränderungen bei der Wahrnehmung zutage fördert. Das Produkt oder die Verpackung wird dann plötzlich in einem neuen, ›irgendwie anderen‹ Licht gesehen...«

Krugman glaubt nicht, daß es verschiedene Stadien wie Aufmerksamkeit, Interesse usw. gibt. Der bloße Kontakt mit der Werbung kann als Anreiz genügen, um jemanden zum Kauf zu veranlassen, wenn der Konsument die Marke im Laden sieht. »Meiner Ansicht nach«, meint Krugman, »ist es immer mehr so, daß das Publikum *nichts* von dem vergißt, was es im Fernsehen gesehen hat. Die Leute verdrängen es einfach aus ihrem Gedächtnis, bis sie es brauchen können. Und eines Tages heißt es dann, ›Aha!‹ – das Bild von dem Produkt erwacht wieder zum Leben, und die Reaktion auf den Werbespot geht weiter.« Krugmans Theorie zufolge wird in der Rückschau somit die wahre, das heißt, die tatsächliche Erinnerung an die Werbung *abgeschwächt.*

In einem Versuch, die direkte Wirkung von Werbung zu messen, beauftragte British Telecom drei konkurrierende Agenturen, in verschiedenen Teilen des Landes verschiedene Kampagnen für den Telefonservice von BT durchzuführen. Danach testete British Telecom mit Hilfe von Interviews, einer Wiederholungsbefragung und der direkten Messung von Telefonaktivität die Wirkung der Kampagnen. Die Folge war, daß J. Walter Thompson zum eindeutigen Sieger erklärt wurde; die Agentur hatte in ihrem Werbefeldzug telefonierende Tiere gezeigt und den Werbespruch geprägt:»Ob groß oder klein, ein Anruf muß sein.« BT lehnte es ab, exakte Zahlen zu nennen, erklärte jedoch, die Ergebnisse der quantitativen Tests zeigten eine Reaktion auf JWT's Kampagne, die um bis zu 100 Prozent besser sei als die Reaktion auf die Kampagnen der Mitbewerber.

Die Agenturen waren empört über die Art und Weise, in der sich British Telecom eine neue Agentur aussuchte, nicht zuletzt diejenigen, die verloren.[24] Ein Chairman beschwerte sich:»Es ist eine außergewöhnliche Situation; es scheint sich um einen völligen Verzicht auf jede Art von Urteil zu handeln. Es ist eine unmenschliche Prozedur, die jeden Glauben an das Verhältnis zwischen Kunde und Agentur, das auf der Beziehung zwischen Menschen basiert, ignoriert.« Natürlich war Adrian Hosford, Werbeleiter bei BT, anderer Meinung. »Wir werden also von den Agenturen kritisiert; hätten wir aber anders gehandelt, würden wir die Kritik wirklich verdienen. Wenn wir die Möglichkeit haben, die Werbewirksamkeit zu messen, dann wäre es unverantwortlich, das nicht einzusetzen.«[25]

Telefongesellschaften befinden sich hinsichtlich ihrer Fähigkeit, zusätzlichen »Absatz« zu messen, in einer besonderen Position. Für alle Werbungtreibenden war der Versuch, einen *direkten* Zusammenhang zwischen einer Werbekampagne und dem tatsächlichen Handeln von seiten des Verbrauchers zu registrieren, immer so etwas wie der Heilige Gral. Im Laufe der Jahre wurden einige seltsame Versuche unternommen, die einen Direkt-Zusammenhang simulierten. In den fünfziger Jahren brachte ein Amerikaner namens Horace Schwerin in einem New Yorker Kino ein paar Leute zusammen und zeigte ihnen Filme, die mit Werbespots durchsetzt waren. Vor der Vorführung waren die Leute gebeten worden, aus einer Liste von

Markenprodukten einen Artikel auszuwählen, den sie später bei einer Tombola gern gewinnen würden. Nach der Vorführung fand tatsächlich eine Verlosung statt. Die Gewinner durften sich nun erneut aus derselben Produktliste etwas aussuchen. Zweck der Übung war festzustellen, ob die Werbung, die die Leute gesehen hatten, ihre Meinung verändert hatte. Angeblich war das bei vielen der Fall.

In Großbritannien wurde in den siebziger Jahren eine Methode mit dem Namen Adweight angewandt, bei der zwei Testgruppen von Hausfrauen Zeichentrickfilme und Werbespots gezeigt wurden.[26] Eine Gruppe bekam den Test-Werbespot zu sehen, die andere nicht. Hinterher erhielten die Frauen ein Bündel Gutscheine, die sie in einem Laden in der Nähe einlösen konnten. Die Forscher erklärten, es sei möglich, die Wirkung des Test-Werbespots zu beurteilen, indem man die Differenz beim Absatz des Testprodukts zwischen den beiden Gruppen messe.

Die heutigen Verfahren sind viel ausgereifter. Sie verdanken ihre Existenz zwei wichtigen Entwicklungen auf dem Gebiet der Elektronik: erstens den Abtastgeräten, die die Kennzeichen von Waren an der Ladenkasse registrieren, und zweitens der Möglichkeit, in ausgesuchte Fernsehgeräte Testwerbespots einzustreuen, ohne daß die Zuschauer etwas bemerken.

Abtastgeräte oder elektronische Terminals, die die Strichcode-Etiketten an den Waren lesen, sollen die Produkte an der Ladenkasse identifizieren. Der sichtbarste Vorteil für den Hersteller ist dabei, daß diese Geräte es ihm ermöglichen, die verkauften Waren rasch zu ersetzen. Die Geräte werden in zunehmendem Maße Bestandteil des Alltags. 1987 trugen bereits über 90 Prozent der Produkte in Supermärkten in Frankreich, der Bundesrepublik Deutschland und Großbritannien Strichcodes.[27]

Es gibt zwei Arten von Codes: einen zwölfstelligen, genannt Uniform Product Code, der in den USA und in Kanada gebräuchlich ist, und einen dreizehnstelligen namens EAN, der nicht nur in Europa, sondern auch in einigen außereuropäischen Ländern wie Japan und Australien verwendet wird. Bei dem dreizehnstelligen Code bezeichnen die ersten beiden Ziffern das Land, die nächsten fünf den Hersteller oder die Vertriebsgesellschaft, die folgenden fünf das Produkt und die Größe, und die letzte Ziffer dient zur Kontrolle. Die beim Abtasten der Strichcodes registrierten Details können einem zentralen

Computer rückgemeldet werden. Es wurde eine Reihe spielerischer Raffinessen entwickelt: Der Abtaster (Scanner) kann zum Beispiel ein Gerät aktivieren, das laut den Preis nennt.

Die Scanner zeigen, was die Leute tatsächlich mitnehmen, an die Kasse tragen und bar bezahlen. Sie zeigen jedoch nicht, was sie kaufen *wollten*. Ein US-Unternehmen hob daraufhin in seinen Anzeigen hervor: »Scanner lügen nicht.« Für Forschungsunternehmen liegt der große Vorteil von Abtastern in der Information, die sie liefern. 1980 führte die Information Resources Inc., ein Unternehmen in Chicago, in zwei amerikanischen Städten ein Meßverfahren mit dem Namen Behaviorscan durch. IRI warb in jeder Stadt 2500 Hausfrauen an; jeder Haushalt erhielt einen Plastikausweis. Wann immer die Hausfrauen im Lebensmittelgeschäft einkauften, gaben sie dem Angestellten an der Kasse den Ausweis. Dieser wurde in die elektronische Registrierkasse gesteckt und so mit dem Scanner verbunden. Während der Registrierung der Waren wurden zugleich alle Informationen – Preis, Marke, Größe – in einer Datei erfaßt, die für jeden einzelnen Haushalt angelegt worden war.

Da IRI bereits Klassifizierungslisten für jeden der 2500 Haushalte angefertigt hatte, war es für den Computer einfach, einen Zusammenhang herzustellen zwischen den Fakten über die eingekauften Waren und den Einzelheiten über die Familie und ihre Lebensumstände, wie etwa die Zahl der Kinder, Haushaltseinkommen usw. Doch IRI ging noch weiter. Jeder der Haushalte hatte Kabelfernsehen, und IRI war daher in der Lage, in manche Häuser Testwerbespots zu übertragen und in andere Häuser nicht. Außerdem konnte das Unternehmen mit Hilfe von Meßgeräten beobachten, was in den einzelnen Haushalten gesehen wurde und wie lange. Indem es die Informationen miteinander verknüpfte – wer hat einen bestimmten Werbespot gesehen und wer nicht, und wer hat Produkt X gekauft und wer nicht –, konnte Behaviorscan einen gewissen Zusammenhang herstellen.

1987 war die Nachfrage nach diesem Meßverfahren so groß, daß Behaviorscan auf zehn Märkten in den USA und einem Markt in Deutschland eingesetzt wurde und 75 Millionen Dollar im Jahr einbrachte. Das System sollte auch in Großbritannien angewandt werden; hier traten jedoch Schwierigkeiten auf. Ein Haupthindernis war, daß die Durchführung vom Kabelfernsehen abhängig war.

1985 jedoch wurde die A. C. Nielsen Company aufgrund des enormen Erfolges von IRI aktiv und entwickelte mit Hilfe eines neuen Unternehmens namens ERIM (Electronic Research for Insights into Marketing; wörtl.: Einblick in das Marketing mit Hilfe elektronischer Forschung) ein eigenes Verfahren. Der große Vorteil dabei war, daß auch gewöhnliche Fernsehgeräte miteinbezogen werden konnten. ERIM entwickelte einen Mikroprozessor, Telemeter genannt, der mit den Zielgeräten gekoppelt wurde. Beim Empfang eines Sendesignals schaltete sich das Gerät in die normale Sendung ein, zeigte den Testwerbespot und blendete sich wieder aus – und das alles, ohne daß die Zuschauer merkten, was vor sich ging. Laurence Gold von ERIM erklärte, ein Problem bei der Entwicklung sei, daß die Testwerbespots, die vom unternehmenseigenen Fernsehsender ausgestrahlt wurden, eine bessere Qualität hätten als die normalen Werbespots: »Wir mußten sie ein wenig unscharf machen, damit sie natürlich wirkten.«[28]

Wie bei IRI wurden auch ERIMs Hausfrauen mit einem Plastikausweis ausgestattet, damit Details von gekauften und mit dem Scanner registrierten Produkten in den Dateien erfaßt werden konnten. Dabei ist ein Spiel mit einer Anzahl von Kombinationen möglich. So ist es einfach, irgendeinen Haushalt auszuwählen, der regelmäßig ein bestimmtes Produkt oder sogar eine ganz bestimmte Marke dieses Produkts kauft, um festzustellen, was sich ereignet, wenn man mit einer Reihe bestimmter Anzeigen experimentiert. Werbungtreibende können zudem von der Information über die normalen Zuschauergewohnheiten Gebrauch machen, die in Zusammenhang damit stehen, welche spezifischen Artikel die Zuschauer kaufen. Eine erste Untersuchung von IRI brachte folgendes Ergebnis: Obwohl sich die Leute, die in den USA *Dynasty* und *Dallas* sehen, vom demographischen Standpunkt aus sehr ähnlich sind, sollte die Lebensmittelwerbung sich an die Zuschauer von *Dynasty* wenden.

Bei einer Variante dieser Verfahrensweisen werden die gekauften Produkte zu Hause mit einem tragbaren Scanner registriert. Auf diese Weise ist sichergestellt, daß *alle* Einkäufe – nicht nur die im Supermarkt getätigten – erfaßt werden.

Die Auswirkungen und Möglichkeiten solcher Vorgehensweisen sind erschreckend. Sie beunruhigen auch einige der Produzenten von Werbespots – allerdings aus einem ganz anderen Grund. Denn ein Verfahren wie Testsight kann in der Tat einen Zusammenhang zwischen der Werbebotschaft und dem Umsatz herstellen – und das fast ohne Zeitverzug. Einige Agenturen sind der Meinung, daß die Werbungtreibenden dies *zu* ernst nehmen. Deshalb kann dies für einen Werbespot, der gesendet wird und keinen zusätzlichen Gewinn bringt, das endgültige Aus bedeuten!

William D. Wells, Leiter der Forschungsabteilung bei Needham Harper and Steers in Chicago, meint: »Die Gefahr ... besteht, daß wir uns auf das Auf und Ab von kurzzeitigen Veränderungen des Marktanteils fixieren und dabei nicht einmal die Möglichkeit in Betracht ziehen, daß das, was heute geschieht, langfristige und kumulative Wirkungen haben kann, die erst eine Woche, einen Monat oder gar ein Jahr später sichtbar werden.«[29] Ein unmittelbares Feedback, erklärt er, »erzeugt Panik«. Wenn Werbung in Zukunft nach der unmittelbaren Verkaufswirkung beurteilt wird, werden wahrscheinlich die Anzeigen das Rennen machen, über die sich die Verbraucher beschweren – lautstarke, zum Schreien komische Werbespots, die dazu animieren, sofort loszulaufen und das Produkt zu kaufen. »Wir sollten uns jetzt mit der Frage beschäftigen, ob wir ein Copytest-Verfahren entwickeln wollen, das zuverlässig marktschreierische Werbung fördert ... Und wir sollten uns überlegen, ob wir ein Copytest-Verfahren entwickeln wollen, das im Grunde einer Werbung entgegenarbeitet, die darauf abzielt, im Laufe der Zeit einen guten Eindruck zu hinterlassen, ein dauerhaftes Image zu schaffen oder die Erfahrung des Verbrauchers mit dem Produkt zu bereichern, indem sie es im Gedächtnis des Verbrauchers erneut wachruft.« Es sei möglich, so behauptet Wells – und »vielleicht sogar wahrscheinlich« –, daß Taktiken, die unmittelbare Wirkung haben, auf die Dauer das Gegenteil bewirken können. »Man erlebt eine kurze Euphorie, aber später muß man dafür bezahlen.«

Forscher untersuchen und beurteilen regelmäßig die Verwendung von grundlegenden menschlichen Motivationen in der Werbung. Angst gehört zu diesen Motivationen. Der Werbungtreibende entdeckte die Angst vor vielen Jahren, und heute wird sie häufig in Kampagnen eingesetzt, angefangen vom Verkauf einer Versicherung bis hin zu dem Versuch, die Leute vom Autofahren in Verbindung mit Alkohol abzuhalten. Als eine extreme Ausformung dieser sogenannten

Schockwerbung könnte man den pakistanischen Werbespot betrachten, in dem sich der Vater nach dem Essen eine Zigarette anzündet, sich plötzlich an die Brust greift und zu Boden sinkt. Im Krankenhaus kämpfen die Ärzte vergeblich um sein Leben. Der Arzt zieht das Leintuch über das Gesicht des Mannes, wendet sich zur Kamera und erklärt den Zuschauern: »So könnte es auch Ihnen gehen, wenn Sie das Rauchen nicht aufgeben.« In Großbritannien zeigte eine gedruckte Anzeige für ein privates medizinisches Versorgungsunternehmen eine Karikatur vom Sensenmann, der über eine Reihe von belegten Krankenhausbetten wacht; die Überschrift lautete: »Wenn man alt ist, ist das Krankenhaus der letzte Ort, wo man sein möchte.« (Der Werberat kritisierte später diese Anzeige, weil sie gegen den Verhaltenskodex der britischen Werbewirtschaft verstoße, der den »ungerechtfertigten« Einsatz von angsterzeugenden Mitteln verbietet.)

Angst muß nicht physisch bedingt sein. Angst vor sozialer Ächtung wurde das ganze Jahrhundert hindurch eingesetzt. Die Rekrutierungswerbung aus dem Ersten Weltkrieg liefert bekannte Beispiele. Sir Hedley le Bas, der die Aufrufe organisierte, enthüllte später, welche beiden die besten Ergebnisse brachten.[30] Sie lauteten:

»Fünf Fragen an Männer, die sich *nicht* freiwillig gemeldet haben:

1. Wenn Sie körperlich gesund und zwischen 19 und 38 Jahre alt sind: Sind Sie wirklich mit dem zufrieden, was Sie heute tun?

2. Sind Sie glücklich, wenn Sie durch die Straßen gehen und *andere* Männer sehen, die die Uniform des Königs tragen?

3. Was werden Sie später einmal antworten, wenn man Sie fragt: »Wo haben *Sie* im Krieg gedient?«

4. Was werden Sie antworten, wenn Ihre Kinder groß sind und Sie fragen: »Vater, warum warst du nicht auch Soldat?«

5. Was würde aus dem Empire werden, wenn jedermann zu Hause bliebe *wie Sie*?«

Ein weiteres Beispiel:

»An die *jungen Frauen von London*:

Trägt Ihr Freund die Khakiuniform? Wenn nicht, finden *Sie* nicht, er sollte es tun?

Wenn er nicht der Meinung ist, daß es sich lohnt, für Sie und Ihr Land zu kämpfen – glauben Sie, er ist Ihrer *würdig*? Bedauern Sie nicht die junge Frau, die allein ist – ihr Freund ist wahrscheinlich Soldat – er kämpft für sie und ihr Land – und auch für *Sie*.«

Denys Thompson weist in seiner Untersuchung über Werbung aus dem Jahre 1944 darauf hin, daß die Plakatwerbung in den zwanziger und dreißiger Jahren parallel lief »mit Hunderten von quälenden Anzeigen, die einem zu verstehen gaben, daß man der Verachtung aller ausgesetzt sei, wenn man nicht eine bestimmte Seife benutzte oder bestimmte Kleider trug. Typisch hierfür ist die Serie von Bildern, die die mißliche Lage des Mädchens zeigen, das in einem Geschäft keine Bluse anprobieren konnte, weil ›ihre Unterwäsche fürchterlich aussah‹, und das den Makel (der fast ein Verbrechen war) dadurch behob, daß es die Seife X benutzte.«[31]

Die Werbung von heute verkauft eine große Auswahl an Waren, angefangen von Kaffee über Fußbodenreiniger bis hin zu Deodorants. Inserenten, deren Werbung auf Jugendliche abgestimmt ist, machen häufig Gebrauch von der sozialen Angst. Jeanshersteller versuchten, jungen Leuten einzureden, sie würden zu Außenseitern, wenn sie nicht die richtige Marke trügen. Derek Mottershead, Marketingdirektor von Lee Cooper, einem Jeanshersteller, der in den sechziger Jahren auf dem englischen Markt führend war und dann Levi und Wrangler weichen mußte, erläuterte die Einstellung, die sich hinter dem Versuch seiner Firma verbarg, ihre Position am Markt wiederzuerlangen: »Jeans werden rein vom Image her verkauft. Um bestimmte Marken wird ein Kult gemacht. Wenn man sich im Land umschaut, dann sind bestimmte Jeans zu einer bestimmten Zeit die Kultjeans in einer Region. Wenn die Kultjeans des Tages Lee Cooper heißt und der Junge in der Schule eine andere Marke trägt, kommt er mit einer Levis vielleicht nochmal ungestraft davon, aber wenn er eine unbekannte Marke trägt, dann ist er gleich unten durch. Im Alter von 15 ist das ein bedeutender Faktor.«

Die Forscher haben angstmachende Anzeigen unter die Lupe genommen; die Ergebnisse sind widersprüchlich. Das mag am Ausmaß der Angst liegen, die eine Anzeige erzeugt. Man vermutet, daß die Erregung von Furcht auf niedriger Ebene stattfindet. Wenn jedoch eine gewisse Schwelle überschritten wird, dann löst die Angst einen Abwehrmechanismus gegen die Werbebotschaft aus. Die pakistanische Tabakindustrie erwartete anscheinend, daß die Angstkampagne gegen das Rauchen aufgrund ihrer besonderen Art und Weise keine langanhaltende Wirkung haben würde. »Tatsächlich«, berichtete der *Tobacco Reporter*, »glauben viele, daß der außerordentlich emotionale Werbeappeal die Zeit verkürzen wird, die es dauert, bis die Zuschauer bei der Botschaft einfach ›abschalten‹.«[32]

Ein Forscherteam kam zu dem Schluß, daß soziale Furcht mehr auslöse als das Versprechen sozialer Anerkennung. Ihr Bericht trug den bezeichnenden Titel:»Angst: Das Potential eines Ansatzes, der vom Marketing vernachlässigt wird.«[33]

Ebenso grundlegend – und noch häufiger gebraucht – ist der Einsatz von Erotik. Zumindest seit Beginn dieses Jahrhunderts war Erotik eine Lieblingswaffe der Werbungtreibenden. Manchmal steht sie in deutlichem Zusammenhang mit dem zu verkaufenden Produkt – Unterwäsche, Sonnenöl, Kleidung oder Parfum. Häufig hat sie jedoch nichts mit dem Produkt zu tun – etwa bei Autos, Baumaterial, Uhren und Reinigungsmitteln.

Sex wird als eine besonders gefährliche Waffe betrachtet, die leicht versagen kann. Es ist ein Bereich, in dem »besondere Vorsicht geboten ist«, warnt ein Lehrbuch mit dem Titel *Behavioural Aspects of Marketing*, das bei der Ausbildung von Studenten im Bereich Marketing und Werbung verwendet wird.

Verschiedene Gruppen reagieren ganz unterschiedlich auf Sex in Anzeigen. Es ist wichtig, bei denjenigen Anklang zu finden, die für das Produkt als Käufer in Frage kommen, und es sich nur mit denen zu verderben, die hierfür keine Rolle spielen.

Barry Day von McCann-Erickson, der über Sex in der Werbung Vorträge gehalten und viel darüber geschrieben hat, ist der Meinung, daß der Einsatz von Sex wie das »Wandeln auf Messers Schneide« sei, weil es sich dabei um den »intimsten, verwundbarsten Ausdruck von Hoffnung und Furcht« handle, »die jeder von uns in sich trägt«[34]. Doch der Lohn für den richtigen Einsatz ist hoch. »Der Inserent, der die Balance hält, wenn alle um ihn herum den Kopf und ihr letztes Hemd verlieren, hält sich nicht nur auf des Messers Schneide, sondern er hat auch noch Erfolg damit. Sieht Calvin Klein vielleicht so aus, als ob er knapp bei Kasse wäre?«

Der Einsatz von Sex in der Werbung soll vor allem Aufmerksamkeit erregen, was heutzutage immer schwieriger wird. Es überrascht keineswegs, daß der Sex mit den Jahren immer unverblümter wurde. Eine Anzeige aus dem Jahr 1915 für Phoenix-Seidenstrümpfe zeigt eine Frau, die neben einem New Yorker Verkehrspolizisten steht und ihren Rock ein paar Zentimeter hochhebt, um ihre schlanken Fesseln zu zeigen. (»Ein Verkehrsstau auf der Straße«, lautete die Schlagzeile, ein Wortspiel mit »Hold up«.) Die Werbungtreibenden haben seither viel dazugelernt. Der Einsatz von Sex als Werbemasche wurde während der siebziger Jahre unverhohlener und alltäglicher (einige Forscher weisen darauf hin, daß dies paradoxerweise zur selben Zeit geschah, als die Feministinnen am aktivsten waren*). 1980 hieß es im *Wall Street Journal*, daß »dies das Jahr des anzüglichen Grinsens auf der Madison Avenue« sei. Mitte der achtziger Jahre beschwerte sich ein amerikanischer Marketingdirektor in aller Öffentlichkeit, daß sich der Einsatz von Sex sogar auf die Hersteller von Alltagsprodukten wie Diet-Rite und Juicy Fruit ausgedehnt habe. »Heute sind die Frauen nicht nur spärlich bekleidet, sondern auch noch aufreizend! Wie weit will die Werbung noch gehen? Soll denn alles nur noch mit Busen und Po verkauft werden?«[35] Barry Brooks, ein junger englischer Kreativdirektor, verteidigte seine Kollegen: »Die Werbung hat den Sex nicht mit unserem täglichen Leben in Verbindung gebracht. Das war der große Händler im Himmel.«[36]

Im Grunde hängt der Ansatz davon ab, ob das Publikum männlich oder weiblich ist, und ob es sich um junge oder alte Männer handelt. Es überrascht nicht, daß die Forschung darauf hinweist, daß vor allem ältere Leute und Feministinnen gegen Sex in der Werbung sind.

Werbungtreibende, deren Zielpublikum in der Hauptsache aus männlichen Arbeitern besteht, sind der Meinung, daß es am meisten darauf ankomme, Aufmerksamkeit zu wecken – und daß nacktes Fleisch, große Brüste und Anzüglichkeiten dafür am geeignetsten seien. Fachzeitschriften sind sowohl diesseits als auch jenseits des Atlantik dafür bekannt. Die folgenden Beispiele ** stammen aus englischen Zeitschriften[37]:

Eine Anzeige für Backsteine – eine nackte Frau sitzt auf einem Backstein; die Schlagzeile lautet: »Beautifully made ... Easily laid.«

---

* Der Gebrauch von Sex in Anzeigen ist nicht dasselbe wie sexistische Werbung. In sexistischen Anzeigen werden Frauen als minderwertige Geschöpfe behandelt, aber nicht unbedingt als Sexualobjekte. Ein klassisches Beispiel für sexistische Werbung ist ein kanadischer Werbespot für Sucrets Hustenpastillen, in dem ein Mann seine Frau mitten in der Nacht aufweckt und über Halsschmerzen klagt. Sie steht auf und holt ihm Sucrets Hustenpastillen. Eine aufreizende Anzeige muß nicht sexistisch sein, auch wenn viele es sind.
** Ausnahmsweise sind die Beispiele hier nicht ins Deutsche übersetzt, da dies die Eindeutigkeit der Aussage beeinträchtigen würde.

Anzeige für eine Schleifmaschine – sie zeigt die Maschine und eine Frau, die nur eine Mütze und ein Hemd trägt. Die Überschrift: »Here's a good grinder.«

Anzeige für einen Lieferwagen – eine Frau sitzt in der hinteren offenen Tür; der Kommentar: »Wide open ... for exploitation.« Amerikanische Fachzeitschriften liefern ähnliche Beispiele.

Anzeige für Olympic Asphalt – eine Frau in schwarzen Strümpfen beugt sich mit weit gespreizten Beinen über einen Teereimer. Der Text beginnt folgendermaßen: »Now that we have your attention.«

Anzeige für eine New Yorker Bekleidungsfirma – sie zeigt eine Frau von hinten, die nur mit einem Rock bekleidet ist. Der Text lautet: »Hot and available.«

Hier wird die Frau als Lustobjekt dargestellt: so grob, plump und direkt wie in Pornoheftchen. Diese Art von Werbung wird von denjenigen gutgeheißen, die der Überzeugung sind, daß die Männer, an die sie sich richtet, bei solchen Anzeigen verweilen.

Die Forscher haben versucht, »wissenschaftlich« zu beleuchten, welche Art von Sex bei einem bestimmten Publikum Anklang findet. Dabei sind sie manchmal auf eindeutige Tatsachen gestoßen, und ein andermal wieder auf eine Fülle von Widersprüchen. Bruce Morrison, ehemaliger Professor an der Universität von Miami und jetziger Forschungsleiter bei einer Tabakfirma, untersuchte den Zusammenhang zwischen der »erotischen Anziehungskraft« einer Anzeige und der Fähigkeit des Publikums, sich an die Marke zu erinnern. Er fand heraus, daß Männer die erotische Anziehungskraft damit in Verbindung brachten, wieviel nackte Haut in einer Anzeige zu sehen war, während Frauen den romantischen Gehalt als Maßstab dafür nahmen, ob die Anzeige sexy war oder nicht. Sie tolerierten auch eine Anzeige mit einem hohen Maß an sexuellem Anreiz und konnten sich noch an das Produkt erinnern, während Männer oft nicht einmal in der Lage waren, die Anzeige zu beschreiben, geschweige denn sich daran zu erinnern, wofür sie eigentlich Reklame machte.

Bei einer Studie – diesmal mit sorgfältig geprüftem Werbematerial, das aus ausländischen Katalogen und Industriezeitschriften herausgesucht wurde, damit das Publikum keine Markenassoziation hatte – stellte man zum Erstaunen der Forscher fest, daß bei Männern die Erinnerung an eine Marke signifikant anstieg, je mehr nackte Haut das Fotomodell in einer Anzeige zur Schau stellte.[38] Dasselbe traf bei Frauen zu, wenn auch nicht im gleichen Maße wie bei den Männern. Der einzige Unterschied bei diesem Test war, daß es sich um ein männliches Modell handelte.

Bei einer weiteren Untersuchung kam man zu dem Schluß, daß attraktive Frauen in Zeitschriftenanzeigen die Anzeigenwiedererkennung verbesserten, aber nicht das Wiedererkennen dessen, was tatsächlich verkauft werden sollte.[39] Zwei andere Forscher stellten fest, daß Männer und Frauen Anzeigen mit Fotomodellen des jeweils anderen Geschlechts höher bewerteten als solche, die ein Modell des eigenen Geschlechts zeigten. Eine stärker motivierte Kaufabsicht war festzustellen, wenn nackte Haut und Produkt miteinander in Beziehung zu setzen waren.[40]

Mit Hilfe der Forschung (und viel Instinkt) präsentieren die Werbungtreibenden Erotik in vielerlei Gestalt, angefangen von der eindeutigen bis hin zu der Form, die es dem Publikum überläßt, die Szene selbst zu Ende zu interpretieren – und, wie sich ein Art director ausdrückte, »der Sex in ihren eigenen Köpfen stattfindet«.

Da ist das Vorspiel: In der Anzeige für Jordache-Jeans liegt eine junge Frau ohne BH unter dem Spitzenhemd am Strand, den Kopf zurückgeworfen, mit einem Ausdruck der Verzückung, während ein leidenschaftlicher junger Mann ihr Bein umklammert.

Da gibt es den unmittelbaren Sex: In Pierre Cardins Anzeige für Musk zeigt ein unscharfes, zerknittertes Foto eine blonde Frau, die anscheinend über einem Mann kniet.

Da gibt es den Hinweis auf Inzest: In einer Anzeige für Snickers (Erdnuß-Snack) fährt eine Mutter ihrem heranwachsenden Sohn zärtlich durchs Haar und meint: »Wenn er hungrig von der Schule nach Hause kommt, dann gibt es nur eins, was seinen Appetit stillen kann. Und meinen.«

Und da gibt es Gruppensex: Auf Anzeigen für das Parfum Obsession bemühen sich drei nackte Männer um eine nackte Frau.

Zahlreiche Inserenten bedienen sich in großem Maße junger Mädchen, womit man anscheinend erreichen will, daß beim Zielpublikum nicht nur Aufmerksamkeit erregt, sondern auch Emotionen wachgerufen werden. Brooke Shields war 15, als sie die noch immer eindrucksvolle Reklame für Jeans von Calvin Klein machte: mit weitgespreizten Beinen fragte sie: »You want to know what comes between me and my Calvins? Nothing.«

1987 zeigte ein Werbespot für Levi's 501 Jeans in Großbritannien ein junges Mädchen, das wegen einer Trennung von seinem Freund traurig ist.[41] Sie öffnet ein Paket, das er ihr zum Abschied gegeben hat, und, nur mit T-Shirt und Schlüpfer bekleidet, legt sie sich begeistert aufs Bett und zieht sich die Jeans an. Das Fotomodell war 14.

In einer gedruckten Anzeige für Canon-Kopierer in den USA trägt das Mädchen, das neben dem Produkt sitzt, hohe Absätze und ein Kostüm wie eine erwachsene Frau, und doch ist es noch ein Kind. Die Überschrift lautet: »Super features in a super compact body.«

Nachdem einige Werbungtreibende im Hinblick auf ihren speziellen Zielmarkt Untersuchungen durchgeführt hatten, kamen sie zu dem Schluß, daß der richtige Ansatz nicht einfach Sex, sondern die Verbindung von Gewalt und Sex sei. Die britische Agentur Zetland präsentierte als Ergebnis ihrer Forschungen folgende Kinoreklame:

Eine Männerhand macht einen Hosenschlitz zu. Eine Punkerin in schwarzem Lederdress läuft eine dunkle Gasse hinunter. Kameraschwenk zu einem jungen Mann mit wirrem grauen Haar und glänzender Haut, die mit Nieten verzierte Weste über der nackten Brust ist geöffnet. Er führt zwei schwarze Hunde, die an ihren Leinen zerren. Wir sehen ein Gewirr verlassener, nasser Straßen, schwelendes Feuer und hin und her huschende Ratten. Bedrohliche männliche Gestalten lauern im Dunkeln, und in Panik beschleunigt das Mädchen seine Schritte. Irgendwo hinter der Punkerin zerren die Hunde mit Schaum vor dem Maul an den Leinen. Szenenwechsel: Das Mädchen ist jetzt von nicht zu erkennenden, drohenden Gestalten umringt und wird mit gespreizten Beinen gegen eine Mauer gedrückt. Ihre Peiniger bewegen sich auf sie zu – da erscheint der Hundebesitzer mit der glänzenden Haut und läßt seine Hunde auf die Jugendlichen los ... die Leinwand verdunkelt sich und die Botschaft des Werbungtreibenden erscheint. Dieser Werbespot könnte für alles mögliche stehen, von einer Beratungsstelle für vergewaltigte Frauen bis hin zu Rattengift, doch die Botschaft lautet tatsächlich: »On the street. Lee Cooper means Jeans.«

Zetland bezeichnete die unheimliche Handlung als modernes Märchen und behauptete, daß derartige »Post-Holocaust-Phantasiegebilde dieser Altersgruppe vertraut« seien. Nick Balmforth, der Leiter der Agentur, erklärte: »Wir bemühten uns um eine fest umrissene Gruppe – um die jungen Männer im Alter von 16 bis 20. Sie stehen

nicht ausschließlich mit Gewalt in Verbindung, aber Aggression, sowohl verbal als auch emotional, gehört zu ihrem Leben.«
Weitere Beispiele von sexueller Gewalt sind reichlich vorhanden. Das Interessante dabei ist ihre Allgemeingültigkeit. In einer amerikanischen Anzeige posieren zwei Männer in Abendanzügen mit einer juwelengeschmückten Frau in schwarzer Seidenunterwäsche. Dem Text ist zu entnehmen, daß es sich bei den Männern um »Oliver« und »the Wizard« handelt, während die Frau schlicht und einfach »the Mouth« ist. Dieses Trio ist kennzeichnend für eine Serie, in der die Männer sich zusammentun, die Frau mit einer Maus ärgern oder mit ihr ringen, wobei sich provozierend ihr Hintern hebt: ein Mann hält ihren Arm fest, und die Hand des anderen befindet sich zwischen ihren Beinen. Die Bilder stammen von Richard Avedon, der den »S&M Chic«-Trend in der Modefotografie erfand. Seine Bilder sollen Parfum verkaufen – »The Diors« ist der Titel dieser Serie.

Buffalo, der wichtigste französische Hersteller für Damenjeans, zeigt zur Hauptsendezeit einen TV-Werbespot, der von der Agentur Language stammt. Ein Mädchen, das lediglich mit Jeans bekleidet ist, steht in seichtem Wasser, die Arme sind ihr auf dem Rücken mit einem Seil zusammengebunden. Im Vordergrund taucht ein Messer auf und schneidet mit offenkundig phallischer Anspielung das Seil durch. In der Print-Version lautet der Text: »I've got you under my skin, Bill.« Die französische Agentur Oscar kreierte einen Werbespot für die Marke C.17, der an eine Szene aus Mad Max erinnerte: Eine Bande von in Leder gekleideten und mit Ketten bewaffneten Schlägern überfällt einen Truck; der Fahrer wird mit den Ketten ins Gesicht geschlagen, Körper wälzen sich im Wüstensand.

Eine gedruckte Anzeige aus Südafrika für Tale-Lord-Jeans zeigt eine Frau in Denim-Jeans, die über einem Mann mit nacktem Oberkörper eine Peitsche schwingt. In Argentinien zeigen Werbespots eine Frau, die im Bett liegt und um einen weiteren *pina* bittet; so lautet der Name des Getränks, aber im Spanischen bedeutet dieses Wort auch Hieb.[42] Feministinnen drohten damit, gerichtlich gegen die Agentur vorzugehen, die diesen und vergleichbare Werbespots produziert hatte. Jorge Schussheim, der Kreativdirektor der Agentur, warf den Kritikern vor, »sexuell verklemmt« zu sein. Das blaue Auge sei »offensichtlich aufgemalt«, und »wenn das Modell um einen *pina* bittet, dann meint es zweifellos damit, daß es mehr Sex will«.

Wie setzt man Sex in der Werbung ein, ohne es sich mit den Frauen zu verderben? Mit dem aufkommenden radikalen Feminismus Ende der sechziger Jahre begannen die Frauen öffentlich gegen die Art und Weise der Darstellung in solchen Anzeigen zu protestieren. Eine amerikanische Vereinigung, die sich Women Against Pornography nennt, zeichnet jedes Jahr die Anzeigen mit dem Plastic Pig aus, die sie für pornographisch hält. Zu den »Preisträgern« zählten zum Beispiel: Andrea-Carrano-Schuhe, die in ihrer Werbung ein spärlich bekleidetes junges Mädchen zeigten; Gillette, das eine Politesse in Hot pants zeigte; Gray-Scotch, der in einer romantischen Szene einen grauhaarigen Mann mit einem Mädchen verkuppelt, das seine Tochter hätte sein können, aber offensichtlich nicht war; das alkoholfreie Getränk Orelia für eine Anzeige, die eine Flasche neben dem mit einer Bikinihose bekleideten Hinterteil einer Frau zeigt; Mattel-Spielzeug für eine Szene, die kleine Mädchen zeigt, die sich die Nägel lackieren; und Berlei für einen Werbespot (im Kabelfernsehen), in dem eine junge Frau sich selbst streichelt und stöhnt, während sie ihre Unterwäsche anzieht.

Die Forschung vermutet, daß es die *versteckten Andeutungen* sind, die Frauen besonders anstößig finden. Nacktheit stört sie nicht, solange das Bild angenehm ist und der pornographische Unterton fehlt. Eine Untersuchung des Werberats in Großbritannien kam zu dem Schluß, daß Frauen von Männern *erwarten*, daß sie sich gern weibliche Körper anschauen, und daß auch Frauen gerne die Körper anderer Frauen betrachten. Was ihnen mißfällt, sind schmutzige Wortspiele und das Vorführen von Körperteilen, die für Produkte Reklame machen sollen, die in keiner Beziehung zu ihnen stehen: der Unterleib, mit dessen Hilfe eine Video-Ausrüstung verkauft werden soll, oder ein Oberschenkel in *Potato Quarterly* und daneben die Schlagzeile: »Buy the best bags.« (»Kaufen Sie die besten Packungen.«) Maßgebend scheint zu sein, ob der Körper mit dem Produkt in Zusammenhang steht, für das geworben wird. Während niemand etwas dagegen einzuwenden hatte, daß eine halbnackte Frau am Strand liegend gezeigt wird und für Ambre Solaire von L'Oréal wirbt, unter der Überschrift: »The only thing a woman should burn is her bra« (»Das einzige, was eine Frau verbrennen sollte, ist ihr BH«), protestierten viele Frauen energisch dagegen, daß Harvey Nichols, ein renommiertes Geschäft in London, eine nackte Frau benutzte, um für

seine Mode Reklame zu machen. »Was«, wollte eine der Beschwerde-
führerinnen wissen, »hat ein nackter Busen mit dem Verkauf von
Kleidern zu tun?«

Noch ist ungewiß, wie sich der Einfluß von AIDS langfristig auf
solche Anzeigen auswirken wird. Ein extremer Standpunkt lautet,
daß die Öffentlichkeit solche Anzeigen nicht länger tolerieren wird.
Ein Werbefachmann berichtete von der »gespannten Atmosphäre«
in einem Kino, als kurz nach einem Werbespot von Southern Comfort, in dem ein Junge mit einem gutaussehenden Fremden in einem
enganliegenden Anzug fortgeht, die Warnung der Regierung vor
AIDS folgte. Andere sind der Meinung, daß Sex eine romantische Ver-
brämung erfahren werden wird. In der Tat bekannten sich 1988 einige Werbungtreibende wieder zu einem eher traditionellen Ansatz.
Und eine dritte Gruppe glaubt, die Wirkung werde gleich Null sein:
Sex werde eine noch stärkere Anziehungskraft haben, wenn man ihn
auf die Phantasie beschränken müsse.

Eine große Zahl von Leuten ist der Ansicht, daß sich die Zuschauer nicht einmal bewußt sind, wann Werbungtreibende Sex
dazu benutzen, um ein Produkt zu verkaufen. Die Anzeige, die sie
sehen, ist nicht mehr als ein Köder; die Werbung zeigt ihre Wirkung
auf einer anderen Bewußtseinsebene. Das Problem der unterschwelligen Werbung beschäftigt uns schon seit langem. Die Werbebranche
weist es mit Verachtung von sich – »Ich war (und bin) davon überzeugt, daß unterschwellige Werbung wie das Einhorn der Fabel ent-
stammt«, meint Barry Day. »Ich bin seit 25 Jahren Kreativer«, sagt
Burt Manning. »Ich habe noch keinen Layouter oder Art director ken-
nengelernt, der jemals davon gesprochen hätte.«

Wer von der Existenz unterschwelliger Werbung überzeugt ist,
könnte meinen, daß diese Aussagen lediglich die Existenz einer gewaltigen Verschwörung beweisen. Wilson Bryan Key, der sehr viel
Geld damit verdiente, daß er »das Geheimnis« lüftete, »wie Werbeleute Wünsche wecken«, schrieb in einem seiner Bücher: »Jeder, der
dieses Buch liest, wurde durch unterschwellige Reize betrogen und
manipuliert, die von den Verkaufsexperten der Massenmedien in
sein Unterbewußtsein dirigiert wurden. Die Methoden sind bei den
Medien, Werbe- und Presseagenturen, Industrie- und Handelsunter-
nehmen und bei der Regierung selbst weit verbreitet. Das Geheimnis
wurde gut gehütet...«[43]

Unterschwellige Werbung bedeutet, Leute Reizen auszusetzen, die sie nicht *bewußt* wahrnehmen. Das Thema hat die Forscher seit über 100 Jahren gefesselt und verwirrt. Die Untersuchungen befaßten sich mit der Frage, ob unterschwellige Signale aufgenommen werden können oder nicht, und ob solche Reize die Einstellung der Menschen sowie ihre Verhaltens- oder Kaufmuster veränderten.

Auch die einschlägige Literatur liefert keine Beweise. Der Leitfaden *Behavioural Aspects of Marketing* formuliert es folgendermaßen: »Obwohl irgendwann nachgewiesen wurde, daß einzelne Personen unter wissenschaftlichen Bedingungen Reize aufnehmen können, die unter ihrer absoluten Wahrnehmungsschwelle liegen, gibt es unterschiedliche Ansichten im Hinblick auf das Vorhandensein unterschwelliger Wahrnehmung unter normalen, unkontrollierten Bedingungen. Außerhalb des Forschungsinstituts ist der einzelne gezwungen, zwischen unzähligen Reizen zu wählen, die über der absoluten Wahrnehmungsschwelle liegen. Ist es daher möglich, daß er auf einen Reiz reagiert, der unter seiner Wahrnehmungsschwelle liegt?«

Die Bezeichnung »unterschwellige Werbung« stammt aus den fünfziger Jahren und wurde von einem amerikanischen Marktforscher namens James Vicary geprägt. Vicary erklärte, er habe eine Möglichkeit gefunden, das Unterbewußtsein des Menschen zu erreichen, indem er Werbebotschaften so kurz auf einer Leinwand zeige, daß sie, obwohl sie nicht bewußt wahrgenommen wurden, dennoch die Leute dazu brachten, das zu tun, was ihnen suggeriert wurde. Skeptiker sagten, Vicary, dem ein Forschungsinstitut gehörte, das nicht gut lief, wolle sich in der Werbebranche wichtig machen.

Vicary sagte, er habe in eine Wochenschau ein einzelnes Filmbild eingebaut, das die Leute unbewußt aufgenommen hätten. Auf diese Weise wurden dem Publikum zwei Werbebotschaften vermittelt – bei der einen ging es um Coca-Cola, bei der anderen um Popcorn. Er behauptete, der Umsatz von Coca-Cola sei danach um 18 Prozent gestiegen und der von Popcorn um nahezu 58 Prozent. Die Geschichte ist weit und breit bekannt; sie ist ein Teil moderner Legendenbildung. Was folgte, ist weit weniger bekannt. Walter Weir, außerordentlicher Professor für Journalismus an der Temple Universität, hat es festgehalten.[44] Vicary wurde aufgefordert, den Test vor Zeugen zu wiederholen. »Weder beim Kauf von Coke noch beim Kauf von Popcorn trat eine Veränderung ein. Mr. Vicary gab zu, daß er die Ergebnisse seines ›Tests‹ gefälscht habe, weil sein Institut nicht lief und er gehofft hatte, es damit wiederbeleben zu können. *Ad Age* veröffentlichte die Geschichte.«

Vance Packards Buch *Die geheimen Verführer* machte das Thema der unterschwelligen Wahrnehmung und ihrer Anwendung allgemein bekannt, obwohl es dort keinen breiten Raum einnahm. Eine plötzlich auftretende allgemeine Besorgnis über die Auswirkungen auf die Menschen, die nicht nur von Werbungtreibenden, sondern auch von skrupellosen Politikern oder sogar von Regierungen manipuliert würden, führte im US-Kongreß und bei der Behörde für das Kommunikationswesen zu erregten Diskussionen. In Großbritannien setzte das Institut für Werbepraktiker einen Untersuchungsausschuß ein, der erklärte, daß die Gefahren der unterschwelligen Werbung »durch keine der vorgetragenen Behauptungen bewiesen wurden«. Dennoch empfahl der Ausschuß, daß seine Mitglieder diese unterschwelligen Methoden weder anwenden noch mit ihnen experimentieren sollten. Im Juli 1958 übernahm der Verband der Werbepraktiker den Bericht und nahm in seine Statuten ein Verbot der unterschwelligen Werbung auf.

Im selben Jahr wurden im Parlament Gerüchte laut, daß die private Fernsehgesellschaft von Wales unterschwellige Werbebotschaften benutzt habe.[45] Die Gesellschaft bestritt dies und erklärte, daß eine »Keep Watching«-Botschaft am Ende des Programms »selbst [für Leute] mit schlechten Augen« genau zu erkennen gewesen sei. In den sechziger Jahren verstummten die öffentlichen Debatten, vermutlich deshalb, weil keine erdrückenden Beweise mehr auftauchten. Die wissenschaftlichen Untersuchungen wurden fortgesetzt, jedoch in kleinerem Umfang. In den siebziger Jahren lebte das öffentliche Interesse wieder auf, wohl als direkte Folge des Buches *Subliminal Seduction* von Wilson Bryan Key. Der Text des Buchumschlags versprach Enthüllungen der folgenden Art: »Wo man die schmutzigen Wörter in einer Anzeige finden kann« und »Die Stelle in einem TV-Werbespot, die eine obszöne Handlung zeigt.« Das Buch griff die alte Verschwörungstheorie wieder auf. Eine Einführung von Marshall McLuhan verlieh dem Ganzen einen seriösen Anstrich. Bis Mitte der achtziger Jahre waren von dem Buch etwa eine Million Exemplare verkauft, und es waren noch zwei weitere Titel erschienen (*Media Sexploitation* und *The Clam-Bake Orgy*). Key soll etwa 90 Vorträge im Jahr gehalten und für jeden 3000 Dollar Honorar verlangt haben.

Key behauptet, daß alle Werbeagenturen unterschwellige Reize in Anzeigen »einbetten«. Diese manipulieren dann das Kaufverhalten der Leute mittels tiefsitzender psychologischer Motivationen. Die Bücher sind voll von Beispielen, die Key gefunden haben will. Seine *cause célèbre* ist eine Anzeige für Gilbey's London Dry Gin, die am 5. Juli 1971 im Magazin *Time* veröffentlicht wurde. Die Werbung zeigt eine mit Eis bedeckte Flasche neben einem großen Gin Tonic. Key bezeichnet dieses Beispiel als »klassisch«. Er erklärt, er habe 1000 männliche und weibliche Testpersonen gebeten, sich die Anzeige anzusehen, während sie sich entspannten. 62 Prozent äußerten Gefühle von »Zufriedenheit«, »Sinnlichkeit«, »Sexualität«, »Romantik«, »Anregung«, »Erregung«, »Aufregung« – und ein paar junge Frauen berichteten, sie seien ganz »geil«! Der Grund hierfür sei, so behauptet Key, daß die Entwerfer absichtlich eine Anzahl von unterschwelligen Signalen miteinbezogen hätten – darunter die Buchstaben »S«, »E« und »X« in Form von Eiswürfeln, teilweise erigierte männliche Geschlechtsteile, und ein weibliches Geschlechtsmerkmal (bei dem die »Vagina geschlossen ist, was darauf hindeutet, daß die Betreffende daliegt und wartet, bis sie an der Reihe ist«).

Ein anderes Beispiel sollte Keys Ansicht untermauern. In dem Buch *Media Sexploitation* beschäftigt sich Key mit dem Bild eines Mädchens von ungefähr zwölf Jahren. Sie steht auf einem Telefonbuch, und die Botschaft für Bell Telephone lautet: »Benutzen Sie Ihr Telefonbuch richtig?« Keys Kommentar: »Andeutungsweise eingebettet in das Bein des Kindes – um unterschwellig wahrgenommen zu werden – sind mehrere Sexismen. Oben an ihrem weißen Strumpf erscheint das Wort FUCK, angedeutet in den Falten des Strumpfes. Diese unterschwelligen Reize sind natürlich in einer Kultur wie der Nordamerikas am wirkungsvollsten, wo jede Anspielung auf Sexualität zwischen Erwachsenen und Kindern sofort unterbunden wird.«

Man könnte meinen, wenn man das glaubt, glaubt man alles. Doch viele Leute glauben es tatsächlich. Keys Bücher sind in den Werbeseminaren einiger amerikanischer Universitäten Pflichtlektüre. »Werbeleute lachen, aber Studenten hören zu«, lautete die Überschrift eines langen Artikels von Professor Jack Haberstroh in *Adver-*

tising Age. Haberstroh, ein Skeptiker, wies darauf hin, daß die allgemeine Meinung dahin gehe, Key einfach zu ignorieren. Aber: »Das Problem ist, er und seine Ideen werden nicht verschwinden ... Ob man ihn mag oder nicht, er bleibt.«

Burt Manning meint, daß der Glaube an unterschwellige Botschaften, und an Keys Bücher im besonderen, Bestand habe, weil er bestätige, was die Leute unbewußt ahnten – daß ihr Verstand manipuliert wird. »Die Menschen neigen dazu, Verschwörungstheorien aufzustellen und sich der Vorstellung hinzugeben, daß irgendwo hoch oben Meister der Manipulation sitzen.« Er ist der Meinung, daß die Leute von dieser Idee sowohl abgestoßen als auch angezogen würden: »Diese starke Kraft, die ihre Aufmerksamkeit wecken soll, hat etwas Anziehendes an sich.« Manning behauptet, lediglich eine Anzeige zu kennen, die eine »versteckte« Botschaft enthielt. Es handelte sich um eine gedruckte Anzeige für Uhren um die Weihnachtszeit herum, und sie zeigte viele Weihnachtsmänner, die alle ihre Handgelenke hochhielten. Bei näherem Hinsehen sah man, daß einer der Weihnachtsmänner seine Finger zu einer Geste erhoben hatte, die signalisierte: »Du kannst mich mal.« »Das ist die einzige unterschwellige Werbung, von der ich gehört habe..., doch nun hat er [Key] dieses Buch geschrieben, und ich kann mir Anzeigen mit Eiswürfeln anschauen und kann dann Nackte sehen. Aber man kann auch in die Wolken schauen und sich ausmalen, welche Orgien dort oben stattfinden, was er [Key] sicherlich tut...«

Dr. Stephen Kelley, ein Marketingforscher, der im *Journal of Advertising* diesem Thema seine Aufmerksamkeit – und seine Forschungsarbeit – widmete, schrieb[46]:

»Wenn man jemandem sagt, worauf er achten soll, kann man davon ausgehen, daß es in den Zeitschriftenanzeigen, die er [Key] anführt, anscheinend Dinge zu sehen gibt wie die Buchstaben S-E-X in Form von Eiswürfeln, sich spiegelnde Phallussymbole, schemenhafte, verführerisch nackte Körper und Todessymbole. Untersuchungen mit Zielgruppen, die von dem Autor und anderen durchgeführt wurden, haben gezeigt, daß Leute diese Bilder finden können, wenn man ihnen sagt, wie. In der Tat können sie solche Bilder auch in anderen gedruckten Anzeigen finden, die ihnen nicht von Key vorgelegt werden. Wenn sie glauben, diese Bilder zu sehen, dann existieren sie für sie tatsächlich. Wie kann jemand behaupten, diese Bilder existierten nicht? Deshalb ist die Behauptung schwer zu widerlegen, daß Werbungtreibende Bilder in Anzeigen einbetten, um unser Unterbewußtsein anzuregen.«

Kelly selbst wollte herausfinden, was passierte, wenn mehrere College-Studenten eigens hergestellte Zeitschriften vorgelegt würden, von denen die eine Anzeigen enthielt, die nach Keys Ansicht unterschwellige Botschaften in sich bargen, und die andere mit Anzeigen versehen war, die »keine sichtbaren unterschwelligen Reize erkennen ließen«. Danach wurden die Studenten gefragt, ob sie sich an irgendeinen Markennamen oder an eine Abbildung erinnerten, um zu sehen, ob die Zeitschrift mit »unterschwelliger Werbung« besser abschnitt. Das Resultat: Es war kein wesentlicher Unterschied festzustellen. Damit hätte es sein Bewenden haben können. Doch Kelly war der Meinung, »es sei voreilig, anzunehmen, solche Anzeigen hätten keinen Einfluß auf die Konsumenten«, weil man bisher nur die *Erinnerung* gemessen habe, und daß daher andere Tests – zum Beispiel im Hinblick auf die Wiedererkennung – vonnöten seien.

Sechs Jahre später kam ein Regierungsgremium in Neuseeland zu dem Schluß, daß es keine Beweise dafür gebe, daß irgendwelche unterschwelligen Symbole in Anzeigen irgendeine Wirkung auf die Einstellung oder das Verhalten der Betrachter hätten.[47] Der Umstand, der zur Einsetzung des Gremiums führte, ist bemerkenswert. Es wurde von Margaret Shields einberufen, der Ministerin für Verbraucherangelegenheiten, nachdem sie behauptet hatte, in einer Rum-Reklame unterschwellige Formen und Botschaften entdeckt zu haben. Auf der Anzeige war zu sehen, wie Rum in drei Gläser gegossen wurde, und zweifellos sah die Flüssigkeit, die in das rechte Glas floß, unverkennbar wie ein Penis aus. Die Anzeige wurde aus dem Verkehr gezogen, aber die Agentur bestritt die Behauptungen und erklärte, die Anzeige habe »ihren Verlauf genommen«. Das Gremium, das eine Anzahl von Experten anhörte und viele Anzeigen prüfte, kam zu dem Schluß, daß es keinen Beweis dafür gebe, daß in Anzeigen für Alkohol absichtlich unterschwellige Botschaften plaziert worden seien.

Es ist jedoch zu bezweifeln, daß solche Berichte fest verwurzelte Überzeugungen ändern können. Drei Forscher, die 209 in der Hauptstadt Washington willkürlich ausgewählte Personen befragten, fanden heraus, daß 81 Prozent schon einmal etwas von unterschwelliger Werbung gehört hatten, und von diesen waren über 80 Prozent der

Meinung, sie werde heutzutage eingesetzt, und weitere zwölf Prozent waren »nicht sicher«[48]. Immerhin waren 68 Prozent davon überzeugt, daß man mit Hilfe von unterschwelliger Werbung erfolgreich Produkte verkaufen könne, und mehr als die Hälfte glaubte, diese Methode werde »immer« oder »oft« von Werbungtreibenden angewandt. Gleichzeitig »waren diejenigen, die sich des Phänomens bewußt waren, der Meinung – in einem Verhältnis von zwei zu eins –, so etwas sei untragbar, unmoralisch und schädlich«.

Der beinahe mythische Glaube an die Macht unterschwelliger Beeinflussung kommt in der Art zum Ausdruck, in der Öffentlichkeit und Medien gleichermaßen mit artverwandten Phänomenen umgehen. 1986 begrüßte die *Times* »ein revolutionäres und umstrittenes Sicherheitssystem, das noch in diesem Jahr in der Hauptgeschäftsstraße eingesetzt werden soll...«[49] Unter der Bezeichnung »reinforcement messaging« werden über die Lautsprecher eines Geschäfts Botschaften wie »Sei ehrlich – stiehl nicht« verbreitet, und zwar in der richtigen Lautstärke, damit der Eindruck entsteht, man stünde neben dem Sprecher. Ein Computer kontrolliert Hintergrundgeräusche und Musik und hält so das Output auf dem jeweils richtigen Level. Kunden und Angestellte empfangen die Botschaften angeblich, ohne es zu bemerken, und reagieren dementsprechend.

Die *Times* verwies auf ein ähnliches, »aber angeblich weniger ausgeklügeltes System« das in Portland, Oregon, zum Einsatz gekommen sei. Doch äußerte sie sich skeptisch zu der Behauptung der Hersteller, das System könne den Diebstahl von Waren um 30 Prozent senken. Sie billigte dem System eine gewisse Effektivität zu und veröffentlichte mehrere Aussagen von interessierten Unternehmen.

Ein ähnliches System kam recht häufig in Warenhäusern zum Einsatz. Einschmeichelnde Musik wurde mit Botschaften wie »Ich bin ehrlich, ich werde nicht stehlen« vermischt. Ein Immobilienmakler in Toronto installierte ein solches Gerät in seinem Büro, um seine Mitarbeiter zu motivieren – es wiederholte ständig die Botschaft: »Ich liebe Immobilien. Ich werde jeden Tag nach neuen Objekten für Kunden suchen.«

Stimutech Inc., ein amerikanisches Unternehmen in East Lansing, Michigan, überredete Menschen sogar dazu, sich zum Preis von 39,95 Dollar unterschwelligen Botschaften auszusetzen. Für diesen Betrag (plus weitere 89,95 Dollar für die entsprechende Hardware) erhielten die Käufer ein Computerprogramm, das unterschwellige Botschaften aussandte, wenn sie vor dem Fernsehgerät saßen. Die Programme waren zum Beispiel darauf ausgerichtet, Leuten beim Abnehmen zu helfen, Streß unter Kontrolle zu halten, das Trinken einzuschränken, ein befriedigenderes Sexleben zu führen – oder besser Golf zu spielen. Der einschlägigen Literatur zufolge zeigte das System – Expando-Vision genannt – unterschwellige Botschaften »in einer Dreißigstelsekunde (schneller als das Auge sehen kann), während der Benutzer die regulären Fernsehprogramme sieht«. Wallace LaBenne, Psychotherapeut und Professor für Schulpsychologie, half bei der Programmierung der Bänder. Über das Sex-Band sagte er: »Im Hinblick auf sexuelles Selbstvertrauen haben wir einige sehr positive Aussagen verwendet, beispielsweise: ›Mein Körper sieht gut aus‹, ›Mein Körper riecht gut‹, ›Ich bin sinnlich‹, ›Mein Körper bewegt sich gut‹, ›Ich bin ein guter Liebhaber‹, ›Mein Körper fühlt sich gut‹, ›Mein Blut gerät in Wallung‹. Das sind alles positive Bestätigungen, die das Selbstbewußtsein des Zuschauers stärken.« Weil das Ganze in Eigenregie geschehe, gebe es »keinen Big Brother und keine Manipulation«. Es ist illegal, unterschwellige Botschaften über den Äther zu verbreiten, doch das Unternehmen behauptet, daß es keine öffentlichen Frequenzen benutze. Woher weiß man, ob das System funktioniert? Das Unternehmen hat auch darauf eine Antwort parat: »Man weiß, daß es funktioniert, wenn man anfängt, sich so zu verhalten, wie man will. Laß ihm ein wenig Zeit … benutze es konsequent … und dann erkenne, wie sich dein Leben zum Positiven verändert.«[50]

Das Wort »unterschwellig« übt an sich schon eine gewisse Macht aus. Das US-Magazin *New Woman* erfand ein Verfahren, das als »unterschwelliges Zusammenwirken« bezeichnet wurde, und das angeblich mehr Leser dazu brachte, sich die Anzeigen anzuschauen.[51] Dominante Farben der vierfarbigen Anzeige werden unter die Überschriften des gegenüberliegenden redaktionellen Teils gelegt. Damit soll erreicht werden, daß die Leserin ihren Blick automatisch vom redaktionellen Teil zur Anzeige wendet. Somit paßt das Blau der Spalte Ernährung mit der Überschrift »Abnehmen« zu dem Blau in der Vitamin-Werbung von Roche auf der rechten Seite. Welche Überraschung: Die Forschung beweist, daß es funktioniert – »im Falle einer Kosmetikanzeige in *New Woman* bei der das Verfahren angewandt wurde, ... stieg das auf die Anzeige verwendete Interesse auf 88 Prozent. Das sind 29 Punkte über der 59-Prozent-Norm für alle Zeitschriften, die bis heute getestet wurden.«

Als Journalist neige ich dazu, von den meisten großen Organisationen nur das Schlechteste zu denken, doch letztlich reagiere ich im Hinblick auf unterschwellige Manipulation ebenso zynisch wie bei fliegenden Untertassen, dem Bermuda-Dreieck und anderen Phänomenen dieser Art, die offensichtlich bei Millionen von Menschen ein psychologisches Bedürfnis befriedigen.

Laut United Press International 1978 benutzte ein Fernsehsender im Mittelwesten während einer Nachrichtensendung eine unterschwellige Botschaft, um einen mutmaßlichen Massenmörder zu erreichen.[52] Auf Bitten der Polizei wurde eine Botschaft – »Setzen Sie sich mit dem Chef in Verbindung« – ausgestrahlt, nachdem die Behörde für das Kommunikationswesen (FCC) eine Sondergenehmigung erteilt hatte. Mein Erstaunen hielt sich in Grenzen, als ich feststellte, daß sich der Verdächtige nicht mit der Polizei in Verbindung setzte.

Dennoch *habe* ich ein Beispiel für unterschwellige Beeinflussung gesehen. Als ich am 29. August 1985 ein Programm der BBC auf Video aufzeichnete, nahm ich zufällig die ersten Minuten von *Sing Country* auf, einem 25minütigen Auszug aus einer Reihe von Country-Musik-Konzerten, die von Silk Cut, einer Zigarettenmarke von Gallaher, gesponsort wurden.

Die ersten Sekunden des BBC-Programms bestanden aus einer Montage von Szenen aus der Konzertreihe. Das Bild verwandelte sich dann in ein Muster aus Formen und Farben, ehe schließlich der Künstler des Abends erschien. Es lag etwas seltsam Vertrautes in dem Muster, obwohl es nur einen kurzen Moment zu sehen war. Ich spulte das Band zurück und hielt das Bild an.

Das Muster, bei dem Gruppen von farbigen Quadraten kompliziert ineinander verschachtelt waren, wurde von Silk-Cut-Zigaretten als zentrales Merkmal für ihre Print-Anzeigen benutzt. Was ich und Millionen anderer Zuschauer gesehen hatten (aber wahrscheinlich nicht bewußt, weil es so kurz war), war das Bildelement einer Zigarettenanzeige. Aber ich muß in aller Aufrichtigkeit gestehen, daß es in mir als ehemaligem Raucher nicht den spürbaren Wunsch weckte, nach einer Zigarette zu greifen...

REGELN UND SCHIEDSRICHTER

»Man kann ziemlich viele Wählerstimmen fangen,
wenn man erklärt, man wolle die Werbung entweder besteuern oder abschaffen.«
Barry Day, Vizepräsident von McCann-Erickson Worldwide

Das Paar in dem Werbespot ist frisch verheiratet und verbringt seine Hochzeitsnacht. Die Zuschauer können nicht sehen, was die beiden tun, aber man hört Ächzen und Stöhnen. Die Braut murmelt: »Beinah.« Darauf folgt ein Seufzer der Enttäuschung, und der Bräutigam meint: »Laß es uns nochmal versuchen.« In diesem Augenblick wird die Werbeaussage – und der Grund für Geräusche und Dialog – entschlüsselt: Das Paar war mit einem seiner Hochzeitsgeschenke beschäftigt, einem Videospiel von Atari.

Ein weiteres Beispiel: eine gedruckte Anzeige. Sie wird beherrscht von dem Gesicht eines verheirateten Mannes mittleren Alters in Großaufnahme. »Jeder Mann sollte mindestens einmal im Jahr sein Heim verlassen«, lautet die Schlagzeile. Man propagiert den Ehebruch, um eine Seereise zu verkaufen. In einem anderen Werbespot, in dem es um Seife und Deodorant geht, unterhalten sich zwei Freundinnen darüber, daß die Leute denken, sie seien lesbisch (und es weist alles darauf hin, daß sie es sind)...

Die Beispiele stammen aus Brasilien, Lateinamerikas größtem Verbrauchermarkt; ein Land, in dem hinsichtlich der Werbung fast alles noch erlaubt ist. Doch die meisten Länder haben ihre eigenen – oftmals bezeichnenden – Vorstellungen davon, was in Anzeigen und Spots gezeigt werden darf und was nicht. In Malaysia dürfen Anzeigen keine Achselhöhlen zeigen. In türkischen Werbespots darf ein Mann niemals bei Rot die Straße überqueren. In Portugal dürfen keine Slangausdrücke verwendet werden. In Irland ist Werbung für Hygiene-Produkte zwar erlaubt, es dürfen jedoch dabei keine Diagramme zum Einsatz kommen. In Frankreich dürfen in einem Werbespot für Smarties Kinder zwar tanzen, aber den Werbeslogan müssen Erwachsene singen (denn würde er von den Kindern gesungen, würde das bedeuten, daß sie das Produkt empfehlen, obwohl Kinder in Frankreich keine Waren anpreisen dürfen). In Großbritannien dürfen Werbungtreibende für einige Getränke nur zu bestimmten Zeiten im Fernsehen Reklame machen – und sie dürfen niemals (um ein aktuelles Beispiel zu nennen) einen Mann zeigen, der beim Rollschuhlaufen trinkt.

In vielen Ländern ist die Zigarettenwerbung aus dem Fernsehen verbannt worden – in Spanien darf für Zigaretten Reklame gemacht werden, jedoch nur während der Phase der Markteinführung, nur nach 21.30 Uhr, und auch nur dann, wenn der Werbungtreibende bereit ist, für den Zigarettenspot zweimal so viel zu bezahlen wie für andere Werbespots. In Schweden erregt eine Print-Anzeige, die einen jungen Mann und eine junge Frau in Frontalaufnahme vollkommen nackt zeigt, wenig Aufmerksamkeit.* Aber in demselben Land sind die Beschränkungen für Getränkewerbung so streng, daß internationale Alkoholhersteller den Besitzern von Restaurants und Klubs Geld dafür anbieten, daß sie Aschenbecher mit ihren Markennamen auf ihre Tische stellen.

Für den Werbungtreibenden – und für seine Agentur – steckt die Welt nicht nur voller Möglichkeiten, sondern auch voller Regeln und Beschränkungen. Einige davon sind nicht mehr als ein Ärgernis, andere wiederum werden vielleicht sogar begrüßt (weil sie eher den Werbungtreibenden vor neuer Konkurrenz schützen als den Verbraucher vor ihm). Manche Reglements werden als Hindernis für den Erfolg, als Eingriff (wenn auch legal) in die Grundrechte oder als Einschränkung der Freiheit betrachtet. Allzu oft sieht der Werbungtreibende böse Kräfte hinter diesen Beschränkungen; er fühlt sich möglicherweise nicht aufgrund dessen angriffen, was er ist, sondern aufgrund dessen, was er repräsentiert; er ist der Repräsentant des westlichen Kapitalismus und sieht sich deshalb unter Beschuß.

»Die Werbebranche sieht sich weltweit einer starken Ausweitung von Vorschriften und Beschränkungen gegenüber«, hieß es in einem Papier, das im Jahr 1984 der Globalen Medienkommission des internationalen Verbandes der Werbefachleute vorgelegt wurde. Sogar in Brasilien gibt es derartige Vorschriften.[1] Die dortige Werbe- und Medienbranche wurde gezwungen, einen Ausschuß zur Selbstkon-

---

* Die beiden Nackten warben für eine Studentenzeitung, deren Botschaft lautete: Studenten sind auch Verbraucher!

trolle einzusetzen, der bereits die Entscheidung fällte, daß Werbespots für Zigaretten und Alkohol nicht vor 21 Uhr gezeigt werden dürften. Die Lobby der Werbebranche erreichte jedoch, daß 1987 ein Verbot der Werbung für Tabak, Medikamente, Pestizide und Alkohol aus einem Gesetzesentwurf für die neue Verfassung des Landes gestrichen wurde.

Werbebeschränkungen gelten weltweit, sind variabel, ziehen Faktoren in Betracht, die von Betrug bis Geschmack reichen, und beziehen in zunehmendem Maße Bürokraten auf allen Ebenen mit ein, angefangen von den Vereinten Nationen und der Europäischen Gemeinschaft bis hin zu kleinen örtlichen Organisationen.

Die Konsequenzen von Werbebeschränkungen sind häufig absurd, ein Eindruck, der sich bei Gesprächen unter Werbeleuten noch verstärkt. Dennoch können sie für Werbungtreibende der dominierende Faktor im gesamten Werbeprozeß sein. Schließlich ist die Hauptsache jeder Werbung eine Botschaft, die gesehen und gehört wird. Beschränkungen behindern diesen Prozeß. Sie werden auf verschiedenen Ebenen angesiedelt: international und regional, sowie im nationalen Rahmen durch die einzelnen Regierungen. Der Einfluß der Vereinten Nationen ist in den Ländern besonders stark, in denen es bisher keine gesetzlichen Beschränkungen gab, vor allem in den Entwicklungsländern. Dort werden UN-Regelungen zur Grundlage für einheimische Gesetze. 1986 wurde eine Reihe von Richtlinien für den Vertrieb von Babynahrung, die 1981 von der Weltgesundheitsorganisation verabschiedet worden waren, bis zu einem gewissen Grad in 39 verschiedenen Ländern rechtsverbindlich.

Auf regionaler Ebene entwickelte die Europäische Gemeinschaft mehrere Programme für den Verbraucherschutz. Nach fast sechs Jahren zähen Ringens stimmte die Gemeinschaft 1984 im Hinblick auf den Umgang mit »irreführender« Werbung in Europa neuen Regelungen zu. Auf nationaler Ebene gibt es in Industrieländern wie den USA und Großbritannien wiederum Beschränkungen unterschiedlichen Ranges – angefangen von landesweiten Bestimmungen und Selbstüberwachungssystemen der Industrie bis hin zur Selbstkontrolle seitens des Werbungtreibenden oder des Medienunternehmens.

Die Zahl der Gesetze, die sich auf die Werbung beziehen, ist beachtlich. In Großbritannien reichen sie von der Krebsgesetzgebung aus dem Jahre 1939 (die die allgemeine Werbung für Krebsheilmittel verbietet) bis hin zur Verordnung über den Kraftstoffverbrauch von Personenwagen aus dem Jahr 1977 (die fordert, daß Anzeigen für neue Autos, die den Kraftstoffverbrauch erwähnen, offizielle Zahlen des Energieministeriums enthalten müssen). Am häufigsten kommt ein Gesetz aus dem Jahr 1968 zur Anwendung, das irreführende Angaben über Waren und Dienstleistungen verbietet. Werbungtreibende können rechtlich belangt werden; dies geschieht auch mitunter. In einem solchen Fall ordnete das Oberste Zivilgericht an, daß die Supermarkt-Kette Sainsbury ihre Werbekampagne für Saumur-Wein einstellen müsse, da sie Anspielungen auf Champagner enthielt.[2] Dieses Urteil wurde von Moët et Chandon zugunsten der gesamten Champagnerbranche erwirkt, die sich gegen einen Hinweis im Anzeigentext zur Wehr setzte, daß man den Wein auch als Champagner ausgeben könne. In einem anderen Fall, gewissermaßen am anderen Ende der Spektren von Marketing und Recht, verklagte ein Klempner aus Sussex mit Erfolg einen Sexshop, weil seine Videos nicht so pornographisch waren, wie die Werbung behauptete. (»Hier handelt es sich in gar keinem Fall um harte Pornos; man kann sie nicht einmal als Softpornos bezeichnen. An ihnen würde niemand Anstoß nehmen«, erklärte er seiner lokalen Zeitung.)[3]

In den Vereinigten Staaten befassen sich eine Anzahl von Bundes- und einzelstaatlichen Gesetzen mit Werbung – vom Auszeichnungsgesetz für Pelzwaren aus dem Jahr 1951 (das die Verbraucher unter anderem vor unlauterer Werbung für Pelze und Pelzwaren schützt), bis hin zum Gesetz über die Wahrheitstreue im Kreditverkehr aus dem Jahr 1968 (wonach Anzeigen von Kreditunternehmen Einzelheiten über die Finanzierung enthalten müssen).[4] Das wichtigste jedoch ist das Gesetz aus dem Jahr 1914, das die Handelsbehörde (FTC) begründete, jene Bundesbehörde, die die Praktiken im Marketingbereich zum größen Teil regelt. Das Gesetz über die Handelsbehörde stellte einen Nachtrag zum Sherman Act (Gesetz zur Regelung von Fragen des Wettbewerbsrechts) dar, das 1890 vom Kongreß verabschiedet wurde, nachdem es zu öffentlichen Protesten über die Behandlung der Verbraucher und kleineren Geschäfte durch die riesigen Monopolgesellschaften gekommen war. Die Behörde besteht aus fünf Kommissaren, die vom Präsidenten ernannt werden. Sie sind in der Regel Rechtsanwälte und sieben Jahre im Amt. Ein Mitarbeiterstab informiert sie über Anzeigen, die nach Beschwerden von außen oder aufgrund eigener Untersuchungen als »irreführend« erachtet werden. Besteht Einigkeit darüber, daß es sich um ungesetzliche Werbung handelt, so verfügen die Kommissare über enorme Machtmittel. Die Handelsbehörde kann Bußgelder und andere Strafen verhängen; unter anderem kann sie die Werbungtreibenden zwingen, »korrigierende« Anzeigen zu veröffentlichen. Obwohl aber das Schwert der Handelsbehörde scharf ist, kann es, wie John O'Toole dargelegt hat, lange dauern, bis es verletzt. »Formelle Maßnahmen der Handelsbehörde können mehrere Jahre dauern. Zumindest ein Fall hat fast 20 Jahre gedauert. Wenn die Sache dann endlich erledigt ist, hat der geschädigte Verbraucher nicht nur den Glauben an die Werbung, sondern auch den Glauben an seine Regierung verloren. Und er als Steuerzahler muß dabei bitter büßen. Regierungen sind in ihrer Fähigkeit unübertroffen, das Einfache ins Komplexe – und Kostspielige – zu verkehren.«[5]

Die Interpretation ihres Auftrags durch die Behörde ist möglicherweise auch vom politischen Klima abhängig, obwohl nicht mehr als drei der fünf Kommissare derselben Partei angehören dürfen. Seit Präsident Reagans Amtsantritt hörte die Behörde auf, als sogenanntes »Kindermädchen der Nation« zu agieren und beschloß vielmehr, ihre Kräfte für jene Fälle aufzusparen, die sie für ausgesprochenen Betrug hielt. Stanley E. Cohen, Kolumnist von *Advertising Age* in Washington, faßte diesen Wandel 1984 folgendermaßen zusammen: »Nach Ansicht der Mehrheit der Handelsbehörde stellen die meisten Formen irreführender Werbung keine ernsthafte wirtschaftliche oder moralische Gefahr dar. Sie ist der Meinung, daß es besser sei, ein wenig zu mogeln, als eine lästige Bürokratie zu ertragen. Die Handelsbehörde will gegen tatsächlichen Betrug zu Felde ziehen. Aber was ist mit Halbwahrheiten und zielgerichteten Manipulationen? *Caveat emptor* heißt das Heilmittel. Die Konkurrenten verklagen sich gegenseitig, und die Verbraucher lernen, die Tricks der Werbungtreibenden zu durchschauen.«[6] In einem Zeitraum von zwölf Monaten hat die Handelsbehörde lediglich 15 Fälle aus der Werbung strafrechtlich verfolgt, und nur eine Klage richtete sich gegen eine große Werbekampagne eines bekannten Inserenten, nämlich Brown Williamson. Im selben Jahr beurteilte das Selbstkontrollorgan der Branche viermal so viele Kampagnen als untragbar. Daniel Oliver, ein neuer Kommissar der Handelsbehörde, meinte später: »Ich glaube, das Aufstellen von Regeln ist kein brauchbarer Weg, um Werbung in den Griff zu bekommen.«*Advertising Age* erklärte 1988, die Reagan-Ära habe die Handelsbehörde»so vorsichtig im Hinblick auf ›Überregulierung‹ werden lassen, daß sie als eigenständige Kraft praktisch aufgehört habe zu existieren«. Unter einem neuen Präsidenten wird man sich entscheiden müssen, welche Funktion die Handelsbehörde in der Zukunft haben wird.

Werbungtreibende sind vermutlich nicht an einer allzu aktiven Handelsbehörde interessiert, aber das bedeutet nicht, daß die Behörde zu große Distanz wahren soll. Hier liegt die Gefahr, daß sich einzelne Staaten selbst engagieren, was zu einer sogenannten Balkanisierung der werberechtlichen Vorschriften führen könnte. So versuchte in einem Fall ein Richter am Bezirksgericht in New York zu entscheiden, ob Chesebrough-Pond's Vaseline-Intensiv-Pflege besser für trockene Haut geeignet sei als Procter and Gambles verbessertes Produkt Wondra. In Kalifornien sollte ein Gericht die Frage beurteilen, ob sich Vertreiber von Frühstückskost unfair und irreführend verhielten, wenn sie langfristige Werbekampagnen mit dem Ziel durchführten, Kinder zu beeinflussen. Ein anderes Mal verlangten die Generalstaatsanwälte von New York, Texas und Kalifornien, McDonald's solle seine»irreführende« Werbung bezüglich des Nährwerts seiner Mahlzeiten einstellen.

Bruce Silverglade, Leiter der Rechtsabteilung des Center for Science in the Public Interest, einer Interessenorganisation der Verbraucher, warnte:»Das Ergebnis könnte sein, daß Werbungtreibende mit widersprüchlichen und relativ unvorhersehbaren Forderungen konfrontiert werden, die ihnen mehr schlaflose Nächte bereiten, als es eine aktive Handelsbehörde jemals getan hat.« In einem Fall wandte sich seine Verbraucherorganisation an das Büro des Generalstaatsanwalts von New York und an die Abteilung für überregionale Werbung der Organisation zur Aufdeckung irreführender Werbung und betrügerischer Geschäftsmethoden, als die Handelsbehörde es versäumte, sich mit einer Beschwerde zu befassen, die sich gegen Behauptungen hinsichtlich des Nährwerts in Campbells Suppen-Reklame richtete.[7] NAD, das Selbstkontrollorgan der Branche, empfahl, gewisse Behauptungen hinsichtlich des Nährwerts fallen zu lassen. Der Staat New York verlangte, daß zukünftige Anzeigen des Unternehmens den Hinweis enthalten sollten, daß Campbell eine

Reihe von Suppen mit geringem Natriumgehalt produziert. Campbell erfüllte daraufhin die Bedingungen der New Yorker Vereinbarung im ganzen Land, weil es ungeschickt war, in verschiedenen Regionen verschiedene Kampagnen durchzuführen.

In allen Ländern, gleichgültig, ob es nun ein Gesetz gibt oder nicht, bestimmen offenbar die Medien, was die Werbungtreibenden sagen dürfen. Erst kürzlich schränkte das Fernsehen in den USA die Werbung ein – das bedeutete für die drei großen Sendernetze, daß zur Hauptsendezeit nicht mehr als neuneinhalb Minuten Werbung in einer Stunde gesendet werden durften; für Privatsender waren es 14 Minuten. 1979 erhob das Justizministerium Klage gegen den Verband der Rundfunkstationen (NAB) und beschuldigte ihn, die Werbekosten durch Einschränkung des Angebots in die Höhe getrieben zu haben.[8] Drei Jahre später unterzeichnete ein Bezirksrichter eine Konsenserklärung, in der NAB und das Justizministerium übereinkamen, die Beschränkungen aufzuheben.[9]

Rundfunkstationen können nun also zumindest theoretisch so viele Werbespots senden, wie sie wollen. In der Praxis müssen sich die Sender danach richten, was ihre Inserenten für annehmbar halten – vor allem große Inserenten vertreten strenge Ansichten im Hinblick auf die Zahl der Anzeigen und den sich daraus ergebenden »Block«-Effekt, der die Botschaft ihrer Werbespots abschwächt. Dennoch haben die Medien großen Einfluß auf das, was gesendet wird, und in den Vereinigten Staaten können die drei großen Sendernetze dafür sorgen, daß ganze Kampagnen abgeblasen werden. Jede große Sendeanstalt hat eine für die Wahrung der eigenen Sendestandards zuständige Abteilung, die aus einer Vielzahl von Gründen entscheiden kann, einen Werbespot nicht zu senden. Zum Beispiel kann sie der Meinung sein, daß er eine bestimmte gesellschaftliche Gruppe herablassend behandelt, oder (ein wichtiger Grund) daß er »geschmacklos« ist. Werbungtreibende beklagen sich mitunter darüber, daß die Sender bei ihrem Versuch, niemanden zu verstimmen, zwangsläufig übervorsichtig seien. Len Sugerman von Foote Cone and Belding wendet ein, daß die Normen, die die Sender aufstellen, »völlig unrealistisch« seien: »Was sie propagieren, ist eine sterile Werbung.« C. Richard Williams, Werbetexter aus New York, klagte: »Der Sachverhalt ist so, daß der Sender bestimmt, was ein annehmbarer Werbespot ist. Es liegt daher viel Macht in den Händen einer kleinen Gruppe von Leuten.«

Dies ist eine gewaltige Aufgabe. ABC zum Beispiel sieht sich pro Jahr ungefähr 45 000 bis 50 000 Werbespots im voraus an und akzeptiert nur etwa 60 Prozent davon. Etwa drei Prozent werden völlig abgelehnt, die übrigen 37 Prozent werden mit Einschränkungen als annehmbar eingestuft. Das Urteil ist zwangsläufig subjektiv, obwohl ABC erklärt, die Redakteure übernähmen längerfristig die Verantwortung für verschiedene Produktkategorien, um sich so spezielle Kenntnisse anzueignen. »Was wir im Grunde suchen«, meint Alan Wurtzel, der verantwortliche Mann für Sendestandards und Praktiken bei ABC, »sind Maßstäbe im Hinblick auf Geschmack und Angemessenheit.« Das aber sind Bereiche, die verschiedene Deutungen zulassen, obwohl in der Praxis sowohl die Agenturen als auch ihre »Zensoren« Normen hinsichtlich dessen entwickelt haben, was erlaubt ist und was nicht. Dieser Sachverhalt wird allerdings dadurch kompliziert, daß diese Einschätzungen von Sender zu Sender verschieden sein können. 1983 wollte CBS zulassen, daß in Werbespots für Bier Personen gezeigt wurden, die tatsächlich Bier tranken, aber die beiden anderen Sender lehnten das ab.

In Großbritannien werden beide kommerziellen Fernsehanstalten ebenso wie das kommerzielle Radio von der Rundfunkbehörde überwacht. (Im Januar 1988 kündigte die Regierung Vorschläge für das kommerzielle Radio an, einschließlich neuer überregionaler und »lokaler« Sender. Die Entscheidung wurde als Versuch gewertet, den schrittweisen Rückzug der Rundfunkbehörde aus dem Rundfunk einzuleiten.) Laut Gesetz hat die Behörde die Pflicht und die Möglichkeit, jede Anzeige zu verbieten, die man dem gesunden Menschenverstand zufolge als irreführend bezeichen könnte, und zu entscheiden, welche Gruppen und Arten von Anzeigen und Werbemethoden ausgeschlossen werden sollten.

Die Behörde darf das Höchstmaß an Werbung festsetzen, das gesendet werden kann (siebeneinhalb Minuten pro Stunde). Sie brachte außerdem einen Kodex der Standards und Verhaltensweisen im Bereich der Werbung heraus. Dieses Statut umfaßt 20 Seiten, und der Index verweist auf ihre Einstellung gegenüber Themen, die von der Bankwerbung über den Einsatz von Ärzten in Werbespots (abgelehnt!) bis hin zu der Forderung reichen, Kinder sollten in Anzeigen

»wohlerzogen und artig« sein. Das Statut behandelt sowohl das Allgemeine als auch das Besondere: »Präambel 1. Der allgemeine Grundsatz, der jede Rundfunkwerbung bestimmt, lautet, daß sie legal, anständig, aufrichtig und wahrheitsgemäß sein sollte.« Und nun zum Besonderen: »6 (b) Die Bezeichnung ›Blitzmeldung‹ (›News Flash‹) darf nicht als Einleitung für eine Anzeige verwendet werden, auch wenn ihr der Name eines Inserenten vorangestellt wird.« Oder: »33 (j) Anzeigen dürfen nicht den Eindruck entstehen lassen, daß regelmäßiges Trinken annehmbar sei.«

Die Rundfunkbehörde erhält im Jahr etwa 20 000 Texte zur vorherigen Überprüfung und fordert in 20 Prozent der Fälle zu Änderungen auf. Peter Rennie, Leiter des Komitees für die Beurteilung von Werbetexten, findet »die kreative Energie faszinierend, die [jene 20 Prozent] nicht etwa der Jagd nach exzellenten Texten widmen, sondern der Formulierung unbestreitbarer Halbwahrheiten, dem anscheinend vertretbaren Anspruch auf Effektivität, der implizierten Überlegenheit eines Produkts über das andere – oder, einfach ausgedrückt, der Schwafelei«[10]. Sind die Werbespots erst einmal produziert, werden sie von einem Expertenstab und den Sendeanstalten begutachtet, um sicherzustellen, daß sie mit dem vereinbarten Skript übereinstimmen und daß hinsichtlich des Tons und des Stils der Präsentation oder anderer Aspekte der Behandlung des Themas nichts zu beanstanden ist. Zwischen zwei und drei Prozent der fertigen Filme werden zur weiteren Überarbeitung zurückgeschickt.[11] Die Mitarbeiter der Rundfunkbehörde sind überzeugt davon, daß ihre Einschätzung dessen, was tragbar sei, größeren Bezug zur Realität aufweise, als dies bei den Werbeagenturen der Fall sei, die die Werbespots herstellen. Die Rundfunkbehörde führt regelmäßig Untersuchungen über den öffentlichen Geschmack und allgemeine Trends durch. »Geschmack und Anstand« sind laut Harry Theobalds, dem Leiter der Abteilung zur Überwachung der Werbung bei der IBA, der schwierigste Bereich.[12]

Vor diesem Hintergrund mag es unausweichlich erscheinen, daß in solchen Bereichen die Durchsetzung von Vorschriften ein seltsames »Fallrecht« erzeugt. Werbungtreibende dürfen sich in Werbespots nicht zu einem »Kater« bekennen, sondern lediglich zu »Kopfschmerzen und einem verdorbenen Magen«. Man darf auch keinen Spiegel über einem offenen Kamin zeigen (was aus Sicherheitsgründen durchaus einzusehen ist). Bei ihrer Anwendung auf bestimmte Werbespots haben die Vorschriften etwas Absurdes an sich. Ein Copytext beispielsweise begann damit, daß ein Vertreter in einen Pub geht. Man entschied, daß die Anzeige erst dann annehmbar sei, wenn der Mann einen Regenmantel trug. Der Grund: Ein Vertreter ohne Regenmantel hätte wahrscheinlich sein Auto in der Nähe geparkt. Alkoholgenuß und Fahren dürfen jedoch nicht in Zusammenhang gebracht werden. Ein Regenmantel würde zeigen, daß er zu Fuß unterwegs war. In einem anderen Werbespot für ein helles Bier wurde eine zum Leben erweckte Dose mit einem Gesicht gezeigt. Die Dose mußte neu entworfen werden, weil das Gesicht darauf jünger *aussah* als 25.[13]

Ein anderer Werbefilm für Heineken-Bier, dessen Hersteller sich in Großbritannien auf verrückte Werbespots spezialisiert, stellte eine Situation dar, in der es in der Ehe von Punch und Judy kriselte. Judy hatte sich eines Knüppels bemächtigt und schlug auf Punch ein; erst nachdem Punch Heineken-Bier getrunken hatte, nahm er wieder seinen rechtmäßigen Platz als Angreifer ein. Die Prüfer sagten »nein«: die Szene sei zu gewalttätig.[14]

Es gibt noch weitere Beispiele: ein Text für einen Werbespot für Polo-Mints wurde abgelehnt, weil er eine gefährliche Waffe – eine Smith and Wesson – zeigte, die eine Kugel durch das Loch in der Mitte des Bonbons schoß. Aus einem anderen Copytext mußte das Wort »Linke« gestrichen werden.[15] In diesem Spot sah man, wie ein Erzkonservativer seiner Tochter im Ausland über das Londoner Magazin *City Limits* schrieb. Der Mann äußerte sich abfällig über das Magazin und meinte, es enthalte »eine Menge linker Neuigkeiten über London«. Stewart Routledge, der Leiter der Copytext-Prüfungsabteilung der IBA, erklärte:»Das Rundfunkgesetz verbietet es uns, Werbung zu akzeptieren, die irgendwelche politischen Ziele verfolgt, seien sie nun seriös oder unseriös. Doch offen gesagt: Ich weiß nicht, wo man da die Grenze zieht.« Eine Anzeige, die einen typischen Engländer, die britische Nationalflagge und die Tür von Downing Street 10 zeigte, und in der ein Sprecher zu hören war, der bat: »Kaufen Sie ein Hähnchen von Hermann und schaffen Sie damit einen Arbeitsplatz« wurde verboten. Die Prüfer waren der Meinung, die Anzeige impliziere, daß die Regierung Hermann's Hähnchen unterstütze![16]

Eine derart peinliche Sorgfalt bei der Überprüfung der Filme stellt nicht jeden Zuschauer zufrieden. Auch wenn die Beschwerden manchmal ernst zu nehmen sind, liefern sie zugleich auch einen Beweis für englische Skurrilität. So beschwerte sich beispielsweise ein Zuschauer, daß der Werbespot von British Airways, in dem Manhattan nach Großbritannien hineinfliegt, »gegenüber denjenigen gefühllos« sei, »die in lärmbelästigten Ein- und Ausflugschneisen wohnen«. Ein anderer Zuschauer protestierte, daß man sich »über Schotten lustig mache«, wenn man einen Schotten Wörter aussprechen lasse, die sich in Bedeutung oder Betonung vom Englischen unterschieden. Wieder ein anderer erklärte, ein Werbespot für Kentucky-Brathähnchen »diskriminiere Frauen«, weil er einen jungen Mann zeige, der »einer jungen Dame ein Hähnchen kauft«. Einer Anzeige für Cockburn's Portwein wurde vorgeworfen, sie beleidige die Russen, während eine Werbung für Hamlet-Zigarren – in der einem Mann in einem Restaurant die Perücke geklaut wird – kritisiert wurde, weil sie wahrscheinlich Perückenträger beleidige. Der kommerzielle britische Sender Channel 4 wurde nicht nur kritisiert, weil er mit dem Hinweis, »Sagen Sie Ihren Nachbarn Bescheid, Sie könnten Wattepfropfen brauchen«, Werbung für eine Rockmusiksendung machte, sondern er wurde sogar zensiert. Die Behörde war sich einig, daß die Reklame die Zuschauer möglicherweise dazu ermunterte, ihre Nachbarn zu ärgern, indem sie ihr Fernsehgerät auf volle Lautstärke drehten.

Eine Beschwerde von einem Zuschauer, der beanstandete, daß in einer Reklame für Quavers Fertiggerichte ein Fallschirmspringer im freien Fall die Verpackung fallen ließ (»eine untragbare Aufforderung zur Umweltverschmutzung«), wurde allerdings zurückgewiesen. Ebenso wie die Beschwerde eines Zuschauers, der behauptete, in einem Werbespot für Walkers Pommes frites die Worte gehört zu haben: »The Holy Ghost is taking a bashing.« – »Der Heilige Geist bezieht Prügel.« (Man teilte ihm mit, der Satz laute richtig: »The old ego's taking a bashing.« – »Das alte Ego bezieht Prügel« – ein Hörfehler, der sich aus dem Gleichklang der beiden englischen Begriffe ergibt.) Auf eine Anzeige hin kamen Unmengen von Beschwerdebriefen, wohl bezeichnend für ein Problem, das viele Briten im späten 20. Jahrhundert beschäftigt. In einer Anzeige von Saatchi and Saatchi hüpfte ein Frosch aus einer Servis-Waschmaschine. Ein Zuschauer beschwerte sich, weil »der Frosch sicherlich einen Elektroschock bekommen hat, damit er springt«. In Wirklichkeit handelte es sich bei dem Frosch um eine sehr teure mechanische Nachbildung.[17]

Das System ist nicht nur auf Statuten aufgebaut. Obwohl es letztlich seine Autorität per Gesetz erlangt, gibt es auch insofern Elemente der Selbstkontrolle, als Werbeleute im Beratungsausschuß sitzen, dem beratenden Organ für den Kodex der Standards und Verhaltensweisen des IBA. Und was noch wichtiger ist, es sind die Sendeanstalten – normalerweise in Gestalt ihrer besten Verkaufsleiter –, die die Anzeigen mit den Mitarbeitern der Rundfunkbehörde im voraus prüfen. Als Peter Rennie Vorsitzender des Ausschusses für Werbetexte des Interessenverbandes der unabhängigen kommerziellen Fernsehstationen (ITCA) war, fungierte er gleichzeitig als Verkaufsleiter von Granada Television, einem der fünf großen Sender. Der Ausschuß, erklärte er bei einem Seminar, »ist formell nicht für die IBA verantwortlich, sondern für die Fernsehgesellschaften, und das nicht nur, weil sie ihn bezahlen, sondern auch, weil die Fernsehstationen in der erfolgreichen Anwendung von Verfahrensvorschriften ein sehr wichtiges Mittel sehen, um ihre Einkommensbasis zu erhalten.«[18]

Im Hinblick auf das britische Rundfunksystem haben die Werbungtreibenden mit dem Kontrollapparat von ITCA und IBA wahrscheinlich das Beste (mit ihren Worten), was sie sich erhoffen können. »Wir sind nicht gegen Vorschriften«, beeilen sich mehrere Werbungtreibende und Leiter von Agenturen zu versichern. Das mag stimmen. Aber selbst wenn das stimmt, plädieren die meisten Werbeleute für Vorschriften, die sie selbst ausarbeiten und überwachen. Das ist nicht besonders ungewöhnlich. Viele andere Gruppen ziehen die Selbstkontrolle einer gesetzlichen oder anderen Kontrolle von außen vor, darunter (in Großbritannien) die Presse, die Polizei und die Rechtsanwälte. Die Öffentlichkeit, behaupten sie, fährt mit solch einem System besser, weil Werber (Journalisten, Anwälte etc.) ihre Branche jeweils am besten kennen und ein wirkliches Interesse daran haben, daß Richtlinien und Vorschriften auch anwendbar sind. So argumentierte der Werbefachverband in einer gemeinsamen Erklärung mit dem Verband britischer Unternehmer: »Selbstkontrollvorschriften sind sehr flexibel und lassen sich veränderten Bedingungen rasch anpassen. Statuten erfordern ein hohes Maß an Engagement. Praktiker halten sich sowohl an den Sinn als auch an den Buchstaben des Gesetzes. Verbraucher haben leichten Zugang zum Beschwerdeverfahren. Sanktionen können rasch verhängt werden.« Doch die Meinungen gehen auseinander.

Anfang der achtziger Jahre hatten Verbände von Industrie, Handel und Werbung in mindestens 35 Ländern eigene Statuten ausgearbeitet. Viele von ihnen schlossen sich den Verfahrensvorschriften der Internationalen Handelskammer an. Bei diesen Statuten, die seit 1937 erlassen werden, handelt es sich eher um allgemeine Prinzipien als um detaillierte Richtlinien. Selbst wenn es eine Selbstkontrolle gibt, existiert sie nicht allein. Praktiziert wird meist eine Mischung aus Selbstkontrolle, gesetzlichen Vorschriften und der Überprüfung durch die Sendeanstalten. Die Prioritäten sind von Land zu Land verschieden. Es überrascht nicht, daß die Werbebranche darauf hinarbeitet, die Öffentlichkeit und die Gesetzgeber davon zu überzeugen, daß ein System der Selbstkontrolle allem anderen vorzuziehen sei.

Der Berufsverband amerikanischer Werbeagenturen (AAAA) produzierte einen Film mit dem Titel *Advertising Industry: The Case of Self-Regulation*, der zeigt, welche Stationen ein Werbespot durchlaufen muß, ehe er gesendet wird. Leonard Matthews, Präsident des AAAA, meinte: »Die Geschichte mit der Selbstkontrolle muß einem breiten Publikum immer wieder mithilfe aller möglichen Medien erklärt werden. Letztlich ist es ein entscheidender Punkt in den Bemühungen unserer Branche, die öffentliche Einstellung gegenüber der Werbung zu verbessern.«[19] Auch der Werberat in Großbritannien verfügt über einen Film – er ist leihweise erhältlich –, der zeigt, daß der Werberat (um seine eigenen Worte zu benutzen) »im öffentlichen Interesse arbeitet, um sicherzustellen, daß die Werbung ›legal, anständig, aufrichtig und wahrheitsgemäß‹ ist«. Außerdem macht der Werberat direkt in der Öffentlichkeit für sich Reklame: unlängst gab er in einem einzigen Jahr fast 400 000 Pfund für Werbung und Promotion aus, zusätzlich zu dem freien Anzeigenraum, den er in verschiedenen Medien zur Verfügung gestellt bekam, deren Interesse ebenso in Richtung Selbstkontrolle geht.[20]

Während keineswegs bestritten wird, daß Selbstkontrolle echte Vorteile haben kann, bleibt sie für die Werbebranche ein Zustand, der dem Alter nicht unähnlich ist: er mag nicht ideal sein, aber er ist der Alternative in jedem Fall vorzuziehen. Die Geschichte der Selbstkontrolle ist eine Geschichte der Maßnahmen, die die Branche ergriff, um sich der Konrolle von außen zu entziehen. Das britische System ist ein gutes Beispiel. So wie die Rundfunkbehörde die Werbung in Radio und Fernsehen kontrolliert, überwacht der Werberat (ASA) alle gedruckten Anzeigen sowie Plakate und Kinowerbung. Der Werberat wurde von der Werbebranche eingerichtet und wird von ihr auch finanziert. Es mag zutreffen, daß zahlreiche Werbeleute in anderen Ländern, die sich wachsender Kontrolle ausgesetzt sehen, voller Neid auf das schauen, was die Briten erreicht haben.

Der Werberat erfüllt die Funktion eines »Wachhundes«, der darauf achtet, daß Werbungtreibende in Zeitungen, auf Plakaten und bei der Kinowerbung innerhalb der Bestimmungen des Britischen Verhaltenskodex für Werbung bleiben, der eine Adaption des internationalen Kodex für Werbepraktiken der Internationalen Handelskammer darstellt.* Im Informationsmaterial des Werberats wird seine »Unabhängigkeit« besonders hervorgehoben. So heißt es in einem seiner Prospekte unter dem Titel »Der Werberat: Was er tut und wie er arbeitet«: »Obwohl er von der Werbebranche finanziert wird (die übrigens ebenso wie der Verbraucher daran interessiert ist, untragbare Werbung zu verbieten), arbeitet er unabhängig von der Branche. Er muß unabhängig sein, um im Hinblick auf die Beschwerden der Verbraucher fair und unvoreingenommen sein zu können. Aus diesem Grund sind der Vorsitzende wie auch die Mehrheit der Mitglieder des Rates als neutral anzusehen.«

Der Werberat verschweigt allerdings, daß er seine Entstehung in erster Linie der Entwicklung des Werbefernsehens und dem Beschluß der Regierung zu verdanken hat, das Werbefernsehen einer Kontrolle zu unterwerfen. Dies ließ sofort die Unhaltbarkeit einer Situation deutlich werden, in der die übrigen Medien – Vehikel für die Mehrheit der Anzeigen – *keinen* Regeln unterworfen waren. Die Werbebranche schloß sich zusammen und schuf ein Selbstkontrollsystem, um weiteren Maßnahmen der Regierung zuvorzukommen. Sie etablierte ihren Verhaltenskodex für die Werbung und gründete 1962 den Werberat, der Beschwerden nachgehen sollte.

---

* Aufgrund der zunehmenden Finanzwerbung wurde der Kartellbehörde die Aufgabe übertragen, während des Verlaufs von Firmenübernahmen die Werbung zu kontrollieren, und der Wertpapier- und Investmentausschuß wurde für die Investmentfonds und die Investmentförderung zuständig.

Zitat aus der für die Öffentlichkeit bestimmten Informationsbroschüre des Werberats: »Hier soll nun kurz dargestellt werden, wie das System funktioniert. Sie schreiben einen Beschwerdebrief. Wenn wir der Meinung sind, daß Ihre Beschwerde begründet ist, setzen wir uns mit dem Werbungtreibenden in Verbindung. Entweder fordern wir ihn auf, die Anzeige abzuändern, ehe sie ein weiteres Mal erscheint. Oder, wenn eine Korrektur nicht ausreicht, bitten wir den Werbungtreibenden, sie völlig aus dem Verkehr zu ziehen. Weil die Werbungtreibenden wissen, daß wir die Zähne zeigen können, funktioniert diese Methode schnell und effektiv. Außerdem hat sie den Segen der Besitzer einer großen Mehrheit von Zeitungen, Zeitschriften, Plakatwänden und Kinos im Land, die nicht zögern, eine Anzeige zurückzuziehen, die gegen den Kodex verstößt, und die keine Reklame zeigen würden, die wir verboten haben.«

1986 zum Beispiel erhielt der Werberat 7820 Beschwerden, von denen er 1941 nachging, die sich auf den Werbetext bezogen (andere lagen außerhalb des Aufgabenbereichs des Werberats – sie betrafen beispielsweise Fernsehreklame oder hatten mit Verzögerungen im Versandhandel zu tun). In 787 Fällen schloß sich der Werberat den Beschwerden an. »Die große Mehrheit der Werbungtreibenden versicherte dem Werberat, ein solcher Verstoß werde sich nicht wiederholen, und sie hielt sich an dieses Versprechen.«

Doch sind diesem Verfahren Grenzen gesetzt. Die Zahl der zu überwachenden Anzeigen ist groß. 1978 wurde bei einer Untersuchung der für die Überwachung des Wettbewerbs zuständigen Behörde festgestellt, daß sich drei Prozent der Anzeigen in *überregionalen* Zeitungen und Zeitschriften nicht nach dem Kodex richteten. Dieser Prozentsatz ist zwar nicht hoch – aber er repräsentiert eine beträchtliche Anzahl *einzelner* Anzeigen. Selbst wenn sie »erwischt« werden, *müssen* die Werbungtreibenden den Entscheidungen des Werberats nicht unbedingt Beachtung schenken. So waren zum Beispiel von acht Inserenten von Schlankheitsprodukten und -kuren, denen man vorwarf, irreführende Behauptungen aufgestellt zu haben, mehr als die Hälfte im Jahr zuvor bereits vom Werberat gerügt worden. Außerdem schließen sich nicht alle Medien dem Selbstkontrollsystem an. Einige der Schlankheitsanzeigen erschienen in *Girl About Town*, einer vielgelesenen unabhängigen Zeitschrift, die den Kodex nicht beachtet.

Im Juni 1988 wurde eine gesetzliche Regelung mit zumindest theoretisch unterstützender Funktion eingeführt, die den Vorsitzenden der Wettbewerbsbehörde ermächtigt, gerichtliche Verfügungen zu beantragen, um das Erscheinen irreführender Anzeigen zu verhindern. Diese Befugnis wird jedoch eher als letzte Möglichkeit betrachtet, wenn alle anderen Maßnahmen erschöpft sind. Die Rolle der ASA wird davon nicht berührt. Sie hält sich an den Kodex. Dessen Unvoreingenommenheit wird jedoch immer wieder durch die Verrenkungen ad absurdum geführt, die die Branche vollführen muß, um strengeren Beschränkungen zu entgehen. Das Eingreifen wird häufig aufgrund von Einzelheiten verlangt. Die Entscheidungen des Werberats belegen oftmals weniger irreführende Praktiken als vielmehr eine gewisse englische Übergenauigkeit. So beschwerten sich 14 Leute darüber, daß ITT in einer Anzeige für Stereogeräte auf den Verlust von Van Goghs Ohr anspielte. »Er ist der einzige, der das, was wir verkaufen, nicht zu schätzen wüßte«, lautete die Schlagzeile. Der Werberat weigerte sich, den Beschwerden zu folgen (obwohl er der Meinung war, daß der Text »geschmacklos« sei). Eine andere Anzeige, die die Leute dazu aufrief, Guinness zu trinken, wurde als untragbar bewertet. Die Reklame, eine Parodie auf Appelle, Wasser zu sparen, lautete: »Im Moment herrscht kein Mangel an Guinness ... denken Sie daran – trinken Sie so viel Guinness, wie Sie wollen.« Der Werberat erklärte, dies würde zwar allgemein als Scherz verstanden, fordere jedoch zu maßlosem Bierkonsum auf.

Winston Fletcher, ein bekannter Werbefachmann, schrieb, der Werberat untersuche »einen endlosen Strom von Beschwerden, von denen die meisten ziemlich verrückt sind, und dann geißelt er gnadenlos solche berüchtigten Missetäter wie das George-Kino in Glasgow, das einmal hinterhältig ankündigte, es werde das *Dschungelbuch* zeigen, während es in Wirklichkeit den *Planet der Affen* auf dem Spielplan hatte«. Fletcher erwähnte die Beschwerden zweier Frauen namens Joy (engl. Frauenname, zugleich engl. für »Freude«), die die Schlagzeile »We've made a contraceptive sheath for Joy« als peinlich empfanden (diese Beschwerde wurde aufgegriffen), und die Beanstandung, daß Kondome mit dem Namen »Black Shadow« für Farbige erniedrigend seien (diese Beschwerde wurde nicht unterstützt). Dies alles hielt Fletcher nicht davon ab, Jahre später dem Rat beizutreten. Oftmals hat es den Anschein, als verhalte sich der Werberat

wie ein Automechaniker, dem man ein total defektes Auto in Repara-
tur gibt und der seine Zeit damit verbringt, das Radio richtig einzustellen und die Sitze in Ordnung zu bringen.

Nicht selten scheint der Unterschied zwischen »wahr« oder »unwahr«, zulässig oder unzulässig wenig mehr als eine Frage der Formulierung zu sein. Ein französischer Hersteller wurde daran gehin-
dert, in einer Anzeige die Behauptung aufzustellen, daß Helancyl,
eine Seife mit Kräuterextrakten, Leute schlanker machen würde. In
der Reklame durfte jedoch darauf hingewiesen werden, daß das Produkt »über einer Million Französinnen geholfen hat, ihr graziles Aussehen zu bewahren«. Philip Kleinman, der Werbe- und Medienkom-
mentator, wies darauf hin, daß im Oxford Dictionary »grazil« als
»schlank« definiert wird.[21] Beecham wurde die Behauptung untersagt, sein auf Ektohormonen basierendes Parfum Andron wirke
»sexuell anziehend«[22]. Die Formulierung wurde geändert. Man erklärte nun, daß der Duft »verlockende Signale an jedes männliche
(weibliche) Wesen im näheren Umkreis aussendet, und dies mit einer
so eindrucksvollen, erregenden Botschaft, daß darauf nur eine einzige Reaktion erfolgen kann«. Die MFI-Möbelkette veröffentlichte
eine Anzeige, in der Kücheneinrichtungen unter folgender Überschrift verglichen wurden: »Für 600 Pfund können Sie diese Sie-
matic-Küche von Heals kaufen. Oder aber Sie vergessen Ihren Stolz
und kaufen für 600 Pfund diese Küche von MFI.«[23] Der Haken bei der
Sache war, daß die Küche von MFI in der Anzeige eine Reihe von
Gegenständen zeigte, die nicht im Preis enthalten waren. Die Berich-
tigung, die der Werberat verlangte, bestand aus einem Satz, der diese
Tatsache berücksichtigte; ein Sprecher der Branche erklärte später,
dieser Hinweis sei »sehr schwer zu finden, und er ist so klein gedruckt, daß man ihn kaum lesen kann...«

Eine ganze Werbekampagne für Flora, eine mehrfach ungesät-
tigte Margarine, zielte offenkundig auf den Hinweis ab, daß Flora
dazu beitrage, Männer vor dem Herzinfarkt zu bewahren – was nach
Ansicht des Werberats nicht direkt behauptet werden durfte. Deshalb verweist der neue Text nun auf »die Margarine für Männer«, auf
ein Produkt, das mehrfach ungesättigt sei (obwohl er nicht erklärt,
was das bedeutet) und fordert auf: »Machen Sie sie zum Bestandteil
eines gesünderen Lebens.« Auf diese Weise wurde dem Buchstaben
des Gesetzes Genüge getan.

Das System stößt jedoch noch an eine andere Grenze. Was passiert, wenn sich der Werberat gegen eine Anzeige ausspricht und diese Entscheidung auch durchsetzen will? »Überraschend wenig«, lautet die Antwort, zumindest aus der Sicht eines Außenstehenden. Der Werbungtreibende versichert dem Werberat, daß er seine »schuldhafte« Handlung nicht wiederholen werde. Die Mehrheit, meint der Werberat, hält sich an dieses Versprechen. In Zusammenhang damit steht die (nachteilige) Publicity, in die monatliche Liste des Werberats eingetragen zu werden, sowie die Möglichkeit, noch mehr traurige Berühmtheit zu erlangen, wenn etwa über den Fall in einer überregionalen oder lokalen Zeitung berichtet wird. Es ist kein Zynismus, wenn man der Auffassung ist, daß die Werbung dann ihre Wirkung bereits getan haben dürfte.

Zum Beispiel entwarf die britische Staatsbahn (British Rail) als Teil einer Kampagne, die eine Reihe angeblicher Verbesserungen hervorheben sollte, ein durchaus überzeugendes Plakat, das zu beweisen schien, daß ihr Ruf im Hinblick auf Pünktlichkeit besser war, als die meisten Leute annahmen. Das Plakat war übersät mit roten und schwarzen Punkten; die roten Punkte markierten Züge, die im vergangenen Jahr Verspätung gehabt hatten, und die schwarzen standen für Züge, die pünktlich waren. Die vorherrschende Farbe war schwarz. Später stellte sich jedoch heraus, daß der Unterschied zwischen dem schwarzen und dem roten Feld deshalb so groß war, weil die roten Punkte enger zusammen lagen als die schwarzen, und so einen falschen Eindruck vermittelten. British Rail wurde vom Werberat aufgefordert, das Plakat zurückzuziehen; der Fall wurde in einer Spalte der *Times* kurz erwähnt. Es wäre interessant festzustellen, wie viele falsche Vorstellungen dadurch korrigiert wurden. Wenn eine derart unredliche Handlung in den Zuständigkeitsbereich des Werberats fällt, erscheinen dessen Maßnahmen bemerkenswert weltfremd, um nicht zu sagen sinnlos. Es ist paradox, daß sich die Macht eines Organs, das über eine Organisation ein Urteil fällt und sie für schuldig befindet, darauf beschränkt, ihr zu erklären – nein, sie zu *bitten* – dasselbe Delikt nicht noch einmal zu begehen. Man könnte einwenden, daß der spezielle Fall British Rail, obwohl es sich hier um einen eindeutigen Fall von Betrug handelte, von geringerer Bedeutung ist. Doch Vergleichbares geschieht bei allen Fällen, in die der Werberat verwickelt ist.

Eine Lösung wäre die Veröffentlichung von »Richtigstellungs-anzeigen«, in denen der Werbungtreibende gezwungen ist, seinen Betrug öffentlich einzugestehen. Es überrascht keineswegs, daß Werbungtreibenden und Agenturen diese Idee nicht gefällt. Das Konzept wurde in den Vereinigten Staaten entwickelt, wo die Handelsbehörde die Möglichkeit hat, richtigstellende Anzeigen zu verlangen, wie dies zum Beispiel im Falle der Continental Baking Company geschah.[24] Das Unternehmen hatte behauptet, die Verbraucher würden abnehmen, wenn sie sein Profile-Brot äßen. Das Hauptmerkmal des Brotes war nicht etwa, daß es weniger Kalorien hatte als andere Brotsorten, sondern lediglich, daß es in dünnere Scheiben geschnitten war. Von dem Unternehmen wurde verlangt, daß 25 Prozent seiner Profile-Werbung korrigierende Stellungnahmen enthielten, wie die, die von der Schauspielerin Julia Meade abgegeben wurde: »Ich möchte gerne jedes Mißverständnis im Hinblick auf Profile-Brot aus dem Weg räumen, das vielleicht aufgrund der Werbung oder seines Namens entstanden ist. Hat Profile weniger Kalorien als andere Brotsorten? Nein, Profile hat pro Gramm ebenso viele Kalorien wie andere. Um exakt zu sein, Profile hat sieben Kalorien weniger pro Scheibe. Und zwar deshalb, weil es dünner geschnitten ist. Aber wenn man Profile ißt, nimmt man nicht ab. Eine Reduzierung um sieben Kalorien ist unbedeutend...«

Kritiker behaupten, diese Waffe habe sich als nicht sehr wirkungsvoll erwiesen. Sie weisen auf die Anordnung der Handelsbehörde hin, Warner Lambert solle den Eindruck korrigieren, daß sein Listerine-Mundwasser vorbeugend gegen Erkältungen und Halsentzündungen wirke oder »ihre Heftigkeit mildere«[25]. Die richtigstellenden Anzeigen, die über einen Zeitraum von 15 Monaten veröffentlicht wurden, kosteten das Unternehmen zehn Millionen Dollar. Untersuchungen vor und nach der korrigierenden Kampagne, die von der Handelsbehörde in Auftrag gegeben wurden, zeigten jedoch eine recht begrenzte Wirkung. Zwar war die Zahl der Leute gesunken, die der Meinung waren, Listerine könne Erkältungen und Halsentzündungen verhindern, aber nur von 31 auf 25 Prozent.

Selbstkontrolle gab es in den Vereinigten Staaten später als in Großbritannien, aber ebenso wie in Großbritannien entwickelte sie sich dort aus der Furcht vor der Alternative. Jahrzehntelang verschmähte die US-Branche Kontrollen. Albert Lasker erklärte, Vorschriften zu gestatten wäre dasselbe, wie wenn man eine Scheune niederbrennen würde, um sich der Ratten zu entledigen.[26] Die Einstellung der Branche änderte sich nicht, bis sie sich einer mächtigen Verbraucherbewegung gegenübersah, die offenbar keine vorübergehende Erscheinung darstellte. Konfrontiert mit dem wachsenden öffentlichen Interesse, gründeten der amerikanische Werbefachverband, der Berufsverband amerikanischer Werbeagenturen, der Berufs- und Interessenverband von Unternehmen, die auf nationaler Ebene Werbung treiben, sowie der Interessenverband der unabhängigen Organisation zur Aufdeckung irreführender Werbung und betrügerischer Geschäftsmethoden ein Selbstkontrollorgan, den sogenannten Werberat (NARB; National Advertising Review Board). Bei einer Abteilung für Werbung auf nationaler Ebene (NAD; National Advertising Division) der Organisation zur Aufdeckung irreführender Werbung (BBB; Better Business Bureau) gehen Beschwerden über unwahre oder irreführende Anzeigen ein. Am häufigsten werden die Entscheidungen auf dieser Ebene getroffen. Wenn nicht, wird der Fall an den Werberat weitergeleitet, der eine Kommission einsetzt, der drei Vertreter von Werbefirmen, ein Repräsentant einer Agentur und ein Vertreter der Öffentlichkeit angehören. Im Gegensatz zum britischen Werberat ist der amerikanische für alle Medien zuständig, einschließlich des Fernsehens.

Auch dieses System weist Mängel auf. Wie der britische Werberat kann auch der NARB keine Geldbußen oder andere Strafen verhängen, und häufig erfolgt die Aufforderung, eine Anzeige zurückzuziehen, erst dann, wenn die Kampagnen gelaufen sind. In einem Jahr beispielsweise war über ein Drittel der Fälle mehr als sechs Monate nach Eingang der Beschwerden noch immer nicht gelöst. Ein weiterer Schwachpunkt ist, daß Werbungtreibende nicht kooperativ sein *müssen.* 1987 wurde die Buckingham Company aufgefordert, ihre Werbebehauptung zu konkretisieren, daß ihr Scotch-Whisky Cutty Sark bei einem Geschmackstest besser abschnitt als Dewar's.[27] Das Unternehmen weigerte sich – mit der Begründung, »außer dem Werberat habe niemand sonst die Aussage angezweifelt«. Außerdem befaßt er sich nicht mit lokaler Werbung – eine große Einschränkung in einem Land, in dem fast 90 Prozent der Zeitungsreklame örtlich beschränkt ist. Positiv ist zu vermerken, daß aufgrund der Kontrolle durch die Regierung ein *zusätzlicher* Schutz gewährleistet ist. Deshalb scheint das System in den Vereinigten Staaten weniger fehlerhaft zu sein als in Großbritannien – wenn die amerikanische Regierung tatsächlich und nicht nur formal aktiv bleibt.

Obwohl die Abteilung für Werbung auf nationaler Ebene theoretisch Beschwerden direkt von Verbrauchern unterstützt und sammelt, kommen die meisten von verärgerten Konkurrenten. Ein Blick auf den monatlichen Bericht der NAD zeigt die Bandbreite auf. In Bd. 13, Nr. 4 kritisiert ein »Konkurrent« AT&T/American Bell Consumer Products wegen einer Behauptung im Hinblick auf »echte Bell«-Telefone. Er erklärt, einige Telefone von Bell würden von anderen Firmen hergestellt und seien daher nicht anders als Modelle, die man anderswo kaufen könne; ein anderer »Konkurrent« zieht die Behauptung in Zweifel, daß »nichts reinigt wie« Windex-Glasreiniger; Mercedes-Benz bezweifelt Chryslers Behauptung, daß 50 Kraftfahrzeugtechniker den Dodge 600ES dem Mercedes 300D vorziehen; Tampax kritisiert Playtex-Tampons wegen der Behauptung, daß es »besser schützt« als andere große Marken...

Die auf diese Weise kritisierten Werbungtreibenden werden somit gezwungen, ihre Behauptungen zu konkretisieren (vorausgesetzt natürlich, daß sie kooperieren). Zur Zufriedenheit der NAD taten dies alle obengenannten Unternehmen; Playtex zum Beispiel lieferte detaillierte Informationen über Tests mit Frauen, die Tampons verschiedener Marken verwendeten.

Ein Grund für die häufigen Beschwerden von Werbungtreibenden über Werbungtreibende in den USA ist die Häufigkeit von vergleichender Werbung. 1983 schätzte man, daß fast ein Viertel aller amerikanischen Werbekampagnen das angepriesene Produkt (natürlich positiv) mit dem eines Konkurrenten verglichen. Vergleichende Werbung ist eine Form der Werbung, die bei Verbraucherorganisationen und freien Händlern beliebter ist als bei Werbungtreibenden und Agenturen. In den USA waren sowohl die Rundfunkanstalten als auch die Werbebranche von der Idee nicht sonderlich begeistert, bis die Handelsbehörde hinsichtlich der vergleichenden Werbung Druck ausübte. Selbst jetzt behaupten einige, daß die Forderung nach einer Konkretisierung der Behauptungen zu streng sei und damit kleinere Inserenten abschrecke, es in einem Vergleichskampf mit größeren aufzunehmen.

Die Befürworter vergleichender Werbung erklären, daß sie den Wettbewerb und den Fluß »wahrer« Informationen fördere. Ihre Gegner kontern, daß sie leicht zu irreführender Werbung verleite und die Werbung auf jeden Fall allzu leicht in Verruf bringe. Sie weisen darauf hin, daß in Schweden, einem Land, das von Verbraucherverbänden wegen seiner Gesetze und seinem Verbraucherschutz oft bewundert wird, vergleichende Anzeigen »im wesentlich vollständig« sein müssen. Sie müssen alle wichtigen Unterschiede auflisten, die zwischen den miteinander verglichenen Produkten bestehen, einschließlich der Mängel des angepriesenen Produkts. Leonard Matthews, der Präsident des Berufsverbandes amerikanischer Werbeagenturen, bezeichnete vergleichende Werbung als eine »in vielen Fällen vollkommen« berechtigte und wirksame Methode«, erklärte aber dennoch: »Wenn Konkurrenten in der Werbung aufeinander losgehen, besteht die Möglichkeit, daß der Verbraucher schließlich keinem von ihnen glaubt. Und sie werden des Streitens müde. Ich kenne einige frühe Forschungsergebnisse, die darauf hindeuten, daß die Leute negativ auf das ›Nennen von Namen‹ reagieren, und daß es ihre bereits negative Einstellung gegenüber der Werbung nur bestätigt.«[28]

Doch der Trend ist eindeutig. Als der Autoverleihkonzern Avis Mitte der sechziger Jahre damit begann, mit seinem Slogan »We try harder« (»Wir geben uns mehr Mühe«) über Hertz herzuziehen, galt das noch als bahnbrechend. Heute ist vergleichende Werbung für Autohersteller, Fluggesellschaften, Banken, Versicherungen und Kreditkartenunternehmen etwas Alltägliches – sogar für Hersteller von Spaghettisoßen. Zu denjenigen, die sich rühmen, sie seien besser als ihre Konkurrenz, gehören so bekannte Inserenten wie Pepsi Cola (der Slogan vom Geschmackstest), Volvo, Sony und General Motors.

Der Kampf zwischen den Werbungtreibenden wird immer härter. Die Dracket Company forderte die Verbraucher auf, ihren Vanish-Toilettenreiniger zu benutzen, weil andere Marken die Rohrleitung zerstören könnten; die Pillsbury Company behauptete, daß die Pizzen der Konkurrenz »wie Pappe« schmeckten. *Penthouse* kritisierte die Behauptungen des *Playboy* bezüglich seines Leserkreises und zeigte das *Playboy*-Häschen mit einer langen Nase und der Überschrift: »Who's been stretching the truth?« (»Wer hat es mit der Wahrheit nicht allzu genau genommen?«) Airwick zeigte in einer Anzeige für sein Teppich- und Raumspray Carpet Fresh einen Mann, der anfing zu lächeln, als er den Duft des Produkts einsog, während sich ein anderer die Nase zuhielt, als er das Produkt des Konkurrenten Arm and Hammer roch. Federal Express holte zu einem Schlag gegen den US-Postdienst aus und zeigte einen Kunden, den zwei Postbedienstete dazu veranlaßten, die Dienste von Federal Express in Anspruch zu nehmen, weil sie nur herumsaßen und keine Notiz von ihm nahmen, bis sie schließlich vor seiner Nase den Postschalter schlossen. Einige Unternehmen gingen vor Gericht, um sich zu schützen. Alberto Culver verlangte von Gillette und seiner Agentur JWT 4,3 Millionen Dollar, nachdem in Anzeigen behauptet worden war, sein Shampoo mache die Haare fettig.

In Großbritannien war Volkswagen im Hinblick auf die vergleichende Werbung wegweisend, indem das Unternehmen für den Polo auf Kosten des Ford Fiesta Reklame machte – »Underneath it's still a Ford.« (»Er ist und bleibt ein Ford.«) Andere Autohersteller folgten. Der längste und härteste Kampf fand zwischen zwei konkurrierenden Herstellern von Rasenmähern statt. Qualcast, einer der Hersteller, erkannte, daß er etwas tun mußte, um den Rasenmäher des Konkurrenten Flymo, der mit dem Luftkissenprinzip betrieben wird, auszustechen. Qualcast beschloß, den schwachen Punkt des Flymo zu treffen – seine (damalige) Unfähigkeit, geschnittenes Gras aufzusammeln. Qualcasts Kampagne – »It's a lot less bovver than a hover« (sinngemäß: »Macht weniger Mühe als Luft«) – führte zu Protesten bei der Rundfunkbehörde, zu Titelgeschichten in Zeitschriften und zu Anfragen im Europäischen Parlament. Aber Flymo schlug zurück. In einer Anzeige suchte der Hersteller nach »alten Qualcast-Concordes«, die »auseinanderfielen«, und bot an, sie beim Kauf seines Modells in Zahlung zu nehmen. Auf dem Höhepunkt der Auseinandersetzung bezeichneten Angestellte von Flymo ihre Konkurrenten nur noch als »die anderen«. Robin Wight von Wight Collins Rutherford Scott, Qualcasts Agentur, meinte: »Ich betrachte vergleichende Werbung als Spezialwerkzeug. Dabei ist größte Geschicklichkeit erforderlich, weil diese Dinge zum Bumerang werden können.«[29] Qualcast ist davon überzeugt, daß die Kampagne Flymos steigenden Absatz zum Stillstand brachte. Andere sind der Meinung, daß die Kontroverse und die daraus resultierende Publicity dem gesamten Markt gedient hat.

Vergleichende Werbung ist in vielen Teilen der Welt immer noch verboten oder Beschränkungen unterworfen, weitet sich aber dennoch stetig aus. In Europa ist sie weit verbreitet. Selbst in Asien, wo Markenvergleiche weitgehend verboten sind, tritt sie seit 1984 auf, als Thailand beschloß, diese Praktik zu erlauben.

Unternehmen, die zur Zielscheibe der Konkurrenz werden, wenden sich immer häufiger unter Protest an die Kontrollorgane der Rundfunkanstalten oder an die Gerichte. Oftmals müssen sich die Richter und Kontrolleure durch Unmengen technischer Daten und »Sachverständigengutachten« kämpfen, die von beiden Seiten vorgelegt werden. Richard Glitter, der für Sendestandards zuständige Vizepräsident bei der NBC, erinnert sich: »Wir hatten einen Fall, bei dem sich Wissenschaftler darüber stritten, ob es angebracht sei, ein Elektronenmikroskop einzusetzen, um eine Behauptung in einem Werbespot nachzuweisen. Wir brauchten Wochen, um der Sache auf den Grund zu kommen.«[30]

Ein Argument gegen vergleichende Anzeigen lautet, daß es für Unternehmen nicht schwer sei, die Untersuchungen zu manipulieren, die sie ihren Behauptungen von Überlegenheit zugrunde legen. Eine der aufwendigsten und teuersten Schlachten fand zwischen Burger King und seinen beiden Rivalen Wendy's und McDonald's, dem Marktführer, statt. Burger King verhöhnte die Hamburger der Konkurrenz wegen ihres Geschmacks, ihrer Größe und der Art der Zubereitung (Burger King grillt sie, während die Konkurrenz sie brät). In bezug auf die Erregung von Aufmerksamkeit und den Verkauf von Burger-King-Produkten war die Schlacht erfolgreich – Zeitungen führten Straßenumfragen und -interviews durch, Fernsehsender berichteten über Angriffe und Gegenangriffe, und Talkshows im Radio organisierten Geschmackswettbewerbe. Die Schlacht endete damit, daß McDonald's eine einstweilige Verfügung beantragte und Burger King als Teil eines Schlichtungsabkommens drei seiner Werbespots aus dem Verkehr zog. In dem einen wurde ein Mädchen gezeigt, das sich über McDonald's Hamburger beschwerte, weil sie um 20 Prozent kleiner seien als die von Burger King. Der Hinweis, daß letztere 20 Prozent mehr kosteten, war dabei »vergessen« worden.

Einem Kolumnisten in Burger Kings Hauptstützpunkt Miami blieb es überlassen, den »Beweis« für die zentrale Behauptung des

Unternehmens zu erbringen, daß seine eigenen Hamburger denen von McDonald's und Wendy's vorgezogen würden. Dieser Beweis, erklärte er, basiere auf einer »sorgfältig formulierten« Umfrage, deren Ergebnis niemals veröffentlicht wurde. Eine Frage lautete, ob die Verbraucher es vorzögen, ihre Hamburger selbst zu garnieren oder aber sie fertig zu kaufen. Als die Mehrheit es vorzog – was keineswegs überraschte –, sich die Hamburger selbst zusammenzustellen, behauptete Burger King, die Verbraucher würden es mit einer Mehrheit von drei zu eins vorziehen, die Hamburger »auf ihre Art« serviert zu bekommen, und gab damit zu verstehen, daß der Kunde nur bei Burger King »seine« Hamburger bekommen könne.

Doch dieser Kampf verblaßt neben der vergleichenden Werbung eines US-Unternehmens namens Jartran, das U-Haul International, einen Rivalen, attackierte. Jartran gestand im Verlauf eines langen Prozesses vor einem Bundesgericht, einen Lastwagen von U-Haul fotografisch so verkleinert zu haben, daß er in einer Anzeige dieselbe Größe hatte wie ein Lastwagen von Jartran. U-Haul wurden 40 Millionen Dollar zuerkannt, ein Rekordurteil.*

Große Werbungtreibende und Agenturen machen sich nicht nur darüber Sorgen, was in ihrem eigenen Land passiert. Wo auch immer sie hinschauen, überall stoßen sie auf eine wachsende Werbekontrolle (oder Selbstkontrolle). Im Vergleich zu den siebziger Jahren verlor die Verbraucherschutzbewegung in den achtziger Jahren sowohl in den USA als auch in Großbritannien an Bedeutung, doch als weltweite Bewegung hat sie weiterhin an Selbstbewußtsein gewonnen. Der Druck kommt jedoch nicht nur von den Verbrauchern, denn auch Bürgerrechtsbewegungen und Printmedien sind beunruhigt über die Zunahme von Radio- und Fernsehwerbung, und Regierungen und Interessengruppen machen sich Sorgen wegen des kulturellen Einflusses von aus dem Ausland stammender Werbung. Und der Druck geht keineswegs nur von Gegnern des Kapitalismus aus. Auch die Inhaber kleinerer Firmen sind hinsichtlich der Werbeübermacht

---

* Der Fall entbehrte nicht der Ironie. Zum einen hatte der amerikanische Marktforschungsverband die Anzeige mit einem »Golden Effie« für eine wirkungsvolle Kampagne ausgezeichnet. Und zum anderen kostete der Prozeß U-Haul 2,5 Millionen Dollar, aber da Jartran Konkurs ging, konnte U-Haul insgesamt nur 2,4 Millionen Dollar erwarten.

großer Unternehmen beunruhigt. Professor J. J. Boddewyn, Professor für internationalen Handel am Baruch College in New York, hat darauf hingewiesen, daß selbst Geschäftsleute einigen Aspekten der Werbung kritisch gegenüberstehen,»insbesondere in Europa, wo sie sich über Anzeigen ärgern, die den Verstand beleidigen, die unwahr oder maßlos übertrieben sind, und über solche, die sich an Kinder wenden...«³¹

Selbst Werbungtreibende, die nicht direkt von Restriktionen im Ausland betroffen sind, bekommen in zunehmendem Maße die Auswirkungen dieser Kontrollen zu spüren.»Die Branche wird ein größeres Augenmerk auf das richten müssen, was im Ausland passiert – zumindest in einigen führenden Ländern wie Kanada, Schweden, Großbritannien und den Vereinigten Staaten«, meint Professor Boddewyn.»Heutzutage läuft der Austausch über ›Probleme‹ und ›Lösungen‹ ganz gut, weil sich die Kommunikation ausweitet, und weil es internationale Organisationen gibt, innerhalb derer man Erfahrungen austauschen kann. Wenn die Handelsbehörde über vergleichende Werbung oder an Kinder gerichtete Anzeigen spricht, dann hören andere Länder aufmerksam zu; und wenn die Länder der Europäischen Gemeinschaft die Etikettierung von Lebensmitteln ausweiten und vereinheitlichen (was sich auf ihre Werbung auswirkt), dann werden die Vereinigten Staaten früher oder später diesem Beispiel folgen. In dieser Hinsicht ist ›globale‹ Werbung realer als wir annehmen – zumindest was ihre Kontrolle betrifft.«

Die Dritte Welt ist ein besonderes Schlachtfeld für multinationale Werbungtreibende und ihre Kritiker. Den Werbungtreibenden eröffnen die Entwicklungsländer große Möglichkeiten. Auch den Verbrauchern bieten die internationalen Unternehmen reale Vorteile – ihre Waren sind oftmals besser als die des Landes; die Markennamen sind geschützt, das Angebot ist vielfältiger. Und ungeachtet der oftmals berechtigten Kritik an ihrer Handlungsweise führen die internationalen Pharmakonzerne auch lebensrettende Medikamente ein.

Den Kritikern mangelt es jedoch nicht an Argumenten. Werbung, hieß es in einem Bericht der Vereinten Nationen,»kann den Transfer von Verbrauchsmustern der Industrieländer in die Entwicklungsländer fördern, indem sie dort Bedürfnisse weckt, die angesichts der Einkommens- und Nachfragestruktur in den Entwicklungsländern möglicherweise nicht angemessen sind«. Außerdem scheine ihre

Wirkung in den ärmsten Ländern am stärksten zu sein, »wie sich am
Beispiel des lateinamerikanischen Bauern zeigen läßt, der einen
Stein bei sich trägt, der bemalt ist wie ein Transistorradio, weil er sich
keines leisten kann«[32].

Wohlstandsgesellschaften werben für »weitgehend unbedeutende
Konsumartikel wie Tabak, Kosmetik und alkoholfreie Getränke,
während grundlegende menschliche Bedürfnisse nicht befriedigt
werden«, argumentieren andere, die das alles als »fragwürdig«
bezeichnen.[33] Die Werbung trägt nicht nur dazu bei, daß den Leuten
Dinge verkauft werden, die sie sich gar nicht leisten können, sondern
dies auch noch zu unangemessen hohen Preisen. Der UN-Bericht bezog sich auf Kenia, wo »Frühstückskost (von multinationalen Konzer-
nen) hundertmal teurer sein kann als die Hauptnahrungsmittel, die
am Ort erhältlich sind«. Aber was noch schlimmer ist – die Werbungtreibenden wenden oftmals Verkaufsmethoden an, die in den Industrieländern niemals erlaubt wären. Das Bild eines international
agierenden Schwindlers drängt sich auf: sobald ein Land Selbstkon-
trollen einführt, wandert er ins nächste Land, und dann wieder ins
nächste, und so weiter...

Für beide Seiten – die multinationalen Konzerne und ihre Agenturen einerseits sowie ihre Kritiker andererseits – ist der Streit um den
Verkauf von Säuglingsmilch in der Dritten Welt von besonderer Bedeutung. Sylvan M. Barnet Jr., Vorsitzender des Beratungsausschus-
ses des Internationalen Verbandes von Werbefachleuten, ist der Meinung, daß die Entscheidung der Weltgesundheitsorganisation im
Jahre 1980, sich der Sorge der Verbraucher im Hinblick auf die Vermarktung von Muttermilchersatz anzuschließen, einen Wendepunkt
darstellte. »Danach«, meint Barnet, »gerieten Suppen und alles, was
in Wasser aufgelöst wurde, unter Beschuß. Nun sind die Pharmazeutika an der Reihe. Die Verbraucherschutzgruppen organisieren sich.
Diese Leute sind die fanatischsten unter den Verbrauchern. Jetzt
reden sie von ›Abfall‹-Nahrung. Aber wer kann sagen, was ›Abfall‹-
Nahrung ist? Doch sie wollen Vorschriften erlassen. Diese Leute sind
verrückt.« Werbungtreibenden wurde bei der jährlichen Tagung des
amerikanischen Werbefachverbands im Jahr 1986 von einem schwedischen Berater erklärt, daß sie eine »wachsende Verantwortung«
hätten: Es gelte, die Branche vor der Weltgesundheitsorganisation
und anderen zu schützen, die die Werbung als Waffe betrachteten,

»um Menschen zu zwingen, Dinge zu kaufen, die sie nicht brauchen und nicht wollen«[34].

Wer die Ereignisse objektiv betrachtet, die zu der Formulierung des Statuts der Weltgesundheitsorganisation im Jahre 1981 führten, kann nicht umhin, Ärger und Sorge zu empfinden hinsichtlich der Werbe- und Marketingmethoden der betreffenden multinationalen Konzerne. Die Unternehmen konzentrierten ihre Aufmerksamkeit auf die Dritte Welt, als der westliche Markt für Milchpulver gesättigt war. Aggressives Marketing zeigte schon bald seine Wirkung: es wurde weniger gestillt und dafür mehr Milchpulver verwendet.

Bereits in den fünfziger Jahren wurden Warnungen laut. In den sechziger und siebziger Jahren waren sie lauter und häufiger zu hören, und 1977 kam es zu einem Verbraucherboykott gegen Nestlé, dem größten von etwa 30 betroffenen internationalen Unternehmen. Die Unternehmen wurden beschuldigt – vor allem Nestlé, das 50 Prozent des Marktanteils hielt –, aufgrund ihrer Vorgehensweise in Gebieten, in denen Analphabetentum und große Armut herrschten, Babys geschädigt und sogar getötet zu haben. Mütter gaben Geld für Milchpulver aus, obwohl sie es sich nicht leisten konnten, verdünnten es übermäßig, um Kosten zu sparen, und verursachten so die Unterernährung ihrer Kinder. (Nach Angaben von Unicef leiden in der Dritten Welt Babys, die mit der Flasche gefüttert werden, zwei- bis dreimal häufiger an Unterernährung als Babys, die gestillt werden.) Und was noch schlimmer ist, unhygienische Bedingungen – schlechtes Wasser, nicht sterilisierte Flaschen, keine Kühlung – sorgten dafür, daß Babys, die mit Milchpulver gefüttert wurden, erkrankten und manche sogar starben. Dr. Derrick B. Jelliffe von der UCLA School of Public Health, prägte eine Bezeichnung dafür: »Commerciagenic disease« (»Kommerzkrankheit«), verursacht durch gedankenlose Werbung und Promotion.

Wenn man bedenkt, was auf dem Spiel stand, waren die Werbeappelle erschreckend. In Indien zeigte eine Reklame eine Mutter und ihr Kind ganz nah zusammen, die Nasen aneinandergedrückt. »Leicht verdauliche Angel-Säuglingsnahrung ist so sanft wie Ihre Liebe«, lautete die Werbebotschaft. »Lassen Sie Ihr Baby in den Genuß der modernen Forschung kommen«, hieß es in einer pakistanischen Anzeige. Bilder in Anzeigen zeigten hübsche Babys in den Armen vornehmer Frauen der Oberschicht. Milchpulver wurde als fortschrittlich und anspruchsvoll deklariert. Angst wurde erzeugt: »Muttermilch reicht manchmal nicht für den gesamten Nahrungsbedarf eines Kindes aus«, hieß es in der Anzeige für das Produkt S26. Stillen wurde als veraltet, minderwertig und unschick abgetan. Eine Frau wurde gezeigt, die ihr Baby stillte. »Es ist für eine Frau einfach nicht bequem, auf diese Weise alle vier Stunden ihr Baby zu füttern«, lautete der Text. Das war jedoch nicht die einzige Art von Werbung. In Krankenhäusern verteilten »Kinderschwestern«, die in Wirklichkeit verkleidete Verkäuferinnen waren, Milchpulverproben. Unternehmen erkauften sich die Kooperationsbereitschaft der Ärzte mit Geschenken, Reisen und medizinischen Geräten.

Auf Kritik reagierten die Unternehmen erstaunlich unempfindlich, nicht nur was moralische Fragen betraf. Sie wußten auch ganz genau, was sie sich erlauben konnten. Ihre (gemeinsame) Reaktion war ganz auf Public Relation abgestellt, die schrecklichen Folgen erwähnten sie mit keinem Wort.

1981 wurde das Statut der Weltgesundheitsorganisation angenommen (gegen den Einspruch der USA). Es schlug vor, die direkte Werbung für Milchpulver zu verbieten und die Verbraucher zu informieren, daß Stillen am besten sei. Im darauffolgenden Jahr beugte sich Nestlé dem Druck und erklärte, es werde die Werbung und die verkaufsfördernden Maßnahmen einstellen, die vom Stillen abrieten. Das Geplänkel geht weiter (Beschuldigungen werden erhoben, gegen das Statut verstoßen zu haben), aber es kann keinen Zweifel darüber geben, wer der Gewinner und wer der Verlierer war. Beide Seiten erhielten ihre Lektionen. Die Aktivisten unter den Verbrauchern meinen, daß die Botschaft für international agierende Unternehmen eindeutig sein sollte: keinesfalls dürften sie das Fehlen von ausgeklügelten Kontrollen in der Dritten Welt dazu benutzen, sich Praktiken zu erlauben, die sie in den Industrieländern niemals anwenden würden. Ein Berater schlug vor, die Firmen sollten eine einfache Faustregel beherzigen: »Was man sich zu Hause nicht erlauben darf, sollte man anderswo auch nicht versuchen.«[35]

Viele international Werbungtreibende sehen das jedoch anders. Was immer auch bei der Milchpulver-Kampagne richtig oder falsch war (einige behaupten, es sei für die Frauen in der Dritten Welt ein Pyrrhus-Sieg, weil die Aktivisten besser daran getan hätten, für eine genaue und hilfreiche Werbung zu sorgen, anstatt das Absetzen der

Werbung zu erzwingen), so lautet das Resultat nunmehr, daß Verbraucherorganisationen einen ruhmreichen Sieg errungen haben – und sie finden Gefallen daran. Folglich halten die Verbrauchergruppen Ausschau nach weiterer Arbeit und sind geradezu begierig darauf, sich in neue Schlachten zu stürzen. Health Action International, ein Interessenverband von Verbrauchern mit Sitz in Brüssel, drängt zum Beispiel auf eine Regelung für die pharmazeutische Industrie, ähnlich der Bestimmung in bezug auf das Milchpulver.

Multinationale Werbungtreibende und ihre Agenturen glauben, daß dies schreckliche und verheerende Folgen haben werde. Die Branche schlägt überall mit vermehrter Kraft und Raffinesse zurück, sowohl in den Industrieländern als auch in der Dritten Welt.

Die britische Werbebranche hat gemeinsam mit dem Europäischen Verband der Werbeagenturen und der Internationalen Handelskammer dazu beigetragen, die Vorschriften der Europäischen Gemeinschaft in bezug auf irreführende Werbung in Europa zu entschärfen. Über diese 1984 beschlossenen Statuten war fast zehn Jahre lang heftig diskutiert worden. Der Widerstand der Werbebranche zwang die Kommission der EG, viele der anfänglichen Vorschläge fallenzulassen. Ursprünglich betrafen die vorgeschlagenen Regelungen sowohl »irreführende« als auch »unfaire« Anzeigen, und Verstöße sollten geahndet werden. In der endgültigen Fassung enthielten die Statuten den Begriff der »unfairen Werbung« nicht mehr, die Lösung der Probleme der vergleichenden Werbung und der Richtigstellungsanzeigen wurde den einzelnen Ländern überlassen, und für Beschwerden war entweder die Gerichtsbarkeit oder ein Selbstkontrollorgan wie der britische Werberat zuständig. Philip J. Circus, Rechtsberater des Instituts für Werbepraktiker in London, bezeichnete die endgültige Direktive als einen »müden Abklatsch des ersten Entwurfs« und wies darauf hin, daß sie einen »Tribut an den hartnäckigen Kampf der Verbände der Werbebranche in ganz Europa« darstelle.[36]

In den Vereinigten Staaten wird die Werbebranche seit 1978 immer aggressiver.[37] Auslösende Faktoren waren Vorschläge der Handelsbehörde, Fernsehwerbung, die sich an Kinder unter acht Jahren wandte, und Werbung für Süßwaren für Kinder unter zwölf Jahren zu verbieten, sowie die Worte vorzuschreiben, die in Anzeigen für rezeptfreie Medikamente verwendet werden durften. Die Branche zerrte den Streit bis nach Washington, vor die Gerichte und an die Öffentlichkeit.

Die in regelmäßigen Abständen erscheinende »Informationsbroschüre« des Internationalen Verbandes von Werbefachleuten, die an Mitglieder in 80 Ländern verschickt wird, liefert ständig Hinweise auf die neuesten Schlachtfelder. In der Ausgabe Nummer 32 sind beispielsweise mehr als 30 Punkte aufgelistet, die entweder die Gesetzgebung bzw. Regelungen im allgemeinen oder aber im spezielleren Bezug auf Tabak, Alkohol, Kinder oder Sexismus betreffen. Die Auflistung erfaßte mehr als 20 verschiedene Länder, angefangen von den Philippinen (»Gesetzentwurf fordert die Bildung eines Verbraucherausschusses für Werbung, der alle Anzeigen im voraus prüfen soll...«) bis hin zu Israel (»Neues Gesetz will Zigarettenwerbung in Rundfunk und Fernsehen, in Kinos und in öffentlichen Verkehrsmitteln verbieten...«).

Der Internationale Verband von Werbefachleuten, der ursprünglich unter der Bezeichnung New York Export Advertising Association 1938 in New York gegründet wurde, expandierte in den fünfziger und sechziger Jahren mit den Multis und ihren Agenturen nach Europa, dann nach Lateinamerika. In den achtziger Jahren weitete er sich nach Asien, in den pazifischen Raum, in den Nahen Osten und nach Afrika aus. Seine Aufgabe besteht laut Barnet darin, »sich über die Beschränkungen auf dem laufenden zu halten und in Straßburg, Brüssel oder vor der UN dagegen zu kämpfen«.

Die Werbebranche vermutet hinter der Bewegung für weitere Restriktionen häufig gefährliche, manchmal dunkle Kräfte mit dubiosen Motiven. Barnet vertritt einen weitverbreiteten Standpunkt. Wie viele andere Amerikaner, mit denen ich sprach, betrachtete er die Konflikte über Werbebeschränkungen als Teil einer größeren Auseinandersetzung zwischen dem freien Markt und marxistischen Wirtschaftsauffassungen. Werbung, erklärte er, »ist der sichtbare Teil des privaten Sektors«. Und er fügt hinzu, es sei zugleich paradox, daß sich die kommunistischen Länder selbst mehr und mehr der Werbung bedienten. »Es ist sehr aufregend«, sagte Barnet. »Ich weiß, wer gewinnen wird – die Marktwirtschaft.«

Einige Werbeleute machten mich auf das Beispiel Griechenland aufmerksam, wo die Regierung des sozialistischen Premierministers Andreas Papandreou die Werbung für die hohe Inflationsrate des

Landes verantwortlich machte. Angeblich soll die Regierung die Branche bei jeder Gelegenheit schikaniert haben.

Robert Goldstein von Procter and Gamble sieht dies ebenfalls als »allgemeine Bedrohung, zumindest in den westlichen Ländern –, daß es sich um eine antikapitalistische Bewegung handelt«. Er ist der Ansicht, daß die Werbung in der Dritten Welt als »das sichtbarste Zeichen westlicher Produkte und westlicher Kultur« attackiert werde. Sie stehe im Mittelpunkt des »Grolls«, den die Dritte Welt gegen den Westen hege. Goldstein sieht noch eine Reihe anderer Bedrohungen, darunter den »sogenannten Verbraucherschutz«. Dieser, meint er, schüre »echten oder eingebildeten Groll gegen die speziellen Normen oder ihre Präferenzen... Der Tenor lautet: ›Wir, die nicht gewählt wurden, haben das Recht, als Stellvertreter für die Öffentlichkeit aufzutreten, weil die Öffentlichkeit entweder dumm oder inkompetent ist.‹« Goldstein nannte als Bespiel eine »führende Persönlichkeit« bei der Handelsbehörde. »Ich aß einmal mit ihm zu Mittag. Er sagte, ›Ich kann nicht glauben, daß all das Geld, das für Süßigkeiten ausgegeben wurde, für Erbsen, Bohnen und Karotten ausgegeben würde...‹« Goldstein machte eine Geste, die seine Fassungslosigkeit ausdrücken sollte. »Die Befriedigung *seiner* Wünsche war ihm wichtiger als die Wünsche der Öffentlichkeit zu befriedigen...« Goldstein fügt hinzu: Werbung *ist* »ein aufdringliches Geschäft« und ist deshalb Angriffen und Kritik ausgesetzt. Und manchmal *ist* sie irreführend: »So wie es minderwertige Produkte gibt, gibt es auch minderwertige Anzeigen.«

Einige Werbeleute behaupten, daß Politiker, die Restriktionen versprechen, nichts weiter im Sinn haben als Stimmenfang. Andere deuten auf die Bürokraten und ihren Wunsch, Vorschriften zu produzieren. Peter Rennie, Vorsitzender des Ausschusses für Werbetexte des Interessenverbandes der unabhängigen kommerziellen Fernsehstationen (ITCA), attackierte »die Bürokratie der Europäischen Gemeinschaft, die das Erlassen von Vorschriften zu einem Sport machte – eine Bürokratie, die zumeist aus Leuten besteht, die nach Rechtfertigungen für ihre Existenz suchen«[38]. Philip Circus behauptet, jeder Beamte der Europäischen Kommission schaffe es, täglich 233 Blatt Papier zu verbrauchen. »Würde man all das Papier, das in einem Jahr von der Kommission produziert wird, aneinanderreihen, könnte man damit die Welt 40mal umwickeln.«

Wieder andere machen einen neuen und besonders gefährlichen Gegner aus: nämlich diejenigen, die ihre Kampagne auf ein einziges Thema konzentrieren und überzeugt sind, daß es sich dabei um das wichtigste der Welt handle. Mike Waterson vom britischen Werbefachverband führt als Beispiele Organisatoren von Tierschutzkampagnen sowie diejenigen an, die gegen Rauchen und Trinken zu Felde ziehen. »Wir bekommen jetzt Presseverlautbarungen von der RSPCA [Royal Society for the Prevention of Cruelty to Animals; britischer Tierschutzverband] über Tierversuche«, erklärte er. »Die Werbung muß ständig neue Schläge einstecken. Man sieht die Tiere im Labor gar nicht. Man sieht nur die Haarspray-Reklame. Man sieht die Betrunkenen nicht. Man sieht nur die Anzeigen.«

Waterson, ein adretter, bärtiger Wirtschaftswissenschaftler, ist auf mehreren Kontinenten als Kämpfer für freie Werbung bekannt. In Washington trat er vor einem Handelsausschuß des Senats für die amerikanische Werbebranche ein und versicherte, daß es für die Vereinigten Staaten keinen Grund gebe, die Zigarettenwerbung weiter einzuschränken, um das Rauchen zu reduzieren, weil dies bereits in Westeuropa versucht worden sei und keinen Erfolg gebracht habe.[39] In Australien unterhielt er sich mit den Premierministern zweier Bundesstaaten über Werbung und trug diese Diskussion im Gefolge eines Wahlsiegs der Labour-Regierung über Fernsehen und Radio in die Öffentlichkeit.[40]

Auch Werbungtreibende und Agenturen äußern sich über bestimmte Dinge oftmals nur insgeheim, weil es »schlechte PR« wäre, sie öffentlich auszuposaunen. Das ist einer der Vorteile von Handelsverbänden und Männern wie Waterson: sie können diese Dinge an ihrer Stelle sagen. So schrieb Waterson einmal: »Der Werbefachverband äußert seine Ansichten zum Thema Krebs weder gegenüber der britischen Öffentlichkeit noch gegenüber der Regierung. Doch der BMA [British Medical Association; britischer Ärzteverband] kritisiert Werbeangelegenheiten nicht nur bereitwillig, sondern er tut dies auch noch in einer extremen und unangemessenen Ausdrucksweise. Der BMA hat ein völliges Verbot der Tabakwerbung verlangt, ohne den geringsten Beweis für seine übertriebenen Behauptungen zu erbringen.«[41]

Wenn man Waterson in seinem kleinen Büro mit Blick auf den Haupteingang der Londoner Victoria Station gegenübersitzt, ist leicht zu verstehen, weshalb er als Kämpfer für die Freiheit der Branche so gefragt ist. Er bringt es fertig, leidenschaftlich und vernünftig zugleich zu argumentieren. Die Worte sprudeln so schnell aus ihm heraus, daß man sich fragt, wie und wann er Luft holt. Er *will* überzeugen. Der Rahmen – klein, ohne den Luxus und die selbstgefällige Atmosphäre der Büros von Werbeagenturen – trägt zu der Überzeugung bei, daß er dies alles tut, weil er daran glaubt, und nicht nur wegen des Geldes.

Waterson war früher Wirtschaftsberater bei Urwick Orr und Partner, den bekannten Managementberatern. Er war viel im Ausland unterwegs. Dann stieg er bei Guinness ein, »vor allem, weil ich eine Französin geheiratet hatte und einen ruhigeren Job haben wollte«. Dort arbeitete er in einem Team, das die Wirkung der Werbung beobachten sollte. Nach sechs Jahren wurde er Leiter der Forschungsabteilung bei der AA.

An den Wänden seines Büros hängen Erinnerungen an die Zeit bei Guinness – zwei Plakate, die für Kamerun bestimmt waren, die das Unternehmen aber nicht freigegeben hatte, weil sie zu erotisch waren. Sie zeigen eine junge Frau mit leicht gebräunter Haut, die ein Glas Guinness in der Hand hält. Durch ihr Kleid kann man ihre Brustwarzen sehen. Ihre Zunge fährt aufreizend über ihre Lippen; es ist eine deutliche Aufforderung. Waterson berichtet über die Entstehung der Plakate – offenbar hat er diese Geschichte schon viele Male erzählt –, denn die Anzeigen sind ein gutes Gesprächsthema. Es gibt noch ein anderes Plakat von einem Radrennen, bei dem die Teilnehmerinnen nackt sind; er erläutert es nicht, und ich frage nicht.

Viele von Watersons öffentlichen Erklärungen bezogen sich insbesondere auf die Werbung für Tabak und Alkohol. Seine Argumente – daß Werbung keinen Einfluß auf den *Gesamtverbrauch* von Produkten habe und daß deshalb Verbote nichts bewirkten – werden dazu benutzt, um auf breiterer Ebene gegen Restriktionen anzukämpfen. Die als die »Dominotheorie der Werbekontrolle« bezeichnete Argumentationskette lautet folgendermaßen: heute Kontrolle über Produkte wie Tabak und Alkohol, und morgen über eine ganze Reihe anderer Produkte, angefangen von Süßigkeiten bis hin zu Autos. Die Befürworter von Kontrollen werden mit Vampiren verglichen: Wenn sie erst einmal Blut geschmeckt hätten, würden sie bald unersättlich. Viele Werbeleute sind von diesem Argument überzeugt.

Außerdem sollte erwähnt werden, daß der geplagten Getränke-
und Tabakindustrie bei ihrer Suche nach Verbündeten damit Mut
gemacht wird.

Waterson betrachtet Großbritannien als das Zentrum des Kamp-
fes gegen die Befürworter von Restriktionen. Das hat seiner Meinung
nach einen simplen Grund: »Die Attacken nahmen hier ihren Anfang. In Amerika waren die Angriffe gegen den Alkohol trotz der
historischen Erfahrung der Prohibition nicht sehr heftig. Doch hier
in England sind sie seit fünf Jahren zu spüren.« Außerdem gebe es in
Großbritannien eine »Flut« von Angriffen gegen die Werbung für andere Produkte. Vieles davon, meint er, spiegle die britische Einstellung zum Verkauf wider: »Hier ist das Gefühl viel tiefer verwurzelt,
daß Handel etwas Schlechtes ist. Das Wort ›Verkäufer‹ ist hier immer
noch ein verpönter Ausdruck. Wir nennen sie ›Vertreter‹…« Wegen
dieser Attacken trägt die Werbebranche in Großbritannien seit langem alle Argumente der Forschung zusammen, um die Behauptungen der Befürworter von Restriktionen zu widerlegen. Daher war die
englische Werbebranche in der Lage zu helfen, wenn Werbungtreibende in anderen Ländern unter Beschuß gerieten. Waterson erzählte, daß er 300 Exemplare seiner Untersuchung »Werbung und
Alkoholmißbrauch« an den US-Senat geschickt habe.

Waterson spricht in sonderbar gleichgültigem Tonfall über die
Lobby der Werbungsgegner, nicht anders als ein Soldat, der Informationen über den Feind liefert. Auch er sieht eine »allgemeine Bedrohung – den Anti-Kapitalismus«. »Es hat schon immer eine Lobby
gegen Werbung gegeben«, erklärt er. »Sie ist multinational.« Der
»Hauptgrund« sei, daß »Werbung ein sichtbarer Ausdruck unseres
freien Marktsystems sein muß, und deshalb ist jeder, der gegen den
freien Markt ist, gegen Werbung«. Doch erst in jüngster Zeit sei es zu
einer Veränderung in der Betrachtungsweise gekommen. »Die allgemeinen Angriffe gegen die Werbung haben bis zu einem gewissen
Grad aufgehört, und zwar deshalb, weil die Ansicht von Galbraith,
Werbung sei nutzlos, plötzlich angezweifelt wird.« Es stellte sich heraus, daß Jimmy Carter im wesentlichen dafür verantwortlich war.
Präsident Carter – »er wird als einer der großen Freunde der Werbung in die Geschichte eingehen« – hatte seit 1977 angefangen, die
Kontrollen aufzuheben. Als Folge davon begannen Optiker in Amerika Werbung zu treiben. »Die Handelsbehörde schickte Leute mit

schlechten Augen los. Sie stellten zwischen Bundesstaaten, in denen Optiker Werbung machen konnten, und solchen, in denen sie es nicht durften, in der untersten Preisklasse einen Unterschied von 34 Prozent fest. Diese eine Erkenntnis machte alle Ansichten hinsichtlich der Wirkung von Werbung zunichte. Im nachhinein glaube ich, daß der Grund der ist, daß man ohne freie Information behaupten kann, was man will.«

Doch dieser Beweis des positiven Charakters der Werbung, behauptet Waterson, habe die Angriffe nicht beendet, sondern lediglich ihre Form verändert. »An ihre Stelle trat eine ganze Reihe von Attakken gegen spezielle Waren – Tabak, Alkohol, Süßigkeiten, rezeptpflichtige Medikamente... Diese Angriffe sind viel schwerer abzuwehren, weil sie sich mehr auf das Produkt konzentrieren als auf die Werbung. Obwohl jeder glaubt, daß Zigaretten schädlich sind, und Trinken nur dann schadet, wenn es im Übermaß geschieht, sind die Argumente bezüglich der Werbung dieselben. Konsumzuwachs ist schlecht, und da Werbung den Konsum steigert, ist auch sie schlecht.« Waterson ist nicht der Meinung, daß – bezogen auf Alkohol – mehr oder weniger Konsum zwangsläufig mehr oder weniger Probleme bedeutet. Eine Zunahme des Weinkonsums eines Landes beispielsweise könnte bedeuten, daß »Leute, die sonst Bier trinken, plötzlich zu Geld gekommen sind und jetzt eine halbe Flasche Wein trinken. Deshalb könnte das heißen, daß Leute, die sonst nur in Maßen trinken, jetzt ein bißchen mehr konsumieren«.

Watersons Hauptargument jedoch ist, daß Werbung den Gesamtkonsum von Produkten wie Tabak oder Alkohol, die vom Marketing her »ausgereifte« Produkte sind, *nicht* steigere. »Ausgereift« bedeutet, daß diese Waren im Unterschied zu neuen Produkten, die erst noch ihre Abnehmer finden müssen, bereits eine beachtliche Zeit auf dem Markt vertreten sind. »Wir haben uns sehr bemüht, die Forschung zu berücksichtigen. Wir sind der Ansicht, daß von all den Untersuchungen, die auf der ganzen Welt durchgeführt wurden – wir haben 50 oder 60 davon in unseren Akten – lediglich eine oder zwei darauf hindeuten, daß Werbung auf reifen Märkten eine Wirkung hat. Wir behaupten, daß die Erkenntnisse zeigen, daß Werbung auf reifen Märkten keine Wirkung hat.« Sie befasse sich nur mit der Marke – mit anderen Worten, die Benutzer des Produkts »X« würden überredet, zum Produkt »Y« überzuwechseln.

Er macht eine kurze Pause, entweder um seinen Worten mehr
Nachdruck zu verleihen, oder um seine Stimme ein wenig zu schonen, die bereits heiser klingt (»Ich habe gestern abend eine Rede gehalten«). Doch dann holt er zum großen Schlag aus. »Wenn es
stimmt, daß Werbung den Absatz von Getränken und Tabak steigert,
dann würde sie auch den Absatz von Autos steigern, und damit auch
das Bruttosozialprodukt. Dieses Argument ist, auf einen logischen
Schluß gebracht, einfach albern.«

Andere bezweifeln diesen Punkt (so wie einige behaupten, daß
das Beispiel der amerikanischen Optiker beweise, daß Werbung
zwangsläufig billigere Produkte oder Dienstleistungen bedeute). Waterson selbst gibt zu, daß einer Menge Leute in der Werbebranche
dieses Argument nicht besonders gefalle, »weil sie behaupten, daß
Werbung verkaufe«. Die gegnerische Lobby, fügt er hinzu, bekomme
»ungeheuer viel Publicity«, aber das hält er nicht für den entscheidenden Punkt. Ihre Ansichten hätten »dort, wo es darauf ankommt«,
kein Gewicht. Im Parlament, erklärt er, seien »mehr als 60 Prozent
der Abgeordneten nicht gegen die Tabakwerbung, und über 80 Prozent nicht gegen die Getränkewerbung. Wir wissen, daß dieser Prozentsatz in den letzten vier Jahren zu unseren Gunsten gestiegen ist.
Die Tatsache, daß man endlose Artikel über bestimmte Themen zu lesen bekommt, bedeutet nicht, daß die Gesetzgeber ebenso denken.«

Die von ihm unausgesprochene Folgerung lautet, daß der Werbefachverband, dessen Aufgabe als Lobby hauptsächlich darin besteht,
auf die für Werbung relevanten Gesetzgebungsprozesse Einfluß auszuüben, weitgehend dafür verantwortlich ist. Im allgemeinen, setzt
er hinzu, sei die AA über Kontrollen in Großbritannien nicht unglücklich. »Ich glaube, allgemein betrachtet halten der einzelne, die Verbraucher und die Regierung das Kontrollsystem in Großbritannien
für ein sehr fortschrittliches System, das besser ist als irgendein anderes auf der Welt.« Der Werbefachverband, meint er, sei eine »Organisation, die Zurückhaltung übt«. Doch die Dinge könnten sich ändern. »Wenn es zum Schlimmsten käme, und wenn es so aussähe, als
ob die Getränkewerbung verboten würde, dann würden wir in einer
Weise an die Öffentlichkeit gehen, wie wir es noch nie getan haben.«

In ihrem Kampf gegen Restriktionen argumentierte die Werbebranche, daß die Möglichkeit, Reklame zu machen, ein fundamenta-
les Recht des Menschen sei. Nicht der Absatz von tiefgefrorenen Erb-

sen stehe auf dem Spiel, sondern die *Freiheit.* »Es trifft *nicht* zu, daß es dem Staat oder der Toleranz zu verdanken ist, daß es Werbung gibt«, erklärte Peter Thomson, Generaldirektor des Werberates. »»Kommerzielle Rede‹ ist nicht weniger freie Rede als journalistische oder politische Rede.«[42] »Nur als letzter Ausweg sollte eine Kategorie der Werbung verboten werden«, heißt es in dem Buch des Werbefachverbandes, *Speaking up for Advertising.* »Ein Verbot ist nicht nur eine Einschränkung freier Rede; sorgfältig kontrollierte Werbung kann sowohl für den akzeptablen Produktgebrauch Reklame machen als auch vor irgendwelchen inhärenten Gefahren warnen.«

Zur Erhärtung dieses Arguments zitieren Werbeleute aus dem Artikel 19 der Allgemeinen Erklärung der Menschenrechte der Vereinten Nationen (»Jeder hat das Recht auf freie Meinung und freie Meinungsäußerung: dieses Recht bezieht die Freiheit mit ein, ohne Behinderung an seiner Meinung festzuhalten, und über alle Medien und ungeachtet aller Grenzen Informationen und Ideen zu suchen, zu erhalten und zu vermitteln«), sowie aus Artikel 10 der Europäischen Konvention zum Schutze der Menschenrechte und der Grundfreiheiten. Die Frage ist, erklärt Sylvan M. Barnet, Vorsitzender des Internationalen Verbandes von Werbefachleuten, »ob wir eine rechtliche Grundlage finden können, um die Werbung zu schützen.« Es wurde behauptet, in den Vereinigten Staaten werde der Werbung im ersten Zusatzartikel der Verfassung, der die Redefreiheit garantiert, ein zweitklassiger Schutz eingeräumt. 1980 wurden vom Obersten Gerichtshof der USA Richtlinien aufgestellt, denen zufolge die Regierung Werbung einschränken könne, wobei jedoch eine substantielle Begründung der Regierung vorliegen müsse (wenn zum Beispiel ein Risiko für die Gesundheit der Bürger bestehe). Ferner müßten die Kontrollen direkt das öffentliche Interesse fördern und dürften nicht restriktiver sein als unbedingt erforderlich. Doch sechs Jahre später ging ein Beben durch die gesamte Werbebranche, als der Oberste Gerichtshof mit fünf zu vier Stimmen entschied, daß Puerto Rico bestimmte Werbung für Glücksspiele in Casinos verbieten dürfe. Es war das erste Mal, daß der Oberste Gerichtshof ein Verbot von wahrheitsgemäßer, zutreffender Werbung bestätigt hatte. David Versfelt, der Rechtsberater des Berufsverbandes amerikanischer Werbeagenturen, erklärte: »Das ist ein schwarzer Tag für die Madison Avenue.« Doch das Recht, Reklame zu machen, wurde immer noch weitgehend als elementare Freiheit verstanden. Der Abgeordnete Thomas Luken, Vorsitzender des Unterausschusses im Kongreß, der die Arbeit der Handelsbehörde überwacht, bemerkte im Hinblick auf die Forderung, die Tabakwerbung zu verbieten: »Werbung ist eine Form der Rede, und die Redefreiheit wird von der Verfassung garantiert... Ich sehe keine Basis dafür, Restriktionen zu verhängen, die dieses Recht beschneiden.«[43]

In bezug auf die Europäische Konvention reagierten die Werbungtreibenden sehr erregt auf einen Standpunkt, der von zwei Anwälten der Internationalen Handelskammer vertreten wurde. Der Jahresbericht des amerikanischen Normenausschusses für 1984/85 faßte diesen Vorgang folgendermaßen zusammen: »Obwohl das Recht mit Rücksicht auf die Interessen der nationalen Sicherheit, des Schutzes der Gesundheit, der Moral und dergleichen eingeschränkt ist, sind Lester und Pannick [die beiden Anwälte] der Auffassung, daß ›willkürliche oder unnötige Einschränkungen der Werbung wahrscheinlich einen Verstoß gegen das gemeinschaftliche Recht darstellen...‹« Philip Circus erklärte begeistert: »Die Botschaft lautet nun, daß die Werbung ihr angestammtes Recht auf Redefreiheit beanspruchen kann. Es liegt jetzt bei den Bürokraten und Interessengruppen, die [die Werbung] einschränken wollen, ihren Standpunkt zu rechtfertigen. Die Werbebranche ist mit einer sehr großen Trommel ausgestattet worden, und sie muß sie nun mit aller Kraft schlagen.«[44]

Andere, darunter viele Werbeleute, waren weniger optimistisch. Keiner konnte jedoch bestreiten, daß die *Vorstellung* von Werbung als Information (die damit einen Anspruch auf Schutz hatte) sehr verlockend war. Die Autoren eines Papiers über Werbebeschränkungen, das dem Internationalen Verband von Werbefachleuten vorgelegt wurde, erklärten[45]:

»Werbung als ›Information‹ zu bezeichnen, ist völlig zutreffend und ›klingt wahr‹. In der Tat könnten Argumente gegen Restriktionen, die auf der Kenntnis von Werbung als Information basieren, in Ländern der Dritten Welt, die von anglo-amerikanischen Traditionen beeinflußt sind, Erfolg haben. Im internationalen, regionalen und nationalen Recht findet der Schutz der Werbung als Information soliden Rückhalt. Gleichzeitig könnte die unkonventionelle Behauptung, daß Restriktionen gegen internationale Menschenrechte verstoßen, die Befürworter solcher Restriktionen ›überrumpeln‹... Eine Diskussion über Werbebeschränkungen auf die Ebene einer Diskussion über internationalen Informationsfluß und Menschenrechte zu heben, könnte den Schwerpunkt der Debatte verlagern und die Last der Rechtfertigung von Restriktionen auf diejenigen abwälzen, die versuchen, der Werbung Grenzen zu setzen.«

Einige Repräsentanten von Verbraucherinteressen hielten diesen Behauptungen entgegen, daß die Werbungtreibenden keineswegs in ihrer Freiheit eingeschränkt seien und ohnehin schon mehr Freiheit besäßen als die meisten anderen Leute, weil sie sich Sendezeit im Fernshen *kaufen* könnten.

Der Streit geht nicht nur in eine Richtung. Ein Hauptgrund für spezielle Beschränkungen ist immer gewesen, daß einige Anzeigen – oder die Produkte, für die sie werben – gegen den »guten Geschmack« verstoßen. Wie die Zeit, so ändert sich auch das, was annehmbar ist.

1984 erschien eine Frau auf den Bildschirmen von St. Louis, Missouri, und erzählte, daß sie seit ihrer ersten Schwangerschaft bei Bedarf Klistiere benutze. »Ich vertraue noch immer darauf, daß es mir bei Verstopfung rasch Erleichterung bringt«, sagte sie mit diesem besonders überzeugenden Ton der Aufrichtigkeit, der für TV-Werbespots typisch ist. Klistiere gehören zu dem »Unaussprechlichen« in der Werbung. Der Hersteller wartete auf die Reaktion der Zuschauer. Die Welt brach nicht zusammen. Der Versuch überzeugte die drei allmächtigen Fernsehsender; sie erklärten sich nun bereit, die Klistier-Werbung in ihr Programm nehmen. Der CB Fleet Company in Lynchburg, Virginia, die bereits im Fernsehen Reklame für auswechselbare Irrigatoren gemacht hatte, war es damit gelungen, eine weitere Barriere in der Werbung zu durchbrechen.

Was die Gesellschaft für akzeptabel hält, hat sich in den letzten zwei oder drei Jahrzehnten grundlegend gewandelt. Es ist beispielsweise nur schwer vorstellbar, daß es erst etwas mehr als 20 Jahre her ist, daß sich Leute vor Gericht über die Veröffentlichung von *Lady Chatterley's Lover* in der Überzeugung stritten, die Moral einer ganzen Nation stehe auf dem Spiel. Es ist vielleicht noch schwerer zu begreifen, daß einst nicht nur Reklame für Toilettenpapier verboten war, sondern auch die Auslage in Schaufenstern.

Selbst heute wird in Großbritannien noch auf recht verschämte Weise für Toilettenpapier geworben. Bowater-Scott's Andrex-Toilet-

tenpapier – das einen Umsatz von 100 Millionen Pfund im Jahr erreicht und die siebtgrößte Marke im Land ist – benutzt für seine Reklame einen süßen und kuscheligen Hund. Der kleine Hund spielt mit
der Klopapierrolle, um zu zeigen, daß es weich, stark und seinen
Preis wert sei. Ein Marsmensch, der vor dem Fernsehgerät sitzt,
würde niemals erraten, wozu es tatsächlich gebraucht wird. Es ist
interessant, diese Einstellung mit der in Deutschland zu vergleichen.
Dort wird der Zuschauer in einer Anzeige für Hakle Feucht aufgefordert: »Tun Sie etwas für Ihre bessere Hälfte.« In einer Anzeige sind
eine Reihe von Zeichnungen verschiedener Hinterteile zu sehen.
Eine andere zeigt Hinterteile auf einem Toilettensitz, mit der Überschrift: »Was der Dermatologe seiner Familie empfiehlt.«

Geschmack – auch wenn er subjektiv ist – spielt bei der Kontrolle
der Werbung eine wichtige Rolle. Der Kodex der Rundfunkbehörde
enthält in Absatz 12 eine Generalklausel, die besagt: »Keine Anzeige
sollte gegen den guten Geschmack oder den Anstand verstoßen, oder
das öffentliche Gefühl beleidigen.« Mitte der achtziger Jahre gab es
im europäischen Fernsehen einige verbotene Bereiche: Heiratsinsti-
tute (bei dem italienischen Sender RAI, der IBA und der irischen RTE),
Kreditwesen (bei RAI), Stellenvermittlungen (in Frankreich, bei RAI,
RTE, IBA), Kriegsspielzeug (beim Zweiten Deutschen Fernsehen ZDF),
Margarine (in Frankreich) und Wetten (bei IBA, RTE). Unter dem
Banner des guten Geschmacks weigerten sich Zeitungen und Zeitschriften, Anzeigen für Produkte zu veröffentlichen, die von dem KY-
Gelee – ein Gleitmittel, das beim Geschlechtsverkehr und beim Ein-
führen von Tampons benutzt wird – bis hin zu Mitteln gegen Inkonti-
nenz reichten. *Modern Maturity* weigerte sich, Anzeigen für solche
Mittel aufzunehmen, weil sie die Kehrseite des Alterns aufzeigten.

Um zu zeigen, wie subjektiv das alles ist, ist erwähnenswert, daß
sich für folgende Anzeige eines Bestattungsinstituts in Kalifornien
tatsächlich ein Herausgeber fand; das Bestattungsinstitut hatte aus
der Erdbebenkatastrophe in Mexiko 1985 mit folgender Botschaft
Kapital geschlagen: »If, God forbid, LA is next our commitment will
remain unshaken.« (»Falls, was Gott verhüten möge, Los Angeles als
nächste Stadt dran ist, wird unser Einsatz nicht erschüttert werden.«) Ähnliches trifft auf eine Anzeige in Südafrika zu, die eine Frau
mit zerrissenem Kleid zeigte, die zusammengesunken auf einem Sofa
lag und anscheinend tot war oder im Sterben lag; daneben war ein

Messer zu sehen. Die Anzeige warb für eine Sofa-Polsterung – der Einbrecher hatte danach gesucht!

»Unaussprechliches« mag in einigen Ländern unaussprechlicher oder weniger vorführbar sein als anderswo. In Italien wurde eine Anzeige zurückgezogen, die das nackte Hinterteil eines kleinen Kindes zeigte, nachdem man sie für »unangebracht« erklärt hatte, aber Anzeigen, die nackte Brüste zeigen, sind dort alltäglich und erregen keinerlei Anstoß.[46] Aubry Wilson und Christopher West definierten in einem Artikel im *Harvard Business Review* »Unaussprechliches« als »Produkte, Dienstleistungen oder Konzepte, die aus Gründen des Takts, des Anstands, der Moral oder sogar der Furcht Reaktionen wie Ekel, Abscheu, Gekränktsein oder Wut hervorrufen können, wenn sie erwähnt oder offen präsentiert werden«. Dazu gehören Hygieneprodukte, Bestattungen und andere Dienstleistungen, die mit dem Tod in Zusammenhang stehen, sowie bestimmte Arten von medizinischer Behandlung (wie etwa bei Hämorrhoiden). Werbungtreibende sehen sich auf diesen Gebieten besonderen Problemen gegenüber. Auch sie müssen, so schrieben Wilson und West, »äußerst aktiv sein, um die Schwelle des Widerstandes zu überwinden, und außerdem müssen sie besondere Taktiken entwickeln, um die Probleme zu umgehen, die durch die Unaussprechlichkeit entstehen«.

In den Jahren der Depression bestand die Taktik, die in amerikanischen Printanzeigen angewandt wurde, aus einer Mischung von Gewöhnlichkeit und dem Versuch, zu beschämen. So lautete eine Anzeige: »His heart quickened at the soft fragrance of her cheeks, *but her shoes hid a sorry case of athlete's foot.*« (»Sein Herz schlug schneller bei dem zarten Duft ihrer Wangen, *doch in ihren Schuhen verbarg sich ein trauriger Fall von Fußpilz.*«) In einer Werbung für Mittel gegen Verdauungsstörungen rülpsten diejenigen, die darunter litten, dem Betrachter ins Gesicht. Großaufnahmen von haarlosen weiblichen Achselhöhlen beherrschten die Seiten von Zeitschriften: »His quick eye saw that the soft white beauty of her underarm...« (»Ein kurzer Blick verriet ihm die zarte, weiße Schönheit ihrer Achselhöhlen...«) Mundgeruch zerstörte die Romantik – eine Anzeige für Listerine-Mundwasser zeigte eine hübsche, bekümmerte Frau, und der Text lautete: »*Her* Honeymoon – and It Should Have Been *Mine*!« (»*Ihre* Flitterwochen – und es sollten doch *meine* sein!«)[47]

50 Jahre später erscheinen diese Anzeigen geschmacklos, jedoch

weniger aufgrund ihrer Thematik als vielmehr aufgrund ihres Ansatzes. Zumindest in den USA und in Großbritannien sind heutige Anzeigen für »Unaussprechliches« meist sehr diskret und darauf bedacht, niemandem zu nahe zu treten. Dennoch wächst die Liste von Tabuprodukten, die den gewaltigen Sprung hinüber zur akzeptablen Werbung machen, von Jahr zu Jahr weiter. Ende 1986 lockerte Großbritannien sein Verbot von Fernsehwerbung für die Behandlung von Hämorrhoiden, erlaubte im selben Jahr die Werbung für ein Mittel gegen Blasenentzündung und ließ im Jahr darauf Werbespots für Mittel gegen Blasenschwäche zu – jedoch nicht zwischen 16.30 Uhr und 21 Uhr, da in dieser Zeit überwiegend Kinder und Familien vor dem Fernsehgerät saßen.

Zu den »unaussprechlichen« Dingen zählten lange Zeit Kondome und AIDS, ungeachtet des Drucks, diese Themen in der Werbung zuzulassen. Autoren des *Harvard Business Review* bemerkten dazu: »... sein Gebrauch bei der intimsten aller menschlichen Handlungen hat dazu geführt, daß nicht darüber gesprochen wurde. Die viktorianische Zeit stellte einen starken und nachhaltigen Zusammenhang zwischen dem Kondom und anderen unaussprechlichen Dingen wie dem unerlaubten vorehelichen Geschlechtsverkehr her und umgab es mit einer Aura von Sünde und Schuld. Seine prophylaktischen Eigenschaften zum Schutz vor Geschlechtskrankheiten trugen noch zu seiner Tabuisierung bei, weil Geschlechtskrankheiten bei ehelichem Geschlechtsverkehr kein Risiko darstellten, und verstärkten die mit dem Kondom verbundene Assoziation von heimlichem Geschlechtsverkehr.* Darüber hinaus sorgten die Vertriebswege von Geschäften in dunklen Seitenstraßen und der heimliche Verkauf an Männer in schmutzigen Regenmänteln für eine völlige Tabuisierung.«

Die Werbung für empfängnisverhütende Mittel spiegelte in den letzten 20 Jahren nicht nur die öffentliche Einstellung wider, sondern auch die entsprechende Heuchelei. In Großbritannien waren die Anzeigen für Durex-Kondome Mitte der sechziger Jahre derart ver-

---

* In Frankreich ist es immer noch nicht möglich, das Kondom als *contraceptif* (empfängnisverhütendes Mittel) zu bezeichnen; die dort übliche Bezeichnung ist *préservatif* (Präservativ), um damit anzudeuten, daß man es aus hygienischen Gründen benutzen sollte – eine Einstellung, die seit Bekanntwerden der Immunschwäche AIDS in vielen anderen Ländern geteilt wird.

schämt formuliert, daß es ein Wunder ist, daß die Leser überhaupt wußten, wofür da Reklame gemacht wurde. Das Wort »Empfängnisverhütung« tauchte erst Ende der sechziger Jahre auf, und auch dann waren die Anzeigen noch sehr zurückhaltend. Der Text einer Anzeige, die in dem Magazin *Sunday People* veröffentlicht wurde, lautete: »A young couple join hands. He puts a ring on her finger. And the conspiracy of silence begins...« (»Ein junges Paar reicht sich die Hände. Er steckt einen Ring an ihren Finger. Vielsagendes Schweigen...«) Der Durchbruch kam erst, als der Hersteller von Durex, die Rubber Company in London, es wagte, das Produkt als »Schutz« zu bezeichnen, und noch etwas später, als es »Kondom« genannt werden durfte.

Anfang der siebziger Jahre beschloß die Apothekervereinigung, daß empfängnisverhütende Mittel in Apotheken präsentiert werden durften, obwohl bereits drei Jahre zuvor die landesweite Ladenkette Boots zu dem Schluß gekommen war, daß dies völlig risikolos sei. Der Name »Durex« war jedoch noch kein Wort, das man laut aussprechen konnte. Seine Hersteller machten sich daran, es zu »normalisieren«. Das Unternehmen sponserte einen Rennwagen, um den Namen Durex in ganz Großbritannien bekannt zu machen. Die BBC beschloß, die öffentliche Moral zu schützen. Zuerst weigerte sie sich, das wichtige Rennen in Silverstone zu übertragen, wenn der Name Durex nicht verdeckt würde; später stieg sie wegen der »allgemein untragbaren Zahl von Werbehinweisen auf den Wagen« aus dem Rennen um die Meisterschaft in Brands Hatch aus. Über den Hinweis auf Zigarettenmarken hatte sich zuvor nie jemand beschwert.

Ende der siebziger Jahre, als die Angst vor der Pille – dem größten Rivalen des Kondoms – zunahm, wandte sich die Werbung an die Frauen. In den achtziger Jahren zeigten sich die Anzeigen im Vergleich zu früher unverblümter. Eine Schlagzeile lautete: »You don't make love twenty-four hours a day, so why use twenty-four hours a day contraceptive?« (»Sie lieben doch nicht 24 Stunden am Tag, warum benutzen Sie dann ein empfängnisverhütendes Mittel, das rund um die Uhr wirkt?«) Das war jedoch erst ein kleiner Schritt. 1984 brachte Warner Lambert, ein Konkurrent, seine eigene Kondom-Marke auf den Markt; die Schlagzeile der Anzeigen lautete: »Ultrasure. The only sheath with an effective spermicide where it really counts.« (»Ultrasure. Das einzige Kondom mit einem wirksamen

Spermizid, worauf es wirklich ankommt.«) Mehrere Zeitungen weigerten sich, die Anzeige zu bringen, darunter der *Daily Telegraph* und der *Sunday Telegraph*, die *Sunday Times*, die *Times*, der *Sunday Express* und die *Daily Mail*. Die *Daily Mail* hatte sich zuvor bereits geweigert, Durex-Anzeigen zu veröffentlichen, weil sie sich als eine »Familienzeitung« verstand. Doch diese Reaktion erscheint weniger paradox als die von Rupert Murdoch's Zeitschrift *Sun*, die sich weigerte, das Wort »sheath« zu benutzen. Oder wie der *Playboy*, der eine Anzeige für Durex' schwarzes Kondom Black Shadow ablehnte.

Janice Morgan, Werbemanagerin der London Rubber Company, erzählte mir, sie fühle sich durch die Entwicklung der Dinge »ermutigt«. »Ich glaube, die Vorurteile werden überwunden. Ich denke, die Zeit ist vorbei, da man gegen Worte wie Spermizid Einwände erhob. Seien wir ehrlich, es ist immer noch eine sehr persönliche, intime Sache. Aber wir stellen uns auf Veränderungen in der Gesellschaft ein.«

Sowohl in den Vereinigten Staaten als auch in Großbritannien kamen die Kondome erst zu Beginn der siebziger Jahre unter dem Ladentisch hervor. Fünf Jahre später erschien Trojans, die führende Marke, im KNTV, einem Regionalsender der ABC in San José. Nachdem eine Flut von Beschwerden eingegangen war, nahm der Sender den Werbespot aus seinem Programm. Presseberichte über das Verbot sorgten für heftige Reaktionen, und die Reklame wurde wieder gesendet.* Das Experiment wurde jedoch nicht wiederholt.

Mitte der achtziger Jahre gehörten empfängnisverhütende Mittel zu den letzten persönlichen Produkten, die bei allen drei Sendern in den USA und bei den meisten lokalen Fernseh- und Radiostationen verboten waren. Donald Wear Jr., Vizepräsident der CBS, erläuterte in einem Brief an eine Interessengruppe die Haltung seines Senders: »Bei der CBS sind wir darum bemüht, zu unterhalten und zu informieren, aber nicht zu beleidigen. Während einige glauben, daß... Werbung für empfängnisverhütende Mittel auf nationaler Ebene notwendig ist, halten viele andere diese Art von Werbung für eine Verletzung ihrer moralischen und religiösen Überzeugungen und nehmen Anstoß daran.«

Die Immunschwäche AIDS – und speziell die Tatsache, daß Kon-

---

* Eine Zeitung lieferte angeblich die denkwürdige Schlagzeile: »First Rubber Commercial Snaps.« (»Erster Gummi-Spot geplatzt.«)

dome zu den wenigen Schutzmaßnahmen gegen ihre Verbreitung zählen – machte eine Veränderung der Taktik notwendig. AIDS-Kampagnen auf der ganzen Welt warben für die Verwendung von Kondomen. »Vertrauen ist gut, Kondome sind besser«, wurde in der Kampagne des Gesundheitsministeriums verkündet. Ein norwegischer Werbespot zeigte den Buchstaben »A«, der jede sexuelle Annäherung ablehnte, wenn der Buchstabe »I« nicht ein Kondom benutzte. Eine schwedische Anzeige ließ an Deutlichkeit nicht zu wünschen übrig: Ein Mädchen hält einem Mann, der gerade seine Hose auszieht, ein Kondom hin und sagt: »Wenn du kein Kondom benutzt, läuft nichts.«

Seit 1987 begannen in den Vereinigten Staaten eine Anzahl von Fernsehsendern und auch viele Zeitschriften, Kondom-Werbung zu bringen.[48] In Großbritannien wurde das Verbot von Werbung in Rundfunk und Fernsehen aufgehoben. Der Präsident eines Unternehmens wurde im Magazin *Time* zitiert; er erklärte, daß AIDS »der Traum eines jeden Herstellers von Kondomen« sei. Diese Feststellung sei aus dem Kontext gerissen worden, behauptete er später, jedoch erst, als seine Werbeagentur (Della Femina, Travisano and Partners) den Vertrag nochmals unterzeichnet hatte. Seine Worte mögen unbedacht gewesen sein, aber es stimmte, was er sagte. Ein Artikel in einer Fachzeitschrift begann folgendermaßen: »Niemand zweifelt daran, daß AIDS den Herstellern von Kondomen enorme Absatzmöglichkeiten bietet…« Es kam zu wahren Verkaufsschlachten. LRC Products brachte ein »glänzendes« Produkt mit dem Namen Durex Gold auf den Markt, das vor allem Jugendliche zwischen 16 und 25 ansprechen sollte; die Schlagzeile lautete: »When a man loves a woman.« (»Wenn ein Mann eine Frau liebt.«) Ein kleines Unternehmen, das eine Serie mit der Bezeichnung Jiffi-Kondome herstellte, benutzte den denkwürdigen Slogan: »Real men come in a Jiffi.« (»Richtige Männer kommen in einem Jiffi.«)[49]

Die Veränderungen waren jedoch geringer, als es den Anschein hatte. Das britische Fernsehen hatte zwar entschieden, solche Werbung zuzulassen, aber die Regeln waren so streng (es darf kein Anstoß erregt, und es dürfen keine ausgepackten Kondome gezeigt werden usw.), daß ein Kommentator anmerkte, niemand sei in der Lage, sofort zu erkennen, was der Inserent eigentlich verkaufen wolle. Amerikanische Sender bestanden darauf, daß die Botschaft auf die Verhütung von Krankheiten ausgerichtet sein sollte und nicht auf Geburtenkontrolle. Die Entscheidung von Time Inc., Werbung für Kondome in ihre Magazine aufzunehmen, wurde unter der Bedingung getroffen, daß sie »die Gesundheit und die Verhütung von Krankheiten ansprechen« solle.

Bevor all das geschah, fand in Spanien in bezug auf die Werbung für Kondome eine kleine Revolution statt. Ein Werbespot für die in den USA hergestellten Prime-Kondome durfte von dem staatlichen Sender RTVE ausgestrahlt werden. Die Zuschauer sahen 20 Sekunden lang eine Reihe von Einzelaufnahmen, die Familien mit zwei, drei und vier Kindern und schließlich ein Paar ohne Kinder zeigten. Eine Stimme sagte: »Sie denken darüber nach.« Der Generaldirektor der Werbeagentur RSCG erklärte: »Es ist ein Meilenstein in der Geschichte der spanischen Werbung.«

Die Tatsache, daß die Anzeige in Spanien erschien, einem katholischen Land mit einer langen Tradition der Sittenstrenge, zeigt, daß Gesellschaften nicht immer die erwartete Haltung gegenüber heiklen Produkten in der Werbung einnehmen.

Zumindest für die Engländer – die die Deutschen für humorlose, reglementierte Menschen halten – ist es eine Überraschung, eine deutsche Anzeige zu sehen, auf der ein Mann auf einem Moped fährt und einen riesigen Packen der empfängnisverhütenden Mittel unter dem Arm trägt. Doch Frankreich und Italien liefern vielleicht die beiden verblüffendsten Beispiele. Bis zum Auftreten der Immunschwäche AIDS gestatteten die Franzosen keinerlei Werbung für Kondome (und nun soll sie lediglich auf die Verhütung von Krankheiten abzielen). Obwohl Italien ein katholisches Land ist, läßt es Werbespots zu, in denen leicht bekleidete Paare glücklich am Strand entlang schlendern, während eine Stimme verkündet: »Gut lieben ist gut für die Liebe.« Auf einem Plakat, das für ein Kondom wirbt, stehen nur zwei, wenn auch sehr bedeutsame Worte: »Reise sicher.« Auf einer Print-Anzeige für eine Marke namens Sensipan kniet ein Prinz über einem Dornröschen, und die Botschaft lautet, daß er Hilfe brauchen wird, um sie aufzuwecken!

Als Tabu steht das, was die Branche in Großbritannien den Sanpro-Markt nennt, hinter den Verhütungsmitteln kaum zurück. Hygiene-Produkte für die Frau sind ein Riesengeschäft: sie bringen in Großbritannien im Jahr über 100 Millionen Pfund ein, und in den USA fast

900 Millionen Dollar. Sie gehören zu den Produkten, die immer wieder gekauft werden und bei denen die Kunden ihrer Marke treu bleiben; das macht sie zu einem wichtigen Thema für die Werbung – wenn sie erlaubt ist.

Die Hersteller konzentrieren sich vor allem auf junge Erstkundinnen. Sie wissen, daß junge Frauen, wenn sie erst einmal ein Produkt gefunden haben, mit dem sie zufrieden sind, dieses wahrscheinlich auch weiterhin kaufen. In Großbritannien war ihnen bis Ende 1985 der Weg zum attraktivsten Medium, dem Fernsehen, versperrt. 1980 gestattete die Rundfunkbehörde eine Probephase, um die Zuschauerreaktion zu testen. Es gingen 1200 Beschwerdebriefe ein. Fünf Jahre später unternahm die Behörde erneut einen Versuch und startete eine zweijährige Testphase – aber lediglich in Channel 4. Harry Theobalds, Werbekontrolleur der Rundfunkbehörde, erklärte: »Aufgrund seines Programms spricht Channel 4 diejenigen Zuschauer reiferen Alters an, die diese Art von Werbespots weder schockiert noch peinlich berührt.«[50] Es gab jedoch strenge Vorschriften. Auf dem Bildschirm durften keine ausgewickelten Binden oder Tampons gezeigt werden, es durften keine Anspielungen auf soziale Unsicherheit gemacht werden, und eventuell beleidigende Worte wie »Geruch« durften nicht benutzt werden.

Amerika hatte diesen Weg bereits zehn Jahre zuvor eingeschlagen; dort waren Hygieneprodukte für Frauen seit 1975 im Fernsehen zugelassen. Vor dieser Entscheidung wurden Testanzeigen ausgestrahlt und Zuschauer nach ihrer Reaktion befragt. Mit den Jahren ist die Sprache der amerikanischen Werbespots immer anschaulicher geworden. Mitte der achtziger Jahre erhielten die Sender immer noch eine »ziemliche Menge« negativer Zuschauerpost, obwohl NBC erklärte, die Tendenz sei rückläufig. Doch Tabus existieren immer noch. Eines wurde 1985 durchbrochen, als Tambrands in einem Werbespot für Tampax bei ABC und NBC das Wort »periods«(Periode) benutzen durfte.[51] Dem waren Tests in sechs Städten vorausgegangen. Zuschauer wurden gebeten, auf den Spot zu reagieren, in dem die Kamera von einer Frau im Umkleideraum zu einer Ballettprobe überblendete. »Ändern Sie Ihr Leben für eine Woche, nur weil Sie Ihre Periode haben?« lautete der Anzeigentext. Die anfängliche Reaktion von CBS war, den Werbespot abzulehnen – der Begriff »Periode« sei zu salopp; der Sender erklärte sich bereit, die Reklame zu zeigen, wenn der Begriff »menstrual cycle« (Menstruationszyklus) verwendet würde.

In Großbritannien spiegelten gedruckte Anzeigen die sich wandelnde Haltung wider. Die Anzeigen für Hygieneprodukte für Frauen haben sich allgemein in zwei Gruppen gespalten: die eine Gruppe stellt das Produkt dar; die andere Gruppe zeigt Frauen (oft in Weiß gekleidet), die sich eines glanzvollen Lebensstils erfreuen, reiten, Tennis spielen oder auf der Bühne agieren. 1985 startete die Agentur Bartle Bogle Hegarty eine neue Kampagne für die führende Marke Lilia-White. Die Kampagne beinhaltete eine Anzeige, die einen jungen Mann in mit Rüschen besetzter rosa Damenunterwäsche zeigte, der gequält seine Hand gegen den Kopf preßte. Die Schlagzeile lautete: »Haben Sie sich jemals gefragt, wie Männer damit fertig würden, wenn sie eine Periode hätten?« Pfeile deuteten auf verschiedene Körperteile des Mannes, die Kommentare lauteten: »Wie kann ich zu dem Pokalendspiel gehen, wenn es in meinem Kopf hämmert?«... »Erwarten Sie nicht von mir, daß ich mich bei all diesen Pickeln auf meinem Kinn rasiere«... »Ich kann mit diesen quälenden Rückenschmerzen unmöglich den Wagen waschen.« Der Werbetext kommt zu dem Schluß: »Nach 104 Jahren im Geschäft sind wir einfach nicht mehr naiv genug, um uns vorzustellen, wir könnten Ihre Periode ins Lächerliche ziehen. Aber wir sind sicher, daß wir sie zu einer (dürfen wir es so ausdrücken?) weniger lästigen Plage machen können.«

»Unaussprechliche« Produkte können riesige Märkte oder aber vergleichsweise kleine repräsentieren. Der Marktanteil von Mitteln gegen Inkontinenz beträgt beispielsweise in den Vereinigten Staaten bereits 250 Millionen Dollar im Jahr, doch Statistikern der Branche zufolge wird er auf sechs Milliarden Dollar anwachsen. Im Vergleich dazu ist der Markt für Friedhöfe winzig. Dennoch haben alle das Bedürfnis, ihre jeweiligen Märkte zu schützen. Fred C. Hill, der Besitzer von drei Friedhöfen im Südosten Pennsylvanias, leidet wie der Rest seines Geschäftszweiges unter der Tatsache, daß seine potentiellen Kunden eine zunehmend höhere Lebenserwartung haben, daß sie, wenn sie sterben, lieber verbrannt werden wollen, und daß seine Kosten steigen. Für ihn sind Werbung und Marketing entscheidend, weil es in diesem Bereich keine Spontankäufe gibt. »Vater steht morgens niemals auf und sagt zu Mutter, ›Es ist heute so ein herrlicher

Tag, laß uns Grabstellen kaufen gehen‹«, erklärte er gegenüber dem
Wall Street Journal. Anzeigen von Bestattungsunternehmen sind
oftmals recht volkstümlich. Eine Anzeige der Restland Inc. in Dallas
zeigt einen Witwer, der mit seinem Mischlingshund auf der Veranda
sitzt und erzählt, wie er von seiner Frau überredet worden sei, eine
Grabstelle zu kaufen. Dann sei sie gestorben. Es wäre ihm schwer
gefallen, das alleine zu machen, erklärt er den Zuschauern.[52]

Die Tatsache, daß ein Produkt oder eine Dienstleistung als Tabu
betrachtet wird, bedeutet, daß dafür werbende Anzeigen manchen
Menschen zuwider sind. Und solche Leute gibt es zu Millionen. Dies
ist ein besonderes Problem für die gesamte Werbebranche. Burton
Manning von der Agentur J. Walter Thompson hat sich damit ausein-
andergesetzt. In den USA, erklärt er, sei der Markt so riesig, daß
selbst eine relativ kleine Anzahl von Kunden, die auf eine Anzeige
reagiert, ein gutes Geschäft bedeuten könne.

»Für mich sind die Auswirkungen interessant. Das Paradoxe, die
Zwickmühle, in der wir uns alle befinden. Es gibt eine Liste von Dingen, die die Leute nicht sehen wollen. Die Leute kämpften darum,
daß die Werbung für Mittel gegen Hämorrhoiden aus dem Programm
flog... Auch Hygiene-Produkte für Frauen sollten nicht zugelassen
werden – sie empfanden schon das Produkt an sich als Beleidigung...
Auch Abführmittel... In bestimmten Landesteilen auch Büstenhal-
ter.« Die Zwickmühle bestehe darin, meint Manning, daß diejenigen,
die einige Produkte nicht sehen wollten, oft in der Mehrheit sind.
Doch die Leute, die bei Werbung für Mittel gegen Hämorrhoiden
nicht abschalteten, sind diejenigen mit Hämorrhoiden...»Eine Frau,
die unter Menstruationskrämpfen zu leiden hat, fühlt sich durch eine
Anzeige, die ihr Hilfe verspricht, nicht beleidigt. Wir wissen, daß der
Absatz die Behauptung widerlegt, daß sie [die Leute, die das Produkt
direkt wollen] die Werbung für so schrecklich halten. Doch die Mehrheit ist angewidert, wütend und ärgerlich – und das verstärkt dann
noch ihr Gesamturteil über die Werbung.«

Weil Amerika so groß ist, folgert Manning, kann es ein Werbungtreibender riskieren, die Mehrheit der Leute zu beleidigen, um die
Minderheit zu erreichen, auf die seine Werbung abzielt. »Ich frage
mich immer, was ich tun würde, wenn ich dieser Unternehmer wäre,
wenn mein Produkt bei 95 Prozent Anstoß erregen würde, aber ich
ohne Werbung nicht mal die restlichen fünf Prozent für mich gewin-

nen könnte. Ich glaube, wenn mein Leben und meine Zukunft von diesem Produkt abhingen, dann würde ich das tun, was andere auch tun. Ich würde sagen, ›Es ist legal, es ist ein gutes Produkt. Ich werde dafür Reklame machen…‹«

Werbung für »Unaussprechliches« erregt, wie Zeitschriften und Sender wissen, wahrscheinlich genau bei den Leuten Anstoß, die sich am häufigsten zu Wort melden. Manning meint, Werbungtreibende würden im Hinblick auf solche Briefe heute »realistischer« denken. »Wenn der Werbungtreibende [in der Vergangenheit] ein paar negative Briefe bekam, nahm er [seine Anzeige] sofort aus dem Programm. Heute wird er abschätzen, ob sie sich tatsächlich nachteilig auswirkt…«

Ein weiteres Plus für die Branche in ihrem Kampf um die Werbefreiheit ist die Zulassung von Berufsgruppen als Werbungtreibende, denen es früher verboten war, für sich selbst Reklame zu machen. Den amerikanischen Optikern, die bereits erwähnt wurden, schlossen sich andere Gruppen an, für die einst der bloße Gedanke an Eigenwerbung schon unvorstellbar war.

1978 entstieg in einem Werbespot ein 54jähriger, 300 Pfund schwerer Anwalt aus Madison, Wisconsin, nackt einem See, sagte einen Satz und zeigte damit, wie sich die Welt im Hinblick auf Berufe und Werbung verändert hatte. Der Satz lautete: »Wenn Ihnen die Schulden über den Kopf wachsen, wir bewahren Sie für 250 Dollar vor dem Bankrott.« Der Anwalt Ken Hur machte sogar noch geschmacklosere Werbespots: In einem seiner Entwürfe starb ein Verurteilter auf dem elektrischen Stuhl, aber erst, nachdem er die Zuschauer hatte wissen lassen: »Ich hätte mich an ein Anwaltsbüro wenden sollen.« Dann leuchtete auf seiner Brust Hurs Telefonnummer auf.

Bei Hurs Eskapaden auf dem Bildschirm winden sich die meisten seiner Berufskollegen vor Scham, doch er ist so etwas ähnliches wie ein Symbol. In den USA, und in zunehmendem Maße auch auf der ganzen Welt, ist es heute allen Berufsgruppen gestattet, Werbung zu treiben. Eine Übersicht in der Zeitschrift *Focus* vom Oktober 1984 zeigte, daß Steuerberater in Belgien und in der Schweiz ohne Einschränkungen, und in Finnland, Griechenland, Italien, Schweden und Großbritannien mit einigen Einschränkungen Werbung machen durften. Architekten konnten mit Einschränkungen in Finnland,

Griechenland, Italien, den Niederlanden, Schweden, der Schweiz und in Großbritannien Werbung betreiben, Ärzte in Finnland, Griechenland, Italien, Spanien und Schweden und Rechtsanwälte in Finnland, Italien, Schweden und Großbritannien. In einer Untersuchung der Zeitschrift *Advertising Age* vom September 1984 wurden drei Länder genannt, in denen es allen vier Berufsgruppen erlaubt war, Reklame zu machen: Australien (Sydney), die Vereinigten Staaten und Brasilien (das einzige Land, wo es keine Restriktionen gab). In Kanada und Großbritannien durften Steuerberater, Architekten und Anwälte Werbung betreiben, aber Ärzte nicht.[53]

Obwohl die gesamten, damit verbundenen Kosten im Vergleich zu der Werbung für Produkte gering sind, ist das eine wesentliche und wichtige Entwicklung. Zunächst bezieht sie viele von denen in den Werbeprozeß mit ein, die ihn zuvor am meisten verachtet hatten. Zweitens bringt sie Interessengruppen von Verbrauchern auf die Seite der Werbung. Schon bevor es Anwälten in Großbritannien gestattet wurde, Werbung zu betreiben, hatte David Tench, der Rechtsberater des Verbraucherverbandes, erklärt, daß sie der Öffentlichkeit zu besserer Information verhelfen und der Berufsgruppe die Möglichkeit zu einem gesunden Wettbewerb eröffnen würde: »Das einzige, was noch schlimmer ist als irreführende Werbung, ist ein Verbot der Werbung.«[54]

Die Veränderung ist so neu und befindet sich noch in einem solch frühen Stadium, daß man leicht unterschätzt, wie bahnbrechend sie in Wirklichkeit ist. 1970 drückte der Standesrat der Anwälte aus, was damals wohl alle Berufsgruppen dachten. »Werbung«, erklärte er der Monopolkommission, »wird allgemein als unvereinbar mit der Vorstellung von einem Mann angesehen, der sich in der Ausübung eines Dienstes an der Gemeinschaft seinen Berufskollegen anschließt, der in seinen Beziehungen zu Kollegen und Klienten an strenge Vorschriften gebunden ist, und der in seinem Beruf eine größere Aufgabe sieht als das bloße Einverständnis mit den Wünschen seines Klienten, wie immer sie auch aussehen mögen.« Sowohl in den USA als auch in Großbritannien sind viele Angehörige dieser Berufsgruppe immer noch über die Veränderungen beunruhigt und betrachten die Werbung mit all ihren Auswirkungen von Verkauf und Wettbewerb als etwas, das nicht zu ihrer »Stellung in der Gesellschaft« paßt. Oberrichter Warren Burger machte deutlich, daß er sie für eine dubiose Sache halte, die die Rolle des Anwalts beeinträchtige. Dennoch sind Anzeigen immer alltäglicher geworden. In den USA gaben die Anwälte 1987 schätzungsweise 60 Millionen Dollar allein für die Fernsehwerbung aus. Ein Anwalt wies darauf hin, daß Werbung heute für jeden Berufsanfänger ein »Muß« sei.

In Großbritannien zwangen Berufsgruppen der Werbung ihrer Mitglieder selbst Beschränkungen auf, doch selbst hier kam es bald zu einer weiteren Liberalisierung. Zum Beispiel wurden Anwälte zunächst von der Fernsehwerbung ausgeschlossen, doch das Verbot wurde später aufgehoben. Einigen wurde vorgeworfen, in jenen Tagen der Begeisterung »über das Ziel« hinausgeschossen zu sein. In Australien veröffentlichte die Firma Price Waterhouse eine Anzeige, auf der Tarzan zu sehen war, wie er sich gegen die Brust schlug und »Aah ee Aaaah!« schrie – sowie die Sprechblase: »Price Waterhouse has more clients in the top 500 companies than any other firm of chartered accountants.« (»Price Waterhouse hat mehr Klienten in den 500 wichtigsten Unternehmen als irgendeine andere Buchprüfer-Firma.«)[55]

Aus den Vereinigten Staaten stammten die verblüffendsten Beispiele für das Problem, vor das sich Berufsgruppen plötzlich gestellt sehen können – wie kann man den goldenen Mittelweg zwischen modernem Marketing und der Berufsehre finden? Auf dieses Problem wurde innerhalb der Berufsgruppe der Ärzte besonders hingewiesen. 1982 entschied die Handelsbehörde, daß der amerikanische Ärzteverband, und darüber hinaus andere ärztliche Vereinigungen, Mitglieder nicht daran hindern dürfe, Werbung zu betreiben. Fachärzte für plastische Chirurgie bezogen auf der ganzen Linie Stellung. Auf der einen Seite protestierte ein ehemaliger Präsident der amerikanischen Gesellschaft für plastische und wiederherstellende Chirurgie: »Plastische Chirurgie sollte nachgefragt und nicht verkauft werden.« Auf der anderen Seite stand der Initiator von folgendem Spot:

Auf dem Bildschirm ist die Plastik eines Frauengesichts zu sehen; sie ist mittleren Alters und die Haut ist runzlig und faltig. Es ertönt leise Musik, und eine Stimme fragt: »Wie fühlen Sie sich innerlich? Jung, kraftvoll, modern? Doch das alternde Gesicht hinterläßt bei anderen oftmals einen anderen Eindruck oder beeinträchtigt das gute Gefühl, das wir haben.« Die Szene wechselt zu einem Arzt in weißem

Kittel. »Ich bin Doktor Donald Levy. Ihr Gesicht ist Ihre Reklame gegenüber Freunden, Mitarbeitern und geliebten Menschen.« Und auf dem Bildschirm erscheint die Zeile: »Klinik für Kosmetische Chirurgie, Milwaukee, Wisconsin.«[56]

Doch das Extreme ebnet, wie in so vielen Bereichen des Lebens, den Weg für kommende Dinge. 1987 war die »annehmbare« medizinische Werbung in vollem Gange. Fast 60 000 Hausärzte überall in den Vereinigten Staaten starteten die erste landesweite Werbekampagne dieser Berufsgruppe. Zeitschriften wie *Ladies' Home Journal*, *Familiy Circle* und *People* veröffentlichten Anzeigen, die die Frage stellten: »Ever wish you had a doctor who specialized in you?« (»Haben Sie sich nicht schon immer einen Arzt gewünscht, der sich ganz mit Ihnen befaßt?«) Es folgte die Aufforderung, eine Liste der örtlichen Ärzte anzufordern. Die Werbung hatte einen weiteren großen Schritt getan.

TEIL 2:
DIE ZIELGRUPPEN

KONSUMENTEN

»Der Neuling in der Werbung hält die Leser,
Zuschauer und Hörer oft für intelligenter, als sie sind.«
Printers' Ink, 2. September 1903
»... Kinder müssen ebenso wie alle anderen Menschen den Markt kennenlernen...«
Seymour Banks, Vizepräsident von Leo Burnett, USA

Während des Wüstenfeldzugs im Zweiten Weltkrieg hängte General Montgomery ein Bild seines Erzfeindes Feldmarschall Rommel in seiner Unterkunft auf. Montgomery glaubte, er müsse die Denkweise des deutschen Kommandeurs verstehen, um ihn besiegen zu können. Das Bild war ein Hilfsmittel im Verständnisprozeß.

Heute betrachten die Werbungtreibenden ihre potentiellen Kunden oft so, wie Montgomery Rommel betrachtete. Konsumenten sind die Zielscheibe. Werbefachleute erklären, daß man »sie mit dem Gewehr treffen muß, nicht mit einer Schrotflinte«. Anstelle von Porträts an der Wand benutzen sie psychologische and andere Profile. Je nach Art der Angriffsmethode kann die Zielscheibe als ein »C1C2«, ein »belonger« (ein »Dazugehörender«), ein »light grazer« (ein »Leichtverbraucher«) oder ein »G23« bezeichnet werden.

Die vier Begriffe bieten weder erschöpfende Beschreibungen noch sind sie austauschbar: der erste stammt aus den britischen Systemen zur Einordnung der Bevölkerung in soziale Klassen, der zweite und dritte aus der amerikanischen Klassifizierung von Konsumenten nach ihren Lebensstilen, und der vierte ordnet die Menschen nach den Straßen ein, in denen sie leben. Diesen und anderen Systemen liegt die Überzeugung zugrunde, daß Menschen derselben Gruppe eine Anzahl bestimmter Eigenschaften besitzen, aus denen der Werbeauftraggeber beim Produktverkauf Kapital schlagen kann. Das vierte System, genannt ACORN, unterteilt die Bevölkerung Großbritanniens in 38 Gruppen (in den USA sind es 44); Kriterium ist die Nachbarschaft. Angeblich kann man mithilfe dieser Methode spezifizieren, welche Gruppe am ehesten eine bestimmte Kaffeemarke trinkt oder welche Gruppe am meisten dazu neigt, Kredite aufzunehmen. Ein Marketing-Fachmann meinte, dieses System quantifiziere auf sehr wissenschaftliche Art, daß der Wohnort der Menschen in Zusammenhang mit dem stehe, was sie kaufen und besitzen.

Das System funktioniert natürlich nur dort, wo die Anhäufung gesammelter Materialien über die Leute fast unvorstellbar groß ist und wo Computer sie sortieren und in unzähligen, verschiedenen Kombinationen anwenden können. Das National Information Systems in Maryland, USA, bietet Details über hundert Millionen Menschen an, »die mit Ihrem Büro verbunden werden können«. In der Beschreibung des Systems heißt es: »Das Informationszeitalter ist angebrochen... Die Anbieter sollten die Explosion von Informationen voll ausschöpfen, um bestimmte Individuen nach wirtschaftlichen, demographischen und Lebensstil-Charakteristika anzupeilen.« Diese Konsumentendateien bieten Einzelheiten über 80 Millionen Menschen unter folgenden Stichworten: Name, Adresse, Stadt, Bundesstaat, Postleitzahl, Geschlecht, Geburtsdatum, Telefonnummer, Automarke, Modell und Baujahr, Vermögensverhältnisse, Wohndauer, Verlängerungsdatum des Führerscheins, Haushaltsvorstand, Geburtsjahr des jüngsten Haushaltsmitglieds, Geburtsdatum und Geschlecht des ältesten Haushaltsmitglieds, Haushaltsbesitzindikator, Haushalte mit über 65jährigen und so weiter.

Die Umfrage für das topmoderne amerikanische Lebensstil-Klassifikationssystem VALS – das mittlerweile auch in anderen Ländern zur Anwendung kommt – umfaßte 1635 Menschen und 85 Seiten voller Fragen, die von ihren Sexualgewohnheiten bis zu der bevorzugten Margarinemarke alles erkunden sollten. Aus diesem Material filterte die kalifornische SRI International eine Gruppe heraus, die sie »sustainers« (»Erhalter«) nannte, die mehr als alle anderen Gruppen Instant-Frühstücksgetränke tranken, und eine andere Gruppe, die »achievers« (»Erfolgreichen«), die vor dem Dinner gerne einen Cocktail trinken.

Mithilfe solcher Einzelheiten über ihre Zielgruppen bestimmen Firmen ihre Ladenstandorte, beschließen, wo sie werben (einschließlich dem Standort von Plakatwänden oder -tafeln) und oft auch, *wie.* So analysierte Midway Airlines aus Chicago ihre Fluggäste, fand heraus, daß die meisten in die Sparte der »Erfolgreichen« fallen und ließ durch ihre Agentur eine Kampagne für ihre Metrolink-Dienste zusammenstellen. Darin wurden auf die Zielgruppe abgestimmte spezifische Versprechungen gemacht.[1] Printanzeigen versprachen »ein Erster-Klasse-Feeling zu geringeren Preisen als ein Überlandbus«. Die TV-Reklame zeigte dazu junge Erfolgreiche bei

der Arbeit und im Flugzeug und verkündete: »Sie sind auf dem Weg
nach oben. Machen Sie das Beste aus dem Aufstieg, stellen Sie sich an
die erste Stelle«.

Manche Agenturen setzen alle Resultate der Klassifizierungsfor-
schung ein und stellen daraus Biographien der Zielkonsumenten zusammen. Smith Greenland, eine New Yorker Agentur, deren Etats
Givenchy Parfums, Johnnie Walker und Brut/Fabergé Menswear
einschließen, beabsichtigt, »auf diese Art einen Menschen, einen
lebendigen Menschen darzustellen, den wir mit unserer Werbung
ansprechen«. Norman Goluskin, der Präsident der Agentur, erklärte
mir: »Wir geben ihm oder ihr einen Namen, ein Alter, einen Geburts-
ort, eine Familie, Ausbildung, einen Lebensstil sowie eine Einstellung
zu seinem oder ihrem Leben und der Welt, in der er oder sie lebt.« Er
vergleicht ihn mit einem Schauspieler im Theater, der für einen bestimmten Menschen im Publikum spielt. Zielscheibe für die Johnnie
Walker Black Label-Reklame ist dann beispielsweise: »Tony Giordano – ein Erfolgreicher, ein Mann, der Karriere macht, der seinen
Scotch als ›Trophy of Success‹ sehen möchte.« Goluskin fährt fort:
»Er ist 34, Rechtsanwalt. Für Tony ist das Geschäft wichtig. Er
möchte seinen Erfolg zeigen. Er hat ein großes Haus und fährt einen
Mercedes. Er ist ein hart arbeitender Bursche. Jene Art von Mann,
der nach Minneapolis muß, auch wenn sein Sohn in einem Theater-
stück auftritt. Er würde (nach Minneapolis) fahren, aber nach dem
Stück seinen Sohn anrufen.«

Goluskin zeigte mir einige Printanzeigen, die aus dieser Idee her-
vorgegangen waren. Eine ganze Anzahl hatten Erfolg zum Thema.
Eine, die zur Zeit der Oscar- und Emmy-Verleihungen geschaltet
wurde, zeigte die Johnnie Walker-Flasche auf einem mit Lichtern ver-
zierten Sockel, auf dem geschrieben stand: »Für diejenigen unter Ihnen, deren Erfolg nicht mit einem Oscar, einer Emmy oder einem
Tony gemessen werden kann.« Eine zweite Gruppe von Anzeigen, erklärte Goluskin, ging etwas anders vor – um die Tatsache zu berücksichtigen, daß selbst Leute wie »Tony Giordano« begonnen hatten,
sich über den hohen Preis des Produkts Gedanken zu machen. So
nahmen die Anzeigen die Gedanken des Konsumenten vorweg und –
indem sie auf sein Image anspielten – warfen ihm den Ball zurück.
Eine zeigte ein goldenes Fabergé-Ei unter der Headline: »Hat sich Zar
Nikolaus mit Carl Fabergé über den Preis der Eier gestritten?« In ei-

ner anderen Anzeige nahm eine Aufnahme des Tadsch Mahal und seiner Reflektion im See eine ganze Seite ein. Headline:»Als Schah Dschahan den Kostenvoranschlag des Bauunternehmers sah, sagte er dann etwa: ›Machen Sie den See ein wenig kleiner‹?«»Die Anzeigen sind meist etwas ironisch«, sagte Goluskin.»Wir drücken damit aus, daß manche Dinge teuer, aber ihren Preis wert sind.«

Klassifizierungssysteme sind nicht neu. Das einfachste System teilt die Welt in Männer und Frauen, jung und alt, verheiratet oder unverheiratet auf. Vonnöten ist lediglich ein Charakteristikum, das identifizierbar und meßbar ist und nicht von der ganzen Bevölkerung geteilt wird. Die Bedeutung solcher Systeme für die Werbebranche erklärt sich – nach den Worten eines Marktforschers – aus der Tatsache, daß bis »zum Jüngsten Tag ... einige Tiere gleicher sein werden als andere. Wir finden es nützlich, die Schafe von den Ziegen, die Gänse von den Schwänen und die Schweine von den Menschen zu trennen.« All das dient natürlich nur dem Zweck, die Schafe und die Schwäne von ihrem Geld zu trennen.

Das bekannteste System teilt die Menschen nach sozialen Klassen ein.[2] Wenn man die Komplexität und die Allgegenwart der britischen Klassenstruktur bedenkt, überrascht es nicht, daß diese Methode auch heute noch in Gebrauch ist. Sie unterteilt die Bevölkerung in sechs Gruppen und basiert ausschließlich auf Berufen – Faktoren wie Einkommen, Lebensweise und Ausbildung spielen eine eher untergeordnete Rolle. An oberster Stelle stehen die A's – drei Prozent der Bevölkerung, die die höheren Management-, Verwaltungs- und akademischen Posten besetzen. Das sind meist Rechtsanwälte, Ärzte, Geistliche, Architekten, konzessionierte Steuerberater, Universitätsprofessoren, Direktoren großer Firmen, Mitglieder des Parlaments und Polizeibeamte mit dem Rang eines Polizeichefs und höher. Dann folgen die B's – 12,5 Prozent, mittleres Management, Verwaltungs- und akademische Posten; C_1 – 22,5 Prozent Aufsichtspositionen, Klerikale und Juniormanager, Verwaltungs- und akademische Posten; C_2 – 32,5 Prozent, ausgebildete Handwerker; D – 21 Prozent, halb ausgebildete und nicht ausgebildete Arbeiter; und E – die sozial Schwächsten mit achteinhalb Prozent: Gelegenheitsarbeiter, Rentner, Witwen und Arbeitslose.

Der Absatzmarkt setzt sich aus der Gruppenkombination C_2D zusammen. In den Vereinigten Staaten entspräche dem etwa die

Mittelschicht. Auch Amerika hat für Marketing-Zwecke ein struktu-
riertes Klassifikationssystem. Die Menschen werden nach einer in
den vierziger Jahren entworfenen Methode von W. Lloyd Warner
klassifiziert. Amerikas Klassifikationssystem basiert ebenfalls auf
dem Beruf, berücksichtigt aber auch Einkommensquellen (nicht jedoch die Höhe der Beträge), Ausbildung, Herkunft und Wohnort. Die
höchste Stufe ist die obere Oberklasse: örtlich führende Familien,
schon seit drei, vier Generationen reich; Händler, Bankiers oder ge-
hobene akademische Positionen, sowie ererbter Reichtum. Dann
folgt die untere Oberklasse: die Neuaufsteiger, die *Nouveaux riches*,
die von der oberen Oberklasse nicht akzeptiert werden; Begründer
großer Unternehmen, Ärzte, Rechtsanwälte. Am Ende befindet sich
die untere Unterklasse: nicht ausgebildet, arbeitslos, nicht ange-
paßte ethnische Gruppen; fatalistisch und apathisch.[3]

Obwohl das Klassensystem immer weniger darüber aussagt, wieviel – und wie – die Menschen in einer sich verändernden Welt ausgeben, gibt es noch viele Verfechter dieser Methode. Richard Webber,
Statistiker und Erfinder von ACORN, weist darauf hin, daß in Großbritannien Geistliche in die AB-Kategorie fallen, aber von der Höhe
ihres Einkommens gerechnet den E's zugeordnet werden müssen.
Die C2D-Kategorie gehört trotz ihres niedrigen Status zu den größten
Konsumenten auf dem Markt. In bezug auf finanzielle Mittel muß die
Mittelschicht neu definiert werden. *Time* forderte Werbungtreibende
in einer Anzeige dazu auf, sich an Höherverdienende zu wenden,
nicht an die, die als »Mittelklasse« bezeichnet werden[4]:

»Vor wenigen Jahren noch lag ein durchschnittliches Mittelklas-
seeinkommen bei 20 000 Dollar im Jahr. Heute reicht ein solches Einkommen kaum noch für das Nötigste aus. Das ist eine rückläufige
Entwicklung. Wenn sie 5800 Dollar für Nahrungsmittel, 5500 Dollar
für Wohnung/Haus und 1300 Dollar für Kleidung ausgegeben hat,
bleibt der durchschnittlichen, vierköpfigen Familie mit mittlerem
Einkommen fast nichts mehr übrig. Sie hat weniger als 2000 Dollar
jährlich als frei verfügbares Einkommen: *weniger* als 2000 Dollar für
Dinge wie Stereogeräte, Kabelfernsehen und den Familienurlaub –
von der Ausbildung ganz zu schweigen... Mehr als die Hälfte
der *Time*-Abonnenten verdient über 30 000 Dollar, und viele noch
weitaus mehr.«

Es ist eine Binsenwahrheit, daß sich die Welt schnell verändert.

Für die Auftraggeber und die Werbefachleute hat das zur Folge, daß sich ihre Zielgruppen ebenfalls verändern. Betrachten wir beispielsweise einen »durchschnittlichen« amerikanischen Haushalt. Vor einer Generation bestand der typische Haushalt aus einer Familie – Vater, Mutter und ein oder zwei Kindern. Andere Haushaltstypen waren, statistisch gesehen, selten.* Heute besteht mehr als die Hälfte der 85 Millionen amerikanischen Haushalte nur aus ein oder zwei Personen. Weniger als ein Drittel repräsentiert noch den »typischen« amerikanischen Haushalt. Fortschritte bei der Geburtenkontrolle, eine steigende Anzahl berufstätiger Frauen, ansteigende Scheidungsraten und andere Faktoren haben Amerika – und auch andere Länder – entscheidend verändert. Die berühmten »Babyboomers« heiraten nicht nur später, sondern auch sehr viele der jungen Leute leben einfach weiter zuhause bei Mutter und Vater, anstatt in ihren eigenen Heimen.

Diese Entwicklungen betreffen ganze Kontinente. Der Konsum hat an Bedeutung zugenommen. Es gibt immer mehr Freizeit. Der Wohlstand nimmt zu – die Karrierepaare mit zwei Einkommen verändern die Struktur der Einkommensgruppen. Wertvorstellungen verschieben sich. Die »Wir«-Gesellschaft der sechziger Jahre entwickelte sich zu einer »Ich«-Gesellschaft.

Es geht aber nicht nur um diese Veränderungen, sondern auch um die Geschwindigkeit, mit der sie vonstatten geht. »Noch nie ging alles so schnell wie heute«, sagt Burton Manning von J. Walter Thompson. Für die Auftraggeber stellt sich die Frage, welchen Markt sie anvisieren sollen – einen im Moment existierenden oder einen der Zukunft. Es dürfte unmöglich sein, beide ins Auge zu fassen. Manning liefert ein hypothetisches Beispiel: »Nehmen wir an, es geht um die Produktentwicklung beispielsweise eines Fernsehgeräts. Auf dem Markt gibt es ein Segment, das ein eher altmodisches Design vorziehen würde. Der Auftraggeber weiß, wenn er die Geräte so gestaltet, daß er eine Anzahl verkaufen und einen guten Gewinn erzielen wird. Er weiß aber auch, daß die Gruppe, die die Zukunft repräsentiert, sich das Design ansehen und eine negative Entscheidung treffen wird: ›Ich will diese Produkte nicht in meinem Haus.‹ Wie ent-

---

* Für Marketing und Werbung ist ein »Haushalt« eine Wohnung; die Anzahl der dort Wohnenden ist unwichtig.

scheidet man sich: macht man das Gerät und verkauft es? Oder beißt man in den sauren Apfel und produziert, was sich in Zukunft verkaufen läßt?« Vor zehn Jahren, so Manning, sei das Risiko nicht so groß gewesen. Es hätte zwei, drei Jahre gedauert, bis sich im »Zukunfts«-markt allmählich die Ansicht durchgesetzt hätte, daß die Produkte einer bestimmten Firma nichts für ihn seien. Heute wirkt die Werbung auf diese Gruppe innerhalb von neun oder zehn Monaten.

Je schneller sich Veränderungen ergeben, um so mehr Klassifikationssysteme werden entwickelt. Ein Marketingforscher, Brian Allt, unterteilt sie in sechs »indirekte« Kategorien: *Physisches*, d.h. Geschlecht, Alter usw.; *Umstände*, d.h. Familienstand, Kinder, berufstätig/nicht berufstätig usw.; *Verbrauch*, d.h. Einkommen, soziale Klasse, Haushaltsgröße; *Beziehung zwischen Besitz und Verwendung*, so, ob ein Gärtner einen Geräteschuppen für den eigenen Garten oder aber als Angestellter kauft; *Lokativa*, d.h. Wohnort der Menschen; *Persönlichkeit, Tests und Sozialverhalten.* (Die »direkten« Kategorien beziehen sich auf bestimmte Produkte, d.h. Verbraucher, Käufer, zukünftige Käufer, Nichtbenutzer...)

Einfacher ist die Klassifizierung mittels Demographie, Psychographie und Geographie. Die Demographie umfaßt die *Fakten* einer Person und ihres Lebens – Geschlecht, Alter, Einkommen, Autobesitz, Ausbildung, usw. Zumindest prinzipiell sind alle hier genannten Details verifizierbar (obwohl sie es in der Praxis offensichtlich nicht sind – wenn jemand sagt, er sei 19, wie soll man dann sicher sein, daß er nicht 18 oder 20 ist? Oder noch pragmatischer: wie ehrlich sind die Menschen, wenn es um Einkommensangaben geht?). Geographie braucht keine nähere Erläuterung. Psychographie bedeutet Persönlichkeitstypen: Lebensstile, Wertvorstellungen, Einstellungen.

Die drei Systeme existieren miteinander, obwohl es hier, wie überall in der Werbung, Modetrends gibt. Geographie war in den fünfziger Jahren sehr wichtig, Demographie in den sechzigern, und Psychographie gewann in den siebziger Jahren an Bedeutung und ist heute sehr gefragt.

In den siebziger Jahren veranstalteten eine ganze Anzahl von Werbeagenturen und Forschern detaillierte Umfragen, um die Konsumenten in psychologische Typen einteilen zu können. Obwohl diese Erhebungen die Befragung von sehr vielen Leuten voraussetzen, bezeichnet man sie als eine der »einfacheren Methodologien« in der Verbraucherforschung. Sie schlagen sich in leicht verwertbaren Ergebnissen nieder. Normalerweise sollen die Befragten mehrere Aussagen lesen und dann ihre Entscheidung nach folgenden Kriterien abgeben: starke Zustimmung, Zustimmung, Unentschiedenheit, Ablehnung, starke Ablehnung. Die erfragten Gebiete betreffen die Aktivitäten eines Menschen, seine Arbeit, Hobbies und Interessengebiete wie Kochen sowie Meinungen. Die Agentur Benton and Bowles unterteilte so Hausfrauen in sechs Kategorien; Needham, Harper and Steers identifizierten fünf männliche und fünf weibliche Typen.[5]

Ein gutes Beispiel für das dabei erarbeitete Material wird in einer Studie aufgezeigt, die amerikanische Männer in acht Gruppen aufteilte, nachdem 4000 Leute 300 psychographische Fragen beantwortet hatten. Zwei Gruppen reichen aus, um hiervon einen Eindruck zu vermitteln: *Gruppe 2*, »der Traditionsbewußte« (16 Prozent aller Männer) – ein Mann, der sich sicher fühlt, Selbstachtung hat und konventionellen Regeln Folge leistet. Er ist ordentlich und anständig, sieht sich als Altruist und interessiert sich für das Wohlergehen anderer. Als Käufer ist er eher konservativ, bevorzugt populäre Marken und bekannte Hersteller. Keine hohe Ausbildung und mittlerer oder niedriger sozioökonomischer Status. *Gruppe 5*, »der vergnügungsorientierte Mann« (neun Prozent aller Männer) – neigt dazu, seine Männlichkeit zu betonen und lehnt alles Weiche und Feminine ab. Er sieht sich als Führungskraft seiner Mitmenschen. Er ist egoistisch und mag seine Arbeit oder Stelle nicht. Er sucht sofortige Befriedigung seiner Bedürfnisse und ist ein impulsiver Käufer, meist von Produkten mit einem männlichen Image. Niedrige Ausbildung, niedrige Klasse, mittleren Alters oder jünger.

Questrel, die AGB-Tochter für qualitative Forschung (AGB ist Europas größte Werbeforschungsgesellschaft), unterteilt die berühmten Yuppies in Großbritannien in sieben Gruppen.[6] Dazu gehören »der traditionelle Streber«, der als vorsichtig und konservativ gilt, der gerne ein Leben zuhause mit vielen Dinnerparties führen würde, und »der flotte Harry«, der seine Arbeiterklassenherkunft abschüttelt und sehr viel für Prestigemarken und Statussymbole ausgibt. (Yuppies können »Dinks« werden. Der Begriff steht als Abkürzung für »double income no kids« und bezeichnet kinderlose Paare mit zwei Einkommen – wegen ihrer hohen Einkünfte eine attraktive Ziel-

scheibe für Werbungtreibende. Ein Marketingfachmann differenzierte hier weiter in U-Dinks und L-Dinks, also Ober- und Unter-
klasse-Dinks.)[7]

Yankelovich, Clancy and Schulman, eine bekannte amerikanische
Forschungsorganisation, differenzierte die gesamte Babyboom-Generation (76 Millionen Amerikaner im Alter zwischen 20 und 39) in
nur drei Gruppen: die »self-starters«, unabhängig und am besten
durch Anzeigen mit konkreten Elementen anzusprechen; die »mate-
rialists«, die meist durch Werbung voller Verbraucherbilder aktiver,
dynamischer Käufer zu beeinflussen sind. Und die »nesters«, denen
Familie und traditionelle Werte etwas bedeuten und die auf Produktqualität besonderen Wert legen.[8]

Eine weitere Einteilung stammt von der Agentur McCann-
Erickson, deren Londoner Büro behauptet, jeweils acht Gruppen von
Männern und Frauen unterscheiden zu können. Die Männer werden
als »sleep walkers« und »pontificators«, die Frauen als »lady
righteous« und »lack a daisy« bezeichnet. Die »lively ladies« sind
beispielsweise »selbstsicher, ehrgeizig, materialistisch, umgänglich,
draufgängerisch, sinnlich, intuitiv, emotional; sie mögen Männer
und machen Karriere«. Sie kaufen Marken, die »schillernd, exotisch,
exklusiv, clever, lustig, lebhaft, sinnlich und erfreulich« sind.[9]

Das bekannteste dieser Systeme aber ist VALS.

Der riesige Timex-Konzern beschloß in den achtziger Jahren, in
den Heim-Gesundheitsmarkt mit einer Auswahl neuer Produkte ein-
zusteigen, worunter sich auch Digitalthermometer und Blutdruck-
meßgeräte befanden. Timex betrat einen Markt, der bereits damals
auf drei Millionen Dollar geschätzt wurde und von dem man erwartete, daß er sich in den nächsten vier Jahren verdoppeln bis verdrei-
fachen würde. Timex entschied, seinen ganzen Marketing- und Wer-
beglauben in ein psychographisches System zu legen, daß seine
Madison Avenue-Anhänger als »die beste Sache seit der Erfindung
der Brotsuppe« priesen.[10]

Das System wird VALS genannt. Es ist eine Typologie, die die Amerikaner in neun Lebensstilgruppen einteilt: von den »survivors«, die
am unteren Ende der Skala um ihre Existenz kämpfen, bis zu den »integrated« (»Diese seltenen Exemplare haben alles erreicht«) an der
Spitze. Timex war nicht das erste Unternehmen, das VALS (was für
Values and Lifestyles, d.h. Werte und Lebensstile, steht) einsetzte; in-

teressant war jedoch, wie *sehr* sich der Konzern in jeder Verkaufs-
hinsicht mit seinen neuen Produkten auf das System verließ, vom
Festlegen des Zielmarktes bis zum Zusammenstellen der Anzeigen.[11]

Zunächst benutzte Timex bereits vorhandenes Forschungsmaterial, um festzustellen, an welche VALS-Gruppe das Unternehmen
sich wenden sollte. Man entschied sich für zwei Gruppen, die »Gesellschaftsbewußten« (»societally concious«) und die »Erfolgreichen«
(»achievers«). Dann wurde über die Art und Weise entschieden, in
der man diese beiden Gruppen am besten ansprechen konnte. Die
Kleidung der Fotomodelle wurde sorgfältig ausgewählt, damit sie natürlich wirkten. »Menschliche Beziehungen« wurden betont – eine
Aufmachung zeigte beispielsweise ein älteres Paar, dessen Hände
sich berührten. Timex' Agentur J. Walter Thompson überarbeitete
die Anzeigen so lange, bis jedes Detail genau auf die beiden Zielgruppen ausgerichtet war. Die Modelle mußten zufrieden aussehen; die
Umfelder waren anspruchsvoll, aber anheimelnd und komfortabel;
wurden Heime gezeigt, waren sie mit Büchern und Pflanzen be-
stückt. Mehrere Slogans wurden ausprobiert, bevor Timex einen für
die Zielgruppen besonders geeignet hielt – »Technology where it does
the most good.« (»Wo Technologie am meisten Nutzen bringt.«) Jim
Dean, Marketing Director bei Timex Medical Products: »Das war für
die Erfolgreichen relevant.« Die Fernsehreklame erschien im Verlauf
von Nachrichtensendungen, die einzigen Programme, die die beiden
Gruppen, nach VALS-Erkenntnissen, einschalteten. Binnen weniger
Monate wurde jedes der drei Timex-Produkte der Verkaufsschlager
innerhalb seines jeweiligen Marktsegments. Das war eine Erfolgsge-
schichte, die zwar nicht die VALS-Kritiker und Skeptiker überzeugte,
die aber wieder einmal die VALS-Anhänger in ihrem Glauben bestätigte und belegte, daß es das erfolgreichste Segmentierungssystem
des Jahrzehnts war.

VALS wurde von Sozialwissenschaftlern am SRI International im
kalifornischen Menlo Park entworfen, basierend auf den Beobach-
tungen von den gesellschaftlichen, wirtschaftlichen und politischen
Trends der sechziger und siebziger Jahre. SRI, 1946 als das Stanford
Research Institute gegründet, beschreibt sich selbst als »eigenständige, problemlösende Organisation, die Forschungen betreibt und
Unternehmen und Regierungen weltweit Beratungen anbietet«. SRI
ist eine gemeinnützige Gesellschaft mit einem Forschungs- und Be-

ratungseinkommen von etwa 200 Millionen Dollar jährlich. Sein
Hauptquartier erstreckt sich über 280000 Quadratmeter neben dem
Silicon Valley. Die Entwicklung von VALS geht auf den Marketing-
analytiker Arnold Mitchell zurück, der 1948 an das SRI kam und 1960
mit zwei Kollegen den Bericht *Consumer Values and Demands* her-
ausbrachte. Der Bericht stellte fest, daß ein Gebiet der Marketingforschung, nämlich der Einfluß von Wertvorstellungen der Menschen
auf ihr Kaufverhalten, vernachlässigt wurde. Über 20 Jahre später
bezeichnet Mitchell den Bericht in seinem Buch *The Nine American
Lifestyles* als »einen ersten tastenden Versuch«. Das System, wie wir
es heute kennen, erschien erstmals 1978 in dem Bericht *Consumer
Values: A Typology*. Es verwendet eine Mischung aus demographi-
scher Information (wie Alter, Ausbildung und Einkommen) und Einstellungen, wie sie sich durch Antworten auf die für diese Kategorien
zugeschnittenen Fragen ergeben.

In einer umfangreichen Beschreibung wird über VALS ausgeführt: »Bei seiner Formulierung verließ man sich sehr stark auf
die Arbeiten der Persönlichkeitstheoretiker, die in der Entwicklungs-
psychologie tätig waren. Abraham Maslow kam hier eine besondere
Bedeutung zu, obwohl eine ganze Reihe von Psychologie- und Sozio-
logietheoretikern und Marktforschungsdaten herangezogen wurden.
Die Quellen, die zu dieser Typologie beitrugen, waren also vielseitig
und oftmals empirischer Natur, obwohl der Rahmen des Systems ein
theoretischer war.«

VALS bietet seinen Benutzern vier Hauptkategorien und neun
Gruppen. »Es sollte von Anfang an klar sein«, so das SRI, »daß diese
Lebensstilkategorien weder feststehen noch unveränderbar sind.
Viele Leute wachsen von einer Kategorie in die andere, als Kinder, als
Heranwachsende und als Erwachsene. Sehr wenige fangen in ihrem
Leben ganz unten an und kommen bis an die Spitze, wohingegen das
Durchlaufen von ein, zwei Gruppen als ganz normal angesehen wer-
den kann.«

Die erste Hauptkategorie nennt VALS *Need-drivens* oder *Bedürf-
nis-Getriebene*, die sich in zwei Gruppen unterteilen: die *Survivors*
oder *Überlebenden* (vier Prozent der Bevölkerung) – die benachtei-
ligtste Gruppe der Gesellschaft: extreme Armut, schlechte Bildung,
alt, oft gebrechlich, sowie die *Sustainers* oder *Erhalter* (sieben Prozent) – »eine Gruppe, die am Rande der Existenznot lebt«. Sie sind et-

was besser gestellt und jünger als die Überlebenden; viele haben die Hoffnung noch nicht aufgegeben.

Danach kommen die *Outer-Directeds* oder *von außen Gelenkten*, die »ihr Leben nach eingebildeten oder tatsächlich vorhandenen Vorstellungen anderer gestalten. Verbrauch, Aktivitäten und Haltungen werden danach ausgerichtet, wie andere handeln würden«. Die »Outer-Directeds« unterteilen sich wieder in drei Gruppen: *Belongers* oder *Dazugehörende* (38 Prozent), die die großen, soliden, recht gut lebenden Mittelklassen repräsentieren. Hauptkennzeichen ist die Anpassung an Gegebenheiten. Familie, Kirche und Tradition spielen eine große Rolle. Die *Emulators* oder *Nacheiferer* (zehn Prozent) sind ehrgeizig, aufstiegsorientiert, statusbewußt, Macho, wettbewerbsfähig. Sie wollen *Erfolgreiche* sein, aber nur wenige von ihnen schaffen es. *Erfolgreiche* (20 Prozent) umfassen viele führende Geschäftsleute, akademische Berufe und Regierungsposten. Kompetenz, Selbstsicherheit und Tüchtigkeit sind hier charakteristisch. Sie arbeiten meist hart, und Familie und Erfolg bedeuten ihnen viel. »Das sind die wohlhabenden Leute, die das Wirtschaftssystem als Reaktion auf den American Dream aufgebaut haben.« Und schließlich die *Inner-Directeds* oder *Selbstangetriebenen*, die ihr Leben im Gegensatz zu den von außen Gelenkten »im Einklang mit inneren Werten leben – nach privaten Bedürfnissen und Wünschen gestalten, nicht unbedingt übereinstimmend mit an Äußerem orientierten Werten. Inneres Wachsen ist somit ein Hauptanliegen.« Wieder gibt es drei Typen. *I-Am-Mes* oder *Ich bin ich* (drei Prozent) – eine kurze Übergangsphase von Außen- zu Selbstangetriebenen. Der typische Vertreter ist jung und sehr individualistisch. Dann die *Experientials* oder *Experimentierer* (fünf Prozent) – der vorstehend erwähnte Typ, aber »psychologisch gereift«; Menschen, die nach einer echten Aufgabe streben, um sich beweisen zu können. Die *Societally conscious* oder *Gesellschaftsbewußten* (elf Prozent) – sie haben ihr nach innen orientiertes Wesen auf die Gesellschaft als ganzes ausgeweitet und kümmern sich um die Erhaltung der Arten, die Umwelt und den Verbraucherschutz. Viele zieht es in die Natur und zum einfachen Leben.

Und letztlich die *Kombination aus Innen- und Außenangetriebenen* – die *Integrated* oder *Integrierten* (nur zwei Prozent). »Sie verschmelzen die Macht äußerer Einflüsse mit inneren Werten. Sie sind, psychologisch gesehen, ausgereift.«

Es ist natürlich möglich, VALS mit seinen Kategorien, Typisierungen und der dazugehörigen Fachsprache als Humbug, Schwindel oder Pseudowissenschaft anzusehen. Ein Kritiker erklärte gegenüber *Forum*: »Wenn Sie die ›Gesellschaftsbewußten‹ und die ›Erfolgreichen‹ betrachten, dann können Sie hier fast jeden Menschen einordnen.«[12] Dr. Herbert Krugman meinte: »Als SRI dem Marktforschungsrat sein System vorstellte, lachten sich alle halbtot. Aber in den Agenturen setzte es sich durch, denn hier werden Tricks gebraucht, mit denen sie signalisieren können, daß sie die Verbraucher verstehen... VALS ist sehr beliebt. Alle Profis kichern, aber die Agenturen haben es benutzt, um das Interesse der Kunden zu wecken.«

Mitte der achtziger Jahre gab es 130 Benutzer von VALS, darunter die Hauptfernsehanstalten, Werbeagenturen wie McCann-Erickson, Young and Rubicam und Doyle Dane Bernbach, Publikationen wie die *Time*, und wichtige Verbrauchergesellschaften wie AT&T, Avon, Coca-Cola, General Motors, Procter and Gamble, R.J. Reynolds und Tupperware. Zu den Bankkunden gehörten Citicorp-Diners Club. Sein Evangelium hatte sich inzwischen verbreitet: in Großbritannien wurde VALS von der Konservativen Partei im Wahlkampf vor den Parlamentswahlen von 1987 eingesetzt.

Unter den führenden Forschungskräften der Werbeagenturen gehört Joseph T. Plummer zu den überzeugtesten VALS-Verfechtern. Plummer, Vizepräsident und Direktor der Forschungsabteilung bei Y&R in New York, meint voller Begeisterung: »Es kommt mir vor, als seien wir dem unaufgeklärten Zeitalter entronnen. Vor VALS hatten wir hundert verschiedene abstrakte Bilder des Konsumenten. Jetzt haben wir es mit realen Personen zu tun und bekommen einen Eindruck davon, wie sie leben und warum sie kaufen. Das ist eine ganz neue Dimension. VALS legt größten Wert darauf, die Lebenseinstellung des Verbrauchers zu verstehen; es bringt die Verkäufer näher an die Menschen heran, die sie erreichen wollen. VALS hilft uns allen und ist Teil unserer Arbeit geworden.«[13]

Einer der ausgeprägtesten Y&R-Einsätze von VALS erfolgte bei der Zusammenstellung einer neuen Werbekampagne für das Brokerunternehmen Merrill Lynch.[14] Diese Firma war nach zwölf Jahren bei Ogilvy and Mather zu Y&R übergewechselt. O&M hatte eine Kampagne eingeleitet, in der eine Herde von Bullen über eine Ebene jagt. Slogan: »Bullish on America.« Ein Jahr nach der Übernahme des

Etats durch Y&R waren Herde und Slogan verschwunden. Statt dessen standen da ein einsamer Bulle (entweder in Hochhausschluchten der Wall Street oder in einer Höhle) und die Worte: »A Breed Apart.« VALS war hierfür verantwortlich. Plummer zufolge beschloß Y&R, daß die erste Kampagne an die falsche VALS-Gruppe appelliere – vom Thema her war sie für die Dazugehörenden, aber sie appellierte an die Traditionalisten. Und das war nicht der Sinn der Sache. »Wir alle wollen, daß Amerika stark ist, aber jemand mit großen Investitionsabsichten sucht eine Investitionsfirma, die *ihm* hilft, an diesem Wachstum teilzuhaben.« Die Gruppe, die mit der Kampagne angesprochen werden mußte, waren die Erfolgreichen.

Raus mit der Herde und den »warmen, abgerundeten, angenehmen und ein sicheres Gefühl vermittelnden« Dazugehörenden-Worten der ersten Kampagne. Statt dessen setzte sich Y&R zum Ziel, ein individualistisches, einzigartiges und selbstsicheres Gefühl zu vermitteln. Der Slogan »A Breed Apart« sollte folgendes zum Ausdruck bringen: »Wie Sie, Herr Erfolgreicher, sind auch wir von einem anderen Schlag.« Der einzelne Bulle agierte »erfinderisch wie ein Individualist«. Bestimmte Wörter wurden sorgfältig ausgewählt – »innovativ, erfinderisch, gewaltige Kraft, Finesse«. Nach Anlaufen der Kampagne wurde der einsame Bulle in einer ganzen Reihe symbolischer Situationen gezeigt, die alle für verschiedene finanzielle Zwangslagen stehen sollten. Er grub im Schnee nach Gras, durchquerte einen rauschenden Fluß, um auf der anderen Seite auf saftigeres Weideland zu stoßen, stampfte durch einen Porzellanladen und fand die Nadel im Heuhaufen... »Diese Themen«, so das SRI, »brachten das Firmenimage mit dem ausgeprägten Individualismus und dem ›Ich kann's‹-Geist der Erfolgreichen in Einklang.« Bei Merrill Lynch funktionierte es. Innerhalb von anderthalb Jahren war laut Umfrageergebnissen der Anteil derer, die eine Firmenanzeige gesehen hatten und sich daran erinnern konnten, von acht auf 55 Prozent gestiegen; der Marktanteil des Unternehmens an der New Yorker Börse war um zwei Punkte gestiegen.

Es bedarf keiner besonderen Kenntnisse der Marketing- bzw. Werbeforschung, um zu wissen, daß die Werbeauftraggeber bei den VALS-Gruppen wesentlich mehr an den »Dazugehörenden«, den »Nacheiferern« und den »Erfolgreichen« interessiert sind als an den »Überlebenden«.

Es ist sehr wahrscheinlich, daß ein junger »Erfolgreicher« auch –
um Klassifikationssysteme einmal zu mischen – ein »heavy grazer«,
ein »grasender Verbraucher« ist. Dieser Begriff leitet sich ab von der
von Leo Shapiro, einem Chicagoer Berater, so benannten »grazing
society«, der »grasenden Gesellschaft«. Shapiros Anhängern zufolge
findet auch diese Klassifizierung eine praktische Anwendung, denn
wenn der Auftraggeber einen »grasenden Verbraucher« ausfindig
macht, hat er wahrscheinlich einen Menschen gefunden, der noch
eine ganze Reihe anderer (bestimmter) Produkte kaufen wird.

Shapiro erklärt, die sich entwickelnde »grasende Gesellschaft«
erstmals 1978 ausgemacht zu haben. »Grazers« werden als hauptsächlich junge Menschen beschrieben, die immer weniger Zeit fänden, sich zum Essen zu setzen; statt dessen knabberten sie mal hier
etwas, mal da, ihr Eßverhalten folge eher ihren Impulsen als den traditionellen drei Mahlzeiten pro Tag. Man treffe sie häufiger in New
York als in London, obwohl die typische englische Sekretärin, die ein
süßes Stückchen auf dem Weg ins Büro mitnehme, im Stehen ein
Sandwich zum Mittagessen hinunterschlinge und auf dem Weg zu ihrem Freund schnell einen Hamburger und später auch noch eine
Kleinigkeit mit ihm esse, auch den »Grazers« zuzuordnen sei.

Es gibt viele Gründe, weshalb sich eine solche Gesellschafts-
gruppe entwickelt hat: zunehmend unverheiratete Menschen, kleinere Haushalte, verschiedene Terminkalender in der Familie, Berufs-
tätigkeit der Frauen und auch die zunehmende Verfügbarkeit von
Schnellimbissen (durch die anderen Faktoren gefördert, aber auch
als eigenständiger Faktor zu sehen). Shapiro und Dwight Bombach
vergleichen die heutige Situation mit der der vierziger Jahre. Damals
»aß die amerikanische Durchschnittsfamilie mindestens zwei Mahlzeiten pro Tag gemeinsam, am selben Tisch. Die Frau verbrachte vier
bis sechs Stunden täglich in der Küche, um alle versorgen zu können... Nur eine Generation später ... haben wir etwa 20 ›Nahrungs-
mittelkontakte‹ täglich, verbringen aber höchstens 20 Minuten beim
gemeinsamen Essen.«

Shapiro meint, die »grazing society« zeichne sich durch typische
Merkmale aus: »Die Menschen leben erwartungsgemäß selbständig.
Sie essen, wann und wo sie Hunger haben; schlafen dort, wo sie
zufällig sind; holen sich Geld, Informationen, Dienstleistungen und
ärztliche Versorgung, wo sie sie gerade brauchen. Die Folge davon

ist, daß in der ›grasenden Gesellschaft‹ das Zuhause kein Platz mit besonderer Bedeutung mehr ist. Extrem formuliert, ist das Zuhause ein Ort, den man besucht. Die Zeit einzuteilen und zu manipulieren ist eine der Hauptbeschäftigungen. Die Menschen der ›grasenden Gesellschaft‹ sind wie besessen davon, die Zeit ihren Bedürfnissen anzupassen, anstatt sich der Zeit zu fügen.«

Shapiro erscheint dies als eine »kulturelle Revolution« mit tiefgreifenden Rückwirkungen auf Marketing und Werbung. So zum Beispiel in der Reklame für Schnellimbisse. Vor 20 Jahren priesen sich Schnellimbisse in ihren Anzeigen als genau das an, was sie auch waren. Jetzt aber wissen sie und ihre Agenturen: Je mehr Menschen getrennt von der Familie essen, um so wichtiger wird ihnen das »Zusammensein« – also her mit den Anzeigen, die die Idee verkaufen, zusammen mit der Familie im örtlichen Schnellimbiß oder Pizzahaus etwas zu essen. Shapiro glaubt, daß die Implikationen noch wesentlich weiter reichen. Sein Kollege Dwight Bombach und er behaupten, daß die Menschen nach ihrem »Weideverbrauch« aufgeteilt werden können. »Menschen, die sehr viel grasen, sind die aktivsten Konsumenten.« Shapiros Beraterfirma veranstaltete eine Umfrage bei für die Gesamtgesellschaft repräsentativen Haushalten, in denen Konsumenten »Weideverhaltenskarten« ausgehändigt bekamen. Mit Hilfe dieser »grazer scores« wurde festgestellt, wie viele Mahlzeiten daheim mit der Familie eingenommen wurden, im Gegensatz zu den außerhalb verzehrten oder denen zu Hause ohne die anderen Haushaltsmitglieder. Die Ergebnisse reichten von neun (»für den am aktivsten grasenden Konsumenten«) bis zu einer. Die unter sieben, acht und neun fielen, wurden als »Starkgrasende«, die in der Mitte als »Mittelgrasende« und die mit eins, zwei, drei Punkten als »Leichtgrasende« bezeichnet.

Shapiro behauptet, daß das »Weideverhalten« der Menschen in direktem Zusammenhang mit ihren Ausgaben für Kleidung, Reisen, Computerbenutzung und der Inanspruchnahme von Kreditinstituten stehe. Die Shapiro-Zahlen zeigten auf, daß die Garderobe der »heavy grazers« etwa 3080 Dollar wert war, die der »light grazers« aber nur 1757 Dollar. Mehr als die Hälfte der »Starkgrasenden« war im vorhergehenden Jahr geflogen, von den »Leichtgrasenden« war es nur ein Viertel. 28 Prozent der »heavy grazers« meinten, Computer »sehr gut« bedienen zu können, bei den »light grazers« waren es nur zehn

Prozent. Andere Zahlen ergaben, daß die »Starkgrasenden« mehr reisen, mehr Häuser kaufen und – vielleicht verständlich – mehr Kredite aufnehmen. Insgesamt lasse sich feststellen, daß »in unserer Gesellschaft die ›Starkgrasenden‹ Ihre Hauptzielscheibe für den Verkauf praktisch jeder Art von Ware darstellen«.

Klassifikationssysteme sind leicht und amüsant zu lesen, und die besten von ihnen machen sogar Sinn. Diese Schlüsseleigenschaften, so die Kritiker, verhelfen ihnen zu ihrem großen Erfolg.

Systeme, die den Werbeauftraggebern erklären, *wo* sich ihre Zielscheiben befinden, sind nicht weniger wichtig, wenn die Werbefachleute ihrer »Gewehrschuß«-Methode gerecht werden sollen. Ein geographisches System ermöglicht es den Werbeleuten, bestimmte Gebiete einzugrenzen – bis zu nur 150 Haushalten –, in denen die Bewohner Wodka bevorzugen, braune Soße essen, die *Sun* lesen, Tennis spielen, ihre Filme zum Entwickeln verschicken oder sonstige Kombinationen von Eigenschaften aufweisen. Angewandt wird es in Großbritannien und den USA, aber auch in Frankreich, Deutschland und Schweden. Es wird in der Werbung verwandt, aber nicht nur dort. In Großbritannien wird mit Hilfe des Systems festgestellt, welche Alkoholsorten bestimmte Pubs auf Lager haben, wo neue Läden lokalisiert sein sollten und auch um Postwurfsendungen »persönlicher zu gestalten«, so daß der Text den Empfänger individueller anspricht.

Ironischerweise wurde dieses vielseitige System von einem jungen Ökonomen und Stadtplaner namens Richard Webber entwickelt, während er die Armutsproblematik in Liverpool untersuchte. Webbers Bewunderer wiesen darauf hin, daß seine 1973 begonnene Arbeit sogar Toxteth als potentiell problematisches Gebiet identifizierte; acht Jahre später brachen sich die dortigen Frustrationen in gewalttätigen Straßenunruhen Bahn. Wie dem auch sei, Webbers damalige Arbeit verstaubte jedenfalls in Aktenschränken und Spezialbibliotheken. Der Witz war, daß die Arbeit dann wieder auftauchte, als es darum ging, den alles andere als armen Bevölkerungsschichten Waren zu verkaufen – die Hauptsache hierbei war festzustellen, wo die unterprivilegierten Stadtteile lagen, damit man sie besser umgehen konnte.

Webbers System wurde ACORN genannt. Es ist problematisch, denn es ist nicht leicht verständlich. Es hat sich aber trotzdem verbreitet. Webber selbst kämpft um eine Definition. Seine bisher einfachste lautet: »Es ist eine Methode des Definierens und des Erkennens von Zielgruppen auf einer geographischen Basis.« ACORN steht für »A Classification of Residential Neighbourhoods« (Klassifizierung von Wohngegenden). Webber erklärt, daß er bei der Arbeit für das von der Regierung unterstützte Centre for Environmental Studies herausgefunden habe, daß die Anwendung eines »cluster analysis«-Systems (System der Bündelungsanalyse) bei den offiziellen Erhebungsstatistiken für kleinere Bereiche innerhalb Liverpools es möglich machte, bestimmte Wohngegenden herauszufiltern. Sie unterschieden sich sehr in bezug auf die Typen von »unterprivilegierten Gruppen«, die in ihnen wohnten.

Webber setzte dieselbe Technik dann landesweit ein. Er fand heraus, daß er 38 unterschiedliche Wohngegendtypen herauskristallisieren konnte, alle verschieden hinsichtlich ihrer Bewohner, Wohnungen und sozio-ökonomischen Charakteristika. Webber stellte sich sein System jedoch nicht als kommerziell nutzbar vor – im Gegensatz zu Ken Baker, der von ACORN in einem Seminar gehört und den Wert sofort erkannt hatte. Bakers Firma, das British Market Research Bureau, zeichnet für einen Umfragedienst mit dem Namen Target Group Index verantwortlich. Sie liefert Daten zu Produkten und zum Markeneinsatz einer ganzen Reihe von Produkten und analysiert sie anhand der Leserschaft von Zeitschriften und Zeitungen. Die Hersteller einer Kaffeesorte beispielsweise können danach beurteilen, wo sie am besten werben. Baker beschloß, alle 24 000 Punkte in dieser Umfrage nach Webbers System geographisch zu kategorisieren. Das Ergebnis zeigte in aufschlußreicher Weise, daß die Bewohner einer Gegend bestimmte Produkte und Leistungen gegenüber Bewohnern einer anderen Gegend vorzogen. Und das sogar dann, wenn die Menschen demographisch gesehen scheinbar die gleichen waren. Der AB-Mann aus Hampstead in London verhielt sich ganz anders – was seine Einkäufe betraf – als der AB-Mann in Esher in Surrey.

Die kommerziellen Möglichkeiten des Systems waren auch CACI, einer Gesellschaft an der amerikanischen Westküste, aufgefallen. CACI war 1962 von zwei Computerwissenschaftlern gegründet worden. Webber stieß 1970 zu ihnen, und ACORN wurde verfeinert. 1985 erklärte CACI, daß das Unternehmen ACORN-Leistungen für mehr als

70 Prozent der britischen Marktführer bot, einschließlich Einzelhändlern, Banken, Baugesellschaften, TV-Verleihgeschäften, Brauereien, Autoherstellern und Direktversand-Firmen. Es war auch in den USA etabliert und verbreitete sich in Europa. In den USA wird es als »geo-demographisches« System bezeichnet – ein System, das das beste aus geographischen und demographischen Erkenntnissen mische, um Verhaltensweisen festzusetzen: »Leute mit ähnlichen demographischen, sozio-ökonomischen und Wohnungs-Charakteristika neigen dazu, in ähnlichen Wohngegenden ähnlich zu leben ... und bringen von daher ein ähnliches Potential für Produkte und Dienstleistungen und ähnliche Präferenzen für die Medien, Postwurfsendungen und andere Verkaufsstrategien mit.«

ACORN teilt die USA in 44 deutlich unterscheidbare Wohngegendtypen bzw. Marktsegmente auf, in Großbritannien sind es 38. Eine relativ kleine geographische Abgrenzung, besonders in Städten, kann sehr unterschiedliche ACORN-Wohngegenden enthalten. Beispiel: In einem Wahlbezirk in Camden, London, sind die beiden verbreitetsten ACORN-Gruppen solche mit den Merkmalen Immigranten und Alleinerziehende und ABs mit teuren abgeschlossenen Wohnungen, die häufig ihre Kreditkarten benutzen und sehr viel fliegen.

Ich fragte CACI, was sie mir über Menschen in einer kleinen, willkürlich ausgesuchten Wohngegend sagen könnten. Wir wählten ein Gebiet mit einem Umkreis von einer halben Meile aus, 104-110 Gregories Road, Beaconsfield, Bucks, einem Wohlstandsviertel bei London. Simon Hay, einer der Analytiker, erstellte daraufhin einen 22 Seiten umfassenden Computerbericht. Unter anderem gaben die Informationen Auskunft über:

»Eine Auflistung der Anzahl der Personen in der Gegend nach Alter und Geburtsland, wie viele arbeiteten (hohe 95,9 Prozent), wie viele Häuser von den Eigentümern bewohnt waren, nach Größe aufgeschlüsselt (Anzahl der Wohnräume), und wie viele Haushalte Wagen besaßen (13 Prozent hatten drei oder mehr Autos). Die Anzahl in verschiedenen Gesellschaftsklassen und sozio-ökonomischen Gruppen und die Zahl verschiedener Ausbildungen sowie die Wirtschaftszweige, in denen die Personen tätig waren – und wie sie zur Arbeit fuhren. Detaillierte Informationen über den Autobesitz: Baujahr, Größe, Kosten. Einkommenshöhen, welche Kreditkarten, Hypotheken und Kontoüberziehungen. Die Reisen des vorhergegangenen

Jahres – das Reiseziel, die Kosten und die Reiseart. Was die Bewohner zuhause haben, vom TV und Stereogerät zur Zentralheizung. Was sie essen und trinken – sehr viel Gemüse, Eis, gemahlenen Kaffee, Nudeln und – nicht überraschend – nur wenig Fischstäbchen, Teebeutel und Würstchen. Was sie trinken (viel Sherry und Port, Tafelweine und noch mehr Gin). Wie oft außer Haus gegessen wird. Was sie gerne kaufen – Schallplatten, Tonbänder, Bücher, Schreibmaschinen, Uhren und vieles andere mehr, welche Zeitungen sie lesen (überdurchschnittlich viele Leser der *Financial Times*, dagegen sehr viel weniger Leser des *Daily Star*) und ihre TV-Gewohnheiten.

ACORN war das erste System dieser Art in Großbritannien, sah sich aber bald von vielen Konkurrenten umgeben: Pinpoint's PIN, CCN's Systems Mosaic, McIntyre Marketing Super Profiles, Sales Performance Analysis' Marketing Machine. 1987 gab es insgesamt fast 20 Systeme. In den USA entwickelte die Claritas Corporation seit 1974 PRIZM, das das Land in 40 Bündelgruppen nach den Erhebungsmaterialien aufteilt. Claritas gibt den Gruppen einprägsame – und geschützte – Kosenamen sowie Nummern. Beispiel: Nummer 31 sind die »Sun belt singles«, 13 die »Norma Rae-villes« [nach der Heldin in einem Film über Gewerkschaften] und 39 ist »Marlboro Country«. Die Beschreibungen sind gleichermaßen forsch gehalten. Nummer 5 steht für »Pelze und Kombiwagen« – »typisch ist ›new money‹ und teure neue Wohngegenden. Sie sind gut ausgebildete, mobile Akademiker und Manager mit zumeist Kindern im Schulalter. Sie sind erfolgreich – verdienen viel Geld und geben viel Geld aus.« Sie sind weit von Nummer 6 entfernt, eine Gruppe, die sich »hart abplagen« muß – was »für viele unserer weniger glücklichen Gegenden steht, von Appalachia zu den Ozarks und zu der südtexanischen Grenze und den Dakota Bad Lands ...«

Ein anderes System, ClusterPlus, das die Firmen Donnelley Marketing Information Services (Teil von Dun and Bradstreet) und Simmons Market Research Bureau entwickelten, nimmt für sich in Anspruch, die Benutzer bestimmter Produkte bis hin zu individuellen Haushalten klassifizieren zu können.[15] Donnelley verfügt über eine Adressenliste von 73 Millionen Haushalten – fast 90 Prozent der gesamten USA. In seinen Anzeigen druckt Donnelley diese Tatsache kursiv, um sicherzustellen, daß dieses gewaltige Potential nicht übersehen wird. Jeder dieser Haushalte, sagt Donnelley, zeichnet sich

durch einen individuellen Lebensstil aus, und jeder ist als einer der
47 Wohngegendtypen gekennzeichnet, die die Firma für die Auftei-
lung der USA entwickelt hat (wieder mit Hilfe der Erhebungsinforma-
tionen). Das ist jedoch nur die erste Stufe. Diese Materialien werden
mit jährlich gesammelten Informationen von Simmons gekoppelt, in
denen 19 000 amerikanische Haushalte demographische, psychographische und Medieninformationen sowie »Verbraucherverhal-
tensmuster« für 750 Produktkategorien und 3500 individuelle Marken offenlegen. Donnelley: »Nun kann man Unterschiede innerhalb
von bestimmten Wohngegenden feststellen, bis hin zu den einzelnen
Haushalten und ihren Kaufentscheidungen.«

Donnelley gibt ein Beispiel, wie detailliert die Informationen eines
bestimmten Wohngegendtypus sein können, so für »Cluster S 01«:
»Demographie – etablierte Mitglieder der Gesellschaft. Sehr
wohlhabend, hohes, frei verfügbares Einkommen, gute Bildung und
gute Stellung, Hausbesitzer, sehr gute Grundstücke, Kinder in Privat-
schulen, höchster sozio-ökonomischer Status. Psychographie – kulti-
viert, intelligent, gut informiert, stilbewußt. Präferenzen – Tageszeitungen und Fachzeitschriften, Luxusprodukte, Versandkauf, gutes
Essen, importierte Weine, Golf, Tennis.«

Je mehr man erfährt, desto mehr beschleicht einen das Gefühl,
hier Big Brother bei der Arbeit zu beobachten, obwohl der Endzweck
nicht viel mehr sein mag, als eine bestimmte Automarke oder Dop-
pelfenster zu verkaufen. Doch es ist interessant, sich die Entrüstung
vorzustellen, wenn je eingestanden würde, daß ein Staat so umfassende Computerdaten über jeden einzelnen Bürger besäße.

Jedoch ist der Glaube an die unzähligen Klassifikationssysteme
als Werbehilfsmittel für viele fragwürdig. Selbst jene, die beispielsweise überzeugt sind, daß die Psychographie zu effektiverer Werbung verhilft, sehen Schwierigkeiten. Eine davon ist, daß die Menschen oft nicht gesehen werden wollen, wie sie sind, sondern wie sie
gerne wären. Also sollten Werbeleute die Menschen nie mit den in
der Werbebranche über sie bereits vorhandenen Erkenntnissen in
den Anzeigen konfrontieren. Und selbst wenn der Werbefachmann
sein Wissen einsetzt, so sollte er den Konsumenten nie wissen lassen,
wieviel er weiß! Malcolm Fishwicke, Direktor der kreativen Forschung bei Foote Cone and Belding in London, glaubt, daß diejenigen, die diese Regel mißachten, für eine der bekanntesten Marken-

niederlagen in Großbritannien verantwortlich waren. Die Strand-Zigaretten-Spots, an die sich viele noch erinnern, wurden 1960 von der Agentur S.H.Benson für die Wills-Tabakfirma entworfen, um eine neue, billige Filterzigarette auf den Markt zu bringen. Sie zeigten einen Sinatra-Doppelgänger an verlassenen Orten, dessen einziger Begleiter seine Zigarette war. Die Spots waren vielbeachtet, die Begleitmusik wurde ein Hit. Aber die Zigaretten verkauften sich nicht! Die potentiellen Konsumenten mochten scheinbar nicht, wie der Werbefachmann sie einstufte – als einsame, verlorene Menschen.

Es gibt viele, die das *Alter* als den wichtigsten Einzelfaktor im Herantreten an die Zielgruppe sehen. Abhängig vom Alter ist nicht nur, was Menschen sich wünschen, sondern auch, was sie sich leisten können. Junge Leute wie auch Menschen über 55 haben größere, frei verfügbare Einkommen – das heißt Einkünfte, die sie ausgeben können, wie sie es *möchten*– als Paare mittleren Alters mit Kindern. Und, wie es ein Insider formulierte, es mag für eine Lebenseinstellung stehen, daß Menschen in Kaufhäusern kaufen, aber es ist das Einkommen, das festlegt, »ob sie sich nach Designer-Kleidung umsehen oder nach den Sonderangeboten«.

An »Lebensphasen« orientiert sich ein modernes Konzept in der Bundesrepublik Deutschland. Ein System teilt Männer in sechs Gruppen ein, von den »innovativen Marktneulingen« (»jung, ledig ... hohe, frei verfügbare Einkommen, ... immer gewillt, Neues auszuprobieren, voller Pläne...«) bis hin zu »gesetzten, heimorientierten Typen« (ältere, unverheiratete Männer, mindestens 40... sehr konservativ, wenig Kontakt, nicht anspruchsvoll, sehen sehr viel fern...). Der »Babyboomer« weckt in der Werbewelt sehr viel Interesse, denn Ausgabefreudigkeit ist eine der Haupteigenschaften dieser Gruppe. *People* prahlt, daß zwei Drittel seiner 21 Millionen Leser »Babyboomer« seien. »Ob es Breakdance oder sonst irgend etwas ist, sobald Babyboomer etwas für ›cool‹ halten, wird es zum Renner. Ihnen verdanken wir die zahllosen Keksshops, die Stereoanlagen in tausend Varianten und Aerobicbücher und -bänder überall in den Städten. Als Kinder des Wohlstands sind sie an Luxus gewöhnt. Und als wohlhabende Erwachsene können sie ihn sich sehr wohl leisten.«

Sie sind zahlreich vertreten (75 Millionen in den USA Mitte der achtziger Jahre) und eignen sich daher als Massenzielgruppe. Ted

Bates Advertising in New York fand heraus, daß der Ehrgeiz ein sie verbindender Schlüsselfaktor sei und setzte die Erkenntnis prompt in seiner Kampagne für Michelob-Bier ein – »Where you're going, it's Michelob.« Die Untergruppe der Boomers, die Yuppies, sind bei den Werbeauftraggebern beliebt, nicht zuletzt, weil ihre Haupteigenschaft der Kaufwunsch ist, was bis zu Produktverehrung geht. Aber eine Forschungsgesellschaft, die Chicagoer Market Facts, versucht, eine größere Gruppe von Yuppies zu definieren, indem sie behauptet, daß es zusätzlich zu denjenigen, die die demographischen Bedingungen erfüllten (etwa zwölf Millionen in den USA), auch »psychographische Yuppies« gebe – Menschen, die »wie Yuppies *denken* und handeln«. Nach Market Facts »sind ›psychographische Yuppies‹ Leute mit u.a. den folgenden Gemeinsamkeiten: sie bereiten Kaffee aus frischen Bohnen; trinken importierte Biere und Weine; besitzen einen PC; benutzen Geldautomaten; sehen *Cheers*. Nicht-Yuppies dagegen essen vorgesüßte Frühstücks- und pulverisierte Kartoffelkost; kaufen bei K-Mart ein; benutzen laute tragbare Stereogeräte; leben in Kleinstädten und sehen regelmäßig *A Team*.«

Ob sie nun Yuppies sind oder nicht, eines steht über die Jugendlichen im allgemeinen fest: sie werden weniger, während es immer mehr ältere Menschen gibt. Für die Werbung gewinnen letztere an Bedeutung. Forscher haben diesen Marktsektor schon mit verschiedenen Bezeichnungen belegt, eine der am wenigsten ansprechenden ist »Altersmarkt«. Es gibt »young old« oder »junge Alte« (55 bis 75) und »old old« oder »alte Alte« (über 75). Bei fallenden Geburts- und Sterberaten war in Europa Anfang der achtziger Jahre jeder dritte Erwachsene über 60. Diese Sparte verfügt über sehr viel Kaufkraft. Über ein Drittel des Gesamteinkommens in den USA lag in den Händen der Altersgruppe der über 50jährigen. Einige Beobachter kamen zu dem Schluß, daß die Werbeauftraggeber sich nur deshalb nicht stärker auf die Älteren konzentrierten, weil es nicht zu ihrem eigenen Image paßt. Harold Lind, ein britischer Ökonom, spezialisiert auf Medien und Werbung, klagte: »In den kreativen Abteilungen (der Werbeagenturen) glaubt man offenbar, daß wenn man Werbung für ältere Menschen vermeidet, man vielleicht für den Rest seines Lebens ein reifer Teenager bleiben kann.«[16]

Andere nannten die Älteren »die letzte Bastion des Anbieters«. Aber letztlich zielt der Werbeaufwand darauf ab, finanzstarke Gruppen zu ereichen, und so zeichnete sich in den achtziger Jahren ein eindeutiger Trend ab. Die Vernarrtheit in die Jugend blieb ungetrübt, aber eine Reihe von Reklamebeispielen waren weniger jugendorientiert. Fotomodelle spiegeln die Tatsache wider, daß wir mit zunehmendem Alter ein paar zusätzliche Pfunde zur Schau tragen; das Paar in der Freedent-Reklame trug zwar dritte Zähne, tanzte aber fröhlich miteinander. Und das Negativ-Image, das vor ein paar Jahren noch weit verbreitet war, ist größtenteils verschwunden. Es läßt sich heute schwer vorstellen, daß (wie 1979 für Country Times Limonade) in einem Werbespot die Taubheit eines alten Mannes als Vorwand dafür genommen wurde, den Produktnamen zu wiederholen.[17]

Dieser Trend war überall festzustellen. In Frankreich stellte Michel Suquet von SOFRES, einer Marketing-Beraterfirma, fest, daß viel häufiger ältere Menschen in Anzeigen eingesetzt wurden.[18] »Ältere Bürger in der Werbung sollen Erfahrung, Weisheit und Wärme vermitteln. Aber auch Menschen mittleren Alters kommen auf dem Markt immer mehr zu ihrem Recht.« Eine Umfrage deckte den Grund auf: Die über 50jährigen sind für 34 Prozent des Kaffee-, 40 Prozent des Mineralwasser- und über 42 Prozent des Portweinkaufs verantwortlich. Sie kaufen auch mehr Rindfleisch, Lamm, Pasta, Käse, Marmelade, und sie trinken mehr Wein als die jüngeren Franzosen.

Doch es werden nicht nur mehr Menschen älter, sondern es ändert sich auch die Einstellung gegenüber ihnen und ihrem Verhalten. Kohlensäureversetzte Getränke werden normalerweise mit jungen Leuten in Verbindung gebracht, aber eine 1987 durchgeführte Studie ergab, daß ein Drittel aller über 50jährigen Amerikaner sie ebenfalls regelmäßig trinken.[19] Auch erotische Komponenten kommen zum Einsatz – Joan Collins läßt uns in ihr Dekolleté blicken; das Bild der am Kamin strickenden Oma ist passé. Die Werbung spiegelt gesellschaftliche Veränderungen. Collins – die zugibt, in den Fünfzigern zu sein – wurde als Repräsentantin von Revlons Scoundrel engagiert. Catherine Deneuve tritt für American Home Products' Youth Garde-Feuchtigkeitspräparat auf. Sie gab vor der Kamera zu, über 40 zu sein und meinte: »Kommen Sie näher. Ich habe nichts zu verheimlichen.« Eine 45jährige Mutter dreier Kinder aus Nashville wurde in einer Anzeige für Germaine Monteils Supplegen Instant Action Firmer, einem Hautpflegeprodukt, gezeigt. Der Präsident der Firma, Stewart Rohr, meinte: »Wir und andere in der Kosmetikindustrie haben lange Zeit den Fehler gemacht, 22jährige Modelle für Produkte einzusetzen, die meist von älteren Menschen gekauft werden.« Johnson and Johnson warb in Großbritannien für Empathy, ein Shampoo »für Haar über 40«, mit den Worten:»Für gutes Aussehen gibt es jetzt keine Altersgrenze mehr.«

Werbefachleute und Produktanbieter begannen, sich mehr Gedanken darüber zu machen, wie ältere Menschen in den Anzeigen am besten auftreten sollten. Mo Drake, ein kreativer Berater, warnte vor »jenen blasierten Gesichtern mit der unvermeidlichen Pfeife ... diesen blaugefärbten Haarkränzen, die zu einem Bungalow irgendwo in einem Wohnparadies in Meeresnähe hinwackeln ... halbvergessenen Verwandte ... grauhaarigen Unbeholfenen, die von arroganten Teenagern angerempelt werden – wenn sie überhaupt dargestellt werden, dann meist ohne den Respekt, der den älteren Mitmenschen gebührt«[20]. Er riet seinen Werbekollegen:»Vergessen Sie nie, daß sie ihr Leben im zweiten Viertel des 20.Jahrhunderts verbrachten. Sie gehören in unsere Welt moderner Kommunikation. Sprechen Sie sie nicht von oben herab an oder so, als hätten Sie jemanden in den letzten Stadien der Senilität vor sich. Bedenken Sie, diese Menschen haben Zeit und ein überraschend hohes, frei verfügbares Einkommen in den Händen. Nur weil sie schon länger leben als andere, sind sie keinesfalls Spielzeug für respektlose Werbung.«

Es besteht jedoch kein Zweifel, daß die über 50jährigen, wie alle anderen, in den Anzeigen verpackte Träume sehen wollen. Wie die jungen Leute möchten auch die Älteren sich so dargestellt sehen, wie sie sein *möchten*, oder wie sie sich selbst sehen (Forschungsergebnisse zeigen, daß die meisten älteren Menschen sich zehn Jahre jünger fühlen, als sie eigentlich sind). So wurde in den Germaine Monteil-Anzeigen eine 45jährige, keine 65jährige abgebildet. Und ihr Haar war zwar grau, aber lang und weich fallend. Ramada Inns Inc. fand heraus, daß ältere Verbraucher ohne Rücksicht darauf, wie ihr Leben wirklich aussah, in den Anzeigenfotos joggende oder im Garten arbeitende Menschen sehen wollten und nicht jemanden, der backt oder strickt.[21] Und die Werbebranche weiß, daß sich Romantik gut verkauft: eine Anzeige der Enterprise Holidays in Großbritannien war nach einem Filmplakat der fünfziger Jahre gestaltet. Sie zeigte ein älteres Paar, das sich vor einem Hintergund von Meer und Palmen umarmte; das Paar in einer Anzeige für die Zeitschrift *Seniority* hat graues Haar, aber es hält sich an der Hand und prostet sich über den Abendessentisch zu.

Dennoch treten Werbungtreibende den älteren Menschen mit gemischten Gefühlen gegenüber. Sie wollen ihnen etwas verkaufen, aber zugleich möchten sie vermeiden, daß ihre Produkte mit dem Alter in Verbindung gebracht werden. In der Vorstellung vieler gelten von Älteren benutzte Produkte als fad, altmodisch und wenig sexy.

Es gibt noch eine weitere Gruppe, die auch als Käufergruppe wichtig ist, der die Werbungtreibenden aber noch ambivalentere Gefühle entgegenbringen, obwohl diese Konsumenten oft als Trendsetter fungieren. Der homosexuelle Markt ist ein »Minderheiten«-Markt, aber er ist nicht klein und besitzt einige Eigenschaften, die die Werbeauftraggeber reizen. Das Kinsey Institute for Sex Research in den USA schätzt, daß fünf bis sechs Prozent der Erwachsenenbevölkerung vorwiegend homosexuell und daß etwa zwei von drei Homosexuellen Männer sind. Das sind elf Millionen Menschen. Viele Forscher halten diese Zahl für untertrieben, doch über die Zahl von 24 Millionen Männern, oder zehn Prozent der männlichen Erwachsenenbevölkerung, besteht weitgehend Übereinstimmung.

Die Anziehungskraft des Homosexuellen als Käufer wird kaum in Zweifel gezogen: denn er ist wohlhabend. *The Economist* begann einen Artikel über dieses Thema mit der Feststellung: »Wenn die Schriftsteller Ernest Hemingway und Scott Fitzgerald heute lebten, würden sie ihren berühmten Dialog bestimmt folgendermaßen abändern: Scott: ›Homosexuelle sind anders als wir.‹ Ernest: ›Ja, sie haben mehr Geld.‹«[22] Avanti Marketing Services aus San Mateo in Kalifornien führte 1982 eine Umfrage unter homosexuellen Männern durch; es hieß, dies sei die erste nationale demographische Studie gewesen. Hierin wurde beispielsweise aufgezeigt, daß die Prozentzahl aller amerikanischen Haushalte, die 20 000 Dollar oder mehr pro Jahr verdienten, bei 53 Prozent lag, bei den Homosexuellen aber bei 66 Prozent. Und: für Haushaltseinkünfte von 50 000 Dollar oder mehr lag der nationale Anteil bei 6,7 Prozent, der Anteil der Homosexuellen jedoch bei 15 Prozent. Der typische Homosexuelle hat ein College besucht, bekleidet eine akademische oder die Position eines höheren Angestellten und teilt sein Heim oft mit einem anderen Homosexuellen. Und dies bedeutet ein Heim mit *zwei* hohen, verfügbaren Einkommen. Und keine Frau und keine Kinder.

Anderes, neueres Umfragematerial ergibt, daß Homosexuelle viel für Unterhaltung und Reisen, für teure Alkoholika und teure Autos ausgeben. Ihnen wird nachgesagt, Trendsetter zu sein, von Discos bis zu Weißweinen. Peter Frisch, Verleger des amerikanischen Homosexuellenmagazins *Advocate*, meint:»Sie waren die ersten in diesem Land, die Perrier tranken, die ersten, die sich um Gesundheit und Fitness sorgten und von harten Sachen auf Weißwein umstiegen.«[23]

Perrier ist eines der Unternehmen, die Homosexuelle direkt umwerben. Ein anderes ist Seagram, das in seinen Anzeigen einen Barspiegel für Boodle's British Gin anbot.[24] Der Spiegel zeigte sechs »berühmte Männer der Geschichte«, die angeblich homosexuell waren, obwohl dies in der Anzeige nicht gesagt wurde.* Die Homosexuellen wurden mit einigem Erfolg als eine Gruppe anvisiert, die wahrscheinlich mit einer kleinen, teuren und wenig bekannten Marke zu experimentieren gewillt war. Auch Filmgesellschaften haben den homosexuellen Markt entdeckt. Paramount startete mit *Saturday Night Fever* und wartete nervös auf die Reaktion, die nicht kam. »Die Freiheitsstatue fiel nicht um«, meinte Gordon Weaver von Paramount. »Bundesstaatsgrenzen wurden nicht dichtgemacht. Wenn erzkonservative Politiker die Unterstützung der Homosexuellen suchen, dann weiß man, daß sich die Zeiten ändern!« Eine andere Filmgesellschaft, Twentieth Century Fox, warb für den Film *Making Love*, in dem ein Mann seine Frau wegen eines anderen Mannes verläßt, mit verschiedenen Kampagnen, die sich direkt an Hetero- und Homosexuelle richteten. Der Ehemann, die Ehefrau und der »andere Mann« waren in allen Kampagnen zu sehen. In den heterosexuellen Anzeigen trug der »andere Mann« ein Hemd; in den homosexuellen Anzeigen war sein Oberkörper nackt.[25]

Die Werbeagentur für die französische Zigarette Gitane war der Meinung, daß der amerikanische Homosexuellenmarkt eine gute Zielscheibe für eine preiswerte Kampagne sei, weil das Produkt »eine Aussage über Stil« zu machen schien, wie er Homosexuellen gefiel. Der Umsatz, so hieß es, stieg um 30 Prozent. Selbst die berühmt-berüchtigt konservativen Arzneimittelhersteller haben begonnen, den Homosexuellenmarkt zu umwerben. Pfizer vermarktet Rid, ein Prä-

---

* Die sechs Männer: Oscar Wilde, Lawrence von Arabien, Walt Whitman, Edgar Allan Poe, Ludwig van Beethoven und Edgar Dégas.

parat gegen die angeblich bei Homosexuellen besonders verbreiteten Filzläuse.»Tun Sie Ihrem Freund und sich einen Gefallen, und zeigen Sie ihm RID«, lautet die Headline. Der *Advocate* beinhaltet Anzeigen für Bombay's Gin, Dewar's Scotch, Miller-Bier, von Columbia, Universal und Paramount produzierte Filme, CBS-Platten, BMW-, Volvo- und Hondahändler sowie für Banken.

Außerhalb der homosexuellen Presse wird diese Gruppe als wichtiger Sekundärmarkt gesehen. Selbst wenn Homosexuelle nicht direkt umworben werden können, so gibt sich der kluge Werbungtreibende doch große Mühe, sie nicht vor den Kopf zu stoßen. Ein homosexueller Leiter einer Werbeagentur schlug seinen Kollegen vor, sicherzustellen, daß die Anspielungen in den Anzeigen, die sowohl Homo- als auch Heterosexuelle interessieren könnten, eindeutig »männlich orientiert« sein sollten.[26] Das bedeutete: keine Hinweise auf Ehefrauen oder Ehepaare und ausschließlich männliche Modelle.

Homosexuelle in Großbritannien werden für ähnlich wohlhabend wie in den USA gehalten. Eine Umfrage unter den Lesern von *Gay News* ergab, daß sie zehnmal eher als der »Durchschnitts«mann ins Theater gehen oder ein Videogerät besitzen, dreimal mehr für Alkohol ausgeben, das Doppelte für Kleidung und das Neunfache für Toilettenartikel. Sie könnten eine ideale Zielgruppe abgeben. Aber die britischen Auftraggeber zögern, ihre Produkte offen mit Homosexuellen in Verbindung zu bringen, ein Vorurteil, das durch AIDS noch verstärkt wurde. Doch selbst wenn die Homosexuellen zehn Prozent des männlichen Erwachsenenmarktes Großbritanniens stellen würden, wäre er nicht groß genug, um einen unwiderstehlichen Reiz auszuüben. Die Seiten von *Gay Times* (die *Gay News* übernommen hatte) sind voller Anzeigen, aber sie stammen nicht von Firmen mit großen Namen. Anzeigen für Kleidung, Toilettenartikel oder Alkohol sind in geradezu auffälliger Weise nicht existent. Ein Werber für Zigaretten, auch dies eine fehlende Produktgruppe, erklärte mir, er könne sich nicht vorstellen, daß seine Firma mit »solchen Leuten« in Verbindung gebracht werden wolle.

Weder in Großbritannien noch in den USA werden Lesbierinnen in der Werbung oder selbst von der Forschung gesondert betrachtet. Dafür gibt es zwei Gründe: erstens wird angenommen, daß die Frauen weniger als die homosexuellen Männer verdienen, und zweitens ist es bei ihnen wahrscheinlicher, daß sie sich traditionellen Ehen verschreiben und sogar Kinder aufziehen. Das wiederum bringt mit sich, daß sie weniger frei verfügbares Einkommen besitzen und daß die Anzeigen, die sich an Hausfrauen richten, für Lesbierinnen genauso relevant sind.

Mit der sich verschärfenden Wettbewerbssituation und Fragmentierung der Gesellschaft wird das Marketing gegenüber Minderheiten immer wichtiger. Werbungtreibende müssen sich immer kleinere Marktsegmente mit Kaufkraft suchen. Nirgendwo tritt dies deutlicher zutage als bei den ethnischen Minderheiten, was nicht nur eine Veränderung des Status anzeigt, sondern auch ihren (Bargeld-)Wert für den Auftraggeber. Eine Anzeige für National-Bier aus der Zeit vor dem Zweiten Weltkrieg erinnerte an die Zeit des Schwarzen als Diener – ein Schwarzer in einem Hemd mit weißem Kragen serviert das Getränk auf einem silbernen Tablett. Eine weitere Anzeige warb mit schwarzem Slang für Aunt Jemima Pancakes. In einer anderen Anzeige für Zahnpasta war ein schwarzer Junge beim Verzehr einer Wassermelone abgebildet: »Go right ahead, Sambo! Sink those ivories in that luscious water melon.« (»Weiter so, Sambo! Beiß mit den elfenbeinweißen Zähnchen in die saftige Melone!«) Eine Anzeige, die die Menschen hispanischer Abstammung entrüstete, bestand aus einem Suchposter, das einen stereotypen mexikanischen *bandito* mit Sombrero, einem breiten Grinsen und Schnurrbart zeigte. Der Text: »WANTED for theft of Fritos Corn Chips.« (»GESUCHT wegen Diebstahl von Fritos Corn Chips.«)

Nur ein Tollkühner würde heute solche Anzeigen schalten. Denn hier stehen – ganz abgesehen von der politischen Macht – große Märkte auf dem Spiel. Amerikas 25 Millionen Schwarze verfügen über ein jährliches Einkommen von 200 Milliarden Dollar. Als Prozentzahl verglichen mit dem, was die Amerikaner sonst ausgeben, mag diese Zahl nicht beeindrucken, aber sie liegt höher als die Bruttosozialprodukte von Dänemark, Norwegen oder Indonesien. Der hispanische Markt, der zwar in der ersten Hälfte der achtziger Jahre kleiner war, wächst schneller als jedes andere Bevölkerungssegment.

Klischees sterben weiterhin nicht aus. Schwarze beklagen sich über symbolische Weiße im Hintergund von Anzeigen; andere sprechen von einer »Obsession« in der Darstellung von tanzenden, singenden, Basketball spielenden Schwarzen. Die Schuld, so meinen viele Insider, liegt darin, daß nur sehr wenige Schwarze Positionen in Werbeagenturen innehaben.

Zahlreiche große Werbungtreibende wenden sich an schwarze Werbeagenturen. Coca-Cola vergab seine weltweite, an schwarze Konsumenten gerichtete Werbung an Burrell Advertising in Chicago, die größte »schwarze« Werbeagentur des Landes. Burrell betreut unter anderem noch McDonald's und Procter and Gamble. Thomas Burrell gründete seine Agentur 1971, als er mit 32 Jahren als Cheftexter bei der Chicagoer Agentur Needham Harper and Steers aufhörte. Im folgenden Jahr überredete er McDonald's, daß seine Agentur dem Konzern helfen könne, seinen Anteil am schwarzen Marktsegment zu steigern. McDonald's ist sein größter Etat. Schwarze müssen als Schwarze angesprochen werden, meint Burrell. »Schwarze sind keine dunkelhäutigen Weiße. Es gibt da kulturelle Werte, die uns ganz subtil unterscheiden.«[27] Er glaubt, daß sie als Gruppe »wesentlich komplexer und feinfühliger« sind als weiße Konsumenten: »Wenn ich einem schwarzen Konsumenten etwas verkaufen kann, dann kann ich es jedem verkaufen.« Burrells Anzeigen beinhalten oft schwarze Nahrungsmittelpräferenzen und Slang. Wie alle Anzeigen sind auch sie verpackte Träume, auch wenn sie hier auf eine andere Kultur abgestellt sind. Manche präsentieren idealisierte und sentimentale Alltagssituationen schwarzer Familien: In einem McDonald's-Werbespot holt beispielsweise eine schwarze Mutter ihren Sohn von der Tagesstätte ab, und sie treffen sich mit Daddy, der bei McDonald's wartet. In einer Coca-Cola-Reklame sitzt ein schwarzes Mädchen vor dem Bildschirm und sieht einem Turner zu; die Szene blendet über zu dem Mädchen, wie es vor den stolzen Eltern im Garten übt; schließlich gewinnt sie einen Wettkampf. Diese Situationen sind weltweit gültig, aber so wie sie hier dargestellt sind, sprechen sie besonders schwarze Zuschauer an. Die Familien in Burrells Reklame sind sich meist sehr zugetan und freuen sich miteinander. Ein Ideal, das sehr oft der wirklichen Welt der amerikanischen Schwarzen widerspricht. »In vielen schwarzen Haushalten«, sagt Burrell, »gibt es keine engen Familienbindungen.«[28]

Vielleicht sind die an Schwarze gerichteten Anzeigen noch stärker idealisiert als alle anderen. Die Fotomodelle sind alle jung, schön und tragen teure Kleidung; Väter und Söhne pflegen ihr Haar gemeinsam; Brandy wird aus riesenhaften Schwenkern genossen; die

Hintergründe bilden häufig Kasinos und exotische Strände. Eine ganze Anzahl wendet sich an eine Gruppe, die der Verleger von *Black Enterprise*, Earl G.Graves, »Buppies« nennt – junge schwarze Gebildete mit dem Ehrgeiz, sich zu verbessern. »Ich nehme an, Sie trinken Martell«, sagt die schöne Frau in einer Hochglanzanzeige, während sie ein Glas einschenkt.

Der hispanische Markt in den USA ist nicht nur ein Minoritätenmarkt, er ist in sich selbst eine Mischung aus drei kleineren Minoritätenmärkten: dem mexikanischen, puertoricanischen und kubanischen. Die meisten sprechen Spanisch, fast die Hälfte nur Spanisch. Amerikanische Hispanier haben ihr eigenes Fernsehen, etwa 100 Vollzeitradiostationen und ihre eigenen Zeitungen und Zeitschriften. Unter anderem fühlen sich die Produzenten auch deshalb zu ihnen hingezogen, weil es heißt, Hispanier zögen große Markennamen vor und blieben einer Marke eher treu als die übrigen Amerikaner.

Einen Abend lang Werbung im hispanischen Fernsehen anzuschauen, weckt nostalgische Gefühle. Man erkennt plötzlich, daß die Werbung irgendwann einmal überall im Fernsehen so war. Vor einem Palmenhintergund serviert eine hispanische Frau ihrem Mann hingebungsvoll das Abendessen. In einem Werbespot beeindruckt ein Mädchen ihren Partner mit ihren Kochkünsten – alles dank Mutters guten Ratschlägen, welches Produkt es zu kaufen lohnte. Es überrascht nicht, daß ein Vertreter von Goya Foods Inc., den Produzenten von hispanischen Spezialgerichten, dem *Wall Street Journal* erklärte, daß »jede Frauengruppe der Nation hinter uns her wäre«, wenn einige der spanisch gesprochenen Werbespots im amerikanischen TV laufen würden.[29]

Unter allen Zielgruppen gibt es aber eine, die einen ganz besonderen Platz einnimmt. Eine der widerlichsten Printanzeigen von 1985 zeigte einen amerikanischen Teenager, die Augen hinter einer dunklen Sonnenbrille verborgen, den Mund zu einem höhnisch-wissenden Lächeln verzogen. Er trug einen blauschwarz gemusterten Smoking mit schwarzen Aufschlägen und eine schwarzweiß gepunktete Fliege. Er hielt die Arme aggressiv verkreuzt, wie ein Schlägertyp, der klarstellen will, daß man sich mit ihm besser nicht anlegen sollte. Er sagt: »In unserem Yuppie-Puppie-Haushalt habe ich einen VHS, meine Schwester ein Beta-Gerät, und meine Architektenmutter kann weder auf dem einen noch auf dem anderen die Zeit einstellen.«

Und diese Aussage wird durch den darauffolgenden Text noch verstärkt: »Yuppie Puppies sind von Welt. Yuppie Puppies sind top. Es gibt 25 Millionen Yuppie Puppies und bald gibt es noch mehr!« Und dann kommt, worum es eigentlich geht: »Yuppie Puppies sehen Nikkelodeon« – das Kinderkabelprogramm – »das so toll und clever ist wie sie.«

In der Tat ist nun Nickelodeon alles andere als ein schlechter TV-Kanal: seine Programme bieten eine erfrischende Alternative zu den Zeichentrickfilmen und Superhelden der Sendernetze. Aber die Reklame verrät, wie die Werbung die jungen Menschen sieht. Nickelodeon (im Frühjahr 1979 eingeführt) war ursprünglich reklamefrei, doch benötigte man 1983 zusätzliche Einnahmen – und das hieß Werbung. Nickelodeons Direktor Cy Schneider versprach dem Advertising Club (Werbeverband) von New York, daß Nickelodeon »einer der Hauptbewerber um die Millionen von Dollar werden will, die in die an Kinder gerichtete Werbung« im Fernsehen investiert würden. Der frühreife junge Mann in der Anzeige gehört zu einer Zielgruppe – seine »worldliness« (der Begriff soll sein Verlangen zu kaufen und zu besitzen widerspiegeln) lassen ihn zu einer idealen Zielscheibe werden. Die Anzeige impliziert, daß dies jemand sei, der reif sei, gepflückt zu werden ... und Nickelodeon kann ihn liefern.

Kinder und Jugendliche geben enorm viel Geld aus – daher ihre Bedeutung für die Werbung. Eine 1985 durchgeführte Umfrage über die Ausgaben der Sieben- bis 17jährigen in Großbritannien ergab, daß sie 320 Millionen Pfund für Kleidung, 198 Millionen Pfund für Süßigkeiten, 179 Millionen Pfund für Schallplatten und Bänder, 110 Millionen Pfund für Chips und eine ähnlich hohe Summe für alkoholfreie Getränke ausgaben.[30] Schätzungen zufolge gaben die Teenager in den USA 48 Milliarden Dollar für ähnliche Produkte, für Kleidung, Videospiele, Snacks, Kosmetika und Schallplatten, aus.[31]

Doch das ist nur ein Aspekt. Kinder werden nicht nur für Produkte umworben, die sie selbst kaufen, sondern auch für Waren, zu deren Kauf sie andere überreden müssen. Sie sind zum Beispiel die eigentliche Zielgruppe für Spielwaren im Wert von 13 Milliarden Dollar, die Jahr für Jahr in den USA gekauft werden, viele davon von Eltern und anderen Verwandten. Doch beschränkt sich ihre Macht nicht nur darauf. Werbungtreibende glauben, wenn sie ein achtjähriges Kind dazu überreden können, ein Bankkonto zu eröffnen (als Gegenlei-

stung gibt es viele Geschenke, wie kleine Sparschweine und Schulsachen und Clubmitgliedschaften), daß es dann für die Bank möglich
wäre, den Kunden ein Leben lang zu behalten. Diese Überzeugung ist
weit verbreitet. Yankelovich-Studien für die Zeitschrift *Seventeen* in
den USA ergaben, daß 29 Prozent der erwachsenen Frauen noch immer die Kaffeemarke vorziehen, die sie schon als Teenager getrunken haben, und daß 37 Prozent noch immer dieselben Käsesorten
mögen.[32] Was Kosmetika betrifft, benutzen 41 Prozent weiterhin die
gleiche Wimperntusche, 29 Prozent dieselbe Duftnote und 33 Prozent den gleichen Nagellack. »Wenn Sie diese Zielgruppe vernachlässigen«, warnt *Seventeen* die Werbeauftraggeber, deren Inserate die
Zeitschrift gerne auf ihren Seiten sehen möchte, »dann haben Sie sie
wahrscheinlich für immer verpaßt. Sie ist in dem empfänglichen Alter, in dem sich ihr Aussehen, ihr Geschmack und ihre Markenvorlieben entwickeln... Erreichen Sie ein Mädchen in seinen *Seventeen*-
Jahren, dann könnte es Ihnen sein Leben lang gehören.« Clairol
brachte in Großbritannien eine neue Reihe von Haarfärbemitteln namens Glints heraus und richtete seine Anzeigen an Mädchen unter
20 Jahren. Heather Auton, die Produktmanagerin für die Haarprodukte der Firma, sagte: »Wenn Sie die Mädchen erreichen, solange
sie jung sind, greifen sie, auch wenn sie zwischendurch einmal
abtrünnig werden, in ihren Dreißigern wieder auf Ihre Produkte
zurück.«[33]

Das Kind der achtziger Jahre wird als besonders geeignete Zielscheibe erachtet. Selina S. Guber, Präsidentin von Children's Market
Research in New York, verweist auf »beträchtliche Unterschiede«
zwischen den Kindern der achtziger und jenen der siebziger Jahre,
»welche von Unternehmern und Werbeleuten nicht übersehen werden dürfen«[34]. Die jungen Konsumenten von heute, sagt sie, »wissen
über Marken und Statussymbole Bescheid, bevor sie lesen können«.
Eine Studie von McCann-Erickson (London) von 1987 behauptet, daß
junge Briten vom Konsum besessen seien und mehr kauften, weil sie
Marken als Ausdruck ihrer eigenen Persönlichkeit betrachteten.
Campaign kommentierte: »Diese Botschaft ist eine gute Nachricht
für die Werbungtreibenden.«

Es verwundert nicht, daß die Angriffe auf Kinder und Jugendliche
genauso vorsichtig recherchiert, geplant und entworfen werden, wie
die Angriffe auf jede andere Konsumentengruppe. Auf dem Spiel-

zeugmarkt beispielsweise, in dem erfahrene Multis eine Riesen-chance sehen, werden die Methoden immer ausgeklügelter und die Annäherungsmethoden immer aggressiver. Die Budgets sind groß: In Großbritannien plante Rainbow Toys, 1985 für Werbung und Ver-kaufsförderung 6,4 Millionen Pfund auszugeben, Palitoy zehn Millio-nen und Mattel allein sechs Millionen für die TV-Werbung.[35]

Der Aufwand der an Kinder gerichteten Werbung und Verkaufs-förderung kann atemberaubend sein. Kool-Aid-Getränke gehören zu den wichtigsten Marken von General Foods in den USA.[36] 1985 über-trafen nur Coca-Cola und Pepsi den Verbrauch von Kool Aid, aber, was sehr bedeutsam ist, bei Kindern war Kool-Aid immer die erste Wahl. Die Fernsehreklame mit dem Kool-Aid-Mann (einem riesigen Zeichentrickkrug, der durstige Kinder rettet) kostet 25 Millionen Dol-lar jährlich. Doch dies ist noch nicht alles. Ein Kool-Aid-Bilderheft, zusammengestellt von der Marvel Comic Group, wird kostenlos ver-teilt – die Auflage beträgt drei Millionen; es ist das Comicheft mit der größten Auflage in den USA. Der Kool-Aid-Mann tritt überall im Lande persönlich auf; das Warenzeichen erscheint auf 100 Produk-ten, von Kleidung bis zu Spielzeug, und von Kool-Aid gesponserte Ereignisse reichen von Spiel- und Schwimmveranstaltungen bis zu Sicherheitsprogrammen. Der erfahrene Produktmanager, Mark S. Kapsky, erklärte gegenüber der *New York Post*: »Wir wollen, daß die Kinder immer mit Kool-Aid zu tun haben, egal wo sie sind, daheim, beim Spielen, in der Schule.« Heinz vergrößerte 1986 sein Werbe-budget um zweieinhalb Millionen Dollar, um besonders die unter 13 Jahre alten Jugendlichen mit Trickfilmen zu erreichen, in denen Hamburger und Pommes Frites als Figuren auftreten, die kichern und wackeln, wenn sie mit Ketchup bespritzt werden. Im selben Jahr begann Pepsi seine Verkaufsförderung gegenüber jungen Konsu-menten, indem es seinen Zweiliterflaschen Wachsmalkreide als Werbegeschenk beifügte.

An Kinder gerichtete Werbung ist – oder sollte es sein – mehr als nur eine Gelegenheit, Produkte zu verkaufen. Weil die Zielgruppe Kinder sind, eine von vornherein verwundbare Gruppe, gibt es hier wichtige Punkte zu beachten. Teilweise spiegeln sie sich in den Regle-mentierungen wider, der diese Werbung unterworfen ist. Die Re-striktionsgrade unterscheiden sich sowohl von Land zu Land (Groß-britannien ist weniger streng als die anderen europäischen Länder), als auch von Jahr zu Jahr (die USA haben die Reglementierung unter Reagan etwas gelockert). Aber allein ihre Existenz beweist, daß Kinder weltweit mehr oder weniger als besondere Zielgruppe betrachtet werden. Es wäre jedoch sehr naiv anzunehmen, es bestehe kein gewaltiger Unterschied zwischen den besorgten Eltern und dem Händler, der die Kinder anwerben möchte.

Ein zentraler Punkt darf nicht vergessen werden, wie sehr er durch Restriktionen auch verfälscht oder eingeengt werden mag: Es geht darum, dem Kind ein Produkt oder eine Dienstleistung zu verkaufen, direkt oder indirekt. Don Blundell, der britische Marketing-Direktor von Milton Bradley, einer großen amerikanischen Spielzeugfirma, erklärte gegenüber *Marketing*, daß es notwendig sei, »bei den Kindern so zu werben, daß in ihnen der Wunsch entsteht, das Produkt zu besitzen. Wir müßten die Kinder beinahe bitten, zu ihren Eltern zu gehen und zu fragen: ›Können wir uns das leisten?‹«[37]

Die Bedeutung von Kindern als Marktsegment ist relativ neu. Erst in den sechziger Jahren entdeckten die Werbeauftraggeber die potentielle Rentabilität eines jungen Marktes und entwickelten TV-Werbung, die sich direkt an Kinder richtete. Einige weit voraussehende Werbefachleute hatten diesen Tag kommen sehen und ihn schon lange erwartet. Dies zeigt auch der folgende Auszug aus der amerikanischen Zeitschrift *The Sound Track* aus dem Jahr 1951, abgedruckt in *The Shocking History of Advertising*:

»Was Umfragen betrifft, so führten wir vor ein paar Abenden ein Experiment durch... Wir fragten einen vierjährigen Lockenkopf, der unter der Bettdecke hervorschaute: ›Susie, was putzt die Zähne weißer?‹ ›Colgate natürlich, Opa.‹ Wir fragten weiter. ›Welches Mittel wäscht reiner?‹ Ohne zu zögern: ›Tide.‹ Wir stellten noch eine Frage. ›Welcher Kaffee schmeckt am besten?‹ Als sie antwortete: ›A&P, aber jetzt Gute Nacht, Opa‹, eilten wir aus dem Zimmer, den Kopf voller Fragen. Wo sonst ist Markenbewußtsein so fest in den Gedanken von Vierjährigen verankert? Wie viele amerikanische Vorschulkinder sind schon auf wie viele verschiedene Produkte festgelegt? Wie können wir zuverlässiges Material darüber erhalten? Wieviel ist es einem Hersteller wert, diesen jungen Markt zu erschließen und ihm, natürlich unter Kontrolle, etwas zu verkaufen, Jahr für Jahr, bis der Erwachsenen- und damit der volle Käuferstatus erreicht ist? Es *ist* möglich. Wären Sie daran nicht interessiert?«[38]

Sicherlich würden Werbefachleute schnell darauf verweisen, daß dies vor über 30 Jahren geschrieben wurde. In der Werbung, wie überall sonst auch, ereignete sich »alles Schlechte« in der Vergangenheit. Die folgende Bemerkung von Raymond McDonald, dem Vizepräsidenten für Marketing bei der Tonka Corporation, stammt jedoch aus der Mitte der achtziger Jahre: »Man muß herausfinden, wie man die Gedankenwelt eines Kindes einfangen kann. Sie müssen wissen, wie sie über ein Produkt denken sollen.«[39] Werbefachleute werden behaupten, sie hätten diese Situation nicht herbeigeführt; sie reagierten nur auf äußere Gegebenheiten. So kann Selina Guber, die New Yorker Kinderforscherin, sagen: »Ob wir nun die materialistische und geldorientierte Jugendkultur der achtziger Jahre akzeptieren oder nicht, sie ist und bleibt ein Faktum des Lebens und des Marketing.«[40]

Das Fernsehen ist zweifellos der mächtigste Vermittler von Werbebotschaften: nirgendwo wird das deutlicher als bei Kindern. Es überrascht nicht, daß die Besorgnis über an Kinder gerichtete Werbung meist in Zusammenhang steht mit den Sorgen des TV-Einflusses auf Kinder allgemein. Action for Children's Television, eine einflußreiche amerikanische Interessengruppe, nennt sieben Fakten unter der Überschrift »Sie werden es nicht glauben!« Die Punkte sind voneinander abhängig, aber zwei beziehen sich konkret auf die Werbung:
»Die durchschnittliche amerikanische Familie sieht täglich sechseinhalb Stunden fern.
Kinder sehen durchschnittlich 27 Stunden pro Woche fern oder fast vier Stunden täglich.
Bis sie 18 sind, haben die meisten Kinder mehr Zeit vor dem Fernsehgerät als in der Schule verbracht.
Werbungtreibende geben jährlich über 600 Millionen Dollar für an Kinder gerichtete TV-Werbung aus.
Kinder sehen jährlich zirka 20 000 halbminütige Werbesendungen oder drei Stunden TV-Werbung wöchentlich.
Die meisten Programme, die die Kinder anschauen, sind für Erwachsene gedacht.
Über eine Million Kinder sehen auch noch um Mitternacht fern.«
Professor Donald Roberts vom Institute for Communication Research an der Stanford University betonte:

»Aus der Perspektive derer, die für die Abschaffung oder die Reglementierung kinderorientierter Werbung eintreten, ist Reklame von besonders bedrohlichem Inhalt. Erstens werden Kinder als ›spezielle‹ Zuschauergruppe angesehen, die für TV-Botschaften besonders anfällig ist. In der Tat sorgt sich die TV-Forschung schon lange, daß kleine Kinder, weil ihnen kognitives Wissen und Lebenserfahrungen noch fehlen, mit denen sie die Botschaften wie Erwachsene angemessen bewerten könnten, von den im Fernsehen vermittelten Inhalten lernen und beeinflußt werden, obwohl sie in erster Linie nur zu ihrer Unterhaltung da sein sollten... Es überrascht nicht, daß die Bedrohung den meisten Beobachtern ›offensichtlich‹ erscheint, wenn eine hochentwickelte Industrie auf eine besonders verletzliche Zielgruppe ansetzt, um ihr ein Produkt zu verkaufen.«

Firmen, die ihre Werbung an Kinder richten, zielen auf die Emotionen, die die Kinder veranlassen, das Gezeigte zu wollen und zu verlangen. Nirgendwo tritt dies deutlicher zutage als beim Verkauf der »Mode-« oder »Konzept«-Püppchen wie Sindy und Barbie. Der Absatz ist enom: 50 Millionen Pfund werden jährlich für sie in Großbritannien ausgegeben. Es ist aufschlußreich, das Gesicht eines kleinen Mädchens zu beobachten, wenn es eine Werbesendung für Sindy oder Barbie sieht; emotionelles Verlangen ist unübersehbar. David Brown, Pedigree's Managing Director, sagte in *Marketing*: »Das Rollenspiel ist sehr wichtig, und hier erfüllt das Modepüppchen eine Aufgabe. Mit ihren Puppen können die Mädchen gesellschaftliche Situationen nachspielen, Dinge, derer sie noch nicht fähig sind – wie zum Beispiel die Gymkhana zu gewinnen – oder eben Rollen, in die sie noch nicht hineingewachsen sind.«[41]

Was aber in den einzelnen Anzeigen zu sehen ist, kann auch Werbefachleute beunruhigen. Collett Dickenson Pearce schuf eine Anzeige für Sindy, in der die Puppe sich am Strand räkelt. Schlagzeile: »Miss August: Playmate des Monats«. Einer der Kritiker war Peter White, der Kreativ-Direktor der Agentur Dennis Garland. Er schrieb: »Ich habe keine Tochter, aber wenn ich eine hätte, würde ich mich fragen, ob ich sie mit Puppen, für die auf diese Weise geworben wird, spielen sehen wollte. Natürlich ist die Anzeige clever und gut gemacht und erregt Aufmerksamkeit. Und natürlich weiß jeder, daß Kinder Erwachsene gerne nachahmen. Aber es tun sich doch ohne Zweifel Welten auf zwischen kleinen Mädchen und Sexmagazinen.«

Die Werbung soll jedoch nicht nur die Phantasie anregen, sondern die jungen Zuschauer davon überzeugen, daß die gezeigte Puppe oder ein bestimmtes Spielzeug genau das ist, was ihnen zu ihrem Glück noch fehlt. Da Millionen auf dem Spiel stehen, können die Werbungtreibenden diese Arbeit nicht auf die leichte Schulter nehmen. Spezielle Forschungsdienste gibt es in Hülle und Fülle. »Kinder denken oder agieren nicht wie Erwachsene«, sagt das Forschungsunternehmen McCollum Spielman Research (Great Neck, New York und Chicago) in seinen an die Werbebranche gerichteten Anzeigen. »Wir wissen, daß mehr als ein ›lächelndes Gesicht‹ nötig ist, um wichtige, verwertbare Informationen über Kinder und Teenager herauszufinden. Es erfordert ein gründliches Verständnis der Verhaltens- und Denkmuster der Kinder verschiedener Altersgruppen und beider Geschlechter.«[42]

»K.I.D.S. Von sechs bis 18. Wir erforschen sie qualitativ und quantitativ«, prahlt Primary Research. »Wir haben uns die Jugendforschung zur Aufgabe gemacht... Kinder sollten gesehen und nicht gehört werden. Wir interviewten mehr als 27 000 Kinder.«

Glen Smith, Managing Director der Children's Research Unit, eines spezialisierten Unternehmens in Großbritannien, beschreibt die Methoden, die er einsetzt. Die erste Methode, so erklärte er vor einer vom Institute of Practitioners in Advertising (Institut für in der Werbung Tätige) veranstalteten Tagung, war das »matched pair«-Interview. Die Firma hatte diese Technik besonders für das Interviewen von Kindern entwickelt. Sie wurde zusätzlich zu Gruppendiskussionen und individuellen Interviews angewandt, um die gesammelten Informationen zu »verfeinern« und »auszuweiten«. Zwei Kinder werden passend zueinander, je nach Geschlecht, Alter, gesellschaftlicher Herkunft und Wohnort ausgesucht und dann von einem Kinderpsychologen des Unternehmens befragt.

Am Beginn steht die Phase des »ersten Vertrautmachens«, gefolgt von einem »Spiel« – mit einem sehr kommerziellen Hintergrund. Ein Kind – genannt das »sekundäre« – wird gebeten, den Interviewraum zu verlassen, während dem anderen – dem »primären« – Werbung gezeigt wird. Das eine Kind wird wieder hereingeholt, und das »primäre« Kind beschreibt ihm, was es gesehen hat; der Prozeß wird dann mit umverteilten Rollen wiederholt. Smith: »Diese Methode ermöglicht es dem Kinderpsychologen, die Aspekte einer Werbesendung zu identifizieren, die bei den Kindern Eindruck hinterlassen haben. Außerdem kann der Psychologe feststellen, wie effektiv die Werbebotschaften weitervermittelt werden, und er kann eventuelle Wahrnehmungsverzerrungen feststellen. Des weiteren sind die Verständnisfragen aufschlußreich, die ein Kind an das andere richtet. Diese Fragen verdeutlichen oft, welche Prioritäten Kinder der Information in der Werbung zumessen.«

Diese Informationen versetzen den Werbefachmann in die Lage, seine Reklame zu verfeinern, Betonungen und Details abzuändern und damit sicherzustellen, daß die Zielgruppe auch angesprochen wird. Solche Forschungsmaterialien gelangen selten an die Öffentlichkeit. Erstens werden sie gehütet, weil die Werbeauftraggeber den Punkt für »heikel« halten; zweitens sind sie für die Frühstückskostfirmen, die Spielzeughersteller, Computerfirmen und Snackproduzenten, die sie in Auftrag gegeben haben, sehr wichtige Waffen gegenüber rivalisierenden Unternehmen. Doch durch die Lektüre der Branchenliteratur und Gespräche mit Werbefachleuten wird es möglich, zumindest einige der Erkenntnisse nachzuvollziehen:

»Trickfilme gelten als die effektivste Methode, vielleicht weil sie die Phantasie der Kinder am meisten ansprechen.

Bild ist wichtiger als Ton. (Children's Research Unit schlägt vor, den Ton abzudrehen und die Reaktion zu beobachten.)

Es ist in Ordnung, sich über Erwachsene lustig zu machen, aber Kinder dürfen nicht verspottet werden.

Kinder beneiden andere, die ein wenig älter als sie selbst sind – wenn Sie also einem Siebenjährigen ein Produkt verkaufen wollen, müssen Sie einen Zehnjährigen beim Genuß des Produkts vorführen.

Wenn Sie eine Puppe verkaufen wollen, sollte die Werbung vermitteln, daß sich das Puppenbaby ein liebevolles Zuhause *wünscht*. Spielzeuge für Jungen dagegen sollten mit Härte und Aggression assoziiert werden können.

Wenn nur ein Kind in der Werbung auftritt, sollte es ein Junge sein – Mädchen werden von Jungen nicht akzeptiert, aber Jungen meist von beiden Geschlechtern.«

In vielen Fällen dient das Kind nur als erste Waffe, die scharf gemacht und dann auf die eigentliche Zielscheibe abgefeuert wird: die Eltern. Scholastic Inc. aus New York fand in einer Umfrage heraus, daß die Werbeauftraggeber, die Heimcomputer verkaufen wollten, sich auf Teenager konzentrieren, denn sie sind es, die wirklichen Einfluß bei der Markenauswahl ausüben. Aus einer anderen Umfrage, die für Warner Amex Satellite Entertainment Co. durchgeführt wurde, zog man die Schlußfolgerung, daß die Kabelfernsehindustrie mehr Anschlüsse verkaufen könnte, wenn sich einige ihrer Verkaufsförderungsmaßnahmen an die Kinder anstatt an die Eltern wenden würden. Die Studie ergab, daß eine beträchtliche Anzahl Teenager ihre Eltern bat, sich an Kabel-TV anzuschließen, doch wurde gleichzeitig darauf hingewiesen, daß diese Zahl wesentlich höher liegen könnte, wenn die Teenager direkt umworben würden. »Hier wird eine große Marktchance einfach ignoriert«, sagte Marshall Cohen, der für Forschung zuständige Vizepräsident.

Teenager beeinflussen die Auswahl der Marken, die in Supermärkten gekauft werden: Eine Umfrage der Beta Research Corporation ergab, daß sechs von zehn Teenagern die Einkaufsliste mitbestimmten; vier von zehn wählten tatsächlich die Marken aus. Andere Umfragen zeigten, daß 20 Prozent der amerikanischen Mädchen im Alter von 13 bis 19 Jahren ein großes Mitspracherecht beim Kauf von Reisekoffern besaßen; 32 Prozent beeinflußten die Anschaffung einer Schreibmaschine, und 26 Prozent gaben die entscheidende Stimme beim Erwerb von Bettwäsche ab.[43] Es wirkt sich aus, daß es immer mehr Alleinerziehende oder Familien gibt, in denen beide Eltern berufstätig sind. Keith Reilly, ein Forscher aus Darien, Connecticut, der sich auf Informationen über Kinder spezialisiert, erklärt, daß viele Kinder behaupteten, die Familieneinkäufe zu erledigen. »Sie entscheiden zwischen Kellogg's und Post Raisin Bran, zwischen Pepsi und Coke.«[44] Wirklich erstaunlich ist die Aussage einer auf Kinder spezialisierten Firma, der M/E Marketing and Research, daß die Kinder bereits mit vier Jahren Markenentscheidungen zu treffen beginnen.[45]

Auch Schnellimbißunternehmer konzentrieren sich auf Kinder. Ihren Zielen zufolge sollen die Kinder dazu aktiviert werden, zu entscheiden, ob die Familie ins nächste McDonald's, Burger King oder zu Wimpy's geht. Bei der Ankündigung einer neuen Kampagne erwähnte Burger King die »Kauf- und Entscheidungskraft der neun- bis zwölfjährigen Kinder«. General Foods' Ice Magic dient zum Garnieren von Eiscreme und wird im allgemeinen von Müttern verwendet. General Foods aber weiß, wer Mami zum Kaufen überredet – eine britische

Kampagne lief in 14 Kindercomic-Heften und in Form von Karikaturen in Erwachsenenpublikationen. Ziel war es, die Sieben- bis Elf-
jährigen zu erreichen. Die Hersteller von Frühstückskost gelten in
dieser Beziehung als Experten. Die Anzeigen fungieren manchmal als
Geschenkofferten, die das Sammeln von Coupons, und so wiederhol-
tes Kaufen, voraussetzen. Eine Anzeige für Kellogg's Rice Krispies, die
in Kindercomics geschaltet wurde, bot Aufkleber gegen Bons. Die Anzeige war auch gleich mit dem ersten Bon kombiniert – »Sammle noch
drei weitere Coupons, die auf besonderen Rice Krispies-Packungen zu
finden sind...«

Keine dieser Methoden, die Eltern zu erreichen, hält jedoch dem
Vergleich mit der berüchtigten Nachkriegskampagne der American
Television Manufacturers stand, die den Verkauf von Fernsehgeräten
fördern sollte. In über 1000 Zeitungen erschienen Anzeigen: sie sollten die Eltern beschämen und veranlassen, ihren Kindern TV-Geräte
zu kaufen. Ein Mädchen mit Tränen in den Augen und ein beleidigter
älterer Bruder wurden in Großaufnahmen mit dem Text gezeigt: »Es
gibt da manches, was Ihnen Ihr Sohn oder Ihre Tochter nicht sagt.«
Im weiteren Text stellt sich dann heraus, daß sich die Kinder schäm-
ten, mit ihren Freunden zusammenzusein, weil sie nicht dieselben
Fernsehshows hatten sehen können. Die Kinder waren zu stolz gewesen, es ihren Eltern zu sagen und hatten so »einen blauen Fleck
ganz tief im Innern« davongetragen. Die Entrüstung war lautstark,
und manche Zeitungen weigerten sich, die Anzeige zu drucken. Sie
wurde später durch eine »positiv« formulierte Anzeige ersetzt, die
glückliche Kinder zeigte. Der Text lautete: »Sie würden ihnen die Welt
zu Füßen legen – nun, an Weihnachten können Sie das.«

Das ist allerdings sehr lange her. Aber 1984 richtete Apple Computers beispielsweise eine Kampagne direkt an Kinder. Darin wurde
ihnen verraten, wie sie ihre Eltern überreden sollten, ihnen einen PC
zu kaufen, nämlich mit dem Hinweis auf die Demütigungen, die sie
ohne einen PC erleiden müßten. Der Werbekolumnist Sid Bernstein
kommentierte: »Apple wird bestreiten, daß seine Reklame einen solchen Appell enthält. Apple wird darauf bestehen, daß die Beeinflussung der Eltern durch die Kinder doch nur ein harmloser Spaß sei.
Aber der grundsätzliche Appell ist unbestreitbar vorhanden.«[46]

Palitoy, eine Abteilung von General Mills, benutzte in Großbritannien einen ähnlichen Ansatz, wenn auch in bescheidenerem Maße.

Eltern wurden nach dem Kauf von Spielzeug um Namen und Adressen der Kinder gebeten, für die die Produkte bestimmt waren. Als Weihnachten näherrückte, erhielten die Kinder an sie adressierte Briefe mit Broschüren, in denen sie angeregt wurden, Action Force-Militärfahrzeuge zu kaufen. Den Kindern wurde erklärt, sie würden zwei Figuren und einen Kampfausrüstungssatz kostenlos »rechtzeitig zu Weihnachten« erhalten, wenn sie im Spielzeugladen am Ort noch vier weitere Figuren kauften. Die Wettbewerbsbehörde erhielt Klageschreiben von Eltern, die der Meinung waren, die Broschüren ermutigten die Kinder, ihre Eltern unter Druck zu setzen. Die Antwort lautete, daß nichts dagegen unternommen werden könne, da die Werbeauftraggeber nichts Illegales getan hätten.

Es gibt aber auch Regeln. Sie variieren zwar, aber ein internationaler Vergleich ergab folgendes Bild: In Australien ist die an Kinder gerichtete Werbung beschränkt auf den Zeitraum zwischen 9 Uhr und 10.20 Uhr. In Kanada ist sie nur an Wochentagen morgens erlaubt. In Neuseeland ist sie nur von 15 bis 16 Uhr zulässig. Australien, die Bundesrepublik, die Niederlande, Südafrika und die Schweiz verbannen Kinderwerbung sonntags und an manchen nationalen Feiertagen vom Bildschirm. Die Provinz Quebec in Kanada läßt weder TV- noch Radiowerbung an Kinder unter 13 zu. Belgien, Dänemark, Norwegen und Schweden verbieten Kinderwerbung sowohl im Fernsehen als auch im Radio. Finnland, Frankreich, die Niederlande und die Türkei beschränken den Einsatz von Kindern in der Nahrungsmittelreklame. Österreich, Kanada, die Niederlande, die Philippinen, Singapur, Südafrika und die Schweiz begrenzen die Verwendung von Zeichentrickfiguren für Produktwerbungen. In Australien, Singapur und den USA dürfen Zeichentrickfiguren Produkte nicht *empfehlen*, sondern lediglich präsentieren.

Werbung für Süßigkeiten unterliegt besonderen Vorschriften. Hinweise auf möglicherweise gesundheitsgefährdende Nebenwirkungen müssen in China, Malaysia, Mexiko und Neuseeland aufgeführt werden. Anzeigen für Süßigkeiten müssen in Japan und den Niederlanden die Kinder ermahnen, ihre Zähne zu putzen. Die Niederlande lassen Kinder unter 14 nicht in der Süßigkeitenwerbung auftreten und verbannen darüber hinaus diese Werbung bis 19.55 Uhr vom Bildschirm. Der Werbeverband der Niederlande sagte, er sei nach der Anhörung von Experten der Meinung, es bestünde eine

»kausale Verbindung« zwischen Markenwerbung im Radio und Fernsehen und dem Umfang des Verbrauchs: »Der Verband sieht in der Werbung für diese Süßigkeiten eine potentielle Bedrohung der öffentlichen Gesundheit.«[47]

In den USA und Großbritannien fallen die Vorschriften so milde aus, daß die Werbefachleute sie eher als kleine Unannehmlichkeit denn als echte Einschränkung auffassen.[48] Es herrscht die Meinung vor, daß die maßgeblichen Stellen eine bekannte Nummer nach dem Motto »Mutter weiß am besten Bescheid« abziehen; sie werden deshalb nicht sonderlich ernst genommen. David Ogilvy schreibt in seinem Buch *Ogilvy on Advertising* über die USA: »Liebe Leser und Miteltern, wenn Sie es für unangebracht halten, daß Kinder von Forschern als Versuchskaninchen verwendet werden, wird es Sie beruhigen zu hören, daß sie jetzt vor uns Werbeleuten durch harte Vorschriften geschützt sind. So dürfen wir den Kindern nicht mehr sagen, sie mögen doch ihre Mütter dazu bewegen, unsere Produkte zu kaufen.« Er führt eine Reihe geltender US-Reglements an:

»Appelle, die direkt oder implizit verlauten lassen, daß die Kinder mit einem bestimmten Produkt besser dastünden als ihre Altersgenossen, oder ohne das Produkt von ihnen nicht akzeptiert würden, sind nicht länger zulässig... Es dürfen keine Inhalte verwendet werden, von denen man annehmen könnte, sie erschreckten die Kinder oder lösten Angst aus; ebenfalls verboten sind jegliche Inhalte, die eine Darstellung von oder einen Appell an gewaltsames, gefährliches oder sonstiges asoziales Verhalten enthalten könnten... Jeder Werbespot für Frühstückskost muß wenigstens einen gesprochenen Hinweis und eine visuelle Darstellung der Rolle des Produkts in einer ausgewogenen Ernährung bringen.«

Kommentar Ogilvys: »Versuchen Sie doch einmal, einen Werbetext zu verfassen, der auf *34* solcher Vorschriften Rücksicht nimmt.« (Hervorhebung von Ogilvy.)

Auch in Großbritannien gibt es Vorschriften. Der Kodex der Independent Broadcasting Authority (Rundfunkbehörde) lautet: »Es darf für kein Produkt und keine Dienstleistung geworben und keine Werbemethode in Zusammenhang mit einem für Kinder geplanten Programm oder einem Programm angewandt werden, das wahrscheinlich von vielen Kindern gesehen oder gehört wird, wenn es ihnen physisch, geistig oder moralisch schaden könnte. Es darf auch keine

Werbemethode angewandt werden, die die natürliche Vertrauensbe-
reitschaft und das Loyalitätsempfinden von Kindern ausnutzt.« Der
Code of Advertising Practice (Kodex für Werbeverhalten), der für
Printanzeigen gilt, verbietet »direkte Kaufappelle oder -ermahnun-
gen«, wenn es sich nicht um ein Produkt handelt, das das Kind wahrscheinlich selbst gekauft hätte. Er verbietet weiterhin Anzeigen, die
»Kinder ermutigen, sich ihren Eltern als Plagegeister zu präsentieren«, und betont, daß die von einem Produkt zu erwartenden Resultate gegenüber den von einem Kind beim Gebrauch des Produkts er-
zielbaren Ergebnissen nicht übertrieben dargestellt werden dürften.
Die Regeln können jedoch unterschiedlich interpretiert werden. Der
Guardian wies darauf hin, daß trotz der Vorschrift, Kinder nicht zum
Kauf eines Produktes aufzufordern, wenn sie es sich nicht leisten
können, Matchbox ihnen Rennwagensets für über 60 Pfund angeboten habe. Im ganzen gesehen sind die Vorschriften in Großbritannien
wesentlich weniger streng als anderswo in Europa. Britische Kinder
können nämlich uneingeschränkt in Werbesendungen eingesetzt
werden. Kinder verkaufen also an Kinder.

Sowohl in den USA als auch in Großbritannien gibt es Bestrebun-
gen zur Verschärfung der Vorschriften. In Großbritannien empfahl
das Annan Committee on Broadcasting, daß Werbung aus und zwischen Kinderprogrammen gestrichen werden sollte. Bereits jetzt ist
Reklame in Kinderprogrammen, die lediglich eine halbe Stunde oder
kürzer laufen, nicht zulässig. In den USA leitete die Handelsbehörde
1978 ein Projekt ein, das sich mit der Abschaffung oder Einschränkung von an Kinder gerichteten Anzeigen befassen sollte. Sie erwog
dabei ein Verbot aller Werbung in den Sendungen für kleinere Kinder
und ein Werbeverbot für alle stark gezuckerten Nahrungsmittel, einschließlich bestimmter Süßigkeiten und Frühstückskost, in den Sendungen für ältere Kinder. Die Überlegungen führten allerdings nie zu
einem definitiven Ergebnis. Gleiches galt auch für die Forderung,
Werbungtreibende sollten Geldsummen für öffentliche Aufrufe zur
Verfügung stellen, die die Kinder auf richtige Zahnpflege und gute Ernährung hinweisen. Wie erwartet, stießen diese Erwägungen auf
massiven Widerstand. 1981 wurde das Projekt aufgegeben, nachdem
die Mitarbeiter der Handelsbehörde seine Einstellung vorgeschlagen
hatten. Die Mitarbeiter lehnten es in einem 95seitigen Bericht jedoch
ab, Werbespots für Kinder zu »befürworten« und entschieden, daß

sie weiterhin einen »berechtigten Grund zur Besorgnis« darstellten.[49] Die Mitarbeiter erklärten, daß es Beweise gäbe, die
»den Schluß bekräftigen«, daß Kinder von sechs Jahren und jünger
im wesentlichen wehrlos gegenüber der für Kinder gestalteten Werbung seien, aber daß ein Werbeverbot – »das einzig wirksame Heilmittel« – nicht praktikabel sei.

Action for Children's Television versuchte später selbst Abhilfe zu
schaffen. Werbeauftraggeber sollten Beginn und Ende jeder Werbesendung für Kinder durch ein unhörbares Signal markieren, so daß
die Eltern durch ein am Fernsehapparat angeschlossenes elektronisches Gerät die Werbung ausschalten könnten.[50] Der Präsident der
National Association of Broadcasters (US-Verband der Rundfunkstationen) urteilte, daß dies »das gesamte Konzept eines kommerziellen
Sendesystems« unterlaufen würde.

Unter Präsident Reagan hob die Handelsbehörde einige Beschränkungen in der Spielzeugwerbung auf. Den Herstellern wurde
wieder gestattet, in ihren Spielzeuganzeigen Kameratechniken wie
Zeitlupe, Standbilder und Strobolights zu verwenden. Die Behörde
hatte diese Techniken 1971 als Reaktion auf Beschwerden über zwei
Spielzeughersteller verboten. Hot Wheels- und Johnny Lightning-
Autos waren so dargestellt worden, als könnten sie Rennwagenge-
schwindigkeiten erreichen und andere Unmöglichkeiten vollbringen.
Einer dieser beiden Hersteller, Mattel Toys, wirkte entscheidend bei
der Aufhebung der Restriktionen mit. Ein Reporter der *Advertising
Age* kommentierte, daß die Entscheidung der Handelsbehörde »an
dem Konzept herumsägt, wonach die Werbung für Kinder von speziellen, strengeren Maßstäben als andere Werbung geregelt werden
sollte«[51]. Zuvor hatte die FCC (Behörde für das Kommunikationswesen) eine grundsätzliche Enthaltsamkeitspolitik in bezug auf das
Kinderfernsehen eingeleitet, einschließlich der Werbung, so daß
die Sendeverantwortlichen sich selbst überlassen blieben.

In Europa konnten sich die Spielzeughändler mit dem Satellitenfernsehen und der Bewegung hin zu kommerziellen Sendern behel-
fen. Sie erwarteten eine Erleichterung hinsichtlich der Restriktionen,
eine Umkehrung der Trends vergangener Jahre. Satellitensender wie
der britische Children's Channel konnten ihre Botschaften in die
Länder ausstrahlen, in denen die Werbung verboten war.

Sowohl in Großbritannien als auch in den USA zögerte man überraschenderweise lange Zeit, gegen ein Meisterstück der Spielzeugfirmen vorzugehen. 1983 begann das amerikanische Fernsehen, Programme zu senden, die sich um Spielzeuge drehten. Dem ersten, *He Man and the Masters of the Universe*, folgten zahlreiche andere, die alle von derselben Mischung von Medien- und Wirtschaftsinteressen profitieren wollten. 1986 waren es schon über 60 Shows, deren Inhaltskontrolle bei den Spielzeugherstellern lag. Eine *GI Joe*-Serie umfaßte beispielsweise 90 halbstündige Shows, mit allen Figuren, Fahrzeugen und Waffen der GI-Joe-Produktionsreihe von Hasbro. Die Liste von Sendungen beinhaltete auch Kenners *Care Bears* und *Strawberry Shortcake*, Wallace Berries *Snorks*, Hasbro-Bradleys *Transformer* und *GI Joe*, Tonkas *Gobots*, Mattels *Rainbow Brite* und American Greetings' *Get Along Gang*.

In Großbritannien beschrieb die Mattel-Agentur, Saatchi and Saatchi, *Masters of the Universe* in einer Handelsanzeige als eine wöchentliche, halbstündige Sendung für ihren Kunden. Ein Konkurrent protestierte; die Serie wurde eingestellt. Im Dezember 1984 wurde sie wieder ausgestrahlt. Was an dem Meisterstück des Spielzeugherstellers neu war (daß es unter Marketing-Gesichtspunkten ein Meisterstück darstellte, steht außer Zweifel), war die Tatsache, daß es die alte Idee von Spielzeugfiguren, die auf Büchern oder Programmen basierte, einfach umgekehrt hatte. Jetzt standen die Spielwaren an erster Stelle. Vom kommerziellen Gesichtspunkt aus war das sowohl für die Hersteller als auch für die TV-Stationen von nicht zu unterschätzender Bedeutung. Die Spielzeugfirmen erhielten unschätzbare Publicity für ihre Produkte, und der Sendeverantwortliche hatte eine garantierte Zuschauerschaft für seine neuen Programme.

Mit Hilfe der *He Man*-Serie verkaufte Mattel in drei Jahren mehr als 70 Millionen Plastikfiguren in den USA. Mattel war von den Resultaten in Großbritannien und den USA so begeistert, daß es *He Man* eine Begleitserie gab, *She-Ra, Princess of Power*. Hasbro-Bradleys Transformers-Spielzeugreihe (Fahrzeuge, die zu Robotern umgebaut werden können) verkaufte sich im ersten Jahr im Wert von mehr als 100 Millionen Dollar – mit Hilfe der Show *The Transformers*. Es war die erfolgreichste Spielzeugeinführung der Geschichte.

Thundercats, eine andere Spielzeughersteller/TV-Verbindung, verdient ebenfalls eine besondere Erwähnung. Lorimar-Telepictures entwickelte ein sechsminütiges Band, das auf den erfolgreichen Elementen in anderen Serien basierte. Das Band wurde Fokusgruppen vorgeführt, im Kabelfernsehen getestet (die Zuschauer wurden über Telefon befragt) und dann erst als Programm ausgestaltet. Im Winter 1986 lief es bei 132 Sendern in den USA, und die Läden standen voller Thundercats-Figuren. Außerdem hatte Lorimar ein System entwickelt, das den Sendestationen als Gegenleistung für die Ausstrahlung der Show einen Prozentsatz des Profits aus dem Spielzeugverkauf in ihrem Sendegebiet garantierte.[52]

Nicht nur, daß das Fernsehen benutzt wird, um Spielzeug zu verkaufen; es ist das Fernsehen, das die Produkte begehrenswert macht. Das Spielzeug selbst *macht* gar nichts. Es muß von Hand bewegt werden. Action kommt erst, wenn es auf dem Bildschirm im Trickfilm erscheint, und damit wird es als mehr präsentiert, als es eigentlich zu bieten hat. Chris Wicks von Zodiac Stores, einer großen US-Spielzeugkette, meinte: »Viele Anzeigen erwecken den Eindruck, als könne das Produkt singen und tanzen und fliegen, auch wenn es das nicht kann.«[53]

Die Hersteller sagen, sie brauchen das Fernsehen. Peter Brown von der japanischen Firma Tomy ist Hauptgeschäftsführer für Großbritannien. Er erklärte hierzu: »Wir setzen das Fernsehen ein, um unser Geschäft anzukurbeln. In Großbritannien ist das Fernsehen zum Spielzeugkatalog geworden. Wenn's nicht im Fernsehen kommt, dann landet es auch nicht auf der Einkaufsliste der Kinder.«[54]

Diese Praktik führt immer wieder zu Protesten. »Das ist die schlimmste Art der Ausbeutung«, klagte Frank Worme, der Präsident der National Association for Better Broadcasting (Vereinigung für besseren Rundfunk) in den USA. »Es täuscht und ist zynisch, weil die Kinder nicht beurteilen können, wenn ihnen etwas vorgemacht wird.« Ein britischer Spielzeughändler, Peter Kreiger, klagte, daß die Öffentlichkeit und die Kinder einer »Gehirnwäsche« unterzogen würden. »Eltern kommen herein und verlangen diesen Plastikmüll. Wenn ich sie darauf hinweise, sagen sie: ›Ja, ja, ich weiß. Aber genau das will er halt.‹ Etwas anderes wäre mindestens ebenso gut. Oder sie kommen und meinen: ›Haben Sie X?‹ Ich frage sie, ob sie wissen, was das ist, und sie antworten: ›Nein, aber er sagt, daß er es will.‹«[55]

Auch Robert Krock von Action for Children's Television klagte: »Das subtile, heimtückische Problem mit Werbesendungen, die die

Zeitdauer von Programmen erreichen, liegt darin, daß sie andere Kinderprogramme aus kommerziellem Interesse verdrängen. Die Chefredakteure von Zeitungen würden nicht im Traum daran denken, ihre redaktionellen Seiten an die Werbung abzutreten; aber genau das machen die Sendeverantwortlichen mit dem Kinderfernsehen.« Kritiker weisen darauf hin, daß die Behörde für das Kommunikationswesen solche Programme 1969 abgelehnt hätte. Ein Spielzeughersteller hatte damals argumentiert, Mattels *Hot Wheels* sei eine halbstündige Werbesendung. Die Behörde hatte sich dieser Auffassung angeschlossen und verkündet: »Wir finden diese Entwicklung beunruhigend; noch beunruhigender als die Frage, ob die registrierte Werbezeit angemessen sei. Diese Entwicklung ordnet Programme, die das Publikum interessieren, denen mit Verkaufsinteresse unter.«

Handelsblätter der Werbebranche in Großbritannien und den USA lassen Besorgnis laut werden. »Es ist höchste Zeit, daß die Vorschriften erneuert werden«, hieß es in einem Leitartikel von *Marketing* mit dem Titel »Not playing the game.« *Advertising Age* brachte hierzu ebenfalls einen Leitartikel: »A TV-licence to steal from kids.« Darin hieß es: »Man kann die Werbung kaum noch von den Programmen unterscheiden, besonders wenn man zu jung ist, um zu verstehen, was Werbung ist, oder jedenfalls nicht erfahren genug, um ein Lizenzgeschäft zu erkennen, wenn man es sieht.« Der Artikel enthielt die Warnung: »Obwohl die amerikanische Öffentlichkeit eine Weile braucht, um auf Übertreibungen zu reagieren, wird die Reaktion kommen, und dann werden viele Stimmen laut.« Die Spielzeughersteller und Sendeverantwortlichen konnten nicht verstehen, woher die ganze Aufregung rührte – zumindest gaben sie vor, sie nicht zu verstehen. Douglas Thomson, Präsident der Toy Manufacturers of America, schrieb an *Advertising Age*: »Ich verstehe einfach Ihre Anspielung auf das ›Stehlen‹ nicht. Wie bei jedem Geschäft werden die TV-Show und das Produkt präsentiert, wobei Produzent und Hersteller ihren Ruf und ihre finanziellen Mittel aufs Spiel setzen. Wenn die Konsumenten die Unterhaltung als wertvoll erkennen, dann reagieren sie, indem sie sie sich ansehen und einkaufen gehen. Wenn nicht, schalten sie den Apparat ab und kaufen nichts. Als Maßstab gilt immer die Werteinschätzung, und da findet kein Diebstahl statt, soweit ich das beurteilen kann.« George F. Schweitzer, Vizepräsident einer

CBS-Sendergruppe, erklärte gegenüber *Business Week*: »Was soll
denn daran falsch sein, wenn ein Spielzeug ein Programm belebt und
nicht umgekehrt? Wir bewerten Programme nach Unterhaltungswert und nicht nach ihrer Vermarktungsfähigkeit.«[56]

In Großbritannien gibt es ein paar kleinere Vorschriften – ein
Werbespot für ein Spielzeug kann nicht am selben Tag wie die Serie,
in der das Spielzeug eine Rolle spielt, gesendet werden. 1987 einigten
sich die IBA (Rundfunkbehörde) und der Spielzeughandel auf Ver-
minderung des übermäßigen Einsatzes von Fantasy und Gefühlsan-
reizen in der Spielzeugreklame. Das TV-AM-Frühstückssendernetz
beschloß nach Diskussionen mit der IBA, ihren Prozentsatz an Spielzeugwerbung von 20 Prozent 1986 auf 17,5 Prozent im folgenden Jahr
und 15 Prozent im Jahre 1988 zu senken.

Die Programme finden ihre Entsprechungen in den Printmedien –
Zeitschriften wie *Barbie*, eine »Mode- und Lebensstil«-Zeitschrift
über die Puppe, deren Leserschaft ein Durchschnittsalter von acht
Jahren aufweist. Peggy Charren, die Direktorin von Action for Children's Television, sagte: »Es ist unglaublich, daß Zeitschriftenverle-
ger immer noch weitere Wege finden, eine Kinderwelt in Werbung zu
verwandeln.«

1987 verursachte die Einführung von »interaktivem« Spielzeug
weitere Komplikationen. Mattels *Captain Power and the Soldiers of
the Future* ist mit einem halbstündigen Programm gekoppelt. Die
Kinder vor dem Bildschirm nehmen an den Kämpfen in den TV-
Shows mit einer speziellen, handgehaltenen Waffe teil. Die TV-Programme sind mit Lichtmustern konzipiert, die von der Kinderwaffe
empfangen und dekodiert werden können. Kinder können auf den
Bildschirm schießen – auch selbst getroffen werden – und ihre Tref-
fer zählen.[57]

Viele Beobachter begrüßten den 1988 festgestellten Rückgang der
Einschaltquoten bei Programmen, die auf Spielzeugprodukten basierten. Die meisten jedoch hielten sich zurück; sie waren der Auffassung, daß der Erfolg die Unternehmen bequem gemacht habe –
Handlungsfäden in den Programmen seien beispielsweise kaum
noch erkennbar. Solange kein grundlegender Wandel eintrete oder
Regelungen erlassen würden, könnten die Unternehmen diese Situation jederzeit wieder umkehren.

Konflikte zwischen den Auftraggebern für an Kinder gerichtete Werbung und ihren Kritikern konzentrieren sich meist, wie oben dargestellt, auf bestimmte Punkte. In Wirklichkeit aber stoßen hier zwei fundamental verschiedene Einstellungen aufeinander – ob es »fair« oder »nicht fair« sei, Kinder im Verkaufsprozeß als Zielgruppe anzusprechen. Ein Bericht der Mitarbeiter der Handelsbehörde brachte 1978 eine gute Zusammenfassung des Kritikerstandpunktes: »Viele halten es für unfair, am Bildschirm für Produkte für kleinere Kinder zu werben, die so jung sind, daß sie den Verkaufszweck nicht verstehen und auch sonst die Werbespots nicht bewerten oder sie mit Vorsicht aufnehmen können, wie Erwachsene und ältere Kinder es tun können.«

Es sind aber nicht nur Konsumbewußte und Akademiker, die über die Aktivitäten der Spielzeugfirmen beunruhigt sind. Euromonitor ist eine britische Organisation, die für Branchen-Insider Geschäftsberichte über Handelstrends verfaßt.[58] Ihr Bericht über Spielwaren beschrieb Marketing-Strategien von Firmen wie Mattel und Hasbro-Bradley als unter geschäftlichen und moralischen Gesichtspunkten fragwürdig. »Die an Kinder gerichtete Werbung verletzt den Wunsch der Eltern, auf ihre Kinder in einer ihnen angemessen erscheinenden Weise einzuwirken. Es ist schwer einzusehen, daß die Werbeauftraggeber Einfluß auf die Erziehung der Kinder erhalten sollen. Die negativen Aspekte einer Marketing-orientierten Industrie sind in den Spielwarenläden deutlich sichtbar, denn die vielen Imitationen zeigen deutlich, daß das innovative Denken und die Energie dieser Industrie sich stärker auf den Marketing-Sektor konzentriert als auf die Produktion von schönem Spielzeug.« Die National Association of Toy Retailers (Nationaler Verband der Spielwarenhändler) in Großbritannien führte unter seinen Mitgliedern eine Umfrage durch, derzufolge sich 70 Prozent gegen die harten Verkaufsstrategien der führenden US- und der japanischen Spielzeugfirmen aussprachen. Die Einzelhändler waren der Überzeugung, daß eine Einschränkung der Werbung die Hersteller zwingen würde, bessere Spielwaren zu produzieren. (Hier muß angemerkt werden, daß die Einzelhändler die schnelle Vergänglichkeit fürchten, die mit den massiven Werbekampagnen einhergeht; sie befürchten, nach Ablauf der Kampagnen auf den Waren sitzenzubleiben.)

Donald F. Roberts von der Stanford University listete nach der

Beobachtung der Auseinandersetzungen einige Argumente auf, die gegen den Werbungtreibenden sprechen. Eines lautet, daß kinderorientierte Reklame Kind-Eltern-Konflikte erzeuge, wenn die Eltern die Bitte ihres Kindes um ein beworbenes Produkt ablehnen:»In dem Maße, in dem die Eltern sich weigern, ist die Familienharmonie gefährdet.« Ein anderes Argument lautet, daß die Werbespots für kleinere Kinder »eine Art materialistisches bzw. konsumorientiertes Wertesystem entstehen lassen könnten, das dem zuwiderläuft, was wir in einer allmählich stärker auf den Erhalt unserer natürlichen Energiequellen achtenden Welt vertreten sollten«. Eine weitere Sorge der Befürworter von Kontrollen sind die Produkte selbst. »Mehr als 80 Prozent der Kinderwerbung konzentriert sich auf vier Kategorien: Spielzeug, Frühstückskost (meist stark gezuckerte Getreideflocken), Süßigkeiten und Schnellimbiß-Restaurants. Das ist keine Sammlung von Produkten, die die Sorge der Eltern und anderer Gruppen um das Wohl ihrer Kinder beruhigen würde.«

Der australische Verbraucherverband hat sich besonders mit letzterem befaßt. In seiner »Sicht der australischen Nahrungsmittelindustrie von Verbraucherseite« (*Processed Food: a pain in the belly*) beklagt er sich über das »anstößige Bild«, das sich bei der Analyse der Fernsehprogramme zwischen 15 und 18 Uhr ergab, eine Zeitspanne, in der Kinder den Hauptanteil der Zuschauer ausmachen. »In diesem Zeitraum stieg der Prozentsatz an Nahrungsmittelwerbung auf Kanal 10 im Vergleich zu anderer Reklame auf 44 Prozent an. Weniger als zehn Prozent der angepriesenen Speisen oder Getränke konnten als nahrhaft bezeichnet werden, ohne daß sie nicht zugleich einen zu hohen Fett-, Salz- oder Zuckergehalt aufwiesen. Wenn man bedenkt, daß eine gesunde Ernährungshaltung schon im Kindesalter geprägt werden sollte, und wenn man bedenkt, daß das Fernsehen eine der wichtigsten Bildungseinrichtungen für die meisten Kinder darstellt, dann bedarf es sehr scharfer Zensur, damit die Kinder nicht die meisten und die schlimmsten Ernährungsbotschaften aus dem australischen Fernsehen erhalten.«

Ein detailliertes Beispiel: Ein Kind, das einen der Kanäle (Kanal 10) jeden Wochentag einschaltet, könnte während des vom Verband untersuchten Zeitraumes, also von 15 bis 18 Uhr, folgendes gesehen haben: einen halbminütigen Spot für Peters Super Hero-Eiscreme (fünfmal), für Cadbury's Dairy Milk-Schokolade (zweimal), einen

MacDonald's-Spot (14mal), Pepsi-Cola (zweimal) und Lifesavers (fünfmal). Kommentar:»Die Rolle von Erkennungsmelodien zur Steigerung des Produktreizes für die Kinder sollte für diesen Zeitraum ebenfalls näher betrachtet werden. 76 Prozent der Werbungen für Eis, Eiskonfekt, Süßigkeiten und Snacks benutzten ein Jingle (Erkennungsmelodie), um ihre Botschaft zu vermitteln, verglichen mit den 53 Prozent aller in der Woche untersuchten Nahrungsmittelwerbungen.« Der Verband urteilte besonders vernichtend hinsichtlich des »versteckten Zuckers« und der ihn enthaltenden Produkte – Instant-Drinks mit Fruchtgeschmack wie Tang, Zest und Robinson's Lemon Barley enthielten bis zu 12,8 Prozent Zucker, und eine Reihe von Frühstückspräparaten (so zum Beispiel Kellogg's Honey Smacks) enthielt atemberaubende 52,2 Prozent Zucker.

Auch die Behauptungen der Reklamesendungen wurden in dem Bericht scharf kritisiert. Milky Ways wurden (in Großbritannien) angepriesen als »die Süßigkeit für zwischendurch«. Der Kommentar hierzu:»Mit 73 Prozent Zucker und 17 Prozent Fett preist diese Behauptung ein Produkt, das einen negativen Ernährungswert hat und höchstwahrscheinlich den Appetit der Kinder auf normale Mahlzeiten verdirbt.« Oder Mars, über dessen Bestandteile behauptet wird, sie gestalteten den Tag angenehmer – »Glukose, Karamel und Schokolade sind im ernährungswissenschaftlichen Sinne nicht ›gut‹.«

Ein Argument, das in den USA lauter zu hören ist als in Großbritannien, deutet darauf hin, daß die an Kinder gerichteten Werbesendungen Klischees präsentieren und verstärken. Action for Children's Television stellt fest:

»In der Welt der Werbung spielt der Junge mit Spielzeuglastwagen und Rennautos. Mädchen spielen mit Make-up, Puppen und Miniaturhaushaltsgeräten. Mütter bieten den Kindern Süßigkeiten an; Väter spielen mit ihnen Fußball. Wenn die Frauen überhaupt berufstätig sind, dann nur als Ablenkung von Küche und Mann: ›Ich kann den Speck heimbringen, ihn in der Pfanne braten und dich nie vergessen lassen, daß du ein Mann bist ..., weil ich eine Frau bin.‹

Wie konstruktiv sind diese Klischees?

Sexismus, Rassismus und der Alterungsprozeß werden ebenfalls auf subtile Art dargestellt. Frauen mögen zwar das Produkt vor der Kamera vorstellen, aber die Stimme der Autorität, die den Konsumenten zum Kaufen veranlassen soll, ist meist die eines Mannes – in

90,6 Prozent der Fälle, nach einer Studie der Screen Actors Guild (Schauspielergilde). Schwarze erhalten weniger Sprechrollen als Weiße, und oftmals sind sie es, die belehrt werden – und das durch einen Weißen –, das richtige Produkt zu kaufen.«[59]

Die Verteidiger der Werbung für Kinder – nicht nur die betroffenen Werbeauftraggeber – haben zahlreiche Argumente. Das erste Argument wird stets den Versuchen entgegengehalten, die Werbung einzuschränken: Wenn ein Produkt legal hergestellt und verkauft werden kann, dann sollte es auch legal sein, dafür zu werben. Das zweite ist, daß die Werbung im Fernsehen notwendig ist, um die Kinderprogramme zu finanzieren und beizubehalten. Ein drittes Argument besagt, daß wir in einer kommerziellen Welt leben, in der die Konfrontation mit Werbung zum Erwachsenwerden gehöre; in einer künstlichen (werbelosen) Welt würden die Kinder nicht lernen, mit Werbung umzugehen.

Ein viertes Argument: Kinder seien fähiger, mit Werbebotschaften zurechtzukommen, als man ihnen zugestehe. Der Direktor für internationalen Verkauf und Marketing von Mettoy Spielwaren, R.M.Hall, erklärte auf einer Konferenz der Marketing Society, daß der kindliche Konsument ein »mit eigenen Vorstellungen ausgestattetes Individuum ist. Er ist sehr wohl in der Lage, die Marketing-Tricks zu durchschauen«. Glen Smith, Managing Director der Children's Research Unit, sagt dazu:

»Es gibt eine Denkrichtung, wonach die Kinder wie kleine Schwämme seien, die die Botschaften der Werbeauftraggeber aufsaugten, weil sie programmiert seien, das Produkt um jeden Preis zu erstehen. Unsere eigene Forschungserfahrung hat uns gelehrt, daß dies ganz und gar nicht der Fall ist. Wir wissen, daß die Kinder schon sehr früh um den Zweck der Werbung wissen, und daß sie ihre eigenen, relativ strengen Kriterien anwenden, um die Reklame zu beurteilen. Obwohl es zwischen den Kindern einer Altersgruppe natürlich große individuelle Unterschiede gibt, demonstrieren sie ein ziemlich fortgeschrittenes Verständnis und Wissen über die Werbebehauptungen und -techniken und lehnen oft bestimmte Reklamen aufgrund einer gut entwickelten Skepsis gegenüber Produktbehauptungen ab.«

Und er fährt fort: »Kinder ... sind eigenständige Konsumenten – trotz ihrer beschränkten Kaufkraft werden sie von Werbeauftraggebern hofiert, in der Hoffnung, daß sie, wenn einmal gewonnen, ihnen immer treu bleiben werden. Das aber ist eine Rechnung, die die Selbstschutzinstinkte des Kindes außer acht läßt: Kinder sind sehr anpassungsfähig und entwickeln schnell einen intuitiven Widerstand gegenüber bestimmten, angebotenen Versuchungen. Sie scheinen von einer Werbesendung hypnotisiert zu sein und nicht wie Erwachsene Blickkontakt mit dem Gerät zu verlieren, in Wirklichkeit aber behalten sie nur, was ihnen in bezug auf Informations- und Unterhaltungswert relevant erscheint. Das bedeutet, daß sie mit einem hochwirksamen Überprüfungssystem arbeiten, um herauszufiltern, was ihnen als wertlos erscheint.«[60]

Ist das wahr? Beide Seiten können unzählige Forschungsberichte heranziehen. Donald F. Roberts analysierte sie 1983 und zog daraus einige Schlüsse:

»1. Das typische amerikanische Kind sieht etwa 55 Werbespots täglich. Es ist ziemlich exakt dokumentiert, daß Kinder besonders geneigt sind, bei kinderorientierten Werbungen aufzupassen und aus ihnen zu lernen. Aufgrund dieser beiden Faktoren ›würde es überraschen, wenn es nicht einiges an Beweismaterial gäbe, wonach die Kinder durch diesen Kontakt beeinflußt werden‹.

2. In der Tat ›beleuchten Forschungen immer wieder, daß Kinder aus Werbesendungen lernen und daß sie versuchen, das Gelernte zur Beeinflussung der elterlichen Kaufbeschlüsse einzusetzen.‹

3. Mehrere Umfragen stellten eine positive Beziehung fest zwischen einem ausgeprägten Werbekontakt und der Akzeptanz von Werbebehauptungen, zwischen dem Glauben an die Anzeigen und dem Wunsch nach den angepriesenen Produkten.«[61]

Roberts zitiert eine »überzeugende Demonstration der Überredungsmacht kinderorientierter Werbung«. Darin erstellten zwei Wissenschaftler eine Liste von Weihnachtswünschen von Jungen, sowohl Anfang November als auch nach Mitte Dezember. Dieser Zeitraum umfaßt die Hauptwerbesaison. Sie berechneten das Ausmaß an Werbekontakten und »die kognitiven wie die einstellungsmäßigen Defensiven der Kinder gegenüber der Werbung«.

Die beiden Forscher, J. R. Rossiter und T. S. Robertson, fanden heraus, daß die Kinder mit den stärksten Defensiven im November eine geringere Zahl der im Fernsehen angepriesenen Spielwaren auswählten als die Kinder mit schwächeren Abwehrmechanismen. »Nach Mitte Dezember wurden jedoch auch bei stark defensiven Kindern keine Unterschiede mehr festgestellt. Anscheinend reichten massive Werbekampagnen aus, um die anfänglichen Abwehrmechanismen selbst der widerstandsfähigsten Kinder gegenüber kommerziellen Appellen außer Kraft zu setzen.«

In ihren Forderungen nach geringeren Restriktionen würden die Auftraggeber solche Ergebnisse wahrscheinlich bestreiten. Aber inoffiziell neigen sie wohl eher zur Zustimmung und hoffen natürlich, daß ihre eigene Werbung solche Wirkungen erzielen möge. Darum geht es ihnen ja schließlich.

DIE KRANKEN

»Bei einem Arzt heutzutage für Medikamente zu werben, ist fast das gleiche, wie einem Konsumenten Seife zu verkaufen. Alles hängt vom Marketing ab.«
Wall Street Journal

Nördlich des Trafalgar Square, in einem schmalen, umgebauten Stadthaus gegenüber einem der drei Schauspielhäuser, die die Straße beherrschen, spielte sich folgende Szene ab: Einer Gruppe von Ärzten wurden Papier und Farben ausgehändigt. Die Ärzte wurden gebeten, zu malen, was ihnen gerade einfiel. Die Ergebnisse waren bemerkenswert, sowohl in bezug auf ihre Thematik als auch auf ihre hingebungsvolle Ausführung. Ein Arzt malte einen Sonnenuntergang über dem Meer, ein anderer die Zufahrt zu einem Kernkraftwerk mit dem Warnschild davor, ein dritter ein Gefängnis...

»Erstaunliches Material«, meinte der Psychologe Peter Cooper, der mir die Bilder später zeigte. Psychologen bezeichnen sie als »Psycho-Zeichnungen«. Sie stellen dar, was den Ärzten zu verschiedenen Mitteln gegen Durchfallerkrankungen einfiel. Für den einen Arzt repräsentierte das Kernkraftwerk zum Beispiel Lomotil, ein Produkt von Searle Pharmaceuticals. Die Zeichnungen, so Cooper, ließen erkennen, »wie menschlich die Allgemeinmediziner beim Verschreiben von Medikamenten vorgehen«. Die Psycho-Zeichnungen stellen eine Methode der Firma dar, Entspannung und Offenheit der Ärzte herbeizuführen. Andere Vorgehensweisen umfassen Rollenspiele, Brainstorming, die Fertigstellung unvollständiger Zeichungen und Assoziationsspiele.

Coopers Klient bei diesem Projekt ist einer der wichtigsten Pharmakonzerne, der es sich zum Ziel gesetzt hat, herauszufinden, wie er den Ärzten ein Medikament am besten darbieten könne. Was diese Mediziner – deren Auswahl repräsentativ für die gesamte Ärzteschaft war – enthüllen, wird diskutiert, analysiert und Marketing- und Werbefachleuten unterbreitet. Beim Einsatz der Ergebnisse geht es in der zunehmend vom Konkurrenzkampf geprägten Branche um die Frage, welche Arzneimittel-Markennamen schließlich auf den Rezeptblöcken der Ärzte stehen werden. Diese Zusammenkünfte hei-

ßen in der Fachsprache ECGs, ›Extended Creative Groups‹ (Erweiterte Kreative Gruppen). Ihr Einsatz begründet sich in der Annahme,
daß es Ärzten besonders schwerfalle, auf direkte Fragen wahrheitsgemäß zu antworten. »Wenn man sie interviewt, behandeln sie einen
wie einen Patienten«, sagt Cooper. »Der Arzt hat genauso wie jeder
andere Konsument Gefühle gegenüber bestimmten Produkten, aber
man muß ihn erst dazu bringen, sich zu entspannen.«

Als Konsumentengruppe sind die Mediziner dem größten Ver-
kaufsdruck ausgesetzt. 20 bis 25 Prozent der Vertriebskosten fließen
in die Verkaufsförderung. Pharmafirmen gehören weltweit zu den
größten Auftraggebern für Werbung. Selbst in Großbritannien, wo
der Werbeaufwand staatlich verordneten Begrenzungen unterliegt,
wird jeder Arzt jährlich mit Werbung im Wert von mindestens 5000
Pfund konfrontiert. Ziel ist dabei natürlich nicht der Arzt als eigent-
licher Konsument. Ziel ist vielmehr der Arzt als die Person, die anderen mit Hilfe von Medikamenten Erleichterung verschafft. Die
Summe von 5000 Pfund und mehr läßt sich besser begreifen, wenn
man sie mit einer anderen vergleicht – mit der Summe von 58 000
Pfund für Medikamente, die ein britischer Allgemeinmediziner im
Durchschnitt jährlich verschreibt.[1]

Der Markt für Arzneimittel ist ein riesiges, komplexes, verschwie-
genes, internationales Geschäft. Aber das Grundprinzip der umfangreichen Werbung ist leicht zu erklären. Das Angebot an verschreib-
baren Medikamenten ist sehr groß – in Großbritannien umfaßt es
etwa 6000 Medikamente, wovon 2000 im MIMS aufgeführt sind, dem
Handbuch für Arzneimittel, das britische Ärzte in ihren Schreibtischen aufbewahren. Kein Mediziner kann sich alle Präparate merken, und schließlich sind viele von ihnen, wie die Marketing-Spezialisten sagen, gleichwertige Produkte – Arzneien, die mit vielen
anderen fast identisch sind. In der Praxis bedeutet dies, daß sich ein
Arzt beim Ausstellen der Rezepte auf etwa 400 Präparate beschränkt, und selbst von dieser Zahl wiederum nur etwa 200 regelmäßig verschreibt. Ziel der Pharmabetriebe ist es, ihre Mittel auf
diese Endauswahl-Liste zu bekommen. »Man will also erreichen,
daß der Arzt, wenn er seine Diagnose stellt, als erstes an Ihr Produkt
denkt«, erklärte ein Leiter einer Werbeagentur, die auf Pharmazeutika spezialisiert ist. Ein anderer meinte: »Ihr Präparat *muß* seinen
Platz finden. Wenn Sie am Anfang (bei der Einführung des Produkts)

etwas falsch machen, hilft nichts mehr. Man erhält keine zweite Chance. Wenn ein Arzt Ihr Mittel für ein Reserve- oder Ersatzprodukt hält, können Sie nichts mehr daran ändern.«

Die Antwort für die Pharmaindustrie scheint relativ einfach: Ärzte sind geschulte Wissenschaftler, Spezialisten im Umgang mit Medikamenten. Erhalten sie von der Industrie die erforderlichen Informationen, so fällen sie ein Urteil – und erstellen ihre Liste nach rein rationalen Kriterien. Die Wirklichkeit sieht aber anders aus, sagen die Marketing-Fachleute, die mit Ärzten zu tun haben. Nach deren Erfahrungen sind Ärzte genauso empfänglich für die Methoden und den Druck der Werbebranche wie jede andere Konsumentengruppe. Der wichtigste Unterschied besteht nach ihrer Auffassung in dem Grad der erforderlichen Vortäuschung: Ärzten mißfällt es, als beeinflußbar eingestuft zu werden. Ein aufschlußreiches Beispiel: Als das britische Branchenblatt *Marketing Week* elf Pharmaunternehmen um ihre Kooperation bei einem geplanten Dokumentarbericht bat, stimmte nur eine Firma zu, und das auf solch desinteressierte Weise, daß von Hilfestellung keine Rede sein konnte, hieß es in dem Magazin. Die Werbefachleute in der pharmazeutischen Industrie, mit denen ich zusammentraf (und die alle anonym bleiben wollten), waren sich über ihre Aufgabe sehr wohl im klaren. »Sie [die Ärzte] glauben, sie treffen Entscheidungen auf wissenschaftlicher Basis«, sagte ein Mitarbeiter einer der größten amerikanischen Agenturen. »Das tun sie aber nicht. Sie wählen Medikamente genauso aus, wie andere Konsumenten Waren auswählen.«

Dies könnte bedeuten, daß ein Markenpräparat einem gleichwertigen, aber namenlosen Mittel vorgezogen wird. Die Folgen sind mitunter bemerkenswert. Anfang 1985 kostete Valium in Großbritannien 17mal so viel wie Diazepan, das gleiche Medikament, jedoch unter einem anderen (nicht gesetzlich geschützten) Namen. 1000 Tabletten eines Mittels können zwischen 1,50 Pfund und 13,60 Pfund kosten, je nachdem, ob der Arzt einfach das Generic oder seine (chemisch identische) Markenausführung verschreibt.[2]

Die Pharmaindustrie, wie wir sie heute kennen, ist kaum 40 Jahre alt. Bis in die vierziger Jahre unseres Jahrhunderts bestanden die meisten Medikamente aus natürlichen Substanzen (wie Digitalis und Opium). Aspirin war eine der wenigen synthetischen pharmazeutischen Substanzen. Penicillin wurde in den zwanziger Jahren entdeckt. Aber erst viel später wurden pharmazeutische Chemikalien entwickelt und in großen Mengen synthetisch hergestellt.

Die Pharmaindustrie zeichnet sich durch mehrere wichtige Eigenschaften aus. Sie ist vorherrschend international. Es gibt etwa 100 große und mittelgroße Firmen. Ein Hauptgrund für ihre Internationalität wird in den hohen Forschungs- und Entwicklungskosten gesehen – ein Unternehmen muß weltweit verkaufen können, damit sich seine Investitionen rentieren. Forschung ist ein Stichwort, das ständig in den Diskussionen über Arzneimittelwerbung fällt. In Großbritannien gab die Pharmaindustrie 1987 für Forschung und Entwicklung 650 Millionen Pfund aus; weltweit betrugen die Aufwendungen das Zehnfache.[3] Man argumentiert, die großen Promotion-Budgets seien zum Teil notwendig, um den Firmen zu helfen, die aufwendigen Forschungskosten wieder einzubringen. Bayer, die große deutsche Pharma-Aktiengesellschaft, stellte in einer ihrer Firmenanzeigen fest: »Wir fangen mit der Untersuchung von bis zu 8000 Substanzen an. Ihr folgt intensive Forschungsarbeit, eine umfassende Reihe von Tests und Investitionen, die sich auf 90 Millionen Mark belaufen, bevor ein neues Präparat von Bayer in die Produktion geht. Der ganze Ablauf nimmt etwa zehn Jahre in Anspruch.«

Bestimmte Länder wie Österreich, Belgien, die Niederlande und Schweden haben größere Schwierigkeiten, international zu konkurrieren. Nur fünf Länder gehören zu den großen Innovatoren: Großbritannien, die Bundesrepublik Deutschland, Japan (erst seit kurzem), die Schweiz und die Vereinigten Staaten von Amerika. Branchenführer ist eine kleine Gruppe amerikanischer, deutscher und schweizerischer multinationaler Konzerne. Die 1986 von *Chemical Insight* erstellte Liste der Marktführer umfaßte vier amerikanische (darunter auf Platz eins Merck und Co.), zwei deutsche, zwei schweizerische, ein japanisches und ein britisches Unternehmen (Glaxo auf Platz sieben). Die führenden Multis haben viele der meistbenutzten Medikamente entwickelt , die sie auf der ganzen Welt verkaufen. Weltweit hat die Industrie einen Wert von etwa 80 Milliarden Dollar, wovon die Verkäufe verschreibungspflichtiger Arzneimittel von US-Firmen ein Viertel ausmachen.

George Teeling-Smith vom Office of Health Economics in London beschreibt eines der Hauptcharakteristika der Industrie wie folgt: »Sie basiert eher auf der Produktion von neuem Wissen als auf der bloßer Chemikalien. Sie entwickelt Behandlungen, nicht einfach Tabletten. Die chemischen Substanzen selbst haben wenig Eigenwert und sind billig zu produzieren.« Das richtige Wissen, umgesetzt in die richtige Pille und richtig vermarktet, kann erstaunlichen Wert besitzen. Dank raffinierter Verkaufsförderung belief sich der Umsatz eines Medikaments, Pfizer's Procardia (mehr darüber später), in den ersten zwölf Wochen auf 17 Millionen Dollar – und das, obwohl es den Produkten zweier anderer Firmen bemerkenswert ähnlich war.[4]

Verkaufsförderung (Promotion) wird seit den Anfangstagen der Pharmaindustrie praktiziert. 1944 stellte der Schriftsteller Denys Thompson in *Voice of Civilisation. An Enquiry into Advertising* fest: »Überraschenderweise können Ärzte – Vertreter einer Berufsgruppe, die man für gefeit gegen die Anzeigen für rezeptfreie Markenmedizin hätte halten können – durch den Druck der Werbung genauso beeinflußt werden wie andere Gruppen der Gesellschaft. Beweis dafür ist die ständige Zunahme der verschriebenen Medikamente mit Markenbezeichnungen.«

Beim Verkauf von Arzneimitteln hat sich jedoch ein bedeutsamer Wandel vollzogen. Heutzutage ist das Marketing vielleicht das wichtigste an einem Medikament. Die Arznei findet oft nur in der Nische ihre Daseinsberechtigung, die ihre Vermarkter – mit Hilfe der Werbung – auf dem Markt für sie geschaffen haben. Als die Pharmaindustrie noch in den Kinderschuhen steckte, benötigte sie kaum Werbung. Damals wurden neu entwickelte Arzneimittel gebraucht. Außerdem machten sie meist selbst Publicity für den Zweck, den sie erfüllten. Aber diese Situation änderte sich bald. Gewaltige Investitionen heizten den Markt an, und viele neue Produkte wurden entwickelt. Sie konnten noch immer als einzigartig angepriesen werden, da sie Wirkungen entfalteten, die bereits existierende Produkte nicht hervorrufen konnten, aber ihre bloße Anzahl machte eine aktivere Marketing-Maschinerie unumgänglich.

Die nächste, die heutige Phase sieht einen ähnlichen Ausstoß neuer Produkte – doch heutzutage sind kaum noch *einzigartige* Mittel darunter. Es sind, wie die Werbeleute sie nennen, *gleichwertige* Präparate – nicht besser, nicht schlechter, nicht wirklich anders als die Produkte, mit denen sie konkurrieren. 1984 gab es angeblich 16 gleichwertige Schmerzmittel, die zur Linderung von Arthritis entwickelt worden waren.[5] Hans-Peter Hauser, Leiter der Abteilung für internationales Marketing bei Ciba-Geigy, meint in Anbetracht der abnehmenden Innovationsrate seit Anfang der siebziger Jahre: »Früher kamen die Leute von Research & Development (R&D; Forschung und Entwicklung) immer mit einem Produkt zu uns und sagten: ›Verkaufen Sie es.‹ Heute ist der Konkurrenzkampf härter und die Industrie erwachsen geworden; jetzt wird Marketing immer wichtiger.«[6]

Pharmakonzerne behaupten über alle neuen Präparate Wunderdinge. Aber sogar Insider geben hinter vorgehaltener Hand zu, daß Unterschiede zwischen einzelnen Präparaten meist minimal sind – vergleichbar verschiedenen Duftstoffen, die konkurrierenden Putzmitteln beigemischt werden oder etwa den Flaschenformen verschiedener Orangenlimonaden. Am Abend vor der Einführung eines neuen Arzneimittels räumte ein Werbefachmann mir gegenüber ein: »Ein Arzt könnte Ihnen hierfür vier oder fünf andere Präparate geben, und sie würden die gleiche Wirkung haben. Im Grunde geht es doch nur darum, die ganze Maschinerie in Bewegung zu halten. Die meisten großen Firmen entstanden auf der Grundlage des Erfolgs eines wichtigen neuen Produkts. Dann folgen meist die mageren Jahre, bevor sie wieder einen Durchbruch erreichen. Aber selbst in den mageren Jahren, den Jahren ohne Spitzenergebnisse, müssen sie gute Sachen liefern.«

Ein Grund für die Existenz so vieler gleichwertiger Produkte liegt darin, daß das Gebiet, auf das sich die meisten Firmen konzentrieren, relativ begrenzt ist. Die Pharmabetriebe interessieren sich am meisten für die Krankheiten, die in den Industrieländern der westlichen Welt am häufigsten auftreten und eine ständige Medikamentenbehandlung erfordern. Zwei Ärzte der Medizinischen Abteilung des britischen Ministeriums für Gesundheits- und Sozialwesen begutachteten die Innovationen der siebziger Jahre und stellten fest, daß in diesem Zeitraum 30 ziemlich ähnliche Produkte für die Behandlung von Herzerkrankungen auf den Markt kamen.[7] Nur ein Medikament war eine NCE (New Chemical Entity; ein Präparat, das neu ist oder zumindest eine signifikante Weiterentwicklung darstellt). Das neue Produkt war Oxamniquin, das gegen die am weitesten verbreitete Krankheit der Welt, die Schistosomiase (Bilharziose), eine Wurmerkrankung, eingesetzt wird. Innovation, so folgerten die Ärzte, »zielt auf wirtschaftlichen Gewinn und weniger auf therapeutischen Bedarf ab«. »Der größte Teil der Forschung und Entwicklung konzentriert sich jetzt auf chronische Krankheiten«, sagte ein Insider. »Dabei handelt es sich dann um Mittel für eine Art Dauertherapie« – mit anderen Worten, um Medikamente, die wahrscheinlich über Jahre hinweg verschrieben werden.

1987 stammten über acht Prozent der Anzeigeneinnahmen amerikanischer Zeitschriften aus Inseraten für Medikamente gegen Bluthochdruck. Insgesamt machten Arzneimittel für Herz- und Gefäßerkrankungen über 25 Prozent aus. Weitere große Posten der Inserateinnahmen waren Betablocker (fast acht Prozent), Antibiotika (beinahe sieben Prozent), Medikamente gegen Geschwüre (5,21 Prozent), gegen Arthritis (5,05 Prozent) und nicht sedierende Analgetika (3,52 Prozent).[8]

Es scheint Übereinstimmung darüber zu herrschen, daß sich zumindest in nächster Zeit die Situation nicht ändern wird. Clifford Jellett von Louis Harris International Medical Surveys erklärte bei einer Konferenz in Zürich: »*Wirklicher* therapeutischer Fortschritt wird selten werden. Es wird immer schwieriger, neue Produkte von bereits existierenden zu unterscheiden.« Außerdem meinte er: »Marketing beschäftigt sich mehr und mehr mit Markennamen, weniger mit den Produkten selbst – es geht mehr um Marken-Image und -charakter, das Plazieren und das Anvisieren bestimmter Marktsektoren, und weniger darum, auf gut Glück den ganzen Markt anzupeilen – wobei der Einfluß des Lebensstils auf das Kaufverhalten als Prognoseinstrument für den wahrscheinlichen Verkauf fungiert. Diese Beschreibung trifft für das Pharma-Marketing in wachsendem Maße zu, da immer mehr Produkte mit kaum zu unterscheidenden therapeutischen Wirkungen herauskommen und der Konkurrenzkampf zunimmt.«

Das *Wall Street Journal* untersuchte den Fall von Isordil, einem Nitratmittel, das Herzpatienten zur Vorbeugung schwerer Brustschmerzen verschrieben wird. Zu dem Zeitpunkt hielt es 46 Prozent des amerikanischen Marktes. Die Zeitung stellte fest, daß die Hersteller, die Ives Laboratories, eine Abteilung der American Home Products Corporation, behaupteten, es sei länger wirksam und in mancher Hinsicht effektiver als andere Präparate, obwohl einige Ärzte dem widersprachen: »Isordil unterscheidet sich kaum von anderen mit ihm konkurrierenden Mitteln.« Daraufhin habe Ives »über lange Zeit eine so aggressive Verkaufsförderung ihres Nitratmittels betrieben, daß vielen Medizinern sofort Isordil einfällt, wenn sie an Nitrate denken«. Der Kommentar der Zeitung: »Der Erfolg von Isordil läßt eines deutlich werden: Bei einem Arzt heutzutage für Medikamente zu werben, ist fast das gleiche, wie einem Konsumenten Seife zu verkaufen. Alles hängt vom Marketing ab.«

Wyeth Laboratories ist eine weitere Abteilung der American Home Products.[9] Sie verkauft Ativan, das 1977 in den Vereinigten Staaten eingeführt wurde. Das Problem lag darin, daß Ativan als ein Mittel gegen Angstzustände im Schatten von Valium stand, dem Beruhigungsmittel des Konzerns Hoffmann-La Roche. Die beiden Präparate könnten als »sehr ähnlich« beschrieben werden. Wyeth brauchte einen Marketing-Vorteil, um Ativan erfolgreich lancieren zu können. Das Unternehmen fand ihn in (von ihm propagierten) Tests, die zeigten, daß das neue Produkt schneller aus dem Körper gespült wurde als Valium. Die medizinische Bedeutung ist umstritten. Trotzdem konzentrierte sich der Marketing-Feldzug darauf. 1981 wurde Ativan in manchen Ländern häufiger verkauft als Valium, sogar in der Schweiz, dem Heimatland von Valium.

Die zunehmende Anzahl von gleichwertigen Produkten ist nicht der einzige Grund für die Verlagerung vom Produkt auf das Marketing. Der Patentschutz der Heilmittel, die in der Periode der Innovationen eingeführt wurden – wie Valium –, läuft ab. Das bedeutet Konkurrenz durch generische Nachahmungen. Die Generics werden durch die Forderungen (von seiten der Regierung und der Krankenversicherungen) nach billigeren Verschreibungen und durch die Tatsache gefördert, daß Ärzte heute diesen Produkten mehr zu trauen scheinen als früher. In den Vereinigten Staaten wurden die Mediziner von den Pharmafirmen mit Rezeptblöcken überhäuft, die die Aufschrift »No substitution« trugen. Manche Hersteller gaben ihren Tabletten *Formen*, die die generische Konkurrenz nicht kopieren kann. So war Valium mit einem Loch in der Pille eingeführt worden, und die Inderal-Tablette von American Home hatte die Form des Buchstabens ›I‹. In einigen Anzeigen unterschieden sie sehr geschickt zwischen ihren eigenen Markenpräparaten (gut) und den Generics (schlecht) – Unterscheidungen, die nicht begründet sind. In seinen Anzeigen für das Psychopharmakon Melleril verwandte Sandoz den Markennamen, wenn die ›guten‹ Qualitäten des Präparats herausgestrichen wurden, und den Namen des Generic, wenn die Rede auf die

›negativen‹ Eigenschaften kam. Die amerikanische Lebensmittel-
und Arzneimittelbehörde protestierte gegen die Anzeigen mit der Begründung, daß es zwar ähnliche Werbungen schon zuvor gegeben
habe, daß das Vorgehen in diesem Falle jedoch so offenkundig sei,
daß man sich zu einem Protest veranlaßt sehe. Abgebildet war eine
besorgt blickende, ältere Frau, die ein Fläschchen mit dem verschrie-
benem Medikament in der Hand hielt. Darüber stand zu lesen: »Es ist
vielleicht Thioridazin [der Name des Generic], aber ist es Melleril?«

Inoffiziell rechtfertigen Pharmafirmen und Werbefachleute ihre
Verteidigung der Markenartikel vom medizinischen Standpunkt aus
mit der Behauptung, daß das Markenpräparat dem Patienten besser
bekäme als das Generic, auch wenn sich die beiden in ihrer chemischen Zusammensetzung nicht unterscheiden. Judie Lannon von
J. Walter Thompson in London und Peter Cooper untersuchten diesen Aspekt. In ihrem gemeinsamen Bericht heißt es:

»Eine wichtige Frage ist schließlich: Kommt es bei der Einnahme
eines Markenschmerzmittels zu einer größeren Schmerzlinderung
als bei der Einnahme des Generics? Die Hypothese lautet, daß einem
Markenartikel dank des Marketing und der Reklame mehr Vertrauen
und Wertschätzung entgegengebracht werden. Träfe dies zu, ließe
sich der Beweis führen, daß sich die Marken-Namensgebung psy-
chisch auf die körperlichen Prozesse auswirken kann. Genau das war
auch der Fall.«[10]

»Doppelblindversuche zeigten, daß die Markenbezeichnung ein
Viertel bis zu einem Drittel der Schmerzlinderung ausmacht. Das
heißt, die Markenbezeichnung fungiert selbst wie ein Bestandteil,
das mit den pharmakologisch aktiven Substanzen zusammenwirkt,
um eine stärkere Medizin als das Generic herzustellen.«[11]

Das britische Testmagazin *Which?* formulierte diesen Sachverhalt in seiner Diskussion über das Schmerzmittel Pharmacin wie
folgt:»Sie *erwarten* vielleicht, daß Ihnen die blauweißen Pharmacin-
Kapseln mehr Linderung verschaffen als die normalen weißen BP-
Tabletten, und das wiederum könnte Sie beeinflussen, wenn Sie
darüber nachdenken, wie gut das Mittel wirkt...«[12]

Obwohl es in diesem Bereich immer mehr Marketing, mehr aggressives und ›wissenschaftliches‹ Marketing gibt, zögern die meisten Pharmafirmen, diese Tatsache publik werden zu lassen oder sie
auch nur zu erwähnen. Wie auch immer es sich in Wirklichkeit ver-

hält, möchte man lieber als geschäftstüchtig denn als altruistisch, lieber als Heiler denn als dubioser Reklameverein gelten. Marketing, kommentierte die *Financial Times*, »hat einen etwas üblen Ruf in der Pharmaindustrie«.

Doch nicht jede Firma schweigt. Pfizer in New York ist der sechstgrößte Pharmabetrieb der Welt. Seinem Präsidenten, Dr. Gerald Leubach, gefällt der Ruf, »eine heiße Marketing-Firma« zu sein. Er sagt dazu: »Ich fing in dieser Branche zu einer Zeit an, als Marketing sich auf das Verschenken von Golfbällen beschränkte. Es ist fast unglaublich, wie sehr sich das Marketing verändert hat. Es ist jetzt fast so wissenschaftlich wie unsere Arbeit.«

Pharmafirmen glauben sich oft mißverstanden, verleumdet und falsch behandelt. Die hohen Forschungsausgaben, zusammen mit den (für sie) kurzen Patentschutzzeiten, zwingen viele Firmen, eine schnelle Amortisation ihrer Investitionen zu suchen. 1987 beliefen sich die Kosten für die Entwicklung eines neuen Heilmittels auf durchschnittlich 60 bis 100 Millionen Pfund. Der Patentschutz gilt in Großbritannien für 20 Jahre (in den USA 17 Jahre). Forschung und Versuchsreihen können davon bis zu zwölf Jahre in Anspruch nehmen, behauptet die Pharmabranche. Außerdem heißt es, daß es zusätzlich noch einmal bis zu zwei Jahren dauern könne, bis die Ärzte das Medikament in größerem Umfang zu verschreiben beginnen. In Großbritannien bedeutet das, daß die Konkurrenten nur noch etwa sechs Jahre warten müssen, bevor sie billige Kopien produzieren dürfen. »Da bleibt nicht viel Zeit, um Profite zu erwirtschaften«, sagte ein Vertreter der Branche.

Die Regierungen üben ständig mehr Druck aus. So hat Neuseeland die *Mengen* der Arzneimittel, die verschrieben werden können, reduziert. In Großbritannien gibt es eine Höchstgrenze für Ausgaben zur Verkaufsförderung (1987 lag sie bei neun Prozent des Umsatzes), und seit 1985 dürfen die Ärzte manche Markenpräparate nicht zu Lasten des staatlichen britischen Gesundheitsdienstes verschreiben, wenn es identische, aber billigere Produkte gibt. Auch Interessengemeinschaften der Verbraucher wenden sich mehr und mehr gegen die Pharmakonzerne.

Nur ein sehr kurzsichtiger, unerfahrener Werbefachmann jedoch würde dies als Zeichen dafür werten, sich nach einem anderen Betätigungsfeld umzusehen. Stephen King, Kreativdirektor bei Medicus

Intercon in New York, gab sich in einem Artikel über die Industrie enthusiastisch[13]:

»Die Werbung im Gesundheitswesen ist eine sehr interessante Tätigkeit, die ständig an Bedeutung gewinnt. Tatsache ist, daß die Werbefachleute in diesem Bereich heute die Kommunikatoren einer Industrie sind, die bald sehr dramatisch anwachsen und sich dabei grundlegend verändern wird. Zum ersten wird die Pharmaindustrie selbst zunehmend wettbewerbsorientiert... Den einschlägigen Quellen entnehmen wir, daß mehr als 1000 Produkte darauf warten, von der Lebensmittelbehörde zugelassen zu werden – Präparate, für die bei den Ärzten und im Arneimittelhandel geworben werden muß. Dieser größere und stärker konkurrenzbedachte Markt wird durch die Generics noch erweitert. In dem Maße, in dem diese kosteneinsparenden Substitute zunehmend verfügbar werden, müssen die Pharmabetriebe erkennen, daß ihren älteren, etablierten Präparaten mit ihrem abgelaufenen Patentschutz nunmehr ein intensiver Preiskampf bevorsteht. Um dieser Gefahr zu begegnen, werden sie die Promotion ihrer Markenprodukte vorantreiben.

Heute geben die Pharmafirmen jährlich weit mehr als zwei Milliarden Dollar für die Werbung aus, die sich an die im Gesundheitswesen Tätigen richtet. Unser Teil der Branche bietet Gehälter, die jedem Vergleich standhalten können, und offeriert dem begabten Profi einzigartige Möglichkeiten im kreativen Bereich oder in der Kundenbetreuung. Der Werbung mögen im Bereich der medizinischen Versorgung engere Grenzen gezogen sein, als sie für die konsumentenorientierte Werbung gelten – aber sie ist genauso vielseitig.«

Die Marketing-Anstrengungen, die unternommen werden, um den Ärzten die Firmen- und Markennamen einzuprägen, beginnen schon am ersten Tag des Medizinstudiums. Die Public Citizen Health Research Group listete einige der Versuche auf, die darauf abzielen, den zukünftigen amerikanischen Ärzten die verschiedenen Firmennamen einzuhämmern[14]:

»So hören sich Studenten zunächst den Herzschlag eines Patienten mit einem Stethoskop von Eli Lilly and Company an. Sie hören sich Tonbandaufnahmen an und lernen, die Geräusche gesunder und kranker Herzen zu unterscheiden, regelmäßig unterbrochen von den Worten ›Merck Sharp and Dohme‹. Sie lesen über verschiedene medizinische Themen in einer Reihe ausführlich illustrierter Handbücher, ein Geschenk der Firma Upjohn, oder sie schlagen neue Termini in einem Wörterbuch der Medizin von Sandoz Inc. nach. Wenn die angehenden Ärzte in ihren letzten Semestern mit ihrem praktischen Training beginnen, werden sie mit allen möglichen Dingen erfreut, von Notizbüchern von CIBA Pharmaceuticals bis zu Pizza-Parties, die andere Pharmafirmen arrangieren. Sämtliche Anstrengungen sind darauf gerichtet, bei den jungen Medizinern einen guten Eindruck des jeweiligen Unternehmens zu hinterlassen.«

In britischen Krankenhäusern erhalten die jungen Ärzte regelmäßig Essenseinladungen auf Kosten der Pharmabetriebe, um den Medizinern eine Unterbrechung des monotonen Kantinenessens zu ermöglichen. Bei diesen Gelegenheiten gibt es auch Geschenke, die von Seifen und (mit den Firmenemblemen bestickten) Handtüchern bis zu Medikamentenproben reichen. 1987 wurde dem Vernehmen nach ein Promotion-Budget von eineinhalb bis zwei Millionen Pfund für die Einführung eines neuen Mittels auf einem großen britischen Markt eingesetzt. Ein führender Mitarbeiter einer auf Pharma-Werbung spezialisierten Agentur schlüsselte den Betrag wie folgt auf: 500 000 Pfund für Anzeigen in den wichtigen medizinischen Fachblättern, 400 000 Pfund für Film- und Videomaterial, 150 000 Pfund PR-Kosten waren für die medizinischen Journalisten bestimmt, und die restliche Summe für die Pharmavertreter (in den USA »detailmen« genannt), die den Ärzten nur eines anstatt der gängigen zwei oder drei Produkte ›verkaufen‹. Der Löwenanteil der Verkaufsförderungsmaßnahmen wendet sich an die 30000 Allgemeinmediziner des Landes – aufgrund der Tatsache, daß ihre Verschreibungen 80 Prozent des Umsatzes der Pharmafirmen im Britischen Gesundheitsdienst ausmachen – ein Umsatz, der sich auf zwei Milliarden Pfund beläuft. Gastfreundlichkeit in verschiedenen Formen spielt hierbei eine besondere Rolle. Meistens speisen der Arzt und seine Gemahlin kostenlos in den örtlichen Restaurants, sie gehen auf bezahlte Anglerausflüge, benutzen ›geliehene‹ Fotokopiergeräte und erhalten eine stattliche Anzahl von Geschenken bis hin zu überspielbaren Videokassetten. Professor Michael Rawlings vom Fachbereich Pharmazie der Universität Newcastle sagt, daß Chefärzte die gleiche Behandlung wie die Allgemeinmediziner erführen, daß aber dabei »noch dicker aufgetragen wird«. Er sieht den Grund hierfür nicht darin, daß sie beträchtliche Mengen von Medikamenten verschrie-

ben, sondern daß sie Meinungsmacher seien, »deren Eintreten für
ein Produkt dessen Verwendung bei den örtlichen Allgemeinmedizinern beeinflußt«.

Professor Rawlings, Mitglied eines Komitees, das sich mit der
Sicherheit der Arzneimittel befaßt, schrieb in *The Lancet*, daß die
Ärzte ernsthaft Gefahr liefen, das Vertrauen der Allgemeinheit zu
verlieren. Sie würden verdächtigt, in korrupte Geschäfte mit der
Pharmaindustrie verwickelt zu sein[15]:

»Man klagt uns an, daß wir in unserem Umgang mit der Industrie
korrupt geworden sind; daß wir für das unnötige und manchmal
leichtsinnige Verschreiben ihrer teuren Präparate Belohnungen in
atemberaubender Höhe sowohl annehmen als auch fordern. Die
meisten Ärzte wähnen sich immun gegen die verführerischen Methoden der Marketing-Spezialisten. Sie glauben, sie würden von den
propagandistischen Promotion-Feldzügen unbeeinflußt bleiben und
könnten die ›Großzügigkeit‹ einer Firma in Form von Geschenken
und Gastfreundlichkeit genießen, ohne ihre Produkte verschreiben
zu müssen. Der Grad des Selbstbetrugs in diesem Beruf, dessen Mitglieder größtenteils ehrbar und anständig sind, ist erstaunlich. Keine
Pharmafirma gibt das Geld ihrer Aktionäre in einem Anfall selbst-
loser Großzügigkeit aus. Die harte Wahrheit ist, daß keiner von uns
von den Promotion-Maßnahmen unberührt bleibt und daß die
Pharmaindustrie ihre verschiedenen Verkaufsstrategien deshalb anwendet, weil sie wirksam sind.«

Die beiden wichtigsten Elemente der Verkaufsförderung sind der
Vertreter und die Werbung, einschließlich des »direct mailing«. Kundenbesuche verschlucken den größten Teil der verfügbaren Gelder;
in Großbritannien sind es ungefähr 55 Prozent. Werbung und gezielte Postwurfsendungen machen etwa 30 Prozent aus – 1987 zirka
55 Millionen Pfund. Der Betrag, der für Kundenbesuche aufgewendet
wird, ist begrenzt – denn die Ärzte räumen für die Pharmareferenten
nur begrenzte Zeit ein. Der Trend ist rückläufig: In Großbritannien
besucht ein Vertreter durchschnittlich nur drei bis vier Ärzte täglich,
wobei er mit jedem nur etwa zehn Minuten lang spricht.

Mit der zunehmenden Konkurrenz und den ansteigenden Ausgaben für die Verkaufsförderung wuchs auch die Werbung. 1984 erhielt
ein britischer Allgemeinmediziner 23 verschiedene medizinische
Fachpublikationen im Monat. Viele dieser Publikationen bestanden

zu mehr als der Hälfte ihres Umfangs aus Anzeigen. Als Folge der von
der Regierung verfügten Restriktionen (einschließlich der Begrenzung der Promotion-Ausgaben) verschwanden manche Publikationen, aber die Ärzte haben dennoch kaum einen Mangel an reklame-
bereichertem Lesematerial zu beklagen. BRAD (British Rate and
Data) führt mehr als 250 medizinische Fachveröffentlichungen auf.

In den Vereinigten Staaten erscheinen monatlich schätzungsweise 500 medizinische Fachblätter. 1985 erhielten die Ärzte bis zu
70 Magazine pro Monat. Die Anzahl der Publikationen steigt weiter
an – jährlich um etwa 15 Titel –, gefördert durch Werbegelder. Eine
Zeitschrift stellte die rhetorische Frage, ob die Pharmaindustrie den
neuen Zeitschriften Einhalt gebieten sollte. Mit lobenswerter Un-
eigennützigkeit wurde die Frage verneint.[16] »Es ist wahrscheinlich
besser, nicht beurteilen zu wollen, was für den Arzt gut oder schlecht
ist, da er das am besten entscheiden kann.«

Trotz dieses umfangreichen Angebots an Publikationen heißt es
von manchen Anbietern, daß sie ihre Zielgruppen erweitern und andere Gruppen integrieren wollen, die Einfluß auf Kaufentscheidungen für Heilmittel haben können – Krankenschwestern sowie Kran-
kenhaus- und Pflegeheimverwalter. Pharmafirmen haben sich auch
wesentlich weiter als andere Branchen in die übrigen Medien vorge-
wagt. Es gibt mehrere TV-Anstalten für medizinische Sendungen,
CB-Funk-Radio für Ärzte (denen die Geräte kostenlos zur Verfügung
gestellt werden) sowie ein Computernetz (»Ärzte rufen PHYCOM an,
weil PHYCOM jederzeit abrufbar ist. Sie rufen an, um mit den medizinischen Neuigkeiten Schritt halten zu können. In Minuten sind die
neuesten Informationen zur Verschreibung bestimmter Produkte
verfügbar... Sie können sogar direkt über ihren Computerbild-
schirm Präparatproben anfordern...«).

Lloyd Millstein, Direktor der Abteilung für Arzneimittelwerbung
und -benennung im Center für Arzneimittel und Biologie der Lebensmittelbehörde, drückte in einem mit seinem Namen versehenen Artikel seine Sorge darüber aus, daß die Öffentlichkeit sich in das Programm (und in die Anzeigen) einschalten könne.[17] Das bekannteste,
Lifetime Medical Television, war 21 Millionen amerikanischen Haushalten mit Kabelanschluß zugänglich. Andere Programme wurden
im regulären Fernsehprogramm in den frühen Morgenstunden ausgestrahlt. Der Grund für die Benutzung öffentlicher Nachrichtensen-

der, erklärte Millstein, lag darin, daß die Ärzte erreicht werden mußten und daß sie »live action, Computergrafik, Musik, Farben und all
den Pep mitgeliefert bekommen, der bei anderen Formen der Kommunikation verlorengeht«. Millstein betonte, daß Umfragen zufolge
bei diesen Programmen und Werbesendungen hohe Zuschauerquo-
ten unter Ärzten und anderen im Gesundheitswesen Tätigen erreicht
würden. Er unterstrich, daß er keinen Zweifel habe, worum es in den
Programmen gehe: »Sie laufen alle auf die Frage hinaus, ob diese
Marketing-Strategien nicht nur im Informieren der Ärzte und der anderen im Gesundheitswesen Tätigen eine Rolle spielen, sondern ob
sie nicht auch das Verhalten beim Verschreiben von Medikamenten
so beeinflussen, daß sich ihre Kosten bezahlt machen.«

Angesichts eines solchen Konkurrenzkampfs um die Anzeigen
der Pharmabetriebe wurde auch die Werbung um diese Inserenten
zu einem eigenständigen kleinen Wirtschaftszweig. Seine Herausgeber glauben zu wissen, daß der *American Family Physician* »die Zeitschrift ist, die Ärzte eingehend studieren«, denn sie biete ihren Lesern Preise für die Lösung schwieriger inhaltsorientierter Rätsel.
Annals of Internal Medicine ist »das Journal mit einem solch hohen
Niveau, daß nur 17 Prozent aller eingereichten Artikel veröffentlicht
werden« – ein Zeichen für Qualität, »die Ihren Anzeigen sehr wirksame Publizität verspricht«. *Monthly Prescribing Reference* verschafft »die Gelegenheit, Ärzten Werbung darzubieten, während sie
Rezepte ausstellen«. Und wenn die Werbefachleute Ärzte erreichen
wollen, die »über medizinische Themen nachlesen, die im Medizin-
studium nicht behandelt wurden«, dann muß die Wahl auf *Medical
Aspects of Human Sexuality* fallen – und so werden denn auch gut-
aussehende, nicht mehr ganz junge Ärzte abgebildet, die sich in die
Lektüre der Zeitschrift vertiefen. Entscheidet sich der werbungtreibende Konzern für das Fernsehen, dann »garantiert« *Lifetimes* ziel-
gruppenorientierte Maßnahmen-Optionen, »*Ihre* Botschaft dem von
Ihnen ausgewählten, speziellen Publikum zu vermitteln...«

Insgesamt entfaltet das Fernsehen vielleicht die größten Wirkungen, doch nach Auffassung der Experten bevorzugen die Ärzte von
heute noch immer schriftliche Informationen. »Das Vorurteil der
Ärzte rührt zum Teil daher, daß sie mit Lesen aufgewachsen sind,
nicht mit dem Fernsehen«, bemerkte Bill Bologna, Direktor der amerikanischen Agentur Bologna International. »Selbst richtige Wälzer

schrecken sie nicht ab.« Das ist auch gut so, denn manches Journal kann 400 Seiten umfassen, 200 davon Anzeigen. Gedrucktes Material, sagt man, hat noch einen weiteren Vorteil: der Arzt kann entscheiden, wann er es lesen will. Hingegen muß er sich Zeit nehmen, um fernzusehen oder Radio zu hören. TV-Programme konzentrieren sich daher oft auf die Sonntage.»Sie erhalten das Etikett ›Ärztetag‹«, sagte Bolognas Kreativ-Direktor, Frank Hughes.[18]

Jede Werbung steht vor dem Problem, sich gegen die Informationsflut durchzusetzen. Zieht man die Menge der Informationen in Betracht, der ein Arzt ausgesetzt ist (nach einer Schätzung bis zu 180 Seiten täglich), dann muß die Pharmawerbung hart arbeiten. Untersuchungen der Eyescan-Organisation ergaben, daß Ärzte oft nur drei Sekunden lang eine bereits einmal gesehene Anzeigenkampagne überfliegen. Paul Vine, Mediendirektor der britischen Agentur Publitek, meinte dazu:»Das ist gerade genug Zeit, das Bild zu erfassen und die Schlagzeile zu lesen.«[19] Die Werbeleute in der Pharmawerbung stehen daher unter dem gleichen Zwang, Aufmerksamkeit zu erregen, wie ihre Kollegen in anderen Konsumbereichen – und zwar nach bestimmten Regeln.»Der Grund, daß es solche Spezialagenturen wie die unsere gibt«, erklärte John Kallir von Kallir Phillips Ross, einer der führenden amerikanischen medizinisch-pharmazeutischen Werbeagenturen,»ist der, daß wir gelernt haben, mit diesen Restriktionen zu leben.«

Einige Faktoren wirken zugunsten der Pharmafirmen, so zum Beispiel der Druck, unter dem der Arzt steht, *irgend etwas* verschreiben zu müssen. Sir William Ostler, einer der Großen in der Medizin im 19. Jahrhundert, sagte:»Der Wunsch, Medikamente einzunehmen, ist möglicherweise das große Unterscheidungsmerkmal zwischen Menschen und Tieren.« Dieser Wunsch ist heute besonders ausgeprägt. Die Gesellschaft leidet unter dem sogenannten»pill/ill«-Syndrom (»Krank-also-Tablette«-Syndrom): für jeden Schmerz erwartet sie ein Heilmittel. Im Durchschnitt hat ein britischer Arzt sechs Minuten Zeit für jeden Patienten. Es wird angenommen, daß zwei von drei Patienten Krankheiten haben, die auch ohne Behandlung heilen würden, aber die Mehrzahl der Patienten erwartet – und erhält – ein Rezept. Einem Bericht der British Medical Association zufolge, der den Titel trug: *Brauchen Sie dieses Arzneimittel wirklich?*, müssen die Patienten begreifen lernen, daß viele Beschwerden befristet sind und sich ohne Behandlung bessern, während andere auch mit Medikamenten nicht geheilt werden können. Der Autor des Berichts, Dr. John Lewis, schrieb, daß viele Patienten sich unzureichend behandelt fühlten, wenn sie bei einem Arztbesuch kein Rezept erhielten. 20 Millionen Rezepte würden jährlich für Beruhigungsmittel ausgestellt. Viele Patienten beklagten sich über ihre »Nerven« und hielten Beruhigungsmittel für ein einfaches Heilmittel. »Sie können nicht verstehen, daß man den Ursachen der ›Nerven‹ entgegenwirken muß.«

Die Werbung ermutigt die Ärzte jedoch offensichtlich, dieselbe Haltung wie die Patienten an den Tag zu legen. Die Reklame für schwache Beruhigungsmittel liefert dafür Jahr für Jahr zahlreiche Beispiele. 1969 war in einem Inserat für Wyeth's Serax eine Frau mit Kopftuch abgebildet, die hinter einem Gitter aus Besen und Bürsten stand. Darüber war zu lesen: »Sie können sie nicht befreien. Aber Sie können ihr helfen, sich weniger zu sorgen.« Eine Anzeige für La Roches Valium stellte einen Mann dar, der an seiner Dissertation arbeitete. Dem Bildtext zufolge litt er an »chronischer Verstopfung«. Die Anzeige forderte den Arzt auf: »Für diese Art von Patient ohne offensichtliche Pathologie – bedenken Sie die Nützlichkeit von Valium (Diazepan).« 1979 zeigte eine andere amerikanische Anzeige mehrere Bilder von älteren, aktiven Menschen. Sehr geschickt wurde argumentiert, daß eine verlängerte Lebensdauer mehr Streß bedeuten könne (»Die Pensionierung bringt zum Beispiel folgende Probleme mit sich...«), der bei fortgeschrittenem Alter als noch aufreibender empfunden werde. Aber wenn Hilfe gesucht werde... Und dann kam das Angebot.

Valium wird amerikanischen Ärzten immer wieder als das Heilmittel für »Unkrankheiten«, wie Kritiker sie nennen, empfohlen. Das Mittel wurde zum Beispiel für Leute vorgeschlagen, die Symptome wie bei Herzerkrankungen empfinden, obwohl bei den Untersuchungen nichts dergleichen festgestellt werden konnte. Die Folgerung liegt dann nahe, daß die Symptome durch Angstzustände hervorgerufen würden und deshalb ein Beruhigungsmittel angebracht sei.

Anzeigen, die sich an Ärzte richten, entstehen ziemlich genau nach dem Schema, das für alle anderen Gruppen, von Hausfrauen bis zu Sportfans, angewandt wird.[20] Von den ersten Diskussionen bis zur ersten Veröffentlichung vergehen im Durchschnitt vier bis sechs Monate. Potentielle Kunden, in diesem Fall Mediziner, werden zu einem frühen Zeitpunkt konsultiert und über ihre Erwartungen an ein neues Präparat für einen bestimmten Anwendungsbereich befragt. Ihre Auskünfte werden mit den Merkmalen des neuen Arzneimittels verglichen, und dann wird die Entscheidung getroffen, wo die Schwerpunkte der Werbung liegen sollen. Eine Werbeagentur erarbeitet drei oder vier Konzeptionen, die die Marktforscher den Ärzten vorlegen. Gelegentlich werden auch Geräte eingesetzt, mit deren Hilfe gemessen werden kann, wie lange der Arzt die Anzeige betrachtet. Aus den Untersuchungsergebnissen resultiert schließlich der Plan für den Werbefeldzug.

Da Ärzte mindestens genauso umworben werden müssen wie andere Konsumenten, werden manchmal mehrseitige Anzeigen – damit die Bedeutsamkeit des neuen Präparats voll einschlagen kann – und Teasers (Anzeigen ohne jede Namensnennung, die Neugier auf künftige Werbeaktionen stimulieren soll) eingesetzt. Jenny Bryan schrieb in *GP*: »Wenige werden je vergessen, wie die Figuren, die einem Lowry-Gemälde zu entstammen schienen, in den Moducren-Anzeigen zu Beginn des Jahres Seite um Seite auf die riesige Moducren-Tablette zugerannt sind.«[21] Vor allem gilt es zu vermeiden, daß die Werbung klinisch erscheint. Martin Page von Deltakos, der auf den medizinischen Sektor spezialisierten Agentur von J. Walter Thompson, erklärte in *Hot Shoe*: »Allgemeinmediziner sind ganz normale Menschen. In der Werbung für rezeptpflichtige Arzneimittel müssen die gleichen Prinzipien wie in der Konsumwerbung angewandt werden. Die Anzeige muß ansprechend sein. Ich vermeide Darstellungen von Blut und inneren Organen, denn sie sind selten notwendig. Das Wichtigste ist die Vermittlung der Idee – daß verstanden wird, was das Produkt zu leisten vermag.« Weil mit der Information in der Anzeige ein Produkt verkauft werden müsse, »brauchen wir schöne Bilder, um die Aufmerksamkeit darauf zu lenken«.

Deltakos' Anzeige für Spiroprop, ein blutdrucksenkendes Mittel von Searle, bestand aus einer sehr schönen, ästhetisch ansprechenden Farbaufnahme einer Perle in einer Auster. Hier wollte man das Gefühl vermitteln, daß die beiden Substanzen, aus denen das neue Präparat bestand, gemeinsam zu »etwas Außergewöhnlichem« wurden. Page erklärte, wie die Aufnahme zustande gekommen war: »Wir mußten Muscheln, die in einer anderen Jahreszeit wachsen, extra von einer Austernfarm auf der Isle of Wight einfliegen lassen. Bei Ciros in der Regent Street liehen wir Zuchtperlen aus. Die Pflanze und der Fisch stammten aus einem Zooladen für exotische Fische. Selbst die Holzstücke mußten echt sein. Wir fanden sie in einem Antiquitätenladen.«

Für einen Außenstehenden ist das Betrachten der medizinischen Werbung eine Offenbarung. Für Moduretic, ein anderes Mittel gegen Bluthochdruck von Merck Sharp & Dohme, wird in einer Anzeige mit einer Eisscholle geworben. Das Wort ›Bluthochdruck‹, mit großen Buchstaben in das Eis geritzt, schmilzt unter einem Sonnenstrahl weg, der aus den Wolken hervorbricht. Bernard Burridge von der Agentur Paling Ellis erklärte, daß die Sonne in der Anzeige als Heldin – »Produkt, wie man auch sagen könnte« – fungiert, »in das Eis eindringt und es schmilzt«. Die Grundidee war, daß »das Produkt den Blutdruck senkt, indem es das Problem entfernt«. In einem Inserat der Agentur McCormick Intermarco Farner sitzt ein schönes, junges Mädchen am Fenster eines Zimmers, das der Zeitschrift *Schöner Wohnen* entnommen sein könnte. Das Mädchen hat langes schwarzes Haar und trägt einen Morgenmantel, der ein wohlgeformtes, nacktes Bein sehen läßt. Erst bei genauerem Hinsehen fällt auf, daß sie sich injiziert. Die Anzeige wirbt für Humulin, ein Insulin-Präparat. Intal Inhaler (von Fisons) zeigt ein großes Foto von Nick Gale, einem jungen Judomeister. Er kniet kampfbereit auf der Matte. »Als uns Nick Gale erzählte, er sei Asthmatiker, wagten wir nicht zu widersprechen«, lautet die eingängige Überschrift. In einer Anzeige für Ponstan von Parke Davis füllt ein nackter Rücken eine ganze Seite. Die Botschaft ist nicht sonderlich subtil, aber sehr aussagekräftig – ein Korkenzieher steckt tief im Fleisch.

»Forschungen haben ergeben, daß Ärzte lieber eine *Idee* als das eigentliche Produkt sehen«, erklärte ein Art Director der Zeitschrift *Hot Shoe.* »Den Ärzten Tabletten zu zeigen, bringt nichts.« Aber die Werbefachleute müssen die Informationen für die Verschreibung der Präparate mitliefern, obwohl die Lebensmittel- und Arzneimittelbehörde 1986 anklingen ließ, sie würde hier etwas mehr Nachsehen üben. Doch diese Information wird ohnehin immer durch das Visuelle und die Überschrift an den Rand gedrängt. Manchmal verschwindet sie fast ganz, wie die Warnungen der Gesundheitsbehörde in der Zigarettenwerbung. In *Hot Shoe* sagte Martin Page: »In der medizinischen Werbung herrscht die gesetzliche Verpflichtung, alle Informationen hinsichtlich der Verschreibung anzugeben. Wenn man eine Behauptung aufstellt, muß man sie durch Fakten belegen. Als Art Director versucht man natürlich, diese Hinweise zu verstecken. Sie müssen nur leserlich sein, mehr wird nicht verlangt.«

Wie jede Reklame unterliegt auch Pharmawerbung bestimmten Modeerscheinungen. Viele Arzneimittelwerber in den USA haben sich in den letzten Jahren auf mehrseitige Anzeigen konzentriert. Bernard Burridge von Paling Ellis glaubt, der Grund dafür liege in dem Unterschied zwischen den in den USA vorherrschenden privaten Praxen und dem Nationalen Gesundheitsdienst (NHS) in Großbritannien, wo der Arzt kein finanzielles Interesse daran hat, welches Medikament er verschreibt. »Vielleicht meinen die Pharmafirmen deshalb, dem Arzt [in den USA] in den Anzeigen alles mitteilen zu müssen. In Großbritannien hingegen verteilt der Arzt die Medikamente nicht selbst und hat daher auch kein finanzielles Interesse daran. Wenn ein Arzt mehr Geld verdient, indem er mehr über Ihr Produkt erfährt, dann bringen Sie ihn vielleicht dazu, eine vierseitige Anzeige zu lesen.« John Kallir dagegen hält es für eine reine Modeerscheinung. »Ich glaube, hier wurde ein gewisser Druck ausgeübt. Es gab da ein paar Firmen – Roche war eine davon –, die von Anzeigen in den Printmedien überzeugt waren und deshalb ein paar wirklich spektakuläre Inserate machten. Als dann ein anderes Unternehmen Roches vierseitige Anzeigen sah, hieß es gleich: ›Wir machen eine von sechs Seiten.‹ Dann reagierte wiederum Roche mit einer Hochglanz-Anzeige ... So führte eines zum anderen.«

Ein Grund könnte auch die wesentlich größere Bedeutung des »direct mailing« (der gezielten Briefwerbung) in den Vereinigten Staaten sein. In Großbritannien ist diese Werbeform weitaus weniger erfolgreich, nicht nur aufgrund der hohen Portokosten, sondern auch, weil »die Ärzte sie nicht sonderlich mögen«, bemerkte eine Werbeagentur. (Dennoch können Ärzte wöchentlich bis zu 20 Werbebriefe erhalten.) Das Wichtigste der Werbung durch Direct mail ist die Masse an Informationen, die, mit Hilfe des Computers sortiert, für genau definierte Zielgruppen eingesetzt werden kann. Insgesamt betrachtet, ist der Pharmabereich die am besten erforschte und dokumentierte aller Industriezweige. So behauptet der Konzern IMS International, über Untersuchungen des Apothekenwesens in mehr als 40 Ländern, Studien über den Medikamenteneinsatz der Ärzte in 27 Ländern und Krankenhaus- und Promotion-Gutachten für zehn Länder zu verfügen.[22]

John Kallir stieg in den fünfziger Jahren in die US-Pharmawerbung ein und erinnert sich, daß damals etwa zehn Werbebrief-Aktionen pro Tag stattgefunden hätten. Doch die Werbebriefe gerieten in Verruf.»Viele Ärzte regten sich darüber auf. Diese Post wanderte in den Papierkorb und sorgte nur dafür, daß die Präparate teurer waren, als erforderlich schien.« Heute gibt es weniger Direct mail, aber aufgrund der computerisierten Listen werden die Schreiben sehr gezielt verschickt. »Es gibt nicht nur eine Liste«, sagt Kallir, »wir erstellen Listen für verschiedene Kunden und verschiedene Produkte.« Sowohl in Großbritannien als auch in den USA leiten Pharmareferenten Informationen über Ärzte an die Pharmafirmen zurück, die diese in ihren Computern speichern. Sie wissen dann sowohl über medizinische als auch außerfachliche Interessen Bescheid. Man könne über den Arzt viel in Erfahrung bringen, wenn man »die paar Minuten der Entspannung vor dem nächsten Patienten« nutze, erklärt Kallir.

Amerikanische Pharmafirmen bedienen sich eines Systems, das in Großbritannien nicht möglich ist. Amerikanische Banken schicken bearbeitete Schecks an ihre Kunden zurück, ein in Europa unübliches Verfahren. In den siebziger Jahren hatten Marktforscher den Einfall, Schecks über geringe Summen an Ärzte auszustellen. Auf deren Rückseite stellte die Firma Medical Audits einige sorgfältig formulierte Fragen. Nimmt der Arzt den Scheck an – normalerweise lautet er nur auf ein oder zwei US-Dollar –, dann geht er an seine Bank und von da zurück an Medical Audits. Die meisten Ärzte beantworten die Fragen. Zu Beginn waren etwa es 70 Prozent, und auch jetzt sind es noch über 40 Prozent. Auf diese Weise kann ein Pharmabetrieb beispielsweise eine Liste der Kardiologen erwerben, die ein bestimmtes Präparat einsetzen. »Beim Texten von Anzeigen ist das eine große Hilfe«, sagt Kallir, »denn damit hat man eine Vorstellung von der Leserschaft.«

Direct mail *kann* auch in Großbritannien funktionieren. So erhielt eine Werbekampagne für Janssen Pharmaceutical eine Direct Marketing-Auszeichnung.[23] 32 000 Allgemeinmediziner hatten in einer vier Seiten umfassenden Postsendung über Motilium, einem Mittel gegen Brechreiz und Übelkeit, kostenlos eine Kassette mit Beethovens Pastoralsymphonie mitgeschickt bekommen. Die Firma hoffte, daß mindestens ein Fünftel der Ärzte reagieren und so weitere Kontakte ermöglichen würden. Die Rücklaufquote erreichte erstaunliche 44 Prozent. In dem Monat des Werbefeldzugs stiegen die monatlichen Absatzzahlen von 55 000 auf 90 000 und kletterten drei Monate später auf 110 000.

Wie in den Vereinigten Staaten liegt das Schlüsselelement des Direct mail im gezielten Einsatz, der durch umfangreiche Akten voller Detailinformationen über die Ärzte, ihre Einstellungen und Verschreibungsgewohnheiten ermöglicht wird. Für zwei Gruppen von Medizinern interessieren sich die Pharmabetriebe besonders. Im Marketing-Jargon werden sie als »Innovatoren« und als »frühe Übernehmer« bezeichnet. Der Meister dieses Fachgebiets heißt E. M. Rogers. Seine Thesen sind in Büchern über Marketing-Verhalten zu finden. Rogers identifiziert fünf Gruppen, die neue Produkte einsetzen: An erster Stelle stehen die »Innovatoren« (2,5 Prozent eines Marktes), gefolgt von den »frühen Übernehmern« (13,5 Prozent). Dann kommen die »frühe« und die »späte Mehrheit« (zu jeweils 34 Prozent) und zum Schluß die »Nachzügler« (16 Prozent).

Die Innovatoren sind die Pioniere, die gerne mit Neuem experimentieren. Die frühen Übernehmer übernehmen das Neue, wenn es zu funktionieren scheint. Als Gruppe werden sie respektiert und üben so eine starke Wirkung aus. Dieser Prozeß wird »Diffusion« genannt. Beim Produktverkauf wird der Nutzen offensichtlich. Von der Annahme ausgehend, daß jede Gruppe die ihr nachgeordnete beeinflußt, werden bei der Markteinführung eines Produkts vor allem die Innovatoren und die frühen Übernehmer mit besonderer Aufmerksamkeit bedacht. Das ist gerade bei neuen Präparaten wichtig, wenn Ärzte dazu neigen, besonders vorsichtig und nervös zu sein. Als Innovatoren unter den Ärzten gelten jene, die die möglichen Risiken nicht sehen, erklärte mir ein Insider. Sie sehen die *Vorzüge* des neuen Mittels. Wenn sie dazu überredet werden können, das neue Präparat gleich einzusetzen, erregen sie damit die Aufmerksamkeit der wesentlich größeren Gruppe der frühen Übernehmer usw.

Von großer Bedeutung sind hauptsächlich die von den Arzneimittelvertretern gelieferten Informationen über die Verschreibungsgewohnheiten der Ärzte. Es gibt Firmen, die sich darauf spezialisieren, diese Informationen zusammenzutragen. Scriptrac in den USA gibt vor, »von den Innovatoren bis zu den Traditionalisten« alle, in jeder Produktkategorie, identifizieren zu können. »Sie können gezielt Promotion-Kampagnen an die empfänglichste Leserschaft richten«, rühmt sich die Firma in ihrer eigenen Promotion-Literatur gegenüber den Pharmaunternehmen. Nach ihren Angaben bedienen sich 31 Firmen ihrer Dienstleistungen.

Auch in Großbritannien wurde ein neuer Service mit ähnlichen Zielsetzungen von Haigh, Walsh and Associates angeboten. Bekannt unter DOC.P.A.L. – Doctor Priority Action List – pries sich das System, »soziologische Methoden« bei der Klassifizierung der Ärzte gemäß ihrem Verhalten angewandt zu haben. Im Hinblick auf die Einwände seitens der Parlamentsmitglieder, die der Pharmaindustrie kritisch gegenüberstehen, wurde DOC.P.A.L. sehr diskret vermarktet. Diese Dienstleistung trug im wesentlichen die Ergebnisse einer einjährigen Befragungsaktion von Ärzten zusammen. Unter anderem wurden die Allgemeinmediziner gebeten, Präparate, die sie verschreiben würden, auf einer vorgegebenen Liste anzukreuzen. Ferner wurden sie gefragt, ob sie Äußerungen von Kollegen berücksichtigen, wenn es um das Verschreiben von Medikamenten ging. Weitere Fragen drehten sich um ihr Interesse an Seminaren über Arzneimittel-Therapien und ihre medizinischen Aktivitäten außerhalb der Praxis. Diese Informationen wurden zusammen mit bereits bekannten Details computerisiert und für die Pharmafirmen und ihre Direct mailings oder Einladungen zugänglich gemacht. Die Leiter dieses Unternehmens, Jeremy Walsh und Barry Haigh, waren offensichtlich in einem Dilemma: Einerseits sehnten sie sich danach, ihren Service anpreisen zu können, zugleich aber durften sie außerhalb der Industrie kein allzu großes Aufsehen erregen, da sonst das Projekt »falsch interpretiert« werden könnte. Nach ihrem Wissen, so verkündeten sie stolz, war es der erste Service dieser Art auf der Welt. Er sei aber auch, erklärte mir einer der Herren, »ein wenig heikel«. DOC.P.A.L. wird jetzt von Walsh Mander angeboten. Gegenwärtig sind laut den Projektbeschreibungen Detailinformationen über 24 000 Ärzte gespeichert. Zur Effektivität wird ausgeführt: »Ein unabhängiges Gutachten stellte fest, daß der Einsatz eines Produkts um mehr als 30 Prozent gesteigert werden kann, wenn sich die Promotion auf ein von DOC.P.A.L. erfaßtes Ziel konzentriert und nicht einfach auf eine beliebige Gruppe richtet.«

Die Frage ist eigentlich nicht, ob Ärzte beim Rezeptschreiben durch die Anzeigen beeinflußt werden, sondern in welchem Grad sie beeinflußt werden. Einige Insider behaupten, daß Überredung notwendig und gut ist. Dazu George Teeling-Smith vom Office of Health Economics: »Selbst die wichtigsten und nützlichsten Neuerungen müssen rigoros angepriesen werden, wenn die Gesellschaft davon profitieren und der Forscher die notwendigen Finanzmittel erhalten soll, um seine innovativen Aktivitäten fortzusetzen. In dieser Hinsicht sind Ärzte auch als Menschen und nicht nur als wissenschaftliche Idealtypen zu sehen. Auch sie müssen dazu überredet werden, neue Medikamente in ihren Praxen einzuführen.«[24]

Nicht weniger überzeugend läßt sich argumentieren, daß die Pharmawerbung streng reglementiert ist. Es gibt sowohl freiwillige als auch gesetzliche Sanktionen, doch liegt hier, wie in allen anderen Bereichen der Werbung, der Kunstgriff darin, eine bestimmte Botschaft zu vermitteln – wenn möglich, ohne das Gesetz zu brechen. In den USA ist die Lebensmittel- und Arzneimittelbehörde (FDA) seit 1962 beauftragt, das Marketing auf dem Pharmamarkt zu überwachen. Die FDA geht relativ selten gegen Pharma-Anzeigen vor, was als Beweis dafür gesehen wird, daß die Industrie sich an die Statuten hält (1987 überwachte die FDA über 29 000 Fälle von Pharma-Promotion; es wurden weder Korrekturen der Anzeigen verlangt, noch mußten juristische Schritte unternommen werden, und insgesamt wurden nur vier »Abmahnungen« erteilt). Von John J. Fisher, dem Präsidenten der Werbeagentur Frank J. Corbett Inc. in Chicago, stammt der folgende Vergleich: FDA-Vorschriften, wonach Anzeigen zusätzlich zu den verkaufsfördernden Aspekten auch »alle schlechten Seiten« aufführen müssen, seien wie die Warnungen in Anzeigen für Toaster: »Vorsicht beim Einschalten! Gefahr eines Stromschlags!«[25] In Großbritannien existiert ein Kodex der Association of the British Pharmaceutical Industry (Verband der britischen Pharmaindustrie), der sicherstellen soll, daß die Werbung verantwortungsvoll und korrekt vorgeht. Informationsblätter mit allen relevanten Details über Produkte, einschließlich der Warnungen und Nebenwirkungen, müssen den Ärzten vorgelegt werden. Die Consumers' Association (Verbrauchervereinigung) gibt einen Überblick über die medizinischen Entwicklungen heraus (*Drug and Therapeutics Bulletin*). Die BMA (British Medical Association; der britische

Ärzteverband) und die Pharmaceutical Society (Pharmazeutische Gesellschaft) veröffentlichen das *British National Formulary*, das die gegenwärtig erhältlichen Behandlungsmittel auflistet. Aufgrund dieser Sachlage wird behauptet, daß die Anzeigen (und andere Promotion-Strategien) sorgfältiger Aufsicht unterliegen, so daß nur wahre und faire Informationen vermittelt werden und Ärzte ohnehin viele andere Quellen besitzen, um sich die benötigten Informationen über Medikamente zu verschaffen.

Beide Argumente scheinen zuzutreffen, aber nur bis zu einer gewissen Grenze. Denn in Großbritannien gibt es einen Weg, die Limits, die den Firmen für ihre Promotion gesetzt sind, zu umgehen. (Diese Grenzen lagen 1987 bei nur noch neun Prozent des Umsatzes der Pharmaindustrie im staatlichen Gesundheitsdienst NHS.) [26] Ziel dieser Beschränkungen ist es, »Bildungsmaterialien« wie gesponserte Veröffentlichungen zu fördern, die sich mit bestimmten Behandlungsthemen auseinandersetzen oder Workshops und Seminare anbieten. Diese Methoden fallen nicht unter die Reglementierungen. Was Anzeigen anbelangt, darf nie vergessen werden, daß sie dem Zweck dienen, Produkte zu verkaufen.

Da die Firmen effektives Marketing und effektive Werbung *brauchen*, werden die Regeln des öfteren zurechtgebogen. Das kann unter Umständen mit öffentlicher Duldung geschehen. In den Vereinigten Staaten müssen Anzeigen für pharmazeutische Produkte eigentlich Gegenanzeigen, Warnungen und andere Vorsichtsmaßnahmen aufführen. Die Fernsehreklame würde dadurch im wesentlichen unmöglich gemacht. Unter Präsident Reagan beschloß die FDA, den Werbungtreibenden zu gestatten, das Gesetz lediglich dem *Sinn* nach, doch nicht unbedingt *buchstabengetreu* zu befolgen. Die FDA legte fest, daß die einminütigen Reklamespots den Vorschriften nachkämen, wenn sie hör- oder sichtbare Informationen über eventuelle Nachteile des Produkts enthielten. Kurze Zusammenfassungen über das Präparat standen am Ende des Programms. John Kallir, der erfahrene Werbefachmann in der Pharmabranche, gab mir zu verstehen, daß dieser Schritt ein Beispiel für die größere Nachsicht der FDA unter Reagan war – »obwohl die FDA das natürlich abstreiten würde«. Die Informationen laufen seiner Meinung nach so schnell ab, daß »Sie ein exzellenter Schnelleser sein müßten. Die Leute lachen. Selbst wenn es sich um eines Ihrer eigenen Produkte handelt, dessen Details Sie zur Hälfte auswendig wissen, können Sie sie dennoch nicht lesen. Es ist lächerlich, aber die FDA bezeichnet es als vollständige Offenlegung. Das Gesetz wird also befolgt«.

Manchmal liegen die Übertretungen im Bereich der Promotion. Rheumatologen durften anläßlich der Markteinführung eines neuen Arthritismittels im Orient Express nach Venedig fahren; die BBC berichtete darüber. Nach Dr. Brian Lewis, einem Mitglied des General Medical Council, dem maßgeblichen Verband dieser Berufsgruppe, war die Sendung auf Abscheu gestoßen.[27] In einem anderen Fall bot Servier Laboratories Hausärzten Ausstattungen für eine Geschlecht-Alter-Registratur im Wert von 20 Pfund an, wenn sie ausschließlich das Grippemittel dieser Firma injizieren würden. Und ein drittes Beispiel: Ärzte und ihre Familien wurden zu einem Tagesausflug eingeladen. Sie konnten sich in einem Privatclub mit Bar vergnügen oder in Rettungsbooten mitfahren – Promotion-Strategien, um ein Präparat von Astra Pharmaceuticals zu verkaufen.

Viele Übertretungen kommen in der Werbung selbst vor. In den USA wird oftmals für Produkte geworben, bevor die FDA sie genehmigt hat. Vergleichende Anzeigen führen detailliert Nachteile konkurrierender Mittel an, ohne die des eigenen Produkts zu erwähnen. Die Tendenz nimmt zu, wie ein führender Mann in der Arzneimittelbehörde beobachtet, daß Behauptungen aufgestellt werden, »die außerhalb der Grenzen guter Werbung liegen«[28]. Ein Beispiel hierfür bietet Procardia, ein Herzmittel der Pfizer Inc., das, wie bereits erwähnt, in zwölf Wochen 17 Millionen Dollar einbrachte. Der Werbefeldzug, schrieb die FDA später in jenem Jahr an Pfizer, war »widerrechtlich und irreführend in seiner Botschaft«. Wichtige Warnungen seien falsch dargestellt worden. Procardia war ein gutes Heilmittel bei Angina, die durch Herzarterienkrämpfe verursacht wurde, aber der FDA zufolge war es als »erstklassiges« Mittel gegen alle Arten von Angina angepriesen worden – nach Pfizers eigenen Forschungsergebnissen waren andere Präparate mindestens ebenso wirksam, wenn nicht sogar besser geeignet. Als wäre das nicht genug, protestierte die FDA auch noch gegen die in den Broschüren aufgestellten Behauptungen, daß das Mittel besser als ein anderes sei, indem das eigene Produkt »mit vorsichtigen Formulierungen positiv dargestellt« wurde, »ähnliche Auswirkungen« des Konkurrenzmittels aber »verschwiegen wurden«[29].

Das Gesundheitsministerium Großbritanniens beanstandete die »besorgniserregende Zunahme« von Beschwerden über Pharmafirmen, die in ihrer Werbung zu weit gehen. Ein Brief an die Unternehmen endete mit den Worten: »Sie sind gewarnt worden.« Manche Präparate waren für die Heilung von Krankheiten angepriesen worden, für die sie nicht zugelassen waren. Für andere war geworben worden, bevor sie vom Committee on Safety of Medicines (Ausschuß für die Sicherheit von Medikamenten) genehmigt worden waren. Im darauffolgenden Jahr führte die *Sunday Times* ein Experiment durch, in dem die Lesbarkeit der entscheidenden Informationen über Nebenwirkungen getestet werden sollte.[30] Diese Hinweise müssen in den Anzeigen erscheinen – das Gesetz schreibt vor, daß die Informationen »deutlich und lesbar« gedruckt sein müssen. 18 Ärzte wurden gebeten, sich eine »typische, kleingedruckte Anzeige« anzuschauen, in diesem Fall handelte es sich um Xanax, ein Beruhigungsmittel von Upjohn. Die Zeitung berichtete: »Zwei Allgemeinmediziner und ein Radiologe konnten sie fast gar nicht lesen. Drei andere Ärzte, ein junger Medizinalassistent und zwei Fachärzte, benötigten eine Lupe. Ein Allgemeinmediziner benutzte ein Lineal, um beim Lesen auf der Zeile zu bleiben. Acht Ärzte kämpften sich durch die Zeilen, gaben aber Kommentare wie ›schwierig‹, ›kaum lesbar‹ und ›möchte nicht weiterlesen‹ ab.« In einer Anzeige für Bolvidon, einem Antidepressivum von Organon, war die Schrift noch kleiner.

Im selben Jahr erklärte Pfizers leitender Direktor für Großbritannien, er werde Ärzten schriftlich mitteilen, daß eine Anzeige für das Asthma-Inhalationsmittel der Firma eventuell zu »Mißverständnissen« habe führen können.[31] In den Anzeigen war behauptet worden, daß das Mittel »letzten Endes helfen könnte, die zerstörerische Progression« von Asthma und chronischer Bronchitis bis hin zu Herzversagen »zu brechen«. Die Anzeigen wurden zurückgezogen, nachdem die Firma durch den Ausschuß für die Sicherheit von Medikamenten zensiert worden war.

Ebenfalls in jenem Jahr veröffentlichte die *Sunday Times* eine Liste »irreführender Anzeigen«, in denen »Arzneimittel als wesentlich sicherer bezeichnet werden als es der Fall ist und so Patienten gefährden. Oder sie gaben zweifelhafte oder nicht-existierende Vorteile an.«[32] Einige Beispiele:

»Persantin: Der britische Gesundheitsdienst gibt jährlich fünf Millionen Pfund für dieses Präparat aus, das angeblich Schlag- und Herzanfälle verhindert. Dieser Anspruch ist bestenfalls fragwürdig und schlimmstenfalls unwahr. Es ist wissenschaftlich erwiesen, daß eine Behandlung mit Aspirin (das Bildungen von Blutgerinnseln verzögert) wirksamer ist.

Cordarone X: ein nützliches Heilmittel bei abnormalen Herzrhythmen. 1983 wurde es mit dem Anspruch vermarktet, daß es ›hochwirksam‹ sei, ›die Nebenwirkungen und Gegenanzeigen scheinen minimal zu sein...‹ In Wirklichkeit war in einem Leitartikel in *The Lancet* betont worden, daß die Haut einiger Patienten, die dieses Mittel einnahmen, grau wurde und daß das Präparat gastrische und nervöse Störungen hervorruft. Mindestens acht Todesfälle sind im Zusammenhang mit diesem Produkt bekannt. Der Hersteller, Sanofi, strich schließlich seine Behauptungen aus seinen Anzeigen und betonte, daß nur der kurzfristige Einsatz des Präparats gemeint gewesen sei.«

Die Autoren schrieben, daß viele Gesetzesverletzungen ungeahndet blieben, weil das Gesundheitsministerium kein umfassendes System zur Überwachung der Pharmawerbung kenne. Viele Klagen würden an die Association of the British Pharmaceutical Industry (ABPI; Verband der britischen Pharmaindustrie) weitergeleitet. »Aber bei Übertretung des Kodex besteht die Strafe lediglich in der Forderung nach Rücknahme der fraglichen Anzeige... Eine irreführende Anzeige erscheint oft monatelang, bevor sie korrigiert wird – und hat dann längst auf die Ärzte eingewirkt.«

Das DHSS (das britische Gesundheits- und Sozialministerium) hat in der Tat eine Abteilung, die Medicines' Division, die für die Überwachung der Pharma-Verkaufsförderung verantwortlich ist. 1987 bestand sie aus nur vier Mitarbeitern und war erst einmal gegen eine große Firma, Roussell, vorgegangen. Nach deren Angaben bot ihr Produkt Surgam gastrischen Schutz und reduzierte so die Gefahr innerer Blutungen (ein ständiges Problem bei Mitteln gegen Arthritis). Der Firma konnte die Veröffentlichung einer irreführenden Anzeige nachgewiesen werden, da ihre Aussage im Widerspruch zu einer Warnung des Ausschusses für die Sicherheit von Medikamenten stand. Danach darf Surgam Patienten mit Magen-Darm-Problemen nicht verabreicht werden.

Die ABPI kann Firmen ihre Mitgliedschaft entziehen. Diesen

Schritt hat sie in den 29 Jahren seit ihrer Gründung bis 1987 erst einmal unternommen. Damals wurde die britische Niederlassung des deutschen Konzerns Bayer auf unbegrenzte Zeit ausgeschlossen, weil Verkäufer unechte Testkarten benutzten, um Ärzte zu überreden, Medikamente zu verschreiben.[33] Die Ärzte glaubten, an wissenschaftlichen Versuchen teilzunehmen und füllten die ausgehändigten Karten aus. Aber die Verkäufer reichten die Daten nie weiter. Als Gegenleistung erhielten die Mediziner Geld (15 Pfund für jeden Patienten, dem sie die Medikamente verabreicht hatten) und in bestimmten Fällen Ladengutscheine, Fotoausrüstungen, ein Fernsehgerät und eine gesponserte Reise in die USA. Bayer gab vor, daß die Aktionen örtlich beschränkt gewesen seien. Aber die ABPI war der Meinung, daß Bayer die Industrie in Verruf gebracht habe.

Diese Überschreitungen im Promotion-Bereich verblassen jedoch im Vergleich mit den Überschreitungen, die in der Dritten Welt stattfinden. Verbraucherschützer und Ärzte berichten, oft in grausigen Details, daß dort häufig Präparate vermarktet werden, die in ihren Ursprungsländern entweder zurückgezogen oder gar nicht zugelassen worden sind. Ärzte werden dazu überredet, starke Mittel zu verschreiben, ohne auf Nebenwirkungen hingewiesen zu werden.

Die Dritte Welt gibt jährlich etwa zwölf Milliarden Dollar für Medikamente aus, und die meisten Länder haben keine andere Wahl, als sie von westlichen Firmen zu kaufen, da diese den internationalen Markt dominieren.

Die Konzerne und Firmen werden beschuldigt, nur Produkte herzustellen und zu verkaufen, die dem Bedarf in den Industrieländern entsprechen. Nur ein Drittel aller Forschungsgelder wird für die Erforschung von spezifischen Krankheiten der Dritten Welt ausgegeben. Zwischen 1977 und 1980 haben sich 14 europäische Pharmafirmen die Erforschung neuer Präparate gegen Tropenkrankheiten schätzungsweise 126 Millionen Dollar kosten lassen.[34] *The Economist* betonte, daß dies »wenig mehr ist als die Kosten für die Erforschung und Entwicklung eines einzigen Medikaments für den westlichen Markt«.

Es wird behauptet, die Länder der Dritten Welt würden dazu überredet, große Mengen Vitamine und Stärkungsmittel zu nehmen, was meist unnötig sei. Und gerade bei der Vermarktung dieser Produkte werden die lächerlichsten Argumente vorgetragen. So wird

zum Beispiel Vitaminen die Wirkung zugeschrieben, Senilität entgegenzuwirken. Ein Werbefeldzug für Roche Vitaminets Fortes in Indien verbreitete: »Ihr Kind ist intelligent, aber ist es aufgeweckt?«[35]
Danach zählte die Anzeige Symptome auf, die mit ›Vitaminmangel‹
einhergehen: das Kind geht ungern zur Schule, es vergißt Stifte und
Bücher, es beklagt sich über andere Kinder. All das sind jedoch
»Symptome«, die bedeuten würden, daß mindestens 95 Prozent der
gut ernährten westlichen Kinder ebenfalls an »Mangelerscheinun-
gen« leiden.

Aber noch gefährlicher (und verwerflicher) ist die Vermarktung
starker Medikamente. Oxfam fand heraus, daß Anabolika, von der
holländischen Firma Organon für die Behandlung seltener Knochen-
krankheiten produziert, in Peru und anderen Ländern als Appetit-
anreger für Kinder verkauft wurden.[36] In Bangladesch erschien 1981
eine Anzeige für Orabolin, in der Kinder mit der Headline »Helft
Kindern wachsen – mit Orabolin« spielen.

Die westdeutsche Firma Schering ist verschiedentlich angegriffen worden, weil sie in Ostafrika bestimmte Präparate vermarktet,
obwohl diese bei der Behandlung von sich um ihre Potenz sorgenden
Männern als »nutzlos« beschrieben werden.[37] Eine Anzeige für Proviron zeigt ein afrikanisches Paar auf dem Bett. Er sitzt auf dem Rand
und läßt den Kopf hängen, ein Zeichen von Enttäuschung und Versagen. »Unfruchtbarkeits- und Potenzstörungen können quälen«, lautet die Überschrift. In einer anderen Anzeige derselben Firma für Tonovan steht ein reicher junger Schwarzer neben einem Auto. Der Text
dazu lautet: »Tonovan gibt einem Mann das gewisse Etwas.« Beide
Präparate sind im wesentlichen Derivate des männlichen Hormons
Testosteron. Dr. Andrew Herxheimer vom Charing Cross Hospital in
London, Herausgeber des *Therapeutics Bulletin*, erklärte gegenüber
Africa Now: »Die Firmen exportieren alte Heilmittel in die Entwicklungsländer. Es gibt seit Jahren Markenmedizin für die um ihre Potenz fürchtenden Männer, aber die Ärzte im Westen wissen mittlerweile, das dies alles nutzlose Zauberei ist. Die Firmen wissen das
auch.« Und er fügte hinzu: »Die Hauptursache für Impotenz ist psychologischer Natur, und diese Mittel wirken nur, wenn die Leute an
sie glauben. Aber wenn Ärzte diesen Placebo-Effekt für sinnvoll halten, dann sollten sie inerte Substanzen verwenden und keine pharmakologisch aktiven.« Ein Mitglied des britischen Ausschusses für

die Sicherheit von Medikamenten wies darauf hin, daß »fortgesetztes Einnehmen von Testosteron zu Leberschäden führen kann«.

Eine über acht Jahre laufende, in den USA veröffentlichte Studie führte zahllose Beispiele an.[38] Eines davon beschrieb den Vertrieb von Clioquinol (Markenname Entero-Vioform) durch Straßenverkäufer in Indonesien. Dieses Mittel gegen Durchfallerkrankungen war zehn Jahre zuvor in Japan verboten und in den Vereinigten Staaten vom Markt gezogen worden, nachdem man es mit akuten Unterleibsschmerzen und, in manchen Fällen, mit Erblindung und Gehirnschäden in Verbindung gebracht hatte. Auf den Philippinen wurde das Antibiotikum Chloramphenicol für verschiedene Arten von Infektionen, von Grippe bis Akne, verschrieben. Das Medikamentenhandbuch, das die Ärzte benutzten, erwähnte mit keinem Wort die mögliche Nebenwirkung, eine tödliche Form von Anämie.

Verbraucherschützer treten für einen Kodex ein, der das internationale Marketing von Medikamenten regulieren und von der Weltgesundheitsorganisation überwacht werden soll. Die Industrie verweist dagegen auf ihren eigenen Verhaltenskodex und argumentiert, daß eine effektive Kontrolle nur freiwillig sein könne. Sie führt ins Feld, daß sich die Firmen darum bemühten, ihr Informationsverhalten zu verbessern. Die Marketing-Praktiken änderten sich; Anabolika zum Beispiel würden nicht mehr als wachstumsfördernd für Kinder angepriesen. Der Kampf scheint ein langer zu werden.

Ärzte sind – entgegen einer verbreiteten Annahme – zum Zeitpunkt ihrer Zulassung keine pharmazeutischen Experten. Die Pharmakologiekurse während der Ausbildung werden als »sehr kurz« beschrieben. Außerdem verändert sich in der Medizin in den letzten Jahren alles so schnell, daß die Ärzte über viele Medikamentenentwicklungen oft erst nach der Ausbildung informiert werden. »Es ist alarmierend«, schrieb Dr. Vernon Coleman 1982, »daß die meisten heute praktizierenden Ärzte zugelassen wurden, als die Antibabypille noch nicht allgemein erhältlich war, und daß sie ihre Ausbildung bereits in Prä-Valium-Zeiten abgeschlossen haben.«[39] Ein 45jähriger Arzt, meinte Dr. Coleman, habe also vor dem Einsatz oral einzunehmender Verhütungsmittel seine Zulassung erhalten, vor Beruhigungsmitteln wie Valium, Ativan, Mogadon und Librium, vor Aldomet (Methyldopa) gegen Bluthochdruck, vor dem inzwischen weit verbreiteten

Mittel bei Infektionen, Penbritin, in den Zeiten vor Intal, dem Asthmamittel, vor der effektiveren Bekämpfung von Blutgerinnselbildungen durch Medikamente und bevor die Gefahren von Präparaten wie Thalidomid erkannt wurden.

Doch gehört es selbstverständlich zum Ärzteberuf, sich auf dem laufenden zu halten. Coleman glaubt, daß ein unverhältnismäßig hoher Anteil der Weiterbildung durch Anzeigen und Promotions erfolgt. »Die Mehrheit der Ärzte bezieht leider immer noch viele Informationen über neue Präparate und Methoden aus Filmen und Literatur der Pharmaindustrie – wohl kaum eine objektive Quelle.«

Die Ärzte würden dies wahrscheinlich bestreiten, zumindest taten es die, mit denen ich gespochen habe. Die Arbeit von Professor Jerry Avorn, Direktor des Programms für Medikamenteninformation der Medizinischen Fakultät an der Harvard University, liefert jedoch interessante Hinweise. Avorn wollte herausfinden, was 85 Ärzte in der Umgebung von Boston beim Verschreiben eines Präparats für ausschlaggebend hielten. 68 Prozent gaben an, daß der Werbung dabei kaum Bedeutung zukäme. 88 Prozent sagten, daß der größte Einfluß auf das Verschreiben eines Mittels von ihrer Klinikerfahrung und der Ausbildung herrühre. 62 Prozent meinten, daß die wissenschaftlichen Beiträge in den Fachblättern von Bedeutung seien.

Daraus könnte bei oberflächlicher Betrachtung der Schluß gezogen werden, daß die Pharmaindustrie viel Geld verschwendet. Aber Avorn hatte auch Fangfragen in seine Umfrage eingebaut. Die Antworten darauf, sagt er, bewiesen, daß die Ärzte eben doch von den Anzeigen beeinflußt würden, was immer sie auch behaupteten. Die Mediziner wurden in der Umfrage über zwei Arten von rezeptpflichtigen Medikamenten befragt, die beide unter Angabe bestimmter Wirkungen vermarktet wurden, die Avorn zufolge nicht nachgewiesen waren. Zum einen handelte es sich um Propoxyphen-Schmerzmittel, von denen Avorn sagt, es sei bewiesen, daß sie bestenfalls so gut wie Aspirin seien. Die Hälfte der befragten Ärzte jedoch meinte, daß diese Mittel wirksamer als Aspirin seien. Beim zweiten Medikament handelte es sich um Vasodilatoren, die angeblich gefäßerweiternd wirken und so die Durchblutung im Gehirn und in den Beinen fördern sollen. Avorn erklärte, daß in der Werbung behauptet werde, die Präparate verbesserten die Denkleistung bei Senilität und die Durchblutung bei Arterienverkalkungen. In der medizinischen Literatur jedoch würden laut Avorn entgegen den Werbe-Argumenten die Mittel als nutzlos bezeichnet. Dagegen hielten 71 Prozent der Ärzte geschädigtes Blut für eine Hauptursache von Senilität, und 32 Prozent beurteilten Hirnvasodilatoren als hilfreich bei der Behandlung von verwirrten geriatrischen Patienten.

Professor Avorn stellt die Bedeutung seiner Ergebnisse so dar: »Pharmawerbung ist einfach visuell faszinierender und leichter zu begreifen als die Beiträge in der Fachliteratur der Medizin.«

Wenn also die Ärzte beim Verschreiben doch nur wie gewöhnliche Menschen handeln, gibt es dann nicht latente Motivationen, auf die sich die Werbung konzentrieren könnte?

Zwei britische Forscher – Peter Cooper, der bereits erwähnte Psychologe, und Giles Lenton – kommen als Folge ihrer Arbeit mit Ärzten zu dem Schluß, daß Allgemeinmediziner manchmal »intuitive, persönliche und manchmal emotionale Gründe für das Verschreiben von bestimmten Medikamenten« haben. In einem Papier, das sie der British Pharmaceutical Market Research Group präsentierten, stellten sie fest: »Unser Ausgangspunkt ist, daß Allgemeinmediziner Menschen sind und daher Streß und Schwächen wie wir alle ausgesetzt sind. Allgemeinmediziner«, fuhren sie fort, »stellen Rezepte *anscheinend* als Ergebnis von objektiven, sachlichen Untersuchungen und Diagnosen aus, doch ist es ebenso wahrscheinlich, daß sie ihre Entscheidung über Behandlungen und das Verschreiben von Markenarzneimitteln aufgrund psychologischer Faktoren treffen.« Die beiden Forscher nannten vier solcher Faktoren:

»1. Mit der Routine zurechtkommen – Rezepte ausstellen, ohne richtig nachzudenken (›Ich bemerke, daß ich X verschreibe, weil es mir gerade einfällt‹).

2. Streß – Zeitdruck und Unsicherheit, was zu tun ist.

3. Ein Spiel spielen (Behandlungen können verordnet und Markenmedikamente verschrieben werden als eine Art, die Patienten zu ›bestrafen‹, mit ihnen zu ›spielen‹... (oder) sie zu ›trösten‹ und ihnen ›behilflich zu sein‹).

4. Selbstdarstellung – ›So finden wir Allgemeinmediziner, die Rollen spielen: die Rolle eines Zauberdoktors, eines Doktor Klug, eines Doktor Wissenschaft, eines Doktor Mitgefühl etc. Bestimmte Markenpräparate können diese Selbstdarstellungen noch fördern.‹«

Cooper und Lenton schlugen vor, ihre Ergebnisse für Marketing und Werbung zu nutzen. Offensichtlich sollten die Anzeigen vermitteln, »wie Markenmedikamente Allgemeinmedizinern *helfen* können, ihre Arbeit zu bewältigen, wie sie ihnen ihre Frustrationen mit Patienten und Symptomen *erträglicher* gestalten, oder welche von ihnen den Wunsch *erfüllen*, ein guter (oder manchmal auch wirklich beteiligter) Arzt zu sein«.

Doch Pharmahersteller können Ärzte auch noch auf andere Weise beeinflussen: Sie können direkt bei den eigentlichen Konsumenten, den Patienten, werben, um sie zu veranlassen, die Ärzte namentlich um ein Medikament zu bitten. In kleinerem Rahmen ist dies bereits geschehen, und obwohl dieses Vorgehen manchmal befürwortet und dann wieder abgelehnt wird, glauben viele, es sei nur eine Frage der Zeit, bis sich diese Strategie allgemein durchsetzt. Dr. Philip Brown, der ehemalige Chef von Deltakos und jetzige Herausgeber medizinischer Literatur, erklärte vor einem der jährlichen Seminare des British Pharmaceutical Marketing Club, daß er sich für die Zukunft halbseitige Anzeigen für verschreibungspflichtige Arzneimittel in einem Massenmedium wie *Radio Times* vorstellen könne. »Ich weiß, es ist teuer, aber vor dem Fernsehgerät sitzen all die chronischen Arthritisleute.« Nach Brown deuteten eine Anzahl Faktoren auf diese Verkaufsförderungsstrategie: der Trend zur Eigenmedikation, das größere Verständnis medizinischer Probleme, und die Tatsache, daß chronisch Kranke mehr über die Wirksamkeit der Medikamente wüßten, als ihre Ärzte jemals wissen würden. Die Erfahrung lehre, daß Patienten in der Lage seien, um Rezepte zu bitten und sie zu erhalten. »Es kann viel Zeit und große Promotion-Anstrengungen kosten, einen Arzt zu überreden, seine Verschreibungsgewohnheiten zum Beispiel bei Patienten mit Bluthochdruck zu ändern, aber wenn die Patienten selbst ihn um den neuesten Betablocker bitten, über den sie gestern in der Zeitung gelesen haben, dann können Resultate in Wochen erzielt werden, die durch Werbung in medizinischen Fachblättern und durch Praxisbesuche der Pharmavertreter in vielen Jahren nicht erreicht werden können.«

1983 begann Boots Pharmaceuticals, sein Arthritisarzneimittel Rufen im amerikanischen Fernsehen anzupreisen – es war das erste Mal, daß Zuschauer direkt einen Werbespot für ein verschreibungspflichtiges Medikament zu sehen bekamen. Die Reklame forderte Arthritiker auf, ihre Ärzte um das Verschreiben dieses Präparats zu bitten, falls sie nicht bereits ein ähnliches Mittel von Upjohn, Motrin, einnahmen. Die Werbespots betonten, daß Rufen billiger als Motrin sei. Die ersten Reklamesendungen liefen viereinhalb Tage lang in der Gegend von Tampa-St. Petersburg, bevor die Lebensmittelbehörde (FDA) Einhalt gebot. Sie begründete ihren Einspruch damit, daß Behauptungen über die Wirksamkeit des Mittels aufgestellt würden und daß folglich auch alle anderen Informationen offen dargelegt werden müßten. Boots reagierte entsprechend und brachte eine vereinfachte Version heraus, in der Arthritis nicht erwähnt wurde und sich nur die Aussage fand, daß Rufen billiger als Motrin sei. Diese Version lief sechs Wochen. Dann setzte die Firma sie ab, um die Aktion zu bewerten. Gedruckte Anzeigen waren kämpferisch formuliert: »Wenn Sie an Arthritis leiden und Ihr Arzt Ihnen Ibuprofen verordnet, sollten Sie wissen, daß er statt dessen jetzt zwei Markenmedikamente verschreiben kann: Motrin und Rufen. Und während Motrin-400mg und Rufen-400mg austauschbar sind, gibt es doch einen wichtigen Unterschied – Rufen kann Sie weitaus weniger kosten.« (Es entbehrt nicht einer gewissen Ironie, daß Motrin ein Boots-Präparat war, das seit 1974 an Upjohn lizenziert war. Die Lizenz war jedoch nicht exklusiv, daher konnte Boots damit später selbst auf den Markt gehen.)

Werbung in der Öffentlichkeit für verschreibungspflichtige Medizin wurde ernsthaft erwogen, als Reagans Gefolgsleute 1981 die Kontrolle über die FDA übernahmen. Die FDA experimentierte mit Anzeigen für erfundene Produkte, sowohl in Zeitschriften als auch im Kabelfernsehen, um herauszufinden, ob es möglich war, Informationen über Nebenwirkungen dem Gesetz entsprechend zu vermitteln. 1986 ermutigte sie die Pharmafirmen, mit mehr verbraucherorientierten Anzeigen zu werben. CBS, eine der drei großen amerikanischen Fernsehanstalten und möglicherweise ein von dieser Art von Werbung profitierendes Unternehmen, begann mit eigenen Untersuchungen. Diese zeigten, daß die Konsumenten »mehr Informationen über verschreibungspflichtige Medizin wünschen«.

Mittlerweile haben sich gegensätzliche Gruppierungen gebildet – Befürworter und Gegner dieser Strategie. Verbrauchervereinigungen sind dagegen, aber individuelle Konsumenten scheinbar nicht (eine Studie der Scott-Levin Associates von 1987 zeigte, daß 70 Prozent mehr direkte Werbung für verschreibungspflichtige Arzneimit-

tel sehen wollten). Ärzte legen sich entweder nicht fest, oder sie sind
dagegen. Werbeagenturen bleiben in der Öffentlichkeit diplomatisch
nach beiden Seiten offen und vertreten die Ansicht, daß die Sache
diskutiert werden sollte. Ein Unterausschuß des Kongresses untersuchte die Angelegenheit zwei Jahre lang.[40] 37 Pharmafirmen gaben
ihre Einstellung bekannt. Nur zwei – Sandoz Inc. und Kalipharma
Inc. – befürworteten die Idee; zwei weitere – Marion Laboratories
und Merrell Dow Pharmaceuticals – stimmten unter der Voraussetzung zu, daß in den Anzeigen keine Markennamen genannt würden.
Der Vorsitzende des Unterausschusses, der Abgeordnete John
D. Dingell, machte seinen Standpunkt unmißverständlich klar:»Meiner Ansicht nach liegt die Massen-Promotion von verschreibungspflichtigen Medikamenten nicht im Interesse der Öffentlichkeit«,
schrieb er in einem Brief an die FDA, der dem Untersuchungsbericht
beigefügt wurde. Aber war damit die Frage vom Tisch? Der bedeutsame Satz in dem Bericht war, daß die Massen-Promotion für verschreibungspflichtige Medizin eine Idee sei,»deren Zeit *noch* nicht
gekommen ist«. Und vielleicht war es auch genauso bedeutsam, daß
die Pharmabetriebe, die sich gegen den Vorschlag wandten, andeu-
teten, daß sie ihre Haltung ändern würden, wenn diese Art direkter
Werbung um den Konsumenten erst einmal beginne. Merck räumte
beispielsweise ein, daß man als Reaktion auf eine groß angelegte
Werbekampagne eines Konkurrenzunternehmens»die Möglichkeit
nicht ausschließen könnte, es nötig zu finden, mit einer eigenen
neuen Marktstrategie anzutreten«[41]. CBS erstellte eine Liste von
Richtlinien für die potentielle neue Kategorie.

Jedenfalls war die Tür schon einen Spalt weit geöffnet. Während
die FDA Konsumentenanzeigen mißtrauisch beobachtete, empfand
sie keinerlei Gewissensbisse in bezug auf Anzeigen, die sich als»Ge-
sundheitsinformationen« bezeichneten. Nicorette von Merrell Dow
ist ein nikotinhaltiger Kaugummi, den Ärzte Rauchern verschreiben
können, die mit dem Rauchen aufhören wollen. Ganzseitige Anzeigen von Merrell Dow erschienen 1985 in Magazinen mit hohen Auflagenzahlen, wie *Time, Newsweek, People, Sports Illustrated* und
TV-Guide. Es gebe nämlich, hieß es da, ein Medikament, das die
Ärzte als Hilfsmittel verschreiben könnten. Die Besonderheit war,
daß nirgendwo in den Anzeigen der Name des Produkts auftauchte.

1986 ließ sich eine andere Firma, Burroughs Wellcome, eine Werbeserie für Zovirax etwa vier Millionen Dollar kosten. Das Mittel dient der Behandlung von Genitalherpes. Die Anzeigen erschienen in Zeitschriften wie *Cosmopolitan* und *TV-Guide*. Eine Darstellung zeigte ein Paar am Strand. Sie schmiegte sich zärtlich an ihn. Der Text lautete:»Das Schlimmste, was sie je tun mußte, war, ihm zu sagen, daß sie Herpes hat. Aber dank ihres Arztes konnte sie ihm auch sagen, daß er heilbar ist.« Die Anzeigen nannten das Medikament nicht namentlich – aber da es das einzige verschreibungspflichtige auf dem Markt war, spielte es keine Rolle. 1988 wurden TV-Spots ausgestrahlt, in denen die Zuschauer mit Magenproblemen aufgefordert wurden, ihre Ärzte nach »verfügbaren, von den Magengeschwür-Spezialisten Smith Klein geförderten Behandlungsprogrammen« zu fragen. Smith Klein ist, welch ein Zufall, Hersteller von Tagamet, einem Mittel gegen Magengeschwüre, das 1987 auf der Liste der weltweit meistverkauften Medikamente an zweiter Stelle lag. Ein wichtiger Schritt wurde 1987 unternommen. Sandoz machte für sein Antihistaminikum Tavist-1 in 25 großen Zeitungen Reklame. Die Firma brach mit der Tradition, weil der Name des Präparats genannt wurde. Die FDA griff diese Entwicklung an und brachte Sandoz dazu, die Anzeigen zurückzuziehen. Auch andere Risse in der Tradition wurden deutlich sichtbar. Im Kabelfernsehen und in Sendungen am frühen Morgen wurde in Spezialprogrammen für Ärzte Werbung für verschreibungspflichtige Arzneimittel gemacht, doch konnte sich jedermann in diese Programme einschalten. Hoffmann-La Roche bezuschußte halbstündige »öffentliche Fortbildungssendungen«, die von über 100 kommerziellen Sendestationen im Land ausgestrahlt wurden. Die Programme hießen »Der Fett- oder Fit-Test«, »Der Sex-IQ-Test« und »Der medizinische IQ-Test«. Stars wie die Schauspielerin Hope Lange verlockten die Massen dazu, die Shows anzusehen – der Konzern behauptet, bis zu zehn Millionen Zuschauer zu haben. Roche beanspruchte zwei Minuten Reklamezeit und wurde zu Beginn jeder Show als Sponsor erwähnt. Ein Sprecher von Roche erklärte gegenüber dem Magazin *Medical Advertising News*, soweit es möglich sei, stünden die Werbespots jeweils mit den Themen der Sendungen in Zusammenhang.[42]

Die medizinischen Veröffentlichungen auch für die Konsumenten werden wahrscheinlich zunehmen. Hier können sich die Pharmafirmen den Konsumenten allerdings nur mit Anzeigen nähern, die ein hohes Maß an Information enthalten. Das wäre die Weiterentwicklung eines Prozesses, der seit den späten siebziger Jahren in Gang gekommen ist. Seit der Zeit bemühen sich die Pharmafirmen in wachsendem Maße, Informationen über neue Medikamente in den Massenmedien zu verbreiten, um auf diese Weise die Nachfrage zu steigern. Dr. John T. Curran, Analytiker bei L.F. Rothschild, Unterberg and Towbin in New York, verfolgt den Trend bis zurück auf das Arthritismittel Clinoril, das 1978 von Merck auf den Markt gebracht wurde.[43] »Die Verkäufe stiegen sprunghaft an, und die Pharmaindustrie begriff, daß sie für eine ungeheuer große Nachfrage nach einem neuen Präparat sorgen kann, wenn die Patienten davon in gleichem Maße erfahren wie die Mediziner.« Clinoril war keineswegs merklich besser als andere, bereits existierende Mittel gegen Arthritis. Aber Mercks Public Relations-Strategie führte dazu, daß es für eine wichtige Verbesserung gehalten wurde. Walter Cronkite erwähnte es sogar in den CBS-Abendnachrichten.

Ein absolut überwältigendes Beispiel bot 1982 der Start von Oraflex von Eli Lilly and Company.[44] Journalisten wurden schon Wochen vor einer Pressekonferenz im Waldorf-Astoria mit Informationen überhäuft, bei der Lilly-Mitarbeiter von der möglichen Rolle des Präparats bei einer Umkehrung des Effekts von Arthritis sprachen (»Was bei vielen Journalisten den falschen Eindruck hinterließ, daß es sich hier um das einzige Präparat mit solchen Vorteilen handelte«, berichtete das *Wall Street Journal*). Wissenschaftler der Firma Lilly besuchten kleinere Zeitungsbüros und Sendeanstalten. Mehr als 150 Zeitungen und mehrere hundert Radio- und Fernsehstationen berichteten über die Pressekonferenz. Innerhalb einer Woche stieg die Anzahl der Rezepte von 2000 auf 55 000, was Lilly fast eine Million Dollar an zusätzlichen Einnahmen einbrachte. In Großbritannien, wo das Medikament den Namen Opren trug, hieß es in Presseverlautbarungen, daß es sich um »die aufregendste Entwicklung auf dem Gebiet der Arthritisbehandlung seit der Entdeckung von Aspirin« handelte.[45] Ein Fernsehstar moderierte eine Touring Road Show für Allgemeinmediziner, und Fachärzte wurden zu einer Konferenz eingeladen – auf einem Rheindampfer.

Die gewaltige Publicity für Opren/Oraflex verkehrte sich ins Gegenteil. Als erste Berichte über Nebenwirkungen auftauchten, trug gerade die durch die viele Publicity erzielte Bekanntheit des Mittels dazu bei, daß diese Berichte schnell weithin bekannt wurden. Als die Größe des Unglücks deutlich wurde (bis November 1982 sollte Opren für 65 Todesfälle in Großbritannien verantwortlich sein), entpuppte sich der riesige Promotion-Rummel von Lilly als ein Rückschlag für die gesamte Industrie. Dr. Robert Temple, Direktor der Abteilung für Medikamentenüberprüfung bei der FDA, bemerkte dazu: »Nun, der Schuß ging nach hinten los und traf die ganze Industrie.«[46] Die Pharmaunternehmen wurden zu größerer Vorsicht ermahnt, doch verringerte das nicht den Bedarf an Promotion. »Ich glaube, Sie werden herausfinden, daß die Industrie nicht brav, sondern nur vorsichtiger sein wird«, meinte ein pragmatischer Werbefachmann.

In ihrer Jagd auf Konsumenten widmen viele Pharmafirmen den Medikamenten besondere Aufmerksamkeit, die den Patienten *direkt* verkauft werden, also den nicht verschreibungspflichtigen Mitteln. Für einige multinationale Konzerne bieten sie die Möglichkeit, sich von dem zunehmend von Überangebot und Konkurrenzkampf gezeichneten Markt für rezeptpflichtige Medikamente abzuheben. Das britische Unternehmen May and Baker und G. D. Searle and Co in den USA gehören zu den Firmen, die ihre internationale Rolle im nicht verschreibungspflichtigen Sektor verstärkt haben. Der schweizerische Konzern Ciba-Geigy gründete in Großbritannien eine Niederlassung für nicht verschreibungspflichtige Medikamente und baute seine Aktivitäten auch in anderen Ländern aus. Seine Vertreter erklärten, daß die Firma ihre größten Wachstumsraten auf dem Gebiet der nicht verschreibungspflichtigen Mittel erzielen wolle. Innerhalb eines Jahres gründeten in Großbritannien mindestens 16 Firmen, die zuvor ihre Produkte nur an Ärzte vermarktet hatten, Abteilungen für nicht verschreibungspflichtige Arzneimittel und führten verbraucherorientierte Einführungskampagnen durch.[47]

Zwei andere Faktoren spielen eine wichtige Rolle: Als eine Folge des Gesundheitsbooms greifen immer mehr Konsumenten zu Eigenmedikation; zugleich genehmigten manche Regierungen den rezeptfreien Verkauf einiger bis dahin nur auf Rezept erhältlichen Medikamente. All das zieht verstärkt Werbung nach sich.

Eigenmedikation – und das Verlangen, daraus ein Geschäft zu machen – ist nichts Neues. Zwischen 1870 und 1900 gab es in den Vereinigten Staaten kaum ein Leiden, für das keine Markenmedizin angeboten wurde. Für Verdauungsstörungen gab es Hostetter's Celebrated Stomach Bitters (Hostetters Berühmte Magenbitter); bei Müdigkeit Ayer's Sarsaparilla; für Muskelkater Barker's Linament; für Frauen mit wenig Busen Egyptian Regulator Tea, der ihnen »reizvolle Fülle« verschaffen würde; und Laxative Bromo Quinine sollte »jede Erkältung in einem Tag heilen«. Selbst wenn dem nicht so war, war der Kunde wahrscheinlich dennoch zufrieden – das Tonikum hatte einen Alkoholgehalt von 21 Prozent, was allerdings im Vergleich zu Hostetter's Bitters mit ihren 44 Prozent nicht viel war.

Man konnte dabei ein Vermögen verdienen. Lydia E. Pinkham's Vegetable Compound (ein aus verschiedenen Gemüsesorten angemischtes Präparat) brachte 1883 300 000 Dollar ein.[48] Im selben Jahr starb in Großbritannien Thomas Holloway, Hersteller der Holloway's Pills. Sein Tod erschütterte die Börse – sein selbstverdientes Vermögen von angeblich fünf Millionen Pfund war größtenteils in Wertpapieren und Aktien angelegt. Holloway's Pills waren eigentlich Abführmittel aus Aloe, pulverisiertem Ingwer und Seife, aber sie wurden für die Behandlung von über 50 verschiedenen Beschwerden, einschließlich Tumoren, verkauft.[49] In den Vereinigten Staaten enthielt Dr. King's New Discovery for Consumption (ein Mittel gegen Schwindsucht) Chloroform (das den Husten milderte) und Opium, wodurch die Leidenden sich vorübergehend besser *fühlten*, obgleich die Krankheit an sich dadurch nicht bekämpft wurde.

Der enorm hohe Absatz war nicht nur ein Beweis für Habgier, öffentliche Leichtgläubigkeit und Angst der Patienten (nicht zuletzt auf Kosten der Ärzte), sondern vor allem auch für die Macht der Werbung. Die cleversten Medikamentenanbieter steckten Unmengen von Geld in die Zeitungswerbung. Der Ideal Sight Restorer (der das Sehvermögen wiederherstellen sollte) versprach »den unschätzbaren Segen des Sehens«. Die Hersteller von Dr. Sage's Catarrh Remedy (ein Katarrhheilmittel) boten eine Belohnung von 500 Dollar »für einen Fall von Katarrh, den das Mittel nicht heilen kann«. Kickapoo Indian Salve bezeichnete sich als »perfektes Allheilmittel« für alle Arten von Hautproblemen, von Bartflechten bis zu Hämorrhoiden. Holloway behauptete, er besitze »einen Schlüssel zur Gesundheit«, und investierte immer mehr in Werbung – 5000 Pfund 1842, und das Zehnfache in dem Jahr, in dem er starb. »Nimm Holloway's Pills« war auf Plakaten in allen Städten der Welt zu lesen – sogar an der Großen Pyramide. Während des Bürgerkriegs in den USA zeigten Werbeplakate verwundete Soldaten der Nordstaaten, die nach Holloways Salben griffen!

Noch bis kurz vor Ausbruch des Zweiten Weltkrieges war in den Anzeigen für Markenmedizin alles möglich. »Mit einem *Magenge-schwür* in die Notaufnahme eingeliefert«, hieß es in einer Anzeige, »…sobald ich nach der Operation etwas einnehmen durfte, verschrieb mir der Krankenhausarzt Maclean Brand Stomach Powder.« Eine Anzeige für Phaylex catarrh tablets (Phaylax Tabletten gegen Schleimhautentzündungen) fragte: »Leiden Sie unter schwächendem Nachtschweiß? Neigen Sie dazu, sich morgens zu erbrechen, um Ihren Hals vom Schleim zu befreien?« Manchmal war der Ton auch ernsthaft und pseudo-medizinisch:

»Ihr Arzt wird Ihnen diese Fakten über das Thema Gesundheit bestätigen. 1. Bei normaler Gesundheit sind Blut und Gewebe mehr alkalisch als säurehaltig. 2. Das Beibehalten des richtigen Verhältnisses von Alkali zu Säure ist für die Gesundheit von wesentlicher Bedeutung. 3. Viele Krankheiten werden heutzutage mit einer dauerhaften Störung dieses Verhältnisses in Zusammenhang gebracht. 4. Moderne Bedingungen gestalten es sehr schwierig, dieses Gleichgewicht durch Diät und Lebensgewohnheiten allein zu regulieren. Zum Glück ist für jedermann ein idealer Ausgleichsfaktor in ENOs ›Fruit Salt‹ (ENOs Fruchtsalz) erhältlich…«[50]

Heute sind dem Geschäft Grenzen gesetzt, sowohl dem direkten Verkauf an die Kunden als auch den Angaben über die Heilkräfte der Produkte. Dennoch ist es noch immer sehr einträglich – 1986 beliefen sich die US-Verkäufe auf achteinhalb Milliarden Dollar. Der Glaube an die Macht der Werbung ist unerschütterlich. Und dieser Wirtschaftszweig setzt nach Auffassung seiner Kritiker diese Werbung so geschickt wie möglich ein, um die Menschen zum Kauf von Produkten zu überreden, die nutzlos sind (wie Vitamine und Abführmittel) und möglicherweise sogar schädlich (wie Erkältungstropfen). Die Broschüre der BMA (des Britischen Ärzteverbands), *Brauchen Sie dieses Arzneimittel wirklich?*, argumentiert: »Als Patient brauchen Sie mit hoher Wahrscheinlichkeit diese Mittel mit all ihren angeblichen Wirkungen nicht, für die … so viel Werbung gemacht wird. Das sind unter anderem Erkältungstropfen, Schlankheitspillen, Vitamine, Stärkungs- und Abführmittel sowie Gesundheitssalze.«

Vitamine sind mehr und mehr im Kommen. In Großbritannien ist die Anzahl der angebotenen Markenprodukte sprunghaft auf weit mehr als 50 angestiegen. Angeblich kommen »fast täglich« neue Sorten auf den Markt. Vitaminpräparate haben für ihre Anbieter einen großen Vorteil gegenüber fast allen anderen nicht verschreibungspflichtigen Medikamenten: Die Käufer nehmen sie ein, ob sie nun gesund oder krank sind. Der Verkauf von Hustenmedizin, Schmerztabletten, Abführmitteln und Arzneien gegen Verdauungsstörungen findet dagegen immer nur dann statt, wenn sich jemand nicht wohlfühlt und etwas *heilen* will. Ein Werbefachmann äußerte sich begeistert über die nahezu wunderbaren Eigenschaften von Vitaminpräparaten – was ihr Marketing betrifft. Die Leute kauften sie aus den verschiedensten Gründen, ob sie nun angeblich ihre Haut verschönen, ihr Leben verlängern, ihre Nägel härten oder ihren Geschlechtstrieb anregen. Fühlten sie sich wohl, schrieben sie es den Vitaminen zu. Fühlten sie sich nicht wohl, hätten sie sich wahrscheinlich ohne Vitamine noch schlechter gefühlt. Dieses Verhalten erinnert an den bekannten Witz von dem Mann, der in einem Eisenbahnabteil Exemplare der *Times* zerreißt und aus dem Fenster wirft. Als er nach dem Grund dafür gefragt wird, antwortet er: »Um die Elefanten fernzuhalten.« – »Aber hier sind doch gar keine Elefanten«, meint ein Mitreisender amüsiert. »Daran können Sie sehen, wie gut es funktioniert.«

Übereinstimmend sagen die Mediziner, daß Vitamine die unwichtigste Art der Selbstbehandlung sind. Die britische Testzeitschrift *Which?* stellte die Frage, welche der »Hunderten von Tabletten in den Läden« die wertvollste sei und gelangte zu der Schlußfolgerung: »Keine davon. Verschwenden Sie nicht Ihr Geld. Sämtliche Vitamine, die Sie brauchen, sollten in Ihrer Nahrung vorhanden sein.« *Marketing*-Reporter sprachen mit einem der führenden Anbieter, der ihnen erklärte: »Die Presse wollte landesweit eine Story daraus machen, aber sie stellte fest, daß die meisten Hersteller dem gar nicht widersprachen, was in *Which?* zu lesen stand.«[51]

Der Markt für nicht verschreibungspflichtige Produkte ist riesig. In den USA beläuft sich der Umsatz der wichtigsten Produktkategorie – Schmerzmittel – auf über 2,1 Milliarden Dollar, und der Umsatz der zweitgrößten Kategorie – Präparate gegen Erkältungskrankheiten – auf etwa 1,8 Milliarden Dollar.[52] In Großbritannien ist die Reihenfolge umgekehrt – Briten scheinen weniger oft an Kopfschmerzen und dafür öfter an Erkältungen zu leiden (oder aber sich um letztere stärker zu sorgen).[53] Tatsächlich dient ungefähr ein Drittel aller nicht verschreibungspflichtigen Medikamente in Großbritannien der Behandlung von Husten, Halsschmerzen und verstopften Nasen. Schmerzmittel stellen zirka ein Viertel des Marktes, und Arzneimittel für Magen- und Unterleibsbeschwerden (einschließlich der Mittel gegen Verdauungsstörungen und Abführmittel) machen etwa 14 Prozent aus. Angeboten werden ungefähr 1500 verschiedene Produkte, wovon etwa 300 beträchtliche Verkaufszahlen erzielen.

Dieser heftig umkämpfte Markt ist gekennzeichnet durch Kompromißlosigkeit und aggressive Werbefeldzüge. Ein Manager von Sterling Health kommentierte eine Produkteinführung eines Konkurrenten mit den Worten: »Wir werden nicht zulassen, daß jemand unsere Stellung bedroht. Schon immer war Hedex die am schnellsten wachsende Marke im ganzen Land, und wir werden dafür sorgen, daß es so bleibt.«[54] Als Panadol von Sterling, das bereits in sieben Ländern verkauft wurde, auf den amerikanischen Markt kam, gab die Firma 15 Millionen Dollar für eine TV-Werbekampagne aus.[55] Außerdem wurden in einem Monat zwei Millionen Coupons für kostenlose Proben eingelöst, und es gingen – weil die Firma auf Rückfragen von Ärzten hoffte – 100 000 Proben an Ärzte. Zusätzlich wurden Briefe verschickt – von einem Computer verfaßt und unterschrieben –, in denen die 12 000 amerikanischen Sterling-Angestellten ihren eigenen Ärzten gegenüber das Produkt anpriesen.

Hartes Marketing und hoher Werbeeinsatz sind sehr wichtig, denn auch das Geschäft mit den rezeptfreien Markenmedikamenten ist eine weitere vom Marketing gelenkte Welt der »gleichwertigen« Produkte. Pharmacin von Optrex, Hoechsts britischer Tochtergesellschaft für nicht verschreibungspflichtige Medikamente, wurde als Schmerzmittel »für Leute, die keine Zeit für Schmerzen haben« auf den Markt gebracht. Sein aktives Analgetikum ist, wie bei vielen Schmerzmitteln, normales Aspirin (die meisten Produkte ohne Aspirin basieren auf Paracetamol). Seine Hersteller beschlossen, es in Kapselform zu vermarkten – Untersuchungen ergaben, daß Kapseln ein moderneres Image als Tabletten haben. Auch die Farben der Kapseln wurden aufgrund von Untersuchungen festgelegt – blau und weiß. Man hatte nämlich herausgefunden, daß einfarbige Tabletten Konsumenten an Bonbons erinnerten, und daß Pastellfarben mit »schwacher Wirkung« assoziiert wurden. Zweifarbiges dagegen wurde als Kombination von Stärke und Leistung gesehen. Das dunkle Blau zeigte den Konsumenten Sicherheit, Ruhe und Sanftheit an.

Die Werbung muß diese Produkte mit »einer gewissen Zauberkraft« versehen, um ihnen Markenloyalität zu sichern, wie Annette Bradshaw meinte, eine Marketing-Managerin für Optrex. Wenn die Konsumenten für das Aspirin in blauweißen Kapseln dreimal soviel ausgeben sollen wie für eine weiße Aspirintablette, dann müssen sie auch an dessen Wirksamkeit glauben. Frauen sind die Hauptverbraucher von Schmerzmitteln, was der Grund dafür ist, ihnen in vielen Werbespots zu huldigen. In einer amerikanischen Anzeige für das auf Paracetamol basierende Mittel Panadol sagt eine Frau mittleren Alters: »Der Hochzeitstag meiner Julie – was war ich nervös! Kopfschmerzen hatte ich...!« American Home Products veranstaltete eine Werbekampagne für das Aspirinmittel Anacin. Wirklichkeitsgetreu wurden Menschen mit furchtbaren Schmerzen gezeigt.[56] In einem Spot erschien das rußgeschwärzte Gesicht eines Bergarbeiters auf dem Bildschirm. »Stellen Sie sich vor, Sie gehen 'ne halbe Meile den Schacht runter«, sagte er. »Es ist dunkel, feucht...« Er reibt sich die Augen, er schwitzt, man sieht, daß er Schmerzen hat. »Rund zwölf Millionen Tonnen Gestein über Ihnen, und dann Kopfweh, ich kann Ihnen sagen...« Die Agentur, William Esty, räumte ein, daß die Darstellung verschiedener Berufe möglicherweise nicht ganz korrekt gewesen sei. Sam Alfstad, ein Kreativ-Direktor, erklärte im *Wall Street Journal*, daß die Anzeigen wie Bühnenstücke gewesen seien, »in denen die Wirklichkeit gespielt wird«. Der Schauspieler, der den Bergarbeiter darstellte, mußte zwischen den Aufnahmen Liegestütze machen, um Schweiß hervorzubringen.

Die Anbieter von Schnupfen- und Hustenheilmitteln sehen sich noch einer schwereren Aufgabe gegenüber – schließlich funktionieren Schmerzmittel meistens, während die einzige Behandlung bei einer Erkältung Bettruhe und Aspirin sind. Die in den Anzeigen gewählten Zugänge sind unterschiedlich – Contac (von Smith Kline Beckman) zeigt singende und tanzende Menschen, ein unausgesprochenes Versprechen, wie man sich nach Einnahme des Mittels fühlen wird.[57] Actifed (Burroughs Wellcome) zeigt einen ehemaligen Astronauten, der erklärt, daß sich im All die Nasennebenhöhlen nicht leeren und die Nase nicht läuft, »so daß Schnupfentabletten wirklich funktionieren müssen«. So wie Actifed das für ihn tut.

Richardson-Vicks, Hersteller von 20 verschiedenen Husten- und Erkältungsmedikamenten in den USA, führt wöchentliche Telefonumfragen durch, um festzustellen, wo am meisten unter Schnupfen gelitten wird – und dann steigert die Firma ihre Marketing-Aktivitäten in jenen Gebieten. Ronald A. Ahrens, Präsident der Abteilung für Gesundheitspflege, bestätigte die Bedeutung der starken Präsenz der Firma auf dem Markt – »wir kennen den typischen Konsumenten von Erkältungsheilmitteln, und wir formulieren unsere Botschaft so, daß sie bei ihm eine Reaktion hervorruft. Ehrlich gesagt, sind unsere Produkte nicht besser oder schlechter als alle anderen.«[58]

Sogar die Hersteller geben zu, daß manche ihrer eigenen bekannten »Heilmittel« eigentlich nutzlos sind. Der *Observer* in London verschaffte sich eine interne Aktennotiz von der London Rubber Company, Großbritanniens größtem Hersteller nicht verschreibungspflichtiger Hustenmedizin.[59] Die Notiz hatte der Direktor der Abteilung für Forschung und Entwicklung im September 1980 an den Geschäftsführer geschrieben. »Keines der existierenden Produkte hat irgendwelche wichtigen aktiven Bestandteile.«

Hersteller von Medikamenten, die nicht länger rezeptpflichtig sind, können die Tatsache vermarkten, daß sie *wirklich* funktionieren. Ibrufen ist ein schmerzstillendes Mittel, das 1962 entdeckt und über 20 Jahre lang nur in verschreibungspflichtigen Medikamenten verwendet wurde. Das Ibuprofen-Mittel Nuprin von Bristol-Myers kam mit Anzeigen auf den amerikanischen Markt, in denen es hieß: »Das ist das schmerzstillende Präparat, für das Ärzte schon 100 Millionen Rezepte ausgestellt haben.« In Großbritannien kombinierten die Anzeigen für Nurofen die Rückenansicht einer attraktiven nackten Frau, deren Körper voller Zielpunkte war, mit der Überschrift: »Bahnbrechend für die Linderung innerer Schmerzen«. Details darüber, wie der aktive Bestandteil seit mehr als 14 Jahren von Ärzten weltweit verschrieben worden war, folgten.

Die Hersteller von Medikamenten, die nicht länger unter die Verschreibungspflicht fallen, sehen sich in Großbritannien einem besonderen Problem gegenüber. Es gibt drei Klassen von Arzneimitteln: solche, die nur von Ärzten verschrieben werden können (POM); solche, die vom Konsumenten zwar direkt, jedoch nur in Apotheken erstanden werden können (P); und solche, die anderswo ge- und verkauft werden können, zum Beispiel in Supermärkten. Dieses System ist als Schutz für den Konsumenten gedacht, weil ›P‹-Präparate nur gekauft werden können, wenn eine Fachkraft zugegen ist. Einige Pharmazeuten in den Vereinigten Staaten sind dafür eingetreten, ein ähnliches Verfahren auch in den USA einzuführen.

Diese Sachlage wird allerdings durch die Regelung kompliziert, daß der Pharmaproduzent, dessen Produkt von der ›POM‹-Kategorie (nur mit ärztlichem Rezept) in die ›P‹-Kategorie kommt (direkt beim Apotheker), sich entscheiden muß. Für ›P‹-Präparate kann Reklame gemacht oder sie können von Ärzten verschrieben werden – beides geht nicht.

Doch gibt es einen Weg, diesem Dilemma zu entgehen. In Großbritannien ist Imodium ausschließlich ein verschreibungspflichtiges Mittel gegen Durchfallerkrankungen.[60] Es ist nicht »irgendein Mittel«, sondern der führende Markenartikel. Als man die Kontrollen aufhob, sah das Problem so aus: Wenn die Hersteller, Janssen Pharmaceuticals, Reklame für Imodium machten und einen neuen Markt schufen, dann würden sie zweieinhalb Millionen Pfund an Rezeptverkäufen einbüßen.

Die Lösung war, nicht für Imodium zu werben, sondern ein neues Mittel in den Apotheken zum Verkauf anzubieten. Es hieß Arret und entsprach in seiner Zusammensetzung praktisch Imodium. Danach war der Weg frei, eine riesige Werbekampagne zu starten. Eine Zielgruppe (junge Leute, deren Vorstellungen weniger festgefahren sind) und eine lustige Verkaufsmasche wurden ausgewählt. Die Überschriften der Anzeigen enthielten Begriffe wie »Montezumas Rache«. Darunter war ein Mann zu sehen, der mit verzerrtem Gesicht und den Händen auf den Magen gepreßt vom Strand wegeilte. Es war nicht schwierig, das Mittel an die Apotheken zu verkaufen – sie kannten es schon unter einem anderen Namen.

So mußte Janssen weder auf das eine noch auf das andere verzichten: Die Firma konnte Ärzte und ihre Patienten gleichzeitig direkt angehen – ohne gegen die Regeln zu verstoßen oder jemandem in die Quere zu kommen. Selbst die Konkurrenz zollte widerwilliges Lob. »Ein gutes Marketing-Manöver«, erklärte ein Experte. Und genau darum geht es beim Verkauf von Medikamenten, das ist der gesamten Pharmaindustrie bewußt.

RAUCHER

»Wir sind weltweit die Nummer Eins.
Wir wollten ein bestimmtes Image von Abenteuer,
Mut und Männlichkeit erschaffen...«
Aleardo Buzzi, Präsident von Marlboro

William Bernbach, einer der wenigen wirklich herausragenden Männer der Werbebranche und Gründer der Agentur Doyle Dane Bernbach, starb am 2. Oktober 1982. Er hatte 33 Jahre lang nicht zugelassen, daß seine Agentur einen Zigarettenetat betreute.

Elf Wochen später, am 17. Dezember 1982, verkündete DDB, daß sie einen neuen Klienten und ein neues Produkt – die riesige amerikanische Zigarettenfirma Philip Morris und ihre Marke Parliament – übernommen habe. Die Agentur glaubte, zu dem Zusammenfall der beiden Ereignisse Stellung nehmen zu müssen. Cary Bayer, der PR-Direktor der Firma, erklärte, Bernbach habe bereits vor seinem Tode angedeutet, daß er einen Tabaketat dann betreuen würde, wenn er einer anderen Agentur angehörte, mit der DDB fusionieren würde.* Außerdem habe Bernbach dem Hauptgeschäftsführer von DDB International gesagt, daß dieser für die täglichen Geschäfte zuständig sei und damit auch entscheiden solle, welche Etats DDB annehmen würde (und welche nicht).

Kaum zwei Jahre später, Ende Oktober 1984, hatte die Agentur genug Abstand zur Bernbach-Ära, um die Betreuung eines weiteren (und wesentlich größeren) neuen Etats anzukündigen – einen Etat von schätzungsweise 50 Millionen Dollar von Brown and Williamson Tobacco mit den Marken Kool, Viceroy und Lucky Strike. Die Leiter der Agentur sollen »euphorisch« gewesen sein.

Zigaretten sind ein sehr spezielles Produkt. Um es einmal weniger gewählt auszudrücken: sie können Menschen töten. Ihren Verkauf zu fördern, ihnen Image zu verleihen und sie begehrenswert zu machen, verlangt offensichtlich nach einer pragmatischen Grundhal-

---

* Die Gespräche, die ergebnislos blieben, fanden mit der Agentur Foote Cone and Belding statt. Klient jener Agentur war Lorillard, der fünftgrößte Zigarettenhersteller in den USA.

tung. Die Tabakfirmen haben Glück: dieser pragmatische Zug ist in der Werbebranche weit verbreitet. Die Bernbachs sind bemerkenswert rar.

Die Verbindung zwischen Werbung und Zigarettenindustrie ist eng und lebenswichtig: Letztere *braucht* die Werbung mehr als (fast) alle anderen Industrien. Sie hat das Geld zu kaufen, was sie braucht – allein in den Vereinigten Staaten gaben die Raucher 1986 über 30 Milliarden Dollar für 600 Milliarden Zigaretten aus. Ihr sind nur durch die staatlichen Einschränkungen Grenzen gesetzt.

Die Werbeagenturen haben selbstverständlich ihrerseits die Profitmöglichkeiten erkannt. Zigaretten stellen in der Werbung eine der größten Produktkategorien der Welt dar: Die Firmen geben jährlich zwei Milliarden Dollar für die konventionelle Werbung aus und weitere Millionen für verschiedene Aktivitäten, wie Sport- und Kultursponsoring, um die Restriktionen zu umgehen. Aber viele der führenden Zigarettenfirmen diversifizieren sich, um ihre Abhängigkeit von einem offenkundig sterbenden Geschäft zu verringern. Der Agentur, die sich vom Zigarettengeschäft der Tabakmultis distanziert, entgehen damit auch andere große potentielle Kunden. British-American Tobacco, der britische Multi, hatte in den achtziger Jahren auf andere Produktbereiche umgestellt: auf den Kaufhausbereich (Gimbels and Saks in den USA und International und Argos in Großbritannien), auf Papier (Wiggins Teape) und Kosmetikprodukte (Yardley, Lentheric, Mornay und Cyclax).[1] Als Eigner von Tabakfirmen können solche Multis höchst empfindlich sein. 1988 verlor Saatchi and Saatchi einen 80 Millionen Dollar-Werbeauftrag für Kekse und Süßigkeiten von Nabisco, dem Mutterkonzern von R.J. Reynolds. Die Agentur wurde gefeuert, weil sie einen Fernsehspot für die Northwest Airlines gedreht hatte, in dem die Passagiere ein Rauchverbot bejubelten.

Einem Außenstehenden könnte Doyle Dane Bernbachs Sinnesänderung besonders zynisch erscheinen, aber sie war kein Einzelfall.

---

* Sechs multinationale Firmen dominieren die weltweite Zigarettenproduktion außerhalb der Monopole der kommunistischen Länder und den Staatsmonopolen Frankreichs, Japans und Italiens.[2] Zusammen produzieren sie weltweit ungefähr 40 Prozent aller Zigaretten. Es sind dies: in Großbritannien die British-American Tobacco Industries und die Imperial Group; in den USA Philip Morris Inc., R.J.Reynolds Industries Inc. und American Brands Inc., sowie die südafrikanische Rembrandt Group (Rothmans International).

Auch Ogilvy and Mather verfolgten eine solche »no cigarettes«-Strategie. Saatchi and Saatchi in England waren bis 1983 nicht nur eine Agentur ohne Zigarettenetat, sie betreute sogar den Anti-Raucher Health Education Council (Rat für Gesundheitserziehung).[3]

13 Jahre zuvor, 1970, hatten Charles Saatchi und sein Partner Ross Cramer in der kreativen Beraterfirma Cramer Saatchi die erste großangelegte Anti-Raucher-Kampagne des HEC entworfen. Fünf verschiedene Anzeigen sachlichen, aber harten Tons erschienen in der nationalen Presse. »Warum wünschen sich manche Leute, sie hätten Lungenkrebs?« lautete eine Headline. Für einen Emphysemleidenden war klar: »Weil Lungenkrebs relativ schnell tötet.« In einer anderen Anzeige wurde beschrieben, was mit den Nikotinpartikeln in den Lungen eines Rauchers geschieht. »Diese Partikel werden langsam zu schmierigem Teer, der Ihre Lungen reizt, bis sie sich infizieren und mit Eiter und Schleim verkleben. Wenn sich mehr und mehr dieser septischen Absonderungen bilden, steigt die Mischung aus Teer, Eiter und Schleim manchmal in den Hals und wird geschluckt. Aber der Rest rutscht tief in die Lungen, wo er fest wird und weitereitert. Es überrascht nicht, daß Raucher husten, nach Luft ringen, Mundgeruch haben und für schwächende, unheilbare Krankheiten anfälliger sind.«

Das Handelsblatt *Campaign* schrieb über die Kampagne: »Ekelerregend? Zweifellos. Es ist kaum erstaunlich, daß zwei Angestellte von Cramer Saatchi nicht mehr rauchen, seit sie an der Kampagne arbeiten. Charles Saatchi selbst raucht nur noch eine oder zwei Zigaretten pro Tag.«

Nach Cramer Saatchi wurden Charles Saatchi und sein Bruder Maurice zu Saatchi and Saatchi. Im September 1983 übernahmen sie ihren ersten Zigarettenetat – die Marke Silk Cut von Gallaher (die britische Niederlassung von American Brands). In Großbritannien machten Marktexperten darauf aufmerksam, daß Saatchi and Saatchi die Schließung dieser wichtigen Produktlücke sehr gelegen gekommen sein mußte, da sie genau in der Woche ihren Eintritt in die US-Börse verkündeten. Es gab einen vergleichbaren Fall: Boase Massimi Pollitt übernahm die Betreuung ihres ersten Zigarettenetats – der Marke Dunhill in Übersee – nur einen Monat, bevor die Agentur in Großbritannien zu einer Aktiengesellschaft wurde. Die Zeitschrift *Marketing Week* kommentierte, daß »angesichts des bloßen Um-

fangs der meisten Etats der Zigarettenindustrie manche Werbefachleute ins Schwärmen geraten«.

Die dritte Seite der Werbepyramide ist ebenfalls sehr an der Zigarettenwerbung interessiert: die Medien. Philip Morris und RJR Nabisco (die R.J. Reynolds umfaßt) waren 1987 die größten und fünft-
größten Werbeauftraggeber in den USA. In Großbritannien lag 1987
Gallaher an achter Stelle. (Um das in die richtige Perspektive zu rük-
ken: Firmen wie Mars, Heinz, Vauxhall Motors und Bass Breweries
standen alle auf niedrigeren Rängen.) Aber diese Zahlen ergeben
kein vollständiges Bild. Da Zigarettenwerbung im Fernsehen in beiden Ländern verboten ist, konzentrieren sich die Werbungtreibenden auf Presse und Plakatwerbung. 1987 war Philip Morris der
größte Auftraggeber für Zeitschriftenwerbung der USA, für Außenre-
klame der zweitgrößte und der fünftgrößte für Zeitungswerbung. RJR
Nabisco lag in der Außenwerbung an erster Stelle, bei den Zeitschriften an vierter, bei den Zeitungen an 19. Stelle. Viele Zeitschriften
könnten ohne die Zigarettenwerbung kaum überleben. Eine Publikation kann jährlich zwischen 150 und 200 Seiten an Zigarettenreklame herausbringen. Fast die Hälfte der Anzeigen im *Soap Opera
Digest* sind Zigarettenwerbung.

Der Tabakhandel sieht sich als bedrängte Industrie. Seit den frühen sechziger Jahren beschimpft man die Industrie wie eine krimi-
nelle Vereinigung. Seit 1962 in Großbritannien (mit dem ersten Bericht der Ärzte des Royal College of Physicians) und seit 1964 in den
USA (mit dem Bericht des Surgeon General) hat sich die öffentliche
Meinung über das Rauchen dramatisch verändert. Seither brachten
auch andere Berichte ständig neue, erdrückende Anklagen vor. 1984
hieß es in einer Veröffentlichung der Weltgesundheitsorganisation,
das Zigarettenrauchen sei jährlich weltweit für eine Million vorzeiti-
ger Todesfälle verantwortlich.

Obligatorische Warnungen vor möglichen Gesundheitsschäden,
eine ganze Reihe von Einschränkungen, von Reklamereglementie-
rungen bis zu Vorschriften, wo die Leute rauchen dürfen und wo
nicht, steigende Steuern und eine zunehmend ausgeklügelte und
stimmgewaltige Anti-Zigaretten-Lobby haben erreicht, daß der Zigarettenkonsum in den entwickelten Ländern der westlichen Welt
ernsthaft eingeschränkt (oder gar eingestellt) wurde.

Die Leiter der Tabakfirmen, mit denen ich zusammentraf, vermittelten alle den Eindruck, als fühlten sie sich (im Innersten) angefeindet. Es gibt Raucher (immer noch 40 Prozent aller Erwachsenen in Großbritannien), und die Firmen decken eine (völlig legale) Nachfrage, argumentieren sie selbst. Man solle ferner die Steuern, die sie abführen (5737 Millionen Pfund allein in Großbritannien für den Zeitraum 1986-87), bedenken, und die Arbeitsplätze, die die Industrie schafft, oft auch in Gegenden, in denen besonders hohe Arbeitslosigkeit herrscht. In der Dritten Welt, in der ihre Aktivitäten meist noch heftigerer Kritik ausgesetzt sind, besteht ihr Hauptargument darin, daß die Einnahmen aus der Tabakproduktion von den Fluktuationen der Weltmarktpreise anderer Güter unberührt bleiben. Als Produkt repräsentiert Tabak Arbeitsplätze, Exporte, Bildungs- und Berufsbildungsmöglichkeiten sowie Wohlstand.

Man muß weder das Rauchen noch die Aktivitäten dieser Branche befürworten, um etwas Mitgefühl für die Position der Zigarettenhersteller zu empfinden. Für sie ist es ein Kampf ums Überleben. Sie mögen noch so sehr diversifizieren, Zigaretten bleiben doch das Zentrum ihrer Wirtschaftskraft. BAT erzielt weiterhin 65 Prozent des Gewinns aus der Zigarettenproduktion, die einen Wert von zehn Milliarden Dollar erreicht und in 78 Ländern verkauft wird. (Ich anerkenne im voraus alle Argumente, die bezüglich des Überlebens der Verbraucher vorgetragen werden könnten.)

Unabhängig davon setzen sich die Zigarettenfirmen zur Wehr. Für sie stellt die Werbung eine wichtige Waffe dar, und professionelle Werbefachleute sind gerne bereit, dabei das Schwert zu tragen. Auch wenn man Zigarettenreklame ablehnt, scheint es doch leichter, den Tabakproduzenten Verständnis entgegenzubringen als den Werbern. Privat glauben die Werbefachleute anscheinend weder ihrem eigenen noch dem von Kollegen öffentlich vorgetragenen Argument, daß die Werbung nicht zum Rauchen ermutige oder das Aufhören erschwere. Es läßt sie schlicht kalt. Ihre Arbeit ist pragmatischer Natur. Ihr Problem besteht nicht darin, ob sie diese Arbeit tun sollen, sondern *wie* sie sie am besten tun können. Drängt man sie zu einer Stellungnahme, dann behaupten einige, sie sähen sich als Advokaten – ihre Klienten hätten ein Recht darauf, ihren Fall bestmöglich darstellen zu lassen. Aber selbst hier beschleicht einen das Gefühl, daß das Argument eher einfach wiederholt als wirklich geglaubt wird. Die Zigarettenhersteller fühlen zumindest, daß es um ihr Überleben geht. Für die Werbeagenturen geht es aber nicht um Leben und Tod, sondern um den größeren oder kleineren Profit.

Aus ihrer belagerten Festung heraus änderten die Zigarettenhersteller ihre Ziele und Methoden. Junge Leute sind für sie zunehmend wichtig, weil die Kunden mittleren Alters sich das Rauchen abgewöhnen. Und die Frauen gewannen an Bedeutung, ebenso wie die Entwicklungsländer. Dort bieten sich lohnende Marktchancen, nicht nur aufgrund des im Vergleich mit den Industrieländern niedrigen individuellen Konsums, sondern auch, weil die Restriktionen dort noch nicht so umfassend sind.

Da die Werbung aus bestimmten Medien verbannt (so zum Beispiel aus dem Fernsehen) oder zumindest durch Vorschriften und Bedingungen eingeschränkt wurde, wurden neue Werbestile entwikkelt (in denen beispielsweise ein Symbol oder eine Farbe genügt, um an die Marke zu erinnern) und neue Verbindungen zwischen Zigaretten und prestigebeladenen Aktivitäten oder zum Beispiel Sportereignissen geknüpft.

Werbung ist seit dem Beginn der Massenproduktion eng mit dem Zigarettengeschäft verbunden. Die heutigen Multis sind größtenteils Nachkommen eines Imperiums, das ein Amerikaner namens James Buchanan Duke vor mehr als 100 Jahren aufbaute. Bis in die achtziger Jahre des 19. Jahrhunderts wurden für einen kleinen Markt Zigaretten in Handarbeit gedreht.[4] Duke, der 1880 die Tabakfarm seines Vaters in North Carolina übernommen hatte, verwandelte die Industrie. Zunächst erwarb er die Rechte der von Bonsack neu entwickelten Drehmaschine für Zigaretten, die täglich 120 000 Zigaretten produzierte, im Gegensatz zu den 250 handgedrehten. Sodann machte er sich daran, seine Produkte aggressiv zu vermarkten. Bald gab er nahezu 800 000 Dollar seines Verkaufserlöses von viereinhalb Millionen Dollar für die Werbung aus. Innerhalb weniger Jahre hatte Duke seine Konkurrenten aufgekauft. Sein »Tobacco Trust« verkaufte neun von zehn amerikanischen Zigaretten. Dennoch gab er sein gewaltiges Werbeprogramm nicht auf: bis zu 20 Prozent seiner Verkaufseinnahmen flossen in Anzeigen in Zeitungen, Zeitschriften, auf Reklametafeln und auf den von ihm eingeführten Zigarettenbildern. Ziel seiner Bemühungen war es, Loyalität zu seinen Marken zu schaffen und mehr Menschen zum Rauchen zu überreden. Dukes Strategie wurde von George Washington Hill weiterverfolgt. Als Präsident von American Tobacco tat er sich mit dem Werbefachmann Albert Lasker zusammen. Sie setzten das neue Medium Radio und einprägsame Slogans ein (zum Beispiel »Reach for a Lucky instead of a sweet.« – »Greif nach einer Lucky statt nach Bonbons«) und verdreifachten den Umsatz von Lucky Strike innerhalb von fünf Jahren.

In Großbritannien waren Markenartikel und Werbung noch vor dem Ende des 19. Jahrhunderts fest etabliert. Eine Anzahl von Anzeigen brachten Frauen mit Rauchen in Verbindung (ohne sie mit einer Zigarette abzubilden), ein Vorgeschmack auf die Methoden, die folgen sollten. Player's Zigaretten kamen 1898 mit ihrem berühmten bärtigen Matrosen heraus – Modell war ein echter Seemann, der sich für »etwas Tobak für mich und die Jungs an Bord« verkauft hatte.[5]

Bis in die sechziger Jahre unseres Jahrhunderts konnten die Zigarettenhersteller ihre Reklame nach eigenem Gutdünken relativ frei gestalten. Es war zwar möglich, die Grenzen des Zulässigen zu überschreiten, doch es war nicht leicht.

1930 berichtete die *New York Times*, daß eine ungenannte Zigarettenfirma der Federal Trade Commission (Handelskommission) versprochen habe, die Behauptung zurückzunehmen, wonach Frauen durch Rauchen »schlank bleiben« könnten. Dessen ungeachtet fuhren die Zigarettenproduzenten fort, wie E.S. Turner in seinem Buch *The Shocking History of Advertising* beschreibt, zu »beweisen«, daß Zigaretten die Verdauung förderten, die Alkalinität steigerten und die Raucher von solch neurotischen Zerstreuungen wie Kritzeln, Bleistiftkauen und dem Spielen mit Schlüsseln abhielten! Turner berichtet von einer Firma, die die Frage stellte: »Wie sind Ihre Nerven?«, und vorschlug, die männlichen Leser sollten einen einfachen Versuch durchführen: die Weste von oben mit einer Hand aufknöpfen und sie mit derselben Hand wieder zuknöpfen. Sollte es jemand nicht unter zwölf Sekunden schaffen, dann hatte er schlechte Nerven und sollte mit dem Rauchen anfangen!

Zigaretten schadeten nicht, ganz im Gegenteil, sie seien in vielerlei Hinsicht gut für die Raucher. »Immer mehr Ärzte rauchen Camel«, prahlte eine Anzeige. Ein klassischer TV-Werbespot der fünfziger Jahre nannte die Kool-Zigarette »so cool und so sauber wie ein frischer Luftzug«. Ein Raucher erklärte den Zuschauern lächelnd: »Your mouth feels cleaner, your throat refreshed.« (»Ihr Mund fühlt sich gereinigt an, Ihr Hals ist erfrischt.«) Um den Eindruck noch zu verstärken, folgten Bilder von funkelndem Schnee und einem Gebirgsbach.

Zigaretten waren *toll.* »Belebte« Lucky Strikes tanzten über den Bildschirm. Mit einer Zigarette ging eben *alles wie von selbst.* In einer Marlboro-Reklame arbeitete ein Mann ganz versunken an seinem Wagen. »Ich vergesse sogar das Essen«, sagte er. »Aber zu rauchen vergesse ich nicht.« Werbungtreibende anderer Produkte nahmen Zigaretten in ihre Reklame auf – in einer Anzeige für Mum-Deodorant rauchte der Mann, zweifelsohne um zu zeigen, daß er ein *richtiger* Mann und kein Schwächling war.[6]

All das soll aber nicht heißen, daß keine Stimmen gegen Zigaretten oder die Zigarettenwerbung laut wurden. 1904 landete in New York eine junge Frau im Gefängnis, weil sie in der Öffentlichkeit geraucht hatte.[7] Verschiedene Organisationen – Nichtraucher oder Pfadfinder sowie einzelne Senatoren – griffen Werbung für Zigaretten an, vor allem dann, wenn sich die Kampagnen an Frauen und junge Leute richteten.[8]

Unter wirklichen Beschuß geriet die Zigarettenwerbung jedoch erst in den sechziger Jahren. In der Folge wandelte sie sich zu dem, was sie heute darstellt – Werbung, die mit zunehmend strengeren Einschränkungen zurechtkommen muß. Unbestreitbar besteht eine enge Verbindung zwischen den die Zigarettenwerbung einschränkenden Restriktionen und dem »kreativen« Gehalt dieser Werbung. Was der Werbungtreibende vermitteln will, bleibt relativ konstant; es ist das *Wie,* das sich anpassen muß. In dieser Beziehung verhält es sich wie bei den Fotografien in Pornoheften. In manchen Ländern ist nicht mehr als eine andeutende Pose erlaubt, in anderen ein nackter Busen, in manchen eine Nahaufnahme des Schambeins. Was dabei »verkauft« wird, bleibt im Grunde das gleiche.

Die Werbungsbeschränkungen sind von Land zu Land und von Zeit zu Zeit verschieden, doch im großen und ganzen richten sie sich mehr und mehr gegen die Zigarettenhersteller, die sich zunehmend auf ein aggressives Rückzugsgefecht verlegen. Dieser Kampf umfaßt zum Beispiel die Einrichtung von Organisationslobbies, die andere Werbungtreibende davon überzeugen sollen, daß das Verbot von Zigarettenwerbung Verbote anderer Produktwerbungen nach sich ziehen wird. Er schließt auch den Einsatz der beträchtlichen politischen und wirtschaftlichen Macht der Industrie ein.

Der Tobacco Advisory Council, ein Großbritanniens Zigarettenhersteller repräsentierender Rat, lanciert Kampagnen mit Headlines
wie »Neun von zehn Menschen möchten frei entscheiden, ob sie rauchen dürfen oder nicht«. Das Tobacco Institute in den USA brachte
neun Anzeigen heraus, in denen eine Broschüre mit dem Titel »Antworten auf die meistgestellten Fragen über Zigaretten« angeboten
wurde. Philip H. Dougherty, der Werbekolumnist der *New York Times*,
fand heraus, daß die Broschüren zum Zeitpunkt ihres Angebots noch
gar nicht gedruckt waren.[9] Sein Kommentar: »Aus der Sicht des Werbungtreibenden hat ein Buchangebot den wundervollen psychologischen Effekt, daß viele Leute, die das Angebot gar nicht aufgreifen,
sich dennoch versichert fühlen, daß der Werbungtreibende tatsächlich die Antworten weiß.«

Solche Werbung hatte in Australien einen Bumerang-Effekt, als
das Tobacco Institute eine einseitige Anzeige im *Sydney Morning
Herald* und der *West Australian* drucken ließ. Die Überschrift lautete: »Smoking. Let's be sensible about it.« (»Rauchen. Gehen wir die
Sache doch mal vernünftig an.«) In der Anzeige wurden die Beweise
gegen das Rauchen als »rein statistisch« abgetan; sie enthielt ferner
Aussagen wie »Kein überzeugendes Argument gegen das Rauchen«
und »Das Etikett ›Abhängigkeit‹ ist nicht gerechtfertigt«. Die Anzeige
rief einen Sturm der Entrüstung hervor. Auch Werbeagenturen äußerten sich zum Teil negativ – aber nicht wegen des Anzeigenziels,
sondern weil sie das Konzept als dem Thema nicht angemessen hielten. John Doorley, Creative Director einer Agentur in Sydney, bezeichnete die Kampagne als »schlecht geplantes und schlecht ausgeführ-
tes Nicht-Ereignis« und fügte hinzu: Wenn es je einen Zeitpunkt
gegeben habe, zu dem die australische Zigarettenindustrie »Anzeigen mit Substanz und Mut« dringend brauchte, »dann jetzt, wenn
das Beste gerade gut genug ist«[10].

In einer ungewöhnlichen Kampagne veröffentlichte ein Zigarettenhersteller, R.J. Reynolds, seine eigenen Anzeigen für das Rauchen.
Die von Leber Katz and Partners (New York) durchgeführte Kampagne lief unter der Headline »Some of you might question our mo-
tives.« (»Einige unter Ihnen wundern sich vielleicht über unsere
Motive.«) Die Anzeigen hatten Rauchen in der Öffentlichkeit, Brand-
gefahren und junge Raucher zum Thema. Ihr Ton war meist ver-
söhnlich und vernünftig. Eine Überschrift lautete: »Ein paar über-

raschende Ratschläge für junge Raucher von R.J. Reynolds Tobacco«.
Der Text:
»Raucht nicht.
Rauchen war schon immer Sache der Erwachsenen. Und selbst
für sie wird Rauchen immer umstrittener.
Obwohl wir eine Tabakgesellschaft sind, halten wir es nicht für
gut, daß junge Leute rauchen.
Wir wissen wohl, daß solche Ratschläge an junge Leute auch das
genaue Gegenteil bewirken können.
Aber wenn ihr nur anfangt zu rauchen, um zu beweisen, daß ihr
erwachsen seid, dann beweist ihr gerade das Gegenteil.
Denn die Entscheidung für oder gegen das Rauchen solltet ihr
dann treffen, wenn ihr nichts zu beweisen habt...«

Die Industrie hat schon viele Forschungsaufträge vergeben, deren Ergebnisse ihre Haltung bestätigen – was nicht im geringsten
überrascht oder unmoralisch ist. Metra Consulting wurde von Imperial Tobacco and Gallaher mit einer »neuen, unabhängigen Untersuchung« betraut. 1979 wurde sie fertiggestellt: »In einer umfassenden
statistischen Analyse der britischen Situation der letzten 20 Jahre
konnten keine Beweise für eine bedeutsame Verbindung zwischen
der gesamten Medienwerbung und dem Zigarettengesamtumsatz gefunden werden.« Der Bericht gefiel der Industrie offensichtlich. Der
Tobacco Advisory Council gab mir ein Exemplar; ich bin sicher, daß
er es im Laufe der Jahre häufig aushändigte. Einige Forscher, die
nicht alle der Anti-Raucher-Lobby angehörten, hoben hervor, daß
Untersuchungen ab und zu die von den Auftraggebern erwünschten
Ergebnisse erbringen, und sich damit der Kritik aussetzen. In diesem
Fall wurden die Ergebnisse kontrovers diskutiert. Dennoch wirkt die
Studie der Metra beeindruckend und erfüllt insofern sicherlich die
in sie gesetzten Erwartungen...

In Wirklichkeit aber bemüht sich die Industrie weniger darum,
neue Restriktionen zu verhindern, als ihre Folgen zu verzögern – also
Zeit zu gewinnen. Täglich werden 5 000 Milliarden Zigaretten auf
der Welt verkauft – da ist Zeit eine Ware, die es sich zu kaufen lohnt.

Seit Mitte der achtziger Jahre ist die TV-Zigarettenwerbung in den
meisten Ländern Europas verboten; mit Einschränkungen ist sie in
Portugal und Spanien noch zulässig. 1987 verabschiedete das spanische Kabinett eine Gesetzesvorlage, die Tabak- und Alkoholreklame

verbietet. Die Schlinge wird immer enger, selbst in Ländern mit einer
lässigeren Einstellung. In Argentinien ist TV-Werbung möglich, in
der heroische Figuren in Macho-Aktivitäten verwickelt sind, aber
Rauchen darf nicht mehr *direkt* mit sportlicher Betätigung in Verbindung gebracht werden. Für Camel hieß das, daß der Camel-Mann in
den Anzeigen nicht länger wackelige Seilbrücken überquerte, sondern auf einem Felsen seine Feldflasche füllte und sich dann eine
Camel ansteckte.[11]

In Großbritannien schließt das Abkommen der Tabakindustrie
mit der Regierung folgendes ein: Die Werbung soll weder behaupten
noch andeuten, daß Rauchen ein Zeichen von Männlichkeit, Mut oder
Kühnheit sei oder weiblichen Reiz verstärke. Anzeigen sollen keine
Idole junger Menschen enthalten oder in Publikationen für Jugendliche erscheinen. Seit 1986 sind sie in Zeitschriften mit 200 000 oder
mehr weiblichen Leserinnen verboten. Zeitschriften, deren Leserschaft zu einem Drittel zwischen 15 und 24 Jahren alt ist, dürfen
ebenfalls keine Zigarettenwerbung mehr enthalten. Als ein weiteres
Ergebnis dieser Vereinbarung von 1986 ist die Kinowerbung – lange
die Gelegenheit schlechthin, junge Leute zu umwerben – verboten.
(Im Fernsehen darf schon seit 1965 keine Zigarettenwerbung mehr
gezeigt werden.)

In den USA wird die Zigarettenwerbung weniger kontrolliert als in
den meisten anderen westlichen Ländern. Es gibt vier spezifische
Restriktionen: Weder im Radio noch im Fernsehen darf für Zigaretten Reklame gemacht werden; auf den Schachteln und in den Anzeigen müssen Warnungen zu lesen sein; Anzeigen müssen die
Teer- und Nikotingehalte angeben. Es darf keine Werbung in den an
Jugendliche gerichteten Medien gemacht oder in Illustrationen oder
Themen eingesetzt werden, die jungen Menschen interessant erscheinen könnten.

In vielen Ländern müssen Warnungen vor gesundheitlichen
Schäden in den Anzeigen enthalten sein. David Abbott von der Londoner Agentur Mead Vickers – eine der wenigen Agenturen, die *keine*
Zigarettenetats betreut – erklärte mir: »Man erlernt gewisse Fertig-
keiten. Als Designer eines Plakats mit einer Größe von 48 Bogen lernt
man, daß die Headline oben stehen muß. Da schaut das Auge hin. Die
Warnung vor Folgeschäden fällt am Ende kaum noch auf. Ich bin sicher, daß es den Firmen und Agenturen lieber wäre, wenn es die

Warnung nicht gäbe, aber man hat bereits Wege gefunden, sie so un-
auffällig wie möglich einzubeziehen.« Ein Art Director einer anderen
Agentur bezeichnete es als elementaren Teil des Entwurfs, bei den
Zigarettenanzeigen darauf zu achten, das Auge von der Warnung
wegzulenken.

Es ist auffällig, wie oft die Warnung mittlerweile von der Werbung
parodistisch in Anzeigen und Illustrationen ihrer eigenen Fachpresse abgewandelt wird. Die amerikanische Zeitschrift *Adweek*
brachte den Beitrag »Verkauft sich Design?« und benutzte dazu eine
ganzseitige, vorgetäuschte Anzeige mit einer eingerahmten Warnung in der rechten unteren Ecke: »Der Gesundheitsminister: Design
in Anzeigen gefährdet Ihren Wohlstand.«

Vor über 20 Jahren, kurz bevor die TV-Zigarettenwerbung in
Großbritannien verboten wurde, gab ein Texter den Autoren Pearson
und Turner seine persönliche Checkliste für Zigarettenanzeigen:

»1. Es handelt sich um ein Initiationssymbol – ein Beweis dafür,
daß man in seinem Stamm auf eigenen Füßen steht und die unabhängige Männlichkeit erreicht hat.

2. Ein Mutterbrustersatz – manchmal überkommt einen der
Zwang zu saugen.

3. Ein Beweis der sozialen Akzeptanz – man zeigt, daß man wohl-
gelitten ist und daß man auch von anderen gemocht wird.

4. Ein Symbol der Männlichkeit – ein symbolischer Penis, der die
Tatsache bekannt macht, daß man überall und zu jeder Zeit jede Frau
haben kann, die man begehrt.«

Die Autoren fügten hinzu: »Nicht jeder war bereit, so weit zu gehen, aber die Männlichkeit wurde sehr häufig angesprochen...
Ebenso oft kamen snobistische Züge zum Einsatz...«

Eine Untersuchung der heutigen Printanzeigen in den USA, in
Großbritannien und in internationalen Medien wie *Time* verdeutlicht, daß die Zigarettenhersteller vorwiegend drei Ansätze verwenden. Der erste Ansatz stellt die Zigarettenmarke selbst als ein elegan-
tes und statusbringendes Objekt dar. Die Botschaft lautet: Kaufen Sie
diese Packung, rauchen Sie *diese* Zigarette – damit haben auch Sie
das gewisse Etwas, sind auch Sie etwas Besonderes, werden noch attraktiver und begehrenswerter. Diese Anzeigen finden sich überall,
sehr häufig allerdings in Ländern wie Großbritannien, wo Restriktionen erotisch eindeutige Anzeigen wesentlich einschränken.

Sterling-Zigaretten benutzen edle Stereogeräte, Steinway-Flügel und einen Porsche, um ihren Anzeigen ein exquisites Image zu verleihen. Stride-Schachteln werden vor einer Hintergrundlandschaft mit saftig grünem Pferdezuchtland plaziert. Rothmans zeigt die Kutsche und Lakaien, die früher einmal die Zigaretten des Unternehmens zu den Clubs und Botschaften im Zentrum Londons brachten. Japans meistverkaufte Marke, Mild Seven, bietet in ihren Anzeigen einen unglaublich blauen Swimmingpool, neben dem eine Karaffe mit Weißwein und Liegestühle bereitstehen. Die Schachteln der Marken Dunhill und Cartier werden neben goldenen Feuerzeugen gezeigt. Namen und Verpackungen sind wichtig: Cartier ist hierfür ein Paradebeispiel, genau wie Harrods (dessen Schachtel in der Anzeige vor einem hell erleuchteten Geschäft fotografiert ist). Die Schachteln tragen Wappenzeichen – so zum Beispiel Raffles mit seinem goldenen Emblem auf schwarzer Packung.

Die Betonung von Erfolg und Status herrscht vor allem in der Dritten Welt vor. Hier ist das Rauchen der richtigen Marke gleichbedeutend mit der Klärung des Geheimnisses, wie man ein hübsches Mädchen auf sich aufmerksam macht oder dem Recht, einen großen, glänzenden Wagen fahren zu dürfen. In Nigeria wird Player's Gold Leaf als »Die Zigarette für den VIP« bezeichnet und zeigt elegant gekleidete, schwarze Geschäftsmänner. In Kenia benutzt Embassy das Image des dynamischen schwarzen Geschäftsmannes vor Flugzeugen und fernen Orten. »The smooth way to go places.« (»Die gekonnte Art, das Ziel zu erreichen«), so die Botschaft.

Vorspiegelung und Realität könnten nicht weiter auseinanderliegen – die das Statussymbol kaufenden Raucher können sich ihre image-gefüllte Zigarette oft nur stückweise leisten. Doch es spielt keine Rolle, wenn sie sich heute noch nicht die ganze Schachtel leisten können – sie sind der Markt von morgen. Der durchschnittliche Raucher konsumiert in der westlichen Welt jährlich ungefähr 2500 Zigaretten, in der Dritten Welt jedoch nur 300. Diese Tatsache wird von der Zigarettenindustrie als große Chance gewertet.

Die zweite Vorgehensweise bringt Rauchen in eine zunächst überraschende Verbindung mit Gesundheit und Wohlbefinden. Seit Jahren muß dies jedoch immer vorsichtiger geschehen, vor allem wegen der Restriktionen, aber auch aufgrund des besseren Informationsstandes der Öffentlichkeit. In der Zigarettenindustrie hat diese Wer-

bestrategie eine lange Geschichte. Um in den fünfziger Jahren Berichten entgegenzuwirken, die Rauchen mit Krebs in Verbindung
brachten, engagierten Zigarettenhersteller Schauspieler, die in den
Werbespots als Ärzte fungierten und sich eine Zigarette nach der anderen anzündeten. Ein Schauspieler empfahl L & M-Filterzigaretten
mit den Worten »Just what the doctor ordered.« (»Genau was der
Arzt verschrieb.«) Sein Arzt habe ihm geraten, L & M zu versuchen,
und sie hätten tatsächlich »mehr Geschmack«.

Als zuviel Widerstand gegen solche Methoden laut wurde, verleg-
ten sich die Hersteller sehr subtil darauf, Gesundheit durch die Art
der Darstellung indirekt nahezulegen. Sie setzten Stars ein. John
Wayne stellte sich als Camel-Fan vor (die Ironie seines Engagements
wurde erst Jahre später deutlich). In vielen Anzeigen wurden die
milde Wirkung, das Fehlen von »Reizung« und die »Sorgenfreiheit«
hervorgehoben. Eva Gabor verkündete: »Ich mache mir keine Sorgen
mehr um meine Kehle, seit ich auf Camel übergewechselt bin.«
Operndiva Marguerite Piazza ging noch weiter. Sie »machte einen
dreitägigen Camel-Test unter Aufsicht eines anerkannten Halsspe-
zialisten«. Wunder über Wunder: »Es stellte sich heraus, daß ihre
Kehle durch die Camels nicht gereizt wurde.« Berühmte Sportler
wurden mit Zigaretten gezeigt – offensichtlich sollte dabei ein Zusammenhang zwischen Gesundheit und Fitness und einer bestimmten Marke hergestellt werden. Baseballstar Mickey Mantle und der
Tennisspieler Pancho Gonzales rauchten Viceroy.

Heute müssen entsprechende Aussagen indirekt erfolgen, doch
genau darin liegt die Kunst. Newport-Zigaretten bringen ein Wortspiel mit »alive« (»lebendig«) in ihren Anzeigen – »Alive with pleasure« lautet die Headline über einer Aufnahme von zwei strahlenden
jungen Leuten. Sportler (allerdings nicht mehr die Stars) sind immer
noch vertreten: ein Tennisspieler mit nacktem Oberkörper und dem
Schläger in der Hand zündet sich eine Kent an. In einer anderen Anzeige hält eine windzerzauste Tennisspielerin ebenfalls den Schläger
in der einen und die gerade angezündete Salem in der anderen Hand.
Der Bright-Mann läuft Ski und surft. In Großbritannien muß der
Ansatz noch indirekter sein: Assoziationen werden durch Aktivitäten
hervorgerufen, vor allem durch Sponsortätigkeiten und durch Anzeigen für Reisen, deren Veranstalter denselben Namen wie eine Zigarettenmarke tragen (mehr davon später).

Das dritte Verfahren besteht darin, die Zigarette mit schillernden und aufregenden Menschen in Verbindung zu bringen. Der Lucky-Strike-Mann trägt eine Sonnenbrille, eine schwarze Lederjacke und fährt – allein und frei – auf seinem Motorrad durch weites Land. Der Vantage-Mann fährt Rennwagen – »Vantage-Leistung zählt. Sie ist so gut, daß man sie schmecken kann.«

Diese Männer sind nicht nur Machos, sondern sie wissen auch genau, was sie tun. Der Winston-Mann hat Seil und Kletterausrüstung über die Schulter geschwungen und geht energischen Schrittes weg vom Helikopter, durch unwirtliches Land. Er hat sich aufgemacht, jemanden zu retten. Man gewinnt den Eindruck, wenn diese Rettung überhaupt jemandem gelingen kann, dann ihm. Die andere Anspielung ist subtiler – dieser Mann *weiß*, was Leben heißt, *und* er raucht trotzdem, also muß es okay sein... Merits Matrosen, die über das weite Meer segeln oder riesige Tanker durch Meerengen manövrieren, gehören in dieselbe Kategorie. Rothmans bringt dies alles auf die knappste Formel: Die Anzeige zeigt nur die Hand, die eine Schachtel Rothmans hält; der Mann wird nur durch den Ärmelaufschlag angedeutet. In den Anzeigen der internationalen Zeitschriften (die nicht unter die Regierungsvorschriften fallen, obwohl sie in Ländern zirkulieren, in denen sonst bestimmte Bestimmungen gelten) hat der Ärmel Streifen – der Mann ist also Pilot, jemand, der für das Leben anderer verantwortlich ist, der Bescheid weiß. In England sind solche Bilder der freiwilligen Selbstkontrolle der Werbungtreibenden zufolge nicht mehr zulässig. Der Ärmel darf nicht gekennzeichnet sein, aber der Stoff ist sehr dunkel, so daß er an eine Uniform erinnert. Ein Rothmans-Konkurrent erklärte mir, daß die Anzeige weiterlief, weil Studien erwiesen hätten, daß die Leser beim Betrachten der Anzeige noch immer den Ärmel eines Piloten *gesehen* hatten.

Wem das Macho-Ideal nicht zusagt, der kann sich auch mit anderen rauchenden Helden identifizieren. Der Kool-Mann spielt mit geschlossenen Augen ein Solo auf einem Saxophon (»There's only one way to play it«). Der Barclay-Mann ist cool, ein Mann von Welt. Er unterbricht das Anzünden seiner Zigarette, um mit Kennerblick die Frau anzusehen, die eine Hand auf seine Schulter gelegt hat (»The pleasure is back.«).

Die Männer haben ihre weiblichen Pendants. Die More-Frau, groß und elegant in einem langen, schwarzen Kleid, unterbricht ihr Billardspiel, bei dem ihr ein Mann bewundernd zuschaute. Die Vantage-Frau entspannt sich (aber nur für einen Moment) mit einer Zigarette neben einer Kleiderpuppe. Ihr eigenes Kleid ist teuer, ihr Goldschmuck schwer. Die wenigen Andeutungen der Umgebung vermitteln den Eindruck, daß es sich hier um eine erfolgreiche Designerin handelt. Die Satin-Lady trägt Seide und lehnt sich in tiefe Kissen zurück – »Go ahead. You deserve this Satin moment.« (»Sie haben dieses Satin-Erlebnis verdient.«)

Die Zigarette als Anspielung auf Sexualität taucht noch immer in einigen Anzeigen auf. Ein blonder, wuschelköpfiger Mann mit entblößtem Oberkörper sitzt mit gespreizten Beinen da und sagt: »Light my Lucky.« (»Gib meiner Lucky Feuer.«) Offenbar wurde er sehr sorgfältig ausgewählt, um sowohl Männern als auch Frauen zu gefallen. Zigaretten begleiten auch Paare. Salem-Paare umarmen sich innig – ohne ihre glühenden Zigaretten wegzulegen (»Share the spirit. Share the refreshment.«). Kent-Paare laufen barfuß an weißen Stränden entlang. In der österreichischen Werbung lehnen sich Raucher der Milden Sorte gegen Palmen, zünden ihre Zigaretten an und schauen sich tief in die Augen. Oft befinden sich die Raucher auch in Gruppen; ihnen allen ist gemein, Spaß zu haben. Zigaretten verschönern das Zusammensein und vertiefen die Freude. Die Newport-Gruppe singt in Begleitung eines Akkordeons. Die Players-Leute amüsieren sich in einer Bar.

Eine der berühmtesten Verbindungen von Blendwerk und Abenteuer ist der Marlboro-Cowboy. In der Dominikanischen Republik ist er auf riesigen Plakatwänden hoch zu Pferd zu sehen. Sein vom Wetter und von Erfahrungen gezeichnetes Gesicht blickt dem Leser aus den Seiten des *International Herald Tribune* entgegen; in Hongkong ist er jung, trägt einen weißen Hut und reitet einen Schimmel. Der Marlboro-Cowboy ist eines der beherrschenden und stärksten Werbesymbole der Welt. Durch ihn wurde aus einer Frauenzigarette und relativ unbedeutenden Marke *die* Machomarke. Sie ist nicht nur die meistgekaufte Zigarette der Welt, sondern auch der meistverkaufte verpackte Artikel der Welt. Marlboro ist Markenführer in der Bundesrepublik, in Italien und sogar in den USA – wo jede fünfte gerauchte Zigarette eine Marlboro ist. 1985 wurde ihr weltweiter Verkaufswert auf etwa sechs Milliarden Dollar geschätzt.

Der Marlboro-Mann ist eine Art Klischee für die Macht der Werbung. Weniger auffällig ist die Qualität dieser Idee als ein Weg zur Umgehung der verschiedenen Werberestriktionen. Barry Day, Art Director worldwide bei McCann-Erickson, schreibt:

»Emotional gehört Marlboro die westliche Welt. Ob es nun ein grauhaariger Cowboy ist, der seine Augen vor der glühenden Asche schützt, wenn er seine Zigarette am Campfeuer anzündet, oder das Zusammentreiben von Wildpferden, oder nur eine liebevolle Nahaufnahme von Sattel und Sporen – es gibt nur wenige Orte auf dieser Welt, an denen der zu identifizierende Markenname nicht gleich assoziiert würde. Die Symbolträchtigkeit ist so stark, daß sie es dem Werbungtreibenden erlaubt, seine Botschaft je nach den ständig anwachsenden Einschränkungen in den gegebenen Ländern maßzuschneidern. Man darf keine Raucher abbilden? Das macht nichts. Die Symbole sagen alles.«[12]

Und das Image, das vermittelt wird? Zwei Forscher ließen Schulkinder nachspielen, wie sie bestimmte Marken rauchen würden.[13] Der Raucherstil von Marlboro, fanden sie heraus, war »voller Entschlußkraft und Grimassen und impliziert, daß ein Zug an einer Marlboro kein Kinderspiel ist. Ganz ohne Zweifel wird hier eine ›ordentliche‹ Zigarette geraucht. Kurz gesagt, eine harte Marke für harte Männer.« In bezug auf ihren mythischen Reiz für Erwachsene verwiesen die Forscher auf Australien und erklärten, daß es sich hier um eine der am stärksten urbanisierten Nationen der Welt handle und die meisten Marlboro-Raucher daher Städter seien (was auch für die meisten anderen Länder gelte). »Die Anzeigen werden nicht für Menschen gestaltet, die wie der Marlboro-Mann sind, sondern für jene, die gerne wie er sein möchten. Die Marlboro-Werbung ist möglicherweise die Zigarettenwerbung mit den deutlichsten eskapistischen Tendenzen. Sie impliziert den Rollenwechsel vom gehetzten und erschöpften Stadtmenschen hin zu den offenen Weiten, der Frische und der elementaren Härte und Einfachheit des Marlboro-Country.«

Der Mann, der dies alles vor über 30 Jahren ins Leben rief, war ein vierschrötiger, entschlossener Werbefachmann, in den Augen vieler Werbeleute ein »Genie«. Burnetts 1935 gegründete Agentur arbeitet von Chicago aus, und diese Nähe zum »Volk« wird als ein Grund für Burnetts Stärke gesehen. Burnett war – wie seine besten Anzeigen – volkstümlich – und hart. Ein Spruch Burnetts steht auf einem großen Plakat zu lesen:»Wenn Sie nach den Sternen greifen, erwischen Sie vielleicht nicht immer einen, aber Sie brauchen dabei auch nie im Dreck zu wühlen.«

1954 griff Burnett zwar nach keinem Stern, suchte aber nach einer Idee, um das Image der Filterzigarette Marlboro von Philip Morris zu verändern. Der Auftrag lautete, aus der Frauenmarke eine Männerzigarette zu machen. Der Agentur war erklärt worden, sie dürfe alles verändern, nur den Namen nicht. Burnett lud zu einem Brainstorming auf seine Farm außerhalb Chicagos ein. Während der Diskussionen über männliche Images erinnerte sich Burnett an ein *Life*-Titelbild, das einen Cowboy gezeigt hatte. Später erzählte man, daß dieses Bild »alles symbolisierte, was die neue Marlboro-Zigarette repräsentieren sollte«.

In der Tat war nur einer der ersten Marlboro-Männer ein Cowboy. Andere waren Hochseefischer, Polizisten und Automechaniker. Sie waren tätowiert (was eine bewegte Vergangenheit andeuten sollte) und älter als die Modelle anderer Anzeigen. Sie waren harte, *reife* Männer mit harten Jobs und interessanten Lebensläufen. Die große, eigentliche Marlboro-Country-Kampagne entstand in den sechziger Jahren als gezielte Reaktion auf den ersten Raucher- und Gesundheitsbericht des Gesundheitsministers. Philip Morris wollte die bisherige Werbekampagne verändern, damit die Marke gleich nach der Veröffentlichung des Berichts Auftrieb erhalten würde.

Seit 1971 gibt es im US-Fernsehen und -Radio keine Zigarettenreklame mehr. Bis zu dem Zeitpunkt waren über 80 Prozent des Marlboro-Budgets für die TV-Werbung ausgegeben worden. Die Stärke der Marlboro-Country-Kampagne lag darin, daß sie sich leicht vom Fernsehen in Printmedien und auf Reklametafeln übertragen ließ, wie sie sich auch international als Konzept zur Verkaufsförderung in 180 Ländern einsetzen ließ.

Der Erfolg des Marlboro-Mannes ist verantwortlich für eine ganze Reihe anderer Machohelden, die alle der gleichen Postkutsche voller Gold nachjagen. Der Camel-Mann war ihm vielleicht am ähnlichsten, ein wilder Individualist, dargestellt von dem amerikanischen Schauspieler Bob Beck. 1986 wurde er von einem jüngeren, sanfteren Nachfolger abgelöst. Wie der Marlboro-Mann verkörpert auch er den gereiften Typ. Er hat volles Haar, einen Schnurrbart und – gewöhnlich – eine Zigarette zwischen den Lippen. In den Anzeigen sieht man

ihn als Pionier an exotischen Orten. Einmal fährt er mit seinem Land-
rover durch einen Fluß im Dschungel. Ein anderes Mal sitzt er mitten
im Urwald auf einem Propellerflugzeug. Richtiger Phantasiestoff für
Männer.

Die Anzeigen waren von Batten, Barton, Durstine and Osborn, bekannter als BBDO, entworfen worden. Das hauseigene Journal der
Agentur erklärte den Hintergrund der Kampagne:»Weil Zigaretten
wie nur wenige andere Produkte so deutlich sichtbar konsumiert
werden, sagen sie etwas Persönliches über den Verbraucher aus, was
oft eng mit dem Image der Marke verbunden ist. Aber wenn die Werbung dieses Image nicht transportieren kann, wird sie vielleicht nie
große Gruppen von Rauchern erreichen, die sonst die Marke gewählt
hätten.« Die Werbung für Camel Lights, so das Journal, »war eine
Anerkennung dieser Macht des Verbrauchermarkts«[14].

»Die Strategie ist geradlinig: Errege die Aufmerksamkeit junger
Männer, indem die Marke mit einer Lebensweise identifiziert wird,
die mehr vergnügungs- als arbeitsorientiert ist. Vielleicht ein ideali-
sierter Lebensstil, aber einer, der noch in ihrem Bereich des Möglichen liegt. Diesen Lebensstil personifiziert der Camel-Mann – ein
rauher Individualist, der in jeder Anzeige in einer außergewöhnlichen Umgebung in der freien Natur erscheint. Meistens sieht er sich
gerade einer Herausforderung gegenüber oder ist in ein gefährliches
Abenteuer verwickelt. Die einzige Textzeile – ›Where a Man Belongs‹
(›Wo ein Mann hingehört‹) – sagt ebensoviel über seine Umgebung
wie über seine Zigarette aus.

Das Image der Kampagne spiegelt sich in der Werbung für die
ganze Camel-Markenfamilie wider... und zusätzlich in zwei neuen
Promotion-Ideen, Camel Expeditions (Tourenreisen) und The Camel
Collection (Herrenkleidung). Dieser einheitliche Ansatz, einschließlich der Verwendung der klassischen Camel-Verpackung für alle
hauseigenen Zigarettenmarken, ergänzt Camels lange Tradition von
Produktqualität um eine für den Konsumenten authentische Bild-
welt, die den Zielgruppen eine Identifizierung erleichtert.«

Der Camel-Mann ist, wie auch die Marlboro-Kampagne, anpassungsfähig, je nach lokalen Beschränkungen und örtlicher Kultur.
Für Brasilien beispielsweise modifizierte Camels Weltagentur
McCann-Erickson die TV-Werbespots, um Bob Beck einem reichen,
das Land bereisenden Touristen ähneln zu lassen. Dies war notwen-

dig geworden, nachdem die Brasilianer auf die Anzeigen gleichgültig reagiert hatten, in denen der Schauspieler sich durch den Dschungel kämpfte. Es schien, daß die Brasilianer nicht verstehen konnten, warum dies jemanden reizen konnte – sie selbst meiden den Dschungel![15] In Hongkong muß der Marlboro-Mann jünger sein und aussehen, als *besitze* er die Ranch; und weil Chinesen gesellig sind, wurde er nicht alleine abgebildet.

In Großbritannien hatten die Vermarkter des ›Macho-Rauchers‹ mit den gesetzlichen Vorschriften Schwierigkeiten. Weder der Camel- noch der Marlboro-Mann darf in Anzeigen auftreten. »Der Marlboro-Cowboy«, sagte mir der stellvertretende Direktor der Advertising Standards Authority (britischer Werberat), David Williamson, »wird als junger Held betrachtet; jegliche Verbindung zwischen Zigaretten und gesundem Leben an der frischen Luft ist jedoch unter dem jetzigen Kodex nicht gestattet.«[16] »Das ist ein Problem«, gestand der Direktor für Marktentwicklung bei Philip Morris. Auf der Suche nach einer Lösung wechselte die Firma ihre Agenturen. Neue Ideen wurden getestet. Sattel, Sporen und Proviantkarren verschwanden, und die bekannte weiße Pyramide auf der Zigarettenschachtel wurde in einfallsreicher Weise eingesetzt – beispielsweise als Suchlicht einer aus gebirgiger Landschaft sich nähernden Lokomotive. Zum Zeitpunkt der Abfassung dieses Buches hatte man für das Problem noch keine Lösung gefunden.

Ein anderer großer Zigarettenhersteller hatte lange zuvor die strengere Handhabung der Zigarettenwerbung durch die britische Regierung vorausgesehen und eine eigene Lösung gefunden.

Marlboro beherrscht den Weltmarkt; die Filterzigarette Benson and Hedges beherrscht den britischen Markt. Auch sie stieg von einer kleinen Marke zum Marktführer auf, auch sie veränderte ihr Image auf dem Weg nach oben. Durch die Voraussicht ihres Herstellers und ihrer Werbeagentur geschah dies mit einer Werbekampagne, die gegen alle Einschränkungen – mit Ausnahme eines völligen Werbeverbots – immun sein würde, weil sie eigentlich gar nichts *sagt*. Mit den Worten von McCann-Ericksons Barry Day enthält sie »eine Fülle von Anspielungen, aber wenig, womit die Gesetzgeber etwas anfangen könnten...«

Benson and Hedges ist ein in Großbritannien hergestelltes Produkt von Gallaher. Diese Firma gehört seit 1975 zu American Brands, dem direkten Nachfolgeunternehmen von Buck Dukes Zigarettenimperium. Bei den in den USA verkauften Zigaretten Benson and Hedges handelt es sich *nicht* um dieselbe Marke, sondern um ein Philip-Morris-Produkt. Gallaher ist nicht der größte Zigarettenhersteller Großbritanniens, aber einer der erfolgreichsten. Der Erfolg ist größtenteils auf die Entscheidung von 1976/77 zurückzuführen, Verkaufsförderung und Werbung für Benson and Hedges Special Filter zu ändern.

Benson and Hedges Special Filter waren bis zu diesem Zeitpunkt mit Bedacht als eine Zigarette für den »gehobenen Markt« angeboten worden. Über zehn Jahre lang hatte Collett Dickenson Pearce, damals die kreativste englische Agentur, Anzeigen produziert, in denen die Schachtel vor schön fotografierten Motiven im Hintergrund plaziert worden war. In jeder Anzeige fand sich ein Wortspiel mit »gold«, der Farbe der Zigarettenschachtel. Beispielsweise lag die Schachtel neben einer Schatzkarte und einem Kompaß an einem karibischen Strand. Kommentar: »In the main gold is easier to find nowadays.« (»Gold ist heutzutage leichter zu finden.«)

1974 wurde eine ehemalige Sekretärin von Gallaher, die sich in der Firma hochgearbeitet hatte, Marketing-Managerin für Special Filter. Die Ernennung, erinnerte sie sich später, »verursachte einige Unruhe. Special Filter war das heißeste Produkt der Firma«. Maggie Green, bei unserer Begegnung 43, ist eine rational wirkende Frau mit einem lustigen Haarschnitt. Sie arbeitet in einem abgeteilten Raum eines Großraumbüros. An der Wand hängen gerahmte Zigarettenwerbungen. Maggie Green ist die höchstgestellte Frau in einer harten und von Männern dominierten Branche. (»Ich bin immer wieder enttäuscht: Jetzt bin ich seit 15 Jahren bei Gallaher, und nur so wenige [Frauen] steigen nach mir auf. Aber wenn sie [die Frauen] es wirklich wollen, werden sie es schaffen. Ich bin nicht der Meinung, daß ein roter Teppich für sie ausgerollt und es ihnen besonders leicht gemacht werden sollte.«)

Benson and Hedges galt damals als eine wichtige Marke, nicht aufgrund dessen, was sie war, sondern aufgrund dessen, was sie sein *konnte*. Sie war Marktführer in ihrer Kategorie, den King-Size-Filterzigaretten, aber diese Kategorie stand nur für zehn Prozent des gesamten Marktes. Es zeichneten sich zwei Entwicklungen ab, die eine positiv (für die Firma), die andere weniger gut. Die positive Entwicklung bestand in einer Veränderung des gesamten Marktes. Dank neuer Regelungen der Europäischen Gemeinschaft wurden »lange« Zigaretten nicht mehr höher besteuert als »normale«. Mit dem Wegfall des Preisunterschiedes war ab 1976 (dem Jahr der steuerlichen Veränderung) ein Boom im Verkauf von King-Size-Filterzigaretten zu erwarten. Ermutigt durch diese Perspektive führten Gallahers Konkurrenten viele neue Marken auf dem Markt ein. Mit B & H Special Filter aber hatte Gallaher bereits eine erfolgsträchtige Zigarette. Sie mußte nur richtig präsentiert werden.

Die zweite, weniger gute Entwicklung waren weitere Einschränkungen für Zigarettenwerbung im Ausland. Maggie Green erinnert sich, daß eine davon »eine fiese kleine Klausel [war], wonach die Zigarettenschachtel nicht in einem luxuriösen Umfeld gezeigt werden durfte« – genau so erfolgte jedoch die bisherige Darbietung der Marke.

»Wir wußten, daß wir einiges ändern mußten«, erzählt Maggie Green. CDP, die Agentur, erhielt ein Briefing, das sich auf die folgenden drei Hauptpunkte beschränkte:

»Die Schachtel mußte ›Held der Anzeige‹ sein. Wir wollten möglichst ohne Worte auskommen (wegen der jetzigen und zukünftigen Einschränkungen dessen, was gesagt werden darf). Und wir wollten jüngere Leute erreichen. B & H war immer eine Zigarette gewesen, die man rauchte, wenn man abends ausging. Eine Zigarette für Mama und Papa. Und weil sie sie rauchten, wurde die Marke von den jungen Leute nicht akzeptiert. Und wir wollten die Jüngeren ansprechen.«

Green erinnert sich weiter: »Wir gingen immer rüber in die Agentur und haben uns die Nächte um die Ohren geschlagen. Fast anderthalb Jahre Arbeit! Wir arbeiteten mit neuen Fotografen. Ich schickte die Fotos immer wieder zurück. Neue Ideen begannen wie alte Anzeigen auszusehen. Wir wollten einfach etwas ganz anderes.«

Zu dem Ergebnis dieser Anstrengungen meinte der Leiter einer internationalen Agentur später, es habe in Großbritannien »die gesamte Werbung verändert«. Das Endkonzept hatte etwas Surreales. In Kunstfotografien wurde die Zigarettenschachtel verfremdet. Aus der Schachtel wurde eine Tube, aus der Farbe lief, dann ein Lichtstrahl in einer offenen Tür, dann eine Glühbirne, um die Motten schwirrten...

Das Konzept machte viele Leute bei Gallaher nervös. Einige unterbreiteten andersartige Vorschläge, andere wollten das Konzept erst austesten lassen. »Jeder hatte panische Angst, die Kampagne würde diese grundsolide Marke zerstören«, erinnert sich Maggie Green. Doch wenn Benson and Hedges Special Filter auf dem kurz vor einem Boom stehenden Markt führend werden sollte, dann *mußte* ein Durchbruch gelingen. Gallaher hatte also dafür zu sorgen, daß die Zigarette von den Jedermanns des Absatzmarktes geraucht würde. Man entschied, mit drei Anzeigenmotiven zu starten – die Schachtel wurde als Teil von Stonehenge gezeigt, in einem Vogelkäfig und in einem Mauseloch. »Wir *fühlten*, daß wir richtig lagen«, fährt Green fort, »aber wir wußten, daß wir heftig kritisiert werden würden.« Nach dem Start bekam Gallaher fast von Anfang an »Fanpost«. »Ein Mann schrieb, daß er durch Chelsea fuhr, eine Anzeige sah und anhielt, um zurückzugehen und sie sich genauer anzusehen.« Die Anzeigen wurden mit »jedem möglichen Preis« ausgezeichnet, doch was für Gallaher am wichtigsten war: sie zeigten Erfolg. Die Zigarette wurde mehr und mehr verkauft, und Erhebungen zeigten, daß die Raucher genau diejenigen waren, die die Firma ansprechen wollte – junge Männer.

Bis März 1978 war Benson and Hedges Special Filter zur meistverkauften Zigarette des Landes geworden. Heute beträgt ihr Marktanteil etwa 15 Prozent. Hinzu kommt, so Green, daß sie mit ihrer Werbung sogar ein Status-Image behalten konnte. »Sie wird immer noch als etwas Besonderes gesehen, obwohl sie an erster Stelle rangiert. Als sie diese Spitzenposition einnahm, mußten wir uns zurückhalten (um die Tatsache nicht zu verkünden) – wir wollten natürlich auf keinen Fall, daß dies dem Konsumenten bekannt würde.«

Die Kampagne, die noch immer erfolgreich läuft, ist in der Branche schon fast zu einer Legende geworden. Andere Agenturen haben seither ähnliche Strategien angewandt, konnten diese Wirkung jedoch nicht erzielen. In der besten der konkurrierenden Kampagnen bediente sich John Player einer Kombination aus Wortspiel und Illustration mit dem Thema »schwarz«. In einer Anzeige war die Seite halbiert; eine halbe Schachtel auf der einen Seite und die andere Seite schwarz gefärbt mit dem Schriftzug »Half Black.«

Maggie Green ist der Meinung, daß die Kampagne auch den Status der Arbeit an Zigarettenwerbung innerhalb der Agenturen geändert habe. Viele wollten vorher nicht an Zigarettenreklame arbeiten, sagt sie, weil sie fürchteten, nicht kreativ genug sein zu können. Die surreal anmutenden Anzeigen für Benson and Hedges bewiesen, daß »man kreativ sein konnte«.

Green räumt ein, daß die »Ultrakreativität« bei der Benson and Hedges-Kampagne Ergebnis der Einschränkungen der Werbung war.»Man muß entweder ganz direkt und ehrlich vorgehen und eine Headline verwenden, die keinerlei Versprechungen macht. Oder man muß eine Kampagne entwickeln, die wie unsere völlig anders ist.« Die Kampagne hat selbst bei Gegnern der Zigarettenwerbung Bewunderung ausgelöst. David Abbott, der bekannte englische Texter, sagte:»Beim Betrachten einer Benson and Hedges-Anzeige komme ich nicht umhin, das fachliche Können und den Einfallsreichtum zu bewundern. Ich bewundere die Kunstfertigkeit; bedauerlich finde ich nur, daß es die Anzeige überhaupt gibt.«

Frau Green rauchte während unseres Gesprächs nicht. Sie gibt zu, gelegentlich zu rauchen, sagt aber, daß ihr»zuerst eine Zigarette angeboten werden müsse«. Wie sieht sie den Widerstand gegen Zigarettenwerbung? Sie glaubt, Gallaher habe ein besonderes Problem wegen seiner bekannten Werbekampagnen.»Ich sage immer, daß unsere Werbung viel Gutes bringt, aber auch viel Kritik hervorruft. Uns wird soviel Beachtung zuteil, daß die Anti-Lobby ihre Angriffe leicht auf uns richten kann.« Abschließend meint sie:»So lange wir uns an den Kodex halten, haben wir das Recht zu verkaufen, und solange wir dieses Recht haben, dürfen wir auch Reklame machen.«

Es scheint, als hätten die Werbefachleute in Großbritannien die Restriktionen zur Kenntnis genommen und sie stillschweigend akzeptiert. In Italien, wo Zigarettenwerbung völlig verboten wurde, müssen die Werbungtreibenden noch erfinderischer vorgehen.

Italien wird oft von der Tabaklobby als Beweis dafür angeführt, daß ein Werbeverbot keinen Einfluß auf das Rauchen von Zigaretten ausübt. Seit 1962 gibt es keine Reklame mehr, um die nationale Wirtschaft vor Importen zu schützen. Trotzdem, so die Advertising Association (Werbefachverband), sei der Zigarettenkonsum in Italien zwischen 1962 und 1980 um 76 Prozent gestiegen. Nach Auffassung der Association, »läßt dies sicherlich nicht darauf schließen, daß das Verbot eine Auswirkung hatte«. Im Anhang zu seinem Bericht »Werbungskontrollen und ihre Wirkung auf den gesamten Zigarettenkonsum« listet der Tobacco Advisory Council (Rat der Tabakindustrie) Italien als erstes der in allen Einzelheiten aufgeführten Beispiele auf. Er nennt den jährlichen Konsum und gibt an, daß »von den Daten... keine Beweise abzuleiten sind, wonach das Werbeverbot einen einschränkenden Effekt auf das Rauchen schlechthin gehabt hat«.

Die populärste Marke Italiens ist Kim, eine Marke von British-American Tobacco, die besonders für Frauen gedacht ist.[17] Frauen und Rauchen werden seit Ende des letzten Jahrhunderts in Anzeigen miteinander in Verbindung gebracht. Frauen hielten eine Zigarette in der Hand, sie steckten sie nur nicht zwischen die Lippen. E. S. Turner bemerkte hierzu: »Wenn die Leser diese Mädchen als Raucherinnen ansehen, kann uns das nur recht sein.« In den zwanziger Jahren unseres Jahrhunderts wandte sich die Zigarettenwerbung zum ersten Mal *direkt* an die Frauen. Gute Werbefachleute wittern gesellschaftliche Veränderungen und reagieren schnell darauf. Es herrschte eine Stimmung der Befreiung, und Zigaretten sollten zum Symbol der Rebellion gegen die Vergangenheit werden. Die erste bemerkenswerte Anzeige war für Chesterfield-Zigaretten – eine Frau saß neben einem Raucher auf der Couch und sagte: »Blow some my way.« (»Blas ein bißchen Rauch zu mir.«)

Der nächste, größere Versuch, die Frauen zu erreichen, erfolgte in den späten sechziger Jahren, als die Tabakfirmen das Potential der emanzipierten Frauen zu erschließen begannen. Philip Morris führte 1986 mit seinen Virginia Slims diesen Trend an. Die Firma propagierte das Image der ehrgeizigen, unabhängigen Frau unter dem berühmten Slogan: »You've come a long way, Baby.« (»Du bist weit gekommen, Baby.«) Im Kielwasser ihres Erfolgs wurden andere auf Frauen gezielte Marken auf den Markt geworfen.

In den achtziger Jahren stellte die Forschung fest, daß Frauen sich nicht nur immer weiter nach oben kämpften, sondern ihr Leben auch genießen wollten. Das Ergebnis war Satin von Lorillard, eine Zigarette mit einem Filter aus Satinpapier. Die Anzeigen betonten »jenen besonderen Augenblick, den Frauen für sich allein genießen wollen«. »Spoil yourself with Satin.« (»Verwöhnen Sie sich mit Satin«), hieß eine Headline. Darunter war eine rauchende Frau auf einer Couch zusammen mit einer weißen Angorakatze abgebildet. »Entspannen Sie sich«, so der Fließtext. »Sie verdienen diesen Satin-Augenblick.

Genießen Sie den milden, seidigen Geschmack der neuen Satin mit dem exklusiven Satin-Filter.«

1987 begann Philip Morris, eine Marke namens Star in der Schweiz zu vermarkten. Die Schweiz ist ein wichtiger Zigarettenmarkt, weil zum einen die Werbevorschriften relativ locker und zum anderen Frankreich, die Bundesrepublik und Italien Nachbarstaaten sind. Die Marke wurde als modisches Accessoire dargestellt und in fünf verschiedenen bonbonfarbenen Schachteln angeboten.

Die Zigarettenhersteller erkennen die zunehmende Bedeutung des weiblichen Marktes. Alle Forschungen deuten auf die Frauen als die Verbraucher der Zukunft, wenn sie geschickt angelockt werden können. Statistiken des Health and Human Services Department (Gesundheits- und Sozialministerium) in den USA zeigen, daß in der zweiten Hälfte der siebziger Jahre die Zahl der männlichen Raucher unter 20 Jahren zurückging, die Zahl der weiblichen Teenager aber, die zur Zigarette griffen, um volle 40 Prozent in die Höhe schnellte. Edward A. Horrigan, Vorsitzender von R.J. Reynolds, führte diesen Anstieg auf die sich ändernden Lebensstile zurück, in denen Frauen ein im Grunde veraltetes Image der Männer kopieren.[18] Gegenüber *Business Week* erklärte er: »Früher ging ein Mann in die Airport-Bar und bestellte einen Scotch; jetzt bestellt der gleiche Typ Perrier. Aber die Frau, die die Kontaktabteilung leitet oder Creative Director ist, ahmt den Mann nach, den sie vor zehn Jahren kannte, der rauchte und trank. Also wird sie einen Scotch trinken oder vielleicht ein Glas Weißwein, und sich eine Zigarette anzünden.«

1982 hielten die Zigarettenfirmen die Zeit für gekommen, einen neuen Angriff auf Europa zu starten. Peter Parsons, Verkaufsdirektor (Großbritannien und Export) bei BAT, erklärte während einer Tagung von Tabakeinzelhändlern Anfang 1982 auf Mallorca, daß »die Zahl der Raucherinnen sehr wahrscheinlich steigen wird. Für unser Geschäft bedeutet dies, daß sie für das Zigaretten-Marketing wichtiger werden als je zuvor. Das könnte bedeuten, daß mehr ausgeprägt feminine Marken erscheinen werden, wenn der neue Marktsektor erschlossen wird«.

Der BAT-Repräsentant hatte damit offensichtlich auf eine wichtige Firmenoffensive angespielt, denn im Mai 1982 wurde Kim als »eine Zigarette besonders für Raucherinnen« in England eingeführt. Dabei sah sich BAT jedoch einem Problem gegenüber: Seit 1977 dürfen britische Werbungtreibende nicht mehr andeuten, daß Raucherinnen »attraktiver und unabhängiger als Nichtraucherinnen« seien oder daß »Rauchen weibliche Reize erhöhe«. Kim mußte einen Weg zur Umgehung dieser Vorschriften finden. Das Unternehmen hatte jedoch in Italien bereits ein wesentlich größeres Problem gemeistert: Dort gibt es gar keine legale Zigarettenreklame.

Manchmal befindet sich die Werbebranche in einer verzwickten Lage. Die Werbeleute lassen sich gelegentlich Dinge einfallen, die sie nur mit großem Zögern im Ausland publiziert sehen wollen. Zugleich könnte jedoch ihr Weg, ein bestimmtes Problem zu meistern, für andere Werbefachleute sehr instruktiv sein – ganz abgesehen davon, daß sie stolz auf ihre Leistung sind.

Grey View, das internationale hauseigene Blatt der Werbeagentur Grey, widmete einem solchen Erfolg zwei Seiten. Eine Seite zeigte eine Kim zwischen den glänzenden Lippen einer Frau und die Headline: »Wie man ein Produkt zu einem Erfolg macht, wenn man nicht einmal mit einer Anzeige dafür werben darf.«

Autor war Ugo Gatti, Gründer, Präsident und Managing Director von Milano and Grey. Er schrieb: »Werbung ist ein Gebiet, das Kreativität auf jede nur mögliche Art erfordert, wenn man Erfolg haben will. Lassen Sie mich Ihnen schildern, wie, mithilfe von etwas Kreativität, selbst ein sehr restriktives Gesetz den erfolgreichen Start eines neuen Produktes nicht verhindern konnte.«

Milano and Grey übernahmen den Werbeauftrag für die Kim-Marke 1974, ein Jahr nach ihrer Einführung auf dem italienischen Markt. »Die Kernfrage war«, erinnerte sich Gatti in seinem Artikel, »wie man Reklame machen konnte, ohne mit dem Gesetz in Konflikt zu geraten.« Ein halbes Jahr lang veranlaßte die Agentur, daß »in den wichtigen Frauenzeitschriften und politischen Magazinen Artikel erschienen. Sie teilten den italienischen Konsumenten mit, daß es in Frankreich und Deutschland eine Zigarette namens Kim gab«. Gleichzeitig war die Agentur »bemüht, ein Konzept zu entwickeln, das das Image von Kim festigen sollte, ohne das Gesetz zu verletzen«. Das gelang durch ein Abkommen mit »Top-Mode-Designern«, die Kreationen in den Farben der Kim-Schachtel entwarfen. Diese Anzeigen waren legal. »Im Hintergrund war immer die Silhouette unserer Zigarettenschachtel zu sehen.«

Als nächsten Schritt ersann die Agentur einen noch raffinierteren Weg, junge Leute zu erreichen. Sie trat als Sponsor einer Radiosendung auf,die die neuesten Plattenhits vorstellte. Bei jeder Ansage wurde der Sänger mit Kim-Zigaretten in Verbindung gebracht. Ein von Gatti zitiertes Beispiel:»Und nun Barbra Streisands neuester Hit. Es fällt nicht schwer, sich vorzustellen, wie toll sie in einem Pancaldi-Dress in den Kim-Farben aussehen würde.«

Gatti erwähnte nicht, ob hierfür von den einzelnen Sängern die Erlaubnis eingeholt worden war (was unwahrscheinlich ist), oder ob es Reaktionen auf die Verwendung ihrer Namen gab. Das war nur die erste Methode, den jungen Hörern die Kim-Botschaft zu vermitteln. Die zweite war noch raffinierter. Mit Gattis Worten:

»Seit zwei Jahren haben wir immer wieder versucht, zwischen den ausgewählten Songs ein Lied einzuschieben, das Rauchen im Text erwähnt: ›Ich bin einsam und zünde mir eine Zigarette an‹; ›Der Geschmack meiner ersten Zigarette‹. Sobald die Wörter ›Zigarette‹ oder ›rauchen‹ vorkommen, ertönt der Jingle ›Kim... Kim...‹.«

Die Resultate, fuhr Gatti fort, »sprechen für sich«: Der Verkauf von Kim stieg von 85 Millionen Zigaretten 1975 auf 2275 Millionen Stück 1980.»Können wir nicht sagen«, fügte er hinzu, »daß man in der Werbung auf verschiedene Art und Weise kreativ sein kann? Oder daß man manchmal Kreativität einsetzen muß, um kreativ sein zu können?«

Die Art und Weise, wie Agenturen und Zigarettenhersteller Italien als Paradebeispiel dafür anführen, daß Einschränkungen der Werbung den Zigarettenkonsum nicht beeinflussen, ist nicht ohne Ironie. In *The Trouble with Advertising* stellt John O'Toole, Vorsitzender von Foote Cone and Belding fest, daß »die Erfahrungen beweisen, daß [Werbeverbote] nicht funktionieren. Zigarettenreklame ist seit 1962 in Italien verboten. Der Zigarettenkonsum ist seit jenem Jahr sogar angestiegen.«[*]

---

[*]   Es sollte nicht unerwähnt bleiben,daß das Verbot der Zigarettenwerbung in Italien noch auf ganz andere Weise verletzt wird. Das Branchenblatt *Tobacco Reporter* erklärte in der Ausgabe vom April 1980:»Zigarettenwerbung, obwohl in Italien illegal, ist dort nichts Ungewöhnliches... Die Werbeagenturen im Land schützen sich, indem sie von ihren Tabakkunden fordern, Verträge mit den Medienunternehmen zu unterzeichnen, wonach sie für mögliche Strafen aufkommen müssen. Die Kosten sind im Budget enthalten.«

Kim mußte 1982 in Großbritannien keine Situation überwinden, in der Zigarettenwerbung illegal gewesen wäre, aber sie mußte die gesetzlichen Beschränkungen berücksichtigen. Sie sollten unter anderem verhindern, daß Zigaretten mit weiblichem Charme, Wohlbefinden oder Idolen in Verbindung gebracht wurden. In bezug auf offene und aufrichtige Werbung zeigen BAT und seine britische Agentur Dorland, Teil des Saatchi-Imperiums, die Vorsicht von Seiltänzern.

Der interessanteste Aspekt war die Art und Weise, wie Kims Markenemblem auf die Bildschirme gelangte – und auch noch mit einer Frau (der Zielgruppe von Kim), einer gesunden Sportlerin.[19] Martina Navratilova trug ein Hemd mit dem Kim-Emblem während des Damen-Finales in Wimbledon, das im Fernsehen übertragen wurde. Als Antwort auf Beschwerden erklärte ein PR-Mann von BAT lediglich, daß die Hemden seit 1956 zu einer ganzen Serie italienischer Sportkleidung gehörten und nichts mit der Zigarettenfirma zu tun hätten – außer daß BAT sich die Lizenz für das Kim-Emblem erworben hatte. Im darauffolgenden Monat änderte BAT scheinbar die Strategie und entschuldigte sich in einem Brief bei dem Gesundheitsminister der Regierung.[20] Ein Jahr später, 1984, trat Martina Navratilova erneut in Wimbledon an, wieder mit dem Kim-Emblem auf dem Hemd – doch diesmal, so erklärte BAT später, gegen den ausdrücklichen Wunsch der Firma.[21]

BAT und seine Marke Kim sind nicht die einzigen Beispiele für die Versuche, die Werberestriktionen zu umgehen. Mittlerweile sind solche Taktiken unerläßlicher Bestandteil der Verkaufsförderung von Zigaretten. 1979 trafen sich leitende Mitarbeiter von BAT in der Bundesrepublik, um das Problem der zunehmenden Einschränkungen und ihrer Handhabung zu diskutieren. Sie brachten ihre Besorgnis über diese Entwicklung zum Ausdruck und überlegten, welche alternativen Methoden angesichts der wachsenden Sperrung von Märkten für die traditionelle Werbung angewandt werden könnten. Ein nach der Tagung verfaßtes Memorandum verdeutlicht, wie pessimistisch die BAT-Mitarbeiter bezüglich »offener, ehrlicher« Werbung waren: »Die Aussichten für 1990 sind nicht gut. Unter den wichtigsten BAT-Märkten wird sich die Anzahl der Marktsegmente, die von Verboten und Einschränkungen völlig frei sind, von acht (1979) auf zwei reduzieren. Dagegen werden die Märkte mit völligen Verboten in allen Medien von acht auf 22 ansteigen. Diese Restriktionen betreffen vor allem die ›überredende‹ Art der Werbung.«

Verschiedene Reaktionsmöglichkeiten kamen zur Diskussion. »Da Werbeverbote die Regionen einzelner Länder erfahrungsgemäß ungleich treffen, sollten die Firmen die Möglichkeiten einer Kooperation prüfen, indem sie Fernseh- und Radiosendungen beispielsweise in ein ›verbotenes‹ Land ausstrahlen. Natürlich müssen die politischen Risiken solcher Vorgehensweisen abgewogen und mit Umsicht gehandhabt werden.«

Sponsoring und Promotion spielten bei der Diskussion eine große Rolle: »Sponsoring und Promotion sollten unter der Prämisse des ›Goodwill‹ gesehen werden. Firmen sollten alle Möglichkeiten ausloten, um andere, also Nicht-Tabak-Produkte und Dienstleistungen zu finden, mit deren Hilfe Haus- oder Markennamen, zusammen mit ihren wesentlichen visuellen Erkennungszeichen, zu vermitteln sind. Wahrscheinlich handelt es sich hierbei um eine teure und langfristige Operation, aber das Ziel ist die wirkungsvolle Präsentation der Information, wenn alle direkten Formen der Kommunikation untersagt werden.«

Die Zigarettenindustrie hört und befolgt solche Ratschläge. Auffällig an der heutigen Verkaufsförderung für Zigaretten ist, daß sie als Reaktion auf die Werberestriktionen und in der Erwartung weiterer Einschränkungen so umfassend eingesetzt wird. Immer kleinere Gruppen potentieller Konsumenten werden gezielt angesprochen. In den USA sind zum Beispiel die Hispanier zu einer besonderen Zielgruppe geworden. Neue Marken werden nach neuen Forschungsergebnissen entwickelt. So werden in einem Fall starke Zigaretten in einer Schachtel angeboten, die entworfen wurde, um sowohl Status als auch Männlichkeit zu implizieren. In den Wohnvierteln der Schwarzen wimmelt es von Reklametafeln und Modeschauen, bei denen die Mannequins auf den Laufstegen rauchen, um Zigaretten und Eleganz miteinander zu verknüpfen. In den USA verschenkten Brown and Williamson bei der Einführung von Barclay-Zigaretten 200 Stück-Packungen auf Anfrage. In den Niederlanden erhielten Anrufer zwei Schachteln (40 Zigaretten) – 65 000 in fünf Tagen. Sonderangebote gibt es immer häufiger: Flugtaschen mit R.J. Reynolds-Marken (wodurch die Firma gleichzeitig Werbung für Camel, Winston, Salem und Vantage machen kann), eine Stangenpackung gratis nach jeweils vier gekauften Stangen Marlboro; Rabattcoupons über zwölf Dollar beim Kauf von zwei Stangen Bright.

Die Gewinnsummen bei Wettbewerben und Preisausschreiben stiegen in schwindelnde Höhen. Ein Wettbewerb von Marlboro in Großbritannien belief sich auf insgesamt eine Million Pfund, einschließlich sechs »sagenhafter Traumwagen«. Die gleiche Summe setzte Silk Cut bei seiner Aktion allein für den ersten Preis ein. Weitere Beispiele für solche Wettbewerbe: Embassys Bargeld-Bingo mit garantierten Preisen bei jedem Einsatz (von einem bis zu 50 000 Pfund), Dunhills 500 000 Pfund für die Lösung eines Rätsels, und ein VW Golf-Cabriolet von Kim. Ein schwarzer Lotus Turbo wurde auf der John-Player-Roadshow angeboten. Während der Tour beherrschte die John Player-Show die Halle der Londoner Victoria Station. Der Lotus und der schwarze Rennwagen von John Player gehörten dazu; es wurden Formel-Eins-Rennen auf Videos gezeigt. Schöne Mädchen in engen schwarzen Hosen und Jacken mit dem JPS-Emblem verteilten Werbepäckchen, die Aufkleber, Broschüren über JPS-Kleidung, Einzelheiten über den Wettbewerb, ein Kalenderposter vom Grand Prix und ein Heft mit Coupons enthielten, die zum Teil gegen Zigaretten eingetauscht werden konnten.

Die Firmen sind inzwischen Meister in der Entdeckung von Marktlücken. Für die Verkaufsförderung seiner Merit-Marke in den USA rief Philip Morris eine Organisation für öffentliche Umfragen ins Leben, die einen *Merit Report* an Zeitungen und Sendeanstalten »als eine zuverlässige Quelle für wertvolle Informationen über das, was die Leute denken« verschickte. R.J. Reynolds beteiligte sich in den USA finanziell an öffentlichen Programmen, nachdem eine Übereinkunft erzielt worden war, nach der die Firma in den Sendungen als ein Unternehmen vorgestellt werden sollte, das »an Tabak, Speisen und Getränken beträchtlich beteiligt« sei. Solche Dinge mögen als nebensächliche, kleine Triumphe gewertet werden, aber es ist die Summe dieser kleinen Triumphe, die ins Gewicht fällt. In einer offensichtlich den Likör Tia Maria anpreisenden Werbung war der Markenname Raffles sehr deutlich auf dem Einband einer Speisekarte und dem Cover einer Langspielplatte erkennbar. Die Werbung erschien in der britischen Frauenzeitschrift *Options*. Nachträglich wurde bekannt, daß Philip Morris, der Hersteller von Raffles, die Hälfte der Anzeigenkosten getragen hatte. Die in den Anzeigen dargestellten Si-

tuationen – über vier Seiten verteilt – zeigten ein Paar, das gemeinsam zu Abend aß und dann zu Bett ging. Es gab Beschwerden darüber, daß die Anzeigen durch die Verknüpfung von Zigaretten mit Sex
und eleganter Umgebung und dem Weglassen der Gesundheitswar-
nung gegen den Kodex der Branche verstoßen hätten. Nach einem
Brief vom britischen Ministerium für Gesundheit und Sozialwesen
entschuldigte sich Philip Morris. Doch die Anzeigen hatten natürlich
inzwischen ihren Zweck erfüllt. (In den USA stand dieser Konzern
1988 auch hinter einer Kampagne gegen eine Bewegung, die in den
Nahverkehrszügen des Großraums New York ein Rauchverbot ein-
führen wollte. Diese Tatsache sollte die Öffentlichkeit jedoch nicht erfahren. Der Konzern wurde auch als Haupttriebkraft einer neuen
Körperschaft ausgemacht, des Leadership Council on Advertising Issues [sinngemäß: Führungsrat über Fragen der Werbung], der das
Ziel verfolgt, die Einengung der Rechte der Werbung durch die Regierung zu bekämpfen.)

Manche Erfolge waren nur von kurzer Dauer. Benson and Hedges
ließ 100 Taxen in London goldfarben lackieren und mit dem Emblem
des Unternehmens versehen. Nach Beschwerden wurde verfügt, daß
es sich um Anzeigenwerbung handle und daher die Gesundheits-
warnung der Regierung enthalten sein müßte.

Die Zigarettenfirmen stürzen sich in das Geschäft mit der Freizeit,
um den Konsum ihrer Marken anzukurbeln und ihn – ungeahndet –
mit Jugend, Vergnügen und Erlebnisangeboten zu verbinden. Marlboro's Adventure Travel (Marlboros Abenteuerreisen) fordert die
Konsumenten auf: »Testen Sie sich selbst... Ihre Einstellung zu
Abenteuer, Aufregung, Freiheit.« Eine Urlaubreise offeriert »das
Wiedererleben des Alten Westens«. Die Broschüre zeigt einen Cowboy – mit Zigarette. Peter Stuyvesant Travel konzentriert sein Reise-
programm auf warme Gefilde; die Broschüren zeigen lauter gut aussehende, junge Leute an exotischen Orten. Gallaher's Silk Cut bietet
Weinproben in Frankreich und Tenniskurse in Portugal an. John
Player Special offeriert Urlaubsreisen in Verbindung mit Grand Prix-
Veranstaltungen. Fast auf jeder Seite der Hochglanzbroschüre ziert
das JPS-Emblem (das gleiche wie auf den Zigarettenschachteln)
schnelle Autos, die Kleidung der hübschen Girls und Flaggen. Von allen Katalogen weist der von John Player die deutlichsten sexuellen
Anspielungen auf – eine Aufnahme zeigt ein Mädchen auf einem Rei-

fen sitzend: sie ist nackt bis auf ein Herrenhemd, das weit offensteht. Der Ansatz Freizeit ermöglicht der Branche, in Zeitungen und Zeitschriften zu werben, ohne die Warnungen vor Gesundheitsschäden anführen zu müssen.

Zigarettenfirmen sind auch in die Bekleidungs- und Accessoire-Branche eingestiegen. Auf diese Weise sind die Markennamen ständig präsent. So gibt es Silk Cut-Jogginganzüge und Uhren, Kim-Schirme, Camel-Hosen, Marlboro-Skibrillen und Jeans und Jacken von John Player. Das Image ist sportlich, anspruchsvoll, meist für den etwas gehobeneren Markt gedacht – und immer jung. Die Firmen beteiligen sich an den Druckkosten von Büchern (wie Peter Stuyvesants Publikationen über Windsurfen und Wasserski, die zusammen mit der *Daily Mail* produziert werden) und lassen Motorenöl und Autowachs mit ihrem Emblem verzieren (John Player). John Player wirbt für seinen eigenen Cocktail »Black Orchid« (Schwarze Orchidee), eine »exquisite« Zusammenstellung, so die Behauptung; die Ingredienzen deuten wiederum auf eine junge und weibliche Zielgruppe: Pernod, Cointreau, Cassis und Limonade.

Sport und Kunst stellen ebenfalls wichtige Sponsoring-Bereiche dar. In Großbritannien werden die Opernfestspiele in Glyndebourne, Country-Music, das Nationaltheater, Rockkonzerte, das Ballett Rambert wie auch die Produktion von Schallplatten mit klassischer Musik unterstützt. In den USA wird das jährliche Kool Jazz Festival von Brown and Williamson von mehr als zwei Millionen Menschen besucht. Marlboro fördert Country-Music, Camel Rockmusik. Im Sport, der Jugend und Gesundheit verkörpert, werden in Großbritannien wie auch in den USA noch größere Finanzmittel der Tabakindustrie eingesetzt. In Großbritannien umfaßt die Liste der von Tabakgeldern geförderten Sportarten Angeln, Cricket, Darts, Reiten, Golf, Pferderennen, Schnellbootrennen, Motorradfahren, Rugby, Snooker Pool und Tennis. 1986 wurden über 360 Stunden Sportübertragung im Fernsehen von der Tabakindustrie gesponsert. 98 Prozent davon liefen bei der an sich keine Werbung zulassenden BBC. Kritiker behaupten, daß dies 700 Werbespots à 30 Sekunden gleichkomme. Zwei Jahre zuvor hatte die von Embassy gesponserte Snooker-Meisterschaft nicht nur 100 Stunden Fernsehprogramm geboten, sondern während dieser Übertragungen auch den Markennamen wiederholt gezeigt.

Sponsoring erfolgt auch in kleinerem Rahmen. Zeitungsanzeigen versprachen für das Spiel zwischen meinem lokalen Fußballklub Brighton-Hove Albion und Leeds United folgende Attraktion: »Marlboro-Zigaretten machen Werbung für das Spiel mit Albion. Wenn Sie am Samstag ins Goldstone kommen, werden Sie durch Marlboro-Mitarbeiter begrüßt, die Ihnen eine Zigarette anbieten... Kommen Sie am Samstag ins Goldstone... Genießen Sie das Fußballspiel... und zugleich eine Marlboro.«

Geld der Tabakindustrie ist nicht überall willkommen. Die Organisatoren der Winterolympiade in Calgary wiesen dahingehende Angebote zurück. Einzelne Künstler wie die Oak Ridge Boys in den USA und die Schauspieler Warren Mitchell und Paul Eddington in Großbritannien (die eine Interessengruppe gründeten) lehnen es ab, damit in Verbindung gebracht zu werden. Aber es gibt auch sehr starke Lobbyisten der Tabakindustrie und ihres Sponsoring, nicht zuletzt geldgierige Sportvereine. Die Association of Business Sponsors of Arts (Vereinigung von Unternehmen, die als Sponsoren der Künste tätig sind) hat sich in Großbritannien lautstark für das Sponsoring von seiten der Tabakindustrie ausgesprochen. Die Tabakfirmen BAT, Gallaher, Imperial und Philip Morris gehören zu den führenden Mitgliedern der Vereinigung.

Manche Werbefachleute, die für die Tabakwerbung sind, lasten Sponsoring in Verbindung mit Sport, Jugend und Glamour jenen an, die Reklame verbieten oder einschränken. Charles Plouviez, der ehemalige Vorsitzende der für Öffentlichkeitsarbeit in der Advertising Association zuständigen Gruppe, schrieb dazu: »Indem es der Anti-Raucher-Lobby gelungen ist, die TV-Werbung zu verbieten, hat sie die gewaltige Ausbreitung des Sponsoring von seiten der Tabakfirmen angeregt, das sie jetzt ebenfalls verboten sehen möchte... Niemand, nicht einmal die Zigarettenhersteller, erahnten das Potential des Sponsoring, bis sie gezwungen wurden, neue Methoden der Verkaufsförderung zu suchen.«[22] Und wie steht es mit dem Verbot des Sponsoring? Plouviez' Antwort: »Keiner weiß, wie das Ergebnis eines Sponsoring-Verbots aussehen würde – doch vermutlich käme es nicht zu einer wesentlichen Reduzierung des Zigarettenkonsums, dafür aber wahrscheinlich zu verdeckteren und ungeregelteren Formen der Verkaufsförderung.«

In der Öffentlichkeit argumentieren Zigarettenhersteller und Werbefachleute, daß Werbung für und Verkaufsförderung von Zigaretten
niemanden zum Rauchen animierten, sondern allenfalls zu einem
Wechsel der Marke. Dagegen stellt Bernard Barnett, Chefredakteur
von *Campaign*, fest: »Es ist doch seltsam, daß die beiden einzigen
Kategorien von Werbung, von denen die jeweiligen Branchen behaupten, sie fördere den Konsum nicht (d.h. Tabak und Alkohol), gerade diejenigen sind, denen durch gesetzliche Maßnahmen bald das
Ende droht.«[23] David Abbott kommentiert: »Ich halte Argumente wie
Markenwechsel in ihrer Oberflächlichkeit für geradezu beleidigend.
Es gibt keine andere Kategorie, in der Sie 70 bis 100 Millionen Pfund
ausgeben können, ohne eine Wirkung auf den Schutz oder die Ver-
größerung des Marktes auszuüben. Ich bin überzeugt davon, daß die
Werbung das Tempo des Rückgangs verlangsamt hat. Sie hat mit
Sicherheit dabei geholfen, neue Rauchergruppen zu erschließen, ob
es sich nun um Frauen oder um die Menschen in der Dritten Welt
handelt. Außerdem gestaltet die Zigarettenwerbung die Arbeit der
Gesundheitserziehung schwieriger, wie ich meine, da sie die Haltung
der Regierung ambivalenter macht.«

Abbotts Vater, ein Raucher, starb mit 52 Jahren an Krebs. Abbott
sieht Zigaretten als »ein einzigartiges Produkt, da man sich auch
dann schädigt, wenn man es maßvoll genießt... Letztlich läuft dies
auf eine moralische Frage hinaus. Ich wehre mich dagegen, ein Wer-
bemensch genannt zu werden, weil ich ein Mann bin, der in der Werbebranche tätig ist. Ich halte es für vorteilhaft, wenn man seine eigene Firma gründet; dann kann man tun, was man will... Jeder in
der Branche fragt mich: ›Warum sind Sie bei Zigaretten so zimper-
lich? Sie machen ja auch Werbung für Autos, die Menschen umbringen, und für Alkohol?‹ Jeder Mensch muß an irgendeiner Stelle eine
Linie ziehen: Bis hierher und nicht weiter. In meinem Fall bedeutet
dies, daß man trinken oder Auto fahren kann, ohne sich zu töten.«

Das andere bekannte Argument der Branche besagt: Wenn ein
Produkt legal verkauft werden kann, dann muß auch legal dafür ge-
worben werden dürfen. Aber alles in allem läßt sich das stärkste
Argument gegen Zigarettenwerbung – oder Sponsoring oder andere
Verkaufsförderungsmethoden – so formulieren:

Wenn Tabak heute, mit all unseren Kenntnissen über seine gesundheitlichen Auswirkungen, neu eingeführt würde, dann würde

sich die Gesellschaft genauso dagegen wehren, wie sie sich gegen alle illegalen Rauschgifte wehrt. Natürlich ist es, realistisch betrachtet, zu spät, etwas zu unternehmen – nur ein sehr naiver Mensch könnte ein Verkaufsverbot vorschlagen, denn das ist nicht machbar. Aber die Werbung trägt dazu bei, eine Umgebung zu schaffen, in der Rauchen akzeptiert ist und zögert damit, wie Abbott meint, die gesellschaftliche Entwöhnung hinaus.

Natürlich wissen dies alle Betroffenen – die Werbeagenturen, die Zigarettenhersteller und (besonders) die Regierungen. Aufgrund eigener und staatlicher Interessen betreiben sie eine wirksame Verschleierungspolitik. Das Interesse der Regierungen liegt in den enorm hohen Steuereinnahmen. Sylvan Barnet, Vorsitzender des Advisory Council of the International Advertising Association (Rat des Internationalen Verbandes von Werbefachleuten) und leidenschaftlicher Gegner jeglicher Beschränkungen, kam meiner Meinung nach der Wahrheit am nächsten. Er sagte, das Verbot von Zigarettenwerbung durch eine Regierung habe die gleiche Wirkung, »wie wenn man sich in den Fuß schießt. Warum will die Regierung sie nicht verbieten? Weil sie die Branche braucht.«

ALKOHOLKONSUMENTEN

»Die Alkoholindustrie erkennt die Wahrheit
immer deutlicher. Sie verkauft weder Flaschen noch Gläser, nicht einmal Alkohol.
Sie verkauft Wunschträume.«
Carol Nathanson-Mogg, amerikanische Werbepsychologin

Alkoholische Getränke sind Image-Produkte schlechthin. Ausdauer und Geschick des Werbungtreibenden reichern einen Drink mit Illusionen an; nicht ein bestimmter Geschmack, sondern Träume füllen das Glas. Das Getränk wird untrennbar mit gesellschaftlicher Anerkennung, sorgloser Jugend, Sex-Appeal oder Kultiviertheit verbunden. Wie mächtig das Image sein kann, wurde bei Untersuchungen zu einem Drink namens Savannah Gold anschaulich nachgewiesen. Testpersonen, die nicht wußten, was sie tranken, mochten das Getränk. Anderen wurde erklärt, daß es sich um Rum handle, ein Getränk, das in Großbritannien mit einem schlechten Image behaftet ist. Das Ergebnis: »Sie lehnten den Drink ab, schon bevor sie ihn probiert hatten.« Er wird jetzt als »matured cane spirit« (»gereifter ZCckerrohralkohol«) angeboten.

Für die Werbebranche ist Alkohol ein sehr spezielles Produkt. Der jährliche Umsatz alkoholischer Getränke erreicht einen Wert von über 170 Milliarden Dollar und liegt damit weitaus höher als das Bruttosozialprodukt Mexikos. Die Briten geben täglich durchschnittlich 42 Millionen Pfund für Alkohol aus, mehr als für Kleidung oder Autofahren. Alkohol wird in einem »high turnover environment« verkauft, wie es im Marketing-Jargon heißt. Das bedeutet: Während der Markt aus Milliarden Litern Alkohol besteht, wird das Produkt selbst in der Flasche, im Sechserpack oder glasweise verkauft – was es den Herstellern und Werbungtreibenden erleichtert, die Konsumenten ständig zum Wechsel ihres bevorzugten Getränks oder einer Marke zu ermuntern.

Die konkurrierenden Firmen bestehen meist aus riesigen Zusammenschlüssen: Philip Morris ist nicht nur der größte Zigarettenhersteller, sondern zu dem Konzern gehört seit 1970 auch die US-Biermarke Miller, die laut Absatz in den USA an zweiter Stelle steht; Seagram mit 150 Markenspirituosen und 300 Markenweinen sowie

Sektmarken; Lyons mit 8000 britischen Pubs und der riesigen Spiri-
tuosen-Firma Canadian Hiram Walker; Grand Metropolitan, eine
weitere britische Gesellschaft, der auch der große amerikanische Ge-
tränkehersteller Heublein gehört.

Die Produktnamen selbst kennt jedes Kind: Jack Daniels, Bacardi,
Martini, Schlitz, Martell – die meisten sind Nichttrinkern ebenso bekannt wie Kennern, ob in Oslo oder Caracas, in New York oder London. Alkoholwerbung kreiert und verstärkt Images. Wo es notwendig
erscheint (und das ist immer häufiger der Fall), versucht sie, Images
zu verändern, um etwa aus dem Drink für die ältere Dame ein »Muß«
für den Swinger von heute zu machen.

Die Zeiten der Vorbehalte liegen lange zurück, als zum Beispiel
J.Walter Thompson keine Werbeaufträge für ›harte Getränke‹ übernahm. Stanley Resor, der Chef der Agentur, war kein Abstinenzler,
aber angeblich glaubte er, wenn sein Unternehmen seine kreativen
Talente mobilisierte, würden »eine ganze Anzahl von Menschen zu
trinken anfangen« und Schäden davontragen. Die Gewissensfragen
heutiger Agenturen drehen sich allenfalls um die Frage, ob sie die
richtige Taktik verfolgen.

Werbung machte Wodka zu *dem* Drink der sechziger und siebziger Jahre. Sie überzeugte vor allem jüngere Menschen, daß eine bestimmte Marke dieser farb-, geruch- und geschmacklosen Flüssigkeit – Smirnoff – obwohl teurer, besser sei als die konkurrierenden
farb-, geruch- und geschmacklosen Flüssigkeiten. Der höhere Preis –
in Großbritannien beträgt die Differenz ungefähr ein Pfund pro
Flasche – war Teil der »Beweisführung«, daß es sich hier um ein besseres Produkt handelte. Und er erleichterte die Finanzierung der
gewaltigen Werbekampagne, mit der die Verbraucher überredet
wurden, daß es sich lohnte, mehr zu bezahlen.

In den achtziger Jahren machte die Werbung Bailey's Irish Cream
zum meistverkauften Likör der Welt; diese Position konnte dank der
Werbebudgets gehalten werden, die größer waren als die aller
Konkurrenten.*

---

*   Trotz seines Namens handelt es sich bei Bailey's nicht um ein altes Rezept, sondern
um einen Verschnitt, den die kleine Londoner Gesellschaft Innovation and Development
in den siebziger Jahren hergestellt hatte und der von International Distillers and Vintners aufgegriffen und verfeinert wurde. 1982 lag der Verkauf bei 2,2 Millionen Kisten
pro Jahr.

Als eine der berühmtesten Brauereien der Welt, Guinness, sich in den achtziger Jahren eingestehen mußte, daß sein 220jähriges Stout tief in Schwierigkeiten steckte, war Werbung der rettende Anker: eine neue Agentur, ein neuer Werbeansatz und viel Geld verliehen dem Bier ein neues Image.

Der Alkoholindustrie stellen sich viele Probleme – der Geschmack der Konsumenten verändert sich laufend, der Markt ist meist stagnierend, wenn nicht sogar zurückgehend, seitens der Gesellschaft wird zunehmend Kritik laut, der Konkurrenzkampf wird schärfer. Der Wettbewerb wird häufig durch relative Branchenneulinge wie Philip Morris intensiviert, die ihre harten Strategien außerhalb dieses Industriezweiges perfektionieren konnten.

Daß Werbeagenturen die Alkoholproduzenten gerade dann zum Bereitstellen riesiger Beträge überreden, wenn es nicht gut um sie steht, mutet wie eine Ironie an. Anfang der achtziger Jahre erlebten die Brauereien in den USA eine Phase des Null-Wachstums, die erste seit 25 Jahren; in Großbritannien konsumierten die Biertrinker jährlich fast eineinhalb Millionen Pints weniger. Doch die Botschaft an die Alkoholindustrie lautete:»Expandieren! Nicht kurztreten und zuschauen, wie sich Ihr Marktanteil verringert!« Und so gaben innerhalb eines Jahres, in dem der Alkoholabsatz in den USA fiel, die führenden Unternehmen etwa sechs Millionen Dollar mehr für ihre Werbung aus. Es war »ein Zeichen«, kommentierte *Impact*, das Handelsblatt der Spirituosenindustrie, »daß die Branntweinhersteller ihre stagnierenden Verkaufszahlen nicht einfach hinnehmen«.

Solche Verhaltensweisen sorgten dafür, daß Alkohol eine der bedeutendsten Kategorien der Werbung blieb – weltweit mehr als drei Milliarden Dollar, über eineinhalb Prozent des gesamten Werbeumsatzes. In den USA erreichte sie 1987 eineinhalb Milliarden Dollar. In Großbritannien waren es bescheidenere 200 Millionen Pfund. Aber im Vergleich mit anderen Kategorien wurde für die Alkoholwerbung damit mehr als doppelt so viel aufgewendet wie für die Urlaubs-, Reise- und Verkehrsreklame zusammengenommen und hundertmal so viel wie für die gesamte Werbung für Kugelschreiber und alle anderen Schreibgeräte.

Für den Werbefachmann stellt die Alkoholwerbung eine reizvolle Herausforderung dar. Was ist befriedigender, als Hunderttausende, nein, Millionen von Menschen dazu zu überreden, einen Drink zu bestellen, den man ihnen nahegelegt hat? Das Produkt ist aufregend. Und es birgt ein gewisses Risiko. Wie bei Zigaretten gilt es Gesetze und Reglementierungen zu berücksichtigen, die man strategisch geschickt zu umgehen sucht. Alkoholwerbung war schon immer etwas Besonderes. Slogans und Images überdauern Jahrzehnte: Der Werbespruch von Schlitz: »The Beer that made Milwaukee Famous« (»Das Bier, das Milwaukee berühmt gemacht hat«) ist fast 90 Jahre alt; der Slogan »Dubo, Dubon, Dubonnet« stammt aus den dreißiger Jahren. Die Gestalter der Guinness-Werbung wurden zu einer Elite innerhalb der ohnehin hochgerühmten Textabteilung der Agentur S. H. Benson.

Die meistverkaufte Spirituosenmarke Mitte der achtziger Jahre war weder Whisky noch Gin, nicht einmal Wodka. Es war weißer Rum. Bacardi, um genau zu sein.

Bacardis Aufstieg zur Spitze begann erst Mitte der siebziger Jahre. Das Getränk profitierte von einer ganzen Reihe von Veränderungen: hinsichtlich des Geschmacks, der Vorliebe für Longdrinks, der Bevorzugung von leichten im Gegensatz zu schweren, von hellen im Gegensatz zu dunklen Getränken, von Drinks, die nach Pralinen schmeckten und nicht nach Alkohol. Manche dieser Veränderungen wirkten sich zugunsten von Wein, Lagerbier, Wodka und weißem Rum aus und gingen auf Kosten des Absatzes von dunklem Bier, Verschnittweinen wie Sherry und den meisten »traditionellen« Spirituosen wie beispielsweise Whisky.

Bacardis Überzeugungskraft steckte jedoch in seiner Werbung – jungen Leuten wurde vorsichtig und geschickt vermittelt, Bacardi stehe für Freiheit, Vergnügen und Kultiviertheit.

Weltweit liegt Bacardis Anteil am Rumverkauf heute bei etwa 60 Prozent. Er wird häufig mit Coca Cola gemischt, das seinen Geschmack verdeckt. In Großbritannien tragen vier von fünf verkauften weißen Rumsorten den Markennamen Bacardi. Komischerweise – und das ist vielleicht der für die Traumverkäufer eindrucksvollste Aspekt – wissen viele Bacardi-Konsumenten nicht, daß sie Rum trinken. Es ist Bacardi. Basta.

Hier eine der Anzeigen: Telly Savalas sitzt, mit offenem Hemd und Blazer, in einer Bar an einem Strand in der Karibik. Er hält ein Glas in der Hand. Vor ihm steht eine Flasche Bacardi. Das Etikett ist ganz zu sehen. Seinen Gesichtsausdruck kennt jedes Kind aus dem Fernsehen. Es fällt nicht schwer, sich seine Stimme vorzustellen: »Bacardi und Limonade. Echt cool.«

Robin Ritchie, Managing Director für Bacardi in Großbritannien, erläuterte, weshalb Savalas als der ideale Mann für die Verkaufsförderung des Drinks gesehen wurde: »Savalas besitzt die Reife, die Kraft und die Seriosität, eine Spirituosenmarke glaubhaft anzupreisen, und er verleiht dem Ganzen einen gewissen Glanz.« Der internationale Vizepräsident der Gesellschaft formulierte es etwas anders: »Er gefällt vielen, und es besteht kein Erkennungsproblem. Er wird als harter Kerl mit einem Herzen aus Gold angesehen.«

Die »richtige« Berühmtheit ist entscheidend für diese Werbung. Eine für US-Ministerien durchgeführte Untersuchung ergab, daß sich jüngere Leute – Bacardis Zielgruppe – von solchen Auftritten mehr beeindruckt zeigten als ältere.[1] Die Ministerien meinten: »Die Tatsache, daß bekannte Persönlichkeiten den Effekt von Alkoholanzeigen vergrößern, deutet auch an, daß die gesellschaftlichen Implikationen eines solchen Verfahrens genauer betrachtet werden sollten. Wenn das Eintreten von Stars für Bier, Wein und Schnaps Minderjährige zu einer positiveren Haltung gegenüber dem Alkohol ermutigt, dann sollte das ein Grund der Besorgnis für verantwortungsbewußte Werbungtreibende sein.«

Bacardis Werbephilosophie wird als »ausgeben, ausgeben, ausgeben« beschrieben. In einem halben Jahr wurden in Großbritannien beispielsweise zweieinhalb Millionen Pfund in die Savalas-Kampagne investiert – angeblich der teuerste aller Werbefeldzüge in Sachen Spirituosen. Eine solche Zahl ist beeindruckend, aber sie hat für Leute außerhalb der Werbebranche kaum Bedeutung. Wenn jedoch statt der Summe das aufgezählt wird, was die Kampagne bewirkte, ergibt sich ein klareres Bild.

Es hieß, die Printanzeigen wurden von 80 Prozent der jungen Kernzielgruppe bis zu zehnmal gesehen.[2] Gleichzeitig wurde die Bacardi-Botschaft in der Außenwerbung auf fast 1100 der bestplazierten Plakatwände gezeigt. Und ein einminütiger Werbespot auf 1183 Kinoleinwänden soll von über der Hälfte der Kernzielgruppe mindestens viermal gesehen worden sein.

Um das Ausmaß der Bacardi-Werbung zu erfassen, muß man sie sich auf die ganze Welt ausgedehnt vorstellen. Und man darf nicht vergessen, daß es sich um ein Werbebudget handelt, das im Laufe der Jahre stark gewachsen ist – über 250 Prozent in den USA, von 1977 bis 1982. Und es wächst weiter an.[3]

Bacardi war von einer Familie dieses Namens in Kuba gegründet worden, zog aber 1959 nach Castros Verstaatlichung aller Betriebe nach Puerto Rico um. Die Firma scheint die Jugend fest im Griff zu haben, obwohl sie die jugendlichen Konsumenten immer wieder, wenn sie älter werden, durch Jüngere ersetzen muß. Zudem muß sie stets fürchten, daß ein neuer »Mode-Drink« kreiert wird, der die Konsumenten für sich gewinnt. Um an erster Stelle zu bleiben, muß Bacardi die jungen Leute dann erwischen, wenn sie zu trinken beginnen oder wenn sie von Bier oder Wein zu ihren ersten Spirituosen überwechseln. Der Marketing Director von Hedges and Butler, der Firma, die Bacardi in Großbritannien vertreibt, spricht begeistert von einer der Kampagnen: »...überredet viele neue Konsumenten, den Drink zu probieren... Wir erzielten Rekordverkäufe in der Vorweihnachtszeit – die entscheidende Zeit, um Erstkonsumenten für die Marke zu gewinnen.« Er meinte, daß Bacardi mit dieser Kampagne sein Image als ›Anfängerdrink‹ verstärkt habe.

Bacardi umwirbt die Jugend der Welt nicht alleine, und nicht nur sie wird von der Alkoholindustrie umworben. Aber gerade für diese Branche mit ihren stagnierenden oder schrumpfenden Märkten sind die Jüngeren ganz besonders wichtig. Es ist von Vorteil, daß sie leichter zu beeindrucken sind und so ein gutes Ziel für ein imagebeladenes Produkt abgeben. Alles in allem scheint dies ein Markt zu sein, der noch voller Möglichkeiten steckt und reif ist für eine umfassende Erschließung.

In der Schilderung eines »Fallbeispiels«, das die TV-Werbung im britischen Biermarkt betraf und das von der Agentur Boase Massimi Pollitt zusammengestellt wurde, hieß es: »Die jungen Alkoholkonsumenten sind in vierfacher Hinsicht wichtig.[4] Sie neigen dazu, mehr dunkles Bier zu trinken als Ältere; sie sind der zukünftige Markt; sie werden ihre einmal entwickelte Geschmacksrichtung beibehalten, und sie zeigen größeres Interesse an der Werbung.«

Der Alkoholhersteller sieht sich einem besonderen Problem gegenüber. Einerseits *braucht* die Industrie junge Alkoholkonsumenten, und das bedeutet, daß diese Gruppe hart und effektiv umworben werden muß. Andererseits muß er bemüht sein, nicht zuviel Aufmerksamkeit zu erregen: er befindet sich auf einem von Reglementierungen und fanatischen Gesundheitsaposteln wimmelnden Terrain. Es überrascht nicht, daß die in der Alkoholwerbung Tätigen bei ihren Bemühungen, die Jugend zu gewinnen, Zurückhaltung üben. Ein Grund dafür: Die Firmen wissen, daß sie Zielgruppen nie so ausschließlich ansprechen können, daß nicht auch Minderjährige die Werbung zu Gesicht bekämen. Der Werbungtreibende hat vielleicht nur die »alkohol-mündigen« Leser von *Rolling Stone* im Visier, aber er kann nicht verhindern, daß sehr viele jüngere Brüder und Schwestern die Anzeigen sehen. Und darüber, so die Kritiker, wird er wohl nicht allzu unglücklich sein, denn dann wissen die Jugendlichen bereits, welche Marke sie am besten bei ihrem ersten »legalen« Drink probieren sollen! Zudem gibt es eine vor allem in den USA sehr aktive Lobby, die jede Alkoholreklame mit der Zielgruppe Jugend an sich schon als verwerflich verurteilt.

Die Jugend birgt den Vorteil, daß sie gerade erst verdientes Geld besitzt, das nicht schon im vorhinein zweckgebunden ist – obwohl sie zeitweilig vor dem Problem stehen mag, nach all den High-Tech-Geräten oder der modischen Kleidung noch genug Geld zum Kauf alkoholischer Getränke erübrigen zu können. Das Problem ist nicht neu. Vor 50 Jahren erklärte Sir Edgar Saunders, Direktor der britischen Brewers' Society, vor einer privaten Versammlung, daß der Bierkonsum sinke, weil die Männer ihr Geld für Kino und Fußballspiele ausgäben. Die seither oft wiederholten Worte lauteten: »Wir wollen Biertrinken zur Gewohnheit Tausender, nein, Millionen junger Männer machen, die den Geschmack von Bier noch nicht kennen.« Die Lösung dieses Problems war eine groß angelegte Werbekampagne, die am 1. Dezember 1933 begann. Die Werbung hatte vier Themen: Bier für die Gesundheit, Bier als Erfrischung, Bier für die Geselligkeit und Bier als zuverlässiges Produkt der britischen Industrie und Landwirtschaft sowie als Quelle für die Staatseinnahmen. Jeden Monat berichtete das *Brewers Journal* über die Kampagne. So zum Beispiel, daß im September 1934 8500 Plakate geklebt würden und über 92millionenmal der Slogan der Kampagne »Beer is Best« (»Bier ist das Beste«) in der Presse erscheinen würde.

Die Methoden sind vielleicht subtiler geworden, und die Gesellschaft mag Restriktionen eingeführt haben, aber das Hauptanliegen der Alkoholproduzenten hat sich nicht geändert. Jess DiPasquale von

PepsiCo Wine and Spirits International erklärte, das Ziel sei, »die Aufmerksamkeit des erstmaligen Konsumenten zu wecken«. Ein leitender Marketing-Experte erläuterte zwei Forschern, James R. DeFoe und Warren Breed: »Vergessen wir eines nicht: Wenn wir einen College-Studenten im Alter von 17 oder 18 für eine bestimmte Biermarke gewinnen, bleibt er dieser Marke vielleicht 20, 30 Jahre lang treu. Wird er auch noch zu einem starken Trinker, dann hat sich die Brauerei mit ihm eine Jahresrente gekauft.«

Die an die Jugend adressierte Werbung konzentriert sich oft auf zwei Gebiete, das »gute Leben« und Sex – Ansätze, die auch die Zigarettenwerbung bevorzugt. Das überrascht nicht: Meistens jagen diese beiden Produkte dieselben Konsumenten und wollen daher dieselben Gefühle und Wünsche wecken.

Charles Sharp, ein Werbeleiter, beschrieb die Bestandteile von »Lebensstil-Anzeigen« im Detail.[5] Er sprach speziell über die Zigarettenwerbung, aber seine Worte sind genauso relevant für die Alkoholwerbung: »Die Anzeigen enthalten sehr viele thematische Bilder und stellen Rauchen als erstrebenswert dar in Verbindung mit den neuesten Trends der Lebensweise, Mode und Unterhaltung, und sie assoziieren es mit jugendlicher Kraft, gesellschaftlichem, sexuellem und beruflichem Erfolg, Intelligenz, Schönheit, Kultiviertheit, Unabhängigkeit, Männlichkeit und Weiblichkeit. In den Anzeigen tummeln sich außergewöhnlich attraktive, gesund aussehende, kraftvolle junge Leute, die es sich lohnt nachzuahmen, die sich nicht um ihre Gesundheit zu sorgen brauchen und aktiv leben, deren Leben reich ist an sexuellen, gesellschaftlichen und finanziellen Erfolgen und Leistungen.«

Beispiel: eine Werbung für Johnny Walker Red Label aus der Vorweihnachtszeit. Ein junges, gutaussehendes, glückliches Paar sitzt in einem offenen Sportwagen. Auf dem Rücksitz stapeln sich die als Geschenke verpackten Alkoholika, die sie ihren Freunden vorbeibringen. Das Bild braucht nur noch Schnee, um perfekt zu sein – und Schnee gibt es auch. Oder eine Anzeige für Two Fingers Tequila Gold. Eine kleine Gruppe junger Leute befindet sich in einer Bar. Alle sehen in geradezu ekstatischer Weise glücklich aus. Der Text lautet: »Wild am Wochenende. Ausgelassen in der Gruppe. Sensationell als Schuß oder in einem Sunrise. Mach das Beste aus deinem Leben, zu jeder Zeit. Hol dir das Vergnügen mit Two Fingers Tequila Sunrise.«

Die Beispiele sind zahllos und international. Auf amerikanischen Bildschirmen fliegen Jetflugzeuge herum, und Paare laufen durch die Wellen in dem Bemühen, Michelob-Bier zu verkaufen; auf europäischen Bildschirmen werden ebenfalls aufsteigende Jets gezeigt oder aber skilaufende Paare, nur stehen sie hier für Ballantine's Whisky. In Hongkong, wo Brandy aus hohen Gläsern getrunken wird, eher wie weniger starke Getränke, enthalten die Bilder noch mehr angedeutete Verheißungen. In einer Courvoisier-Reklame diniert ein chinesisches Paar in einem Restaurant in Paris. Er begleicht die Rechnung. Sie spazieren an der Seine entlang; er trägt eine Flasche Courvoisier mit sich, die er im Restaurant gekauft hat. Henry Pomeroy, Werbedirektor für Hiram Walker International in London, erklärt, daß diese Art von Reklame dort jeden Abend in der Hochsaison im Fernsehen zu sehen ist: »Im Fernen Osten läuft alles auf Status und Image hinaus.«

Dieser knappen Beschreibung zufolge scheint es sich um sehr einfache Anzeigen zu handeln. Doch entscheidend für die Werbung ist die richtige Ausführung jedes einzelnen Details. In Zeitschriften gedruckt oder auf dem Bildschirm sprechen die Anzeigen die Sinnesorgane an – sie sind so mächtig wie gute Popsongs. Die Jugend blickt kurz hin, sieht aber nicht nur eine dargestellte Gruppe von Freunden, sondern auch »The Good Times«, den Lebensstil, in dem sie sich selbst gerne erleben würde. Und dazu gehört immer der Drink – ob Löwenbräu oder Johnny Walker oder wie immer das Getränk heißen mag. Um die Heineken-Anzeige zu paraphrasieren: Erfolgreiche Alkoholwerbung erreicht die Teile, die andere Werbung kaum zu erreichen vermag.

Lebensstil und Sex werden häufig miteinander in Verbindung gebracht, so zum Beispiel in einer japanischen Anzeige für Suntory Brandy. Ein (westlicher) Flugzeugkapitän in Uniform hält den Drink in der Hand, während er eine Stewardess intensiv (und bedeutungsvoll) betrachtet.

Werbung mit einer sexuellen Note ist meist nicht sehr subtil. Viele spielen mit Zweideutigkeiten. Two Fingers Tequila zeigt eine attraktive Frau und den Slogan: »Two Fingers is all it takes« (»Zwei Finger genügen«). Fernandes Distillers Rum zeigt die Silhouette einer nackten, auf dem Boden sitzenden Frau, die zwischen den in einer Yogaposition gespreizten Beinen eine große Flasche hält.

Campari und St. Paul's-Bier benutzen ähnliche Ansätze. Campari zeigt den Entertainer Tony Roberts und darüber die Zeile: »Tony Roberts talks about the first time.« (»Tony Roberts erzählt, wie es beim ersten Mal war.«) Am unteren Rand der Anzeige werden die Worte wiederholt, falls sie oben jemand übersehen hat: »Campari. The first time is never the best.« (»Campari. Das erste Mal ist nie das beste.«) Die Werbung der St. Paul's Brewery wirkt weniger krampfhaft, aber die Botschaft ist genauso direkt. Auf dem Etikett der Bierflasche ist eine Frau abgebildet, und der Text lautet: »You never forget your first girl.« (»Das erste Mädchen vergißt man nie.«)

Seagram's Gin bemüht sich schon gar nicht mehr um Zweideutigkeiten. In einer Anzeige sitzt ein Paar auf der Couch. Er streichelt ihren nackten Oberschenkel. »Es... heißt, man soll ihn mit jemandem trinken, den man gut, sehr gut kennt... oder kennenlernen will.« In einer anderen Anzeige drückt eine schwarze Frau einen schwarzen Mann an sich. »Es heißt, es sei der beste Gin in Amerika... Es heißt auch, daß er ein ›vielleicht‹ in ein... ›wieder‹ verwandeln könne.« Burt Cummings, ein erfahrener amerikanischer Werbefachmann, protestierte: »Die Anzeigen sind sehr deutlich. Mach das Mädchen betrunken, und dann nimm sie.«[6]

Manchmal wird der Sex in Form von Comic strips dargeboten. 1986 wurde in den Anzeigen für Paddington Corp's Rumple Minze-Pfefferminzschnaps, die vor allem junge Männer ansprechen sollten, eine schwertschwingende Frau auf einem riesigen Eisbär gezeigt. Ihre prallen Brüste waren in eine glänzende Rüstung gezwängt.

Die Menge der an Jugendliche gerichteten Werbung und Verkaufsförderung ist immens. Nach den Zahlen eines College Marketing Service, Alan Weston Communications, und des *Wall Street Journal* bringen amerikanische College-Zeitungen landesweit Werbung für 15 Millionen Dollar, davon etwa für zehn Millionen Alkoholwerbung. Die Summe ist weitaus bedeutsamer, als es auf den ersten Blick scheinen mag – Anzeigen in College-Zeitungen sind relativ billig; für zehn Millionen Dollar kann sehr viel Platz gekauft werden.

Promotion und Anzeigen gehen Hand in Hand. In Großbritannien wird zu »Promotion-Abenden« an den Colleges und Universitäten und an anderen Treffpunkten Jugendlicher, wie Diskotheken, eingeladen. Es locken Veranstaltungen wie Bacardis Karibische Nächte, High and Dry Gin-Strandfeten und Holsten Lagerbier-Kinoabende mit alten Filmen. In den bevorzugten Nachtlokalen Jugendlicher ist ein großes, dreidimensionales Hologramm des Babycham-Symbols, eines Rehkitzes, zu sehen, wenn ein Laserstrahl durch die Musik aktiviert wird. Diese Abende verschaffen den Alkoholanbietern nicht nur Gelegenheit, ihren Drinks das gewünschte Image zu verleihen, sondern steigern auch den Konsum des jeweiligen Getränks, weil es zu einem besonders niedrigen Preis ausgeschenkt wird.

Obwohl die Hersteller natürlich in erster Linie ihr eigenes Produkt absetzen wollen, ist es ihnen immer noch lieber, der Jugendliche beginnt mit irgendeinem anderen Getränk – und sei es auch eine Konkurrenz-Marke –, als jeglichen Alkohol zu meiden. Bier oder Wein sieht der Spirituosenhersteller als die »Anfängerdrinks« der Alkoholkonsumenten. Seine Marke wird ihre Chance bekommen, wenn der Mann oder die Frau bereit ist, »aufzusteigen«.

Garry Luddington, Marketing Director von Guinness, gestand öffentlich, daß Lagerbier in Großbritannien als sehr wichtiger »Anfängerdrink« betrachtet wird. Angesichts der sich allmählichen durchsetzenden Bevorzugung stärkerer Biere (wie Guinness) meinte er: »Lagerbier fällt nicht zurück. Die Nachfrage nach Lagerbier wird unter jungen Leuten *als Entwöhnungsprozeß* immer bestehen bleiben.« (Hervorhebung durch den Autor)

Im Ausland, vor allem in den USA, wird Großbritannien als Nation von Konsumenten »traditionellen Biers« gesehen – die berühmten britischen »pints« mit Schaumkronen milder und bitterer Biere. Die Wirklichkeit sieht jedoch anders aus: Großbritannien ist das Land der Lagerbier-Trinker. Sehr viel Geld – bis 1987 über 60 Millionen Pfund jährlich – wurde für die Förderung und Erhaltung dieser Situation ausgegeben. Lagerbier ist mittlerweile als Drink so fest verankert, daß seine anfänglich vorsichtige Vermarktung und Werbung schon vergessen ist. Die erste große Marke, Bass' Carling Black Label, kam in den späten fünfziger Jahren auf den Markt, als die Nation noch aus »traditionellen« Biertrinkern bestand.

Damals und in den darauffolgenden Jahren mußte die Werbung die britischen Biertrinker davon überzeugen, daß Lagerbier kein weiblicher, schwacher Drink war. Die Anzeigen konzentrierten sich auf ein hartes Macho-Image. In den Spots wurde das Öffnen der Flaschen von Donnerschlägen begleitet; Fässer wurden von Männern mit riesigem Bizeps getragen; Worte wie »strength« (»Stärke«) wurden immer wieder benutzt. Erst als die Biertrinkerinnen wichtiger wurden, baute die Werbung das Image aus – ohne jedoch jemals den wichtigen jugendlichen Markt aus den Augen zu verlieren.

Lagerbier ist ein ideales Beispiel dafür, daß Werbung und Produkt identisch sein können. Research Business, ein in London ansässiges Forschungsinstitut, betonte in einem Bericht, daß auf dem Lagerbiermarkt »sehr wenige bedeutsame Produktunterschiede existieren, zumindest nicht zwischen den Hauptsorten. Es sind vor allem die von der Werbung geschaffenen Unterschiede, die die Konsumenten zur Unterscheidung verschiedener Marken befähigen«. Das heutige Image von Lagerbier ist ein Beweis für die Arbeit, die die Hersteller und ihre Agenturen geleistet haben. In einer Umfrage wurde Lagerbier von Studenten mit Begriffen wie zwanglos, lustig, sportlich und jung in Zusammenhang gebracht.* Auf zwei Lagerbiere, Heineken und Carlsberg, hatte die Werbung aber in Großbritannien noch einen anderen Effekt. Beide haben einen verhältnismäßig geringen Alkoholanteil, aber dank der Werbung halten ihre Konsumenten sie für mindestens ebenso stark wie die Konkurrenzmarken. Sie können daher zum gleichen Preis verkauft werden. Im Klartext bedeutet das einen Preisaufschlag, der jeder der beiden Firmen nach Schätzungen eines Experten jährlich zusätzlich sieben Millionen Pfund einbringt.[7]

In den USA nimmt Bier eine ähnlich wichtige Position ein.** Bei einem schrumpfenden Markt wird es immer wichtiger, die Jugend anzuwerben. In den letzten Jahren hat sich die Art, in der die Märkte in Angriff genommen und umworben werden, völlig verändert.

Regular Budweiser ist das meistverkaufte Bier der Welt. Sein Hersteller, Anheuser-Busch, kann es widerspruchslos »König der Biere« nennen, trotz der harten Konkurrenz des Herstellers des zweitgröß-

---

* Bei dieser Umfrage der Studenten der Hatfield Polytechnic traten noch andere Images zu Tage: Wein – angenehmer Geschmack, entspannend und für moderne, erfolgreiche, kultivierte Menschen, die dem Vergnügen nachgehen, ohne maßlos zu sein. Whisky – hauptsächlich für den konventionell erfolgreichen, extrovertierten, tonangebenden älteren Herrn. Gin – für erfolgreiche Karrierefrauen (aber teuer und »ekelhaft im Geschmack«). Und Wodka – für jüngere als Whisky- oder Gintrinker: »Den Einfluß der Werbung erkennt man in ihren Assoziationen mit aufregenden Erlebnissen und Glamour.«

** Amerikanisches Bier ist dem Lagerbier viel ähnlicher als das »traditionelle« englische Bier, das dunkler und schwerer ist und einen höheren Alkoholgehalt hat.

ten Bieres der Nation, der Miller Brewing Company, die zur Philip Morris Inc. gehört.

Die Entstehung der Branchendominanz von Anheuser und Miller ist ein Lehrstück über die Rolle und Macht der Werbung. Anfang der achtziger Jahre kontrollierten sie mehr als die Hälfte des Binnenmarktes. Mit dem Anwachsen der Kluft zwischen ihnen und anderen Brauereien nahmen die beiden Firmen mehr Geld ein und konnten so noch größere Werbeaktionen unternehmen. Der Geschäftsführer des House of Beers, eines Biergroßhandels in der Bronx, wußte genau, was das bedeutete: »Die großen Hunde bekommen die großen Fleischbrocken.«[8] Hier sollte hinzugefügt werden, daß es früher in den USA 750 Brauereien gab, Mitte der achtziger Jahre jedoch nur noch etwa 50, wobei natürlich Werbung und Marketing nicht die einzigen Ursachen dieser Entwicklung waren.

Diese Marktsituation geht auf die frühen siebziger Jahre zurück. Damals verzeichnete Anheuser schon die höchsten Umsätze. Doch der Grund hierfür war nicht, daß Anheuser seine Produkte sehr aggressiv *verkaufte*, sondern daß die Leute sie *kauften*. Dann kam Philip Morris, dessen Marketing-Methoden schon das Zigarettengeschäft auf den Kopf gestellt hatten. 1970 übernahm der Konzern die Brauerei Miller. Er führte neue Marketing-Strategien in der Bierindustrie ein, so zum Beispiel Werbung und Verkaufsförderung, die gezielt auf bestimmte Gruppen gerichtet wurden, unter anderem auch auf die Jüngeren. Millers Umsätze stiegen.

1975 begann Anheuser, zurückzuschlagen. Mittlerweile hatte August Busch Junior die Leitung der Firma von seinem erzkonservativen Vater übernommen. Ein ehemaliger Leiter von Anheuser beschrieb den Führungsstil des jüngeren Busch mit drei Worten: »Angriff, Angriff, Angriff«[9].

Der Kampf zwischen den beiden Riesen beherrscht seither die Branche und ihre Marketing- und Werbemethoden. In ihrem Überlebenskampf änderten andere Brauereien ihre Strategien und produzierten immer neue Anzeigenkampagnen. Aber der Ansturm der Marktführer forderte seinen Tribut. Das *Wall Street Journal* verwies auf »den abschreckenden Effekt auf ihre Konkurrenten« durch »die landesweiten Werbeschlachten« zwischen Anheuser und Miller. Seit seiner Übernahme ist Miller von der siebtgrößten zur zweitgrößten Brauerei aufgestiegen. Die beiden Firmen seien jetzt, so hieß es, »die beiden einzigen wirklich nationalen Brauereien. Ihre riesigen Werbekampagnen haben aus fast allen anderen Brauereien – und demzufolge auch aus ihren Vertreibern – zweit- und drittrangige Betriebe gemacht, selbst in einigen Hochburgen regionaler Marken.«

Die Bemühungen – und Ausgaben – der anderen Brauereien sind beträchtlich. Pabst gab in einem halben Jahr 14 Millionen Dollar für die Bewerbung eines Bieres aus. Doch wie groß die Anstrengungen und die Summen auch sein mögen, verblassen sie doch im Vergleich zu denen von Anheuser und Miller. Anheusers Werbung für sein Budweiser Light Beer kostet jährlich 60 Millionen Dollar. Die Summe liegt höher als der Betrag, den andere Brauereien für ihre gesamte Produktreihe ausgeben.[10] *Business Week* beschrieb, wie die Konkurrenten vor den Werbe- und Promotion-Kampagnen »zurückschreckten«. Ein Schlitz-Vertreiber sagte:»Wir werden von der Werbung von Anheuser überwältigt. Sie verdrängt unsere Marken ganz aus dem Gedächtnis der Konsumenten.« August Buschs Antwort darauf: »Miller brachte diese Marketing-Fähigkeiten in die Branche, und wir machen sie uns jetzt eben zunutze. Gott vergelte es ihnen.«

Wie die Zigarettenindustrie haben auch Brauereien ihre Werbung mit anderen, die Jugend umgarnenden Marketing-Methoden verstärkt – Sponsoring von Sportveranstaltungen, Rockkonzerten und Parties. Im Sportbereich tritt Anheuser bei Golf, Pferderennen, Fußball, Boxen, Bowling, Schießen, Triathlon, Autorennen, Lacrosse, Skilaufen und Volleyball in Erscheinung. Die Bandbreite reicht von der Unterstützung lokaler College-Footballteams bis hin zu den Olympischen Spielen in Los Angeles. Miller ist mit Schießen, Wasserflugsport, Rennen, Golf, Darts, Laufen, Segeln, Racquetball und anderen mehr verbunden. Da gibt es das Anheuser-Busch Golf Classic, die Miller 500 Stock-Car-Rennen, das Coors International Bicycle Classic, das Stroh Lachs-Derby, die Bud Ironman Triathlon-Weltmeisterschaft. Ein Marketing-Manager bei Schlitz erklärte:»Die Menschen identifizieren sich gerne mit Sportlern. Und wenn einer von ihnen Ihr Emblem trägt, dann kauft man Ihr Produkt, weil er es tut.«[11]

Nicht nur in den USA wird Bier mit Sport in Verbindung gebracht. In Großbritannien versuchte Guinness, den schrumpfenden Markt zu stützen, indem das Unternehmen einen Dreijahresvertrag mit dem Fußball-Klub Queens Park Rangers (QPR) über 450 000 Pfund abschloß. Als Gegenleistung sollten die Spieler unter anderem auf ihren Hemden für Guinness werben und einen Guinness-QPR Song für die Fans singen. Kritiker verweisen auf die Ironie dieser Vereinbarung, da Alkohol zugleich immer wieder mit den Ausbrüchen von Gewalt bei Fußballspielen in Verbindung gebracht wird. Ein Kritiker entwarf das Bild einer Situation, in der Zuschauer nicht ins Stadion gelassen werden, weil sie das Produkt trinken wollen, für das die Spieler auf ihren Hemden Werbung machen.

Eine der vielleicht seltsamsten Verbindungen zwischen Sport und Alkohol betrifft den ehemaligen Boxweltmeister im Leichtschwergewicht John Conteh. Er wirbt für das Bier der Brauerei Whitbread und ist schon in Werbespots für eine Londoner Barkeeper-Schule aufgetreten – trotz der Tatsache, daß er ein »geheilter Alkoholiker« ist. Er stimmte mit der Londoner Zeitung *Evening Standard* überein, daß sein Auftritt in einer Anzeige für eine Barkeeper-Schule »ziemlich komisch« sei und meinte, daß er während der Verkaufsförderung für Whitbread die Pubs des Unternehmens bereist habe, »ohne einen Tropfen zu schlucken«.

Rockmusik ist – aus offensichtlichen Gründen – ein anderes wichtiges Betätigungsfeld für die Alkoholproduzenten. In den USA sponsert Millers »Rock Series« regionale Bands und besuchte 75 Schulen in einem Frühjahr. In Großbritannien förderte Harp Lager 1986 über 150 Popmusikkonzerte von mehr als zwölf Gruppen und Künstlern. Simon Mallalieu, ein Direktor bei Harp, meinte: »Fast eine halbe Million Popfans und damit potentielle und tatsächliche Lagerbier-Trinker werden bei den Konzerten landesweit erwartet. Da werden unsere Fachhändler schon die Vorteile des Harp Beat spüren.«[12]

Es wird hart gekämpft, um junge Konsumenten zum Biertrinken zu überreden (oder ihren Bierkonsum zu steigern). Eine relativ neue Zielgruppe für Spirituosenfirmen sind die Menschen, denen die harten Sachen eigentlich nicht schmecken. Leute also, so John Maxwell Jr. von Lehman Bros. Kuhn Loeb in New York, »die einfach etwas 'runterkippen wollen. Sie wollen keinen Geschmack an etwas finden. Sie möchten, daß es beim ersten Mal wie etwas Süßes schmeckt.«

Die Lösung ist atemberaubend einfach. Die harten Sachen müssen so hergestellt werden, daß sie wie Süßigkeiten schmecken. Genau das haben die Alkoholhersteller getan, und hier geht die Entwicklung neuer Produkte mit der Werbung Hand in Hand. Manchmal ist es schwer zu unterscheiden, was zuerst da war: die Werbestrate-

gie oder der Drink. Bailey's Irish Cream (in Großbritannien entwik-
kelt), Captain Morgan Spiced Rum (aus den USA) und Malibu (aus
Südafrika) sind heute alle international bekannt. Es gibt daneben
noch zahllose andere. Die W.V. Elliott Gesellschaft in den USA produziert Rumpel Minze-Pfefferminzschnaps und Schnapple Appeal-
Likör, und ihr Chairman hat den Eindruck: »Amerikaner reden von
trocken und trinken süß. Die Kinder hier wachsen mit Coca-Cola und
Eiskrem auf. Wir wissen gar nicht, was ›trocken‹ heißt.« Ständig
kommen neue Liköre und Magenbitter auf den Markt. In einem einzigen Jahr brachte Heublein zwölf neue, verschieden schmeckende
Schnäpse heraus, einschließlich Pfirsich, Himbeer, Blue Grass und
Mint Julep.

Die Hersteller traditioneller Liköre beeilten sich, um diesen Trend
nicht zu verpassen. Schließlich gibt es Grenzen für die Menge »echten« Likörs, die nach dem Essen getrunken werden kann. Mit etwas
Eis können fast alle Liköre zu Drinks für jede Tages- und Nachtzeit
verwandelt werden. So entschied sich Tia Maria, von dem seine Ver-
treiberfirmen sagen, es sei der »größte traditionelle Likör in Großbritannien«, für eine jugendlich orientierte Reklame und warb mit
fast 1000 »Partynächten« in einem Jahr.

Aber die Alkoholhersteller können es sich nicht leisten, an nur einer Front zu kämpfen. Traditionelle Spirituosen gehören ebenfalls zu
ihrem Produktangebot, und um gegen fallende Verkaufszahlen anzu-
gehen, müssen auch sie auf neue Zielgruppen umgestellt werden;
und auch hier stehen die jüngeren Konsumenten im Mittelpunkt.

Smirnoff Wodka ist für viele der Produzenten ein beflügelndes
Beispiel, denn er ist einer der größten Werbeerfolge seit den fünfziger Jahren. Als meistverkaufte Spirituose wurde er zwar 1980 durch
Bacardi ersetzt, aber er fiel deshalb nicht zurück. Eine Anzeige aus
den sechziger Jahren ist ein klassisches Beispiel für die Verbindung
von Drink und Jugend: drei Paare, einschließlich Woody Allen und
Monique Van Dooren, sitzen auf dem hölzernen Skelett eines Mulis,
trinken Wodka aus Bechern und albern herum. Zehn Jahre später
zeigt eine Anzeige einen Fallschirmspringer und ein attraktives Mädchen bei einem anscheinend gemeinsamen Sprung. Sie trägt einen
Taucheranzug. Beide halten einen Wodka Martini in der Hand. Der
Text lautet: »Well, they said anything could happen.« (»Nun, sie sagten, alles sei möglich.«) Andere Anzeigen bilden eine Frau beim Was-

serskilaufen ab, wobei das Monster von Loch Ness sie zieht, oder zeigen eine Frau auf einem fliegenden Teppich. Young and Rubicam, die verantwortliche Agentur, spricht von »verblüffenden Bildern«, die »die Ausgelassenheit und Leichtigkeit des Marken-Image betonen«.

Andere Markenspirituosen träumen etwas zu optimistisch davon, den Siegeszug des Wodka bei der Jugend zu wiederholen. Einer davon ist Gin, ebenfalls ein farbloses Getränk. Sein Image ist so alt und müde, wie das des Wodka jung und lebendig ist, obwohl eine Gruppe von Marktforschern Grund zu einer gewissen Hoffnung sah.[13] Sie hielten es für möglich, daß die Jüngeren auf Wodka negativ reagieren könnten, da sie ihn als Drink ihrer Eltern ansahen. »Obwohl viele Drinks diese Nische füllen wollen«, resümierten die Marktforscher, »sehen wir keinen Grund, warum dies mit Hilfe einer geschickten Promotion und der richtigen Plazierung nicht auch Gin sein könnte. Sind wir erfolgreich beim Anlocken junger Leute, wird das die Zukunft des britischen Ginmarkts auf lange Sicht bestimmen.«

Eine solche Kampagne, um den jungen Markt anzusprechen, war die von Gilbeys Gin, die die drolligen Zeichnungen des modernen Künstlers Glen Baxter einsetzte. Ganzseitige Anzeigen mit diesen Zeichnungen waren darauf ausgerichtet, das langweilige Image des Drinks zu beleben. In einer war ein Boot voller Männer zu sehen, das knapp vor einem Wasserfall schaukelte. Der Text: »›Ich weiß, daß es unglaublich klingt, aber ich höre etwas, das fast so klingt, als ob ein Tonic in ein riesiges Glas Gilbeys Gin eingeschenkt wird...‹, stotterte der junge Rodford.«

Grey Advertising, eine Agentur in New York, meint, daß es eine bestimmte Kampagne für Gin war, die zu Beginn der achtziger Jahre die alte Form ablöste. In den Anzeigen für Gordons Gin waren Paare zu sehen; während die eine der beiden Personen meist konzentriert mit etwas beschäftigt war, wurde sie von der anderen unterbrochen. So steht eine Frau in einer Anzeige an einer Staffelei am Strand und malt, und er zerrt an ihrer Kleidung. Die alle Anzeigen verbindende Schlagzeile lautete: »The possibilities are endless.« (»Die Möglichkeiten sind unbegrenzt.«) Dick Karp, Creative Director bei Grey, erklärte: »Wir wollten die Aufmerksamkeit auf den Mann und die Frau lenken, und besonders auf das, was ich ›den köstlichen Moment der Unterbrechung‹ nenne, in dem einer der beiden – vielleicht aus Langeweile – den anderen in einer neckenden, nur leicht angedeutet erotischen Weise unterbricht.« Karp glaubt, daß die Kampagne die Menschen in den Alkoholanzeigen in den Vordergrund stelle,»besonders die Beziehung zwischen Mann und Frau«[14].

Pernod, der traditionelle und heißgeliebte Anis-Drink der Franzosen, beschloß ebenfalls in den achtziger Jahren, daß die Jugend als neuer Markt erschlossen werden müsse. Die Werbung in Großbritannien wurde in die Popmusikpresse und die Kinos gelenkt und von Promotions begleitet, bei denen auf Road Shows und in Diskotheken 600 000 Probiergläschen Pernod ausgeschenkt wurden. Das Branchenblatt *Drinks Marketing* kommentierte, daß Pernod »eine Nische auf dem Spirituosenmarkt gesucht und gefunden hat, in der es, wie Wodka, die jungen Konsumenten anspricht. Es muß deshalb gefragt werden, ob sich Pernod irgendwann vielleicht als *der* Drink für junge Leute etablieren kann.« Der Verkaufsdirektor des britischen Vertreibers der Marke ließ keinen Zweifel: »Wir messen unsere Anstrengungen tatsächlich an denen von Wodka, und wenn Sie sich das Image von Wodka vor 15 Jahren ansehen und es mit dem von Pernod heute vergleichen, haben Sie einen guten Ausgangspunkt.«

In Frankreich selbst startete Pernod einen direkteren Angriff und produzierte das erste neue Produkt der Firma seit 32 Jahren, Pernod Light, eine weniger starke Version der Marke.[15] Marketing Director André Roch beschrieb die Zielgruppe als junge Erwachsene, »die etwas Neues mit einem modernen Image wünschen«. Die Werbung mußte Pernods herkömmliches Image ändern – traditionell assoziiert man ihn mit Landleben und Spielen wie Boule. Das Wort »Light«, in englischer Schreibweise, war absichtlich eingesetzt worden – es wird in Frankreich oft im Zusammenhang mit importierten Drinks und Zigaretten verwandt und vermittelt so etwas wie Gesundheitsbewußtsein. Die Flasche des neuen Drink ziert ein Bild einer Terrasse über dem Mittelmeer bei Sonnenuntergang. In einer Anzeige tauchte die Flasche aus dem Meer auf, wie der Hai in »Der weiße Hai«. Der Slogan: »Die große neue Sensation«. Der Drink war auf sechs Seiten in *Lui* zu sehen, dem Magazin für kultivierte junge Franzosen. Sonderdrucke wurden an alle Verkaufsstellen verteilt.

Cognac versucht ebenfalls, sein Image zu ändern, indem seine Hersteller die Jugend umwerben (ferner die Frauen und in den USA auch Schwarze und Hispanier). Unter allen alkoholischen Getränken wird Cognac am ehesten mit Alter, Wohlstand und Tradition assoziiert. Den neuen Anzeigen zufolge sollten jedoch die Konsumenten den traditionellen kleinen Schluck im Cognacschwenker aufgeben und ihren Cognac statt dessen mit Eis und Soda in einem Highball-Glas genießen. Ein Manager erklärte, seine Firma, Martell, wolle nichts geringeres als die Schöpfung eines »andersartigen Drinks«, den »eine breitere Masse trinken könnte«. Einige Martell-Anzeigen sprachen drei Zielgruppen gleichzeitig an: eine junge, attraktive Schwarze schenkt ein Glas Weinbrand ein, sieht dabei den Leser an und sagt: »Ich nehme an, Sie trinken Martell.«

Whisky befindet sich ebenfalls in Bedrängnis; auch hier beeilte man sich, die Jüngeren zu umwerben. Noch in den siebziger Jahren setzte Dewar's Werbung vor allem Stars ein; doch später wurden sie gegen »Erfolgstypen« ausgetauscht – normale, aber erfolgreiche Menschen.[16] Diese Werbestrategie kommentierte David Small, Managing Director der Firma: »Dewar's Profil spricht die jüngeren Altersschichten des Marktes an.« 1988 präsentierten sich sowohl Chivas Regal als auch Johnnie Walker als modische Yuppie-Drinks. Eine Anzeige für Johnnie Walker zeigt zwei joggende Frauen im Bikini; die eine sagt: »Er bewundert meinen Verstand. Und er trinkt Johnnie Walker.«

Canadian Club liefert ein gutes Beispiel, an dem sich zeigen läßt, *warum* solche Umstellungsversuche so wichtig sind. In den USA beträgt der Anteil dieser Marke ein Drittel des Gesamtumsatzes von Hiram Walker Inc. 1984 belegte sie noch Platz neun aller landesweit verkauften Spirituosen, und bei fallenden Verkaufszahlen sah die Zukunft nicht gerade rosig aus. Hiram Walker beschloß, für 15 Millionen Dollar eine neue Werbekampagne zu starten, die die Marke erstmals seit der Prohibition ganz anders darstellen sollte. In einer Anzeige steht eine Frau mit einem Drink in der Hand in einem dunklen Zimmer. Die Silhouette eines Mannes ist im Rahmen der Balkontür zu erkennen. Das Bild läßt die Phantasie schweifen, es ist geheimnisvoll und hat eine erotische Ausstrahlung. »Wir versuchen, Calvin Klein und Chanel nachzuahmen«, sagte Stephen Nadelberg, Marketing Director für Hiram Walker, Importeur der Marke. »Wir glauben, daß auch die Spirituosenbranche Image und Lebensart verkauft.«[17]

In Großbritannien lief bereits der Angriff der Marke auf den jugendlichen Markt unter dem Slogan »The Uncommon Spirit« (»Das ungewöhnliche Getränk«) – ein Weg, um das Wort ›Whisky‹ zu vermeiden, um den es hier ja eigentlich geht. Anzeigen erschienen in Publikationen für jugendliche Leser wie *Time Out, New Musical Express* und *Blitz*. Im dritten Jahr der Kampagne lief die Werbung zu 80 Prozent in den Kinos, dem Medium der jungen Leute. Ein eineinhalbminütiger Werbespot zeigte eine Welt wie aus Orwells *1984*: die Regierung verbietet den Verkauf von Canadian Club. Held und Heldin überlisten die Sicherheitspolizei und finden einen einfallsreichen Weg, ihren Canadian Club zu trinken, ohne erwischt zu werden. Die Szenerie erinnert an den Film *Blade Runner*; der Hintergrund ist klar: Herausforderung der Jugend, geschickt und vergnüglich verpackt. Canadian Clubs Zielgruppe war deutlich abgesteckt: junge Männer. Andere Marken sahen auch in anderen, »reifen« Märkten eine gewisse Chance.

Wie bei den Zigaretten stellen auch bei den Alkoholika die Frauen eine Zielgruppe von wachsender Bedeutung dar. Die Tatsache, daß sie wesentlich weniger Alkohol trinken als Männer, ist sowohl ein Hoffnungsschimmer als auch eine Herausforderung für die Alkoholindustrie. Ein Blick in ein zufällig ausgewähltes Magazin für junge Frauen – *Ms* – veranschaulicht, wie die Industrie dieser Herausforderung begegnet. In einer Ausgabe sind 14 Anzeigen für Alkoholika enthalten, elf davon ganzseitig. Alkoholische Getränke bilden somit in dieser Zeitschrift bei weitem die größte Werbekategorie, bedeutender noch als Kosmetika, Toilettenartikel und Zigaretten.*

Einige versuchten sich auf dem pseudo-feministischen Neue-Frau-Pfad, der schon von der Zigarettenindustrie ausgetreten wurde:»Break Tradition« (»Brechen Sie mit der Tradition«) verlangt die Anzeige für Ronrico Rum und zeigt eine Frau ganz in Schwarz mit einer schwarzen Katze.»Break away from the ordinary« (»Lassen Sie das Gewöhnliche hinter sich«) heißt der Slogan für Seagrams VO Whisky. In den Anzeigen für Remy Martin prüft eine Dame zuvorkommend die Blume eines Cognac, bevor sie das Glas an einen Herrn weiterreicht. Der Text lautet:»The Lady has it. The sense of Remy.« (»Die Lady hat ihn. Den Sinn für Remy.«)

Sogar Brauereien begannen, Frauen direkt zu umwerben. Eine Anzeige für Molson Golden zeigt zwei Zelte, eines davon so beleuch-

---

* Der Gerechtigkeit halber muß erwähnt werden, daß die Alkoholindustrie Werbung verstärkt in der Vorweihnachtszeit betreibt.

tet, daß sich die Silhouetten eines Mannes und einer Frau abzeichnen. Sie trinken gemeinsam ein Bier: »You really know how to welcome a lady to the neighbourhood.« (»Sie wissen, wie Sie eine Dame aus Ihrer Nachbarschaft willkommen heißen können.«)

Manche Werbungtreibende sind sich noch nicht sicher, wie sie Frauen am besten ansprechen sollen. Einige glauben, ein Getränk als besonders »weiblich« anzupreisen, könnte Frauen negativ stimmen. Einige Brauereien sind überzeugt, daß die bevorzugte Biersorte des Freundes oder Ehemannes bei der Getränkewahl der Frau ausschlaggebend sei. Untersuchungen von Cinzano brachten ähnliche Ergebnisse: Frauen brauchten männliche Zustimmung bei der Wahl ihres Getränks – ein Hinweis für die Werbebranche, einen leicht männlich orientierten Ansatz zu benutzen.

Die Werbungtreibenden wissen jedoch sehr wohl um die Relevanz und das Potential des weiblichen Marktes. Die noch nicht ausgeschöpften Möglichkeiten des Marktes begeistern sie. Ein Leiter der Brennerei Brown-Forman meinte: »Wir suchen immer nach neuen Alkoholkonsumenten… Frauen sind eine große, noch ungenutzte Zielgruppe für Whisky.«[18]

Die Industrie wird in ihrem Bemühen dadurch bestätigt, daß Frauen bei Geschäftsessen mehr trinken, sich bei Streß eher dem Alkohol zuwenden (wie zuvor die Männer) und daß sie keine Probleme mehr damit haben, Alkohol in Supermärkten oder Getränkehandlungen zu kaufen. Die Zeiten haben sich geändert, und die Werbungtreibenden sind glücklich darüber. Jene Tage (vor 1958), in denen der amerikanische Distilled Spirits Council (Rat der Spirituosen-Hersteller) die Darstellung von Frauen in Anzeigen verbot, sind längst vorbei. Die Entwicklung neuer Produkte ist für die weiblichen Märkte noch wichtiger als für das Marktsegment der jungen Männer. Dann können sie nämlich als neu und speziell für Frauen angeboten werden – nicht als Männerdrinks aus zweiter Hand.

Bei den neuen Cream-Drinks wird oft der nichtalkoholische Bestandteil hervorgehoben. Die Headline einer Anzeige für Leroux Blackberry Flavoured Brandy verkündet: »Es schmeckt wie richtige Brombeeren. Natürlich. Es ist ja Leroux.« Alte, etablierte Marken wie Grand Marnier und Myers betonen Sahne als Beimischung – eine Anzeige für Kahlua-Likör zeigt, wie dickflüssige Sahne in ein Glas eingeschenkt wird.

Crocodillo ist ein Getränk, das entwickelt wurde, um möglichst viele junge Frauen in Großbritannien anzusprechen. Als er 1980 eingeführt wurde, bezeichneten ihn Journalisten der Fachpresse als den größten Drink-Start im Land seit zehn Jahren. Was den Drink und seine gezielte Vermarktung anging, erklärten später zwei Forscher, Philip Hill und Stephen Woodward, auf der jährlichen Tagung der Market Research Society (Gesellschaft für Marktforschung):»Auch ohne die Übertreibung von Marketingexperten war Crocodillo sicher das größte ›Ereignis‹ in der Geschichte von Seagram (GB) Ltd., der britischen Tochtergesellschaft der größten Wein- und Spirituosengesellschaft der Welt.«

Die Begründung für die Einführung von Crocodillo war simpel: »Das Wachstum der Alkoholindustrie hängt weitgehend von jungen Leuten ab, die dank ihrer geringeren finanziellen Verpflichtungen ein größeres Einkommen zur Verfügung haben, das sie gerne für sich selbst ausgeben... 18- bis 24jährige Mädchen geben jährlich etwa 600 Millionen Pfund für alkoholische Getränke aus. Ihr Repertoire ist verhältnismäßig groß. Es ist von Bedeutung, daß eine kleine Anzahl von Marken einen Großteil ihres Repertoires ausmacht, von denen es eine ganze Menge schon lange gibt. Junge Frauen sehen sich nach einer neuen Drink-Erfahrung um.« Und so »haben wir einen neuen Drink – Crocodillo – für sie entwickelt. Seine Entwicklung war teuer, die Forschungen ausgedehnt und beträchtlich durch Werbung und Promotion unterstützt.« Das Getränk selbst, beschrieben als »sprudelnder weißer Aperitif-Wein« ist ein Verschnitt aus italienischen und deutschen Weißweinen mit niedrigem Alkoholgehalt. Verkauft wird Crocodillo in charakteristischen 10 cl-Flaschen.

Die genauen Frauenzielgruppen wurden nach ausführlichen Interviews festgelegt. Die Forscher teilten nach der Auswertung ihrer Interviewdaten die Frauen in sechs Gruppen ein. Zwei Gruppen waren von nur geringem Interesse für den geplanten neuen Drink. Es handelte sich um Frauen, die alles trinken und »Mengentrinkerinnen«. Die Marktforscher nannten die erste Gruppe »Wahllose Walli« (Promiscuous Pat) und die zweite »Trinker-Tilli« (Boozy Brenda).

Von zwei weiteren Gruppen hieß es, sie seien bereit, »mit dem neuen Drink zu flirten«, würden sich dann aber einem anderen zuwenden, und daher sei es »unwahrscheinlich, daß sie den Rückhalt bieten könnten, den der vorgeschlagene neue Drink braucht«.

Die beiden letzten Gruppen wurden als die Kernzielgruppen ausgemacht:

»5. Norma – (Gattin von Normus) – der große Schritt war getan,
der Ring am Finger und jetzt, zur Ruhe gekommen, geht sie nur noch
am Wochenende aus. Ganz routinemäßig, Freitag- und Samstagabend und vielleicht sogar am Sonntagmorgen, eine »Trinkerin kleiner Mengen« –, trinkt wahrscheinlich noch »Kindergetränke«,
könnte aber auch Martini oder Wodka mit Limonen trinken. Braucht
etwas Abwechslung in ihrem Leben. Norma könnte leicht für einen
neuen, massiv angepriesenen Drink zu gewinnen sein.

6. Cilla – Archetyp der Baby-Bottle-Trinkerin. Noch nicht einmal
20 Jahre alt, hat Cilla schon eine etwas einseitige Einstellung zum Leben. »Einen Mann angeln und sich zur Ruhe setzen« sind ihre Ziele.
Cilla mag bis zu Martini und Cinzano vorgestoßen sein, aber sie hält
härtere Sachen immer noch für ein wenig gefährlich. Ein kleiner
Thrill ist alles, was Cilla verkraften könnte.«

Diese »Typologien«, sagten die Forscher ohne jeglichen Anflug
von Humor, »waren für die Abgrenzung der Zielgruppen viel wert-
voller als die Daten einer demographischen Untersuchung«. Mit ihnen »hatten die Werbeagenturen Material, mit dem sie arbeiten
konnten«. Sie bezweifelten nicht, wie wichtig die richtige Werbung
sein würde: »Auf dem Alkoholmarkt gilt als akzeptiert, daß das
Image den Erfolg oder den Untergang der Marke entscheidend mit-
bestimmt.« Der Preis von Crocodillo lag relativ hoch. Damit, so die
Erklärung, »trägt er zum relativ hohen Kultiviertheitsgrad des
Drinks bei«. Und »ein Höchstpreis war außerdem notwendig, um die
Werbeausgaben zu decken«.

Die Werbung brachte das Getränk mit Italien und den Italienern
in Verbindung. Bezogen auf die Zielgruppe Norma und Cilla erschien
es »exotisch und etwas frech«.

Trotz der »wissenschaftlichen« Forschung wurde der Drink kein
Welthit.

Verfügt man über keinen neuen Drink für die Frauen, muß das
alte Produkt modifiziert werden. Brauereien stellten die Verbindung
von Light-Bier mit Diät her. In einer Anzeige für Anheusers Michelob
Light sitzen zwei Frauen beim Mittagessen. Sie genießen ihr Bier,
während sie die Speisekarte studieren. Die Botschaft lautet: »Ome-
lett? Shrimps-Cocktail? Quiche? Beim Bier fiel die Wahl sehr leicht.«

Spirituosenanzeigen fordern Frauen heraus, anders zu sein. Oder sie offerieren eine neue Möglichkeit, ein Getränk zu konsumieren. Leitende Mitarbeiter von Jack Daniels entwickelten einen Drink namens »Lynchburg Lemonade«, der nichts anderes war als eine Mischung aus Whisky und Limonade. Als Verkaufsidee war sie aber anscheinend sehr erfolgreich.

Verhalten sich die Spirituosenhersteller und ihre Agenturen in der Öffentlichkeit zurückhaltend, wenn es um die Zielgruppen der jungen Leute und der Frauen geht, so sind sie bei einer anderen Gruppe fast schweigsam – den starken Trinkern. Dennoch sind sie eine sehr wichtige Gruppe. Es ist unbestreitbar leichter, einen Menschen, der regelmäßig Alhohol trinkt, zu überreden, mehr zu trinken, als einen Nichttrinker zum Trinken zu animieren oder einen gelegentlichen Alkoholkonsumenten zu einem höheren Verbrauch zu bewegen.

David Ogilvy formuliert es etwas präziser[19]: »32 Prozent trinken 80 Prozent allen Bieres... 14 Prozent der Leute, die Gin trinken, trinken 80 Prozent allen Gins. Bei allen Maßnahmen müssen die Gewohnheitstrinker im Auge behalten werden.« In Großbritannien trinken 20 Prozent der Alkoholkonsumenten mehr als 70 Prozent allen verkauften Bieres und Lagerbieres.[20]

Es ist fraglich sich, ob sich die Hersteller und ihre Agenturen – von denen die meisten immer neue Lippenbekenntnisse in bezug auf »Mäßigung« ablegen – auf diese Gruppe konzentrieren. Für Vereinigungen wie die amerikanische Interessengemeinschaft der Verbraucher, das Center for Science in the Public Interest (CSPI), steht zweifelsfrei fest: »Die Gewohnheitstrinker stellen eine der beiden Kernzielgruppen des Alkohol-Marketing dar.« Laut CSPI ist diese Gruppe für die Werbung empfänglich, weil ihre Mitglieder »aus psychologischen Gründen abhängig sind oder im Begriff stehen, abhängig zu werden«. CSPI belegt sein Argument mit Anzeigen, in denen Alkohol als Mittel zur Entspannung und zur Bewältigung von Problemen und somit als Weg zum Erfolg beschrieben wird. Southern Comfort's Reklame lautet zum Beispiel: »Jeder braucht ein bißchen Comfort.« Und (in sinngemäßer Übersetzung): »Mit Comfort kann man sich entspannen.« Seagram's Crown Royal Whisky soll man dann genießen, »wenn Ihnen alles gelingt«. Heublein's Steel-Schnaps: »Nach einem harten Arbeitstag ein Steel-Drink«; die Abbildung zeigt vier

Gläschen des hochprozentigen Alkohols (»eine deutliche Anspielung auf die empfohlene Dosis«, sagt CSPI).

Weitere Anzeigen, die »die tägliche Trinkgewohnheit eines Gewohnheitstrinkers kräftig fördern«, lauten beispielsweise bei Grand Marnier: »Wann werden Sie heute ›Grand Marnier‹ sagen? – Um 15.06 Uhr.« (Damit wird laut CSPI tägliches Trinken gefördert.) Anheusers Michelob: »Gönnen Sie sich während der Woche das Wochenend-Gefühl« (auch dieser Slogan soll zu täglichem Trinken ermutigen); und Johnnie Walker Red zeigt ein Kalenderblatt mit einem 31tägigen Monat und dem Slogan: »Wäre es nicht wunderbar, wenn jeder Geburtstag dieses Monats mit red (rot) enden würde?« (Ebenfalls Ermutigung zum täglichen Trinken.)

Ähnelt dies nicht jenen Witzen, in denen der Psychiater sexuelles Verlangen für alles verantwortlich macht? Oder den Verschwörungstheoretikern, die hinter jedem politischen Ereignis Drohungen und Manipulationen wittern? In der Tat mag vieles davon abhängen, welchen Standpunkt der einzelne zu Beginn der Diskussion einnimmt. Und doch gibt es Beweise, die auch die zynischsten Interpretationen mancher Anzeigen unterstützen.

Eine Aktennotiz der amerikanischen Handelsbehörde (FTC) vom 23. April 1976, die dem CSPI zugespielt wurde, mag als Beispiel dienen. Mitarbeiter der Behörde hatten eine Anzeige von Somerset Importers, die die Whisky-Marke Johnny Walker in den USA vertreiben, untersucht. Ihr vorläufiger Befund lautete: »Somerset führte Forschungen über die Lebensstile durch und gelangte dabei zu Ergebnissen, die es dem Unternehmen ermöglichten,... die Werbekampagne auf solche Personen auszurichten, die sich (während der Marktforschungen) mit verschiedenen Verhaltensmustern in bezug auf problematische Trinkgewohnheiten identifizierten (zum Beispiel: ›Ich glaube nicht, daß ich es ohne einen Drink am Abend aushalten würde‹).« Den Mitarbeitern der Handelsbehörde zufolge wurden diese Marktforschungsstudien für eine Anzeige für Johnnie Walker Black Label benutzt, »die das Produkt anscheinend zur Stress- und Spannungslinderung erfolgsorientierter Menschen anpries«: »Die Straße zum Erfolg ist mit Steinen gepflastert. Wir glätten sie ein wenig für Sie.«

Die FTC verlieh, wie die Aktennotiz festhält, ihrer Besorgnis bei einer Besprechung im November 1975 Ausdruck. »Obwohl sich das

Unternehmen gegen unsere Interpretation wehrte, zog es die Anzeigen zu Beginn des Jahres zurück.«

Ein anderes Beispiel ist in einer Marktstudie für Anheuser enthalten, die zwischen 1963 und 1974 durchgeführt wurde. Im Frühjahr 1975 wurde dieses Beispiel in MITs *Sloan Management Review* veröffentlicht. Zwei Professoren beabsichtigten, Alkoholkonsumenten in Persönlichkeitsgruppen einzuteilen und dann zu beobachten, wie sie auf verschiedene Anzeigen reagierten. Zwei der vier entwickelten Kategorien beschrieben Persönlichkeiten, die Problemen durch Trinken auszuweichen versuchen. Die Forscher berichteten:»Das aus diesem Versuch gewonnene Verständnis… befähigte Anheuser-Busch, eine effektivere Werbung zu betreiben und andere Marketing-Instrumente zu entwickeln, die vor, während und nach der Markteinführung neuer Produkte zum Einsatz kommen konnten.« CSPI hält es für»wahrscheinlich, daß auf den Untersuchungsergebnissen basierende Anzeigen erschienen«.

Jedenfalls kann kaum bestritten werden, daß ein Motiv der Alkoholhersteller bei der Entwicklung neuer, im Alkoholgehalt niedriger Produkte darin zu sehen ist, die»Trinkzeiten« der Konsumenten auszuweiten und/oder den Aufenthalt der Konsumenten in Pubs und Bars zu verlängern. Ein starkes Marketing-Argument von Pernod Light – dessen Alkoholgehalt nur halb so hoch wie der eines Luxusbiers ist – lautet deshalb, daß es während des ganzen Tages getrunken werden könne. Selbst Cream-Drinks benutzen diesen Ansatz:»Malibu kann man zu jeder Zeit trinken – pur, mit Eis oder als Long Drink. Mischen Sie es mit Cola, Soda, Tonic oder Milch.«

Ausgerechnet mit einem nichtalkoholischen Bier namens Barbican unternahm die britische Brauerei Bass den eklatantesten Versuch, die Trinkgewohnheiten der Konsumenten zu befördern und auszuweiten. Fast ohne jede Grundlage schuf Barbican in Großbritannien seit 1980 einen großen Markt im Wert von mehreren Millionen Pfund für Biere mit geringem oder ohne Alkoholgehalt. Das Unternehmen war zunächst überzeugt gewesen, daß sich das Produkt vor allem bei Gelegenheitskonsumenten vermarkten ließe. Doch dann stellte sich heraus, daß das Bier von mittleren bis starken Alkoholkonsumenten angenommen wurde, von Männern über 25 Jahre, die gewöhnlich regelmäßig in Pubs richtiges Lagerbier trinken. Diese Alkoholkonsumenten tranken anscheinend das nichtalkoholische

Produkt *und* ihre gewöhnlichen Marken. Der starke Trinker mischte die beiden oder trank im späteren Verlauf des Abends das nichtalkoholische Getränk, um seinen Alkoholspiegel nicht weiter zu erhöhen.

Dieser Aspekt entwickelte sich rasch zu einem Schlüsselelement des Marketing, und zwar nicht im Hinblick auf die Konsumenten, sondern auf die Wirte der Pubs, die überredet werden mußten, Barbican einzukaufen und den Konsum zu »forcieren«. In den Anzeigen, die sich an die Konsumenten richteten, wurde das Bier in einer jener bei den Werbeagenturen so beliebten stimmungsvollen Kneipen getrunken. Die Anzeigen für das Gaststättengewerbe waren etwas deutlicher formuliert: »Barbican verlängert die Ausschankzeiten«, lauteten die Schlagzeilen, und der Text verkündete: »Normalerweise verlassen die Kunden den Pub, wenn sie genug Alkohol getrunken haben. Doch wenn sie Barbican trinken, können sie länger bleiben, sind gesellig und bezahlen weitere Runden. Auf diese Weise erhöhen sie auch den Umsatz der anderen Getränke, die Sie anbieten. So machen Sie einen Umsatz, der Ihnen andernfalls entgehen würde.«

Auch Themenbereiche wie Risikobereitschaft und Wagemut werden nach verbreiteter Auffassung besonders Gewohnheitstrinkern gegenüber häufig betont. CSPI konzentrierte sich bei seinem Angriff auf die Werbestrategien der Alkoholhersteller besonders auf diese Thematik[21]: »Etwas zu riskieren, oder der Wunsch, es zu tun, wird oft als besonderes Verhaltensmuster von Alkoholikern und starken Trinkern bezeichnet. Sie leben ein gefährliches Leben und handeln demgemäß leichtsinnig. Autofahren in angetrunkenem oder gar betrunkenem Zustand ist das beste Beispiel. Die Anzeigen, die auf Wagemut anspielen, sprechen solche Persönlichkeiten nicht nur an, sondern ermutigen vielleicht sogar solches Verhalten.«

Diese Art von Anzeige ist weit verbreitet. Cutty Sark setzt bei der Werbung für seinen Whisky eine Stuntfrau ein; Budweiser zeigt Holzfäller; Whisky-Anzeigen von Lord Calvert zeigen einen Mann im Kajak. In einer Michelob-Anzeige reitet ein Paar um die Wette: »Ein Ausritt wird zu einem Rennen, wenn dem Sieger Michelob winkt.« Der Hersteller von Eclipse Rum bringt seinen Drink mit Hochseesegeln in Verbindung: »Je härter die Herausforderung, desto süßer die Befriedigung.«

Image-Erzeugung in der Alkoholwerbung verlegt sich teilweise auch auf relativ harmlose Phantasiegebilde. So wird mitunter das

Herkunftsland eines Drinks betont und mit begehrenswerten (und oftmals phantastischen) Qualitäten angereichert, die man gemeinhin mit dem Land assoziiert. Burroughs Gin hebt auf dem US-Markt die englische Herkunft des Getränks hervor. Der für den US-Import zuständige Marketing Director bemerkte:»Die Amerikaner bewundern schon lange die einzigartige Mischung von Eleganz und Kultiviertheit, die von den Worten ›Made in England‹ ausgeht. Namen wie Burberry, Laura Ashley, Dunhill und Rolls Royce suggerieren eine höhere Klasse.« Der Text der Ballantine-Anzeigen bleibt in Holland und Deutschland unübersetzt (d.h. englisch); die Marktforschung hatte herausgefunden:»Der Käufer aus gehobenen Mittelschichten fühlt sich geschmeichelt, daß Sie glauben, er beherrsche das Englische so gut, daß Sie den Text ohne Übersetzung stehenlassen können.«

In gleicher Weise trug Anheuser in Japan dazu bei, Budweiser zum meistverkauften ausländischen Bier zu machen, indem es seine amerikanische Herkunft hervorhob. Paul Hogan pries den australischen Charakter von Fosters Lagerbier an, lange bevor er ein internationaler Filmstar wurde.

Der vielleicht interessanteste Werbefeldzug, der eine Marke mit einem Ort in Verbindung brachte, stammt von Jack Daniels und betrifft Lynchburg, Tennessee (361 Einwohner). Die Anzeigen schaffen eine atemberaubende Illusion. Sie zeichnen assoziativ das Image eines Markengetränks, das in begrenzter Menge in einer Brennerei in einem kleinen, verschlafenen Tal in Tennessee hergestellt wird. Daraus resultieren weitere Images fast automatisch – begrenzt, exklusiv, gesucht, traditionell, nichts für den Massenmarkt.

Die seit 30 Jahren laufende Anzeigenreihe wird stets in Schwarzweiß gehalten. Typische Versionen zeigen einen friedlichen Fluß oder »die älteste Brennerei der USA«. Enten watscheln vor der Fabrik und vervollkommnen so das Bild. Der Copytext lautet:»Dieser eisenfreie Fluß hilft der Jack Daniels-Brennerei, den mildesten Whisky der Welt zu brennen.« Andere Elemente der Anzeige verstärken das Bild: eine Reihe von goldenen Preismedaillen, die bis auf eine aus der Zeit vor dem Ersten Weltkrieg stammen, oder die Abbildung der Flasche mit ihrem datierten Etikett. Man bekommt den Eindruck unveränderter Qualität in einer veränderten (und schlechteren) Welt.

Dem Leser wird eine Broschüre angeboten. Wer sie anfordert, erhält eine persönliche Antwort auf schwerem gelbem Papier, das mit dem Bild von »Lem Motlow, Eigentümer« und vielen goldenen Medaillen verziert ist. Außerdem sind viele weitere Bilder vom ländlichen Tennessee (Hände, die Gerste halten) sowie ständige Verweise auf Mr. Daniels selbst enthalten. Das Kleine wirkt eben überall schön. Die Analogie zu einem Zaubertrick ist völlig berechtigt. Die ganze Aufmerksamkeit wird auf die wenigen (echten) Fakten in den Anzeigen gelenkt; der Rest ist Täuschung durch Auslassung.

Doch die Gesamtproduktion dieses angeblich in einem kleinen Ort exklusiv hergestellten Whiskys erreicht vier Millionen Kisten im Jahr! Nach Angaben von Laidlaw Ansbacher, New York, lag der Verkauf von Jack Daniels 1986 an achter Stelle unter den Spirituosenmarken in den USA. Diese Verkaufszahlen entsprechen fast denen eines »gewöhnlichen, alltäglichen« Whiskys wie Jim Beam. Doch es ist nicht nur die Größe Jack Daniels; vielmehr gehört diese Marke zur Brown-Forman Corporation, der zweitgrößten US-Brennerei, deren Verkaufserlös 1986 mehr als eine Milliarde Dollar erreichte. *Advertising Age* schätzt das Werbebudget der Corporation auf beinahe 99 Millionen Dollar. Obwohl der Umsatz Mitte der achtziger Jahre zurückgegangen war – eine für den gesamten Spirituosenmarkt typische Entwicklung –, war ihr Anteil gestiegen. Insider meinten, daß dies größtenteils der Markenloyalität zu verdanken sei, die sie sich durch ihre ungewöhnliche Werbung geschaffen hatte.

In den Diskussionen über die Alkoholwerbung können Alkoholindustrie und Werbebranche auf die Tatsache verweisen, daß die Öffentlichkeit von der Sonderstellung des Alkohols Notiz genommen habe, denn sie habe ein komplexes System von Regelungen geschaffen. Bruce Weininger, Leiter der Unterabteilung für Handels- und Konsumentenbelange in der Abteilung Alkohol, Tabak und Schußwaffen des Finanzministeriums, meinte: »Alkohol kann nicht wie Limonade oder Seifenpulver verkauft werden.«[22]

Die noch vor 20 Jahren verbreiteten offensichtlichen und marktschreierischen Übertreibungen und Behauptungen der Werbung wären heute in den USA oder in Großbritannien nicht mehr möglich. Anzeigen aus noch früheren Perioden sind heute schlicht undenkbar.*

---

* Es fällt schwer, sich vorzustellen, was die Aufsichtsbehörde von einer Anzeige aus dem 19. Jahrhundert gehalten hätten, die von einem Portwein behauptete, er sei »klar wie die Tränen, die auf das Grab einer Schwester fallen«.

Oft wurden den Produkten gesundheitsfördernde Eigenschaften zugeschrieben. Eine Anzeige für den amerikanischen Whisky Fig Rye
prahlte, daß hier »die Wissenschaft einen Whisky produziert hat, der
die Verdauung fördert, die Leber zur Tätigkeit anregt und die Nieren
völlig gesund hält«.

In den zwanziger Jahren verteilte Guinness Proben seines Biers
an britische Ärzte: das Bier sei es wert, als Stärkungsmittel empfohlen zu werden. Ein früher Copytext von Guinness lautete:
»Sieben gute Gründe, weshalb Guinness gut für Sie ist.

1. Es baut Muskeln für den Sport auf.

2. Es ist gut für die Nerven.

3. Es ist gut für das Blut (und die Hautfarbe).

4. Es ist ein sehr gutes Verdauungsmittel.

5. Es vermittelt ein bleibendes Gefühl größerer Gesundheit
und Kraft.

6. Es tut älteren Menschen gut.

7. Es hilft Ihnen einzuschlafen.«*

Sir F. Gowland Hopkins, ein Kritiker jener Zeit, bezeichnete es
als »unfair und sogar grausam, daß die so subtile, andeutende und
intensive Propaganda darauf gerichtet ist, den Arbeiter zu überzeugen, daß Bier ihn härter mache und die Kraft seiner Muskeln erhöhen könne. So wird er verführt, mehr zu trinken, und zugleich
beschwichtigt, wenn er sieht, daß er mehr Geld dafür ausgibt, als
er hat.«[23]

Großbritannien und die USA sind nicht die einzigen Länder, die
Kontrollen eingeführt haben. Die Situation ändert sich ständig, aber
ein Überblick in den achtziger Jahren ergab, daß Ecuador keine Alkoholwerbung im Fernsehen vor 21 Uhr zuließ, die Schweiz überhaupt
keine Fernsehwerbung für Alkohol erlaubte und Indien weder Fern-
seh- noch Radioreklame für Alkohol gestattete.[24] Venezuela verbot
die Verwendung sportlicher Aktivitäten und den Einsatz von Athle-

---

*   Man vergleiche damit den Entscheid der britischen Aufsichtsbehörde für Werbungsstandard in den achtziger Jahren gegen eine Anzeige, die die Aufforderung enthalten hatte: »Trinken Sie soviel Guinness, wie Sie möchten.« Es waren Bedenken vorgetragen worden, der Text der Anzeige fordere zu übermäßigem Alkoholkonsum auf.
Doch selbst 60 Jahre nach den oben zitierten »guten Gründen« behauptete Guinness in
Nigeria immer noch: »Guinness gibt Kraft« und zeigte dazu ein Bild von afrikanischen
Muskelpaketen.

ten in der Werbung. Neuseeland untersagte die Nennung von Markennamen, nur Details wie Namen und Öffnungszeiten der Einzelhandelsgeschäfte waren erlaubt. Finnland gestattete gar keine Alkoholwerbung, und Norwegen beschränkte sie auf die Fachpresse
der Gastronomie. 1985 gesellte sich Südkorea zu den Ländern, die
Branntweinwerbung auf dem Bildschirm verbieten. Im gleichen Jahr
weitete die Schweiz ihre Kontrollen auf alle öffentlichen Einrichtungen aus, einschließlich der Sportstadien. Die Einschränkungen würden »massiver«, meint Henry Pomeroy von der Firma Hiram Walkers. »Normalerweise werden als erstes die Stunden beschnitten,
während derer man im Fernsehen Reklame machen darf. Dann wird
die TV-Werbung verboten. Danach möglicherweise die Außenwerbung. Irgendwann kommen dann die Printanzeigen dran... Der Prozentsatz der Märkte, auf denen man nicht tun kann, was man will,
ist noch sehr klein, aber er wächst.«

Kein Land der Welt hat ambivalentere oder komplexere Verord-
nungen als die USA. Das ist wenig erstaunlich, wenn man berücksichtigt, daß das Land nicht nur die Prohibiton einführte, sondern auch
Betrunkenheit zu einer Form von Männlichkeit hochstilisierte (man
beachte beispielsweise einige Filme mit John Wayne).

Die Alkoholverordnungen in den USA sind kompliziert – von Bundesstaat zu Bundesstaat finden sich alle Abstufungen, von einem fast
freien Markt bis zu von der Regierung kontrollierten Monopolen. Für
die Werbung gilt eine Mischung aus Bundesgesetzen und Selbstkontrolle der Industrie. Der Ausschuß Alkohol, Tabak und Schußwaffen
des Finanzministeriums hat eine regulierende und eine vollstrek-
kende Aufgabe. Das bedeutet für die Werbung das Verbot von falschen, irreführenden, obszönen oder unanständigen Aussagen. Zusätzlich erstellten die drei Zweige der Industrie – Bier, Wein und
Spirituosen – einen eigenen Kodex freiwilliger Richtlinien. Der Code
of Good Practice of the Distilled Spirits Council of the United States
(DISCUS; Verhaltenskodex des Rats der Brennereien der Vereinigten
Staaten) verlangt, daß seine Mitglieder ihre Reklame in geschmack-
voller und würdiger Weise präsentieren, daß sie sich an Erwachsene
richtet und keine Funkmedien einsetzt. Die US Brewers' Association
Guidelines for Beer Advertising (Richtlinien für Bierwerbung der US-
Vereinigung der Brauer) wenden sich gegen Anzeigen, die übermäßiges Trinken anregen und Trinken mit gefährlichen oder kriminellen

Aktivitäten verbinden, gegen lüsternes oder obszönes Material und den Einsatz jugendlicher Fotomodelle. Der Wine Institute's Code of Advertising (Werbungskodex des Weininstituts) lehnt Anzeigen ab, die übermäßiges Trinken propagieren und Wein mit »gefährlichen Aktivitäten« und Autofahren in Verbindung bringen. Er verurteilt auch die häufig vorkommenden »Lebensstil«-Anzeigen der Bier- und Weinwerbung: »Jeder Versuch, Wein so zu präsentieren, als trage er zu Leistung oder Erfolg bei, ist nicht zulässig.«

In Großbritannien ist das Verordnungssystem weniger komplex, aber seine Interpretationen und seine Umsetzung sind manchmal ebenso verwirrend. Die Bemühungen, die Alkoholwerbung einzuschränken, reichen weit zurück. Zwei Jahre nach der Aufhebung der Prohibition in den USA wurde im House of Lords (Oberhaus des Britischen Parlaments) eine Gesetzesvorlage eingebracht, nach der unter anderem die Alkoholwerbung auf den Namen des Produkts und den Namen und die Adresse des Herstellers oder Vertreibers beschränkt werden sollte. Die Vorlage kam nicht weit. 35 Jahre später hielt es ein Regierungssausschuß für Alkohollizenzen für »unangebracht, daß wir uns zu sehr mit komplizierter und kontroverser« Werbung beschäftigen.²⁵ Er mißbilligte jene Kampagnen, die sich zunehmend an Jugendliche wandten und ermahnte die Branche, »sich ihrer sozialen Verantwortung bewußt zu werden«.

1975 formulierte die Aufsichtsbehörde für Werbungsstandard (ASA) erstmals Vorschriften bezüglich der Alkoholwerbung. Diese Vorschriften ähnelten denen, die die Alkoholhersteller selbst vorgeschlagen hatten. Ihnen war bewußt geworden, daß sich Reglementierungen von seiten der Regierung nicht mehr verhindern ließen, wenn sich die Branche nicht freiwillig einschränkte. Die Vorschriften erfuhren 1988 eine Überarbeitung, nachdem die öffentliche Besorgnis über den Problemkreis Alkohol und Jugend immer deutlicher artikuliert worden war. Sie legen fest, daß sich Anzeigen nicht an junge Menschen unter 18 Jahren wenden oder Charaktere darstellen sollten, die ihre Bewunderung erregen könnten. Die Anzeigen sollten weder Trinken als Attribut der Männlichkeit darstellen, noch sollten sie andeuten, daß es (oder die Wahl eines bestimmten Getränks) die Weiblichkeit hervorhebe. Auch sollten die Anzeigen nicht suggerieren, daß durch Trinken persönliche Probleme leichter zu bewältigen seien, daß es die soziale Akzeptanz oder Beliebtheit erhöhe oder daß

»unmäßiges Trinken« als »vernünftig, bewundernswert oder vergnüglich« gelten könne.

Der ASA-Kodex betrifft nur Printanzeigen. Drei Jahre später, 1978, legte die Independent Broadcasting Authority (Britische Rundfunkbehörde) ihre eigenen Richtlinien vor. Kommentatoren bezeichneten diesen Kodex als wesentlich strenger; er löste weder in der Alkoholbranche noch bei den Werbeagenturen Begeisterung aus.[26] Auch dieser Kodex wurde 1988 überarbeitet.

Darin hieß es: Alkoholwerbung dürfe sich nicht an die Jugend wenden, und keine der in der Reklame auftretenden Personen solle jünger wirken als 25 Jahre. Die Anzeigen sollten nicht implizieren, daß Trinken entscheidend für gesellschaftlichen Erfolg oder gesellschaftliche Anerkennung sei oder daß Ablehnung von Alkohol als Zeichen der Schwäche gesehen würde. Sie durften auch kein »unmäßiges« Trinken darstellen oder behaupten, Alkohol habe therapeutische Qualitäten. Weder sollten sie »übermäßig« die Stärke von Drinks betonen, noch Wagemut, Härte oder Männlichkeit mit Trinken in Verbindung bringen. Zusätzlich war es untersagt, Alkoholwerbung während und unmittelbar vor oder nach Kinderprogrammen zu senden.

Die Authority behauptet, die Forderungen würden »streng interpretiert«, doch beruht Interpretation sicher auf Subjektivität. Die Brauerei Charrington beispielsweise durfte Dennis Waterman nicht mehr in Radiowerbespots einsetzen, weil der Einsatz des Stars von *Minder*, einer in der Hauptsendezeit laufenden Serie, gegen die Verordnung verstieß, wonach »Persönlichkeiten mit einem gewissen Einfluß auf Jugendliche« nicht für die Werbung engagiert werden durften. Die Brauerei widersprach mit dem Hinweis, daß einem Konkurrenzunternehmen, der Brauerei Courage, der Einsatz von zwei Cockney Pop-Persönlichkeiten nicht untersagt worden sei.

Im allgemeinen jedoch scheinen die Werbungtreibenden für Alkohol in Großbritannien und in den USA mit dem Status quo zufrieden zu sein. Kenneth Dunjohn, Sprecher der britischen Brewers' Society (Braumeister-Innung) stellte fest: »Die britische Alkoholwerbung ist wahrscheinlich die beste und verantwortungsvollste der Welt. Das rührt größtenteils daher, daß die Alkoholhersteller freiwillig zugeben, daß ihre Produkte mißbraucht werden können und sie deshalb gezwungen sind, sich Einschränkungen aufzuerlegen und sich der möglichen Probleme bewußt zu sein.«

Je nach Einstellung könnte die Meinung der Alkoholindustrie eine von zwei entgegengesetzten Wirklichkeiten widerspiegeln. Mit der Zeit fand die öffentliche Meinung in beiden Ländern heraus, wie die Freiheit, ein legales Produkt anzubieten und die Notwendigkeit, die Gesellschaft zu schützen, gegeneinander abzuwägen sind. Andererseits könnte die Industrie auch sehr zufrieden mit ihrer Situation sein, denn in Wirklichkeit sind die Einschränkungen so lästig nicht und schließlich immer noch wesentlich angenehmer, als von außen auferlegte es möglicherweise wären.

Die Möglichkeit verschärfter Restriktionen nimmt zu, und die für den Alkohol Werbenden geraten in ein Dilemma. Rance Crain, Präsident und Chefredakteur von *Advertising Age*, wohl kaum ein Gegner der Werbung, faßte die Situation so zusammen: »Die Alkoholindustrie steckt in einer Zwickmühle. Einerseits geht der Alkoholkonsum zurück, und die Hersteller suchen deshalb neue, potentielle Verbrauchergruppen, wie beispielsweise berufstätige Frauen, um den Verkauf anzukurbeln. Andererseits ist heute die negative Einstellung zu Alkoholika viel weiter verbreitet als zu irgendeinem Zeitpunkt seit der Prohibition. Nachdem der Umsatz schon niedrig ist, kann ich mir kaum vorstellen, daß die Spirituosenindustrie einer Konfrontation aus dem Weg geht, indem sie mehr ›Botschaften der Mäßigung‹ in ihren Anzeigen bringt oder ihre Verkaufsappelle auf die traditionellen Konsumentengruppen beschränkt.«

Die Kluft ist tief und vertieft sich weiter. Die Gegner von Alkohol und Alkoholwerbung sehen Drinks als »harte Droge Nummer Eins«. Die Flasche repräsentiert für sie Autofahren unter Alkoholeinfluß, häusliche Gewalttätigkeit und Fehlen am Arbeitsplatz sowie gesundheitliche Beeinträchtigungen vom Kater bis zur Alkoholvergiftung. Die Werbung stellt ein besonderes Ziel der Kritik dar. Viele der Kritiker haben gegen den Verkauf von Alkohol nichts einwenden (wenn auch in einigen Fällen nur aus pragmatischen Gründen). Aber die Werbung verbreitet ihrer Meinung nach eine Angewohnheit und verleiht Alkohol ein Image, das die (gefährlichen) Fakten weitgehend außer acht lasse. Lord Avebury äußerte sich während eines Symposiums, das von der Abstinenzvereinigung United Kingdom Alliance im Unterhaus veranstaltet wurde, folgendermaßen:

»Alkohol richtet in Großbritannien einen weitaus größeren Schaden an als Heroin. Auf den Straßen tötet er mehr Menschen als die

IRA-Terroristen in Nordirland. Die Mehrzahl der ständig rückfälligen Kleinkriminellen sind Alkoholabhängige. Es besteht ein Zusammenhang zwischen Gewaltverbrechen und Alkoholmißbrauch. Alkohol verursacht mehr verlorene Arbeitstage als Streiks. Er spielt in der Zerstörung von Ehen und der psychologischen Verstümmelung von Kindern in einem besonders prägenden Alter eine Rolle... Wie kann ein Produkt, das solch verheerende Wirkungen hat, als gewöhnliches, alltägliches Konsumgut betrachtet werden?... Die Alkoholindustrie glaubt gewiß, daß sie die Öffentlichkeit die Schattenseiten des Trinkens vergessen machen kann, so daß sie nur noch die vergnügliche Seite eines englischen Pubs oder die wundervolle Welt der Phantasie sieht. Die Darstellung von Alkohol in der Werbung, besonders auf dem Bildschirm, zielt darauf ab, die gesellschaftliche Akzeptanz von Alkohol noch zu erhöhen.«

Die Kritiker erklären die wortreichen und doch vage formulierten Vorschriften damit, daß den Werbungtreibenden auf diese Weise noch immer der Spielraum bleibe, den sie brauchten. Eine ASA-Klausel besagt beispielsweise, daß Anzeigen »nicht den Eindruck vermitteln sollten, Getränke mit höherem Alkoholgehalt oder stärkerem Rauscheffekt seien vorzuziehen«. Aber wie sollte man dann folgende doppelseitige, farbige Anzeige für ein starkes Bier bewerten? Darin zeigt ein Elefant Angst vor einer Maus. Der Text: »Wie Ihnen jeder Elefant bestätigen kann, ist Größe keine Garantie für Stärke... Gold Label Barley Wine ist fast zweieinhalbmal konzentrierter als normales Bier. Es fermentiert fast zweimal so lange und reift zehnmal so lang. Gold Label sollte also mit Vorsicht genossen werden.« Nur ein sehr naiver Mensch würde die Aussage nicht verstehen, daß Gold Label mehr als doppelt so schnell betrunken macht.

Anzeigen können auf zwei Ebenen wirken. Ihre Worte, Sätze und Situationen können mehrfach gedeutet werden. Carl Hixon ist der Schöpfer und Produzent von *Cameo*, einer gesponserten Show mit David Frost als Showmaster. Er hält die britische Bierwerbung für die beste der Welt, weil die Briten »Experten im Umgang mit Zweideutigkeiten« seien.[27] Wenn es also in Anzeigentexten heißt, Bier schmecke »gut« sei »erfrischend« oder »hat wenig Kalorien«, ist Hixon der Überzeugung, daß in der Visualisierung das »Versprechen von bestimmten, schon recht gewagten Folgeerscheinungen suggeriert wird – *verschafft dir einen Bettgenossen, verleiht dir Ansehen in*

deiner Altersgruppe, hilft dir, schwierige Situationen zu meistern«.
(Hervorhebungen von Hixon)

Manche amerikanischen Kritiker bezeichnen die Überwachungs-
funktion als Farce. Der CSPI bemerkt: »Nach der Verbreitung frag-
würdiger Anzeigen und Marketing-Strategien zu urteilen, scheint
der Ausschuß für Alkohol, Tabak und Schußwaffen vor sich hinzu-
schlafen.«[28] Und die Industrie stellt fest: »Es ist offensichtlich,...
wenn man die Anzeigen betrachtet, daß viele Firmen sich nicht an
die Vorschriften halten.«

Der Ruf nach verschärften Restriktionen wurde in den achtziger
Jahren immer lauter. *USA Today* verwies auf den neuen Trend, der
mancherorts als »die wiedergeborene Abstinenzbewegung« bezeichnet wird: »Nicht den Fluß des Alkohols bremsen, sondern die
Werbung abschaffen.« Ein ehemaliges Mitglied der Federal Communications Commission (FCC; US-Behörde für das Kommunikationswesen) brachte einen Antrag für ein Verbot jeglicher Alkoholwerbung ein, und ein Kongreßabgeordneter (der Abgeordnete George
Brown aus Kalifornien) versuchte, die Absetzungsmöglichkeit der
Alkoholreklame von der Einkommensteuer abzuschaffen. Im selben
Jahr wandten sich 25 nationale Organisationen an die Handelskommission, um ein Verbot aller an Jugendliche und Alkoholabhängige
gerichteten Anzeigen zu erwirken. An diesen Vorgängen sind weniger die eigentlichen Forderungen bedeutsam als vielmehr die umfangreiche Unterstützung durch Organisationen wie der National
Parent-Teacher Association (Eltern-Lehrer-Verband).

Candy Lightner, die Gründerin der erfolgreichsten Basisgruppe
der USA, Mothers Against Drunk Driving (Mütter gegen Trunkenheit
am Steuer), sprach sich ebenfalls für Restriktionen aus. Sie meinte,
daß Werbungtreibende den Alkoholkonsum so darstellen, als sei er
»ein Männlichkeitsbeweis, an dem junge Leute Gefallen finden«. Reklamen für helle Biere priesen den Geselligkeitscharakter des Trinkens und stellten ihn in einem romantischen Licht dar: »Sie sollten
statt dessen zeigen, was wirklich passiert.«*

---

* Ende 1985 stürzten jedoch auf breiter Front die Alkoholwerbung einschränkende
Gesetze wie eine »Lawine« auf die US-Bundesstaaten (so ein Kommentator). 15 Staaten
hatten bereits Verbote oder Einschränkungen der »happy hour« beantragt, jener Stunden, in denen die Getränke billiger oder sogar kostenlos sind. Offensichtlich ändern sich
die Einstellungen überall.

Der Gesundheitsminister Otis Brown stellte sich auf die Seite derer, die Promotion-Aktivitäten für Alkoholika auf dem Universitäts-Campus eingeschränkt wissen wollen. Die American Medical Association (Ärzte-Verband der USA) stimmte einem Programm zu, in dem Warnungshinweise auf den Verpackungen von alkoholischen Getränken vorgeschlagen und weitere Untersuchungen des Zusammenhangs zwischen Werbung und Verbrauch gefordert wurden.

In Großbritannien verlangte die Royal College of Physicians' Faculty of Community Medicine (Fakultät der Ärzte des Royal College für Öffentlichkeitsmedizin) ein Werbeverbot. Ein geheimer Bericht des Central Policy Review Staff (der Denkfabrik der Regierung) wurde in der Zeitschrift *The Doctor* abgedruckt. Eine der darin enthaltenen Empfehlungen betrifft die Ausweitung der Kontrolle bei der Alkoholwerbung. Die British Medical Association (britischer Ärzteverband) beschloß, auf Warnungen vor Gesundheitsschäden auf Flaschen, Büchsen und in der Werbung zu dringen. Ein Arbeitskreis des britischen Innenministeriums war der Meinung, daß riesige Werbesummen »helfen, eine Atmosphäre zu schaffen, in der Alkohol ein unerläßliches Attribut aller gesellschaftlicher Anlässe darstellt«, und entschied, daß TV- und Kinowerbung für Alkohol verboten werden sollte.

Die Werbebranche wehrt sich – das dürfte kaum überraschen. Ihre Schlüsselbegriffe sind nunmehr »Mäßigung« und »Vorsicht«. Verschiedentlich vertreten Sprecher eine Variante des »Guinness ist gut für Sie«, indem sie Formulierungen wie »in Maßen« hinzufügen. Kenneth Dunjohn von der britischen Braumeister-Innung: »Der vernünftige Konsum von Alkohol ist keineswegs schädlich und für viele Menschen sogar gesundheitsfördernd. Drinks vergrößern gesellschaftliche Vergnügungen und spielen eine große Rolle bei der geselligen Entspannung. Streß wird abgebaut und das Miteinander gefördert. Die Therapie eines oder zwei bescheidener Pints in der angenehmen Umgebung eines anständigen Pub ist häufigem Tablettenschlucken vorzuziehen, ein Standpunkt, den auch viele Ärzte vertreten.«

James Kuras, geschäftsführender Vizepräsident und General Manager von McCann-Erickson in New York, erklärte vor einer Versammlung des Milwaukee Advertising Club: »Es sollte in den gesamten USA keinen Werbeclub und keine Werbeagentur, keinen Hersteller und keinen Werbungtreibenden geben, der nicht gewillt ist,

Restriktionen zu bekämpfen, die uns vorschreiben, was wir verkaufen dürfen und was nicht.« Er erklärte, daß er »den Versuch, das Problem Alkohol am Steuer durch Werbeverbote für Alkohol zu lösen, für ebenso sinnlos halte wie den Versuch, den Ku Klux Klan durch ein Verbot von Bettlaken abzuschaffen«. Im selben Jahr erklärte William Howell, Präsident von Miller Brewing, vor der jährlichen Konferenz der Biergroßhändler, daß sich die ganze Industrie energisch gegen die Versuche wehren sollte, Bierreklame zu untersagen.

In beiden Ländern führt die Alkoholindustrie, genau wie die Zigarettenindustrie, als Argument die Legalität des Produktes selbst an. Machtpolitisch könnte sie jedoch auch mit Hinweisen auf die Finanzkraft und auf Arbeitsplätze argumentieren: In Großbritannien beschäftigt die Industrie etwa 750 000 Menschen und brachte 1986-87 Verbrauchs- und Mehrwertsteuern in Höhe von 6500 Millionen Pfund ein.[29] Der Exportumsatz von schottischem Whisky allein belief sich auf mehr als eine Milliarde Pfund. Alles überzeugende Gründe für die Regierung, sich herauszuhalten.

Die Industrie betont aber auch ihre Bemühungen, die Konsumenten zu vernünftigem Trinkverhalten zu veranlassen. Der Distilled Spirits Council of the US (Rat der Branntwein-Hersteller der USA) hatte in den frühen siebziger Jahren in einer Anzeigen-Kampagne empfohlen: »Wenn Sie sich entschließen zu trinken, trinken Sie verantwortungsbewußt.« Zehn Jahre später wurde im Rahmen seiner Promotion eine Neujahrsbotschaft auf der elektronischen Reklametafel auf dem Times Square gefördert. Dort hieß es: »Laß jemand anders fahren.« Vorweihnachtliche Spots wurden an 400 Fernsehstationen im ganzen Land verteilt, in denen Drew Pearson von den Dallas Cowboys die Zuschauer einlud, eine »Lebensversicherung« zu unterzeichnen – eine Übereinkunft zwischen Eltern und Kindern, daß erstere nicht fahren würden, wenn sie unter Alkoholeinfluß stünden, und letztere nicht mit jemandem fahren würden, der getrunken hatte.

Der Licensed Beverage Information Council formulierte es so: »Freunde lassen Freunde nicht betrunken fahren.« Seine Kampagne schloß auch Außenwerbung, Reklame in öffentlich-rechtlichen Radiosendungen und TV-Spots und Hinweise in Geschäften ein. Einzelne Firmen entwarfen ihre eigenen Kampagnen. Bacardi warb damit, daß er sich »mit allem, nur nicht mit Autofahren mischen lasse«.

Eine kleine Likörfabrik in Connecticut, W.V. Elliott Co., empfahl in ihren Anzeigen, daß man das Getränk »in Maßen genießen« solle. In der Vorweihnachtszeit betrieb ein Importeur im Mittleren Westen eine TV-Werbung, in der die Gedanken eines Barmannes wiedergegeben wurden, während er einen Unfallbericht im Fernsehen verfolgte. Er meinte u. a.: »Die richtige Einstellung heißt, das Zeug zu respektieren.« Dabei deutete er auf die Flaschen in den Regalen.

Seagram ruft ständig zum Maßhalten auf. Kurz nach dem Ende der Prohibition sagte die Firma in einer Anzeige: »Wir Whiskybrenner sagen: Trinken Sie maßvoll.« In einer berühmt gewordenen Anzeige wurden fünf handgeschriebene Zeilen gezeigt, alle von einer Person. Die erste Zeile war vor jeglichem Alkoholkonsum geschrieben worden, die letzte nach sieben Drinks. Diese letzte Zeile – Text: »Ich kann trinken, wenn ich fahre« – war nur noch ein Gekritzel. Der Copytext darunter endete mit den Sätzen: »Wenn Sie zuviel trinken, können Sie nicht mehr Auto fahren. Sie können nicht einmal mehr schreiben.«

Seagrams Hinweise auf Mäßigung wurden 1982 vom britischen Fernsehen übernommen. Ein Reklamespot bestand aus Einzelaufnahmen, die den Ablauf eines Autounfalls zeigten. Ein Teil der Headline lautete: »Natürlich möchten wir, daß Sie einen Drink nehmen. Aber immer mit Maßen. Und nie, wenn Sie fahren müssen.« Die britische Braumeister-Innung ließ eine Plakatkampagne laufen, in der sie Minderjährige vor dem Trinken warnte. Courage Brewery gab 1987 500 000 Pfund seines Weihnachts-Promotion-Budgets von drei Millionen Pfund für eine Warnung vor Trunkenheit am Steuer aus. Aber Kritiker setzten dem entgegen, daß es sich angesichts des Alkoholumsatzes von 20 Millionen Pfund hier nur um eine symbolische Aktion gehandelt habe.

In vielen Ländern kommen zu den vom Handel gesponserten Botschaften noch die von der Regierung finanzierten Warnungen hinzu. Die einzelnen Länder wählen hierfür verschiedene Verfahrensweisen. New South Wales in Australien will mit seinen Anzeigen die Angst vor einer Festnahme erhöhen. In einer in Bahnhöfen (stations) angebrachten Reklame wird ein Mann in eine Polizeistation (police station) geführt. Die Schlagzeile erläutert: »Es gibt eine Station, zu der Sie nicht mit dem Zug fahren können.«

Die Schweden konzentrieren sich auf die Schockwirkung, die der

Anblick von Unfallopfern auslösen muß. In einer Anzeige liegt ein Mann im Krankenhausbett. Sein Kopf ist verbunden, sein Arm in Gips. Die Headline fragt:»Wie wär's mit einem Schlaftrunk?« Eine andere Anzeige bildet einen Mann an Krücken mit nur einem Bein ab. Der Text lautet:»Nur noch einen für unterwegs.«

Eine auf die Verbindung Fahren/Trinken spezialisierte Kampagne arbeitet seit 1976 mit verschiedenen Ansätzen. Die ersten Werbespots zeigten grauenhafte Bilder von Verkehrsunfällen und spielten dazu lustige Trinklieder. In einer Anzeige sah man einen jungen, betrunkenen Fahrer, der seine Freundin und Beifahrerin getötet hatte (Überschrift der Printanzeigen:»Ein paar Drinks, und Sie werden zu einem echten Ladykiller«). Die dafür verantwortliche Agentur, Wasey Campbell-Ewald, behauptete, daß Untersuchungen nach sechs Jahren Rückgänge bei Trunkenheit am Steuer sowie bei starkem Alkoholkonsum verzeichnen konnten. Das Verkehrsministerium war etwas zurückhaltender in seinen Aussagen, denn es berücksichtigte noch andere Faktoren wie Polizeieinsätze und Wetterbedingungen. Von dort verlautete, die Werbung habe wahrscheinlich einen»einschränkenden Effekt«.

Niemand wird bestreiten, daß die Mäßigungsaufrufe von der Übermacht der Verkaufsanzeigen völlig beiseite gedrängt werden. Es trifft auch zu, daß sich der Hauptaufwand besonders auf ein Gebiet konzentriert, auf das Autofahren unter Alkoholeinfluß. Man könnte natürlich auch fragen, warum die Alkoholindustrie überhaupt daran interessiert sein sollte, ihr Produkt schlechtzumachen. Der Grund liegt offensichtlich in ihren Befürchtungen, daß der Vorwurf ihrer Unbesorgtheit ihre Situation im Endeffekt verschlechtern würde.

Das bedeutet aber nicht, daß die Firmen und Agenturen sich nicht insgeheim wünschten, sie könnten härter zurückschlagen. Eine britische Agentur, Allen Brady and Marsh, bereitete in der Tat eine Pro-Alkohol-Werbestrategie vor, nachdem der Werbeverband die Möglichkeit für eine nationale Kampagne erwogen hatte. Die Kampagne wurde zwar nicht realisiert (der Werbeverband hielt sie wahrscheinlich für ein zweischneidiges Schwert), aber die Unterlagen der Strategie – nie veröffentlicht – bieten faszinierendes Lesematerial. Sie empfahlen, daß»die Industrie« mit einer Kampagne»angreifen sollte«,»die den wichtigen und wertvollen Beitrag, den die Alkoholindustrie für die Gesellschaft leistet, zum Inhalt hat«.

Die Zielgruppen waren die Meinungsmacher in der Regierung, in den medizinischen Berufen, Interessengruppen, Medien sowie andere Werbefachleute und Vermarkter. Geplant waren Printanzeigen in der »seriösen« Presse. »Der Hauptzweck der Kampagne besteht darin, der Anti-Alkohol-Lobby die Initiative zu entreißen und eine günstigere Ausgangsposition für die Debatte zu schaffen.« Als mögliche Themen für individuelle Anzeigen wurden vorgeschlagen: Alkohol mit Maßen ist gut für Sie; der Pub gehört zum traditonellen Kulturgut des Landes und ist ein wichtiger Schutz gegen Trunkenheit und Alkoholabhängigkeit; die Briten sind ein Volk gemäßigter Alkoholkonsumenten; Alkoholsteuern bringen dem Finanzministerium mehr ein, als es für den Gesundheitsdienst oder die Armee (»oder was auch immer«) ausgeben muß.

Allen Brady and Marsh empfahlen einen »vertrauensvollen und der Gesellschaft gegenüber verantwortungsvollen« Ton. Die Vorschläge für individuelle Anzeigen enthielten auch das Argument, daß gemäßigte Alkoholkonsumenten länger leben als solche, die keinen Tropfen anrühren. Außerdem entspanne Alkohol und helfe, soziale Barrieren zu beseitigen. Ein anderes Argument lautete, daß es um die »Freiheit des Marktes« gehe. Mit der Kopfzeile »Die meisten der Alkoholabhängigen dieser Welt haben nie im Leben auch nur eine Alkoholwerbung gesehen« sollten die USA und die UdSSR verglichen werden.

Ein anderer Bereich der Strategie von Allen Brady and Marsh hätte direkt von der Tabakwerbung-Lobby stammen können. Behauptet wurde, daß durch die Werbung nicht mehr Alkohol verkauft werde. Sie überrede Konsumenten nur, auf andere Marken überzuwechseln.

Der Distilled Spirits Council of the US schrieb an den Autor: »Wissenschaftliche Forschung und Marketing-Studien zeigen immer wieder, daß die Werbung keinen sichtbaren Einfluß auf den Gesamtumsatz oder den Gesamtverbrauch von Alkohol ausübt. Die Werbung hilft dem Konsumenten nur, sich für den Kauf eines Produkts zu entscheiden – sie ist eine Art Verbraucherinformation.«

Die Antworten der Kritiker auf solche Behauptungen lassen sich leicht zusammenfassen: »Wenn Sie das glauben, glauben Sie alles.« Dieses Argument wurde ausführlich in einem detaillierten Bericht der Weltgesundheitsorganisation behandelt, der jedoch nie veröffentlicht wurde (angeblich aufgrund des Drucks, den die Alkohol-industrie ausübte). Der Bericht (von dem mir eine Kopie zugespielt wurde) wäre für die Industrie zweifelsohne vernichtend. Ein Kommentar zu Werberestriktionen:»Wie Wasser einfach um einen (den Weg blockierenden) Felsen fließt, bringt [der Alkoholhersteller] seine ungeheuren Ressourcen durch andere Methoden zum Einsatz.« Zu diesem Argument war in dem Report folgendes zu lesen:

»Wie unglaublich [sic] es auch angesichts der Milliarden von Dollar erscheinen mag, die in die Alkoholwerbung fließen, gibt es doch einen gewichtigen Standpunkt (teilweise von Unternehmensgeldern unterstützt), dem zufolge die immensen Werbesummen keine neuen Konsumenten auf den Alkoholmarkt locken... Eine Unzahl angeblich ›wissenschaftlicher‹ Forschungsmonographien, von denen viele auf ökonomischen Techniken basieren, setzen sich mit dem Verhältnis von Werbung und Verbrauch in verschiedenen Ländern auseinander... Man muß sich die Finanzierungsquellen solcher Untersuchungen genauer ansehen, denn des öfteren steckt die Alkoholmacht (manchmal durch ihre Handelsverbindungen) direkt oder indirekt hinter den Finanzierungen dieser Monographien. Es sollte also nicht überraschen, daß eine als ausgezeichnet bezeichnete Studie und ihre dürftigen Ergebnisse, ›daß kein wissenschaftlicher Beweis vorliegt, daß Alkoholwerbung einen Impact auf den Alkoholkonsum hat‹, von der amerikanischen Brewers' Association gesponsert und finanziert worden war.«

Die Verfasser des Berichts fügen hinzu:»Man kann sich auch fragen, wieso Alkohol- und Tabakanzeigen anders sein sollen als die Anzeigen für andere Produkte, die alle offenkundig bestrebt sind, sowohl die Marktanteile als auch den Verbrauch zu steigern?«

Für die für Alkohol Werbung Treibenden ist das ein entscheidender Punkt: Kritiker behaupten, daß bei erhöhtem Alkoholverkauf auch die Zahl derer ansteigen muß, die durch Alkohol geschädigt werden.* Aber es geht um weit mehr. Inserenten und Agenturen sehen den Angriff auf Alkohol (wie auch auf Tabak) als Vorläufer weite-

---

* Hierzu der Bericht »Alkohol und Alkoholismus« des Sonderkomitees des Royal College of Psychiatrists von 1979: »Man kann sagen, wenn ein Mann oder eine Frau mehr zu trinken beginnt (d.h., wenn der nationale Pro-Kopf-Konsum von Alkohol steigt), dann steigt auch die Anzahl der Menschen, die sich durch Trinken schädigen.«

rer Attacken auf andere Produkte. Mike Waterson, der Forschungs-
direktor der britischen Advertising Association, warnt: »Wenn die
Werbung für Alkohol verboten wird, obwohl nur ein kleiner Prozentsatz der Verbraucher geschädigt wird,... dann gibt es keinen logischen Grund, die Werbung für viele andere Produkte nicht auch zu
untersagen, denn viele andere sind ebenfalls schädlich, wenn sie
mißbraucht werden (von Milchprodukten, Zucker, Süßigkeiten, Kaffee und ähnlichen Gütern bis zu Arzneimitteln und Automobilen). Die
logische Schlußfolgerung eines Verbots von Alkoholwerbung wäre
daher das Ende der freien Promotion für Produkte, die einen Großteil
der Konsumentenausgaben ausmachen und somit eine massive Reduzierung der Effektivität unseres Marktsystems.«

James Kuras von McCann-Erickson in New York drückte es etwas
emotionaler aus: »Und was kommt nach Wein und Bier? Keine TV-
Werbung mehr für Spielzeug, Süßigkeiten, Frühstückskost und alko-
holfreie Getränke? Keine TV-Werbung mehr für Kinofilme, die nicht
ab zwölf Jahren freigegeben sind? Keine TV-Werbung mehr für
Bücher, die nicht schon mit zehn Jahren gelesen werden können?
Vergessen wir nicht, meine Freunde, Prohibition beginnt mit dem
Verbot der freien Werbung.« Zusammen mit den Herstellern und den
Agenturen sind die meisten Medien vehemente Gegner eines solchen
Verbots. Ein Blick in die Werbefachpresse offenbart, wie erpicht sie
alle auf das Geld der Alkoholindustrie sind:

People (US) – »Vielen Dank« quer über die Seite gedruckt, und
darunter die Worte: »*People* brachte 1982 mehr Alkoholwerbung als
irgendeine andere Verbraucherpublikation.«

Baltimore Sun (US) – »Willkommen in Baltimore – neuntgrößter
Spirituosenmarkt – eine Million Menschen werden von der *Baltimore
Sun* angesprochen.«

Amalgamated Publishers Inc (US) – (»repräsentiert 88 der führenden schwarzen Zeitungen des Landes«) – »Der schwarze Alkoholmarkt ist groß – und wird größer. Um sicherzugehen, daß Sie dabei
sind, wenden Sie die einfache Formel an: Ein Anruf bringt Sie in jede
nur mögliche Verbindung mit unseren 88 Zeitungen.«

Parade (US) – »Jedes Jahr ist ein gutes Jahr für Wein, denn
Parade-Leser trinken jährlich 23 Milliarden Gläser Wein.«

Daily Mail (Großbritannien) – »enthält mehr Wein- und Spirituo-
senwerbung als irgendeine andere Zeitung.«

Sunday (Großbritannien) – »...die beliebteste farbige Sonntags-
zeitung des Landes mit mehr als zehn Millionen Lesern. Es ist kein
Wunder, daß wir 24,8 Prozent der starken Whisky-Trinker, 32,8 Pro-
zent der starken Rum-Trinker und 33,3 Prozent der starken Wodka-
Trinker erreichen. Sie können sich also auf uns verlassen, wenn Sie
Ihren Kundenstamm erweitern wollen.«

Beispiele könnten seitenweise angeführt werden. Das große Interesse der Medien – genau wie bei Zigaretten – ist wichtig. Nicht nur,
daß die Publikationen oft hohe Summen von den Alkoholwerbern annehmen, manche von ihnen, schreibt Rance Crain, Chefredakteur
der *Advertising Age*, werden von der Industrie »praktisch unterstützt«. Ein britischer Marketing-Fachmann weist darauf hin, daß jedes Jahr vor Weihnachten die farbigen Beilagen der Sonntagszeitungen »wie Sonderausgaben von *Harper's Wine and Spirit Gazette*
aussehen... die restliche Presse steckt so voller Alkoholanzeigen, daß
man denken könnte, die Prohibition sei gerade aufgehoben worden.«

Bei der Diskussion um Alkohol und Werbung gibt es auf beiden
Seiten starke Argumente. Die Debatte sollte jedenfalls öffentlich aus-
getragen werden, aber in einer Situation wie der heutigen kann nur
ein außerordentlicher Optimist annehmen, daß sich die Massenmedien als Forum für diese Diskussion zur Verfügung stellen würden.

WÄHLER

»Natürlich verkauft man Kandidaten für politische Ämter wie Seife
oder Siegellack oder irgend etwas anderes; denn genau betrachtet, kann etwas nur auf
diese Weise verkauft werden.«
Sid Bernstein, amerikanischer Werbejournalist

»Zeig mir die Werbung und Propaganda einer Nation, und ich brauche
nicht mehr zu fragen, wer an der Regierung ist.«
Professor Hugh MacLennan

Eines der sinnträchtigsten und ergreifendsten Bilder in der Geschichte der politischen Werbung bleibt das von General Dwight D.
Eisenhower, dem Kriegshelden und damaligen Präsidentschaftskandidaten, der in einem Filmstudio sitzt und mit der ermüdenden
Regelmäßigkeit eines Reliefdruckers TV-Werbe»spots« produziert.
Werbetexte wurden verfaßt – bis zu 28 innerhalb weniger Stunden –,
angenommen oder abgelehnt; es wurden von Hand Soufflierkärt-
chen geschrieben und dann Werbespots aufgenommen, einer nach
dem anderen. Und zwischen den Aufnahmen saß Eisenhower auf einem harten Stuhl, schüttelte den Kopf und murmelte traurig vor sich
hin: »So weit ist es also mit einem alten Soldaten gekommen!«

Das war im Jahr 1952, und alle Spots wiesen das gleiche Schema
auf. Ein Ansager verkündete »Eisenhower antwortet der Nation!«,
ein »gewöhnlicher Bürger« stellte eine Frage, und Eisenhower antwortete (»Meine Frau Mamie...«). Anderthalb Millionen Dollar wurden für die Sendung dieser Spots ausgegeben. Martin Mayer schrieb,
daß »noch sechs Jahre später der Widerhall ihrer Umstrittenheit zu
hören war«. Er ist jetzt noch zu hören – mehr als zwei Jahrzehnte danach. Ob positiv oder negativ (und die Mehrheit würde wahrscheinlich auf letzteres tippen), die Eisenhower-Kampagne hat die politische Werbung insgesamt verändert. Bis dahin hatte politische
Werbung im Kaufen von großen Sendezeitblöcken bestanden, um
ganze Reden zu übertragen.

Zwei Männer zeichneten für den Einsatz von Spots verantwortlich: Alfred Hollender, Leiter der TV-Abteilung von Grey Advertising,
und Rosser Reeves, der USP-Mann, der die Anzeigen schreiben sollte
(USP = Unique Selling Proposition; Einzigartiger Verkaufsanspruch).
Es waren besonders drei Argumente, die für eine Veränderung des
Ansatzes sprachen: Kosten; Spots würden die Unentschiedenen erreichen, und einige entscheidende Bundesstaaten könnten gezielt

angesprochen werden. Aber die Veränderung wirkte größtenteils in eine vierte Richtung: Von dem Zeitpunkt an bestand die politische Werbung nicht länger aus dem Kauf von Zeit, sondern aus TV-*Werbung*. Sie wurde zu Reklame – wie Reklame für Seife oder Kaffee oder Bier. Themen wurden zum Image, Persönlichkeit wurde zum Produkt. In den achtziger Jahren war das Herzstück von Reagans Wiederwahlkampagne eine Werbesendung, die sich kaum noch von einer Werbung für Coca-Cola unterschied. Richard Owen, ein englischer Werbefachmann, schrieb, daß die republikanische Strategie »Reagan nicht nur über die Partei, sondern auch über die Themen zu stellen scheint«. Die politische Werbung fällt nicht unter die üblichen Regeln und Vorschriften. Eine amerikanische Werbefachfrau, Paula Green, klagte: »Alles, was Politiker an der kommerziellen Werbung kritisieren, wird in den TV-Spots für Kandidaten aller Parteien angewandt: Verdrehung der Tatsachen, absichtliche Falschaussagen, persönliche Angriffe, unterschwellige Anspielungen. Sehr wenig davon dient der Erläuterung oder Information oder überzeugt jemanden, der nicht schon seine Wahlentscheidung getroffen hat.«[1] Spots stehen für riesige Geldsummen – in den achtziger Jahren können Kampagnen eine Milliarde Dollar kosten, heißt es, und davon kostet die Sendezeit den weitaus größten Teil.

Eine weitere Auswirkung beschäftigte die Menschen außerhalb der Vereinigten Staaten sehr viel stärker (obwohl man argumentieren könnte, daß die amerikanischen Wahlverfahren und besonders die Präsidentschaftswahlen jeden in der freien Welt angingen). Politik nach amerikanischem Stil hatte sich ausgebreitet und tat es noch, vor allem in Lateinamerika und Westeuropa, aber auch anderswo. In Großbritannien, das früher im Vergleich mit den USA am anderen Ende des Spektrums politischer Kampagnen gesehen wurde, wurden die Wahlen von 1979 (mit Saatchi and Saatchi als Mrs. Thatchers berühmt-berüchtigten Werbefachleuten) als erste ihrer Art gepriesen. Innerhalb der nächsten vier Jahre planten auch die anderen Parteien Werbung »im amerikanischen Stil«.

In einem Leitartikel der Fachzeitschrift *Advertising Age* wurde gewarnt: »Vorsicht, Britannia«. Der Kommentar lautete: »Wir stehen an einem Ende des Prozesses, sie am anderen. Wir hoffen, daß sie, bevor es zu spät ist, das Geheimnis entdecken, von dem sie am meisten profitieren werden: sie sollten gerade nicht die Exzesse unseres

Kampagnenarsenals kopieren und kultivieren, sondern sie ganz bewußt ignorieren.«² Vier Jahre später hatte die Labour Party die Werbung schon so stark integriert, daß ihre Wahlsendungen die der Konservativen hinsichtlich Emotionsanreiz und Glanz in den Schatten stellten.

Amerikanische Politikstrategen wurden für den Wahlkampf nach Venezuela verpflichtet. Acht Kandidaten bewarben sich um das Präsidentschaftsamt: sie investierten das Maximum an gesetzlich Zulässigem in ihren Wahlkampf – täglich vier Minuten pro Fernsehstation und fünf Minuten im Radio plus eine ganze Zeitungsseite.³ Die Regierung allein gab etwa 25 Millionen Dollar aus. Auf den Philippinen halfen ehemalige Reagan-Berater Ferdinand Marcos in dem Wahlkampf, den er an Corazon Aquino verlor. Mrs. Aquino schlug ebenfalls mit Werbung zurück.⁴ Freiwillige von mindestens neun Agenturen stellten ihre Radiosendungen zusammen. Ein Reklameeinfall wurde zum Kernstück – der Popsong »Tie a yellow ribbon round the old oak tree«, der mit der Ermordung ihres Mannes in Verbindung gebracht wird. In Chile begann General Pinochet drei Jahre vor Ablauf seiner Amtszeit 1989 mit der Werbung, um seine Kandidatur abzusichern.⁵ In Zeitungen und im Fernsehen wurde er gezeigt, wie er lächelnden Arbeitern die Hand schüttelte, Mütter umarmte, und in einem Spot wurde sein Bild in die Nationalflagge eingeblendet (ein Image-Aufbau, der ihm jedoch im Oktober 1988 nichts nützte, als eine Mehrheit der Chilenen dagegen votierte, daß er weitere acht Jahre im Amt bleiben sollte).

In Indien benutzte Rajiv Gandhi einen sehr amerikanisierten Approach in seiner Kampagne für das Amt des Premierministers. Zum ersten Mal wurde der Wahlkampf seiner Partei von einer Agentur ausgerichtet, der indischen Tochtergesellschaft von Rosser Reeves' Agentur Ted Bates. Die Anzeigen setzten dramatische Effekte ein. Manche schlugen aus den politischen Wirren Kapital, die dem Attentat auf Indira Gandhi folgten. Eine Anzeige zeigte zähnefletschende Krokodile mit der Headline: »Wird ein weiterer Krieg der letzte Krieg im freien Indien sein?« Gegner kritisierten die zahlreichen Hinweise auf einen ›Feind‹ innerhalb Indiens. Gemessen am Niveau solcher Kampagnen in Amerika, ging es hier noch fast harmlos zu. Aber eine Schwelle war überschritten worden.

Die Zunahme und Ausweitung der politischen Werbung findet sowohl Freunde als auch Gegner. Die Anzeige, die einem Leser mißfällt, kann von einem anderen über alles gelobt werden. Ein Beispiel: Vielen gilt eine berühmte Werbesendung als der Prototyp »schlechter« politischer Werbung. Sie wurde 1964 von Lyndon B. Johnsons Camp gegen Barry Goldwater eingesetzt und zeigte ein kleines Mädchen in einer Wiese voller Gänseblümchen. Sie zupfte die Blätter einer Blüte nacheinander ab. Auf der Tonspur lief dazu ein Countdown auf russisch ab. Bei Null dehnte sich auf dem Bildschirm ein Atompilz aus, und eine Stimme aus dem Off zählte die Gefahren nuklearer Konfrontationen auf.

Die Rückschlüsse waren offensichtlich; der Impact war umfassend. Aufgrund der lauten Proteste wurde der Spot nur einmal gezeigt. In *Ogilvy on Advertising* beschreibt Ogilvy Johnsons Werbung als »zynische Unehrlichkeit, die in einer Zahnpastareklame nie geduldet würde. Die Wähler sollten glauben, daß Goldwater ein verantwortungsloser, kriegslüsterner Unmensch war, der aus dem Nichts Atomkriege anzetteln würde.« Ausführlich wies Ogilvy nach, daß dies nicht stimme und daß Johnson dies wüßte.

Tim Bell, ehemals bei Saatchi and Saatchi, jetzt bei Lowe Howard Spink, der als Mrs. Thatchers persönlicher Werbefachmann bekannt ist, sieht die Anzeige ganz anders. Er empfahl sie mir als ein Beispiel für »gute« (sprich effektive) politische Werbung. »Die effektivste politische Werbung«, erklärte er, »sagt von der anderen Seite, daß sie schlecht ist. ›Labour Isn't Working‹ (Die Arbeiterpartei arbeitet [funktioniert] nicht – eine der Wahlanzeigen der Konservativen) ist deshalb gut, weil sie sagt, daß Labour nicht gut ist. Der Spot mit dem Mädchen auf der Wiese sagt doch nur aus, daß Goldwater Ihr Kind umbringen wird.«

Der wichtigste Punkt ist vielleicht der, daß sogar Werbungsgegner anerkennen müssen, daß Werbung auf den Stimmengewinn einwirkt. Eine amerikanische Umfrage nach der Einschätzung politischer Werbung durch die Politiker selbst ergab, daß in ihren Augen TV-Werbung eine zu große Rolle spielt. Zugleich aber war es wahrscheinlich, daß die meisten von ihnen selbst bei ihrer nächsten Wiederwahlkampagne die Fernsehwerbung stärker einsetzen würden.[6] Ihrer Meinung nach war es das effektivste Medium. In Iowa begann Gouverneur Bruce Babbitt aus Arizona schon im April 1987 mit seiner Kampagne für die 1988er Nominierung zum demokratischen Präsidentschaftskandidaten. Er hoffte, den Staat vorzeitig für sich zu gewinnen. Nach Expertenmeinung handelte es sich hier wohl um den frühesten Start eines Präsidentschaftswahlkampfs.[7]

In der Politik geht es darum, Erster zu sein. Einige Fachleute, die politische Werbung einfach als einen weiteren Werbezweig betrachten, sehen darin den größten Unterschied zur Produktwerbung. Wenn zum Beispiel als Resultat ihrer Werbung eine Zahnpasta ihren Marktanteil von zehn auf zwölf Prozent steigert, kann die Reklame als uneingeschränkter Erfolg gewertet werden. »Vergleicht man das mit der Politik«, meinte ein Fachmann, »dann hat man hier eine Situation, wo am Ende nur noch eine Zahnpasta übrigbleibt – Ihre. Die anderen sind nicht mehr im Rennen.«

Es heißt oft, daß der Hauptunterschied zwischen der Werbung für ein Produkt und für einen Politiker darin bestehe, daß Produkte den Anforderungen des Marktes entsprechend verändert werden könnten. Mit einem Politiker aber habe der Werbungtreibende jemanden, den er nicht einfach ändern könne. Aber dieses Argument stimmt nicht mehr.

In *Advertising Age* wurde beschrieben, wie in den USA politische Berater Umfragen einsetzen, um Themenbereiche, Slogans und Persönlichkeiten politischer Kampagnen nach dem öffentlichen Geschmack abzuändern.[8] Meinungsforscher, so berichtete die Zeitschrift, setzten sogar Testmarktmethoden ein, um die Stärken und Schwächen wirklicher und fiktiver Kandidaten zu erfahren.* Die Methode schien viele Namen zu haben, wie »Q-vignettes« und »Umfragen zu hypothetischen Kandidaten«. Die übliche Vorgehensweise aber, unter welcher Bezeichnung sie auch erfolgen mochte, bestand darin, einen potentiellen Wähler zu überreden, die Beschreibung eines Kandidaten A, seine persönlichen Daten und Einstellungen zu verschiedenen Themen zu lesen. Der Meinungsforscher fragte den Wähler, was ihm zusagte und was nicht, und manchmal wurde auch nach Begründungen gefragt. Aufgrund der Umfrageresultate konn-

---

* Nicht zu verwechseln mit dem, was unter »akzeptablem« Einsatz von Umfragen verstanden wird. Im Wahlkampf geben Parteien ständig Umfragen in Auftrag: Parteivorsitzende verwerten die Ergebnisse, wenn sie beschließen, welche Themenkomplexe sie zu verschiedenen Zeitpunkten am besten aufgreifen.

ten die Kandidaten entscheiden, welche persönlichen Eigenschaften sie stärker hervorstreichen (oder verdecken), welche Themen sie betonen (oder umgehen) und wo sie ihre Gegner angreifen wollten. Mary Ruth Martin, eine Meinungsforscherin bei V. Lance Associates, einer Houstoner Firma, die an republikanischen Kampagnen arbeitet, erklärte der Zeitschrift, daß hypothetische Wahlen eine »gute Methode waren, heikle Themen« anzuschneiden, so zum Beispiel, ob sich die Wählerschaft für die Scheidung eines Kandidaten interessiere. Gary Nordimer, ein Kommunikationsberater aus Washington, der an den Kampagnen der Demokraten arbeitet, meinte: »Ob Umfragen einen Kandidaten leiten oder umgekehrt, ist eine der kompliziertesten Fragen der heutigen amerikanischen Politik.« Er fügte hinzu, daß es »vom Kandidaten abhängt«. Jedenfalls beherrschten die Demoskopen den Präsidentschaftswahlkampf 1988: Jeder der beiden Kandidaten gab für sie zwei Millionen Dollar aus.

Eine weitere Testmarktmethode wurde ebenfalls beschrieben. Alex Gage von der Market Opinion Research, die für republikanische Kampagnen arbeitet, sagte, daß Parteien zunehmend Vorabtests durchführten, um die TV-Wirkung ihrer Kandidaten zu testen. Die Politiker wurden auf Videoband aufgenommen und dann von Zuschauern am Bildschirm gesehen, die keine Ahnung hatten, wen sie da vor sich hatten.

Veränderungen des Produkts mit dem Ziel, ein gewünschtes Image zu erzeugen, werden nicht nur in den USA vorgenommen, obwohl man dort vielleicht etwas weiter geht als anderswo. Großbritanniens Premierministerin wurde für die Parlamentswahlen 1980 instruiert, ihre sehr schrille Stimme zu dämpfen. Außerdem nahm sie ab und ließ ihre Zähne behandeln. Neil Kinnock, der Labour-Parteiführer, wurde dazu überredet, dunkelblaue Jacketts anzuziehen, um sich dem Image eines kompetenten Managers anzunähern. Die Farbe wurde auch empfohlen, weil sie besonders gut zu seinem roten Haar paßte, das für die Wahlen 1987 umfrisiert wurde.[9]

In Frankreich half der Werbefachmann Jacques Séguéla François Mitterrand, mit einer auf detaillierten Forschungen beruhenden Kampagne 1981 die Präsidentschaft zu gewinnen. Dazu gehörten Plakate, die Mitterrand als *la force tranquille* darstellten. Mitterrand paßte sich an und veränderte sein Äußeres, um dem von ihm erzeugten Image zu ähneln. »Ein Präsidentschaftskandidat ist eine Marke«, erläuterte Séguéla später vor Kollegen. »Der Präsident möge mir diese Aussage verzeihen. Ich wandte bei ihm die Methode an, die wir täglich für die Diners Club-Kreditkarten, Fisher-Price Toys (Spielzeug), Citroëns und Chantelle-BHs benutzen.«

Er erklärte mir, daß er damit nicht habe sagen wollen, daß jeder in der richtigen Verpackung und mit der richtigen Vermarktung Präsident werden könne. »Aber ich glaube, ein Politiker braucht ein starkes Konzept.« Sobald der Werbefachmann das Konzept gefunden hatte, mußte es auf alle Verkaufsaspekte des Kandidaten angewandt werden – Presseverlautbarungen, Werbung, Reden vor Versammlungen. »Das macht einen gewaltigen Unterschied. Das Konzept ist nicht sein Programm, es ist sein Charakter. Der *Mann* wird gewählt.«

Helmut Kohl andererseits schien sich geweigert zu haben, seine Erscheinung für seinen erfolgreichen Griff nach dem Kanzleramt der Bundesrepublik Deutschland zu ändern. Aber er stimmte einer Strategie zu, die den Einsatz großer Plakate mit seinem Spitznamen »der Schwarze Riese« einschloß. Sein Image-Macher, der deutsche Werbefachmann Coordt von Mannstein, erläuterte: »Unsere Strategie lief darauf hinaus, alles an ihm zum Größten zu machen und ihm das Image eines Siegers zu geben.«

Die Tatsache, daß der Gewinner alles bekommt und es keine Spielregeln gibt, macht die politische Werbung zu einem sehr umstrittenen Bereich. Die Entscheidung, ob Schlagringe einzusetzen sind oder nicht, ob man lügen kann oder nicht, hängt hauptsächlich von einer Frage ab: was *funktioniert* am besten? So schwärzte in einer Anzeige für den Republikaner Robin Bear aus Tennessee ein Doppelgänger von Fidel Castro den demokratischen Senator Jim Sasser an, der angeblich »Millionen Ihrer Steuerdollars« in Form von Auslandshilfen nach »Kambodscha, Angola und Laos. Und Kuba« geschickt habe. Der Castro-Doppelgänger zündete seine Zigarre mit einer Hundertdollarnote an und sagte: »Muchissimas gracias, Señor Sasser.« (Tatsächlich geht aber keine US-Hilfe an Kuba.) Oder ein anderes Beispiel: Ein Werbespot richtete sich gegen den republikanischen Senator von New Mexico, Harrison Schmitt, einen heftigen Gegner des »Einfrierens« im Bereich der Kernwaffen-Rüstung. In dem Werbespot fand ein ständiger Szenenwechsel statt zwischen der Darstellung einer Mutter, die ihre Kinder in die Schule schickt, und einem mit Computern angefüllten Kernwaffen-Kontrollzentrum. »Die mei-

sten Amerikaner unterstützen die Politik des Einfrierens von Nu-
klearwaffen«, verkündete eine Stimme. »Aber nicht New Mexicos
Senator Harrison Schmitt. Er ist gegen ein Einfrieren. Also müssen
wir gegen Senator Schmitt sein. Um die Gefahr eines von Computern
ausgelösten Atomkriegs zu bannen.« Ein Warnsignal ertönte. »Das
könnte passieren.«

Die Kongreßwahlen 1986 beschrieb Leonhard Matthews, der Präsident der American Association of Advertising Agencies (US-Verei-
nigung der Werbeagenturen), als »die schlimmsten, an die ich mich
erinnern kann«[10]. In Missouri versuchte ein Demokrat, seinen Gegner mit Zwangsvollstreckungen durch Banken in Verbindung zu
bringen; in Maryland brandmarkte eine Kandidatin ihre Gegnerin,
indem sie sie als »eine Art-San-Francisco-Liberale« bezeichnete, ein
Euphemismus, den die Wähler ohne Schwierigkeiten interpretieren
konnten. Ein New Yorker Demokrat, der einen von den Republikanern gehaltenen Wahlkreis erobern wollte, stellte Fragen nach der
Wahlkampfunterstützung durch Mitglieder des organisierten Ver-
brechens. In Kalifornien wurde ein Amtsinhaber angeklagt, Geset-
zesentwürfe zur Beseitigung von Giftmülldeponien abgelehnt zu
haben, weil er Geld von »Umweltverschmutzern« erhalten habe.

Werbung, und insbesondere die TV-Werbung, wird als der Bösewicht gesehen. Die Annahme wäre naiv, vor der modernen Werbung,
vor dem Fernsehen, hätten die Politiker nur um Themen gestritten
und sich an Spielregeln gehalten. Das taten sie nicht. Schlamm-
schlachten sind in diesem Geschäft keine neuartige Erscheinung,
ebenso wenig wie die Methode, ein Image zu verkaufen, eine Lüge,
die dem Wähler zusagt, anstatt einer politischen Haltung. Der libe-
rale Präsidentschaftskandidat William Henry Harrison machte in
den amerikanischen Wahlen von 1840 als erster ausgiebigen Gebrauch von der Image-Werbung. In ihrem Buch *Packaging the Presi-
dency* beschreibt Professor Kathleen Jamieson, wie Harrison von
seinen Anhängern als Farmer und Trapper präsentiert wurde. In
Wahrheit war Harrison der reiche Sohn eines Gouverneurs und der
Besitzer einer palastartigen georgianischen Villa sowie eines acht
Millionen Quadratmeter großen Besitzes, der von Pächtern bewirt-
schaftet wurde. Ein Blockhaus-Symbol wurde in Paraden mitgetra-
gen, auf Plaketten gemalt und in Liedern besungen – alles, um Harrison mit den Pionieren und den Wählern auf dem Land, die noch in

Blockhütten wohnten, zu identifizieren. Die Blockhäuser – und Apfelwein und Waschbärmützen – befähigten die Wähler, so Professor Jamieson, Harrisons angeblich stählernes, gesundes, heroisches Leben nachzuempfinden. Er gewann die Wahl mit einem Image, das ihn fälschlich als Apfelwein liebenden Blockhüttenfarmer darstellte. (Er starb jedoch kurz danach.)

Jene Kampagne enthielt auch das »Pseudo-Ereignis«, das heute bei Wahlen so wichtig ist. Um sich mit dem »neuen Waschbär-Liberalismus« in Verbindung zu bringen, kampierte Daniel Webster mit den Green Mountain Boys in einem Wald vor einem Lagerfeuer, huldigte der Blockhütten-Romantik und forderte jeden, der es wagte, ihn einen Aristokraten zu nennen, zu einem Faustkampf heraus. »Das Pseudo-Ereignis ist also nicht ein Kind des Fernsehzeitalters, sondern ein Stiefkind der Image-Erzeugung selbst«, meinte Professor Jamieson.

Das Fernsehen eröffnete jedoch eine ganz neue Dimension. Von allen Formen der Kommunikation ist das Fernsehen am besten für Emotionen, Bildhaftigkeit und sofortige Erzeugung eines Markenprofils geeignet – und leistet dies gleichzeitig gegenüber Millionen von Menschen.

1948 war das letzte Jahr des »alten« Wahlkampfstils in den USA. In jenem Jahr prahlte Truman, er sei 31 000 Meilen gereist, habe 356 Reden gehalten, einer halben Million Menschen die Hand geschüttelt und mit 15 bis 20 Millionen Amerikanern gesprochen.* »Heute«, meinte Barry Day, ein Werbefachmann, der sich in den Kampagnen der Konservativen in Großbritannien engagiert, »würde das kein Kandidat mehr versuchen.« Persönliches Zusammentreffen, sagt er, sei nicht notwendig »und oft nicht wünschenswert«: »Die Rede ist heute primär eine Gelegenheit für Fotografen, die Quelle für ein brauchbares Zitat für die Hauptnachrichtensendungen – und für den TV-Werbespot.«

David Ogilvy hält Gouverneur Dewey für den ersten Politiker, der sich das Fernsehen zunutze machte: 1950 in seiner Kampagne für das Gouverneursamt von New York.[11] In einem Programm wurden

---

* Nixon stattete 1960 jedem Bundesstaat einen Besuch ab, aber die Entscheidung fiel im Fernsehen – vor allem bei der ersten Debatte zwischen Kennedy und Nixon.

Passanten auf der 7th Avenue interviewt. Dewey verfolgte die Interviews auf einem Monitor im Fernsehstudio und beantwortete die Fragen der Passanten. Am Tag zuvor, so schreibt Ogilvy, hatte der Mitarbeiterstab des Gouverneurs die »Passanten« sorgfältig ausgewählt. Am letzten Tag des Wahlkampfs war Dewey von morgens sechs Uhr bis Mitternacht im Fernsehen präsent. Man konnte das Studio anrufen und ihm Fragen stellen. Einer seiner Mitarbeiter verbrachte den Tag in einer Telefonzelle mit sehr vielen Münzen. Ogilvy kommentiert: »Dewey, der ehemalige Staatsanwalt, der Korruptionsgegner, der Gouverneur des Staates hielt sich für einen ehrenwerten Mann. Es wurde ihm nie klar, daß er Teil eines Täuschungsmanövers geworden war.«

Ein Jahr später, 1951, veränderte das Fernsehen das Erscheinungsbild des Wahlkampfs im ganzen Land, obwohl dies nicht sofort offenkundig wurde. Dann kam der Sieg Eisenhowers. Sicher war die Werbung *nicht* der entscheidende Faktor, aber »Überredungs-Anzeigen« wurden eingesetzt, und Eisenhower gewann. Wie der englische Werbefachmann Winston Fletcher betont, konnten die Politiker dabei eine einfache Lektion lernen: »Dewey hat ohne Werbung verloren; Eisenhower hat mit Werbung gewonnen. Ergo: Werbung gewinnt Wahlen. Die Ära der aufgemotzten, alles umfassenden TV-Werbespots war da, vor allem in den USA, in etwas zurückhaltenderer Form aber auch in der übrigen westlichen Welt.«[12]

Manche halten dies für eine perfekte Verbindung. Dazu Peter Jay, der ehemalige britische Botschafter in Washington und politischer Kommentator: »Beide Formen sind von Natur aus Formen aggressiver Werbung, die etwas verkaufen wollen.«[13] Aber über Jahre hinweg hatte die Werbung keine demokratischen Politiker verkaufen wollen – oder zumindest hatten sich die besten Werbefachleute nicht dazu bereitgefunden. Die Agenturen fürchteten zu sehr, das Big Business zu verärgern.[14] 1960 änderte sich das. Zu dem Zeitpunkt hatte das Fernsehen alles fest im Griff (neun von zehn amerikanischen Haushalten besaßen ein Gerät), und John F. Kennedy war der demokratische Kandidat. Madison Avenue hatte mehr Angst, von der Nation als Bösewicht hingestellt zu werden, als Klienten zu vergrämen.

Das Fernsehen eignet sich nicht nur für Image-Erzeugung und Emotionen, sondern ist auch ein ideales Medium für negative Werbung. Die Wahlen von 1964 enthielten den berühmten Werbespot Lyndon B. Johnsons mit den Gänseblümchen und dem Countdown. Sein Schöpfer, Tony Schwartz, verteidigte ihn später: »Ich finde, ich habe genau richtig gelegen. Er machte den Leuten die entscheidenden Unterschiede zwischen den beiden klar. Wenn Goldwater am nächsten Morgen gesagt hätte, ›Folgendes sollte das Thema des Präsidentschaftswahlkampfs sein, und ich werde meinen Teil dazu beitragen: Wie können wir heutzutage atomare Kriegsführung verhindern?‹, dann hätte er den Werbespot unwirksam gemacht. Sein Kommentar ›Gemein‹ bedeutete, daß ihn der Spot getroffen hatte: »Hier geht's um mich.«[15] Goldwater hatte einmal gewitzelt, daß die Ostküste der USA »abgesägt« und in die See hinausgetrieben werden solle.[16] Die Demokraten machten daraus einen Werbespot, in dem die Ostküste vom Kontinent losgelöst war. Goldwaters Angriffe hatten nicht denselben Biß, obwohl in einer Anzeige Bierbüchsen aus dem fahrenden Auto flogen, nachdem es in einem Bericht geheißen hatte, daß Johnson Bier trinke, wenn er am Steuer sitze. Solche Anzeigen können als »schmutzig« bezeichnet werden, aber sie zeigen angeblich Wirkung. Roger Stone, ein Berater der Republikaner, sagte: »In den Fokusgruppen erklären die Wähler, daß sie negative Werbung [d.h. Anzeigen, die die Schwächen eines Gegners angreifen] nicht mögen, aber sie behalten solche Informationen wesentlich besser als die positiven. Der springende Punkt ist, daß die Menschen schmutzige Wäsche mögen. Warum verkauft sich die Boulevardpresse wohl so gut?«[17]

Seitdem ist das Muster immer einheitlicher geworden – mit schärfer abgegrenzten gegnerischen Positionen und mit mehr Glitzer-Image-Mache. Der einzige Unterschied besteht darin, daß auch die politischen Anzeigen wie alle anderen glatter, raffinierter, modischer geworden sind. John O'Toole, ein freimütiger Gegner der politischen Werbung, dachte 1972, daß die Werbung eine edlere Rolle für sich im Wahlkampfmorast finden könne.[18] Er war eingeladen worden, im Beirat der November Group zu sitzen, der Agentur, die Nixon unterstützen sollte. »Aufgrund meiner Einstellung zu politischer Werbung und weil Freunde mich drängten, diese Standpunkte in die Tat umzusetzen, stimmte ich zu«, schreibt er in *The Trouble with Advertising*.

»Die Werbung, die die Gruppe für Nixon produzierte, war meiner Meinung nach ausgezeichnet, vor allem weil sie sich nicht als Spots verkleidete. Es waren fünf- und einminütige Dokumentarfilme, die wichtige Themen behandelten und sie mit tatsächlichen Leistungen belegten. Aber gesendet wurden sie nie. Andere Kräfte im Weißen Haus – angeführt, sagte man mir, von Bob Haldeman (einem Möchtegern-Werbefachmann) – ließen von einer anderen Gruppe halbminütige Spots produzieren, die sie weder Nixon noch sonst jemandem zeigten. Sie handelten von McGoverns Unentschiedenheit und zeigten dazu einen Wetterhahn mit dessen Gesicht, der sich im Wind drehte. Sie sprachen von seiner gefährlichen Verteidigungspolitik und zeigten, wie eine Hand verächtlich Kriegsschiffe von einem Schachbrett fegte. Sie sagten nichts aus... Ich verließ die Nixon-Kampagne traurig, aber ein wenig klüger.«

Nixon, fährt er fort, war nicht der einzige, der einen solchen Ansatz verwendete.

»Dwight D. Eisenhower und John F. Kennedy setzten Werbung mit Cartoons und Gesang ein, die absolut nichts aussagten. James Buckley, der 1970 für den Senat in New York kandidierte, benutzte eine Werbesendung, in der er nie auftrat.* John Wayne erklärte darin, was für ein prächtiger Kerl Buckley sei. All das geht immer so weiter, zu unserer Schande. Was kann getan werden? Wir müssen die politischen Botschaften im Fernsehen von dem Format, von den Konventionen und den Methoden trennen, die die Zuschauer normalerweise mit einer Werbesendung verbinden – und an der sie sie erkennen –, auch wenn es dabei um etwas weniger Wichtiges geht.

Amerika ist eines der wenigen Länder, das es den Kandidaten erlaubt, Fernsehzeit zu kaufen. O'Toole findet, die USA könnten in dieser Beziehung »etwas von unseren britischen Cousins« lernen. In Großbritannien ist politische Werbung im Fernsehen nicht erlaubt. Die Sendeanstalten, sowohl BBC als auch das kommerzielle Fernsehen, weisen den Parteien eine bestimmte, kostenlose Sendezeit zu, die von der Parteigröße abhängt.

Angeblich können so zwei Mißstände auf einmal von vornherein ausgeschieden werden – kurze Spots, die kommerzielle Werbung imitieren (kostenlose Sendezeit ist immer en bloc zehn Minuten lang) und die Herrschaft des Geldbeutels. Obwohl es in Großbritannien keine gesetzliche Begrenzung des Betrags gibt, den eine Partei im

---

* 1964 übertraf Henry Cabot Lodge das noch im Kampf um die republikanische Nominierung. Obwohl er US-Botschafter in Saigon war, gewann er die Vorwahl in New Hampshire, indem er eine alte Werbesendung aus dem Jahr 1960 einsetzte.[19]

Wahlkampf ausgeben kann, wird die Höhe in der Praxis durch die kurze Dauer des Wahlkampfs und das Fehlen bezahlter TV-Werbung eingeschränkt.* Die Beträge, die die Briten beziehungsweise die Amerikaner für politische Werbung ausgeben, liegen weit auseinander. In einer Kampagne zahlte Jay Rockefeller elf Millionen aus der eigenen Tasche, um ein zweites Mal zum Gouverneur von West Virginia gewählt zu werden.[20] Die Kandidaten der Kongreßwahlen 1986 gaben etwa 450 Millionen Dollar aus. 1984 wandte Mondale ein Budget von 30,9 Millionen Dollar auf, um gegen Reverend Jesse Jackson und Gary Hart die Vorwahlen zu gewinnen.[21] Hart investierte in seinen glücklosen Versuch 21 Millionen und Jackson fünf Millionen Dollar. Obwohl Reagan in der republikanischen Vorwahl gegen niemanden antreten mußte, wandte er über 18 Millionen Dollar auf. In einer acht Tage dauernden, explosionsartigen Eröffnung des Werbefeldzuges wurden alleine zwei Millionen Dollar für die TV-Werbung ausgegeben.

Im eigentlichen Wahlkampf standen sowohl Reagan als auch Mondale jeweils 40 Millionen Dollar zur Verfügung, die die US-Regierung durch eine von jedem Steuerzahler erhobene Abgabe von einem Dollar zuteilt. Zusätzlich erhielten sie jedoch große Werbeunterstützung von den »Political Action Committees« (PACs; Verbände, die für die Finanzierung des Wahlkampfs gegründet werden). Diese Komitees erbringen riesige Summen, und sie befähigen auch die einen harten Kurs vertretenden Parteimitglieder, »schmutzigere« Attacken auszuführen, die von den meisten Kampagnen vermieden werden. 1984 sah das reiche rechte National Conservative PAC 14 Millionen Dollar für Reagans Wiederwahl vor. In einer Werbesendung gegen Geraldine Ferraro, die für die demokratische Vizepräsidentschaft nominierte Kandidatin, verwies Mrs. Ann Burford, die ehemalige Leiterin der Environment Protection Agency (Behörde für Umweltschutz) auf den »Skandal« um Mrs. Ferraro, eine Anspielung auf ihre finanziellen Angelegenheiten und auf die ihres Ehemanns, eines Bauunternehmers.[22] Sie fragte: »Mrs. Ferraro, was haben Sie zu verbergen?« Vorab-Schätzungen für die Präsidentschaftswahlen 1988 überstiegen 500 Millionen Dollar.

Die bisherige Entwicklung wird nicht nur von den Gegnern der

---

* Die Ausgaben des *einzelnen* Kandidaten sind begrenzt. Sie hängen von der Größe des Wahlkreises ab; 1987 lag das Limit bei durchschnittlich 5 500 Pfund.

politischen Werbung kritisiert. Zeitungsbesitzer geben ebenfalls
ihrer Bestürzung Ausdruck – aber hauptsächlich deshalb, weil die
Printmedien dabei in den USA nicht besser abschneiden. 1986 gaben
die Kandidaten für die Kongreßwahlen für Fernsehen und Rundfunk
97 Millionen Dollar aus, für Printanzeigen jedoch nur 22 Millionen
Dollar. Das Newspaper Advertising Bureau startete aus diesem Grund
1988 eine Kampagne mit dem Slogan: »Die Wähler glauben den
Zeitungen.«[23]

Die wichtigsten Argumente lauten jedoch nicht, daß die politische
Werbung so viel kostet oder daß dieses Geld anderswo sinnvoller angelegt wäre (beide Argumente sind richtig), sondern daß irgend jemand dieses Geld bereitstellen muß. Die Folge ist, daß der Kandidat
entweder wohlhabend sein oder von reichen Männern und Frauen
unterstützt werden muß. Bedenkt man, daß individuelle Senatskam-
pagnen 20 Millionen Dollar kosten, dann überrascht es nicht, daß
reiche Interessengruppen eine immer größere Rolle spielen.

Die in Großbritannien ausgegebenen Beträge fallen in eine andere Kategorie. Nach Schätzwerten gaben in den Wahlen von 1987
die Konservativen etwa neun Millionen Pfund, Labour etwa vier und
die SDP-Liberal Alliance etwa zwei Millionen Pfund aus.[24] Der konservativen Partei, traditionell die Partei des Big Business, fällt es
leicht, Geld aufzutreiben. Sie kann sich noch einen weiteren Vorteil
zunutze machen. Sehr häufig werden Plakate als Werbeträger in britischen Wahlkämpfen eingesetzt. Die Konservativen sind in der Lage,
von Brauereien und Tabakfirmen Plakatwände »auszuleihen«, die
von diesen Unternehmen auf Langzeitbasis gemietet wurden.

Aber trotz der unterschiedlichen Beträge und des Wegfalls käuf-
licher Sendezeit in Großbritannien verbindet die USA und Großbritannien eine wichtige Gemeinsamkeit. In keinem der beiden Länder fällt
die politische Werbung unter die normalen Werbevorschriften. In
den USA ist sie durch das First Amendment (erster Zusatzartikel zur
Verfassung), das sich auf die Redefreiheit bezieht, geschützt. Robert
Spero, Autor von *Duping the American Voter*, sagt: »Der politischen
Werbung sind keine Grenzen gesetzt; sie kann sagen und versprechen, was sie will, lügen, wie sie will, anklagen, wen sie will.«[25] Der
Verkaufsdirektor von WBBM-TV in Chicago meinte während der Bür-
germeisterwahlen 1983: »Wir haben keine Zensurbefugnis. Wir können nicht entscheiden, welche politische Werbung gesendet werden

darf und welche nicht, egal, wie schlecht die technische Qualität und wie verrückt die darin aufgestellten Behauptungen auch sein mögen. Jane Byrne [Amtsinhaberin] könnte sagen: ›Richie Daley [der Herausforderer] ist homosexuell, und wir wollen keine Schwulen in unserer Regierung‹, und wir müßten das trotzdem ausstrahlen.«*²⁶

Die Situation in Großbritannien liegt ähnlich. Der Selbstregulierungskodex der Industrie, der British Code of Advertising Practice, klammert Politik aus. Der Kodex legt fest, daß bei namentlicher Nennung des Inserenten (und unter Angabe einer Korrespondenz-Adresse) »keine Restriktionen auferlegt werden in bezug auf die Meinungsäußerungen und Tatsachenbenennungen, die Behauptungen in den Werbematerialien zu politisch, religiös, sozial oder ästhetisch kontroversen Themen betreffen«. Was das für die Praxis bedeutet, erklärt Philip Circus, IPAs juristischer Berater: »Autoren politischer Anzeigen brauchen ihre Behauptungen nicht zu belegen, sie sind nicht gehalten, faire Vergleiche zu ziehen, sie können den Konsumenten ruhig irreführen und müssen sich nicht zurückhalten im Anschwärzen von Konkurrenten.«²⁷

Obwohl es keine bezahlte TV-Werbung gibt, *gibt* es Werbung in Form von den Parteien zugewiesenen Zeitblöcken. Auch hier fällt die Kontrolle minimal aus. Produktwerbung wird von Restriktionen reguliert, Texte müssen im voraus genehmigt werden. Nichts davon trifft auf die parteipolitischen Sendungen zu. Ihr Inhalt ist ganz nach dem Geschmack der Partei frei gestaltbar, vorausgesetzt, es werden keine Gesetze gebrochen oder unterschwellig wirkende Methoden eingesetzt.

Großbritannien ist deshalb seit langem reif für die politischen Werbekampagnen amerikanischen Stils, sollte sich eine Partei entschließen, sie zu übernehmen. Bevor das Fernsehen zu einem realen Faktor in der britischen Politik wurde, half die Werbeagentur Colman Prentis and Varley den Konservativen, klare Wahlkampflinien zu entwickeln, wie zum Beispiel »Das Leben unter den Tories ist besser, laßt Labour es nicht kaputtmachen« und die berühmt-berüchtigte Zeile »Noch nie ging es Ihnen so gut wie heute«, die Basis für Harold Macmillans Sieg von 1959.²⁸ Barry Day, der daran beteiligt war, be-

---

* Die einzige Reglementierung ergibt sich aus einem Bundesgesetz, wonach Pornographie in keiner, also auch nicht in politischer Werbung zulässig ist!

merkte: »Der erste Versuch, einige der relevanten Lehrbeispiele der amerikanischen Erfahrung anzuwenden – und daher, soweit ich das beurteilen kann, der erste bewußte Versuch, die bewährten Techniken des kommerziellen Marketing auf die britische Politikszene anzuwenden«, habe in den Wahlen von 1970 seitens der Konservativen stattgefunden.

Das Wahlkampfprogramm, erinnert sich Day, wurde von einer kleinen Gruppe von professionellen Kommunikatoren kontrolliert, zu der auch politische und parteiliche Vertreter und Spezialisten aus Werbung und Marketing gehörten. »Wir konnten zwar keine Werbesendungen kaufen, aber nichts hinderte uns daran, sie in unsere Programme aufzunehmen – also in die politischen Sendungen der Partei. Das Ausschlaggebende eines TV-Spots ist seine bewußte Einfachheit. Einer zeigte eine Pfundnote – eine Anspielung auf Harold Wilsons ›Pfund in der Tasche‹– und eine Schere. Jedesmal, wenn ein Stück des Geldscheins abgeschnitten wurde, nannte der Off-Kommentar das Datum und den dezimierten Wert des Pfundes. Die unausweichliche Folgerung war, daß eine Fortsetzung der Labour-Politik zu einem ›Ten-Bob-Pound‹ (Zehn-Schilling-Pfund, also zu einer Halbierung des Wertes) führen mußte. In einem anderen Spot holte eine Frau (nur die Hand war zu sehen) einen Eisblock aus dem Kühlschrank. Im Eis war eine Lohntüte eingefroren. ›Labour gab sie Ihnen letztes Mal. Wählen Sie Labour, und Sie kriegen sie wieder – nur diesmal als Familiensparpackung‹.«

Kreative Werbung war also in die britische Politik eingedrungen, wie schon zuvor in die amerikanische. Der Unterschied war lediglich, daß die »Werbesendungen« länger dauerten und die Sendezeit nichts kostete. 1979 gilt als das Jahr, in dem die amerikanische Art des Wahlkampfs in Großbritannien Einzug hielt. In dem Jahr betreuten Saatchi and Saatchi die Konservative Partei (eine Verbindung, die sie erst 1987 lösten). Das *Wall Street Journal* berichtete später: »Manche Leute meinen, daß diese Werbung sie [die Konservativen] ins Amt gebracht habe.«[29] In der Kampagne wurden Methoden eingesetzt, die in den USA bereits Standard waren, einschließlich Attacken, die Aufmerksamkeit erregen sollten, und Umfragen, um die gewünschten Themenbereiche zu definieren. Auf einem Plakat erstreckt sich eine Schlange Arbeitsloser ins Unendliche. Die Headline: »Labour isn't working« (»Die Arbeiterpartei [= Labour] arbeitet [= funktioniert] nicht«). Eine andere lautete: »Freuen Sie sich! Labour kann sich nicht ewig halten!«

Auch im Wahlkampf von 1983 traten Saatchi and Saatchi wieder in Erscheinung. Die Kopfzeile einer doppelseitigen Zeitungsanzeige lautete: »Im Kästchen für Labour ein Kreuzchen zu machen, ist das gleiche, wie dieses Papier zu unterschreiben.« Darunter befand sich eine Liste: »Hiermit gebe ich mein Recht auf, die Schule meiner Kinder zu wählen... Ich bin bereit zuzusehen, wie die Polizei unter politische Kontrolle gerät...« Unter einer anderen Überschrift, »Wie Ihr Manifest, Genosse«, standen elf Punkte aus dem Manifest der Labour Party und dem der Kommunistischen Partei nebeneinander – alle identisch. (Prompt gab die Kommunistische Partei eine Presseverlautbarung heraus, in der sie sich dagegen verwahrte!)

Die Anzeigen riefen Kritik hervor – »Die jetzige Wahlkampagne... scheint schneller als die letzte in der Gosse zu enden«, sagte Michael Foot, der Labour-Führer – aber sie sorgten auch für Nachrichten auf den Titelseiten und unbezahlbare Publicity, nicht zuletzt für Saatchi and Saatchi. Das vielleicht Bemerkenswerteste an diesem Wahlkampf war, daß »kreative« Anzeigen auch von der Labour-Seite kamen. 24 Jahre zuvor hatte eine Gruppe von der Labour Party wohlgesonnenen Werbefachleuten ihre Hilfe angeboten und war abgewiesen worden. Eine freiwillige Gruppe von Werbeexperten hatte sich in der Kampagne 1979 engagiert, aber sie war kaum toleriert, geschweige denn voll genutzt worden. Sie durfte nicht einmal einen Blick auf die von der Partei durchgeführten Umfragen werfen. Tim Delaney, Leiter jenes Teams, meinte später: »Problematisch war die mangelnde Sympathie der Labour Party uns professionellen Werbeleuten gegenüber.«[30] Tony Bodinetz, stellvertretender Vorsitzender der Agentur KMP, ein weiterer damals beteiligter Werbefachmann, beschrieb die Arbeit mit Labour seinerzeit als »die Hölle«. Er meinte: »In der Partei herrschte die Ansicht vor, daß Werbung ein ekelhaftes Geschäft sei und das Leben wesentlich besser wäre, wenn sie nichts damit zu tun haben müßten. Aber wenn das schon nicht ginge, dann würden sie uns wenigstens auf Armeslänge entfernt halten. Das war ihre Einstellung... Sie wollten schwülstige Propaganda und nicht das, was wir als richtige Anzeigen bezeichnen würden.«

1983 beauftragte dann auch die Labour Party eine Werbeagentur, Wright and Partners. In einem Leitartikel in *Campaign* hieß es: »Die

Labour Party muß der Verzweiflung nahe sein, wenn sie sich einer
Waffe des Kapitalismus zuwendet, um ihre Botschaft an den Wähler
zu bringen.« Ob Labour völlig von diesem Schritt überzeugt war, muß
dahingestellt bleiben, wie auch die Frage, ob ihre Agentur so gut wie
Saatchi and Saatchi war. Aber die Kampagne wurde professionell
bestritten – die Konzepte wurden wie für jedes andere Produkt erforscht. Großbritannien war in das neue Zeitalter der politischen
Werbung eingestiegen. Falls es diesbezüglich noch Zweifel gab, so
wurde doch Saatchi and Saatchi Ende 1983 angeblich von den Republikanern angesprochen, ob sich die Agentur nicht bei den Präsidentschaftswahlen 1984 betätigen wolle. Es verlautete, zumindest in London, daß die Ablehnung des Vorschlags von Saatchi and Saatchi
ausging.

Die Beziehung zwischen Saatchi and Saatchi und den Konservativen verdeutlicht den großen Unterschied zwischen der Situation in
Großbritannien und der in den USA. In Amerika sind politische Etats
bei den Agenturen nicht sonderlich gefragt, obwohl sich viele Werbefachleute engagieren. Ein Grund hierfür ist das Widerstreben, das
viele Werbeleute der politischen Werbung entgegenbringen. Ein anderer ist finanzieller Natur: Die Kandidaten geben oft mehr aus, als
ihnen zur Verfügung steht; manchmal werden Rechnungen erst
Jahre nach der Wahl bezahlt, manchmal überhaupt nicht. Viele
kleine Agenturen sind dadurch in den Ruin getrieben worden. Ein
weiterer Grund ist, daß der Werbeexperte – zum Vorteil der Kunden – als neutral gesehen werden will. Der vierte ist die damit verbundene Härte der Arbeit. Ein in Reagans Kampagne arbeitender
Werbefachmann erzählte Jeremy Campbell vom Londoner *Evening
Standard*, daß er es nie wieder tun würde:»Zugegeben, es ist nur ein
Produkt zu verkaufen. Aber es sind Hunderte sich ändernder Strategien und Themen, die wie Schnellzüge auf Sie zudonnern, und
manchmal haben Sie weniger als einen Tag, um zu reagieren. Sie arbeiten sieben Tage die Woche, 14 Stunden am Tag, bis der Wahlkampf
vorbei ist.«[31] Campbell fragte sich, ob die Tatsache, daß Politik von
US-Agenturen nicht sonderlich geschätzt werde, einer der Gründe
war, weshalb sich die Republikaner an Saatchi and Saatchi gewandt
hatten.

Die Republikaner haben tatsächlich ein System entwickelt, mit
dem die Zurückhaltung einzelner Agenturen überwunden werden

kann. Peter Dailey, Begründer und Vorsitzender von Dailey and Associates, einer Agentur aus Los Angeles, entwarf es ursprünglich für
Präsident Nixons Wiederwahlkampagne. Dailey, später Präsident
Reagans Botschafter in Irland, setzte nicht seine eigene Agentur im
Wahlkampfdienst ein, sondern ließ sich beurlauben und organisierte
die November Group, eine *ad hoc*-»Gesellschaft« von Werbefachleuten auf freiwilliger Basis. 1980 wurde Dailey in ähnlicher Weise für
Reagan tätig. Er rief eine »Agentur« ins Leben, die »nur aus Stars«
bestand, unter dem Namen Campaign 80 in Washington und New
York Büros unterhielt und über ein Budget von 25 Millionen Dollar
verfügte. 1984 kam diese Idee erneut zum Einsatz, auch wenn Dailey
selbst nicht mehr beteiligt war. Das Tuesday Team, zusammengeru-
fen von James Travis, Präsident und Hauptgeschäftsführer von Della
Femina Travisano, schuf vier kreative Einheiten, die jeweils aus einem Texter und einem Art Director bestanden. Einige der angesehensten Namen der US-Werbeindustrie waren vertreten, darunter
Marvin Honig, ehemals bei Doyle Dane Bernbach, und Hal Riney, der
bei Ogilvy and Mathers an der Westküste arbeitete und von vielen als
Meister im Einsatz von Emotionen in der amerikanischen Werbung
gepriesen wurde.

Das Team produzierte Anzeigen, die raffiniert und stark aufpo-
liert – und mit Emotionen überladen waren. Sie präsentierten ein
Amerika, das mehr mit Norman Rockwells Amerika der fünfziger
Jahre gemein hatte, als mit der Wirklichkeit Mitte der achtziger
Jahre. Ein Journalist schrieb in der Londoner *Times*: »Amerika wird
als Land der weiten Ausblicke, mit sauberen Städtchen, blühenden
Fabriken beschrieben, in dem ein gesundes, wohlgenährtes Volk
lebt. Es gibt keine Armut, keine Arbeitslosigkeit. Von Libanon, Zentralamerika und Kernwaffen hat man nie gehört.« Glückliche Menschen wurden bei süßlicher Hintergrundmusik gezeigt. Präsentiert
wurden amerikanische Flaggen, die Freiheitsstatue, der Grand Can-
yon und verschiedene ethnische Gruppen fröhlich vereint. Die Botschaft war patriotisch, beruhigend, optimistisch. Ein Kommentator
hielt sie für »so gut, daß sie einem Angst machen können«. Walter
Carey, ein Mitglied des Teams und von der Agentur Leber Katz in New
York beurlaubt, meinte, sie seien nicht raffiniert, sondern professionell. »Ich glaube nicht, daß auch nur ein Mensch die wahre Bedeutung von Emotionen in der politischen Werbung verstanden hat«,

meinte er. Die Anzeigen des Teams »sprechen die Menschen an, die froh sind, Amerikaner zu sein«.

Keiner, der das Werbematerial sah, konnte seinen »Hochglanz«-Effekt bestreiten, oder auch nur in Zweifel ziehen, daß Madison Avenue, beziehungsweise ihr Tuesday Team, hervorragende Arbeit geleistet hatte. Ein angesehener Beobachter kommentierte, sie hätten landesweit die Werbekampagnen verändert. »Die Handwerker des Tuesday Team haben mit der Campaign '84 politische Vorträge durch politische Propaganda ersetzt.«

Das Amerika, das Reagan den Wählern zeigte, war vielleicht nicht das Amerika, das real existiert, aber es besteht kein Zweifel, daß es das Amerika war, das sie sich wünschten. In der Hinsicht taten die Anzeigen nur das, was jede politische Werbung will – herausfinden, was die Zuschauer wollen, und es ihnen dann präsentieren. Umfragen und die Werbebotschaft sind in politischen Kampagnen sehr eng miteinander verbunden. Die Meinungsforscher sagen den Politikern, was der Wähler hören will. Botschaften können so formuliert werden, daß sie die größtmögliche Zahl von Menschen ansprechen. Ein Grund, weshalb Direct mail von vielen Kandidaten so sehr geschätzt wird, ist der, daß dadurch gleichzeitig verschiedenen Wählern verschiedene Zusagen gemacht werden können, die sich nicht alle decken müssen.

Kontrolle über die politische Werbung suchen sowohl die Werbefachleute als auch die Politiker. Sie führen ins Feld, daß das derzeitige Gerangel dem Umstrittenen und dem Lügner einen Vorteil einräume (vorausgesetzt, er hat fähige Werbefachleute hinter sich), und daß es Politik und Werbung in Verruf bringe. »Politische Werbung sollte verboten werden«, sagte David Ogilvy auf einem Videoband für die Broadcast Promotion Association. »Sie ist die einzige wirklich unehrliche Werbung, die es noch gibt. Sie ist völlig unehrlich.« John O'Toole meinte in einem Vortrag vor Studenten: »Politische Werbesendungen ermutigen diejenigen, die täuschen, zerstören und erniedrigen wollen.« O'Toole ist einer der Kritiker, der die Vergabe kostenloser Sendezeiten in den USA als ein Heilmittel ansieht. Andere Lösungsvorschläge reichen von der Einführung von Verhaltensmaßnahmen (obwohl die American Association of Advertising Agencies einen »Code of Ethics« [Kodex des Berufsethos] entwickelte, der auch politische Kampagnen abdeckt) bis zu regelrechten Gesetzesmaßnahmen, mit der Begründung, daß Fernsehen das am stärksten wirkende Medium sei. Wieder andere argumentieren, daß die Fernsehwerbung wie in Großbritannien verboten werden solle.

Gegner sahen ihre schlimmsten Befürchtungen im Präsidentschaftswahlkampf 1988 bewahrheitet, weil etwa 70 Prozent der Werbetexte in den Kampagnen »negativ« waren und die Kandidaten einander vereinzelt unter der Gürtellinie angriffen. Ein Werbefachmann kommentierte, diese Werbespots seien »die abstoßendsten, die ich jemals erlebt habe«.

Umfragen ergaben jedoch, daß den Wählern die Werbung zwar mißfiel, sie aber von ihr massiv beeinflußt wurden. Unter diesem Gesichtspunkt war Bushs erfolgreicher Wahlkampf vorzüglich organisiert und außerordentlich effektiv. Roger Ailes, der Guru, der 1968 den »New Nixon« aufbaute, war der Kopf eines kleinen Teams mit Sig Rogich, dem Präsidenten von R & R Advertising, als Leiter und Ed Ney, dem ehemaligen Vorstand von Young and Rubicam, als Chefberater. Ailes Arbeit basierte auf seiner ausdrücklichen Überzeugung: »TV kann dreierlei übermitteln – visuelle Eindrücke, Angriffe auf einen Kandidaten, und es kann dessen Fehler aufzeigen.«

Bushs Kampagne stellte rigoros Dukakis' Patriotismus, seine Nachsicht gegenüber Verbrechern und seine Schwäche in der Verteidigungspolitik in Frage. In einem denkwürdigen Werbespot gingen Strafgefangene durch eine Drehtür eines Gefängnisses. Aus dem Off war eine Stimme zu hören: »In Dukakis' Drehtür-Strafvollzug wurde Mördern, die keine Strafaussetzung bekommen durften, Wochenendurlaub gegeben. Auf freiem Fuß begingen viele von ihnen wieder Verbrechen, darunter Entführungen und Vergewaltigungen...« Einer dieser Straftäter, Willie Horton, entführte ein weißes Paar, verletzte den Mann mit Messerstichen und vergewaltigte die Frau. Wie viele Werbespots beider Seiten enthielt auch dieser zahlreiche Halbwahrheiten: Der Wochenendurlaub für Strafgefangene war von Dukakis' republikanischem Vorgänger eingeführt worden; Dukakis machte die Regelung nach dem Horton-Fall rückgängig; auch Reagan hatte als Gouverneur von Kalifornien den Hafturlaub befürwortet.

Im Vergleich wirkte Dukakis' Werbekampagne wie ein Unterfangen von Dilettanten. Über lange Zeit hinweg wurde dabei zwar Talent sichtbar, aber es fehlte an Führung und klarer Konzeption. Es war ein großer Fehler, nach dem Demokratischen Konvent keine Fernsehzeit zu kaufen. Als Dukakis die Genehmigung zur Ausstrahlung seiner Negativwerbung gab, verdrehten seine Werbeberater die Tatsachen ebenfalls – aber seinen Spots fehlte es an Suggestivkraft. Das war ein Hauptgrund, weshalb er verlor und Bush ins Weiße Haus einzog.

Politische Werbung wird aber auch verteidigt. Judith Press Brenner, Leiterin einer New Yorker Agentur, die sich auf Politik und öffentliche Angelegenheiten spezialisiert hat, schreibt: »Sie [die politische Werbung] informiert die Öffentlichkeit über wichtige Themen, neue Ideen und problematische Rechtsordnungen. Kandidaten können nicht mit jedem Wähler sprechen. Politische Werbung vermittelt ihre Botschaften weiter, in ihren eigenen Worten und nicht durch die Presse oder andere Instanzen gefiltert. Sie zeigt die Persönlichkeit und den Charakter des Kandidaten auf. Sie befähigt die Öffentlichkeit, selbst zu entscheiden, wem sie vertraut, zustimmt, glaubt oder einfach, wen sie mag. Sie ist fair und notwendig für die gegenseitige Prüfung der Kandidaten, ihrer jeweiligen Leistungen, Ideen und Charaktere – genau wie die Wahlreden vor 50 Jahren. Die Kandidaten gelten als Experten, bis anderes nachgewiesen werden kann.«[32] Robert Hinton, Media-Director des Tuesday Team, erklärte der American Newspaper Association (US-Zeitungsverband), daß es bedeutsam sei, daß die politische Werbung sich den Menschen aufdränge. »Und das könnte sogar eine Schlüsselbedeutung für den Zustand des amerikanischen Wahlverfahrens haben. Die Statistiken zeigen beunruhigende Zahlen der Wählerregistration und der Wahlbeteiligung. Man könnte argumentieren, daß die politische Werbung, selbst wenn sie sonst nichts bewirkt, wenigstens Lärm macht und das Land in ihren Ideenkampf verwickelt. Selbst wenn sie nichts täte, als mehr Aufmerksamkeit auf den Wahlkampf zu lenken und die Wahlbeteiligung zu erhöhen, hätte sie schon einen wertvollen Dienst geleistet.«

Einige Werbefachleute sind der Meinung, das Problem sei die geringe Anzahl hier tätiger Werbeexperten – in einer idealen Welt erführe *jeder* Kandidat die beste Unterstützung. 1977 koordinierte Robin Wight eine die Konservativen beratende Gruppe. Er meinte: »Ich finde, in einer demokratischen Gesellschaft sollten *allen* politischen Parteien die besten Werbemöglichkeiten zur Verfügung stehen. So, wie es die Zuweisung kostenloser Sendezeit an die Parteien gibt, sollte es vielleicht eine Zuweisung öffentlicher Fonds für die politische Werbung geben.«[33]

Andere halten all dies für akzeptabel, solange Maßlosigkeiten gesetzlich unmöglich gemacht würden. Einige amerikanische Politiker setzten sich dafür ein, daß alles außer dem direkten Sprechen eines Kandidaten vor der Kamera verboten werde. Befürworter des Gesetzesentwurfs argumentierten, daß ihre Vorlage keine Einschränkung der Redefreiheit bedeute, weil sie sich nur auf die Art der Darbietung beziehe. Senator Warren Rudman sagte, der Zweck der Gesetzesvorlage sei, »die TV-Wahlkampagnen weniger zu einer Angelegenheit der Madison Avenue als zu einem Wettstreit der Ideen zu machen«.

Viele Politiker und Werbefachleute betrachten diese Einstellung als illusionistisch. Einer von ihnen ist Tim Bell, der Werbefachmann, der als Einzelperson wohl am engsten mit politischer Werbung in Großbritannien verbunden ist. Mrs. Thatcher schenkt ihm Gehör, und er wird als »einer ihrer wichtigsten Stylisten« bezeichnet. Ich traf ihn ein paar Tage, nachdem er von Saatchi and Saatchi, deren Mitbegründer er ist, zu einer anderen Agentur gewechselt war, die später zu Lowe Howard-Spink wurde. Bilder und Entwürfe türmten sich auf dem Boden und mußten noch aufgehängt werden. Ein Bild hatte jedoch schon seinen Platz gefunden: eine Fotografie der Premierministerin, unterschrieben »Herzlichst, Margaret«.

Bell ist ein Musterbeispiel des Thatcherismus, den er selbst verkaufen hilft. Er ging in die Werbung, als ihn die Armut zwang, eine Karriere als moderner Jazzmusiker (er spielte Trompete, Klavier und Vibraphon) aufzugeben. Nach kurzfristigen Tätigkeiten bei Ted Bates und Geers Gross gründete er mit den Brüdern Charles und Maurice in den frühen siebziger Jahren Saatchi's. Nach 1975 steuerte er als Managing Director die Agentur in ihre Führungsposition.

Als die konservative Partei Saatchis berühmtester Etat wurde, tat sich Bell nach 15 Jahren bei Saatchi's 1985 mit Frank Lowe, einem alten Freund, zusammen. Bei Saatchi, so Bell, hätten die Brüder aufgebaut und er gearbeitet; als Hauptgeschäftsführer einer Abteilung bei Lowe Howard-Spink Campbell-Ewald »werde ich der Erbauer sein«.

Bell ist knapp über 40 und bereits mehrfacher Millionär. Er sagt, sein Leben sei nicht nach Arbeit und Privatbereich aufgeteilt – es sei »alles eine Totalität«. Er strahlt großen Charme und unbegrenzte Vitalität aus. Seine Stimme, in Einklang mit dem konservativen Thatcherismus, klingt gebildet, aber klassenlos. Manchmal wirkt sein Vokabular eher aufgeblasen. Man gewinnt den Eindruck, er betreibt

Effekthascherei. Er will, daß die BBC »versagt, weil ich nicht will, daß das System funktioniert. Es funktioniert jetzt nur, weil es eine Monopolstellung innehat«; er glaubt, daß »die beste Messung jeglicher Unterhaltung ihre Popularität ist«[34].

Ein ehemaliger Saatchi-Kollege, Ron Leagas, sagte über Bells persönliches Charisma und sein Verkaufstalent: »Selbst wenn er mit einem rauchenden Revolver über eine Leiche gebeugt gefunden würde, könnte er sich noch herausreden.«[35] Er tritt vor allem der Überzeugung entgegen, daß Politiker sich nach den Ratschlägen von Werbefachleuten wie ihm »verändern«. Wenn Politiker sich heute über ihre Garderobe mehr Gedanken machen als früher, dann führt er das auf ihre häufigeren TV-Auftritte zurück. Was Mrs. Thatcher betrifft: »Sie ist eine Frau, also interessieren sich die Leute für ihre Kleider.« Wenn er versuchen würde, sie hinsichtlich ihrer Kleidung zu beraten, »würde ich mich innerhalb von fünf Minuten vor der Tür wiederfinden«. Er wirkt nicht völlig überzeugend, trotz seines Charmes. Die Medien, meint er in sachlichem und nicht klagendem Ton, neigten dazu, Saatchi's »und besonders mir« bestimmte Rollen zuzuschreiben. Er widerspricht auch einer verbreiteten Behauptung: »Ich diskutiere nie über Politik mit ihr. Das Thema ist tabu.«

Wenn es jedoch um *Werbung* für Mrs. Thatcher und die Tory Party geht, dann fällt jede Scheu von Bell ab. Er bezweifelt weder den Zweck noch die Macht der politischen Werbung. In der Politik, sagt er, »findet alle vier Jahre ein Einkaufstag statt. Was einmal eingekauft ist, kann man nicht mehr umtauschen«. Engagiert spricht er darüber, wie wichtig es sei, daß politische Werbung *angreifende* Werbung ist.* Von ihrer Effektivität einmal abgesehen, würde er denn keine Änderungen befürworten, um die Kritiker zu beschwichtigen? »O Gott, nein«, sagt er mit scheinbar echter Empfindung. »Der ganze Vorgang basiert auf Debatten. Politiker sagen: ›Natürlich sollten politische Programme [in Anzeigen] dargestellt werden.‹ Aber sie haben

---

* Angriffe in der Werbung können sehr witzig und stilvoll ausfallen. Während der französischen Kommunalwahlen warben riesige Plakate für Jacques Médécin, den neogaullistischen Bürgermeister von Nizza. Das erste zeigte eine Blondine im Bikini und in Großbuchstaben das Versprechen, daß sie den Bikini bald *ausziehen* werde. Eine Woche später erschienen neue Plakate – dieselbe Blondine, aber ohne Bikini-Oberteil. Die dritte Plakatserie zeigte sie gänzlich nackt, nur mit den Worten *Wie versprochen, nach 21 Monaten des Sozialismus bleibt mir nichts mehr.*[36]

dafür ihre Manifeste. Dieses teure Unterfangen [Werbung] sollte für etwas benutzt werden, das anders nicht getan werden kann.« Er unterbricht sich. »Die Phantasie beschäftigen – das klingt abgedroschen, aber nur darum geht es.« Die Vorstellung von Reglementierungen oder Verhaltenskodizes scheint ihn zu entsetzen. »Das zu tun«, meint er, »hieße anzudeuten, daß es höhere Autoritäten als unsere politischen Parteien gibt.«

Andere stimmen ihm zu – wenn auch aus anderen Gründen. Tom Edmonds ist der Vorsitzende des Komitees für Werbung der American Association of Political Consultants (US-Verband der Politikberater), einer Gruppe von Männern, die für die Art der heutigen Wahlkampfkampagnen verantwortlich ist. Edmonds, wie die übrigen Mitglieder der Association, war über die Kritik der Werbeagenturen an der politischen Werbung verärgert. »Können Sie sich vorstellen«, fragte er, »daß ein solcher Kommentar ausgerechnet von den Leuten kommt, die alles verkaufen: unsichere Autos, Wein und Bier, teuerste Kosmetika, die ihre Versprechungen nicht halten, oder Kaugummi für Teenager und Ungesundes für Kinder?«

Vor allem die Rechte wird am meisten mit politischer Werbung in Verbindung gebracht. Politikwerbung wurde in den USA von den Republikanern vor den Demokraten eingesetzt und auch in Großbritannien zuerst von den Konservativen, zu einem Zeitpunkt, als die Labour Party den Gedanken noch verächtlich abtat.

Die Linke setzt ihn jedoch als Waffe ein. Die Kommunistische Partei Italiens beschäftigt die römische Agentur DBR&F seit 1980 und verkündete, daß ihre Entscheidung kein Urteil für oder gegen die Werbung *per se* sei.[37] In einem Werbespot von 1986 saßen zwei Männer auf einer Wippe in den Wolken. Jeder zog eine Pistole; der eine erschoß den anderen, so daß die Wippe auf der einen Seite hochschnellte und den, der den Schuß abgegeben hatte, abwarf. »Wählen Sie die Kommunisten«, lautete der Off-Kommentar. »Zum Zeichen, daß Sie den Frieden wollen.«

Es fällt auf, wie stark die Linke bis Mitte der achtziger Jahre dazu übergegangen war, Werbung auch für sich zu beanspruchen und so diesen Ansatz in den Mittelpunkt der politischen Arena zu rücken. Nirgendwo geschah dies deutlicher als in Großbritannien, wo die Parlamentswahlen von 1987 zutreffend als »Wendepunkt« bezeichnet werden können. Alle drei Parteien verließen sich auf Image-Macher und ganz besonders die Sozialisten. Die Partei, die noch wenige Jahre zuvor die Werbung mit unverhohlener Verachtung strafte, produzierte Werbespots, die an die Spots der Reagan-Kampagne erinnerten. Der *Observer* kommentierte:»Wie auch immer die Wahlen ausgehen werden, 1987 wird in die politische Geschichte als das Jahr eingehen, in dem Labour die Konservativen mit ihren eigenen Waffen schlug.«[38]

Ein – vielleicht *der* – Hauptgrund dafür war eine Werbekampagne, die etwas früher stattgefunden hatte. Aufgrund ihrer Langzeitwirkung ist sie es wert, genauer betrachtet zu werden.

Die Kampagne war ins Leben gerufen worden, um die Pläne Mrs. Thatchers und ihrer konservativen Regierung zu verhindern, den Greater London Council abzuschaffen. Der Greater London Council ist eine gewählte Körperschaft, ein Stadtparlament, deren Aufgaben von Wohnungsbau und Müllbeseitigung bis zu der Verwaltung der Royal Festival Hall reichen. Die Regierung vertrat die Ansicht, die Aufgaben des GLC könnten besser und kostengünstiger von anderen Organisationen wahrgenommen werden. Für den GLC erwies es sich als wenig hilfreich, daß er seinem Image entsprechend der extremen Linken, eigentlich sogar unter den verrückten Linken, eingeordnet wurde. Der GLC hätte aus der Feder eines Karikaturisten stammen können – er war nicht unbedingt das, was vernünftige Menschen normalerweise verteidigen würden.

Der Mann, der dafür verantwortlich ist, dem abgeholfen – und auch die Einstellung zur Werbung bei den Linken Großbritanniens beeinflußt – zu haben, scheint nicht in eine solche Rolle zu passen. Martin Boase ist schlank, elegant gekleidet, trägt einen Bart, und an dem Tag, an dem wir uns unterhielten, saß er lustlos in seinem ordentlichen Büro. Er trägt einen dunkelblauen Samtanzug und beantwortet die Fragen ruhig und überlegt mit einer leisen, überzeugenden Stimme. Die Wand zum Korridor ist aus Glas, die Tür steht offen. Andauernd gehen Leute vorbei, aber im Verlauf von zwei Stunden wird er nur einmal von einer Sekretärin unterbrochen – frappierend, denn bisher war ich bei Werbefachleuten gewöhnt, daß die Interviews durch Mitteilungen, Krisentelefonate und Forderungen nach »dringenden Entscheidungen« ständig unterbrochen wurden. Boase ist Vorsitzender von Boase Massimi Pollitt, einer Agentur, die er 1968

mitbegründete, als er etwa Mitte 30 war. 1986 war sie die neunt-
größte Agentur Großbritanniens und erzielte 94 Millionen Pfund
Umsatz. Nach dem Umsatz ist sie zwischen die Londoner Niederlassungen der US-Riesen McCann-Erickson (auf Platz sieben) und Grey
(auf Platz zehn) einzureihen. Sie war solide genug, ein Liebling der
Londoner City (des Londoner Finanzzentrums) zu werden (sie ging
1983 an die Börse), und aufregend und trendbewußt genug, um eines
der gefragtesten Häuser für zukünftige Werbeleute zu werden. Ihre
Büros reflektieren diese beiden Eigenschaften – ein umgebautes La-
gerhaus mit einem nichtssagenden Eingang in einem häßlichen und
uneleganten Viertel hinter der Paddington Station. Aber innen ver-
blüffen breite Korridore, viel Glas, apfelgrünes und rotes Dekor und
viele gut aussehende Menschen.

BMP ist die Agentur, die andere Agenturen in London wählten, als
sie angeben sollten, von wem sie am liebsten betreut würden, wenn
sie Kunden wären.[39] Sie ist auch die Agentur, die sich am meisten in
politisch engagierter Werbung betätigt, so für den Trades Union Congress (britischer Gewerkschaftsdachverband), die Gewerkschaften
NALGO und CSPA – und für den Greater London Council.

Die GLC-Kampagne war nicht einfach irgendein linksorientierter
Etat. Der GLC und sein Führer Ken Livingstone repräsentieren so
ziemlich alles, was den Tories den Nachmittagstee verderben könnte.
Ihnen wurde vorgeworfen, Steuergelder an Randgruppen des Anti-
Establishment verteilt und Sympathiebekundungen gegenüber Organisationen wie dem politischen Flügel der IRA abgegeben zu haben. Livingstones öffentlicher und Presse-Spitzname war »Red Ken«.

Alles in allem müssen Livingstone und der GLC als sehr untypi-
sche Kunden einer Werbeagentur betrachtet werden. Livingstone
meinte später einmal: »Labour neigt dazu, Werbung und Marketing
als vom Kapitalismus ›befleckte‹ Bereiche anzusehen und distanziert
sich daher von ihnen.«[40] Der GLC aber hatte ein großes Problem. Die
konservative Regierung, von ihrem gewaltigen Wahlsieg 1983 beflü-
gelt, war entschlossen, den GLC abzuschaffen. Die Körperschaft, die
sich des Antagonismus der britischen Massenpresse bewußt war, sah
nur einen Weg, ihre Botschaft so zu vermitteln, wie sie sie vermittelt
haben wollte – durch die Werbung.

Der GLC wandte sich an Boase Massimi Pollitt. Milde ausgedrückt,
mußte sich die Agentur mit einem »nicht sehr beliebten« Kunden be-

schäftigen. Frühe Untersuchungen ergaben, daß es schlecht gewesen wäre, Livingstone selbst in irgendeiner Anzeige abzubilden. So sehr wurde er »gehaßt«, sagte David Cowan, ein BMP-Director.

Eine der Schlüsselfiguren der Kampagne war Denis Robb, ein 30jähriger Nordire, der in britischer Politikgeschichte des 19. Jahrhunderts promoviert hat. Er kam 1978 »zufällig« in die Werbung, nach einem kurzen Zwischenspiel im wissenschaftlichen Verlagsbereich. Er war erst knapp ein Jahr als Planer bei BMP, als er hörte, daß die Agentur die »Rettet den GLC«-Kampagne übernehmen würde. Sofort bot er seine Dienste an. Robbs Job umfaßte die Koordinierung und manchmal auch die Durchführung aller Untersuchungen, die zur Vorbereitung der eigentlichen Werbekampagne durchgeführt wurden. Rückblickend sagte er, daß die Agentur zu Anfang am Effektivitätsgrad der Werbung Zweifel hegte. Auf der einen Seite stand die Regierung, die eine große Mehrheit hinter sich wußte. Sie wollte den GLC abschaffen. Auf der anderen Seite stand der GLC mit einem Mann, dessen Image »größtenteils negativ« war. Zu dem Zeitpunkt ergaben Umfragen, daß die meisten Leute kaum eine Ahnung von den eigentlichen Aufgaben des GLC hatten. Die Situation, so Robb, sah »nicht sehr vielversprechend« aus.

Die Agentur entschied jedoch, daß es einen Weg gab, die Ereignisse zu beeinflussen. Die richtige Werbung konnte die öffentliche Meinung und die Oppositionspolitiker beeinflussen und so Druck auf die Konservativen ausüben. Das wiederum würde mehr Medienberichterstattung bedeuten und noch größeren Druck nach sich ziehen. All das könnte die Regierung in eine unangenehme Lage bringen. Es hing nur davon ab, etwas zu verkünden, das die öffentliche Meinung und die Presse erregen würde.

Was BMP wollte, sagt Robb, war ein ideologisch beunruhigendes Thema, das in der Presse und auf dem Bildschirm für moralische Aufregung sorgen würde. Auf ihrer Suche nach einem Thema ging die Agentur zu den GLC-Wählern. Innerhalb eines Jahres diskutierte Robb selbst mit 80 verschiedenen Gruppen, eine ungeheure Anzahl im Vergleich mit sonstigen Untersuchungen. BMP hatte sich bereits mögliche Themen ausgedacht und diese in Testanzeigen aufgenommen, die sie den Gruppen vorlegten.

Das erste Thema: die Abschaffung sei organisatorischer Unsinn. Es werde eine Verwaltung für Londons Angelegenheiten gebraucht.

Die Reaktion: »Es interessierte niemanden. Keiner zeigte Interesse an der Verwaltung der Stadt – finden Sie mal ein langweiligeres Thema.«

Das zweite Thema: die Abschaffung des GLC würde kein Geld einsparen. Das Problem: es war ein Thema, über das die Leute bereits entschieden hatten. Das Image des GLC als Geldverteiler an Randgruppen wie beispielsweise »Lesbian Mothers against the Bomb« war bei vielen bereits etabliert. Die Agentur befand, daß es unmöglich sei, die Meinung der Leute zu ändern.

Das dritte Thema: wenn der GLC abgeschafft würde, gäbe es weniger Dienstleistungen. Einige Wähler sorgten sich – aber sie waren hauptsächlich Labour-Wähler. Die Agentur aber wollte die Nichtbekehrten und die Tory-Wähler erreichen.

Das vierte Thema: durch die Abschaffung würden Entscheidungen in Zukunft unter Ausschluß der Öffentlichkeit gefällt. Die Reaktion: die Leute waren gelangweilt und zeigten kein Interesse.

Das fünfte Thema: die Abschaffung erfolge gegen den Willen der Londoner. Reaktion: es war den Leuten ziemlich egal.

Das sechste Thema: die Abschaffungspläne waren eine Trotzreaktion. Das wurde zwar vielfach für wahr erachtet, aber wohin würde das bezüglich einer Werbekampagne führen?

Keines der Themen erschien vielversprechend. Es blieb nur noch ein Bereich übrig, und der erwies sich als Goldader. Das siebte Thema drehte sich um folgendes: mit dem Plan, den GLC abzuschaffen, nahm die Regierung den Londonern auch das *Recht* zu wählen. Die Reaktion war in jeder Hinsicht erstaunlich. »Die erste war«, erzählt Robb. »Welche Wahl? Haben wir den GLC gewählt?« Die zweite: »O mein Gott, das kann die Regierung doch nicht tun. Das ist ja völlig undemokratisch. Es ist unbritisch, und es ist autoritär. So gehen wir in diesem Land doch nicht vor.«

Die Agentur hatte ihr Thema. Und alle Gruppen sprachen sofort darauf an; die Tory-Wähler waren nicht weniger entsetzt als die anderen. Das Thema hatte auch den Vorzug, daß es einfach, direkt und leicht zu erklären war. »Es ist total emotionsgeladen. Es beunruhigt Wähler jeder Couleur. Wir brauchten nicht viel Phantasie, um zu erkennen, daß es auch Journalisten und viele Konservative berühren würde. Das Thema Demokratie ließ die Leute überlegen, ob die Regierung die Opposition auf falsche Weise zum Verstummen bringen wollte – wenn Ken Livingstone und die Linken gehen sollen, dann kann man sie doch hinaus*wählen*.«

Die Anzeigen wurden gemäß der Strategie entworfen und ab März 1984 eingesetzt. Die erste zeigte das Parlament mit der Zeile: »Was ist das für ein Ort, der Ihnen das Wahlrecht nimmt und Ihnen keine Mitsprache mehr läßt?« Eine andere zeigte eine Mülltonne mit Vorhängeschloß, worauf stand: »Nächstes Jahr gehen alle Londoner Stimmen denselben Weg.« Und in jeder Anzeige war zu lesen: »Sagen Sie Nein zur Abschaffung des Mitspracherechts.«

Umfragen zur allgemeinen Kenntnis der Abschaffungspläne der Regierung und der öffentlichen Meinung dazu wurden sowohl im Januar als auch im Juni durchgeführt. Vor dem Start der Kampagne kannten 45 Prozent der Londoner nicht einmal die Lage. Von denen, die Bescheid wußten, waren 32 Prozent gegen die Abschaffung. Im Juli zeigten sich nur noch 21 Prozent unwissend, und die Anzahl der Gegner war auf 55 Prozent gestiegen (die Zahl der Befürworter war ebenfalls angewachsen, aber nur von 13 auf 16 Prozent).

Andere Anzeichen erregten noch mehr Aufsehen und verdeutlichten, daß die Kampagne wirkte. Ende Mai gab es bei der ersten Gesetzesmaßnahme der Regierung zur Abschaffung des GLC schon Schwierigkeiten. Die jährliche Umfrage repräsentativer MPs (Mitglieder des Parlaments), die im Juni von dem Marktforschungsunternehmen MORI durchgeführt wurde, ergab, daß die Hälfte der Tories, die geantwortet hatten, die Abschaffung für ein Unterfangen hielten, das einen Stimmenverlust mit sich bringen könnte. Alle MPs der Opposition stimmten dieser Einschätzung zu. Noch etwas geschah. Die Untersuchung zeigte auf, so Robb, daß Livingstone ganz anders eingeschätzt wurde. Aus dem »unbeliebtesten Mann der britischen Politik wurde der populärste«. Robb: »Es ist interessant, wie die Leute Politik sehen. Für sie besteht sie aus Einzelpersonen. Ich glaube, sie wählen die Politiker, mit deren Persönlichkeit und Mentalität sie sich identifizieren können. Jetzt fühlten sie plötzlich sehr viel Sympathie für Ken Livingstone. Er war wie Robin Hood. Die Menschen begannen, ihn zu mögen, und im Fernsehen bekamen sie einen charmanten, beruhigenden Menschen zu sehen.« Plötzlich war es möglich, riesige Aufnahmen Livingstones in den Anzeigen zu verwenden und die Botschaft zu bringen: »Wenn Sie mich hinauswerfen wollen, dann sollten Sie das Recht haben, mich hinauszuwählen.«

Die veränderten Anzeigen spiegelten die neue Situation wider. Als die Regierung schließlich ihre ersten gesetzlichen Maßnahmen durchbrachte, probierte die Agentur ein neues Thema bei den Londonern aus: Wollten sie London durch einen gewählten GLC oder durch die staatliche Bürokratie in Whitehall regiert wissen? Die Antworten verrieten, daß sie ein neues erfolgversprechendes Thema gefunden hatte. »Die Wähler sahen Whitehall als weit entfernt, gesichtslos und bürokratisch an, voll von Beamten, die sich um nichts kümmerten«, erläutert Robb. Zu dem Zeitpunkt sagten sogar die Tories schon, daß der GLC sich um die Probleme Londons kümmere, daß er zumindest dynamisch sei. Eine zweite Anzeigenphase lief an. Ein riesiges Plakat enthielt nur die Worte: »Stellen Sie sich vor, wie London wäre, wenn es von Whitehall regiert würde.« Das Poster zeigte rote Klebestreifen, wie sie von der Whitehall-Bürokratie bei der Bewältigung ihres Papierkriegs verwendet werden. Ein anderes verkündete: »Wenn der GLC geht, zieht Whitehall ein.« Von der Seite her kroch eine Reihe von Schnecken ins Bild.

Gegen Ende des Jahres geriet Patrick Jenkin, der verantwortliche Minister, in Schwierigkeiten (er mußte schließlich gehen); die Regierung machte viel Lärm um das für die Werbung ausgegebene Geld der Kommunalsteuerzahler; und zu Beginn des Jahres 1985 verbot der Oberste Gerichtshof vorübergehend die Verwendung »kämpferischer Slogans«; die Werbung solle sich auf »Informationen« beschränken. Die Werbekampagne ging in die dritte Phase. Zu dem Zeitpunkt glaubte die Agentur, die eigentliche Aufgabe sei erledigt. Die neue Phase war noch wirksam: um darzustellen, daß 75 Prozent aller Londoner jetzt gegen die Abschaffung waren (ein rein informativer Punkt), standen in einer Anzeige drei Personen von einer vierten, Mrs. Thatcher, getrennt.

Alles in allem war die Kampagne – die insgesamt elf Millionen Pfund kostete, einschließlich Lobbying, PR, Direct mail und Werbung – ein Fehlschlag, denn der GLC wurde abgeschafft, obwohl Umfragen belegten, wie sehr die Zahl der Gegner der Abschaffung gestiegen war und obwohl es juristische Konzessionen gegeben habe, wie Robb erklärt. Die Kampagne führte jedoch zu klaren Konsequenzen, die niemand hatte voraussehen können – die Regierung war so aufgebracht, daß sie gesetzliche Maßnahmen erließ, die eine solche »politische Propaganda« in Zukunft unmöglich machen würden. Die Gesetzesvorlage der Regierung verbot es Lokalbehörden, Materialien zu veröffentlichen, die die öffentliche Haltung zu einer politischen Partei beeinflussen oder beeinflussen könnten. Die Kampagne veränderte auch das Image – und möglicherweise die Zukunft – Ken Livingstones. Er hatte sich nicht verändert, meinten Kritiker, aber wie die Leute ihn sahen, hatte sich geändert – und gerade das ist es, was in der Politik zählt. 1987 wurde er ins Parlament gewählt.

Die größte und wichtigste Wirkung der Kampagne lag jedoch darin, daß sie allen Politikern – besonders den linksstehenden – verdeutlichte, was erreicht werden kann, wenn politische Werbung in die Hände pragmatischer Werbeexperten gelegt wird. Martin Boase sagt, er glaube »leidenschaftlich« daran, daß die Beziehung zwischen Agenturen und Kunden sehr viel gemein hat mit der zwischen Anwälten und ihren Klienten. Jeder hat das Recht auf professionelle Repräsentation. Der Werbefachmann muß nicht an die Sache glauben, argumentiert er – es ist sogar besser, wenn er es nicht tut. »Die besten Leute für einen Werbeauftrag wie der für den GLC sind die, die neutral sind«, sagt Boase. »Mit Sicherheit sind die Texter der Anzeigen nicht gebunden. Die, die dagegen sind, arbeiten nicht daran mit. Das beste Werbematerial versucht, kühl und rationell zu argumentieren, und es sind gerade die Ungebundenen, die das Beste bringen.« Er erinnerte mich daran, daß zum Zeitpunkt unseres Gesprächs die Agentur die Hoffnung hegte, die Werbung für British Nuclear Fuels (Britische Kernbrennstoffe) zu übernehmen (»Sicher würden sich hier einige gegen eine Mitarbeit wehren«).*

Robb, im Zentrum sämtlicher Strategien der Kampagnen, sah sich nie politisch involviert. »Ich finde Politik sehr interessant, aber auf eher akademische Weise... Ich verspürte einen gewissen Zynismus und große Distanz. Alles in allem hielt ich es für ganz gut, wenn der GLC bliebe – aber das nur, weil mich die Anzeigen überzeugt hatten.« Robb glaubt, die Kampagne habe »die ersten wirklich guten politischen Anzeigen« in Großbritannien hervorgebracht. Auch nach Ende der Kampagne interessiert es ihn zu erfahren, was eine gute *politische* Anzeige im Vergleich mit einer guten Anzeige für etwas anderes ausmacht. »Unsere Anzeigen waren am erfolgreichsten, wenn sie auf die Emotionen der Leute zielten und etwas für sie illustrierten,

---

*   BMP bekam den Etat jedoch nicht.

das sie alle insgeheim für wahr gehalten hatten, ob das nun die Demokratie oder die Staatsbürokratie betraf. Manche Anzeigen entwaffnen sofort und gewinnen die Leser auf der Stelle für Ihre Sache.«
Auch sei ihr Witz sehr entscheidend gewesen. »Wären es Flaggen mit
Slogans gewesen, hätte es nicht funktioniert. Das machen die Politiker – sie werfen mit Slogans um sich.«

Die Kampagne führte viele Linksorientierte dazu, Werbung anders zu betrachten. Sie hielten sie noch immer für ein Manipulations-
mittel – aber eben eines, das auch für *sie* arbeiten könnte. Und da sie
überzeugt waren, die richtige, die moralische Botschaft zu verkaufen... Die Labour Party nahm sich diese Lektion im nächsten Wahlkampf zu Herzen. Es war eine Kampagne, die Großbritannien die in-
tensivste und teuerste Wahlschlacht in der Geschichte des Landes
lieferte. Vergleichende Werbung auf beiden Seiten: die Tories stellten
die Rüstungspolitik der Labour Party mit der Fotografie eines Soldaten dar, der die Arme kapitulierend in die Luft streckte. Labour
beschrieb die Bildungspolitik der Tories als elitär.

Während der Wahl geriet auch Saatchi als Tory-Agentur unter
Druck (Bells Lowe Howard-Spink und Bell and Young and Rubicam
gaben beide an, den Ton in der letzten Kampagnenwoche mitdiktiert
zu haben). Aber das Verhalten der Labour Party war bemerkenswert.
Die Partei setzte einen Ausschuß bekannter Werbeexperten für ihre
Werbung ein. Viele blieben anonym, aber genannt wurde Chris Powell, der Hauptgeschäftsführer von BMP, der oben erwähnten GLC-
Agentur. Die Strategie war auch sehr ähnlich. Ein Agenturbeobach-
ter namens John Hegarty bemerkte: »Wie beim GLC konzentriert sich
die Kampagne auf den einzelnen, der der Macht des Tory-Establish-
ment gegenübersteht.« Neil Kinnock wurde präsidenten-like verkauft, ging Hand in Hand mit seiner Frau am Meer spazieren und
betrat Hallen unter Fanfarenbegleitung.

Das Team des Oscar-prämierten Films *Chariots of Fire*, Regisseur
Hugh Hudson und Drehbuchautor Colin Welland, wurden zu einer
politischen Sendung geladen, die, so ein Beobachter, aus der Reagan-
Kampagne hätte stammen können; sie wurde von den Image-Ma-
chern so hoch eingeschätzt, daß sie ein zweites Mal ausgestrahlt
wurde – ein beispielloses Ereignis.

Die Sendung erzürnte die konservative *Times* so sehr, daß sie ihren Lesern nahelegte, sich nicht durch diese Art »Massentäuschung«

vereinnahmen zu lassen. Ein Leitartikel mit dem Titel »Täuschende Images« erklärte den Lesern, daß die Strategie für den Film von denselben Männern erdacht worden sei, die sich gegen das Ende des GLC gewehrt hätten.[41] »Mr. Hudsons Film sagt wenig über die Probleme der Labour Party, über ihre Kapitulationstheorie in der Verteidigungspolitik, über ihre Versprechungen in der Streikposten-Frage, über die Vertrauensmänner in den Betrieben mit gewerkschaftlicher Zwangsmitgliedschaft. Er ist jedoch recht aussagekräftig in bezug auf Mr. Kinnocks Fähigkeit der Lebensbewältigung mit Hilfe seines Charmes, seiner bezaubernden Frau und dem ehrbaren Rat seiner Parteiältesten.«

Insgesamt war man der Meinung, die Konservativen und Saatchi's seien überlistet worden; dem bekannten politischen Beobachter Brian Walden zufolge war Kinnock »ein Schüler« geworden, »der seine Lehrer übertroffen hatte«.

Aber – Labour verlor die Wahlen. Mrs. Thatcher gewann mit großer Mehrheit ein drittes Mal, ein noch nie dagewesenes Ereignis. Bewies das nicht, daß politische Werbung schließlich doch kaum oder keine Bedeutung hatte? Erinnerte das nicht an eine andere, raffinierte Kampagne, diesmal in den USA, mit der Senator John Glenn sich um die Präsidentschaft bewarb? Es hieß überall, daß Glenns Anzeigen, die den Ex-Astronauten einmal in einer Raumfähre, ein anderes Mal mit John F. Kennedy zeigten, großen Erfolg hatten. Aber Glenn verlor die Wahl, und ein Grund dafür war, daß die sehr große Diskrepanz zwischen dem Leinwandimage Glenns und der glanzlosen, wirklichen Person nicht zu verbergen war.

Einige unterrichtete Beobachter halten den Impact der Werbung für nebensächlich, wenn man alle beteiligten Faktoren berücksichtigt. Jedenfalls seien die Wähler zynisch und auf falsche Behauptungen und Versprechungen vorbereitet. »Wann immer heute ein politischer Werbespot gesendet wird«, sagte Raymond Strother, ein führender Berater für Kandidaten der demokratischen Partei, »dann leuchten kleine Lämpchen in den Hirnen der Zuschauer auf, und sie fragen sich, ob jemand sie wieder manipulieren will.«[42]

Doch wäre es falsch, eine solche Schlußfolgerung aus der Diskrepanz zwischen Labours exzellenter Werbung und ihrem Abschneiden an den Urnen ziehen zu wollen. Labour verzeichnete mehrere klare Siege. Chris Powell: »Diese Wahl sollte vom Tod der Labour

Party handeln.« Die Partei beendete das Rennen jedoch in bemerkenswerter Stärke und wohlplaziert für zukünftige Schlachten. Außerdem schnitt eine andere Partei, die SDP/Liberal Alliance, sehr schlecht ab. Sie hatte dem allgemeinen Konsens zufolge mit Abstand die schlechteste Werbung und Marketing-Kampagne. Labour formierte sich endgültig als Opposition – trotz des Gesamtresultats keine geringe Leistung. Bedenkt man den *Inhalt* dessen, was die Partei verkaufen wollte, dann könnte man vorbringen, daß es ohne Werbung eine Katastrophe hätte geben können.

Funktioniert politische Werbung? »Natürlich. Ein Teil davon, manchmal«, sagt Barry Day. Jedenfalls besteht kein Zweifel, daß die britische Politik für immer verändert worden ist.

TEIL 3:
DIE MEDIEN

WERBUNG UND DIE MEDIEN

»Keine Werbung?
Und wer würde dann für die Medien zahlen?
Die gute Fee?«
Samuel Thurm, ein Vizepräsident der
US-Association of National Advertisers

Werbung ist die wichtigste Einnahmequelle der meisten kommerziellen Massenmedien in der ganzen Welt. Immer häufiger zahlt der Werbeauftraggeber für die Medien. Der Trend ist unaufhaltsam.

»Die Medien sind nicht mehr hauptsächlich Nachrichtenproduzenten, sondern Vermittler kommerzieller Botschaften«, sagen Noreen Janus und Rafael Roncagliolo. Die Behauptung der beiden auf Lateinamerika spezialisierten Forscher ist zwar übertrieben, enthält aber dennoch ein Körnchen Wahrheit.[1] Selbst der Zeitungsverleger A. Roy Megary vom *Toronto Globe and Mail* meint: »Gegen 1990 werden die Verleger von Tageszeitungen mit Massenauflagen wohl aufhören, sich weiszumachen, sie seien im Zeitungswesen tätig. Sie werden sich dann eingestehen, daß ihre Hauptaufgabe das Vermitteln von Werbebotschaften ist.«[2]

Das Verhältnis zwischen Werbung und Medien, ob Print, TV oder Radio, ist schon lange sehr innig. Ohne ein Medium, das die Botschaft vermittelt, kann die Werbung nicht existieren. Und in zunehmendem Maße ist auch umgekehrt das Medium aus Gründen des Überlebens vom Werbeauftraggeber abhängig. Bei einer idealen Ausgewogenheit der beiden Kräfte konzentrieren sich Fernsehsender, Zeitung oder Zeitschrift auf ihre Aufgabe, die Zuschauer oder Leser zufriedenzustellen, und der Auftraggeber kauft Zeit oder Anzeigenraum, um die potentiellen Kunden anzusprechen. In einer weniger idealen Welt wie der unseren stellt es für den Medienbesitzer eine vordringliche Aufgabe dar, bei den Lesern, die der Werbeauftraggeber ansprechen möchte, selbst den Boden zu bereiten, ein Beweis für das Sprichwort, daß manchmal der Schwanz mit dem Hund wedelt.

Medien stehen an beiden Enden: das *Wall Street Journal* muß sich den Auftraggebern nicht anbiedern, denn seine Leser entsprechen genau den Vorstellungen bestimmter Unternehmen. Das andere Extrem bilden jedoch unzählige Hochglanzmagazine, die nicht nur dank der Billigung des Werbeauftraggebers existieren, sondern sogar *für* ihn. Die amerikanischen Fernsehnetze verdienen viel Geld damit, nicht etwa den Zuschauern Programme, sondern vielmehr Zuschauergruppen an Werbeauftraggeber zu verkaufen; eine Situation, in der der Auftraggeber das Sagen hat.

Die inzestuöse Verbindung ist nicht neu. Neu ist aber die zunehmende Abhängigkeit. Die Auftraggeber sind begierig darauf, daß die Medien, auch die neuen, sich ihnen zuwenden. In einer Mitteilung an die Werbungtreibenden gab Lawrence Cole, Media Service Director bei Ogilvy and Mather in New York, zum Thema Umgang mit »den neuen Medien« folgenden Rat: »Ermuntern Sie alle neuen Medien, Werbung zu akzeptieren. Werbung kann die Kosten dieser Medien für den Konsumenten tragen oder eliminieren.«[3] Das ist ein Lockvogel. Marcel Bleustein-Blanchet, der Gründer der größten französischen Werbeagentur, Publicis, schrieb:

»Werbung folgt der Entwicklung der Medien, wohin sie auch führen mag. Nimmt die Zahl der Medien zu, dehnt sich auch die Werbung aus. Ergeben sich Verlagerungen, paßt sich die Werbung an. Denn die Werbung hält eine wichtige Trumpfkarte: *sie kreiert Inhalte.* Wir wiederholen McLuhans Worte, daß ›das Medium die Botschaft ist‹, aber wir vergessen, daß ein Medium ohne Botschaft nur ein leeres Behältnis ist. Das ist das Problem: was machen wir mit all den neuen Medien? Wer füttert sie? Schon jetzt besteht ein Engpaß an Programmen überall auf der Welt. Die Werbung kann dem abhelfen, indem sie neue Programme finanziert und ihre eigenen Botschaften liefert.«[4]

Heute müssen die verschiedenen Medien hart um das Geld der Werbeauftraggeber kämpfen. In Großbritannien bieten Rupert Murdochs Zeitungen den Auftraggebern besonders günstige Bedingungen an, wenn sie einwilligen, nicht in Konkurrenzblättern zu werben. TV-Gesellschaften arbeiten nach einem System, wonach Käufer billigere Raten erhalten, wenn sie ihnen einen bestimmten Anteil am Werbegeschäft garantieren. Anzeigen- und Zeitakquisiteure bringen seitenweise Untersuchungsstatistiken hervor, die beweisen sollen, daß ihre Zeitschriften oder Sendeanstalten die Leser oder Zuschauer zu Bedingungen anbieten, wie sie sich der Auftraggeber besser gar nicht wünschen kann – ihre Konkurrenten dagegen zu den schlechtesten Bedingungen.

Die Medien sind selbst große Werbeauftraggeber, aber in speziellen Publikationen, die die Öffentlichkeit nicht zu sehen bekommt. Es besteht kein Zweifel, was sie verkaufen – die Käufer von Waren. *True Story* zeigt eine Karikatur, in der eine Familie überall Ketchup verspritzt. Die Headline: »Unsere Leser halten nur wenige Mahlzeiten ohne Ketchup für vollständig.« Der Text: »*True Story*-Leser essen ihn zum Frühstück, Mittag- und Abendessen und zu Snacks. Im vergangenen Jahr aßen sie 37 837 Tonnen dieses roten Zeugs. Und das genügt, ihnen die Achtung der Tomatenfarmer einzubringen, wenn auch nicht die der Feinschmeckerköche.« Zudem sind die Leser treu, nicht nur der Zeitschrift, sondern auch dem Markennamen. Also: »Wenn Anzeigen in *True Story* für den Kauf einer bestimmten Ketchup-Marke werben, dann kauft der Leser sie wahrscheinlich auch.«

Während *True Story* damit beschäftigt ist, Käufer von Ketchup und anderer gewöhnlicher, alltäglicher Markenwaren zu verkaufen, erinnert *Life* seine Werbeauftraggeber daran, daß die Leser ihre Drinks mögen. »Um ihre Erfolge zu feiern, ihren Durst zu löschen und ihre Sorgen zu vergessen, werden die *Life*-Käufer nächste Woche fast sechs Millionen Glas Bier trinken. Sollten Sie nicht auch in *Life* vertreten sein?«

Weihnachten ist die Verkaufszeit der Medien. Um sein Doppelheft zum Jahresende anzupreisen, schickte *New York* 13 singende Weihnachtsmänner mit dem Auftrag durch die Stadt, vor 80 potentiellen Auftraggebern zu singen.[5] Eine Zeile des Textes lautete: »Möge Gott Sie segnen, Mr. X, das wünscht Ihnen das *New York* Magazine. Unser Doppelheft zum Jahresende ist der Traum jedes Werbungtreibenden.«

Werbeauftraggeber für Medien möchten ihre Kunden wissen lassen, daß für die Medienbesitzer vor allem ihre Kaufkraft zählt – egal, was Leser oder Zuschauer davon halten. *Rolling Stone* zeigt zwei ganzseitige Bilder, auf einem ein langhaariger Hippie, auf dem anderen ein eleganter, dynamisch wirkender junger Mann. Das erste heißt »Perception« (»Vorstellung«), das zweite »Reality« (»Wirklichkeit«). »Wenn Sie sich einen *Rolling Stone*-Leser wie ein Überbleibsel aus den sechziger Jahren vorstellen, heißen wir Sie hiermit in den achtziger Jahren willkommen«, lautet der Werbetext. »*Rolling Stone* ist die führende Zeitschrift bei 18- bis 34jährigen Lesern mit einem Haushaltseinkommen von über 25 000 Dollar im Jahr. Wenn Sie *Rolling*

Stone kaufen, kaufen Sie eine Leserschaft, die sowohl Trends als auch das Kaufverhalten der wohlhabendsten Konsumenten Amerikas bestimmt. Das ist die Art Realität, die sich auf Ihr Bankkonto auswirken wird.«

Was wie Einschränkungen aussieht, wird zu Vorteilen. *Hustler* ist ein monatlich erscheinendes Pornoheft, das sich (um seine Selbstbeschreibung zu zitieren) auf »offene, ehrliche Bilder« spezialisiert, »die keine andere Zeitschrift bietet«.

»*Hustler* [erklären seine Anzeigen] liefert Männer, die die anderen nicht erreichen. Sehen wir den Tatsachen ins Auge. Der durchschnittliche *Hustler*-Leser trägt keine Designer-Jeans. Er spielt auch nicht Racquetball, noch geht er in die Oper. Er liest nicht einmal viel. Also erreichen Sie ihn nicht mit Ihrer Werbung in Standardmagazinen. Auch nicht in den Büchern für andere Männer. Aber über vier Millionen Männer lesen jede Ausgabe von *Hustler*. Keine Hochkultivierten und Intellektuellen vielleicht, aber doch schwer arbeitende, energisch durchgreifende Kerle, die auch viele andere Produkte und Dienstleistungen kaufen. Sind das nicht die Männer, die Sie ansprechen wollen? Nun, *Hustler* ist das einzige Magazin, das sie hat. Also kommen Sie und holen Sie sie sich!«

Jeder Mitbewerber um den Dollar oder das Pfund des Werbungtreibenden gilt als Feind. »Es war ein schwarzer Tag für *Smithsonian*«, beginnt eine zweiseitige Anzeige in *Life*, in der ein Vergleich zwischen den Leserkreisen gezogen wird. »Wir haben sie nicht zu Tode erschreckt, sondern *Life* hat ihnen nur ein wenig die Show gestohlen.« *Life* hatte einfach gefolgt, daß es mehr akademisch gebildete Leser als das renommierte *Smithsonian* verzeichnete. *Soap Opera Digest* behauptet zu wissen, daß seine Leser mehr Mittel gegen Magenverstimmungen einnehmen als die von *Family Circle* oder *People*.

All das erscheint im Vergleich mit dem Kampf zwischen den verschiedenen Arten von Medien recht harmlos. Das Fernsehen, der aufsteigende Sieger, ist eine der häufigsten Zielscheiben. Um die Streuplaner der Werbeagenturen daran zu erinnern, daß die Zuschauer »zappen« (d.h. per Fernbedienung zwischen den Programmen wechseln), verschickte *Reader's Digest* Spielzeugstrahlenpistolen: »Zap. Und damit sind Millionen gut geplanter TV-Dollars weg, verloren.«

In Großbritannien berichtet die *Daily Mail* über sinkende TV-Zuschauerzahlen und fragt: »Wenn die Leute nicht fernsehen, was machen sie denn sonst mit dem Apparat?« Sie gibt die »Antwort« – das Foto eines Mannes, der seine Zeitung im Licht des angeschalteten Bildschirms liest. »Nur weil das Fernsehgerät läuft, heißt das noch lange nicht, daß jemand fernsieht«, sagt das Institute of Outdoor Advertising (Institut für Außenwerbung) und zeigt ein Fernsehgerät mit einem Zuschauer – einem Hund. Der Rundfunk kritisiert die steigenden TV-Kosten: »Die Inflation mag langsam rückläufig sein, aber die Fernsehkosten steigen unaufhörlich«, sagt das Radio Advertising Bureau (Verband für Hörfunkwerbung). »Für jeden eingesetzten Dollar liefert der Rundfunk über dreimal mehr Einzelkontakte mit einer Werbesendung als das Fernsehen zu Hauptsendezeiten.« Auch die Zeitungen beziehen Hiebe: »Der Hörfunk gedeiht, doch die Zeitungen verzeichnen ›Null-Wachstum‹.«

Das Fernsehen schlägt zurück. In einer Werbung heißt es: »*Daily Mail* gab 26 000 Pfund aus, um Ihnen mitzuteilen, daß das Fernsehen nichts bringe... und dann gab sie zweieinhalb Millionen Pfund aus, um gerade in diesem Medium zu werben.« Ein anderes Beispiel: »Nehmen Sie die Bewegung und den Ton weg, was bleibt Ihnen dann noch?« Antwort: »Richtig, eine Printanzeige.«

Die Abhängigkeit von der Werbung variiert von Medium zu Medium und von Land zu Land. In den meisten Ländern ist die Wahl des Auftraggebers durch äußere Bedingungen eingeschränkt – TV-Werbung ist möglicherweise verboten oder gesetzlich auf ein paar Minuten pro Tag beschränkt. Dann fließt das Geld des Werbeauftraggebers in ein anderes Medium. In der Bundesrepublik Deutschland führen strenge Restriktionen der Fernsehwerbung dazu, daß die Auftraggeber ihre Werbebudgets in Zeitschriften investieren und so dazu beitragen, daß umfangreiche Publikationen des Typs ›allgemeines Interesse‹ weiterhin erscheinen können, die in anderen Ländern längst nicht mehr existieren.* In Saudi-Arabien entwickelt sich eine Sub-Branche: Werbung auf vorher aufgenommenen Videobändern – ein Weg, eine reiche, aber weitgehend ungebildete Bevölkerung an-

---

* Während die drei wichtigsten amerikanischen Fernsehsendernetze täglich 540 Minuten Werbung ausstrahlten, liefen in der Bundesrepublik Deutschland nur 40 Minuten!

zusprechen. In Italien dagegen, wo es sehr viele private Fernsehsender gibt, setzen die Werbeauftraggeber fast die Hälfte ihrer Gelder in diesem Medium ein.

Print ist noch immer weltweit das wichtigste Medium[6] – 1986 konzentrierten sich 54 Prozent der Ausgaben auf den Printsektor.[7] Das Fernsehen stand an zweiter Stelle mit 31 Prozent und Hörfunk an dritter mit acht Prozent. Die restlichen Gelder flossen in die Außenwerbung, Kinowerbung, Briefwerbeaktionen, Ausstellungswerbung, Verkaufsförderungen und anderes mehr. Dennoch wird das Fernsehen als das verkaufskräftigste aller Instrumente angesehen: Der Einsatz des Fernsehens als Werbemedium steigt überall. Der wichtigste und offensichtlichste Faktor ist allein schon der Zuwachs an erreichbaren Zuschauern. Nach den für die UNO zusammengestellten Zahlen schnellte der Absatz von Fernsehgeräten weltweit von 1960 an in die Höhe: er liegt zwei- bis fünfhundertmal so hoch wie die Bevölkerungszuwachsrate.

Die Vereinigten Staaten von Amerika haben im wesentlichen einen freien Werbemarkt. Dort gab Mitte der achtziger Jahre der typische Werbungtreibende etwa ein Drittel seines Budgets für das Fernsehen aus, 40 Prozent für die Zeitungswerbung, 13 Prozent für die Zeitschriften und elf Prozent für den Hörfunk.[8] In Großbritannien werden mehr als 28 Prozent der Werbegelder für das Fernsehen verwandt und 58 Prozent für Printwerbung.[9]

Die Einnahmen der Medien aus den Werbeaufträgen unterscheiden sich je nach Medium und Land. In den USA tragen die Werbeauftraggeber 75 Prozent zu den Einnahmen der Zeitungen bei, etwas mehr als 50 Prozent bei den Publikumszeitschriften und beinahe 100 Prozent zu den Einnahmen von Rundfunk und Fernsehen.

Für Großbritannien erstellte Torin Douglas, ein Handelskommentator, eine detaillierte Liste: unabhängige Zeitungen, Magazine mit begrenzter Verbreitung und Plakate: 100 Prozent; kommerzielles Radio: 99 Prozent; kommerzielles Fernsehen: 97 Prozent; regionale Wochenzeitungen: 82 Prozent; regionale Tageszeitungen: 60 Prozent; Prestige-Sonntagszeitungen: 68 Prozent; Massensonntagszeitungen: 31 Prozent; Massentageszeitungen: 27 Prozent; Publikumszeitschriften: 38 Prozent und Fachzeitschriften: 62 Prozent.[10]

Das durch die Werbung eingenommene Geld kann vom Standpunkt der Einnahmen aus gesehen noch wichtiger sein, als die Zahlen vermuten lassen. Es ist für die Zeitschriften zum Beispiel teurer, zusätzliche Abonnenten zu gewinnen, als zusätzliche Auftraggeber anzulocken.[11] Also macht die Veröffentlichung von Anzeigen einen größeren Prozentsatz des Betriebsgewinns aus.

Die Werbung beeinflußt auch das Wachstum der Medien. »Werbung... ist eine Art Nachricht«, schrieb Denis Thomas in einer Abhandlung, die von J.Walter Thompson veröffentlicht wurde. »Es überrascht also nicht, daß sie und die Medien miteinander gewachsen sind, in guten Tagen gemeinsam Gewinne verzeichnen und in schlechten Tagen gemeinsam Verluste erleiden.«

Frühe Publikationen ließen keine oder kaum Werbung zu. Ein Lehrbuch aus dem Jahr 1919 betont, daß Zeitschriften »früher« nur sehr ungern Platz für Anzeigen freigaben; sie beschränkten den Anzeigenraum von vornherein und strichen die Werbung, wenn der Lesestoff mehr Platz als vorgesehen benötigte. »Es war früher sogar so, daß der Verleger die Werbung vom Händler aufgezwungen bekam, der ihm Anreize bot, die stark genug waren, um den Verleger zur Bereitstellung von Anzeigenraum zu bewegen. Erst lange nach der Einführung von Werbung in Zeitschriften begann der Verleger, die Möglichkeiten seines Mediums in Zusammenhang mit diesem Geschäft zu verstehen.«[12]

In seiner detaillierten Geschichte der amerikanischen Werbung, *The Mirror Makers*, bezeichnete Stephen Fox J.Walter Thompson als den Mann, der das Potential der Werbung in Zeitschriften erkannt habe.[13] Während Thompson als Buchhalter und Assistent in einer Einmann-Agentur in New York arbeitete, fiel ihm auf, daß bestimmte Zeitschriften immer nur ein, zwei Seiten Anzeigen pro Ausgabe brachten. Thompson beschloß, eine Anzeige für Asbestdachplatten in einem ungewöhnlichen Medium, nämlich in zwei Frauenzeitschriften, zu plazieren. Die Anzeigen verkauften mehr Dachplatten als irgendeine Verkaufsförderungsmaßnahme in der Geschichte der Firma. Thompson wandte sich an literarische Monatszeitschriften; 1876 brachte *Scribner's* 20 Seiten Werbung in jeder Ausgabe. Bald hatten so gut wie alle der »besten« amerikanischen Zeitschriften mit Thompson exklusive Werbeverträge.

Die Werbebedürfnisse der Hersteller und die technologischen Fortschritte trugen dazu bei, daß Zeitschriften zum ersten nationalen Medium wurden. Gegen Ende des 19. Jahrhunderts gab es einige Neuerungen im Druckgewerbe. Handdruckmethoden wurden durch die Linotype abgelöst; bessere Druckerpressen und verbesserte Bindeverfahren ermöglichten größere, schnellere Produktionen. Die Folge war, daß eine Monatszeitschrift schneller, in größerer Auflage und billiger produziert werden konnte. Zur gleichen Zeit verspürten die blühenden Industrien des verarbeitenden Sektors den Zwang, landesweit ihre Produkte zu vermarkten. Der Amerikaner Frank Mumsey erkannte die Bedeutung dieser Entwicklungen. 1891 gründete er *Mumsey's Magazine*. Zwei Jahre später verbilligte er es von 25 Cents auf zehn. Die Zeitschrift sollte fortan von Werbeeinnahmen leben, nicht mehr vom Verkaufsumsatz.

Nach Fox gaben 1885 vier Zeitschriften an, 100 000 oder mehr Leser zu haben, zusammen etwa 600 000. Zwei Jahrzehnte später gab es bereits 20 solcher Zeitschriften, die zusammen eine Auflagenhöhe von fünfeinhalb Millionen Exemplaren erreichten. »Die Zeitschriftenwelt hatte sich verändert: eine Revolution – angetrieben, gefeiert und bezahlt von der Werbung.«

Zu Anfang war das Verhältnis von Verleger und Werbungtreibendem gespannt. Lord Northcliffe rief 1900 die Werbeabteilung der *Daily Mail* ins Leben und gab folgende Anweisungen: »Rennen Sie dem Werbeauftraggeber nicht hinterher. Warten Sie, bis er zu Ihnen kommt.« Die Rentabilität der Zeitungen hing jedoch vom Auftraggeber ab; 1904 nahm Northcliffe's Associated Press 264 000 Pfund für Anzeigen ein. Gab es nicht genügend wichtige Werbung in der *Daily Mail*, machte er kostenlos Reklame für seinen Rivalen George Newnes, damit es so aussah, als könnte nicht einmal George Newnes es sich leisten, nicht bei ihm zu inserieren.

Gleichzeitig hieß es, Northcliffe wäre viel lieber ohne Werbung ausgekommen, wenn das möglich gewesen wäre. Einige seiner Sendschreiben belegen seine Besorgnis:

»Wehre mich ganz entschieden gegen Ihre Verletzung meiner Zeitung durch Einsatz von solcher Type wie in den OXO-Anzeigen. Bitte um schriftliche Erklärung, warum Sie meinen Anweisungen nicht gefolgt sind.« (Telegramm an seinen Werbedirektor, 1914.)

»Gehen Sie auf harten Kurs wegen zu vieler Werbeanzeigen in der *Times*, die von vielen Lesern verabscheut werden.« (1919 an Wickham Steed.)

»Alle kopflastigen Anzeigen weglassen. Sie ruinieren die Zeitung. Beispiel: die Flasche in Johnson's Prepared Wax und die große Überschriftszeile von Quaker Oats. Wenn Sie sie nicht streichen, werde ich selbst den Drucker darum bitten.« (1922 an die *Daily Mail.*)[14]

In einer Mitteilung an die *Times* formulierte er 1920 seine Bedenken: »Der Gedanke ist nicht angenehm, daß die Zeitungen aufgrund der ungeheuer hohen Löhne in den Zeitungsbüros und der großen Papierkosten jetzt zum ersten Mal in ihrer Geschichte den Werbeauftraggebern *völlig* untergeordnet sind. Ich sehe nur einen Weg, aus dieser Sackgasse herauszukommen: einen beträchtlichen täglichen Umsatz beibehalten und so die Oberhand über die Auftraggeber zu erzielen.«

1919 beklagte S. H. Behrman in der *New Republic*: »Die Grundsteine der angesehensten amerikanischen Institutionen, der Zeitungen und Zeitschriften, hängen von ihm [dem Werbeauftraggeber] ab; Literatur und Journalismus sind seine Handlanger. Er ist der Fünfte Stand.«

Nicht alle Verleger zögerten, die Werbeauftraggeber willkommen zu heißen. 1909 rief Condé Nast *Vogue* ins Leben, um (wie er sagte) »den redaktionellen Teil so verlockend zu gestalten, daß aus den Millionen von Amerikanern die 100 000 kultivierten Personen herausgehoben werden, die diese Qualitätswaren kaufen können«. 63 Jahre später gehört die Zeitschrift zu der Kette der Newhouse-Zeitungen, deren Verleger, Richard Shortway, ebenso frei über das Verhältnis Redaktion und Werbung spricht: »Die nackte, harte Tatsache im Zeitschriftenwesen ist, daß die Anzeigenkunden auch im redaktionellen Teil erwähnt werden.«[15]

In den USA und in Großbritannien verlief die Entwicklung bei der Printwerbung ähnlich, doch unterschied sie sich bei den Funkmedien. In den USA begann die Rundfunkwerbung, nervös und planlos, nach dem Ersten Weltkrieg. Zunächst war das Medium Rundfunk eher amateurhaft – viele Betreiber wollten in erster Linie Radiogeräte verkaufen. Andere Betreiber waren Bildungs- und religiöse Körperschaften, Zeitungen und Kaufhäuser. Von Anfang an wurde darüber gestritten, ob Werbung zulässig sei, und wenn ja, in welcher Form, als Sponsoring oder »Spots«.

Kommerzieller Hörfunk begann mit AT & Ts (amerikanische Telefon- und Telegrammgesellschaft) Einrichtung von »toll broadcasting« (gebührenpflichtige Sendungen) bei WEAF, ihrem New Yorker Sender. Gegen eine Gebühr konnte jedermann in die Rundfunkstation kommen und die Öffentlichkeit ansprechen – es war wie beim Telefonieren. Es überrascht nicht, daß ein Werbefachmann, William H. Rankin, hier Möglichkeiten sah.[16] Er kaufte Sendezeit und erprobte ihre Verwendung für die Werbung. Innerhalb eines halben Jahres hatte er 16 Auftraggeber. Es gab keine Werbebotschaft außer dem Firmennamen und seine Verbindung zum Thema. So lieferte Gillette zum Beispiel einen Beitrag über Bartmoden.

Diese indirekte Werbung überstand zwar noch die Geburt von NBC, des ersten Sendernetzes, doch nicht die eines zweiten Sendernetzes (CBS) und der Depression. Werbeauftraggeber erkannten, daß es ein Massenpublikum auszuwerten gab; die Agenturen erfaßten, daß das neue Medium ihnen Zugang zu Menschen verschaffte, die kaum Zeitungen oder Zeitschriften lasen.

Sponsoren fanden schnell eine Art leichter Unterhaltung, die den Menschen gefiel; als Gegenleistung dafür waren die Zuschauer offenbar bereit, eine nicht sehr aufdringliche Werbung in Kauf zu nehmen. Albert Laskers Agentur stellte Talentsucher an, förderte Stars wie Bob Hope, produzierte Shows und wurde zu einem mächtigen Zweig des Showgeschäfts. Die Hörer konnten Talentshows, Rate- und Quizsendungen empfangen und das alles scheinbar kostenlos.

»Die meisten seriösen Amerikaner, die die Quizprogramme anschauen, regen sich auf, weil sie den Verdacht haben, betrogen zu werden«, schrieb E. S. Turner in seiner *Shocking History of Advertising.* »Der Rundfunk war fest in der Hand der Werbeauftraggeber, und letztere interessierte nur die Frage, wie man die größten Zuhörerschaften erreichen könne. Daraus ergab sich, daß der Großteil der Programme leicht und populär sein und wohl kaum zum Denken oder zu einer Kontroverse anregen würde. Rundfunkprogramme sind also, kurz gesagt, nur ein zeitvertreibendes Element zwischen den Verkaufsrunden.«

In den dreißiger Jahren war der Werbeauftraggeber König. Llewellyn White schrieb in *The American Radio*: »Wie die belagerten Tschechen im alten Böhmen hatten die Sendeanstalten um Beistand gerufen. Wie die Habsburger blieben die zu Hilfe eilenden Werbefachleute, um die Herrschaft zu übernehmen. Und wie viele Slawen nahmen die Sender die Sprache der Eroberer an.«

Die Werbung war nicht nur Beherrscherin des Rundfunks geworden, sondern hatte schon vor dem Fernsehen kommerzielle Nutzung etabliert. In den USA wurde das Fernsehen seit seiner Erfindung als »der Traum des Staubsaugerverkäufers« und »die dritte Dimension der Werbung« gelobt. Nach dem Krieg war die Finanzierung des Fernsehens fest in den Händen der Auftraggeber. In der Frühzeit sponserten und produzierten sie ganze Programme und besaßen so die völlige und direkte Kontrolle über deren Inhalt. Die Auswirkungen waren manchmal grotesk.

Seit 1947 sponserte Camel NBCs Nachrichtenprogramme. Die Zigarettenfirma untersagte dem Sender, alle Nachrichtenfilme zu zeigen, die zufällig bei Reportagen vor Ort ein Schild »Rauchen verboten« aufgenommen hatten. Niemand außer Winston Churchill durfte beim Zigarrenrauchen gezeigt werden. In einem anderen von Camel gesponserten Programm, der Serie *Man Against Crime*, durfte niemand husten.[17]

Bestimmte Autofirmen waren auf »saubere« Programme erpicht. John Mantley, der als Scriptberater bei der Serie *Gunsmoke* mitarbeitete, sagte, daß die Werbeagenturen die Skripte lasen und beim Schnitt dabei waren, um »sicherzustellen, daß kein Fluß mit einem Ford durchquert wurde, wenn Chevrolet der Sponsor war. Ehrlich!« Die DeSoto-Autofirma bestand als Sponsor einer Groucho-Marx-Show darauf, daß der Name eines Regieassistenten aus dem Verzeichnis der Mitwirkenden gestrichen wurde – er hieß Ford![18] Bei einer anderen Gelegenheit bat Ford tatsächlich darum, daß das Chrysler-Gebäude aus der New Yorker Skyline entfernt werde.[19]

Rudyard Kiplings *The Light that Failed* wurde umbenannt in *The Gathering Night*, weil einer der Sponsoren Westinghouse war, eine Firma, die Glühbirnen herstellte. Im berüchtigtsten Fall wurde das Wort »Gas« von einem Ingenieur vom Tonstreifen des *Judgement at Nuremberg* gelöscht, einer Verfilmung der Kriegsverbrecherprozesse in Nürnberg. Die American Gas Association (Gas-Gesellschaft) war eine der Programmsponsoren. Bei dem Wort »Gaskammer« wurde jedesmal der Ton ausgeblendet. Noch abscheulicher jedoch war, daß das Programm regelmäßig durch Werbespots für Gas unterbrochen wurde.[20]

Sponsoring hatte aber auch gute Seiten. Einzelne Beispiele für die Macht des Werbeauftraggebers mögen ungeheuerlich erscheinen, doch insgesamt gesehen lieferte das kommerzielle Fernsehen eine Vielzahl guter Programme. Es gab eine Reihe populärer Varietévorstellungen und Komödien, aber auch Live-Übertragungen von Dramen von Gore Vidal und Paddy Chayevsky. Dieser Ära wird heute häufig als dem »Goldenen Zeitalter« des kommerziellen amerikanischen Fernsehens nachgetrauert. Sein Ende wurde durch eine Idee eines kleinen Lippenstiftherstellers namens Hazell Bishop eingeläutet. Mit einem Jahresumsatz von nur 50 000 Dollar konnte er es sich nicht leisten, Programme zu sponsern. Er brachte deshalb eine Werbebotschaft, die nicht an ein Programm gebunden war, und die Verkäufe schnellten in die Höhe. Andere Firmen folgten. Die Sendernetze führten den »Spot« ein – kurze Werbesendungen verschiedener Sponsoren in einem Programm. Sie fanden heraus, daß sie innerhalb einer Stunde mit vielen Sponsoren mehr verdienen konnten als mit nur einem großen Sponsor. Von diesem Moment an wurde das Fernsehen zu einem für die Werbung offenen Medium. Von da an zählte auch das Umfeld. Die Sendernetze schufen eine neue Art Programm, das gut zur Botschaft des Werbeauftraggebers paßte. Programme, die nicht »harmonierten«, wurden gestrichen. Erik Barnouw sagt in seiner Geschichte des Fernsehens, *Tube of Plenty*, daß die Live-Sendungen Millionen faszinierten und immer hohe Einschaltquoten verzeichneten. »Aber eine Gruppe haßte sie: die Werbebranche.« Der Grund: »Die meisten Werbungtreibenden verkauften Zauberei. Ihre Werbung zeigte dieselben Probleme wie Chayevskys Dramen – Menschen, die Niederlagen in der Liebe und im Beruf fürchteten. Aber in den Werbesendungen gab es immer ganz tolle Lösungen: Das Problem konnte mit einer neuen Tablette, Deodorant, Zahnpasta, Shampoo, Rasiercreme, Haarwasser, Auto, Korsett, Kaffee, Backrezept oder Bohnerwachs gelöst werden.«

Die Programme mußten die Zuschauer in die richtige Laune versetzen – in Kauflaune. Sie mußten auch möglichst viele Zuschauer erreichen. Einschaltquoten waren bestimmend. Waren die Shows nicht so gut wie erwartet, wurden sie schnell abgesetzt.

In Großbritannien folgte das kommerzielle Fernsehen dem Beispiel des Rundfunks, der sich aber ganz anders als in den USA entwickelt hatte. Frühe Hörfunkanbieter waren in Großbritannien, wie in Amerika, Radiohersteller, die ihren Warenverkauf ausweiten wollten. Einige Geschäftsleute schlossen sich 1922 zur British Broad-

casting Company (jetzt Corporation) zusammen. Ihr erster Geschäftsführer, John (später Lord) Reith, glaubte jedoch unerschütterlich an
das öffentliche Dienstleistungsideal; deshalb heißt es im ersten Abschnitt der Satzung der Corporation: »Zweck der Corporation ist es,
einen öffentlichen Sendeservice für den allgemeinen Empfang zu
Hause und im Ausland anzubieten.« Seit 1927, also von Anfang an,
bezieht die Corporation ihr Einkommen aus einer Lizenzgebühr.
1927 waren es zehn Schilling; 1988 waren es 58 Pfund, aber mit zwei
TV-, vier Rundfunksendernetzen und 32 örtlichen Rundfunkstationen erwies sich dieser Betrag als unzureichend.

1936 begann die BBC als erster Sender der Welt, TV-Sendungen
mit hoher Bildqualität auszustrahlen, aber wie in den USA konnte
sich das Fernsehen erst in den fünfziger Jahren etablieren. Anfang
der fünfziger Jahre nahmen die Kampagnen für ein kommerzielles
Fernsehsendernetz ständig zu. Die Popular Television Association
wurde sowohl von der Werbebranche als auch vom konservativen
Central Office unterstützt. Die Idee rief viele Gegner auf den Plan. Ein
National Television Council (Nationaler TV-Rat) gegen kommerzielles
Fernsehen wurde von einem Parlamentsmitglied der Labour Party,
Christopher Mayhew, ins Leben gerufen. Zu seinen Mitgliedern gehörten Bertrand Russell und E. M. Forster. In einem Pamphlet, von dem
60 000 Exemplare verkauft wurden, forderte Mayhew die Leser auf,
»allen Einfluß, den Sie als ein freier Bürger des demokratischsten
Landes der Welt haben, geltend zu machen, um die Verwirklichung
dieser barbarischen Idee zu verhindern«[21]. Reith selbst wetterte im
House of Lords: »Irgend jemand führte das Christentum in England
ein, und irgend jemand brachte Pocken, Beulenpest und Pest. Jetzt
versucht jemand, gesponserte Sendungen einzuführen.«[22] Moralische Werte standen auf dem Spiel.

Als das kommerzielle Fernsehen 1955 schließlich begann, befand
es sich zunächst in der Defensive und war durch unzählige Restriktionen gekennzeichnet. Der Dirigent Sir John Barbirolli erklärte, daß
kein Programm, in dem er mit dem Hallé Orchestra auftrat, von Werbesendungen unterbrochen werden dürfe. Werbesendungen konnten nur am Anfang und am Ende der Programme und in »natürlichen
Pausen« gezeigt werden. Heute sind die Pausen nicht immer »natürlich«, aber es gibt keine Flut von Werbung gleich nach Beginn eines
Programms, wie das in Amerika der Fall ist.

Selbst der Name, den die kommerziellen Gesellschaften auswählten, spiegelt ihre Defensivposition wider: *Independent* Television (Unabhängiges TV). Die Kontrolle darüber übte die Independent Television Authority aus (als 1973 der kommerzielle Hörfunk dazukam, wurde sie in Independent Broadcasting Authority umbenannt). Die europäischen Länder waren fest entschlossen, dem amerikanischen Muster nicht zu folgen.[23] Die Sender werden meist durch Gebühren finanziert, manchmal auch zusätzlich noch durch Werbung.

In den letzten Jahren zeichneten sich zwei wichtige Entwicklungen ab, die den Werbeauftraggeber und sein von ihm benutztes Medium betreffen. Die Werbung hat ihre jetzige Position dadurch erreicht, daß sie als Instrument der gezielten Verkaufsförderung im Bereich der Gesamtöffentlichkeit eingesetzt wurde. Aber seit einigen Jahren werden diese »Massenmärkte« zugunsten kleinerer Segmente aufgebrochen. Das liegt zum Teil daran, daß die traditionelle Zielgruppe des Werbeauftraggebers – die »typische Familie« – immer mehr verschwindet. Statt dessen gibt es kleinere Haushalte oder Einzelpersonen, die unterschiedliche Dinge möchten und unterschiedliche Interessen haben – und deshalb nur durch verschiedene Medien erreicht werden können.

Der Markt »ist zersplittert, und ... die Firmen können ihre Produkte nicht mehr auf die gleiche Art wie früher verkaufen«, sagt Laurel Cutler, geschäftsführender Vizepräsident für Marktplanung bei Leber Katz Partners, einer Agentur, die sich auf neue Produkte spezialisiert.[24] »Statistisch mag die größte Anzahl Haushalte zwar in die Gruppe mit zwei Einkommen fallen, aber das schließt jeden ein, von der Kosmetikerin zum Wall Street-Börsianer – und die Unterschiede in Lebensstil und Einkommen sind viel zu groß, als daß man sie als einen Markt bezeichnen könnte.«

Mit der Segmentierung der Märkte – von ihnen unterstützt und durch neue Technologien ermöglicht – ging eine wahre Explosion der Medien parallel, die sich an ausgewählte Gruppen wenden. Es fing im Bereich der Zeitschriften an, als Zeitschriften mit hohen Auflagenzahlen, wie *Life, Paris-Match* und Frauen-Wochenzeitschriften, ihre Leser an Zeitschriften mit spezialisierteren Zielgruppen verloren. 1988 gab es allein in Großbritannien über 3 000 verschiedene Zeitschriften zu kaufen, und ihre Zahl steigt täglich. In den USA liegt die Zahl mehr als viermal so hoch. Zusätzlich richtete sich jede fünfte der amerikanischen Zeitschriftenanzeigen an ein spezifisches Segment – das heißt, sie erscheinen entweder in der Regionalausgabe einer Zeitschrift oder im Zusammenhang mit einer genau umrissenen »demographischen« Leserschaft.[25]

Die Zeitungen segmentieren ihre Märkte ebenfalls, geben verschiedene Ausgaben nach »Zonen« heraus und ermöglichen so den Werbeauftraggebern, spezifische Märkte mit weniger Streuverlust anzupeilen. So produzierte zum Beispiel die britische *Express and Star*, eine frühe Benutzerin neuer Technologien, Mitte der achtziger Jahre zehn verschiedene Ausgaben, wodurch sich die örtlichen Auftraggeber, wie Einzelhändler und Immobilienmakler, gezielt an bestimmte Lesergruppen wenden konnten.

Mit der Zunahme der Radiostationen und Fernsehkanäle wurde Segmentierung auch in diesen Bereichen möglich. In Haushalten mit zwei Fernsehgeräten können Werbeauftraggeber an Teenager nichtalkoholische Getränke in Rockvideoprogrammen verkaufen und im Nebenzimmer den Eltern finanzielle Informationen in Nachrichtenform anbieten.

Gerade weil der Rundfunk spezifische, definierte Hörerkreise erreichen kann, hat er in Amerika überlebt, wo er mit der Entwicklung des Fernsehens zum Untergang verdammt schien – er hat sogar Zuwachsraten verbuchen können. In den letzten Jahren wurden laufend neue Sendestationen gegründet: Mitte der achtziger Jahre gab es etwa 8500. Amerikaner hören täglich dreieinhalb Stunden Radio – mittels Radioweckern, Autoradios und tragbaren Geräten. Mindestens ein Fünftel des Gehörten ist Werbung.

Als die europäischen Regierungen ihre Einstellungen zum kommerziellen Hörfunk änderten, vervielfachte sich die Zahl der Rundfunksender. Mitte der achtziger Jahre gab es in Belgien 2 000 und in Italien etwa 3 000 private Rundfunkstationen.

Die Anzahl aller Arten von Medien wuchs überall, oder, mit den Worten von John Perriss, Saatchi's Mediendirektor in London, eine »Ausweitung der Medienmöglichkeiten« fand statt. Nach seiner Aussage gab es in Großbritannien in den zehn Jahren bis 1985 zwei neue TV-Sendeanstalten, die Werbung in ihre Programme aufnahmen – Breakfast TV und Channel 4 –, zwei neue nationale Zeitungen – den *Star* und die *Mail on Sunday*, ein Drittel mehr (Konsumenten-)Zeitschriften, die ganze (48 Stationen umfassende) Kette örtlicher kommerzieller Hörfunkstationen*, etwa 750 kostenlos verteilte Zeitungen und 180 kostenlose Magazine.

Gleichzeitig läßt sich der Trend feststellen, alles, was die Öffentlichkeit anziehen könnte, für Werbebotschaften zu verwenden. Als ein 80 Fuß langer Katamaran, Aspirant auf einen Weltgeschwindigkeitsrekord, in Großbritannien vom Stapel lief, stand auf seinen Außenbordwänden zu lesen: »Dieser Platz ist zu vermieten.« Das Boot wurde als »der Welt größter und schnellster Plakatanschlagort« angepriesen.[26]

Mitunter scheint das erste Gesetz der Werbung zu lauten: Wenn es sichtbar ist und du es wagen kannst, dann kleb' eine Anzeige drauf. Ron de Pear, Mediendirektor bei J. Walter Thompson in London, sagte: »In Australien gab es einen Boxer, der so oft k.o. geschlagen wurde, daß immer gespottet wurde, man könne auf den Sohlen seiner Stiefel Werbung machen. Heute würde es wahrscheinlich jemand versuchen.«[27]

Der Einfallsreichtum der Werbungtreibenden in bezug auf die Plazierung ihrer Werbebotschaften war schon immer erstaunlich. Im letzten Jahrhundert liefen Plakatträger in der britischen Armeeuniform ähnlichen Kostümen durch die Straßen Londons. Diesem Treiben wurde durch den Uniforms Act 1894 ein Ende bereitet, aber ein Werbungtreibender umging das Gesetz, indem er als *deutsche* Soldaten verkleidete Plakatträger losschickte. Der Lebensmittelhändler Thomas Lipton produzierte Scheine ähnlich schottischen Banknoten, die Werbeslogans aufwiesen – ein Mann mußte 20 Tage ins Gefängnis, weil er versucht hatte, mit einem solchen Schein zu bezahlen. Thomas Barratt von Pears' Soap benutzte richtige Münzen. In den frühen neunziger Jahren des 19. Jahrhunderts wurden in Großbritannien französische zehn-Centimes-Stücke als ein Penny akzeptiert. Barratt importierte 250 000 der französischen Münzen, ließ sie mit »Pears« stempeln und brachte sie in Umlauf. Das Ergebnis war, daß das Parlament ein Gesetz verabschiedete, das der Verwendung von französischen Münzen ein Ende setzte. Die »Pears«-Münzen wurden eingezogen und eingeschmolzen.[28]

Auch Telegramme kamen zum Einsatz. Eine ältere Dame beschrieb 1896 in einem Brief an *The Times*, wie ihre Angestellte sie mit

---

* Kommerzieller Hörfunk lief in Großbritannien sehr spät an, nämlich erst 1973.

einem Telegramm in den Händen weckte. Sie öffnete es und konnte die Mitteilung lesen:»Peter Robinsons Ausverkauf hat begonnen.« 1893 wurde anläßlich der Chicago Exhibition ein»Wolkenprojektor« auf dem Dach des Manufacturers' Building aufgebaut. Mit dessen Hilfe wurden die täglichen Besucherzahlen der Ausstellung auf die Wolken projiziert.[29]

In den zwanziger und dreißiger Jahren unseres Jahrhunderts wurden die Werbebotschaften mittels Megaphonen aus Flugzeugen posaunt, auf unzerbrechlichen Kunststoffschallplatten in die Häuser geschickt, durch lebende Schaufensterpuppen vermittelt, die an die Schaufensterscheiben klopften, um die Aufmerksamkeit der Passanten auf sich zu lenken, und sie wurden sogar auf die Rückseite der britischen Hundesteuermarken gedruckt, mit der ausdrücklichen Erlaubnis des Finanzministeriums.[30]

Der Einfallsreichtum hat nicht nachgelassen. Heute findet sich Reklame an den Ballwaschanlagen amerikanischer Golfplätze; an den Einkaufswägen in Supermärkten; auf Milchflaschen; auf Straßenschildern im Zoo von Los Angeles (gemäß dem Slogan einer Firma»Mieten Sie eine Straße«); an den Rückwänden der Toilettenzellen in den öffentlichen Waschräumen Australiens.

Sie erscheint in schottischen Schulbüchern in Strathclyde (8550 Pfund kosten einen Werbeauftraggeber drei Seiten in 500 000 Büchern, 2850 Pfund eine Seite. Der erste Kunde war die Bank of Scotland); auf den kostenlosen Plastikregenhäuten, die bei großen Open-Air-Ereignissen, bei Handelsshows und Promotions ausgegeben werden (»Jetzt haben Sie die Chance, sich die berühmteste britische Institution zunutze zu machen – das Wetter«).[31] In den Wartezimmern der Krankenhäuser bieten Videos eine Mischung aus Unterhaltung und Reklame, die jedoch nie für Tabak, Alkohol oder Medikamente wirbt. (»Wir haben die anfängliche Skepsis völlig überwunden, jetzt kommen die Krankenhäuser zu uns«, verkündete die verantwortliche Firma nach den ersten Startversuchen.)[32]

Werbung erscheint in den Fußballvideos auf Ölbohrinseln; auf Bildschirmen in Bahnhöfen; über Kassen in Supermärkten; in britischen Pubs (drei Werbespots pro 20 Minuten Sportreportage); in Diskotheken; auf Einkaufstaschen; auf Fahrkarten der Washington Metro; auf Memory clips; in Bussen in Nordengland (zum Zeitpunkt der Abfassung dieses Buches nur als Hörwerbung); auf Fußballtrikots,

Streichholzschachteln, Müllbeuteln und -eimern, Laternenpfosten und auf Jalousien von Heckscheiben. Der Mann, der die Idee mit den Heckscheibenjalousien hatte, glaubt, in einer idealen Welt hätten die Leute lieber keine Werbung: »Alles würde so sauber aussehen.« Er fügt hinzu: »Aber unsere Wirtschaft ist davon abhängig. Produkte müssen angepriesen werden, und dazu gehört nun einmal Werbung.«

Verglichen mit anderen Medien, sind diese Ideen Randerscheinungen und wirken oftmals geradezu lächerlich. Diejenigen jedoch, die sich durchsetzen – und die oben erwähnten haben überlebt –, werden alle von jenen Werbefachleuten ernstgenommen, deren einziges Kriterium der Kosten-Nutzen-Effekt ist. Anders ausgedrückt: Wenn ich hier werbe, kann ich dann mehr verkaufen? »Niemand gibt vor, daß dies das Medium eines anspruchsvollen Marktes ist«, sagt Geoff Cherry, der Heißluftballone als Werbeträger anbietet. »Es ist ziemlich schwierig, es den Agenturen schmackhaft zu machen... Aber an den richtigen Orten funktioniert auch das.«[33]

John Perriss sagt, daß seine Agentur, Saatchi's, von neuen Ideen geradezu überschwemmt werde. »Letzte Woche hatte ich beispielsweise die Skyrocket Diving Co. hier – ihre Fallschirme öffnen sich 15 Sekunden über der Erde. Sie wollten, daß Werbeauftraggeber ihre Fallschirme sponserten und argumentierten, daß der Werbung ein sehr hoher Aufmerksamkeitsgrad zukäme, weil die Augen aller Zuschauer auf sie gerichtet wären. Ich fragte, was passieren würde, wenn die Dinger sich nicht öffneten? Was würde wohl unser Kunde denken, wenn sich sein Werbeträger in ein Leichentuch verwandelt? Sie alle wollen nur fünf, zehn Minuten lang Ihre Aufmerksamkeit. Über manches muß man lachen, aber zuhören muß man trotzdem. Die Anzeigen auf den Parkuhren zum Beispiel waren ein toller Einfall – sie sind sehr erfolgreich.« Die Werbung auf den Londoner Parkuhren wurde offensichtlich als so effektiv erachtet, daß sich 500 Anzeigenkunden (die etwa eine Million Pfund zahlten) für diese Idee entschieden, einschließlich Coca-Cola, British Telecom und Imperial Tobacco.

Wie bei allen Medien wird die Forschung gebeten, »wissenschaftliche« Statistiken zu Zielgruppen und Resultaten zu erstellen: Kunden, die ihre Anzeigen durch Trolley Ads auf Einkaufswägen in Supermärkten anbrachten, konnten auf diese Weise erfahren, daß sie

88 Prozent aller Hausfrauen des Landes erreicht hätten, wovon jede
58,98mal Kontakt mit der Anzeige hatte, und daß sie das für einen
Zeitraum von vier Wochen 99 192 Pfund kostete. Kellogg's Umsatz
von Cornflakes stieg um 17 Prozent, als das Unternehmen auf Milchflaschen für das Produkt warb.

Selbst Werbefachleute sind häufig überrascht, in welchem Maße
sich die Leute bedrängen lassen, ohne zu protestieren. Sie rebellieren
ab und zu – so wurde die Lautsprecherreklame im Grand Central Station nach einer Protestaktion eingestellt, die Harald Ross, der Verleger des *New Yorker*, angeführt hatte. Meist jedoch behalten die Leute
ihren Unwillen für sich. Die jüngste Geschichte der Außenwerbung –
des ältesten Werbemediums – besteht allerdings aus Auseinandersetzungen zwischen Werbeauftraggebern und jenen, die dafür plädieren, die Plakatierungswut zu kontrollieren oder gar gesetzlich
abzuschaffen. Pat Brown, Gouverneur von Kalifornien, einem
Bundesstaat mit vielen, sehr aufdringlichen Reklamewänden, meint:
»Wenn ein Mann eine leere Zigarettenschachtel aus dem Auto wirft,
muß er eine Strafe von 50 Dollar zahlen. Wenn ein Mann eine Plakatwand in die Landschaft stellt, wird er reich belohnt.« Dieser Meinung
hielt ein amerikanischer Vermieter von Reklameflächen entgegen:
»Es gibt Zeiten, da schauen die Leute lieber Poster als Landschaften
an.«[34] Werbefachleute lieben Plakatwände. Weil für die Reklametafeln oft nur ein kleiner Teil des Budgets der Agenturen vorgesehen
ist, haben die Kreativen freie Hand. Sie argumentieren, daß ein Poster
Aufmerksamkeit erregen *muß*. Das Resultat: Plakatwände, in denen
richtige Autos stecken; riesige, aufgeblasene Hundemodelle; ein ungeheuer großer Incredible Hulk (riesenhafte TV-Serienfigur), der
durch einen Bildschirm torkelt... Die Londoner Agentur FCO förderte
den Verkauf von Araldite-Klebstoff, indem sie ein Auto an eine Plakatwand klebte und dazuschrieb: »Er klebt auch Griffe an Teekan-
nen.« Auf Plakatwänden werden Drehscheiben befestigt, um Licht zu
reflektieren und Bewegung vorzutäuschen. Riesige Videoreklame-
tafeln finden zunehmend Verbreitung, obwohl eine Tafel eineinhalb
Millionen Dollar kostet. In den USA gibt es etwa 500 000 Plakatie-
rungsmöglichkeiten, in Großbritannien die überraschend hohe Zahl
von 170 000. Wo es keine Schilder gibt, werden »rollende Anzeigen« –
seitlich an Lastwagen oder Anhängern – eingesetzt.

Der erfolglose Bildhauer Robert Keith Vicino erfand eine neue

Form der Außenwerbung, die seine Behauptung, er verwandle diese in Kunst, fast zu rechtfertigen scheint. Vicino schafft unter dem Namen Robert Keith riesige, aufblasbare Nachbildungen von Produkten und Figuren. Sechs und neun Meter hohe Pepsiflaschen, Campbells Suppendosen, Zigarettenschachteln, sogar einen fünf Stockwerke hohen Sechserpack Budweiser-Bier, den Anheuser-Busch als Auditorium benutzt. Wie ein richtiger Erfinder produzierte Vicino sein erstes Werk in seinem Wohnzimmer – eine zehn Meter hohe Windsor Canadian-Whiskyflasche. Heute hat seine Firma in San Diego mehr als 150 große Kunden, einschließlich McDonald's, American Tobacco und namhafte Hersteller alkoholischer und nichtalkoholischer Getränke. Sein Ziel: »...das Medium zur Botschaft zu machen. Ich wollte nicht, daß ein Kind zu seiner Mutter sagt: ›Mami, siehst du den großen Ballon?‹ Ich wollte, daß es sagt: ›Mami, sieh mal die große Cola-Dose.‹«

Dennoch bleiben Print und TV die wichtigsten Medien, und für die Aufgabe, alle Arten von Produkten, eine Person oder eine Idee zu verkaufen, ist das Fernsehen das am besten geeignete Medium. Die Fakten in bezug auf das Fernsehen sind überwältigend. Zu Beginn der achtziger Jahre kannten sieben von zehn Amerikanern kein Leben ohne Fernsehgerät. Das Fernsehen war zu einem Bestandteil des Alltags geworden, und derselbe Trend zeichnete sich in der Dritten Welt ab. In Indien verzehnfachte sich die Anzahl der Fernsehgeräte zwischen den Jahren 1975 und 1985. Eine amerikanische Umfrage ergab, daß 72 Prozent aller Amerikaner über 17 Jahre täglich fernsehen.[35] Schätzungen zufolge haben Amerikaner, wenn sie die Schule verlassen, durchschnittlich 15 000 bis 18 000 Stunden ferngesehen – im Vergleich dazu verbrachten sie nur 11 000 Stunden im Unterricht.[36] Während dieses Zeitraums sehen die jungen Amerikaner 350 000 Werbesendungen.

1987 sah der durchschnittliche Brite im Winter über sechs Stunden täglich fern, im Sommer über viereinhalb Stunden.[37] Vor dem Bildschirm sind selbst als »klein« eingestufte Zuschauerkreise im Vergleich mit anderen Medien groß. Eine Show beispielsweise, die mit einer Einschaltquote von 10,8 am unteren Ende der Nielsen-Skala rangierte und die Medienexperten als »mies« bezeichneten, wurde von 18 Millionen Zuschauern gesehen. Ron Kaatz, Direktor für Medienkonzepte bei J. Walter Thompson in New York, verwies darauf, daß das ebenso viele Zuschauer waren wie bei allen Bühnenaufführungen von *A Chorus Line* (der am längsten laufenden Show in der Geschichte des Broadway) weltweit in zehn Jahren.[38]

Von allen Werbemedien ist das Fernsehen den gravierendsten Veränderungen ausgesetzt. Fernsehen bedeutete früher, daß man das Programm des Sendernetzes oder die ein oder zwei von der Regierung geförderten oder kontrollierten nationalen Sender einschaltete. Heutzutage haben immer mehr Zuschauer Zugang zu AOT – *All Other Television*. Sie können Programme über Kabel oder Satellit empfangen, Textseiten abrufen oder eine Kassette in den Videorekorder schieben und so ein selbstgewähltes Programm ansehen.

Schon vor Mitte der achtziger Jahre konkurrierten Videos zuhause mit dem Sende- und Kabelfernsehen und den Kinofilmen als den bevorzugten amerikanischen Unterhaltungsmedien. 1985 hatte jeder dritte amerikanische Haushalt mit Fernsehgerät auch einen VCR, und die Zahl steigt weiter. Im Vergleich mit anderen Ländern sind das nicht einmal viele – in Großbritannien lag die Zahl bei 45 Prozent, in Japan bei 60 Prozent und in den Vereinigten Arabischen Emiraten bei atemberaubenden 83 Prozent.

Der Videorekorder brachte ein eigenes Problem mit sich – Zuschauer in allen Ländern, von Amerika bis Australien, fanden schnell heraus, daß sie Programme aufnehmen und die Werbung herausschneiden konnten. (Ein Gerät für 399 Dollar, das auf den amerikanischen Markt gebracht wurde, registriert während der Aufnahmen sogar automatisch die Werbespots und schneidet sie heraus.)

In allen Ländern sahen die traditionellen Sendernetze durch die zunehmende Konkurrenz ihre Vorherrschaft untergraben. Die Geschwindigkeit dieser Entwicklung ist erstaunlich. Kommerzielles Fernsehen erlangte in den USA 1948 als Werbemedium Bedeutung; 1955, kaum daß das kommerzielle Fernsehen in Großbritannien eingeführt war, übernahm es schon die Führungsrolle. Die Koordination einzelner lokaler Fernsehstationen und ihrer Programmgestaltung war auch die treibende Kraft derselben Sendernetze, die bei der Entwicklung des landesweiten Hörfunks vorangegangen waren, nämlich ABC, NBC und CBS. Das amerikanische Rundfunk- und Fernsehwesen basiert auf einem Netz lokaler Anstalten. Manche sind unabhängig, aber die meisten sind zu den Hauptsendezeiten den nationalen Programmen angeschlossen. Jahrelang war der Einzugs-

bereich des Fernsehen genau aufgeteilt. Die drei großen Sendernetze kontrollierten zusammen über 95 Prozent der Hauptsendezeit
des Landes.

Noch zu Beginn der siebziger Jahre gab es kaum Konkurrenz. Die
Sendernetze erfreuten sich an steigenden Einschaltquoten und Zuge-
winnen. 1975 ereigneten sich zwei Dinge; weder das eine noch das
andere Ereignis erregten viel Aufmerksamkeit, aber sie sollten die
Welt des Fernsehens verändern. Home Box Office, das neue Münz-
kabelfernsehunternehmen der Time Inc., sendete ein Signal über einen 22 300 Meilen über der Erde befindlichen Satelliten und wies damit den Weg zu landesweitem Kabelfernsehen. Und Sony führte in
den USA den ersten erfolgreichen Videorekorder ein, was bedeutete,
daß Zuschauer zukünftig aufnehmen konnten, was ihnen gefiel und
sich ihr eigenes Programm zusammenstellen konnten. Zwei Jahre
später verzeichneten die Sendernetze die ersten Einbußen an ihrem
Anteil an der Gesamtzuschauerzahl. Aber *Time* kommentierte: »Nur
wenige Mitarbeiter der Sendeanstalten lasen aus dem Kaffeesatz; sie
waren zu sehr mit Champagnertrinken beschäftigt.« 1980 teilten
sich die drei Fernsehanstalten 84 Prozent der Einschaltquoten zu
den Hauptsendezeiten. Im letzten Quartal des Jahres 1987 waren es
77 Prozent. Steve Fajen von Saatchi's in New York schätzte, daß die
Zahl bis 1990 auf 63 Prozent sinken und bis 2000 bei 50 Prozent
liegen werde.

Das Kabel überwindet als Lieferant von Fernsehprogrammen alle
Beschränkungen der drahtlos gesendeten Programme. Es herrscht
eine Knappheit an drahtlosen, durch die Luft übertragenen Wellen-
längen, und sie sind international rationiert. Für ein Land wie Großbritannien stehen nur einige wenige zur Verfügung. Durch das Kabel
wird die Anzahl der TV-Kanäle praktisch unendlich, und mit dem Satelliten zählen Entfernungen nicht mehr. Die beiden Entwicklungen
gehen Hand in Hand oder – vielleicht genauer – verhalten sich zueinander wie die ungetrennten Hälften eines siamesischen Zwillings.
Die Satelliten senden die Programme über große Entfernungen, und
die Kabelsysteme verteilen sie in den Ortschaften. In den USA werden
fast alle Programme, die im Kabelfernsehen laufen, via Satellit übertragen. In Europa wurden 1986 sechs Kanäle via Satelliten über die
Länder gestrahlt und von etwa zwölf Millionen Kabel-Haushalten
empfangen.

Kabelfernsehen ist nichts Neues. Die ersten Systeme wurden
schon in den fünfziger Jahren in Großbritannien eingesetzt. Aber sowohl in den USA als auch in Großbritannien wurden die ersten Kabel
nur verwendet, um Signale in entfernte Gegenden zu bringen, in denen die normalen, drahtlos gesendeten Signale zu schwach waren.
Wie der Name sagt, wird Kabelfernsehen durch Kabel gesendet, die
unter- oder überirdisch verlaufen. In den siebziger Jahren führte die
Erfindung des »Glasfaserkabels« dazu, daß eine fast unbegrenzte
Zahl von Kanälen in angeschlossene Haushalte gebracht werden
konnte. Diese Kabel bestehen aus hauchdünnem Glas, das Signale als
Lichtimpulse überträgt. Das eigentliche Wachstum des Kabelfern-
sehens setzte Mitte der siebziger Jahre ein, als die Satelliten eine
»Echtzeit«-Verteilung der Programme ermöglichten. Die Auswirkung ist am deutlichsten in den USA, wo Zuschauer zum Beispiel in
Manhattan Mitte der achtziger Jahre zwischen 35 oder mehr Kanälen wählen konnten. Die Kabelzuschauer konnten Kanäle einstellen,
die spanische Programme oder Live-Übertragungen aus den Vereinten Nationen brachten oder sich auf Finanzen, Gesundheit, Sport,
Nachrichten, Unterhaltung oder Rockvideos spezialisierten – oder
die gar solche Seltsamkeiten wie Ugly George sendeten, in denen
ein Moderator mit diesem Namen Frauen dazu überredete, sich
vor der Kamera auszuziehen. 1988 hatten schätzungsweise 45 Millionen Haushalte – über die Hälfte aller Haushalte mit einem Fernsehgerät – Kabelanschluß; die Verteilung konzentrierte sich auf die
reicheren Vororte.

In Großbritannien reagierte man zunächst gleichgültig auf das
Kabelfernsehen. In den achtziger Jahren beschloß die britische Regierung, die Entwicklung neuer Kabelsysteme zu fördern. Im Dezember 1984 waren zwei Millionen Menschen in 30 wichtigen Städten in
der Lage, neun zusätzliche Kanäle zu empfangen. Knapp ein Jahr
später hatten sich jedoch erst etwa 134 000 Abonnenten anschließen
lassen. Ein Hauptgrund besteht wohl darin, daß die britischen Zuschauer bereits ein insgesamt zufriedenstellendes Fernsehangebot
erhielten. Und selbst wenn ihnen hier etwas fehlte, wäre es nicht
leicht gewesen, sie davon zu überzeugen, daß die Programme auf den
anderen Kanälen so viel aufregender sein würden.

Die Folge: Großbritannien lag weit zurück im Vergleich zur Zahl
der Kabelabonnenten in anderen europäischen Ländern, obwohl

manche Insider davon überzeugt waren, daß es sich hier nur um eine vorübergehende Erscheinung handelte. Die Situation war jedoch von Land zu Land verschieden. Es war von Bedeutung, daß die europäischen Zuschauer auf dem Kontinent weniger mit der Qualität und der Abwechslung ihrer nationalen Programme zufrieden waren und so ein fruchtbares Terrain darstellten. Ebenso wichtig war, daß in vielen Ländern die Kabelversorgung – wie Gas und Elektrizität durch örtliche Behörden betrieben – relativ weit entwickelt war.

Bis 1987 waren nach Schätzungen von Saatchi and Saatchi Compton acht von zehn belgischen Haushalten und mehr als die Hälfte aller niederländischen Haushalte verkabelt. Dort empfingen die Zuschauer zusätzlich zu ihren zwei nationalen Programmen zwei holländische Kabelprogramme, vier belgische, mehrere deutsche, die der britischen Streitkräfte, BBC 1 und BBC 2 und transeuropäische Satellitenstationen wie Sky und Music Box. Eine Organisation, CIT Research, schätzte, daß fast 17 Prozent der europäischen Haushalte 1995 an große Kabelsysteme angeschlossen sein werden. (Es gibt zwei Kabelsysteme, große Kabel – CATV, und kleine Kabel – Master Antenna oder MATV. Letzteres wird in Hotels und Wohnblocks eingesetzt. In Skandinavien und in der Bundesrepublik Deutschland, beides Länder mit zahlreichen großen Wohnblocks, versorgt dieses System sehr viele Zuschauer mit Kabelanschlüssen.)

Satelliten ermöglichten die Entwicklung von Kabelsendernetzen. Die Idee stammt aus dem Jahr 1945, als der Science Fiction-Schriftsteller Arthur C. Clarke in einem mittlerweile berühmten Artikel in *Wireless World* schrieb, daß ein Satellit in eine 35 000 Kilometer weit entfernte Umlaufbahn geschickt werden könne, wo er sich genauso schnell wie die Erde drehen würde. So würde er quasi stillstehen, und richtig plaziert, könnten drei solcher Satelliten für die ganze Welt ausreichen.

Der erste international eingesetzte Satellit für Fernsehsignale war Telstar I, der von den USA 1962 in Umlauf gebracht wurde. Seine Umlaufbahn lag viel tiefer, als Clarke vorgeschlagen hatte, und er konnte nur 18 Minuten pro Umlaufbahn Signale zwischen Europa und den USA ausstrahlen. Der erste Satellit in »stationärem Orbit« war drei Jahre später der amerikanische Early Bird. Einen Monat nach seinem Start wurde er benutzt, um den Kampf zwischen Cassius Clay und Sonny Liston live nach Europa zu übertragen.

Bei inländischer Verwendung versorgen sie Länder wie die UdSSR und Kanada mit nationalem Fernsehen. Die Sowjetunion sendet mit Hilfe von Satelliten Programme für ihre Soldaten im Ausland, wie zum Beispiel in Afghanistan. Satelliten gehören entweder den Regierungen (wie in Rußland), privaten Unternehmen (wie der RCA-Satellit, von dem Home Box Office seit 1975 Kapazitäten least) oder den Ministerien für das Post- oder Telekommunikationswesen, wie die beiden Satelliten, die Großbritannien mit Signalen versorgten. Sie gehörten Verbänden der westlichen PTTs.

Sky gehört zu Rupert Murdochs internationalem Medienimperium und nimmt auch Programme auf, die ziemlich niedrigen Ansprüchen genügen, von der Annahme ausgehend, daß den meisten Europäern solch leichte Kost sehr fehlt. Visuelle Programme herrschen vor, wie Sport, Zeichentrickfilme, Rockmusik. Der Grund hierfür liegt in der Vielzahl der Muttersprachen der Zuschauerschaft.

Die Programme werden nach dem »strip programming«-Prinzip geplant, d.h. sie werden jeden Werktag zur gleichen Stunde als Fortsetzungen gesendet. Das basiert auf dem Konzept, daß verschiedene Gruppen von Zuschauern zu bestimmten Tageszeiten fernsehen. So werden am Spätnachmittag für die aus der Schule kommenden Kinder und Jugendlichen Popvideos ausgestrahlt, Komödien am frühen Abend, wenn meistens die ganze Familie zusammen ist, und Sport für Männer spät in der Nacht.

Die Programme kommen vielen britischen oder amerikanischen Zuschauern sehr antiquiert vor: Starsky and Hutch, die Lucy Show, Mork and Mindy. Stewart Butterfield, Mediendirektor bei McCann-Erickson in London, schreibt ihre Erfolge »der Tatsache zu, daß Programme angeboten werden, die dem kleinsten gemeinsamen Nenner Genüge tun«[39]. Sky Channel weist solche Kritik natürlich öffentlich zurück. Richard Platt, Leiter der Programmabteilung: »Der Begriff ›kleinster gemeinsamer Nenner‹ klingt nach der altmodischen Vorstellung, daß die Leute das erhalten sollten, was gut für sie ist und nicht das, was sie wollen. Nach unserem Motto ist der Zuschauer König. Wir haben den Auftrag, ihn zu unterhalten.«

Obwohl die meisten Satellitenprogramme Kabel für ihre Verteilung benötigen, ist es seit den achtziger Jahren möglich, Signale auch direkt zu empfangen. In den USA geschah das 1985 in fast zwei Millionen Haushalten. Im Großbritannien des Jahres 1986 setzte dies die

Installierung einer Parabolantenne mit einem Durchmesser von 1,8 Metern voraus, die etwa 27 Grad nach Süden gerichtet, in drei 150 Pfund schweren Zementblöcken verankert sein und unbehinderte Sicht zum Himmel haben mußte!

Ende der achtziger Jahre änderte sich das jedoch durch DBS (DBS steht für Direkte Satellitensendung). DBS-Signale benötigen eine Parabolantenne von nur 50 Zentimeter Durchmesser (etwa die Größe einer Obstschüssel), weil die Sender sehr viel kräftiger sind. Die entscheidende Wende fand Ende 1987 statt, als der erste europäische Direkt-Satellit TV-Sat gestartet wurde. Man nannte ihn »den Pionier für extra-terrestrisches Senden«. Andere Satelliten – aus Luxemburg, Frankreich, Skandinavien und Großbritannien – sollten innerhalb der beiden folgenden Jahre in Umlauf gebracht werden. In Großbritannien wurde 1989 als das erste Jahr der »neuen Ära« des Rundfunks bezeichnet. Murdoch prophezeite, daß mit vier Satellitenkanälen bis 1992 über sechs Millionen britische Haushalte solche Programme empfangen könnten. Nach anderen Voraussagen würde sich die Zahl der britischen Kanäle auf 40 oder 50, und die Zahl der empfangenden Haushalte in Europa auf 40 Millionen erhöhen.[40]

Michael Tracey, Leiter der Broadcasting Research Unit des British Film Institute, glaubt, daß bis 2001 DBS die wichtigste TV-Programmquelle sein wird.[41] Comsat, eine amerikanische Corporation, schätzte, daß es bis zu jenem Jahr für jede amerikanische Zeitzone Platz für 110 bis 142 satellitengelieferte Kanäle geben wird. Ein britischer Experte, John Howkins, rechnet damit, daß 175 Kanäle den Zwölf-Gigahertz-Bereich benützen könnten. Aber Tracey schrieb: »In den späten neunziger Jahren wird sich ein völlig neues Feld des Direktsendespektrums im Bereich von 22,5 bis 23 Gigahertz auftun, das wiederum für weitere 150 bis 300 Kanäle sorgen könnte. Das Jahr 2001 könnte auch die Ankunft der laser-beschleunigten Lichtwellen-Satellitenkommunikation erleben, wobei das vom Strahl bedeckte Gebiet nicht größer als ein Stadtviertel ist... Bis 2001 werden sich die Satelliten als die billigste, effektivste und leichteste Art, Signale in Haushalte zu senden, etabliert haben.« Andere schätzten, daß Europa in den neunziger Jahren eine Auswahl zwischen 144 TV-Kanälen haben werde. »Wir brauchen dann vielleicht unsere PCs, um das Abendprogramm festzulegen«, hieß es bei einem Kongreß in Rom.

Entscheidend bei Kabel und Satellit ist vor allem, daß ihr Anwachsen die Macht des Werbeauftraggebers stärkt. Dies geschieht auf verschiedene Weisen. Zum einen muß jemand für die Programme zahlen; oftmals zahlt der Werbeauftraggeber. Von den 13 Kanälen, die Mitte der achtziger Jahre an die Kabelsystemzentralen in Europa sendeten, akzeptierten acht Werbung oder Sponsoring. Von den zwölf Kanälen, die zur Zeit vorbereitet werden, erklärten zehn, daß sie Werbung annehmen würden.

Darüber hinaus wurde transnationale Werbung für internationale Werbungtreibende Wirklichkeit, auch wenn sie noch in den Kinderschuhen steckt. Internationale Agenturen sahen sich um, und was sie sahen, fand ihr Wohlgefallen. Jeremy Bullmore, Vorsitzender von J.Walter Thompson in London, begeisterte sich in einer Rede: »Es sieht so aus, als könnten wir zum ersten Mal den Traum eines Multis erfüllen: in einem Signalmoment direkten Kontakt mit dem Mann auf der Straße herzustellen, und das weltweit! Welche Macht, welche Kostenersparnisse, welche Konsequenzen! Welch eine Chance!«[42]

Verglichen mit der landesweiten Fernsehwerbung wird noch relativ wenig für Satelliten ausgegeben, aber die Auftraggeber sind mächtige multinationale Konzerne – Coke, Levi, British Airways, Canon. Die europäische Werbezeitschrift *Focus* schwärmte, daß Satelliten »den Werbungtreibenden eine riesige, Kulturgrenzen überschreitende Zuschauerschaft erschließen, die schon jetzt viele der nationalen europäischen Märkte sehr klein erscheinen läßt... Die Auftraggeber sehen die Anfänge einer allgemeinen ›Supra-Kultur‹ in Europa, die sich in den jetzt via Satellitenfernsehen ausgestrahlten Werbespots und Programmen widerspiegelt«.

Der größte Vorteil für die Werbungtreibenden liegt jedoch darin, daß das Wachstum der neuen Medien entscheidenden Druck auf die alten Medien ausübt. Mitte der achtziger Jahre existierte Fernsehwerbung im eigentlichen Sinne in Europa nur in Großbritannien, Luxemburg, Italien, Spanien und Portugal. Das Ergebnis war, so hieß es, daß frustrierte Werbeauftraggeber gezwungen waren, ihr Geld anderswo einzusetzen (hauptsächlich in Zeitungen und Zeitschriften). Als die Satellitenkanäle begannen, diese Geldquellen zu erschließen, merkten die nationalen Sendesysteme auf. Seit 1985 ist der Effekt offensichtlich. Nationale Sendesysteme in staatlicher Hand wurden angeregt, mehr Zeit für Werbung bereitzustellen.

Schweden, 1987 noch eines der wenigen Länder, das sich völlig gegen Werbung sperrte, kann als Beispiel für diese Entwicklung angeführt werden.[43] Dank Kabel und Satellit konnten die Schweden Sky Channel, Superchannel und Screen Sport, drei von der Werbung unterstützte britische Satellitenkanäle sowie Programme aus Frankreich empfangen. Manche konnten sogar Ted Turner's American Cable News Network sehen.

Die schwedischen Behörden sind gezwungen, pragmatisch vorzugehen. Der Direktor der Swedish Cable TV Authority (Schwedische Kabelfernsehbehörde) sagte:»Wir lassen internationale Werbung auf den Satellitenkanälen zu, solange sie sich nicht direkt an schwedische Konsumenten richtet. Aber nach dem Gesetz verbieten wir die Verteilung eines Satellitenkanals durch die Kabelsysteme, wenn eine schwedische Firma kommerzielle Zeit beispielsweise von Sky Channel kauft, um schwedische Zuschauer direkt anzusprechen.«* Oder, wie ein Werbefachmann es ausdrückte:»Wenn man sagt ›Trinkt mehr Pepsi‹, dann ist das in Ordnung. Nicht aber ›Schweden, trinkt mehr Pepsi‹.«

1987 dachten viele Beobachter, daß Werbung auf den beiden nationalen Sendernetzen nur eine Frage der Zeit wäre.[44] Charles Dawson, Direktor der Horizons Media International, bemerkte:»Schwedens zwei werbungslose TV-Sendernetze sehen sich steigenden Kosten gegenüber, und das Geld muß von irgendwoher kommen. Schwedische Werbauftraggeber scheinen mehr und mehr die einzig logische Quelle. Die Behörden wollen nicht gern untätig zusehen, wie Sky und Superchannel Gelder einkassieren, die andernfalls in Schweden bleiben könnten.«

Überall in Europa wurde das vom Staat dominierte Fernsehen von seinem kommerziellen Bruder belagert. Für die Werbezeitschrift *Focus* gab es keinen Zweifel, wer siegen würde:»Kommerzielles Fernsehen wird triumphieren. Seine Gegner werden auf allen Seiten überwältigt. Die Zukunft wird ein Europa sehen, in dem Fernsehen ein den ganzen Kontinent umfassendes Werbemedium sein wird, das den Werbungtreibenden unglaubliche Möglichkeiten bietet.« Beispiele einer»langsamen, aber sicheren Verschiebung hin zur neuen

---

* Mit DBS gibt es nicht einmal diese unpopuläre Alternative – Satellitensignale sind schwer zu blockieren, wie die Sowjetunion bereits herausfinden konnte.

Ära der Fernsehwerbung« lassen sich in ganz Europa feststellen. Erst kürzlich wurde in Frankreich, der Bundesrepublik Deutschland und den Niederlanden mehr Sendezeit für Werbung zur Verfügung gestellt.[45] Werbung für bestimmte Produktkategorien war auf den französischsprachigen Kanälen des belgischen Fernsehens zugelassen worden, Norwegen hatte mit Fernsehwerbung am Samstagabend experimentiert. In Großbritannien, das lange als das Modell-Land der unabhängigen öffentlichen Sender galt, drängten die Agenturen auf Werbung bei der BBC. Die Regierung setzte 1986 das Peacock Committee ein, das 1987 davon abriet, angeblich sehr zum Leidwesen von Premierministerin Thatcher. Das Komitee gründete seine Hoffnung für die Zukunft der Fernsehfinanzierung auf Methoden wie Gebühreneinzug bei den Zuschauern.

Für die Werbungtreibenden bedeutet mehr kommerzielles Fernsehen nicht nur mehr Zeit, in der sie ihre Waren anbieten können, sondern auch die Aussicht auf eine Machtverschiebung. Die Auftraggeber glauben, daß die traditionellen Medien allzu oft eine Monopolposition ausnützten, um unfaire Situationen aufrechtzuerhalten – und unerhört hohe Gebühren festzusetzen.

Diese Feindschaft ist nicht neu. 1930 fand sich in dem Buch *Is Advertising Today a Burden or – a Boon?* ein langer Angriff der Werbung auf die Presse, der sich über 154 Seiten erstreckte. Schon das Vorwort enthielt die Klage: »Es ist nicht übertrieben zu sagen, daß Verleger Werbungtreibende in einer Art und Weise behandeln, wie sie es nie wagen würden, ihre eigenen Schriftsetzer zu behandeln.« Und in einem der Abschnitte stand: »Der Werbungtreibende ist gezwungen, seinen Platz auf dem Markt zu einem unglaublich hohen Preis zu ›kaufen‹. Kein Wunder, daß viele von ihnen nicht ›mithalten‹ können, wenn sie sehen, wie es zugeht. Heutzutage sind Summen von 5000 und 10 000 Pfund nicht einmal der Rede wert, wenn in einer Zeitung Anzeigenraum für eine gute Kampagne gekauft werden soll, mit der man wenigstens einen Fuß in den Markt setzen kann.«

50 Jahre später sind diese Summen längst überholt, aber die Klage ist die gleiche geblieben. In New York jonglierte ein Mediendirektor mit seinen Anzeigenpreislisten, um mir zu erklären, warum ich, wäre ich ein Werbeauftraggeber, nicht »allzu viel Kontakt« für zehn Millionen Dollar erhalten würde. Dort sind nach den Berechnungen einer Agentur die Kosten für einen TV-Werbespot in zwölf

Jahren um 230 Prozent in die Höhe geschnellt.*[46] In Großbritannien sind die *realen* Kosten des Medienkaufs ebenfalls um ein Vielfaches gestiegen. 1988 kosteten zehn Minuten britischer Sendezeit etwa vier Millionen Pfund. Um diesen Einsatz zu rechtfertigen, mußte ein Markenprodukt zwischen 75 und 200 Millionen Pfund einbringen, je nach Art des Produkts und Größe der Konkurrenz, wie die Berechnungen Tony Steads, eines Direktors bei J. Walter Thompson, ergaben.

Werbungtreibende, die keine Sendezeit kaufen wollen, können einen Teil ihres Werbebudgets in Zeitschriften, Rundfunk oder unabhängige Sender investieren, und einige tun dies auch. Aber dennoch bleibt das Fernsehen der Ort, an dem sie agieren mußten, selbst wenn dort die Zuschauerzahlen zurückgingen. Die Werbungtreibenden haben keine Zweifel daran, daß das Medienmonopol der Grund für den rasanten Kostenanstieg war. In Großbritannien beispielsweise erteilt die Regierung Lizenzen an die TV-Vertragspartner für die verschiedenen Regionen des Landes. Keiner von ihnen hat Konkurrenten zu befürchten, außer in London, wo es verschiedene Vertragspartner für die Wochentag- und Wochenendprogramme gibt.

Wenn mehr Reklamezeit tatsächlich zu billigerer Werbung führt, wie es den Anschein hat, dann werden sich die Werbespots besonders in Großbritannien und Europa verändern. Aufgrund der hohen Kosten ist Werbung dort zur Zeit eher den reichen Werbungtreibenden vorbehalten, die es sich leisten können, die riesigen Summen für die Produktion der Werbespots aufzubringen. Das war in den USA nie in diesem Ausmaß der Fall, denn dort ist die Werbung, deren Allgegenwart den Besucher so abschreckt, *lokale* Fernsehwerbung – gestikulierende Autohändler oder aufdringliche Kaufangebote der örtlichen Einzelhandelsgeschäfte.

Eine Zukunft mit mehr und billigerer Werbung bedeutet preiswerter produzierte Werbespots. In gewisser Weise sollte man das begrüßen – es demokratisiert die Werbung. Aber es geht unter Umständen auf Kosten der Qualität. Wenn britische Werbesendungen insgesamt gesehen »kreativer«, weniger anstößig und unterhaltsa-

---

* Beispiel: ein halbminütiger Spot in *Moonlighting* kostete in der Saison 1987/88 ungefähr 249 000 Dollar; im Oktober 1987 kostete ein Spot zu Hauptsendezeiten durchschnittlich 121 860 Dollar, acht Prozent mehr als im Vorjahr.[47]

mer sind als die amerikanischen, dann liegt das weniger daran, daß die Werbeleute besser sind, sondern daß das Medium elitärer ist.

Viele Werbungtreibende würden nicht abstreiten, daß Werbung ärgerlich sein kann – aber sie würden argumentieren, daß die Alternative für die Medien und ihre Zuschauer oder Leser noch viel schlimmer wäre. Ihr Argument wirkt bei oberflächlicher Betrachtung überzeugend; es lautet, daß Werbungtreibende Freiheit verkörpern. Die Behauptung fußt hauptsächlich darauf, daß Einnahmen nicht ausschließlich von den Abonnenten kommen können (denn sie wären nicht gewillt, die nötigen Beträge aufzubringen), und somit direkte Subventionen der Regierungen die einzige Alternative wären. Aber dann würden die Regierungen mit ihren Forderungen sicherlich auch nicht hinter dem Berg halten.

In einem Essay, veröffentlicht von J. Walter Thompson in einer Publikationsreihe, die die Rolle der Werbung in der Gesellschaft untersucht, warf der Autor einen Blick zurück auf die Steuer, die die britische Regierung der Werbung zu Beginn des 18. Jahrhunderts auferlegte[48]:

»Die Steuer richtete sich nicht gegen Werbungtreibende als solche, sondern gegen die Presse, die, politisch ausgedrückt, in unangenehmem Ausmaß populär und unabhängig geworden war ... Zu dem Zeitpunkt waren fünf der neun Tageszeitungen Londons hauptsächlich Werbeblätter. Die meisten erlagen dieser Steuer sehr schnell. Die Überlebenden waren in ihrem wirtschaftlich geschwächten Zustand gezwungen, Subventionen, besser Bestechungsgelder, von politischen Splittergruppen für ihre Fügsamkeit oder Unterstützung anzunehmen. Es dauerte nicht lange, bis einige Zeitungen, darunter auch *The Times*, reguläre Zuschüsse von der Regierung erhielten.«

Um diesen Punkt noch zu unterstreichen, wurde der Pressehistoriker Francis Williams zitiert: »Nur durch das Wachstum der Werbung erreichte die Presse ihre Unabhängigkeit.«

Ferner wird argumentiert, daß Werbungtreibende, anders als Regierungen und politische Parteien, sich nur selten um die politische Richtung des redaktionellen Teils kümmerten. Außerdem hielten sich die verschiedenen Interessen der Werbungtreibenden die Waage. Viele gehen noch weiter: Die Werbungtreibenden garantierten nicht nur die »Freiheit« der Medien, sondern sie sorgten auch dafür, daß das Endprodukt demokratischen Inhalts sei. So meint Gary

Davey, Leiter der TV-Services beim Sender Sky Channel: »Der wirtschaftliche Aspekt des modernen kommerziellen Fernsehens erzeugt eine Disziplin, die beste Mediendemokratie repräsentiert. Wenn dem Zuschauer nicht gefällt, was wir bringen, machen wir bankrott... Der Fernsehzuschauer gibt jeden Tag bei der Senderwahl seine Stimme ab. Der Zuschauer ist der Kunde, und verdammt noch mal, er hat immer recht!«

Die Werbebranche malt ein düsteres Bild von einer Welt ohne Werbung, nicht nur bezüglich der Medien. Der Ökonom Harold Lind schrieb[49]: »Die Auswirkungen auf die Medien wären furchtbar. Fast alle Qualitätszeitungen des Landes und die meisten regionalen Zeitungen könnten nicht mehr existieren. Wollte man das jetzige TV-Programmniveau aufrechterhalten, würde eine Gebührenerhöhung von 60 bis 70 Prozent unvermeidlich. Die verbleibenden Medien wären teurer und weniger umfassend, und jede staatliche Subvention zur Deckung dieser Verluste würde die Gemeinschaft, wirtschaftlich gesprochen, als reale Kosten spüren, was nicht der Fall ist, wenn das Einkommen der Medien von den Werbungtreibenden stammt. Zahlen die Auftraggeber, dann sind das keine Subventionen, sondern Methoden, ihre Effektivität zu steigern... Neben den allgemeinen wirtschaftlichen Einbußen und dem Verlust der Medien wäre die Öffentlichkeit zusätzlich noch von einer Unmenge Informationen abgeschnitten, von Unterhaltungsprogrammen bis zu Stellenangeboten, die für sie von Nutzen sind.«

Harold Fellows, der Präsident der US National Association of Radio and Television Broadcasters (US-Verband der Radio- und Fernsehstationen), entwarf in den fünfziger Jahren seine Vision einer Welt, in der es keine Werbung mehr gäbe.[50] 2700 Radio- und über 400 Fernsehstationen würden schließen müssen; viele Zeitungen und Zeitschriften wären bankrott, die anderen kleiner, aber doppelt so teuer; Arbeitslosigkeit würde um sich greifen und sich auf alle Hersteller und auf das Transportwesen erstrecken; die Börse würde zusammenbrechen; die Preise würden explodieren. Die USA würden »schneller als durch tausend Atom- oder Wasserstoffbomben in ein Schlachtfeld« verwandelt.

Keine der Behauptungen der Werbungtreibenden sollte jedoch ein sehr wichtiges Faktum verschleiern: sie verfügen über Geldmittel und werden so zu Machthabern. Sie haben, wie bereits erwähnt, die

»Macht, *sich durchzusetzen* – in unseren Zeitschriften und Zeitungen; in Radio- und Fernsehprogrammen; auf den Regalen und in den Schaufenstern der Läden; und schließlich auch in unseren Auswahlkriterien«.

Auf einer New Yorker Tagung von Werbefachleuten machte einer von ihnen ein sehr seltenes Eingeständnis.[51] Die Hersteller und ihre Werbeagenturen seien zum großen Teil an den Klagen und Niederlagen der bedrängten Medien schuld, sagte John Reidy von Drexel Burnham Lambert. »Die Agenturen wollen auf der Seite der siegenden Medien stehen.«

Die Werbungtreibenden können – und tun das auch – dort Reklame machen, wo sie glauben, die beste Mischung potentieller Konsumenten kostengünstig zu erreichen. Aber Reidy gab zu, wenn auch nur anderen Werbeexperten gegenüber, daß eine große Anzahl von Zeitungen aufgrund der Werbung in den Ruin getrieben wurde. Es stimmt, daß auch andere Faktoren eine Rolle spielten, so etwa die Maschinenstürmer im vergangenen Jahrhundert und schlechtes Management. Doch die Werbung löschte in der Tat gezielt konkurrierende Zeitungen in jeder Gemeinde und Stadt aus. Als Gruppen wünschen ironischerweise weder die Verkäufer noch die Agenturen die Entstehung von Medienmonopolen; diese entwickeln sich jedoch genau als Folge davon, daß sich weder die eine noch die andere Gruppe auf die Seite eines Verlierers schlagen will. Und bei diesen Abläufen gibt es außer dem Sieger eben nur Verlierer. Werbebudgets sind an Silbermedaillengewinnern nicht interessiert.

Deshalb ist die Massenwerbung, um mit den Worten Professor Ben Bagdikians, des berühmten amerikanischen Medienbeobachters, zu sprechen, »tödlich und unerbittlich«. Es gibt keine britischen Kleinstädte mehr, in denen mehrere lokale Tageszeitungen um Leser und Werbung konkurrieren; bestenfalls gibt es eine Morgen- und eine Abendzeitung, die beide meist derselben Gesellschaft gehören. In 99 Prozent der amerikanischen Städte herrscht die gleiche Situation. Professor Bagdikian macht an einem Beispiel die Entwicklung deutlich. Bis in die siebziger Jahre hatte Washington D.C. drei Zeitungen, die *Washington Post*, den Washington *Star* und die Washington *Daily News*. 1970 lagen die Auflagen bei jeweils 500 000, 300 000 und 200 000, die Werbekosten für den gleichen Anzeigenraum bei jeweils 16 676, 12 634 und 9676 Dollar. Berechnet man die

Kosten pro Tausend – der Betrag, der erforderlich ist, um 1000 Leser zu erreichen –, so lag die ursprünglich höhere Gebühr der *Post* nur noch bei 3,34 Cents pro Haushalt, die der *News* jedoch bei 4,84 Cents pro Haushalt. Man braucht nichts über Streuplanung zu wissen, um zu erkennen, welche der beiden Zeitungen die besseren Bedingungen bietet. Daher floß mehr Werbegeld in die *Post*. Höhere Einkünfte bedeuten, daß eine Zeitung mehr für ihren redaktionellen Teil und für ihre Anzeigenverkäufer ausgeben kann. So vergrößert die Siegerzeitung ihren Vorsprung weiter. Das Resultat war, daß die *Daily News* 1972, der *Star* 1981 eingingen.

Man könnte argumentieren, daß die Werbeauftraggeber zwar anfänglich Geld sparten, aber letztlich doch kurzsichtig handelten. Eine Monopolzeitung läßt den Auftraggebern nur eine Wahl – sagt sie ihnen zu, gut; wenn nicht: Pech gehabt. Professor Ben Bagdikian unterstreicht, daß die *Post* zwei Jahre nach dem Bankrott des *Star* ihre Anzeigenpreise um 58 Prozent anhob: »Der Sieg ist süß für den Gewinner. Aber es gibt nur einen Überlebenden.« Rupert Murdoch, der sich in diesen Dingen auskennt, sagte, daß die Leitung einer Monopolzeitung eine »Lizenz« darstelle, »auf ewige Zeiten Geld zu stehlen«[52]. Dank ihren Monopolstellungen gehören Zeitungen heute zu den profitabelsten Wirtschaftsbereichen Amerikas.

Das Wirtschaftsunternehmen Zeitung basiert heute fest auf der Werbung, nicht auf den Abonnenten. Daraus ergibt sich, daß eine Zeitung mit Lesern, die Werbeauftraggeber nicht reizen, sich in einer schlimmen Lage befindet. Das bekannteste Beispiel in Großbritannien ist der *Daily Herald*, der in den sechziger Jahren einging. Er hatte noch eine Auflage von fast eineinhalb Millionen – dreimal so hoch wie die der glorreichen *Washington Post*, dies sei zum Vergleich angemerkt. Aber seine Leserschaft bestand genau aus der Zusammensetzung, die die Werbungtreibenden *nicht* mögen – männlich, in fortgeschrittenem Alter und in den unteren sozialökonomischen Gruppen C2 und DE. Anders gesagt, sie mochten wohl weiter den *Daily Herald* kaufen, aber es war nicht wahrscheinlich, daß sie sonst irgend etwas, wofür auf seinen Seiten geworben wurde, kaufen würden. Zum Zeitpunkt des Bankrotts des *Herald* war die Zahl seiner Leser mehr als doppelt so hoch wie die des *Guardian, The Times* und der *Financial Times* (allesamt jedoch Zeitungen, die die von den Werbungtreibenden gewünschte Leserschaft aufweisen).

Der einzelne Werbeauftraggeber kann nicht beschuldigt werden; vielmehr ist das ganze System verantwortlich. Was geschah, ist die unausweichliche Folge einer anzeigendominierten Zeitungsindustrie. Die Zeitungen sind jedoch in ihren Geschäften mit den Auftraggebern nicht passiv. Die Werbungtreibenden wurden mehr bei der Planung der fertigen Zeitung berücksichtigt. Die heutigen Zeitungsverleger und -geschäftsführer sind weit entfernt von Northcliffe und seinen Mitteilungen an *The Times* und die *Daily Mail*.

Als 1986 die erste nationale britische Tageszeitung der »neuen Technologie«, *Today*, herauskam, glaubten viele in der Zeitungs- und Werbebranche, daß die Titelseite nicht vom Herausgeber, sondern von der Werbeagentur der Zeitung, Wight Collins Rutherford and Scott, entworfen worden war. (Nicht, daß es der Zeitung etwas brachte, sollte man hier vielleicht anfügen. Sie mußte schon bald ums Überleben kämpfen.) Jede neue Zeitung – und jede etablierte, die sich über eine Veränderung Gedanken macht – konsultiert die Werbeagentur als Ratgeber.

Wenn gelegentlich behauptet wird, Zeitungen unterwürfen sich einzelnen Werbeauftraggebern, so ist dies nicht der gleiche Sachverhalt. Von Zeit zu Zeit ereignen sich kleine Skandale, wenn ein einzelner Auftraggeber versucht, die Politik einer Zeitung zu beeinflussen. Manchmal sind die Gründe exzentrischer Natur. Im Oktober 1959 zog der geschäftsführende Direktor von Sutherland's Paste die Reklame aus dem Fernsehsender Granada zurück, weil die Gesellschaft zum Programmende nicht die Nationalhymne spielte.[53] 23 Jahre später sperrte die Lebensmittelkette Sainsbury's eine Woche lang aus Protest ihre Werbung in der *Sun* und dem *Daily Star*, weil die Zeitungen Schnappschüsse von Prinz Charles und Prinzessin Diana beim Spiel in den Wellen abgedruckt hatten – Fotos, über die sich die Queen angeblich geärgert hatte.[54] Auftraggeber aus der Autobranche weigerten sich, im Züricher *Tages-Anzeiger* zu werben, nachdem es in einem Leitartikel geheißen hatte, Autos seien eine Hauptquelle der Verschmutzung des Landes.

G. K. Chesterton klagte vor vielen Jahren:

»Zweimal habe ich versucht, für eine exzellente Lokalzeitung, die sicher zu den ehrwürdigeren Zeitungen gehört, einen Artikel zu schreiben. Ich wollte darin betonen, daß die großen Kaufhäuser... nicht halb so bequem und befriedigend sind wie die kleinen Läden, die früher im alten London existierten und die es heute noch in den Städten und Dörfern auf dem Land gibt... Beide Male und in unterschiedlich starkem ironischem Ton schrieb derselbe Verleger dieses exzellenten Blattes zurück, daß er keinen Angriff auf Kaufhäuser veröffentlichen könne, weil ›wir die Werbung verlieren würden‹.«

Mitunter mag das Ausüben direkten Drucks seitens der Werbungtreibenden funktionieren; aber man hat doch den Verdacht, daß dies meist nicht funktioniert, selbst wenn die Auftraggeber so naiv wären, den Versuch zu unternehmen. Als Zeitungsmann habe ich seit 20 Jahren die Erfahrung, daß die großen Zeitungen sich sehr wohl gegen solche Ansinnen zu wehren wissen.* Der Druck der Werbung auf viele der großen und besten unserer Zeitungen ist jedoch sehr real. Er ist nur einfach hinterhältiger.

Ganze Teile von Zeitungen bestehen heute aus »einkommensbezogenem Lesematerial«, wie es genannt wird. Zunehmend führen Zeitungen spezielle Teile ein, um Themen wie Mode, Essen, Wohnungsmarkt, Computer und Reisen abzudecken, die in der Hauptsache die Werbungtreibenden anlocken sollen. Das heißt nicht, daß sie nicht gelesen werden, obwohl der Prozentsatz der Leser dieser Teile, gemessen an der gesamten Leserschaft der Zeitung, klein sein mag. Aber die treibende Kraft ist die Werbung. Die Themen werden ausgewählt, weil sie hohe Werbeaktivitäten verzeichnen.

Vielleicht ist der redaktionelle Teil zwischen den Anzeigen in diesen Teilen von größerer Wichtigkeit. Nach den Worten eines Anzeigenmanagers soll er »einfühlsam« sein. Einige Texte sind zweifellos nützlich. Ein Großteil ist jedoch eine Mischung aus in mehreren Zeitungen gleichzeitig veröffentlichten Artikeln und umformulierten Presseverlautbarungen der Produktlieferanten der Anzeigen.

Eine amerikanische Studie der Housing Research Group des Center for Responsive Law befand: »Artikel, die als ›Nachrichten‹ (in Immobilienteilen) erscheinen, dienen sehr oft der Absatzförderung von Stadtplanern, Immobilienmaklern oder Industrieverbänden.« Dasselbe kann für die Immobilienteile der meisten englischen nationalen und regionalen Zeitungen gesagt werden. Eine andere Untersuchung zeigte auf, daß 94 Prozent der Redakteure des Nahrungsmittelteils

---

* Zu meinen Erfahrungen gehört allerdings auch, daß die Zeitungen danach in ihrer Berichterstattung etwas vorsichtiger agieren.

der Zeitungen Rezepte verwenden, die von den Herstellern geliefert werden.

Professor Bagdikian betont, daß beim *Houston Chronicle* alle »Nachrichten« für Heim, Stadthaus, Wohnungen, Reisen, Technologie, Vieh und Swimmingpools von der Werbeabteilung geliefert werden. Der Vizepräsident für Verkauf und Marketing meinte dazu: »Wir machen nichts Umstrittenes. Wir machen keinen Ermittlungsjournalismus. Unsere einzige Sorge besteht darin, unseren Werbeprojekten zusätzlich redaktionelle Unterstützung zu gewähren.«

Es ist lehrreich, sich sorgfältig durch die Artikel eines bestimmten Zeitungsteils zu arbeiten, um festzustellen, woher das Material stammt. Aller Wahrscheinlichkeit nach kommt der Text über Make-up oder Haarpflege von einer Firma, die Kosmetika oder Shampoos herstellt, die Rezepte freundlicherweise von den Absatzförderern von Milch oder Butter, der Tip, welches Essen auf einer Party zu servieren wäre, von jemandem, der Brot oder Dosenfisch verkaufen will, und der Artikel über Hausrenovierungsarbeiten von einem Bauunternehmen. Was die Wirtschaftsseiten jeder – selbst der renommiertesten – Zeitung betrifft, so wären viele Spalten leer, wenn man die Artikel herausnähme, die von PR-Firmen stammen, die ihre jeweiligen Klienten unterstützten. Das trifft besonders auf die Tage zu, an denen sich die Zeitung auf »persönliche Finanzen« konzentriert, wobei dann redaktionelle Beiträge von Anzeigen für Versicherungen, Wertpapiere, Hypotheken und Investitionsvorschlägen umgeben sind.

»Einkunftsbezogenes Lesematerial« – oder »fluff«, wie Professor Bagdikian es nennt – wird in seinen extremen Ausformungen am besten in der stetig steigenden Anzahl kostenloser Zeitungen und Zeitschriften sichtbar. Eine sehr schnelle Durchsicht nur eines Exemplars offenbart zusätzlich zu den offensichtlich produktgebundenen Ratgeberartikeln auch einen auffallenden »Bericht« darüber, was Sie tun können, wenn Sie mit der Qualität Ihrer Reinigung nicht zufrieden sind. Er ist voller beruhigender Zitate von örtlichen Betrieben. Und es findet sich ein Artikel, der Ihnen die Vorteile erklärt, die Ihnen durch das häufigere Streichen Ihres Hauses entstehen – Einzelheiten liefert freundlicherweise der Verband der Farbenhersteller.

Kostenlose Zeitungen haben große Auswirkungen auf die gesamte Industrie. Es gab sie zunächst in den USA, und nach 1965 kamen sie nach Großbritannien. Ihr großer Vorteil für den Werbeauftraggeber ist der, daß sie an jede Haustür geliefert werden und ihm so engsten Kontakt zu den potentiellen Verbrauchern garantieren. Sie erlebten eine Hochkonjunktur durch eine Überfülle an Kleinanzeigen, die sich die zum Verkauf angebotenen Zeitungen nicht leisten konnten. Außerdem kamen sie, betonte ein Verleger mir gegenüber, zu einem Zeitpunkt, zu dem die Leute Abstand zu den traditionellen Lokalzeitungen gewannen. Die mobiler werdende Gesellschaft identifizierte sich weniger mit einem bestimmten Ort und wollte nicht länger Lokalnachrichten alten Stils lesen, die ewigen Berichte über Gerichts- und Stadtratsangelegenheiten.

Trifft dies zu, so geben die gratis verteilten Zeitungen den Lesern, was sie wünschen. Führen sie auch einen redaktionellen Teil, so basieren die »Nachrichten« sehr häufig auf »fluff« und unkritischen Ankündigungen, ob es nun um Restaurants oder um Filme geht. Hinzu kommt noch, daß diese Art von redaktionellem Material höchst unaufwendig ist – eine kostenlos verteilte Zeitung kann tatsächlich von einem Mann und einer Hilfskraft produziert werden. Die »überholten« Nachrichtenthemen, die die Leute nicht wollen, verlangen größere Mitarbeiterstäbe und teurere Verpflichtungen.

Der Markt gratis verteilter Zeitungen ist riesig. In den USA gibt es über 3000.[55] In Großbritannien waren es 1988 fast 950, verglichen mit nur 200 vor zwölf Jahren. 1984 verzeichneten in Großbritannien kostenlos verteilte Zeitungen zum ersten Mal größere Werbeeinnahmen als die Verkaufs-Zeitungen. Es gab mehr als 400 gratis verteilte Zeitungen mit einer Gesamtauflage von 49 Millionen Exemplaren. Manche wurden in die Briefkästen gesteckt, andere an Bahnhöfen, in Hotels, Flugzeugen oder in Taxis ausgehändigt.

In einer Hinsicht ist der Krieg zwischen Gratis- und bezahlten Zeitungen jedoch ein Scheingefecht: über die Hälfte aller britischen kostenlosen Zeitungen wird von den Verlegern der Verkaufs-Zeitungen herausgegeben. Dennoch ist der Krieg insofern ein sehr reeller, als eine Seite die andere wirklich bedroht. In Großbritannien werden die Verkaufs-Zeitungen in kostenlos verteilte Zeitungen umgewandelt; in den USA stellen die kostenlosen Exemplare allmählich eine echte Bedrohung der lokalen Tageszeitungen dar. Wie sehr sich die gratis verteilten Zeitungen auch bemühen mögen, sich durch mehr redaktionelle Beiträge zu verbessern, bleiben sie dennoch Dienerinnen der

Werbefachleute, und der »einfühlsame« redaktionelle Teil bleibt ein wichtiger Bestandteil des Produkts.

Werbeabteilungen von Zeitungen nehmen sehr gerne Anzeigen an – das überrascht nicht. Aber für jede Zeitung gibt es Werbung, die sie ablehnt – entweder weil das Gesetz oder die Verhaltenskodizes es ihr verbieten, oder, was seltener der Fall ist, weil sie gegen das Niveau der Zeitung verstößt. »Geschmack« dient hier meist als Bremse. Die *Daily Mail* weigerte sich, die Rückenansicht eines nackten Mannes zu zeigen (in einer Anzeige für Burton's Menswear), wenn man ihm keine Unterhosen anzog; *Reader's Digest* wollte das Bild eines Jungen (Rückenansicht), der ins Meer uriniert, nur dann zeigen, wenn es retuschiert würde. Manche Zeitungen akzeptieren keine Werbung für ihre Konkurrenzblätter – *The Times* und der *Daily Telegraph* lehnten es ab, eine Mitteilung der *Financial Times* zu drucken, in der sie ihre Haltung in einem Druckerstreik begründen wollte; der *Mail* und der *Telegraph* wiesen die Werbung für Thames Television zurück, weil sie möglicherweise ihr eigenes Geschäft schädigen könnte. Frauenzeitschriften bekämpfen manchmal das, was sie als sexistische Werbung betrachten: *Woman's Own* lehnte die Anzeige für Aquasun ab, weil darin zwei nackte Mädchen im Wasser gezeigt wurden. Fernsehstationen in den USA weigern sich, Werbesendungen der South African Tourist Board zu senden. Politische Gründe spielten allerdings eine geringere Rolle bei der Entscheidung amerikanischer Sender, die Werbung für den Film *The Secret Policeman's Other Ball* nicht auszustrahlen. Der Spot begann mit Graham Chapman an einem Schreibtisch, im Hintergrund die amerikanische Flagge. »Ich gehöre zur Oral Majority (Anspielung auf Moral Majority). Ich möchte mich energisch gegen diese neue, ekelhafte Komödie *The Secret Policeman's Other Ball* wenden. Es ist der verdorbenste, unflätigste, schmutzigste, lüsternste, geschmackloseste Film seit *The Sound of Music*. Dieser Film muß verboten werden, bevor er uns alle in ein Volk von Pervertierten verwandelt.« Dann erhob sich der aus den Monty Python-Filmen bekannte Star: unter seinem grauen Jackett trug er ein rosa Ballettröckchen, schwarze Fischnetzstrümpfe und Strapse![56]

Im allgemeinen jedoch sehen sich die Pressehäuser dem Druck ausgesetzt, Werbung anzunehmen. In der Praxis kann das dazu führen, daß Produkte oder Dienstleistungen, vor denen der Leser auf den redaktionellen Seiten gewarnt wird, ihm in Anzeigen hoch angepriesen werden.

Die Situation ist nicht neu. Die Autoren eines Buches aus dem Jahre 1915 schrieben: »Wir haben in New Yorker Zeitungen Anzeigen für den Verkauf von Aktien gesehen, die von Verkaufsförderern angeboten wurden, über die auf den Titelseiten derselben Zeitungen als Angeklagte wegen krimineller Machenschaften berichtet wurde... Es ist schon lange bekannt und muß auch von den Zeitungsverlegern selbst eingesehen werden, daß die meisten Zeitungen praktisch jede Werbung annehmen, die ihnen geboten wird, ohne daß sie irgendwelche Erkundigungen einziehen. Wäre das nur bei zweifelhaften Wochenblättern auf dem Land der Fall, könnte dem leicht abgeholfen werden, aber es betrifft einige der größten Zeitungen des Landes, und es scheint keinerlei Anzeichen oder auch nur den Wunsch zu geben, ihre Haltung zu ändern.«

Die Mißbräuche, wenn auch weniger offensichtlich, gehören nicht alle der Vergangenheit an. 1983 klagte *Advertising Age*, daß »bei ›auf den letzten Seiten annoncierenden‹ Werbungtreibenden – selbst in seriösen Medien – fast alles geht«[57]. Die meisten Zeitungen und Zeitschriften empfanden einen gewissen Stolz, daß sie ihre Anzeigenspalten sauber halten konnten. »Aber irgendwie fällt es ihnen unheimlich schwer, nein zu sagen, wenn ein Auftrag hereinkommt.«

Im darauffolgenden Jahr beklagte die Zeitschrift die Veröffentlichung von Anzeigen für Quacksalberheilmittel.[58] Kontrollinstitutionen, so hieß es, würden so lange hilflos davorstehen, »bis effektive Möglichkeiten gefunden werden, die Kurpfuscher davon abzuhalten, ihre falschen Botschaften in die Presse und in den Rundfunk zu bringen«. Das war kein kleines Problem: nicht getestete Heilmittel für chronische Krankheiten brachten jährlich angeblich zehn Milliarden Dollar ein. »Kurpfuscher sind teilweise deshalb erfolgreich, weil Medienverkaufsleiter natürlich nicht Richter über wissenschaftliche Fragen spielen wollen«.

Nachdem ich diesen Leitartikel gelesen hatte, blätterte ich eine Ausgabe der *New York Post* durch und sah mir die großformatigen Anzeigen an. Eine Tablette wurde wie folgt angepriesen: »Während Sie schlafen, verlieren Sie Ihr Fett«, und das »wunderbarerweise« ohne Diät und anstrengende Übungen... Thera Man's Stimulans versprach »extra Kraft, extra Leistung... Sie erhalten neuen Schwung.« Eine andere Anzeige versprach Proteine und Vitamine für die Haare, mit der zweifelhaften Behauptung, daß man sie brauche, weil »Haare siebenmal schneller als Ihre Körperzellen wachsen«. »Wissenschaftliche Fragen« scheinen hier kaum eine Rolle zu spielen.

Zum gleichen Zeitpunkt wurde Großbritannien von einer Flut von Kreditanzeigen überschwemmt, die – meist mit Häusern als Sicherheit – Darlehen mit Formulierungen anboten, die nie eindeutig waren: zum Beispiel »niedrige monatliche Raten«. Im Vergleich mit anderen Kreditangeboten waren sie alles andere als niedrig, aber da keine Vergleiche angeführt waren, konnte man sie für günstig halten. Ein Lokalreporter warnte seine Leser im redaktionellen Teil: »Vorsicht bei dieser Anzeige.«[59]

Nach meiner Erfahrung ist eine Anzeige unschuldig, bis sie für schuldig befunden wird. Und diese Schuld muß 10 000prozentig feststehen. Ich erinnere mich, gebeten worden zu sein, meine Meinung über eine neue internationale Organisation abzugeben, die um Mitglieder werben wollte. Nach einigen Recherchen kam ich zu dem Schluß, daß die Organisation von naiven, aber ehrgeizigen Individuen geleitet wurde und daß die Unterzeichner mit Sicherheit ihr Geld verlieren würden. Als man mich weiter befragte, räumte ich ein, daß die Initiatoren nicht betrügerisch, sondern einfach unfähig waren. Der Werbemanager seufzte erleichtert auf – die Anzeige wurde gedruckt.*

Der Einfluß der Werbung auf Zeitschriften ist stärker als der auf Zeitungen. Professor Bagdikian unterscheidet hier drei Stadien. Zunächst entwickelte es sich so, daß Redakteure Artikel nicht nur für die Leser auswählten, sondern auch nach ihrem Einfluß auf die Anzeigen. Dann, Mitte des 20. Jahrhunderts, erschienen Artikel, die mit dem Ziel in Auftrag gegeben wurden, den Werbeauftraggebern zu gefallen. Und Mitte der siebziger Jahre wurden Zeitschriften für exakt umrissene Zielgruppen entwickelt, »oft, nur um Anzeigen an diese Leserschaft zu richten«.

Der Einfluß der Werbeauftraggeber ist in fast jeder Publikums-, Frauen- oder Fachzeitschrift erkennbar. »Wir bedachten die Bedürfnisse der Hersteller und Agenturen, als wir *Chat* entwarfen«, verkün-

---

* Die Organisation scheiterte.

dete die Anzeige für eine neue, wöchentlich in Großbritannien erscheinende Frauenzeitschrift mit Massenauflage. Die Fachzeitschrift
Marketing Week brachte einen Bericht über die farbigen Beilagen
vieler britischer Sonntagszeitungen und stellte fest, daß eine »Bewegung hin zu ›Identikit publishing‹« zu verzeichnen sei. Der Grund
hierfür liege in »der zunehmenden Verlagerung von der Werbung hin
zum Redaktionellen und den Managementforderungen nach Glamour«. Trevor Grove, Herausgeber des *Observer-Magazin*, sagte:
»Viele Mitarbeiter der bunten Beilagen stehen sehr unter Druck, weil
sie gleichzeitig Vorurteile der Werbeauftraggeber als auch geeigne-
tes Material berücksichtigen müssen. Mindestens zwei der vier Berichte, die wir bringen, könnten der Sparte Glamour zugeordnet werden, aber wir berichteten auch über einen libanesischen Soldaten in
Beirut − was unserer Werbeabteilung nicht aufregend genug erschien. Aufgrund des wirtschaftlichen Drucks gibt sie hier in einem
Ausmaß den Ton an, das ihr eigentlich gar nicht zukommt.«[60] Zwei
Jahre später mußte Grove gehen, angeblich deshalb, weil seine Zeitung für jene Werbeauftraggeber nicht reizvoll genug war.

Am offensichtlichsten ist der Einfluß der Werbung vielleicht in
den »special sections« genannten Teilen und den redaktionell aufge-
machten Anzeigen, den sogenannten Advertorials. »Spezial«-Teile
und Beilagen enthalten meist Materialien, die vom Mitarbeiterstab
einer Zeitschrift oder von freien Mitarbeitern zusammengestellt werden. Der Anzeigenraum wird dann vor dem Hintergrund dieser Artikel angeboten, die zumindest theoretisch nicht direkt von den Werbeauftraggebern beeinflußt werden. Bei den Advertorials kaufen die
Auftraggeber auch den redaktionellen Inhalt.

Die Grenzlinie verläuft nicht immer klar. Der Londoner *Observer*
bringt separate Zeitschriften wie »Technology Extra« und »Travel
Extra« und »Photography Extra« heraus sowie weitere Titel über
Sambia und den Handel mit China. Die *Sunday Times* veröffentlicht
»House and Home« (in Verbindung mit der Halifax Building Society,
einer Bausparkasse), »Holiday Plus« (mit dem Pickfords-Reisebüro)
und »Road and Car« (mit RAC, dem Royal Automobil Club). Ein Leser
beschwerte sich in *Campaign* über »die neue Tendenz, Werbung als
redaktionellen Inhalt zu verkleiden«. Die Urlaubsbeilage sei »nichts
anderes als Reklame für Pickfords. Selbst ein Artikel über Sonnen-
brand wird in einer Broschüre von Pickfords aufgenommen, wäh-

rend ›Holiday Questions and Answers‹ reine Publicity für Pickfords ist. Meine Beschwerde richtet sich gegen die *Sunday Times*, nicht gegen Pickfords, denn dem Reisebüro ist ein Coup geglückt. Der Verlierer hierbei ist der Leser, der sich schwertut, zwischen Werbung und bezahltem Redaktionsteil zu unterscheiden.«[61]

Das amerikanische Magazin *Time* bringt Sonderteile, deren Themen von Fußball bis zu zollfreien Waren reichen (und die vorsichtig »TIME Sonder*reklame*teil« genannt werden); gleiches gilt für *Business Week*. Diese Praktiken bringen sehr viel Geld ein. Die *New York Times* (die ihre Sonderteile ebenfalls vorsichtig als Werbung kennzeichnet) nahm 1983 mit den Advertorials über 14 Millionen Dollar ein.

Einige der angesehensten Publikationen der Welt bringen jetzt regelmäßige Sonderteile und Advertorials über fremde Länder – die Insider offenbar weithin als »das Letzte« bezeichnen. So enthielt die Beilage des *Telegraph* zum Beispiel eine 18seitige »Special Edition« über Hongkong und Singapur voller Anzeigen der Hongkonger Polizei, Reisebüros und Fluggesellschaften, des Hong Kong Development Council (Stadtplanungsrat) und des Hong Kong Government Industrial Promotion Office (Staatliches Amt für Industrieförderung). Man muß hier, wie auch in allen ähnlichen Fällen, die Frage stellen: Wie objektiv können die redaktionellen Beiträge sein, wenn nicht die Agenturen vor den Kopf gestoßen werden sollen, weil doch von ihnen für die nächste Beilage wieder Anzeigen erhofft werden? Hier eines der bizarrsten Beispiele für den Zwang, in diesen Beilagen den realen Verhältnissen Rechnung zu tragen: Die *Financial Times* brachte eine Beilage über den Libanon heraus, als alle Zeitungen über das Massaker der Drusen berichteten. Die Beilage trug die Überschrift »Krise im Libanon«, war aber vollgestopft mit Anzeigen, so zum Beispiel von der Beirut Riyadh Bank.

Hersteller und Werbeagenturen finden an den Beilagen und Advertorials Gefallen. Robert O'Donnell, Leiter einer Firma, die Business-Advertorials in den USA erstellt, meinte: »Sie sind attraktiv, weil sie wie Nachrichten aussehen. Kein Gesetz schreibt vor, daß Werbung wie Werbung aussehen muß.« Peter Verbeck, geschäftsführender Kreativdirektor bei Ogilvy and Mather, sagte: »Die Leser lesen fünfmal eher Redaktionelles als Anzeigen. Also ist die Idee der Advertorials wahrscheinlich ziemlich gut.«[62]

Die Firma Condé Nast gilt als Meister der Advertorials. Freddie Beech, Werbedirektor der britischen Gruppe, führte sie als erster in *Vogue* und *House and Garden* ein. 1983 beschrieb er für *Campaign*, wie er sie entwickelt hatte:

»Wir haben mit der Zeit eine sogenannte Verkaufsförderungsabteilung aufgebaut, die so etwas wie eine Werbeagentur ist, denn sie hat ihren eigenen Grafikraum, ihre eigenen Texter und Etatdirektoren... Es ging darum, etwas zu kreieren, das außergewöhnlich war. Wir bringen zwei oder drei Unternehmen zusammen, zum Beispiel ein Modehaus, einen Schönheitssalon und einen Juwelier, und verplanen sie als ein Paket. Ziel ist es, eine Idee zu entwickeln, sie zu verkaufen, die Leute zusammenzubringen, die Seiten zu produzieren und die Einzelhändler zu bewegen, damit zu handeln. Wir haben eine ziemlich große Abteilung und einen großen Anteil am Geschäft. Es gehört exklusiv unseren Zeitschriften. Wir lassen die Seiten nirgendwo sonst erscheinen. Sie werden für unsere Zeitschriften gemacht, passen in Text und Inhalt zu den Zeitschriften, und wir etablieren die Macht des Zeitschriftentitels in jeder Einkaufsstraße. Wir dekorieren Fenster und verkaufen Hunderttausende von Regalschildern, auf denen steht: ›Gesehen in *Vogue* oder *House and Garden*.‹ Sie sehen sie überall. Aber der Grund, weshalb unser Werbevolumen größer ist als das anderer Zeitschriften, besteht darin, daß alle Aspekte der Verkaufsförderung exklusiv sind und niemand sonst sie bekommt. Ich möchte nicht prahlen, aber wir sind die Experten. Wir setzen nur Topfotografen, Topmodelle und die besten Innenarchitekten ein.«[63]

Beech schätzte, daß bis zu 15 Prozent der Werbeeinnahmen der beiden Zeitschriften von den Advertorials stammten.

Es besteht kaum Zweifel daran, daß redaktionelle Themen, die den Werbungtreibenden gefallen, die Werbeeinkünfte bringen. *Esquire*, das amerikanische Männermagazin, ist ein Beispiel. 1933 erschien es zum ersten Mal; Hemingways *Schnee auf dem Kilimandscharo* und Fitzgeralds *Der Zusammenbruch* wurden auf seinen Seiten erstmals veröffentlicht. Ende der sechziger Jahre machte es Verluste. Zehn Jahre später verzeichnete es wieder Gewinne. Der Umschwung gelang *Esquire*, weil es mehr Betonung auf »Service«-Journalismus legte und thematische, redaktionelle Artikel über Mode, Fitness und Reisen brachte. Kommentar der *Advertising Age*:

»Die Themen helfen *Esquire*, den Verkauf von Anzeigenraum in die Höhe zu treiben, besonders um die Absatzhändler anzuziehen, deren Botschaften zu bestimmten Artikelthemen passen. Während mancherorts die Kritik laut wurde, daß diese Vorgehensweise eher dem Marketing einer Zeitschrift als ihrem Herausgeben ähnle, halten andere es für einen Hauptfaktor des Überlebens von *Esquire*.«

Den Zeitschriften geht es in steigendem Maß um »Service«-Journalismus. James Autry, Geschäftsführer der Meredith Publishing Group, den Verlegern von *Better Homes and Gardens* und *Metropolitan Home*, verteidigt diesen Journalismus vehement:

»Stellen Sie sich folgendes vor – ein energischer, ruhig sprechender, aber aggressiver junger Mann in zerknitterten Kleidern und abgetretenen Schuhen auf der Spur korrupter Machenschaften in hohen Ämtern. Romantisch – aber größtenteils eine Erfindung der Unterhaltungsmedien. Ich sage größtenteils, weil es auch heute noch eine ganze Anzahl dieser zähen Nachrichtenreporter in unserem Beruf gibt. Woodward und Bernstein und andere Reporter der Watergate-Affäre beweisen das – und ich danke Gott für diese Männer... Aber nur wenige von uns sind in dieser Art Journalismus tätig... was *nicht* heißt, wir beschäftigen uns mit weniger wichtigem oder weniger ethischem Journalismus. Wir arbeiten in einem journalistischen Bereich, der sogar täglich wichtiger wird – nennen wir ihn *Service*-Journalismus...«

»Service-Journalismus«, sagt Autry später ziemlich überheblich, »ist ein Journalismus, der mehr vermittelt als reine Information; er schließt die Erwartung ein, daß der Leser als Ergebnis seiner Lektüre etwas *unternehmen* wird. In manchen Fällen kann das etwas sein, wodurch sich das Leben des Lesers irgendwie verbessert; vielleicht der geschicktere Einsatz eines Produkts, die Erprobung einer anderen Erziehungsmethode, einer neuen Umgangsform mit dem Partner. Oder eine größere Anstrengung am Arbeitsplatz, weil man stolzer darauf geworden ist oder einiges besser versteht, oder aber die klügere Stimmenabgabe bei der nächsten Aktionärs- oder Kreditbanksitzung. Ich könnte fortfahren, aber Sie sehen, Service-Journalismus ist Aktions-Journalismus. *Nicht wegen der Aktion, die Preise gewinnen kann* – sondern wegen *der Aktion, die wir vom Leser erwarten*.« (Hervorhebungen von Autry.)

Er fuhr fort:

»Betrachten wir die Rolle des Herausgebers in den Auseinandersetzungen mit dem Etatdirektor, und, erweiternd, den Werbeauftraggebern. Viele Leute haben Probleme damit, aber ich finde, der heutige Herausgeber muß sich mit der Werbeabteilung beschäftigen. Er
tut dies zum Wohl des Auftraggebers und dem des Lesers. *Ich rede
nicht vom Verkauf von Werbung.* Das ist Aufgabe der Werbeabteilung. Und ich rede *auch nicht* von der ziemlich unwürdigen Methode
des *Vorabverkaufens der redaktionellen Beiträge oder der Voran-
kündigung der redaktionellen Artikel.* Ich rede davon, wie Sie der
Werbeabteilung die logische Grundlage für jeden von Ihnen veröffentlichten Artikel übersetzen... In seltenen Fällen setzen Sie sich
mit einem Ihrer Leute zusammen, um sich über einen besonders
schwierigen Etat zu unterhalten. In diesem Fall dehnen Sie Ihre Rolle
als Interpret einfach aus. Sie würden oft überrascht sein, wie nützlich
ein einfaches Gespräch mit dem richtigen Mann für Ihre Publikation
sein kann. Da wird niemand hereingelegt und nicht herumgehurt.
Nur einfach gut erklärt.«[64]

Autry ist der Meinung, daß der Herausgeber die Leser gegen Methoden in Schutz nehmen muß, die gegen ihn arbeiten könnten. »Das
schließt alle dem eigentlichen Verkauf vorausgehenden Verkaufs-
und Werbemaßnahmen ein, das Verkleiden der Werbung als redaktionelles Material und die Annahme von Werbung, die Sie als Herausgeber als nicht mit den Zielen Ihrer Zeitschrift konform einschätzen.« Das Problem ist, daß in vielen Zeitschriften für Anzeigen im
Zusammenhang mit geplanten redaktionellen Beiträgen geworben
wird. Sie und die Werbung werden *absichtlich* so gestaltet, daß sie
nicht mehr zu unterscheiden sind. Und redaktionelles Material
stammt entweder vom Werbeauftrageber oder vertritt einen Standpunkt der »Wahrheit«, wie ihn der Auftraggeber vertreten würde.
Die britische Journalistin Sandra Barwick erzählte im *Independent*,
wie sie einmal einen Artikel für eine Hochglanzzeitschrift mit den
Worten begann:

»Keine Schönheitsbehandlung, wie teuer sie auch sein mag, ist so
gut für die Haut wie die billigen Vorteile eines vernünftigen Lebensstils: gesundes Essen, wenig Alkohol, keine Zigaretten und keine extremen Sonnenbäder.«[65] Die Redaktionsassistentin habe die Zeilen
gestrichen und gemeint: »Ich glaube nicht, daß die Werbeauftraggeber damit einverstanden wären.«

Das ist jedoch nichts im Vergleich mit der Kooperation einiger italienischer Zeitschriften mit Ragno, dem Hersteller von Unterwäsche.[66] Dessen Werbeagentur Foote Cone and Belding, Mailand, ist bei den Aufnahmen für die Titelseiten dabei. Die Agentur macht ihre Fotos für ihre Ragno-Anzeige und benutzt dafür dasselbe Modell wie das auf der Titelseite. Für die Leser ist das zunächst nur eine normale Titelbildaufnahme einer Zeitschrift. Aber dann findet sich auf der inneren Umschlagseite fast das gleiche noch einmal – dasselbe Modell in derselben Pose als Teil desselben Layouts. Die Unterschiede liegen darin, daß der Titel der Zeitschrift durch das Wort »Ragno« ersetzt ist (jedoch an der gleichen Stelle, in derselben Schrift und Größe), und das Modell, das auf der Titelseite bekleidet war, jetzt nur Unterwäsche trägt.

Werbeauftraggeber können auch mitbestimmen, was *nicht* in die Zeitschriften kommt. Ganz allgemein drückt sich dies in der Verlagerung von »realistischen« hin zu eher schillernden Themen aus, die sich besser dazu eignen, das richtige Ambiente für das Verkaufen zu erzeugen. Aber es kann auch detaillierter betrachtet werden. Das Thema Zigaretten bietet ein erschreckendes Beispiel.

Seit die Zigarettenwerbung in den USA und in Großbritannien vom Bildschirm verbannt wurde, stecken die Tabakhersteller unangemessen hohe Beträge in die Printwerbung. Für manche Zeitschriften bedeuten die Einkünfte durch die Tabakfirmen den Unterschied zwischen Profit und Verlust, vielleicht sogar Überleben oder Bankrott. Die Frage ist hier, ob sich das nicht auch auf den Inhalt der redaktionellen Seiten auswirkt. Kritiker der Zigarettenwerbung sagen, es habe eine Wirkung. Die Behauptung geht nicht dahin zu sagen, die Zigarettenhersteller übten direkten Druck aus, sondern daß Zeitschriften und Zeitungen sich sehr vorsichtig verhalten und Geschichten modifizieren oder ganz fallenlassen, um sich die Auftraggeber nicht zum Feind zu machen.

Es gibt Beweise, die diese Behauptung untermauern. In einem Artikel, der sich mit diesen Fragen befaßte, kommentierte das *Wall Street Journal*: »Eine Publikation, die häufig gegen das Rauchen zu Felde zog, konnte kaum hoffen, Tabakwerbung anzuziehen. Zigarettenhersteller gehören – wie Alkoholfirmen – zu den ganz Peniblen, wenn es um das redaktionelle Umfeld ihrer Anzeigen geht. Wie ein Werbemanager einer texanischen Tageszeitung meinte: ›Das eine ist

Gift, und das andere verursacht Krebs, also sind sie empfindlich, wenn es um sie geht.‹«

Das *Wall Street Journal* verwies darauf, daß sich Tabakhersteller besonders bemühen, in ihren Anzeigen nicht noch zusätzlich auf die negative öffentliche Einschätzung der Zigaretten hinzuweisen. »Sie fordern, daß die Zigarettenanzeigen nicht neben Todesanzeigen plaziert werden oder neben Nachrichten, die Rauchen und Tabak gegenüber eine ›antithetische‹ Note anschlagen... Bis vor kurzem ging Reynolds sogar noch weiter: Der Konzern empörte viele Herausgeber, als er verlangte, frühzeitig in Kenntnis gesetzt zu werden, falls die Publikation eine negativen Bericht über das Rauchen veröffentlichen wollte. Reynolds ließ diese Forderung fallen, nachdem der Konzern von der *Columbia Journalism Review* unter die Lupe genommen worden war und nachdem diese Zeitung sehr genaue Erkundigungen eingezogen hatte.«[67]

In einem Artikel in der *Columbia Journalism Review* untersuchte R. C. Smith die Berichterstattungen über den Zusammenhang von Krebs und Zigaretten in den führenden landesweiten US-Zeitschriften zwischen 1971 und 1978. Smith entdeckte ein »verblüffendes und beunruhigendes« Schema. In Zeitschriften, die Zigarettenwerbung annahmen, »konnte ich über die sieben Jahre hinweg keinen einzigen Artikel finden, der den Lesern das Ausmaß des medizinischen und sozialen Schadens des Zigarettenrauchens aufgezeigt hätte«.

Manche Zeitschriften lehnen Zigarettenwerbung ab. Das bemerkenswerteste Beispiel ist *Reader's Digest*, andere sind der *New Yorker, Good Housekeeping*, das Pornomagazin *Hustler* (seit Verleger Larry Flint zu einem Wiedertäufer wurde) und die *Saturday Evening Post*, die ihr Verbot 1984 damit begründete, daß die Anzeigen mit der Botschaft der Dachorganisation, der Benjamin Franklin Literary and Medical Society »nicht zu vereinbaren« waren. Aber diese Zeitschriften stellen immer noch eine Minderheit dar. Zwei Untersuchungen des American Council on Science and Health (ACSH; US-Rat der Wissenschaft und Gesundheit) beschäftigten sich näher mit zwei Frauenzeitschriften.

In einer Umfrage betrachtete die Organisation 18 Zeitschriften, die ausgewählt worden waren, weil sie normalerweise viele verschiedene Gesundheitsthemen anschnitten und große Auflagen hatten. Sie kam zu folgenden Schlußfolgerungen: Während ein Drittel regelmäßig und genau über die Gefahren des Rauchens schrieb,»brachte die Mehrheit die Fakten undeutlich oder gar nicht«. *Reader's Digest, Good Housekeeping* und *Time* gehörten zu den »Guten«. Am anderen Ende der Skala standen *Redbook* und *Ms,* die zwischen 1970 und 1981 sowie zwischen 1972 und 1981 das Thema überhaupt nicht angeschnitten hatten.

Die Kommentare des ACSH zu fünf Zeitschriften sind es wert, hier abgedruckt zu werden:

Parade, geschätzte Einkünfte von Zigarettenanzeigen 1981 36 Millionen Dollar (25,4 Prozent aller Anzeigeneinnahmen):»Es gab nur wenige Artikel über das Rauchen, und wenn, dann neigten sie eher zur Ermutigung.« Einmal stand beispielsweise in der Zeitschrift:»... bemerkte, daß ›Jack Nicklaus zwei Schachteln am Tag raucht‹, und daß Raucher meist selbstsichere, unemotionale Menschen sind.«

Redbook, siebeneinhalb Millionen Dollar (16,1 Prozent):»Rauchen wurde zwischen 1970 und 1981 kein einziges Mal erwähnt. Andere Gesundheitsthemen wie Brustkrebs, Geschlechtskrankheiten, Streß, Gebärmutteroperationen, Drogen, Alkohol und Bestrahlungen wurden behandelt.«

Ms, 500 000 Dollar (14,8 Prozent):»Das Nichtvorhandensein von Artikeln über die Gefahren des Rauchens ist in dieser Zeitschrift besonders auffällig, weil sie so viele andere Themen der weiblichen Gesundheit behandelt.«

Mademoiselle, eine Million Dollar (7,3 Prozent):»Unzuverlässige Quelle über die Gefahren des Rauchens. Setzte redaktionelle Beiträge ein, um die Gefahren des Rauchens herunterzuspielen, informierte falsch und erwähnte Rauchen auch nicht in Artikeln, die sich mit relevanten Gesundheitsthemen beschäftigten. Eine der schlimmsten Zeitschriften.«

Cosmopolitan, fünfeinhalb Millionen (9,4 Prozent):»Rauchen wurde als ein Risikofaktor für Herzkrankheiten erwähnt, aber nicht in Artikeln über vorbeugende Medizin oder in Zusammenhang mit Lungenkrebs. Das gewöhnliche Thema Rauchen kommt nur schwer gegen solch ungewöhnliche Themen wie Ruhr und zerquetschte Hoden an, die offensichtlich zu *Cosmo's* Stil in Gesundheitsfragen gehören.«[68]

Einzelbeispiele gibt es auch, so das des Paul Maccabee, eines jungen Reporters des *Twin Cities Reader* in Minneapolis.[69] In seiner Berichterstattung über eine Pressekonferenz über das jährlich stattfindende Kool Jazz Festival veröffentlichte er auch eine Liste von Jazzgrößen, die an Lungenkrebs gestorben waren. Ihm wurde am nächsten Tag gekündigt. Mark Hopp, der Verleger, gestand später, daß er befürchtet hatte, die Zeitung würde die Zigarettenanzeigen verlieren, und der nationale Verkaufsmanager der Zeitung schrieb an alle Zigarettenwerber, um sich für die Story zu entschuldigen und zu erklären, der 26jährige Reporter sei gefeuert worden. Ein anderes Beispiel: der Name einer freiberuflichen Journalistin, Carol Wheeler, wurde aus dem Impressum der New Yorker Zeitschrift *Savvy* gestrichen – nach ihrer Rezension eines Buches gegen das Rauchen. Die Herausgeberin erklärte gegenüber dem *Wall Street Journal*, daß sie vergessen habe, die Rezension vor der Veröffentlichung zu lesen und dann befürchtet habe, ihr Ton könne die Zigarettenwerber beleidigen. In keinem der beiden Fälle, das sollte betont werden, übten die Tabakfirmen irgendwelchen Druck aus: die Publikationen handelten aus Angst vor dem, was geschehen *könnte*.

ACSH nennt einen dritten Fall, in den einer seiner Mitarbeiter verwickelt war.[70] Er war von *Harper's Bazaar* um einen Artikel unter dem Titel »Schützen Sie Ihren Mann vor Krebs« gebeten worden. Der Autor erhielt sein volles Honorar, aber der Artikel wurde nicht gedruckt, da »mit den Worten des Herausgebers, ›er sich zu sehr auf Tabak konzentrierte‹ und ›die Zeitschrift diesen Monat drei ganzseitige, bunte Anzeigen (für Tabak) bringt‹«.

Der Einfluß der Werbeauftraggeber auf den Hörfunk ist wiederum eine ganz andere Sache. Das rührt daher, daß dieses Medium endlose Stunden Sendung zu niedrigen Kosten bringen muß. Jeremy Tunstall, der den amerikanischen Rundfunk für sein Buch *Communications Deregulation* (1986) untersuchte, beschreibt es als das bis heute beste Beispiel eines von staatlicher Kontrolle befreiten Massenmediums. Heute gibt es etwa 10 000 Rundfunkstationen in den USA – zehnmal so viele wie 1946. Mehr als die Hälfte der Sendungen sind Musiksendungen. Mindestens ein Fünftel der Zeit gehört der Werbung. Der Rundfunk ist auch die vorherrschende Nachrichtenquelle. Aber Tunstall betont, daß das Medium alles in so bunter Mischung bringe, daß die Hörer Schwierigkeiten hätten, Musik, Nachrichten, Meinungen und Werbung auseinanderzuhalten. »Musik und Worte neigen dazu, den Rockbands, Autoren und anderen Sich-Selbst-Anpreisenden kostenlose Publicity zu geben. Die gesendeten Meinungen sind oft verrückt, die Anrufe voyeuristische Exkursionen in labile Hirne. Selbst die Nachrichten sind verdächtig. Was sich als Nachrichten präsentiert, kann auch Werbung für eine bestimmte Firma sein. Und auch die echten Nachrichten sind meist nichts anderes als Berichte über mutwillige Zerstörung und Mord.«

Die Anfangsmerkmale einer solchen Situation sind auch in Großbritanniens noch immer streng staatlich kontrolliertem Hörfunk bereits zu erkennen, sowohl im kommerziellen als auch im öffentlich-rechtlichen, denn auch hier geht es darum, die Zeit möglichst billig zu füllen. Es geht nicht nur um »Reklame« für Bücher und Schallplatten, vielmehr geben die »Experten« der Herstellerfirmen ständig scheinbar neutrale Tips. So erteilt eine junge Frau als geladene Expertin in einem BBC-Sender Ratschläge zum Thema Backen. Zu Beginn der Sendung wurde mitgeteilt, sie sei freundlicherweise von der Firma Van de Berghs geschickt worden, um ihre Backfett-Marke Cookeen zu präsentieren. Die Interviewerin gibt zu, selbst keine gute Bäckerin von Mürbeteiggebäck zu sein. »Da ist ja Cookeen ideal… Sie können es direkt aus dem Kühlschrank heraus benutzen«, wirft die fixe Expertin ein. Wenige Sekunden später beschreibt sie, aus was Cookeen besteht und lobt ihr Produkt als »das einzige«, das speziell für Teigwaren hergestellt werde. Das ist redaktionell aufbereitete Werbung, und die einzige Rechtfertigung lautet, daß die Expertin sich professionell verhält und gut klingt und daß ihre Gegenwart nichts kostet.

Aber es handelt sich hier nicht um einen Einzelfall. 1985 kamen etwa 1000 Stunden jährlichen Lokalhörfunks in Großbritannien von Körperschaften und Gruppen mit spezifischen Interessen.[71] Eine kommerzielle Firma, UNS Radio Services, ist auf die Produktion von »Nachrichtenstories« auf Band für Firmen und Handelsverbände spezialisiert – über 500 im Jahr. PR-Abteilungen großer Firmen wie Yardley, Birdseye und Sterling Health unternehmen für ihre Organisationen ähnliche Anstrengungen. Die Bänder werden an die Rundfunkstationen geschickt. Der *Guardian* führt aus: »Jeden Tag werden ihre eigenen, raffinierten ›Nachrichtenstories‹ auf Band von Rundfunkstationen gesendet, die schlecht bei Kasse sind und unbedingt billiges redaktionelles Material brauchen.«

Der *Guardian* fuhr fort: »Das System ist ganz einfach. Wenn Sie eine Firma oder Organisation mit einem Produkt, Ereignis oder einer Meinung sind, die Sie verkaufen wollen, dann gehen Sie zu UNS, und dort werden Sie beraten, wie man dem Ganzen am besten einen ›Nachrichtenaspekt‹ verleiht. Ein erfahrener Hörfunkjournalist wird eingesetzt, der dem Thema ein authentisches Flair gibt, und Ihr Vertreter oder sorgfältig ausgewählter ›Experte‹ wird mit vorab vereinbarten Fragen interviewt. Verpatzt er seine Zeile oder klingt er nicht überzeugend, kann das Interview natürlich wiederholt und später nach Ihrem Geschmack bearbeitet werden. Unbequeme, bohrende Fragen, die Ihrem Standpunkt zuwiderlaufen, werden vermieden.«

Der Bericht fuhr fort: UNS behaupte, daß zehn von 25 verschickten Bändern gesendet würden. Typische Kunden seien beispielsweise die Abbey National Building Society mit einem Beitrag über Eigenheimkosten oder ein Rallye-Teamfahrer von Kestrel, der Tips zum Autofahren im Winter gebe. Ratschläge an Farmer über Kredite für Meliorationen von der Cement and Concrete Association und Erklärungen der Chemical Industries Association über die gesundheitlichen Vorteile von Lebensmittelzusätzen seien ebenfalls keine Seltenheit. Der Kommentar des Artikels lautete, daß dies »nicht dem Sinn und Zweck lokaler Hörfunkstationen entspricht.«

Welche Wirkung übt der Werbungtreibende auf das Fernsehen aus?

Für die Zuschauer sei ein TV-Sendernetz eine Milchstraße voller Sterne, meint eine Gruppe von Beobachtern: Für seine Manager seien die Programme jedoch nur »etwas, das sie hergeben«. Kommentator Russell Davies betont, daß das amerikanische Fernsehen »nicht dazu da ist, um zu informieren, zu bilden und zu unterhalten, sondern es hat allein die Aufgabe, Reklame für Produkte zu machen. Nur darum geht es.«[72] Die Mehrheit der Amerikaner sieht dies als unvermeidliche Tatsache, so wie die Briten das Wetter oder Schlangestehen betrachten. John O'Toole, Vorsitzender von Foote Cone and Belding, klagt, daß das System das Fernsehen nach »dem kleinsten gemeinsamen Nenner« suchen lasse, um die höchsten Einschaltquoten zu erzielen, wodurch dann die höchsten Werbesendungspreise verlangt werden könnten. Aber er fährt fort: »Nun, wir können das Medium nicht in seinen Grundbestandteilen verändern, und wir können die Uhr nicht 30 Jahre zurückdrehen und den Kurs der Entwicklung des kommerziellen Fernsehens und der Fernsehwerbung neu bestimmen.«[73]

Die Amerikaner sind so abgestumpft in bezug auf ihre Überschwemmung mit Fernsehwerbung, daß sie selbst jene Erscheinungsformen als selbstverständlich erachten, die andere als unerträgliche Exzesse bewerten. »Noch nicht einmal eine halbe Sekunde wird verschenkt«, schreibt ein Beobachter. »Die Werbespots laufen mit einer Wahnsinnsgeschwindigkeit ab. Es gibt keine Hinweise wie ›Ende des Ersten Teils‹ zwischen Programm und Werbung – das ist viel zu kostspielig. Man springt blitzartig von *Ben Hur* in eine Knabberschüssel... Weil die Werbung den Ton angibt, lähmt sie die Programmstruktur. Sie erzwingt nicht nur Unterbrechungen; in den Nachrichten und Nachrichtenmagazinen zwingen die Werbespots die Moderatoren zum Beispiel, die Programmhinweise zu verlesen, die auf die aufregenden nächsten Sendungen verweisen. So bestehen Programme oft mehr aus Werbung und Ankündigungen und nicht so sehr aus Filmen. * Die Werbesendungen lassen manchen beim Fernsehen verrückt werden. Sobald sich der Film dem Höhepunkt nähert, platzen die Spots noch häufiger und gebündelter in die Handlung hinein, so daß man wütend wird, wie ein Baby, dem die Mutter die Brust wegnimmt. Und in Nachrichtenmagazinen wendet sich mitunter der Interviewer plötzlich von seinem Gegenüber ab und sagt in die Kamera: ›Und jetzt ein Werbespot, den ich kürzlich aufgenommen habe.‹ Und da ist er dann wieder, in Lebensgröße und doppelt so aufdringlich und verkauft Ihnen Bloppo.«[74] Sid Bernstein, der Kolumnist von *Advertising Age*, schrieb: »Ich bin vermutlich immer noch der einzige, der es ablehnt, daß Nachrichtensprecher zwischen ihren Themen Werbung verlesen.«[75]

Die Heimtücke der Werbesendungen ist ein Sache; die Wirkung auf die Programme ist eine andere. »Jedesmal, wenn ein Land erwägt, kommerzielles Fernsehen zuzulassen«, schrieb Francis Wheen in *Television*, »gibt es immer eine mächtige Lobby, die behauptet,

---

* Ironischerweise beklagen sich die Werbeauftraggeber über die »Anhäufung« der Programmhinweise – mit dem Argument, sie gehe den Zuschauern der Werbesendungen auf die Nerven. Viele Werbungtreibende sehen auch in den Erwähnungen der Mitwirkenden am Programmende eine »Anhäufung« und finden, sie sollten ebenfalls abgeschafft werden, damit Action sofort in die Werbung übergeht!

daß die Forderungen der Werbeauftraggeber irgendwie das Programm ›infizieren‹ und seine Qualität mindern könnten. Diese Lobby konnte bisher zwar nur selten das kommerzielle Fernsehen verhindern, aber ihre Voraussagen sind meistens wahr.«

Es gibt nur wenige Länder mit Fernsehen ohne jegliche Werbung. Sogar die Sowjetunion öffnet sich vorsichtig für Werbung. Indonesien verbot Werbung 1981, um »die Entwicklung des Landes zu fördern, ohne Bilder von Waren und Dienstleistungen zu senden, die die meisten Zuschauer nicht bekommen konnten«. Am anderen Ende der Skala stehen Länder, beispielsweise sehr viele lateinamerikanische, in denen das Fernsehen völlig von Werbung und Sponsoring abhängig ist. Andere, wie Großbritannien und Japan, bieten eine Mischung aus öffentlich-rechtlichem und kommerziellem Fernsehen. Die Vereinigten Staaten fallen theoretisch in diese Kategorie, weil sie zwar über ein öffentliches TV-Netz verfügen, doch ist das US-Fernsehen überwiegend kommerziell.

Public Broadcasting (öffentlicher Rundfunk/Radio und TV), die Alternative zu den kommerziellen Kanälen in den USA, befindet sich in einer wunderlichen und etwas unangenehmen Position. Es wurde 1967 gegründet und überlebt dank staatlicher Unterstützung (die schon immer ungenügend war, ganz besonders jedoch unter der Reagan-Administration), Spenden von Körperschaften und Stiftungen und Zuwendungen der Zuschauer. Seine Sendungen bestehen zu einem großen Teil aus britischem Schauspiel und Dramenserien. Seine rund 300 Sendestationen im ganzen Land ergänzen die landesweit übertragenen Sendungen durch eine Reihe lokal gedrehter Programme. Public TV ist ein Kanal der Minderheit, aber die Zuschauerschaft ist sozial hochrangig, genau jene Zuschauer, die viele große Werbeauftraggeber sich wünschen – und aus diesem Grund stellt das Public TV ein begehrtes Ziel der Werbebranche dar. Eine eng begrenzte Form des Sponsoring ist zulässig. Die Unternehmen können Programme sponsern. Botschaften vor oder nach den Sendungen dürfen beispielsweise lauten: »Diese Sendung wurde durch einen Zuschuß der Gesellschaft X ermöglicht.« Traditionsgemäß sind die Ölgesellschaften – auf der Suche nach Prestige-Werbung – die größten Sponsoren, so daß PBS auch als Petroleum Broadcasting Service bekannt ist.

Die Ölgesellschaften stiften nicht nur Riesensummen für Programme, sie fördern auch den Anstieg der Zuschauerzahlen. Gulf Oil gab in einem Jahr 1,7 Millionen Dollar für das Sponsoring von »National Geographic Specials« aus und weitere zweieinhalb Millionen Dollar in einer Saison für Werbung und Verkaufsförderung. Sie und auch andere Gesellschaften sehen darin den besten Weg, ihr Image aufzubessern. AT & T indessen gibt jährlich zehn Millionen Dollar für die MacNeil/Lehrer *News Hour* aus und finanziert damit die Hälfte des Budgets dieser Sendung, nur um erwähnt zu werden.[76] Diese Sponsoren wehren sich gegen das Lobbying vieler Unternehmen, die PBS für die »gewöhnliche« Werbung öffnen wollen. Dazu gehören Kraft, Hallmark, Eastern Airlines und J. Walter Thompson und Foote Cone and Belding.

Eines dieser Unternehmen argumentierte: »Wir meinen, daß begrenzte Werbung, die zum Beispiel als Anhäufung von Spots zwischen den Sendungen gezeigt werden könnte, eine wirksame Methode ist, die benötigte finanzielle Unterstützung für öffentliches Fernsehen zu bekommen, ohne daß sie sich schädlich auf den Charakter des öffentlichen Fernsehens auswirkt.«[77]

1984 verbuchten die Lobbyisten für die Werbung einen kleinen Erfolg. Die FCC (US-Bundesbehörde für Kommunikation) lockerte die Vorschriften, so daß die Sponsoren auch eine kurze Botschaft über ihr Produkt bringen dürfen, ohne es direkt anzupreisen. Einige Werbeauftraggeber produzierten Spots, die regulärer Werbung täuschend ähnlich waren. Der Sprecher eines öffentlichen Senders versuchte zu erklären, was akzeptiert und was abgelehnt wurde: »Es ist völlig legal, wenn sich United Airlines als die Fluggesellschaft zu erkennen gibt, die am freundlich-hellen Himmel fliegt, aber ihren Sondertarif von 419 Dollar nach Hawaii darf sie nicht anbieten.«[78] 1988 verwischten sich die Grenzen zum kommerziellen Fernsehen noch weiter. Die Richtlinien wurden entschärft, um den Sponsoren Erkennungsmelodien, Firmenmaskottchen und sogar die Vorführung einiger Produkte zu ermöglichen.

Wo die Werbung regiert, wie im amerikanischen TV-Sendernetz und in Lateinamerika, sind die Auswirkungen auf die Programme enorm. Das schlägt sich sogar auf ihre Machart nieder. Handlungen müssen die Zuschauer sofort packen, um sie vom Umschalten vor der ersten Werbesendung abzuhalten. Deshalb fördert die Werbung sprunghaft-unbeständige Programme, die sich durch Effekthascherei auszeichnen. Um in ihrem Jargon zu sprechen: Das Fernsehen muß viele »Stöße pro Minute« liefern.

Werbung bestimmt die *Dauer* der Sendungen. Amerikanische Fernsehprogramme kennen entweder halbstündige Sendungen oder ein Mehrfaches davon, also nur volle Stunden. Es gibt keine Programme, die eine »ungerade« Sendedauer haben, wie etwa die 40minütigen Shows in Großbritannien. So hat jede Sendung direkte Konkurrenten.

Weil die Zuschauerzahlen so enorm wichtig sind – schon ein Rückgang in der Einschaltquote um ein Prozent konnte 1987 einen Verlust von 90 Millionen Dollar an Werbeeinkünften bedeuten –, werden auch die Shows, genau wie die sie finanzierenden Werbesendungen, vorher getestet.* Sie werden »repräsentativen« Zuschauern vorgeführt, und diese entscheiden, ob die Sendungen laufen dürfen oder nicht. Die drei großen Sendeanstalten benachrichtigen Werbeauftraggeber von ihren Programmplänen, noch bevor sie ihre Tochtergesellschaften verständigen (keines der Sendernetze darf mehr als zwölf Sendestationen besitzen, aber sie sind meist mit etwa 200 anderen Stationen durch lose Verträge verbunden). Jedes Jahr im Mai verkaufen die Sendernetze den »Herbstplan« an eine Gruppe potentieller Werbeauftraggeber.[79] Einen ganzen Tag lang präsentiert ein leitender Mitarbeiter des Sendernetzes Auszüge aus Shows, einschließlich Programmankündigungen und Auftritten von Schauspielern und Schauspielerinnen. Für jede Show wird die Plazierung »gerechtfertigt«.

Die Zuschauerzahl ist nicht das einzige Kriterium bei der Beurteilung von Programmen. Daneben gibt es die Zahlen über den Produktkauf. Serien wie *Gunsmoke, The Virginian* und die *Beverly Hillbillies* wurden allesamt zu irgendeinem Zeitpunkt von den Sendernetzen abgesetzt, obwohl sie gute Einschaltquoten aufwiesen. Das Publikum war nicht das richtige – zu alt, zu ländlich, nicht reich genug.[80] Die

---

* Die Messung der Zuschauerzahlen ist ein großes Geschäft. Der Name der Nielsen Company gilt schon fast als Synonym für die Messung der US-Einschaltquoten. Die Gesellschaft hatte 1985 weltweit die Fernsehforschung betreffende Einkünfte von 75 Millionen Dollar. Die Messung der Zuschauerzahlen erfolgt in zunehmendem Maße durch einen »Menschenzähler«, ein Gerät der britischen AGB Research. Die Mitglieder der ausgewählten Haushalte bedienen Knöpfe, wenn sie fernsehen. Die Zähler halten dann fest, wer welche Kanäle wie lange anschaut.

Werbeauftraggeber wollen auch »sichere« Programme. Sie wollen potentielle Käufer ihrer Produkte nicht vor den Kopf stoßen; das heißt, Einschmeichelndes ist in, Kontroverses out. Kein Sendernetz macht Programme, ohne die Standpunkte der Hersteller zu berücksichtigen. Große Auftraggeber werden oft schon früh zu möglichen Programmen befragt.

Die Werbungtreibenden haben mitunter festgefügte Überzeugungen hinsichtlich der eigentlichen Sendeinhalte. Der geschäftsführende Werbemanager von Procter and Gamble, Amerikas größtem und mächtigstem Werbeauftraggeber, erklärte 1965 bei FCC-Hearings, daß der Konzern Direktiven für die Programme habe, in denen er werben wolle. Zum Beispiel die Direktive für die Darstellung von Business und Geschäftsleuten:»In unseren Programmen gibt es kein Material, daß das Vorurteil über das Business als kalt, skrupellos und gefühllos oder geistig unmotiviert noch weiter verfestigt. Wenn einem Geschäftsmann die Rolle des Bösewichts zufällt, muß klargestellt werden, daß er nicht typisch ist und von seinen Geschäftskollegen genauso verachtet wird wie von der restlichen Gesellschaft.«

Heute besteht der Konzern darauf, alle Sendungen vorher zu begutachten, in denen seine fast 28 000 Werbespots pro Jahr laufen könnten. Wenn P & G etwas am Programm auszusetzen hat, nimmt der Konzern seinen Spot aus der Sendung heraus. Es erscheint deshalb vorstellbar, daß die Einstellung des Konzerns zu dem, was ihm genehm und nicht genehm ist, einen indirekten, aber realen Effekt auf das hat, was die Zuschauer letztendlich sehen.

Robert Goldstein, P & Gs Vizepräsident für den Bereich Werbung, wählte seine Worte mit Bedacht, als ich ihm gegenüber dieses Thema anschnitt. »Wir sind keine Zensoren und können auch keine sein, und wir sind keine Sender oder Verleger, aber wir tragen grundsätzlich zwei Arten von Verantwortung in diesem Punkt.« Die erste Verantwortung sei, daß »wir uns als Menschen und Körperschaftsmitglieder dafür verantwortlich fühlen, unsere Produkte in einem für unsere Marken passenden Umfeld zu präsentieren... in einem gesunden, normalen Klima (in manchen Fällen handelt es sich um Unterhaltungssendungen für die ganze Familie), das nicht als unwillkommener oder anstößiger Gast in einem Haushalt erscheint. Wir wollen die Verantwortung für das nicht tragen, was die Sendeanstalt oder der Verleger bringt, aber wir müssen sie übernehmen, wenn wir einmal mit drin sind.« Es gebe mehrere Print- und Programm»situationen«, mit denen der Konzern nichts zu tun haben wolle, sagte Goldstein. Sollten darin Werbesendungen eingeplant sein, würde der Konzern sie herausnehmen. »Ich würde mich aus mehreren Gründen nicht mit Sex, Gewalt, schlechtem und schmutzigem Material assoziieren.«

Zum zweiten wähle der Konzern eine Umgebung, in der er seine Produkte verkaufen kann. Daher würde er wohl kaum während »einer besonders gruseligen wahren Geschichte über ein sehr kontroverses Thema – wie Abtreibung oder Weltuntergang – Werbung machen wollen. Wollen Sie ein Liedchen über Erdnußbutter hören, wenn Sie als nächstes einen nuklearen Holocaust sehen?«

Goldstein betonte weiter, daß es auch »eine Verantwortung gibt, dem Fernsehen zu einem besseren Image zu verhelfen. Deshalb sahen Sie gestern abend *AD*, *Marco Polo* und andere preisgekrönte Shows. Ich finde es wichtig zu demonstrieren, daß man mit guten Sendungen die ganze Familie fesseln kann.«

AD und *Marco Polo*, beides Mini-Serien, fallen unter die 1000 Programmstunden, die der Konzern jährlich produziert. Durch solche Produktionen, fügte Goldstein hinzu, investiere P & G sehr viel Geld und gehe auch Risiken ein: »Wenn wir sie nur unter wirtschaftlichen Gesichtspunkten betrachteten, dürften wir viele von ihnen nicht machen. Die Rentabilität allein ist dieses Risiko nicht wert.«

Er erläuterte die Art von Sendung, mit der der Konzern nichts zu tun haben wolle: »Ein Film über Gangsterkriege, ein kontroverses Thema wie Abtreibung, bei dem Sie wissen, daß die Hälfte der Zuschauer wütend auf Sie sein wird, Programme mit zuviel Sex – Mädchen in T-Shirts mit hüpfenden Brüsten. Inzucht wäre ein weiteres Tabu-Thema. Ich will nicht sagen, wir seien Victorianer. Die Geschichte des Holocaust ist auch brutal, und wir haben *The Holocaust* dennoch gesponsert. In dem Zusammenhang mußte Gewalt einfach gezeigt werden.«

Auch andere Unternehmen artikulieren ihre Bedenken gegenüber bestimmten Programmen. Ein leitender Mitarbeiter der Whitehall Laboratories berichtet beispielsweise, daß das Unternehmen den Sendernetzen klipp und klar sagt, »Wir wollen das nicht gesendet haben«, wenn sich jemand in einer Szene mit Tabletten umbringt. Holiday Inns hat es abgelehnt, für einen Werbespot zu zahlen, der während eines Programms gezeigt wurde, das das Unternehmen als »Propaganda« gegen Reagan verstand, obwohl man versichert hatte, die Sendung würde »ausgewogen« sein.[81] In Großbritannien haben die Werbeauftraggeber bislang wesentlich weniger Einfluß auf die Programme, aber es zeigen sich erste Veränderungen. Natürlich möchten manche Auftraggeber und ihre Agenturen mehr Einfluß. Der Drehbuchautor Wilfred Greatorex berichtete in einem Brief an *The Times* von einem Ereignis, das sich zugetragen hatte, als er als Drehbuchautor und Produzent der Drama-Serie *Hine* für ATV arbeitete.[82] »Als wir die erste Episode filmten, bemerkte ich drei elegante junge Herren im Studio. Ich stellte fest, daß sie von einer Werbeagentur kamen. Ihre Aufgabe war es, über die Art von Inhalt zu berichten, die das Programm ›verbessern‹ könnte. Ich erklärte ihnen, daß ich wüßte, daß Szenen mit etwas Techtelmechtel im Heu oder eine komische Schlägerei zwischen Betrunkenen die Einschaltquoten ›verbessern‹ *könnten*, aber daß sie in *Hine* nichts zu suchen hätten. Ebenso wenig würde man mich jemals dazu überreden, ein süßes Kind oder ein knuddeliges Haustier in die Besetzung aufzunehmen. Ich forderte die Werbefachleute auf zu gehen. Der Programmdirektor war auf meiner Seite, und ich hörte nie wieder etwas von der Sache.«

Die Geschichte der kommerziellen britischen Frühstück-TV-Anstalt, TV-AM, liefert ein heilsames Beispiel. Die Konzession gewann ein Konsortium unter der Leitung Peter Jays, des Journalisten und früheren Botschafters in Washington, der im übrigen für seine Haltung bekannt ist, daß Fernsehnachrichten eine »Mission zu erfüllen« hätten. Den Zuschauern wurde ein neuer, wegweisender Bild-Journalismus versprochen. Der von der IBA ausgehändigte Vertrag galt hauptsächlich für Nachrichten-, Informations- und andere Programme mit aktueller Note.

Der Sender begann im Februar mit seinen Ausstrahlungen. Die Einschaltquoten waren niedrig; der Kanal erschien Werbeauftraggebern nicht attraktiv. Innerhalb von drei Monaten fanden sich Peter Jay und seine Mitgründer vor der Tür wieder. Als Ersatz kam unverblümte Unterhaltung mit einem Maskottchen namens Roland Rat und einer Fernsehkost, die aus Rezepten und Rockvideos bestand.

Der Vorsitzende einer Werbeagentur, Roger Mavity, meinte: »Was immer man auch vom jetzigen AM-TV halten mag, es hat jedenfalls nur noch herzlich wenig mit dem zu tun, was die IBA versprach, als sie die Konzession erteilte.«[83] Der Grund für die Nichteinmischung der IBA war, daß man fürchtete, wenn man das AM-TV nicht nach eigenem Gutdünken verfahren ließe und so für die Werbeauftraggeber attraktiv machte, die Alternative in der Schließung des Senders bestehen würde. Aber Mavity fügte hinzu:»Wenn die IBA die Macht hat, AM-TV zu starten, trägt sie auch die Verantwortung, es auf Kurs zu halten. Sie denkt vielleicht, sie müsse AM-TV volkstümlich werden lassen, damit es profitabel würde. Aber die Grundidee hinter AM-TV war doch, daß der Rundfunk [in diesem Fall TV] finanziell solvent sein sollte, ohne dabei in kreativer Hinsicht bankrott zu machen. Eine lobenswerte Zielsetzung. Wenn die IBA das befürwortete, wieso steht sie jetzt nicht mehr dazu?«

Doch auch die Werbeauftraggeber wollen niemanden vor den Kopf stoßen, und so sind sie sehr anfällig für konzertierte Lobbies oder Drohungen. Das wiederum beeinflußt ihre Einstellung zu den Programmen.

Kompromißlos konservative Lobbies üben ihre Macht aus. 1981, nach der Gründung der Coalition for Better Television in den USA, die von fundamentalistischen Kirchen unterstützt wird, beeilten sich einige große Werbeauftraggeber, dem Vorsitzenden Reverend Donald Wildmon zu versichern, daß sie seine Bedenken teilten. Die Organisation führte einen bereits angedrohten Boykott von Firmen, deren Werbung die Organisation als anstößig erachtete, nicht durch, nachdem mehrere Werbeauftraggeber versprachen, in Zukunft selektiver vorzugehen. Eines der unter Druck gesetzten Unternehmen, Procter and Gamble, wies öffentlich darauf hin, es habe etwa 50 Werbespots aus Programmen zurückgezogen, die zu viel Sex, Gewalt und unanständige Ausdrücke enthielten.

Im darauffolgenden Jahr verschickte *Advertising Age* einen Fragebogen an die Führungskräfte der 100 größten amerikanischen Werbeauftraggeber.[84] 28 füllten ihn aus, und alle außer fünf gaben an, ihre Richtlinien für den Kauf von Zeit und Sponsoring im letzten Jahr überprüft zu haben, zwölf von ihnen wegen der Coalition for Better Television und/oder der National Coalition on Television Violence. Elf der Firmen erklärten, sie hätten in allen Arten von Programmen Sendezeit gekauft, die Drehbücher jedoch durchgesehen und Filmausschnitte begutachtet, um festzustellen, ob sie möglicherweise etwas »Anstößiges« enthielten. Drei antworteten, daß sie nur von den Programmen Sendezeit erwürben, deren Inhalt absolut »sauber« sei.

Die »Monitor-Berichte« der Coalition zählen die »wichtigsten Sponsoren von Sex, Gewalt und Anstößigem« auf. Die vor mir liegende Liste führt die zehn hauptsächlichen »Übeltäter« an: an erster Stelle findet sich die Mennen Company, gefolgt von Ciba Geigy.[85] Hinter jedem Firmennamen steht eine Zahl, im Falle von Mennen lautet sie 20,54. Die Zahl repräsentiere, so der Bericht, »die durchschnittliche Anzahl von gewalttätigen, sexuellen oder anstößigen Aufnahmen pro Werbespot-Sendung (halbminütige Reklame)«. Der Bericht definiert die Begriffe:

»Gewalt: Eine gewalttätige Szene ist definiert als der Versuch, einer Person körperlichen Schaden zuzufügen oder es tatsächlich zu tun. Gewalt in Comic- oder Zeichentrickform wurde nicht berücksichtigt.

Sex: Umfaßt alles von angedeutetem Geschlechtsverkehr und einem sexuell anzüglichen Kommentar bis zu einer ›Hautszene‹ (unangebrachte und unnötige Betonung der menschlichen Anatomie).

Anstößiges: Als anstößig gelten folgende während des Sendezeitraums verwendeten Worte: (gott)verdammt, Teufel, Gott, Jesus, Christus, Arsch, Scheiße, Hurensohn, Schweinehund.«

Die Namen und Adressen der dagegen verstoßenden Firmen, mit einer Liste ihrer Produkte und den Namen der Vorsitzenden, werden für Protest- und Boykottzwecke aufgeführt.

Die National Coalition on Television Violence ist eine Organisation, die es sich zum Ziel gesetzt hat, »die große Menge glorifizierter Gewalt [auf dem Bildschirm] zu reduzieren«[86]. Ihre Kampagne erregte weithin Aufmerksamkeit, zeigte aber wenig Wirkung. »Das kommt daher, daß die kommerziellen Informationskanäle meistens die Namen der Werbeauftraggeber weglassen, gerade die, die das Geld für eine solche Art von Unterhaltung für die Öffentlichkeit liefern«, schrieb der Vorsitzende an die Mitglieder. »Ich bitte Sie, helfen Sie, dieses Problem zu lösen, indem Sie die beiliegende Kolumne in Ihren Organisations-Nachrichtenblättern, Rundschreiben oder Bulletins veröffentlichen.« Die Unternehmen, die für schuldig befunden wurden, sind u. a. Wrigley's Gum, Kellogg, Hershey und McDonald's.

In Großbritannien setzte Channel 4 während seiner Testphase ein rotes Dreiecksymbol in Filmen ein, die schockieren könnten. Mary Whitehouse von der National Viewers and Listeners Association, einer weiteren Lobby-Gruppe, schrieb an die Werbeauftraggeber, deren Spots in einem jener Filme gezeigt wurden. Daraufhin wiesen fünf Unternehmen ihre Agenturen an, nicht länger in den Filmen mit den roten Dreiecken zu werben: Lloyds Bank, Sainsbury's, Kellogg, die Bank of Scotland und die Hill Samuel-Banken.[87]

Viele Sendeanstalten bestreiten den Druck der Werbung und führen Beispiele an, bei denen sich die Sendernetze nicht beirren ließen. Die Entscheidung von ABC 1983, *The Day After* auszustrahlen, einen Fernsehfilm über einen nuklearen Holocaust, wird als Musterbeispiel zitiert. Der Reverend Jerry Falwell, Anführer der kompromißlosen religiösen Lobby, der Moral Majority (später in Liberal Federation umbenannt), drohte den Werbeauftraggebern, die Zeit während des Films kauften, mit einem Verbraucherboykott.[88] Er nahm die Drohung später zurück, aber an über 100 Auftraggeber wurden Briefe verschickt. Falwell: »Wir haben niemandem gedroht. Wir haben nur gesagt, daß die amerikanischen Industrien, die ihr Geld am amerikanischen Konsumenten in einem freien Marktsystem verdienen, aufpassen sollten, dieses Geld nicht in einer Weise auszugeben, die die Sicherheit dieses Landes gefährdet.« Sicherlich bietet ein Programm über atomare Vernichtung nicht unbedingt das beste Forum, Konsumenten zum Kaufen zu überreden. In diesem Fall wurden die Auftraggeber so nervös, daß halbminütige Spots für nur 60 000 Dollar verkauft wurden, umgerechnet etwa 1000 Zuschauer für jeweils 60 Cents. Das Wichtige aber sei gewesen, betonen die Sendeanstalten, daß die Sendung *gezeigt* wurde, daß sie gesehen wurde (von etwa 100 Millionen Zuschauern) und daß Untersuchungen bewiesen hätten, daß die Werbungtreibenden dabei keinen »radioaktiven Fallout« erlebten.

ABC folgte mit einem Fernsehstück über inzestuöse Kindesmißhandlung (das ebenfalls hohe Einschaltquoten verzeichnete) und beklagte die Kluft zwischen den Wünschen des Publikums und dem, was die Werbeauftraggeber zu akzeptieren gewillt waren. »Der Konsument erwartet, daß sich das Fernsehen ab und zu mit kritischen Themen auseinandersetzt«, sagte mir Alan Wurtzel, ABCs Vizepräsident für Sendestandards und -praktiken. Viele Auftraggeber wären jedoch der Meinung, »die Programme wären nicht akzeptabel und würden die Glaubwürdigkeit ihrer Werbung schädigen«. Untersuchungen, so Wurtzel, ergäben jedoch ein anderes Bild. »Es gab genügend Auftraggeber, die keine Sendezeit in der Sendung über Inzucht kaufen wollten. Wir sagten, sie sollten sich wenigstens Ausschnitte ansehen, um sich eine Meinung darüber zu bilden, wie wir mit dem Thema umgegangen waren. Aber viele wollten nicht einmal das tun – sie meinten, wir würden die Zuschauer beleidigen.«

Robert Silverbert, ABCs General Manager für Verkauf, glaubte, die Sendeanstalt könne sich durchsetzen, wenn sie Auftraggeber überzeugte, daß Themen wie Inzucht »taktvoll« dargestellt würden. Er erklärte, daß Werbeauftraggeber sich hin- und hergerissen fühlen: »Wenn sie einen Beschwerdebrief von einem Ehepaar aus Missouri erhalten, sind sie sofort beunruhigt. Aber das heißt auch, daß die Leute die Sendungen *sehen*, also wollen die Auftraggeber darin werben. Auftraggeber fürchten nur jegliche Art negativer Reaktion.«

Auftraggeber wenden sich früher oder später dorthin, wo das Publikum ist. Jeff Greenfield, Medienanalytiker für ABC-TV, meint: »Wenn sich eine Gesellschaft gegen, sagen wir, J.R. aus der Serie Dallas auflehnen würde, weil er zu gesellschaftsfeindlich ist, dann würde CBS einfach sagen: ›Gut. Der Nächste, bitte.‹«[89] Ebensogut könnte man aber auch sagen, daß der immerhin zahlende Auftraggeber auch das Recht hat, dort zu werben, wo er es möchte. Wie wir gesehen haben, kann die Sendeanstalt darauf verweisen, daß sie unabhängig von den Reaktionen der Auftraggeber einen Film wie *The Day After* senden wird.«

Diese drei Argumente ergeben aber kein vollständiges Bild. Das erste – daß Auftraggeber dorthin gehen, wo das Publikum ist – bedeutet nur, daß es immer einige wenige Zuschauermagneten geben wird, die die Auftraggeber zwingen, ihre moralischen Standpunkte vorübergehend etwas zu modifizieren. Zweitens haben die Werbeauftraggeber das Recht, ihre Werbung dort zu plazieren, wo sie es wünschen – was aber sicherlich nichts an der Tatsache ändert, daß ein solches *System* über »gut« oder »schlecht« bestimmen kann. Und drittens gibt es eben nur wenige Ereignisse wie *The Day After*. Die Sendernetze mögen bei großen öffentlichen Diskussionen einen unbeirrbaren Standpunkt einnehmen, doch das bedeutet nicht, daß sie zu anderen Zeiten nicht kooperieren.

All dies soll nicht heißen, das amerikanische Fernsehen produziere nur schlechte Programme oder das britische sei oftmals nicht auch furchtbar. Das wäre Unsinn. Wie Christopher Dunkley, der TV-Kritiker der *Financial Times*, betont, gab das US-Fernsehen Großbritannien *Bilko, I Love Lucy, Rhoda* und *Cheers*; wir gaben ihnen dafür *Benny Hill*: »In welche Richtung reiste denn da der Mist?« Es heißt auch nicht, daß der Druck der Werbeauftraggeber der einzige Druck ist. BBC hielt fast 20 Jahre lang *The War Game*, ihren Film über nukleare Massenvernichtung, zurück.

Man kann jedoch feststellen, daß das von der Werbung beherrschte Fernsehen Programme bringt, wie sie der Werbeauftraggeber wünscht – ziemlich langweilig, nichts Umstrittenes und auf keinen Fall etwas, was potentielle Kunden vor den Kopf stoßen könnte. Es kann sogar sein, daß sich der Wunsch des Auftraggebers manchmal mit dem deckt, was wir alle wünschen – Fernsehen könnte zum Beispiel besser sein ohne ein solches Ausmaß an Gewalt. Die Frage ist wohl eher: Wieso sollte der Werbeauftraggeber das Recht haben zu entscheiden? Die Frage ist wichtig, denn mit immer mehr Medien – mehr Fernsehkanäle, mehr Zeitschriften, mehr Zeitungen – wächst auch die Macht der Auftraggeber, den Inhalt der Programme zu kontrollieren.

Italien kann als warnendes Beispiel dienen, was geschehen kann, wenn die Interessen der Auftraggeber regieren.[90] In einem Urteil von 1976 beschloß das Verfassungsgericht, daß RAI, der öffentlich-rechtliche Sender, keine Monopolstellung auf Lokalebene besitze. Als Konsequenz dieses Urteils entstanden Hunderte kommerzieller Fernsehstationen, die alle in einem legalen Vakuum existieren. Die großen Medienunternehmen jagten den reichen Werbeauftraggebern nach. Silvio Berlusconi, einem Unternehmer aus Mailand, gelang es, die Kontrolle über drei führende private Sendernetze zu erlangen. Gesendet werden hauptsächlich importierte Seifenopern, Varietéshows und Ratespiele. Der große Abwechslungsreichtum, den man sich von den freien Sendern versprochen hatte, wurde immer geringer. RAI dagegen sieht sich jetzt zu mehr Unterhaltung gezwungen.

Bei manchen Anstalten ist die Trennlinie zwischen Werbung und Redaktionellem mittlerweile nicht mehr sichtbar. In einer Sendung zur Frühstückszeit spricht ein Kürschner über seine Pelze. Daran ist nichts Außergewöhnliches – nur hat er für seinen »redaktionellen«

Spot wie für einen Werbespot gezahlt. Ähnliches geschieht in den Vereinigten Staaten, wo eine Flut von Kanälen die von Werbeauftraggebern produzierten Shows bringt, die wie reguläre Programme aussehen, aber eigentlich die neue Form der kommerziellen Werbung darstellen. Die Home Shopping Show ist das beste Beispiel.[91] Es handelt sich dabei um eine halbstündige Sendung mit »Gästen«, die in Wirklichkeit für die Sponsor-Gesellschaften arbeiten und jeweils neun Minuten Sendezeit gekauft haben. Der MTV-Kanal benutzt regelmäßig Videos von Filmmusik. Die Werbeabteilung für Orion Pictures hatte die tolle Idee, das noch einen Schritt weiter zu führen: sie stellte beispielsweise ein Video mit einer Reihe von Rockstars zusammen, Auszüge aus deren eigenen Musikvideos und Ausschnitte aus dem Film *Amadeus* als Reklame *für* den Film. Wegen seines Musikinhalts stimmte MTV jedoch zu, ihn kostenlos zu senden, als Teil seiner nicht werbenden Sendungen.

Man sagt, zumindest seien die von der Werbung bezahlten Medien für den Konsumenten entweder kostenlos oder billiger, als sie es ohne Werbung wären. Das Argument wird nicht nur benutzt, um neue kommerzielle Sendemöglichkeiten zu fördern, sondern es taucht auch in den Angeboten einiger Agenturen und Auftraggeber auf, wenn sie Werbung in öffentlichen Sendeanstalten wie BBC erzwingen wollen. Das »kostenlose Fernsehen« ist eine Glaubensfrage. Das Television Information Office der USA beauftragte die Roper Organisation, eine Untersuchung durchzuführen. Ergebnis: 74 Prozent fanden, daß »Werbesendungen ein fairer Preis sind, unsere TV-Programme« kostenlos sehen zu können. Kommerzielles Fernsehen ist aber *nicht* kostenlos in dem Sinn, daß die Zuschauer nichts dafür zahlen müßten. Sie zahlen indirekt, durch die gestiegenen Kosten der angepriesenen Produkte. Einige behaupten, daß Werbung größeren Umsatz bedeute, was wiederum niedrigere Produktionskosten und damit niedrigere Preise mit sich bringe. Doch eine Mehrzahl der Leute in den Agenturen oder die Auftraggeber, mit denen ich sprach, hielten dies in bezug auf die meisten der angepriesenen Waren und Leistungen für ein Scheinargument.

Eine von J. Walter Thompson veröffentlichte Abhandlung macht keinen Hehl aus der Wirklichkeit:

»In den Anfangstagen von ITV pries sich eine der großen Programmgesellschaften selbst als ›Ihr kostenloser Fernsehservice‹ an.

Die Independent Television Authority (Unabhängige TV-Behörde, wie die IBA damals hieß) bat sie, dies zu unterlassen, da es nicht wahr sei. Zum einen sei das Fernsehen nicht kostenlos. Und zweitens seien die Kosten der Werbesendungen als winziger Bruchteil eines Penny in den Preisen der angebotenen Waren und Leistungen verdeckt enthalten. Die Werbung ist ein Kostenpunkt, der an den Konsumenten weitergereicht wird. Er bezahlt in den örtlichen Geschäften oder Supermärkten für die Auswahl an Kanälen.«[92]

Der Vorteil des kommerziellen Fernsehens ist also nicht, daß es kostenlos ist, sondern daß es kostenlos zu sein *scheint*. Die Verbraucher werden verdeckt zur Kasse gebeten, was beim Einzug von Gebühren nicht geht. Christopher Dunkley meint dazu: »Obwohl wir für ITV mehr bezahlen, beklagt sich keiner darüber; es ist die Höhe von BBCs Pauschalsumme, die Politiker und Pensionäre gleichermaßen ärgert.«

Aber was ist mit Zeitungen und Zeitschriften? Wenn nicht kostenlos, so werden sie doch sehr stark von Werbeauftraggebern subventioniert. Professor Bagdikian zeigt auf, daß dem nicht so ist:

»1940 umfaßten Tageszeitungen etwa 31 Seiten, wovon die Werbung 40 Prozent beanspruchte, also zwölfeinhalb Seiten. Konsumenten zahlten zwei Cents für die ganze Zeitung und bekamen dafür 18,5 Seiten redaktionell aufbereitete Themen. 1980 hatten Zeitungen durchschnittlich 66 Seiten, wovon 65 Prozent Werbung war, oder 43 Seiten. Mittlerweile zahlten die Leser 20 Cents für die Zeitung und bekamen 23 Seiten redaktionellen Inhalt. Wendet man die Preisindizes von 1940 auf 1980 an, so bringt das die Kosten einer Zeitung des Umfangs von 1940 auf 5,7 Cents 1980. Der Leser erhielt 1980 24 Prozent mehr Redaktionelles, was den Preis auf sieben Cents ansteigen läßt. Schlägt man noch einen Cent auf, was dem Verleger einen außergewöhnlichen Profit weit über der Grenze von 1940 geben würde, dann läge der Preis bei acht Cents, also viermal so hoch wie 1940. Aber der Preis von 1980 betrug 20 Cents, zehnmal so viel wie 1940. Den Unterschied macht größtenteils das Geld aus, das der Leser für die zusätzlichen Reklameseiten, die ihm nach Hause geliefert werden, bezahlen muß. Die Leser bekamen ihre Zeitung 1980 nicht für einen unter den Kosten liegenden Preis; vielmehr zahlten sie für die Werbung.«

Die Entwicklungen im Medienbereich und die Sorge der Werbeauftraggeber ob der schnell steigenden Kosten erhöhen die Bedeutung der Fachleute in den Agenturen. Die Medienexperten glauben, ihre Zeit sei endlich gekommen. Einige unter ihnen meinen, etwas zu optimistisch, daß sie in den nächsten zehn Jahren zur wichtigsten Abteilung in den Agenturen würden.

Die Agenturabteilungen, die sich mit Streuplanung beschäftigen, sind die moderne Version dessen, was früher die gesamte Agentur tat. Ihre Spezialisten analysieren die Medien, kalkulieren Kosten, empfehlen Pläne und vergeben und plazieren die Werbung dann zum besten Preis. Sie erarbeiten beispielsweise den besten – und billigsten – Weg, Mädchen zwischen 13 und 19 zu erreichen, die im Begriff sind, ihren ersten Lippenstift zu kaufen. Wie gut – oder wie schlecht – sie ihren Job erledigen, ist an einem kritischen Punkt meßbar – nämlich: haben sie mehr oder weniger für Fernsehsendezeit als konkurrierende Agenturen gezahlt? Große Auftraggeber haben oft Dutzende von Agenturen, die ihre Werbung für verschiedene Marken streuen, und verfügen so über dauernde Vergleichsmöglichkeiten zwischen guter und schlechter Streuung und Planung.

Medienexperten sind ein Volk für sich – manche meinen, sie könnten sowohl Preise für Autos aushandeln als auch über Kaffee und Schweinefleisch verhandeln. Die Medienplaner könnten Analytiker für jede Art von Industriezweig sein. Sie treten in Uniform auf (flotter Businessanzug oder in Hemdsärmeln und lockerer Krawatte für die Verhandlungen am Telefon), mit Werkzeugkiste (Computer, Rechenstäbe und Goldene American Express-Karten) und fahren – in Großbritannien, wo diese Dinge wichtig sind – schnelle Sportwagen. 1986 verdiente ein 22jähriger in einer Londoner Agentur zum Beispiel etwa 25 000 Pfund, fuhr einen Firmenwagen und hatte meist die Aussicht, mit 27 doppelt so viel verdienen zu können. Erzielte er einen gewissen Bekanntheitsgrad, stiegen die Anreize: Einer bekam einen Rolls Royce, um damit in Doyle Dane Bernbachs Londoner Büro umzuziehen. Die Agentur zögerte wahrscheinlich nicht lange – sie hatte vor nicht allzu langer Zeit drei Etats verloren, was angeblich auf schlechte Streuplanung zurückzuführen war.

In den Kindertagen der modernen Werbung war gerade die Streuplanung die einzige Aufgabe einer Agentur. Ein Buch aus dem Jahr 1905, veröffentlicht von der Agentur S. H. Benson, *Facts for Advertisers*, enthält 374 Seiten mit Hinweisen und Informationen über Postgebühren, Bevölkerungszahlen, Tage mit frühen Ladenschlußzeiten, Markttage von Dörfern und Städten und einer Karte, die die Niederlassungen der wichtigen Zeitungen aufzeigte. Es enthält auch umfangreiche Listen der Wochen- und Monatsblätter, die es schon seit langem nicht mehr gibt – *Graphic, Pall Mall Magazine, Strand* – und auf eineinviertel Seiten die Titel von Zeitungen für Abstinenzler.

Traditionell ist die Medienabteilung gleichbedeutend mit niedrigem Ansehen und niedriger Bezahlung. John Perriss, Mediendirektor von Saatchi's, sagte, als er 1986 aus der Welt der Zeitung in die Agentur gekommen sei, »gehörten die Mediaplaner ins Hinterzimmer. Sie genossen keinerlei Ansehen im Vergleich zu den Kundenbetreuern und den Kreativen.« Die Medienexplosion und steigende Kosten haben das verändert: »Wegen der Medien können Sie heutzutage einen Etat verlieren. Wenn die Medien schlecht sind, geht der Kunde.«

Die Belegung von Sendezeit und die Plazierung von Anzeigen – vor allen Dingen ersteres – ist ein großes, sehr lohnendes und sehr riskantes Geschäft. Fernsehsendezeit ist, kaum überraschend, der Ort für Action. Fernsehzeit ist leicht verderbliche Ware, die nach Nachfrage und Angebot verkauft wird. Wieviel für einen »Spot« (30 Sekunden ist die übliche Länge) gezahlt wird, hängt davon ab, wann was gekauft wird (welches Programm), und wie gut und mächtig der Vermittler ist.

Streufachleute bestreiten, daß es immer nur um die billigste Planung gehe: sie wollen das Geld dorthin bringen, wo es die besten Werbeaussichten für ein bestimmtes Produkt bringt, und die Begabung liegt darin, genau die richtige Publikumsmischung zu erreichen. Es sind also die Streuplaner, die ständiger Beurteilung ausgesetzt werden. Meist sind sie jung, ehrgeizig, haben einen Sinn für Zahlen und gute Nerven. »Ein Streuplaner ist nur so gut wie seine letzte Streuung«, sagte Rodney Harris, Mediendirektor von D'Arcy Masius Benton and Bowles in London. »Der prototypische Streuplaner ist ein Junge aus dem East End, der mit seinen Eltern auf den Markt gegangen ist, wo sie einen Gemüsestand hatten. Er stammt also mitten aus dieser Verkaufssituation. Er ist einer von denen, die draußen sehr aktiv sind. Ein Praktikant kann sehr schnell zu etwas kommen, wenn er gut ist. Da es das einzige Geschäft in der Agentur ist, das gemessen werden kann, ist man entweder ein Gewinner oder

ein Verlierer.« Manche verausgaben sich völlig in kurzer Zeit, sagt er,
und fügt an: »Sie kriegen mit 22 Jahren Probleme. Da lehnt sich dieser noch picklige Jüngling gegen seinen Porsche und überlegt, was er
als nächstes tun könnte.«

Steve Fajen, Saatchi's Mediendirektor in New York, erklärte, daß
es »mehrere Arten der Streuung gibt. Sie können vorpreschen – und
darauf spekulieren, daß Sie hoffentlich einen guten Preis bekommen.
Oder Sie können warten, bis die meisten anderen das getan haben,
mit Ihrem Geld haushalten und dann auf den ›scatter market‹ gehen,
das heißt, nach dem Gießkannenprinzip streuen. Oder Sie können
Ihr Geld noch länger hüten und erst ganz spät streuen. Sagen wir, es
ist jetzt 17 Uhr, und ich habe 50 000 Dollar für einen Spot. Ich würde
den Sendernetzen nur andeuten, daß wir etwas Geld übrig haben. Sie
werden uns zur Hälfte des Preises streuen lassen – nur so, daß sie
auch etwas Geld verdienen. Sie handeln mit verderblicher Ware. Ich
würde dann 50 000 Dollar für einen 90 000 Dollar-Spot zahlen.« Er
setzt in etwas bedauerndem Ton hinzu, daß es sehr schwierig sei,
»opportunistisch zu streuen«. Experten bestätigen, daß der Unterschied zwischen guter und schlechter Streuplanung enorm sein
kann. Ein schlechter Planer kann 125 000 Dollar oder Pfund für
einen Spot ausgeben, für den ein anderer nur 70 000 hinlegt.

Was immer an TV-Werbesendungen gut oder schlecht sein mag, es
handelt sich doch immer um Werbung. Es gibt eine Art von Werbung,
die die Grenze zum Redaktionellen weniger verwischt als zerstört.
Es ist ein Art Werbung, die selbst viele Werbefachleute für unehrlich
halten.

In einer Kritik des Films *Little Treasure* schrieb Vincent Canby
von der *New York Times*: »Die Colabehälter wurden nicht öfter als
Miss (Margot) Kidder in Nahaufnahmen gezeigt, aber ihre Nahaufnahmen schienen länger zu dauern und gefühlvoller zu sein.« Was
Canby gesehen hatte, war die neueste Form von Pseudo-Werbung.
Als professionell organisiertes Geschäft lief es Ende der siebziger
Jahre an. Mitte der achtziger Jahre gab es in Hollywood etwa 30 Firmen, die Produkte in Fernsehprogrammen und Filmen »plazierten«.
Eine Reihe von Werbeagenturen, darunter Chiat/Day, Ogilvy and Ma-
ther und Ted Bates, waren ebenfalls aktiv geworden; Coke und Pepsi
beschäftigten Angestellte, die geeignete Filme aussuchten. In Groß-

britannien waren eine wachsende Zahl von Londoner »Plazierungs«-büros durch solch große Werbeauftraggeber wie Vauxhall Motors, Watney Mann and Truman, DHL und die Distillers Company unter Vertrag genommen worden.

Es hatte sich zu einem etabliertes Quasi-Werbemedium entwik-kelt, und seine Experten konnten auf zahlreiche Erfolge zurückblik-ken: Gene Wilder verbringt eine lange Zeit in einem Cadillac in *Woman in Red*, Clint Eastwood trinkt Budweiser in *Sudden Impact* und macht den Eindruck eines zufriedenen Biertrinkers, Richard Pryor duscht seine Freunde in *Brewster's Millions* mit Dom Perignon, Madonna knipst in *Desperately Seeking Susan* wie besessen mit einer Polaroid, und die Darsteller in *Prizzi's Honour* fliegen mit United Airlines – nicht einmal, sondern mehrmals.

Die Beispiele für Product Placement könnten mehrere Seiten fül-len. In einem einzigen Jahr gelang es einer »Placement«-Gesell-schaft, Produkte in 156 amerikanischen Filmen zu plazieren. Die-selbe Gesellschaft, Associated Film Promotions, kann über 100 Topkunden vorweisen, einschließlich General Motors und Procter and Gamble, und gibt an, daß sie in einem Jahr Produkte ihrer Klien-ten in neun von 20 Filmen mit den höchsten Einspielquoten Groß-britanniens plaziert habe.

Filmregisseure verwenden seit langem Produkte in ihren Filmen, um sie authentischer zu gestalten. Neu ist, daß das jetzt als Geschäft betrieben wird. Associated Film Promotions wurde 1978 gegründet – von einem ehemaligen Werbefachmann, Robert Kovoloff, der auf die Idee gekommen war, nachdem er den Film *The Hucksters*! gesehen hatte. Die meisten Werbeexperten verabscheuen den Film, weil er sie als berechnend porträtiert.

In den Anzeigen dieser Branche heißt es heute: »Wie kamen Lay's Potato Chips in *Poltergeist*? Wie kamen Wheaties in *Rocky III*? Bud-weiser in *Tootsie*? Wie kamen Milk Duds und Zagnut in *48 Hours*? Wie kommen die Produkte *überhaupt* in die Filme?«

Kovoloff versichert seinen Kunden: »Wir setzen uns mit Mitarbei-tern des Studios zusammen und beschließen, auf welche Weise das Produkt eines Kunden am wirksamsten eingesetzt werden kann. Und unsere Leute sind dann vor Ort mit dabei, um sicherzustellen, daß die Produkte möglichst vorteilhaft erscheinen.« Für ihr Geld – das kön-nen Hunderttausende von Dollar sein – wird den Kunden »eine Plazierung in mindestens fünf Filmen pro Jahr« garantiert. AFB-Veröffentlichungen prahlen zu Recht damit, daß »in den meisten Fällen die Stars das Produkt einsetzen – immer auf eine positive und einprägsame Weise«.

Die Filmemacher kooperieren teilweise wegen des Geldes, aber auch, weil sie manchmal teure Produkte geschenkt bekommen (wie Autos oder Computer), und mehr noch wegen der Hilfe bei der Promotion, die sehr massiv sein kann. *Santa Claus – The Movie* spielte in einem eigens dafür gebauten McDonald's-Restaurant. Der Hamburger-Konzern stellte den Filmemachern eine Million Dollar zur Verfügung – gab aber weitere 18 Millionen Dollar für Verkaufsförderung und Werbung bei den Sendernetzen aus.

Kovoloff spricht geheimnisvoll von Personen, »so hoch oben wie der Studiopräsident bis zum Gatten der Hauptdarstellerin des Films«, die alle mit der Abwicklung des Geschäfts zu tun haben können. »Er [der Gatte] kann ein Agent sein, ein Theatermanager, und er könnte sagen, daß seine Frau in dem Film mitwirke, wenn und nur wenn dieses Produkt auch eine Rolle spielt.«[93] In *Fame* gab es eine Tanzszene, in der die Kinder Packungen des Waschmittels Tide herumtrugen. Laut Kovoloff half Walter Mondale auf nicht näher beschriebene Weise, das Geschäft zustande zu bringen.

Die Produkte werden nicht einfach planlos in den Filmen gezeigt. Die Taktiken sind hier sehr weit entwickelt: Manchmal werden sogar Drehbücher umgeschrieben, um die Produkte in die Handlung einzubauen. So wurde *Rocky III* verändert, damit Sylvester Stallone seinen Sohn auffordern konnte, Wheaties zu essen – das »Frühstück der Champions«. Das Bier, für das geworben wird, trinkt nur der Held; der Bösewicht trinkt eine andere Marke. »Die Bemühungen, ein Produkt nicht von einem Übeltäter oder irgendwie negativ verwenden zu lassen, sind sehr groß«, heißt es in der verkaufsfördernden Literatur.

Unter Umständen lassen sich auch Verbindungen zu einem Schauspieler knüpfen, der normalerweise nicht in der Werbung tätig ist. So bot Marlon Brando in dem Film *The Formula* George C. Scott Milk Duds an. Der Film muß auch nicht unbedingt in die Sparte »leichte« Unterhaltung fallen. In *Missing* trinkt der verzweifelte Vater, Jack Lemmon, in einer chilenischen Bar Coca-Cola; dies ist ebenfalls den Product Placers zu verdanken. Und das geschieht nicht nur in Kinofilmen, wenn auch hauptsächlich hier. Ford wurde in *Dallas* plaziert, Grant's Whisky in *Dallas* und *Denver*, Royal Crown Cola in *A Team*.

Die Firmen sind überzeugt, daß die Sache funktioniert. Viele verweisen auf ein Musterbeispiel. Die Reese Pieces von Hershey Chocolate Co. waren in *E.T.* plaziert, worauf der Umsatz dieser Süßigkeit angeblich um 85 Prozent in die Höhe schnellte. Natürlich kommen auch hier Tests zum Einsatz – so werden Kinobesucher um Name und Adresse gebeten, wenn sie das Kino betreten, und ein paar Tage später angerufen und befragt, an welche Produkte sie sich erinnern können. Die Unternehmen zollen diesen Methoden Anerkennung. Bob Harvey, in leitender Position bei General Mills, schrieb AFP einen enthusiastischen Brief: »Der Wheaties-Dialog mit Sylvester Stallone in *Rocky III* war ausgezeichnet, und die Plazierung unseres Yoplait Yoghurt in *E.T.* war ein richtiger Coup.«[94]

Kovoloff: »Ein Produkt auch nur eine Sekunde in einer realistischen, dramatischen Szene zu zeigen, von der der Zuschauer ganz gebannt ist, hinterläßt einen Eindruck von unschätzbarem Wert.«[95] Peter Thomas, Marketing-Direktor für Perrier in Großbritannien, meint dazu: »Diese Art von Kontakt ist uns sehr wichtig, weil sie hilft, Perrier in die Gesellschaft einzuführen. Es ist eine sehr subtile Verkaufsweise.«

Darüber hinaus gibt es noch weitere verschwommene Bereiche der Werbeaktivität. Mitte der achtziger Jahre waren Quizsendungen im amerikanischen Fernsehen so populär, daß ihre Zahl ständig zunahm: Zwei Drittel der neuen Shows, die von den Werbungtreibenden in mehreren Sendekanälen gleichzeitig gesponsert und die im Januar 1986 auf der Tagung der National Association of Television Program Executives (Nationaler Verband der US-Fernsehprogrammgestalter) vorgestellt wurden, waren Quizsendungen. Im Mittelpunkt dieser Shows steht das Verschenken von bestimmten Gegenständen. Die Programm- sowie die Produkthersteller kamen zu einer eleganten Übereinkunft. Die Firmen liefern die Gewinne (sowie eine Gebühr von etwa 600 bis 700 Dollar; Stand 1985); dafür erklären sich die Produzenten bereit, die Produkte einige Sekunden lang in Nahaufnahme zu zeigen und ein paar anpreisende Worte sprechen zu lassen (manche sind sogar damit einverstanden, daß die Firmen zehn Sekunden ihrer eigenen Werbebotschaft ablaufen lassen). Die angebotenen Produkte reichen von Büchern bis zu Booten, von elektrischen Geräten bis zu Hustenmittel für 25 Dollar, so daß ein Gewinner mitunter vollbepackt mit Hustenmedizin die Bühne verläßt. Das Programm *The Price is Right* im Sender CBS setzte an einem Tag 50 Produkte ein. Die von den Herstellern gezahlte Summe brachte jährlich eine Million Dollar, die dafür verwandt wurde, bessere und größere Preise zu kaufen, als die Werbeauftraggeber zu verschenken gewillt waren. Befürworter dieser Praxis sahen darin einen »großen demokratisierenden Effekt«, weil dadurch auch Firmen mit für Fernsehwerbung unzureichenden Budgets Sendezeit im Massenmedium Fernsehen erhielten.

In Lateinamerika geht man noch weiter. Seit den siebziger Jahren dominieren *novelas* oder Seifenopern das Fernsehprogramm der Region. Sie laufen jeweils mehrere Monate. Die Produkte sind in die Drehbücher eingearbeitet. Die Darsteller machen Reklame für Atari-Videospiele, Braun-Küchengeräte, Johnson's Wachspolitur, Ford. In einer *novela* von Brasiliens TV Globo erscheinen in fast jeder Episode Motorräder von Honda. In einer Show verschreibt ein Arzt einem an Multipler Sklerose leidenden Patienten ein Mittel. Das Präparat wird nicht genannt, aber die Kamera bringt eine Nahaufnahme mit dem deutlichen »S«-Emblem des Arzneimittelherstellers Sandoz. In einer anderen Show tragen Damen Schuhe aus Kunststoff, um dem Hersteller das Image zu schaffen, daß auch die Reichen solche Schuhe trügen. Und in einer weiteren Show beschließt ein Bankier, Gefangenen zu helfen; die Serie wurde teilweise von einer Bank mitfinanziert, die ihr Image aufbessern wollte. Vielleicht das umwerfendste Beispiel an eingebauter Werbung: Eine *novela* brachte als Teil ihres Handlungsablaufs die wirkliche Werbekampagne (mit Nahaufnahmen der Reklame) des wichtigsten brasilianischen Fabrikanten von Unterwäsche. Zusammenfassungen neuer Serien werden Herstellern und Agenturen regelmäßig zugeschickt. Ein typischer Vertrag sagt dem Auftraggeber 20 »zweitrangige« Auftritte zu (in denen das Produkt nur gezeigt wird) und zwölf erstrangige (in denen es im Dialog oder in der Handlung eine Rolle spielt). Dafür zahlt ein Auftraggeber bis zu 500 000 Dollar. Globo schätzte, daß es 25 bis 30 Prozent seiner Serienkosten mit dem Einfügen von Produkten von etwa einem Dutzend wichtiger Auftraggeber je Episode finanziere.

Direktes Sponsoring ist auch möglich – obwohl hier das Hauptziel ist, den Namen des gesponserten Produkts auf den Bildschirm zu bekommen. Eines der führenden Blasorchester Großbritanniens änderte seinen Namen. Wingates *Temperance* Band of Bolton strich 107 Jahre nach seiner Gründung das Wort »temperance« (Abstinenz). Es wurde zur *Bass* Wingates Band und nahm so um des dringend benötigten Sponsoring willen den Namen einer der größten Brauereien des Landes auf.

Wie Werbung ist auch Sponsoring ein Weg, die Botschaft den Menschen zu vermitteln, die sich vielleicht dazu bewegen lassen, ein Produkt zu kaufen. Sponsoren sehen ihre Vorgehensweise als eine Goodwill-Tat an, die Schaffung einer Aura von Extravaganz, die sich, so hofft man, langfristig im Umsatz niederschlagen wird – und als eine Art Werbung durch die Hintertür für Produkte wie Tabak, für die auf dem Bildschirm nicht mehr geworben werden darf. Es wird mehr und mehr als hochentwickeltes Marketinginstrument betrachtet. Außenstehende mögen das als Protektion durch die Werbungtreibenden ansehen, aber sein Zweck ist rein kommerzieller Natur. Der Sponsor möchte ein bestimmtes Publikum erreichen und kommt zu dem Schluß, daß die Unterstützung eines Konzerts oder Golfturniers die dafür am besten geeignete Methode sei. Ein Managing Direktor von Saatchi's in London meint: »Wir sehen Sponsoring einfach als eines der uns zur Verfügung stehenden Marketingmittel. Wir unterscheiden Sponsoring nicht von Werbung oder einer anderen Kommunikationsform, die wir für unsere Kunden einsetzen können.«[96]

Das Publikum wird, wie in der konventionellen Werbung, nach Zielgruppen anvisiert. Tesco zum Beispiel unterstützt eine Musikschule für junge Menschen, weil das Unternehmen sich »natürlich um die Käufergeneration von morgen bemühen« will und weil es versucht, den gehobeneren Markt anzusprechen.[97] Viele Sponsoren aus bestimmten Industriezweigen hoffen, daß die Ausstrahlung dessen, was sie sponsern, auch ihrem meist weniger makellosen Image zugutekommen möge – Banken mit hohen Profiten, Ölgesellschaften und Tabakfirmen.

Sponsoren setzen ihr Geld im Sport und in der Kunst ein, denn sowohl Tennisplätze als auch Museen sehen sich steigenden Kosten und abnehmenden Förderungen durch die Regierungen gegenüber.

Die Olympischen Spiele von Los Angeles 1984 wurden erstmals ausschließlich von kommerziellem Sponsoring getragen. Die Organisatoren der Spiele, die herkömmlicherweise von den Regierungen (mit Verlusten) finanziert wurden, wandten sich an die private Industrie und machten Gewinne. Führende Körperschaften finanzierten alles im Austausch für Sponsoring. Nach Abschluß der Spiele bemerkte die *Financial Times*:»Ein großes Sportereignis der Welt nach dem anderen wendet sich dem Sponsoring als Geldquelle zu.« Neun weltweit agierende Sponsoren investierten Millionenbeträge in die Olympischen Spiele 1988 für die Exklusivrechte zum Gebrauch der olympischen Ringe und Schriftzüge. Visa beispielsweise gab für den Kauf dieser Rechte und für die entsprechende Kampagne schätzungsweise 25 Millionen Dollar aus.

Fernsehkontakt ist für die Sponsoren natürlich von größter Bedeutung. Der Kritiker Peter Lennon nennt Sponsoring »indirektes Verkaufen, das sich weltweit der Zahlung von Fernsehwerbegebühren entzieht«. Amerikanische Sendernetze bieten die Möglichkeiten öffentlich an, in denen Unternehmen ihre Markennamen den offiziellen Bezeichnungen und Titeln der übertragenen Sportarten hinzufügen können. In Großbritannien wird dies meist als der Preis gesehen, den das Fernsehen für die Existenz der übertragenen Sportdisziplinen bezahlen muß – obwohl gelegentlich gegen allzu große Aufdringlichkeit protestiert wird: BBC entschied, die Namen der nach Tabakfirmen benannten Pferde in Springturnieren nicht mehr einzublenden.[98]

1986 sponserten ungefähr 1600 Unternehmen in Großbritannien den Sport mit Zahlungen in Höhe von 129 Millionen Pfund. Über 170 von ihnen konnten sich ins TV-Sendernetz bringen. Es dürfte nicht überraschen, daß die Sportarten, über die regelmäßig im Fernsehen berichtet wird, zu Magneten für die Sponsoren wurden – Snooker Pool, Cricket, Pferderennen, Tennis, Golf und Fußball. Tennis wurde beispielsweise in einem Jahr von Barratt (Baufirma), Benson and Hedges, Carlsberg, Pretty Polly, Refuge Assurance, Stella Artois Bier, Sunbeam, Nippon, Volvo und Nabisco gesponsert. Nach Schätzungen erzielte ein Unternehmen durch sein Tennis-Sponsoring TV-»Kontakt« für etwa 17 000 Pfund die Stunde, eine Bagatellsumme im Promotion-Geschäft.

Ironischerweise findet sich ein Großteil der versteckten Werbung im werbungslosen BBC. Die satirische Sendung *Spitting Image* brachte ihre eigene Version eines Abendprogramms der BBC 1:»Nun die Programmvorschau für BBC 1. Um 19 Uhr Höhepunkte der Embassy Snooker-Meisterschaft, gefolgt von Cricket, einschließlich dem Endspiel um den Benson and Hedges Cup und Höhepunkten des Cornhill-Tests. Im Spiel des Tages, um 22.15 Uhr, Berichte von der Canon League und dem Milk Cup Replay der fünften Runde. Und schließlich in der Sendung Profil: der BBC-Vorsitzende Stuart Young erklärt, weshalb er niemals bei der BBC Werbung zulassen wird.«[99]

Handelt es sich letztlich nicht einfach um zwei Gruppen, die aufeinander angewiesen sind und sich so zum gegenseitigen Vorteil und damit zum Vorteil aller anderen zusammenfinden? Sport benötigt Geld; Werbungtreibende verfügen darüber und wollen ihrerseits die Vorteile des Sports nutzen; die Sportfans profitieren davon.

Bis zu einem gewissen Grade trifft dies auch zu. Das Problem liegt zunächst darin, daß die Grenzen zwischen Redaktionellem und Werbung verwischt werden. Das zweite Problem ist das nicht einschätzbare Ergebnis. Die Unternehmen sponsern, weil sie – zu Recht – etwas dafür erwarten. Was sie aber wünschen, entspricht durchaus nicht immer dem, was andere wollen. Die Vorstellungen können unvereinbar sein. So subventioniert der Staat noch immer, wenn auch immer weniger, jene Sportarten, die der Gesundheit förderlich sind. Zwei Lehrbeauftragte für Ökonomie schrieben in der Quartalzeitschrift der National Westminster Bank, daß Business-Sponsoring dagegen Sportarten wie Snooker und Darts unterstützt. Zusätzlich neigen die Unternehmenssponsoren dazu, die professionellen Top-Wettbewerbe zu fördern und sich nur sehr wenig um Bau oder Unterhalt von Sportanlagen zu kümmern.

Und noch eine andere Gefahr lauert im Hintergrund: Die Sponsoren könnten versuchen, den Ton anzugeben und somit nicht nur auswählen, was sie unterstützen, sondern es auch mitformen und gestalten wollen. Der Sport wird dabei zweitrangig. Es gibt dafür schon jetzt Anzeichen in einem kleineren Betätigungsfeld des Sponsoring – im Bereich der Künste. In den USA versuchte die Reagan-Administration, die Finanzbelastung durch die Künste vom öffentlichen auf den privaten Sektor zu verlagern. Auch die britische Regierung hat ihre Subventionen für die Künste gekürzt. In beiden Ländern hat das Sponsoring seitens der Unternehmer zugenommen – in den USA waren es Mitte der achtziger Jahre, einschließlich Marketing und Werbeunterstützung, etwa 1800 Millionen Dollar. 1987 lag der entsprechende Betrag in Großbritannien bei zirka 30 Millionen Pfund.

American Express unterstützt Museen und Jazzbands, Philip Morris Tanzgruppen, Time-Life Theateraufführungen und Ausstellungen, Salem und Silk Cut fördern Country- and Western-Musik. Das Philharmonia Orchestra spielt mit einer Unterstützung von 400 000 Pfund von Nissan, und die Welsh National Opera überlebt dank Amoco. Der Segovia-Gitarrenwettbewerb wird dank den Sherry Producers of Spain ermöglicht.

Das Victoria and Albert Museum bot auf der Suche nach einem Sponsor für sein neues Theatermuseum nicht nur die Namensverbindung, sondern die künstlerische Leitung des Theaters des Museums für zwei Saisons pro Jahr, und das zusätzlich zur Verwendung des Gebäudes für Geschäfts- und private Veranstaltungen.[100] Großbritanniens Kunstfestivals finanzierten Mitte der achtziger Jahre ihre Kosten zu 40 Prozent durch kommerzielles Sponsoring.[101]

Die Frage drängt sich auf: Was wollen die Sponsoren für ihr Geld? Wollen sie nur mit dem Museum, dem Orchester oder Festival assoziiert werden? Oder wollen sie ein gewisses Mitspracherecht bei der Organisation der Ausstellungen, der Auswahl der Musikwerke oder der Stücke? Mitte der achtziger Jahre gab es keinen Zweifel mehr, daß sie einen realen und wachsenden Einfluß auf die Gestaltung der künstlerischen Welt besaßen.

Die Parallele zum Einfluß der Werbeauftraggeber auf das Fernsehen (manchmal durch dieselben Unternehmen) ist deutlich. Genau wie im Fernsehen wählen sie Programme, die der amerikanischen Mittelschicht oder ihrem Äquivalent gefallen; in den Künsten bevorzugen sie das Erprobte, das Bewährte – lieber Mozart als einen modernen Komponisten. Was sie generell nicht wünschen, sind Neuerungen und etwas Wagemut.

Wieder ist der Werbungtreibende der Schiedsrichter. Wir bekommen, wofür er bezahlt.

DIE ZUKUNFT

Werbung hat die Gemüter schon immer sehr bewegt.

Sie erweise keinen guten Dienst, glaubte Aneurin Bevan. Sie »degradiert die Menschen, die sie anspricht; sie nimmt ihnen ihren Willen auszuwählen«, dachte C. P. Snow. Arnold Toynbee konnte sich »keine Umstände vorstellen, in denen Werbung nicht etwas Schlechtes wäre«.

Malcolm Muggeridge prophezeit, daß die Geschichte sie »als eines der wirklichen Übel unserer Zeit einstufen wird. Sie reizt die Menschen, sich dauernd etwas zu wünschen, dies und das zu wollen.«[1] Papst Johannes Paul II. warnt junge Menschen, sie seien »bedroht... durch den böswilligen Gebrauch von Werbemethoden, die die natürliche Neigung, harter Arbeit aus dem Weg zu gehen, stimuliert, indem sie die sofortige Befriedigung jeglichen Wunsches verspricht«[2]. Die Werbungtreibenden »nützen menschliche Unzulänglichkeiten aus«, meint Richard Hoggart.

Der Werbung mag eine Schlüsselfunktion in einer wettbewerbsorientierten Wirtschaft zukommen, aber mit den immer gigantischer werdenden Werbebudgets erscheint sie zunehmend als Waffe, die den Großen auf Kosten der Kleinen Vorteile bringt. Die Mitgliedschaft in der Liga der Großen kostet immer mehr Werbegelder. In Großbritannien dominieren Lever Brothers und Procter and Gamble die Waschmittelwerbung und teilen sich fast 90 Prozent des Gesamtmarktes. Die beiden Tatsachen können nicht getrennt voneinander betrachtet werden.[3]

Mitunter wird argumentiert, die Werbung könnte zur Kostensenkung beitragen, indem sie ein großes Produktionsvolumen stimuliert – aber das heißt nicht, daß der Konsument weniger zahlen müsse. Es könnte höhere Profite bedeuten; es könnte auch bedeuten, daß der große Produktionsumfang mit hohen Werbekosten erkauft werden muß und somit alle anderen Einsparungen aufhebt.

Die Werbeauftraggeber und ihre Agenturen behaupten schon seit langem, daß Werbung weder schlechte Produkte verkaufen noch Konsumenten dazu bewegen kann, gegen den eigenen Willen zu handeln. Dieses Argument wirkt heute immer weniger überzeugend, da die Werbung oftmals das Produkt *ist*. Werbung verkauft Markenmedikamente, die bestenfalls die Wirkung von Placebos besitzen; Markenartikel, die identisch mit billigeren Nichtmarkenartikeln sind – und das nicht nur bei »Image«-Waren wie Jeans, sondern auch bei ganz prosaischen Dingen wie Bleichmittel. Für 100 Millionen Werbedollar wird Mundwasser verkauft, das der National Academy of Sciences (Nationalakademie der Wissenschaften) zufolge keinerlei »therapeutischen Vorteil gegenüber... Salzwasser oder sogar Wasser« aufweist.

Unsere Epoche gilt als Zeitalter des Marketing – eine Zeit, in der die Unternehmen sich darauf konzentrieren, den Menschen zu geben, was *sie* wünschen und nicht das, was die Unternehmen zu produzieren beschließen. Aber die Werbung als ein Hauptbestandteil des Marketing ermutigt die Hersteller und Dienstleistungsunternehmen, eher die Wahrnehmung als die Produkte selbst zu verändern.

Es könnte sogar argumentiert werden, daß Werbung die Hersteller ermuntere, die Qualität von Anfang an niedrig zu halten. Die Herausgeber des *New American*, Paul Vail und Alexander Genis, zwei heute in den USA lebende lettische Emigranten, stellten sich die Frage, weshalb Amerikaner ausländische Waren bevorzugen. Sie kamen zu dem Schluß, daß die Werbung dafür verantwortlich sei: »Anstatt die Qualität zu verbessern, verlassen sich die größeren Gesellschaften auf eine andere Methode – die Werbung. Es ist einfacher und billiger, Reklame zu machen, als Qualitätskontrollen einzuführen.«

Manchmal ist es möglich, zwei Produkte oder Dienstleistungen zu begutachten – einmal in der Werbung, das andere Mal in der Realität. Fluggesellschaften, Hotels, Banken, Autohersteller liefern alle gute Beispiele. Nur sehr selten schämt sich ein Werbeauftraggeber der Qualität seines Produktes so sehr, daß er die Werbung streichen läßt – wie es British Rail mit ihrem Slogan »We Are Getting There« endlich tat, da sie genau diese propagierte Pünktlichkeit nicht bieten konnte. In gewisser Weise ist das alles ein Scherz: Wir erwarten nicht, daß unser Leben so abläuft wie in den Werbesendungen. Aber darüber hinaus gilt: Die Reklamesituationen stehen anscheinend in keiner Beziehung zu dem Angebotenen. Sie verdrehen die Wahrheit nicht, sondern sie sind durch und durch verlogen.

Werbungtreibende behaupten, daß ihre Angebote nur die Spiegel unseres eigenen Wesens seien. Das mag teilweise stimmen. Aber genau darin liegen auch die Gefahren. Veränderungen können verzögert werden: Ob nun die Werbung die Menschen aktiv zum Rauchen ermuntert oder nicht, so kann doch nicht bestritten werden, daß sie die Beendigung einer potentiell tödlichen Gewohnheit verzögert.

Menschen und Situationen werden in der Werbung gewissermaßen in Kurzschrift beschrieben – Amerikaner sind unverfroren und banausenhaft, die Sowjets geistlos und grimmig, Orientalen geschwätzig oder finster, die Iren stur, Australier rauhbeinig, Deutsche beleibte Vereinsmeier. In den Anzeigen, die sich an Ärzte wenden, erscheinen Frauen meist als schniefende Wracks, die Medikamente brauchen, um sie in normale, funktionierende Erwachsene zu verwandeln. Es mag sein, daß die Werbung solche Stereotypen nicht erfindet – aber sie hebt sie hervor und hilft, sie zu verewigen.

Selbst wenn wir annehmen, daß Werbung keinerlei Tugenden besitzt (und dieser Ansicht bin ich gewiß nicht), bleibt ein überragendes Faktum: Es gibt die Werbung, und wenn die Welt nicht untergeht, wird es sie auch weiterhin geben. Eine Welt ohne Werbung ist gar nicht mehr denkbar. Außerdem wird die Werbung zunehmen, sowohl in der Quantität als auch in ihren Auswirkungen auf unser Leben: dafür sorgt eine ganze Reihe von Faktoren, von der Medienexplosion bis zur zunehmenden Globalisierung der Märkte.

Die Macht des Werbungtreibenden würde unbemerkt weiterwachsen, wenn man sich darauf beschränken würde, all diese Praktiken nur zu verurteilen. Wir müssen vielmehr lernen, intelligenter mit der Werbung umzugehen.

Intelligenter Umgang mit Werbung bedeutet Kontrolle und Bildung. Natürlich gibt es bereits Restriktionen, doch allzu oft fallen sie zugunsten des Werbungtreibenden aus, weil die Gesellschaft der Wirklichkeit der Werbeentwicklung hinterherhinkt. Restriktionen schreiben dann nur fest, was der Werbungtreibende irgendwann ohnehin wird einräumen müssen, und nichts weiter. In ein, zwei, fünf Jahren wird er widerwillig einer anderen Restriktion zustimmen, aber erst wenn er muß und auch dann nur, wenn ihm klar wird, daß die Alternative – erzwungene Kontrollen oder negative Reaktionen seitens der Öffentlichkeit – noch viel schlimmer wäre.

Wir dürfen nie vergessen, daß der Werbeauftraggeber das Ziel verfolgt, mehr Waren zu verkaufen, um seinen Reichtum zu vergrößern. Dagegen ist im Grunde nichts einzuwenden. Wir müssen jedoch auch bedenken, daß nicht nur wir, sondern auch unsere Kinder gefährdet werden. Eine zentrale Aussage müssen wir uns immer – größer als die größte Reklame – vor Augen halten: *Werbeauftraggeber werben so, wie sie es sich erlauben können.* Sie rechtfertigen sich mit der Nachfrage (um zugunsten ihrer Aktionäre und ihrer Beschäftigten konkurrenzfähig zu bleiben), und die Agenturfachleute rechtfertigen sich mit der Behauptung, sie hätten die Pflicht, ihren Kunden die bestmögliche Arbeit zu liefern.

Mehr Kontrolle über die Werbung ist entscheidend, selbst auf die Gefahr hin, daß ein anderes großes Übel verstärkt wird: die Bürokratie. Selbstkontrolle, bei der die Branche Zentimeter um Zentimeter nachgibt, reicht nicht aus. Die Werbungtreibenden jagen uns überall hin nach und machen es uns fast unmöglich, ihnen auszuweichen. Sie geben uns keine Gelegenheit zu reagieren, außer im Moment des Kaufs. Die Zielscheibe, der Konsument, muß eine wirkliche Rolle bei der Entscheidung darüber spielen, was Werbung ist und was ihr nicht erlaubt werden kann.

Wenn mehr Kontrolle notwendig ist, so gilt dies auch für die Bildung. Eines der Hauptprobleme mit der Werbung liegt in der Ungleichheit des Wettbewerbs zwischen Verkäufer und Käufer. Dies trifft auf fast alle Werbung zu, gilt vor allem aber im Hinblick auf besonders verwundbare Gruppen – Alkoholiker, Kreditnehmer, alte Leute, die vom heutigen Werbe»overkill« überwältigt werden, oder die Menschen in der Dritten Welt.

Selbst der gute Dr. Ernest Dichter stimmt hier zu, der einen Großteil seines Lebens darauf verwendet hat, die Menschen zum Kaufen zu bewegen. »Ich würde es für eine gute Idee halten, wenn jungen Menschen beigebracht würde, ihre eigene Leichtgläubigkeit zu erkennen, ihre Bereitschaft, hereingelegt zu werden, nur weil sie etwas glauben wollen. Ich könnte mir vorstellen, daß Schüler Werbung analysieren müßten, wobei sie Produkte mitbringen, die sie oder ihre Eltern gekauft haben und die sich als mangelhaft herausstellen, die also nicht wahrheitsgemäß angeboten wurden. Diese Art von Aus-

bildung ist ein besserer Schutz als die selbstauferlegten Verhaltenskodizes der Werbungtreibenden oder eine Kontrolle durch die FTC
(Handelsbehörde).«

Denys Thompson argumentierte in *Voice of Civilisation*: »Wir
erziehen unsere Kinder für den Straßenverkehr. Wir sollten sie in
ähnlicher Weise auf Werbung vorbereiten, damit sie nie von einem
Werbe-Schwerlastzug überrollt werden.«

Manche Forscher stellen fest: »... es ist möglich, Kinder gegen
Werbung zu ›wappnen‹, verschiedene Erziehungsmaßnahmen einzusetzen, mit deren Hilfe ihre Anfälligkeit für Werbung reduziert
wird.«

In manchen Bildungsbereichen wird das Thema gestreift, aber
mehr nicht. Organisationen wie die Consumers' Union stellten Filme
zusammen, die zeigen sollen, wie berühmte Persönlichkeiten einem
Produkt ein Flair von Erfolg vermitteln und was man durch Kamera-
und Belichtungstricks erreichen kann. Das British Film Institute
bietet Unterrichtsmaterial an. In einem Teil wird gefragt, wie Werbe-
Images ihre Botschaft vermitteln. Gezeigt wird ein gesunder, etwas
frecher Junge in einer Schuluniform, der heimlich eine Harvest
Crunch (Süßigkeit) verzehrt. Danach werden die Kinder beispielsweise gefragt: »Warum wurde ein Junge mit rötlichbraunem Haar
ausgewählt? Was glaubt ihr?«

Doch solche Aktivitäten erfolgen eher am Rande, wogegen die
Werbung selbst und auch andere Überredungsmethoden eine zentrale Rolle in unserem Leben spielen. Obwohl die Lehrpläne bereits
überquellen, sollte Werbung als Schulfach aufgenommen werden.
Jedenfalls würde uns dann gezeigt werden können, wie Werbungtreibende vorgehen, wenn sie an unsere Hoffnungen, Ängste und
Träume appellieren – so würden wir mehr über uns selbst und die
positiven Auswirkungen eines größeren Verständnisses solcher
Motivationen lernen.

Dagegen ließe sich einwenden, daß jeglicher Unterricht über
Werbung zu einer Verurteilung des Kapitalismus und der freien
Marktwirtschaft führen müsse, also genau jene Aussagen, die wir
in den letzten Jahren so oft von linksstehenden Pädagogen gehört
haben.

Doch dies muß nicht so sein. Denn erstens gibt es genügend Geschäftsleute, die sich über die Werbung Gedanken machen; es muß

sich also nicht um ein Anliegen allein der Linken handeln. Und zweitens können die Bildungsanstrengungen, die unternommen werden, um die Gemeinschaft der Werbung verständnisvoller und ebenbürtig entgegentreten zu lassen, auch dazu führen, daß die Werbung verantwortungsbewußter und aufgeschlossener würde und bei der Schaffung einer wirklich konkurrenzfähigen Gesellschaft helfen würde.

Ist eine Mischung von Kontrollen und Bildung hierzulande gegeben, müssen wir auch dafür sorgen, daß die Werbeauftraggeber ihre illegalen oder unehrlichen Methoden nicht einfach in Länder exportieren, die noch weniger in der Lage sind, damit umzugehen. In Thailand wurden internationale Unternehmen wie zum Beispiel Colgate-Palmolive angeklagt, unverhältnismäßig hohe Beträge für die Werbung ausgegeben zu haben, um den Markt zu beherrschen.[4] Nach Aussagen des Handelsministeriums wurden bis zu 32 Prozent des Seifenpreises und 40 Prozent des Preises für Zahnpasta für Werbung und Marketing eingeplant. Ein Regierungsangestellter behauptete, daß kleine, örtliche Firmen mit den großen Herstellern nicht konkurrieren könnten, weil diese »alles tun, um ihren Marktanteil zu erhöhen«.

In der Dritten Welt werden in Hülle und Fülle Zusätze beigemischt, die in Europa und den USA verboten wurden; darüber hinaus herrschen auch diskreditierte Werbe- und Marketing-Praktiken vor. So gibt es zwar beispielsweise Richtlinien der Weltgesundheitsorganisation für die Anpreisung von Babytrockenmilch, doch sind darin keine Vorschriften für andere Babyprodukte enthalten.

Eine Sorge aber sollte uns zu diesem Zeitpunkt ganz besonders bewegen: die zunehmende Bedeutung des Werbungtreibenden als Finanzier. Im Leben bestimmt fast immer der, der zahlt – wenn nicht gleich, dann später. In der Werbung ist das zunehmend der Fall beim Fernsehen, bei den Zeitungen und Zeitschriften; beim Sport; bei den Künsten und in anderen, kleineren Bereichen. Wenn hier nichts geschieht, wird die Macht des Werbeauftraggebers aller Voraussicht nach immer größer.

Die Allgegenwart ist manchmal offensichtlich und gelegentlich grotesk: Ein Fußballschiedsrichter in Toronto wird mit einem versteckten elektronischen Signalgerät ausgerüstet und pfeift elf Fouls, damit CBS in die so entstehenden kleinen Pausen seine Werbesen-

dungen einfügen kann[5]; englische Pressefotografen werden bei Crik-
ketspielen darauf hingewiesen, sich am Spielfeldrand nur dort niederzulassen, wo sie den Kameras der BBC nicht die Sicht auf die
Reklamewände verstellen, obwohl sich doch ironischerweise gerade
die BBC dagegen wehrt, Werbung in ihren Programmen zuzulassen.[6]
Meistens jedoch geht es heimlich und unbemerkt vor sich. Bei den
Medien geht es nicht nur um die Abhängigkeit von den Werbeauftraggebern im allgemeinen – sondern von einer bemerkenswert kleinen Anzahl von großen Auftraggebern. So stammten 1981 zwei Drittel der Werbeeinkünfte der lateinamerikanischen Presse von nur 30
Multis, die meisten von ihnen US-amerikanische Konzerne.[7] Zwar
wäre denkbar, daß alle Werbeauftraggeber mildtätig, neutral, an
Einflußnahme auf die Programme oder den redaktionellen Inhalt
nicht interessiert sind; ganz sicher jedoch wäre eine Gesellschaft
sehr unklug, wenn sie sich auf ein solches Risiko einließe.

Die meisten Werbeauftraggeber und ihre Agenturen wissen sehr
genau, was sie von den Medien wollen, selbst wenn sie nicht so ungeschickt sind, es öffentlich zu verkünden. Oftmals deckt sich das nur
sehr wenig mit den Wünschen der Leser und Zuschauer – oder mit
dem, was die Gesellschaft dulden sollte.

Nehmen wir als Beispiel eine Rede von Gerrold Rubin, des Präsidenten der amerikanischen Agentur Needham Harper and Steers
aus Los Angeles, die er vor der California Broadcasters' Association
hielt. Er erklärte den Versammelten, wenn sie mehr Einzelhandels-
werbung an sich ziehen wollten, müßten sie ihren Kunden mehr Kontakt zugestehen, selbst wenn das bedeuten würde, in den Nachrichtensendungen über große Werbeauftraggeber Berichte zu bringen.
Er nannte Beispiele von Geschehnissen dieser Art. Berichten über
die Rede zufolge wurde sein Vorschlag »von den anwesenden Rund-
funkleuten positiv aufgenommen«[8].

Ein anderes Beispiel: die Ansichten eines britischen Werbefachmanns zu der Bedeutung der Medienexplosion. Sean McCormick,
stellvertretender Geschäftsführer von SJIP/BBDO, meint: »Geht man
davon aus, daß selbst Blocks von Werbesendungen und ganz besonders Werbepausen von den Programmen umschlossen sein müssen,
und daß der Wettbewerb sich in einer Weise weiter verschärft, wie
das im Moment nur die amerikanischen Sendernetze erleben, dann
sind die Gelegenheiten für die Agenturen gegeben, die Inhalte jedes

Senders zu beeinflussen... Wir glauben, daß den Agenturen aus einer verstärkten Kontrolle über den ›carrier‹ (den man früher als Medieneigner bezeichnete) nur Vorteile entstehen werden. Wir glauben, daß die Konsumenten effektiver auf eine Einbindung in das Programm (oder den redaktionellen Teil) reagieren werden, wenn sie sich mit dem gewünschten Produktimage deckt.«[9]

Das würde jedoch nur ein kleines Problem darstellen, wenn die Medien nicht schon beim ersten Anzeichen von zu großer Vertrautheit in den Ruf »Vergewaltigung« ausbrechen würden. Leider aber geht der Trend dahin, mit stetem Lächeln begierig darauf zu warten, verführt zu werden.

In den USA beeinflussen die Werbeauftraggeber die Rundfunk- und Sendestationen schon seit langem in einer Weise, die einem Diktat gleichkommt. 1987 gab es besorgniserregende, wenn auch nicht völlig unerwartete Anzeichen, daß auch einige britische Fernsehstationen die ersten Schritte in dieser Richtung unternahmen. Die Fernsehsender geraten unter den starken Druck der Werbeauftraggeber, die über die steigenden Sendezeitkosten und die zurückgehenden Zuschauerzahlen verärgert sind. Thames TV berief eine Versammlung ein, bei der Werbeauftraggeber Gelegenheit hatten, ihre Haltung zu den Programmen vorzutragen – bis dahin war eine solche Zusammenkunft nicht denkbar gewesen. Berichten zufolge mußte der Programmdirektor vernichtende Kritiken hinnehmen.

Bedeutsamer noch war die Art und Weise, in der ein anderer Londoner Fernsehsender, London Weekend, sein neues Programm Night Network startete – ein Programmservice hauptsächlich für 18- bis 34jährige, der Freitag-, Samstag- und Sonntagnacht um ein Uhr beginnt. Der Unterhaltungsdirektor des Senders erklärte, daß der Service »neuartig ist, weil Produktion und Verkauf sehr eng zusammenarbeiten«[10]. Damit habe man sicherstellen wollen, daß »Werbung mehr als sonst üblich zum Fernsehen dazugehört«, meinte der Verkaufsmanager von Night Network. Er gab zu: »Wir verkaufen Produkt-Fernsehen. Also muß es eine Wechselbeziehung (zwischen der Produktion und dem Verkauf) geben, wie bei den Zeitschriften.«

Die Printmedien sollten natürlich die Entwicklung bei den so wichtigen Sendemedien im Auge behalten. Aber auch sie haben ein ureigenes Interesse – die Unternehmensverflechtung zwischen

Druckhäusern und Fernseh-Gesellschaften. So könnte eine britische Zeitung etwa gegenüber dem Status quo des gegenwärtigen Systems des kommerziellen Fernsehens positiv eingestellt sein, weil ihr ein Anteil an einem Sender gehört; umgekehrt könnte sie jedoch auch dagegen sein, wie im Falle von Murdochs *Times* oder *Sunday Times*, weil der Unternehmer selbst auf Satelliten setzt und die TV-Welt aufsprengen möchte.

Doch es kann auch geschehen, daß man trotz einer Situation ganz offensichtlicher und unverblümter Werbevorherrschaft über ein Medium nicht mehr dagegen vorgehen kann; es war zu lange nichts unternommen worden. TV-AM war mit dem Zweck der Verbesserung des Fernsehens ins Leben gerufen worden; als es die von den Werbeauftraggebern gewünschten Zuschauer nicht an sich binden konnte, richtete es sich an einen völlig anspruchslosen Markt, um zu überleben. So stieg nicht nur die Anzahl der Zuschauer, sondern auch die der Werbeauftraggeber. Doch selbst in dieser Situation überlebte der Sender wirtschaftlich nur aufgrund seiner ungewöhnlich hohen Zahl von Kinderwerbespots – es waren so viele Spots, daß keine mit der breiteren Interessenwahrnehmung betraute Instanz dies geduldet hätte, wenn die Alternative für den Sender nicht in einer Katastrophe bestanden hätte.

Werbung ist *nicht* der einzige Weg, für das Fernsehen zu zahlen. Und werbungsfinanziertes Fernsehen ist auch nicht kostenlos, wie wir gesehen haben. Die Tatsache, daß es eine bequeme Möglichkeit darstellt, sollte es nicht zur dominierenden Praxis werden lassen. Für Regierungen bietet es einen leichten Ausweg. Es erspart die Notwendigkeit wirklicher Initiativen für alternative Finanzierungsmethoden des Fernsehens. Politisch gesehen erweist sich werbungsfinanziertes Fernsehen zusätzlich für die Politiker als ebenso »sicher« wie für Werbeauftraggeber. Alternative Finanzierungsmöglichkeiten gibt es; sie könnten schwierig sein, aber das bedeutet nicht, daß sie undurchführbar wären.

In Wahrheit kann angesichts der zunehmenden Zahl von Kanälen und Sendern nur ein System mit etwas Ordnungssinn, Regeln und Kontrollen wirklich frei sein. Die Alternative ist das Monopol und der Mangel an Abwechslung, die wir jetzt in Italien beobachten können. In Großbritannien muß ein Kommunikationsministerium gegründet werden. Wenn man die Wichtigkeit des Themas und die Komplexität der fortlaufenden Entwicklungen betrachtet, ist die jetzige Situation, in der sich das Handels- und das Innenministerium die Verantwortung teilen, einfach untragbar.

Die Printmedien stellen ein anderes Problem dar. Vincent P. Norris schrieb im *Journal of Advertising History*: »Die Rolle des Verlegers... hat sich vom Verkäufer eines Produkts zum Konsumenten verschoben, zum Sammler von Konsumenten für die Werbeauftraggeber... Die Rolle des Lesers verändert sich von der eines souveränen Verbrauchers zu einem Köder für den Werbeauftraggeber.« Das mag noch nicht überall zutreffen – aber wir steuern darauf zu.

Die moderne Zeitungstechnologie könnte bei richtiger Anwendung eine Antwort sein. Bis heute wird in Großbritannien die neue Technologie einfach als Mittel gesehen, mit der alten auf billigere Weise in der Hoffnung fortzufahren, einen höheren Profit zu erzielen. Sie könnte jedoch auf lange Sicht dem Leser – auf Kosten des Werbeauftraggebers – Macht zurückgewinnen. Notwendig wären Publikationen mit Hilfe der neuen Technologie, aber zu niedrigen Kosten im gesamten System. So wären Zeitungen mit kleinen Auflagen und sehr wenig oder gar keiner Werbung wirtschaftlich lebensfähig.

Dafür gibt es bereits einen Präzedenzfall. Von den vier aus der Zeitungsrevolution von 1987 stammenden Zeitungen konnte nur eine Gewinn erwirtschaften, die auf den anspruchslosen und Softporno-Markt abgestimmte *Sunday Sport*. Wieder ein Beweis dafür, daß niemand Bankrott macht, der den Markt niedrig genug einschätzt. Doch daraus ist eine noch wichtigere Lehre zu ziehen: als einzige der vier Zeitungen war sie mit einem lächerlich geringen Budget (150 000 Pfund) gestartet worden und hatte einen sehr geringen Kostenaufwand. Daher verzeichnete sie bei einer Auflage von nur 500 000 Exemplaren bereits Gewinne – und das fast ohne Werbung.

Unsere Wachsamkeit muß sich auch auf andere Gebiete zunehmender Vorherrschaft erstrecken, wie zum Beispiel auf das Sponsoring, bei dem immer häufiger der Werbeauftraggeber den Ton angibt. (»Vor einigen Jahren ließen die Unternehmen den Künsten finanzielle Hilfe aus reiner Gefälligkeit zukommen. Jetzt will das Business eine Gegenleistung« – Colin Tweedy von der Association of Business Sponsorship of the Arts [Verband der Kunstsponsoren aus der Wirtschaft] im Jahre 1987.)[11]

In bezug auf versteckte Werbung sollten die strengsten Kontrollen eingeführt werden. Immer mehr Schulbücher werden von Banken, Lebensmittelherstellern und Waschmittelproduzenten mit freundlicher Empfehlung zur Verfügung gestellt. Eine willkürliche Sichtung durch den National Consumer Council (Nationaler Konsumentenverband) ergab, daß ein Drittel Fehlinformationen enthielten und über die Hälfte die dafür verantwortlich zeichnende Gesellschaft in ein günstiges Licht rückte.[12] Ein Handbuch für Kinder von Lever Brothers führte den Titel »Wie man ein Spülmittel guter Qualität (wie Sunlight Lemon Liquid) von einem billigeren Spülmittel unterscheidet«. Eine Broschüre von Kellogg erwähnte den Namen der Firma 96mal. Die Überschrift eines Reklamezettels des Butter Information Council lautete: »Butter versus Margarine: *Die Fakten.*« Welche Überraschung: die Butter schnitt nicht schlecht ab.

Werbung hat viele positive Seiten. Sie wird für die Weitergabe nützlicher Informationen gebraucht. Sie steckt voller Energie und Extravaganz. Sie kann witzig sein – fast jeder kennt Anzeigen, die ihn ansprechen.

Aber Werbung ist auch eine große, mächtige, steinreiche Industrie voller kreativer Begabungen. Und wir stehen vor einer neuen Werbeexplosion; dies ist der Grund dafür, daß wir wachsam sein müssen. Denn ihr Ziel sind wir.

DANK

Hunderte von Personen und Organisationen in mehreren Ländern haben mir bei der Vorbereitung dieses Buches geholfen. Ich bin ihnen allen zu Dank verpflichtet – den Mitarbeitern der Werbeagenturen, den werbungtreibenden Unternehmen, Mediengesellschaften, Forschungsorganisationen, wissenschaftlichen Einrichtungen und Interessenverbänden. Sie können nicht einzeln genannt werden; es sind zu viele.

Dennoch müssen einige hervorgehoben werden. Wie jeder Autor, der über Werbung schreibt, war auch ich dankbar, daß es die beiden führenden Fachzeitschriften *Campaign* in Großbritannien und *Advertising Age* in den Vereinigten Staaten gibt. Die amerikanische Publikation erscheint mir als ein nahezu perfektes Beispiel einer Fachzeitschrift. Von den werbungtreibenden Unternehmen muß eines besonders erwähnt werden. Der Konzern Procter and Gamble genießt weltweit den Ruf der Verschwiegenheit und mangelnder Kooperationsbereitschaft. Der für die Werbung zuständige Vizepräsident Robert Goldstein traf sich jedoch mit mir und beantwortete alle meine Fragen. Er kam auf tragische Weise im August 1987 bei einem Unfall ums Leben. Unter den Wissenschaftlern schulde ich Professor Kim Rotzoll, Universität Illinois, Urbana Champaign Campus, besonderen Dank: Er gewährte mir Zugang zu seinen Arbeiten über Werbung und Ethik. Ebenfalls zu Dank verpflichtet bin ich der Advertising Association Library (Bibliothek des Werbefachverbandes) und insbesondere Philip Spink für seine hilfreichen Auskünfte, ferner Ann MacDonald, Rachael Clark, Nigel Lloyd, Callaghan O'Herlihy und Robert Heller. Schließlich danke ich dem Phoenix Trust für die Unterstützung bei der Suche nach Material in den Vereinigten Staaten.

Abschließend weise ich darauf hin, daß sich die Angaben von Titeln oder Firmenzugehörigkeiten der zitierten oder erwähnten Personen auf den Zeitpunkt der Interviews beziehen.

ANMERKUNGEN

EINLEITUNG

1 Edgar Allan Poe, *Der stiebitzte Brief.* Der Brief wird schließlich von Poes Amateurdetektiv C. Auguste Dupin entdeckt.
2 *The Times*, 6. Juni 1987.
3 Daniel Oliver, Vorsitzender der Federal Trade Commission, 1987.
4 *International Herald Tribune*, 5. Juni 1986.
5 Professor Kim Rotzoll.
6 *Advertising Age*, 28. Februar 1985.
7 *Virginian Pilot and Ledger*, 15. Januar 1984.
8 »The Business 500«, in: *Business*, Oktober 1987.
9 *Business Week*, 21. April 1986.
10 David Bernstein, *Creative Advertising*.
11 *Advertising Age*, 22. April 1985.
12 *Time*, 11. Oktober 1982.

DIE WERBEBRANCHE

1 Laut Schätzung gibt es zig Millionen Colatrinker. Die Zeitschrift *Which?* testete 1985 unter »50 kritischen Colatrinkern« verschiedene Colamarken, und sie berichtete in ihrer Ausgabe vom Januar 1986, daß »neun Testpersonen keinen Unterschied« zwischen dem neuen Coke und dem neuen Pepsi feststellen konnten.
2 Artikel in *Campaign* vom 1. August 1986.
3 *Sunday Telegraph*, 15. Juni 1980.
4 *New York Times*, 6. Mai 1985.
5 *Sunday Telegraph*, 15. Juni 1980.
6 *Design and Art Direction*, September 1983.
7 Saatchi and Saatchi Compton Worldwide, Geschäftsbericht 1984.
8 *Evening Argus*, Brighton, 20. Februar 1986.
9 *International Herald Tribune*, 15. August 1985.

10 *The Times*, 3. März 1986.
11 Anzeige in *The Times*,
    26. September 1985.
12 *Advertising Age*, 9. September 1985.
13 Anzeige in der Zeitschrift
    Defence vom März 1987.
14 Verband spanischer Werbeagenturen.
15 *Eyes on Tomorrow*.
16 *Advertising Age*, 22. Juni 1981.
17 *Cincinnati Enquirer*, 4. Oktober 1982.
18 *Advertising Age*, 21. Februar 1983.
19 *Advertising Age*, 20. Oktober 1986.
20 *Financial Times*, 29. Mai 1986.
21 *Marketing*, 28. Juli 1983.
22 Anzahl der Agenturen: Statistisches Bundesamt (USA) 1984, *Advertising Age, Brad Advertiser and Agency List*, Januar 1987.
23 *The Trouble with Advertising*.
24 *Advertising Age*, 25. Mai 1987.
25 *Advertising Age*, 11. Mai 1987.
26 *Media International*, März 1984.
27 Erik Elinder, »Wie international kann europäische Werbung sein?« *Journal of Marketing*, April 1965.

28 *Advertising Age*, 14. Mai 1984.
29 Simon Lloyd, Managingdirektor von Foote, Cone and Belding, London.
30 *Advertising*, The Uneasy Persuasion.
31 *Adweek*, 24. Januar 1983.
32 Nach Schätzung der Fuji-Bank.
33 *Campaign*, 27. Februar 1987.
34 *Design and Art Direction*, 10. Mai 1985.
35 *Advertising Age*, 6. September 1982.
36 Jerry Cowle in *Advertising Age*, 21. März 1983.
37 *Design and Art Direction*, September 1984.
38 *The Gallagher Report Newsletter*, New York 1988.
39 Untersuchung von Spicer und Pegler über Agenturen in *Campaign*, 19. Februar 1988 und 17. Juni 1988.
40 *Adweek*, 3. Juni 1985.
41 *Campaign*, 11. April 1986.
42 *Design and Art Direction*, 19. April 1984.
43 Zitiert in *Campaign*, 21. Mai 1976.
44 *Campaign*, 7. Mai 1976.
45 *Dollars and Sense*. New York: Macmillan 1987.
46 Jerry della Femina im Public Television, Januar 1975.

Werbeforschung (1)

1 Graham Poulter, *Marketing*, 14. November 1985.
2 *Admap*, Februar 1982.
3 Eileen Cole, Geschäftsführerin von Research International in London.
4 *The Persuasion Industry.*
5 *Advertising, The Uneasy Persuasion.*
6 *The Trouble with Advertising.*
7 *Madison Avenue USA.*
8 *The Trouble with Advertising.*
9 Paul E. Green und Catherine M. Schaffer, »Ad Copy Testing«, *Journal of Advertising Research*, Bd. 23, Nr. 5, Oktober/November 1983.
10 *Marketing Week*, 1. Februar 1985.
11 Herbert Zeltner in *Advertising Age*, 26. Juli 1982.
12 Aus Ayers Unternehmensgeschichte.
13 *Madison Avenue USA.*
14 *Advertising Age*, 30. Januar 1984.
15 Alan Resnik und Bruce L. Stern, »Eine Analyse zum Informationsgehalt der TV-Werbung«, *Journal of Marketing*, Januar 1977.
16 Bruce L. Stern, Dean M. Krugman und Alan Resnik, »Zeitschriftenwerbung.

Eine Analyse über ihren Informationsgehalt«, *Journal of Advertising Research*, April 1981.
17 *The Rage to Persuade.*
18 *The Pitch.*
19 *Creative Advertising.*
20 *The Persuasion Industry.*
21 *Research in Marketing*, Bd. 1, 1978.
22 *Research in Marketing*, Bd. 1, 1978.
23 *Research in Marketing*, Bd. 1, 1978.
24 *The Strategy of Desire.*
25 *Strategic Ad Campaigns.*
26 *Campaign*, 15. Juli 1983.
27 *Creative Review*, Juli 1982.
28 Cooper und Lannon, »Menschliche Werbung, eine kulturelle Perspektive«, *International Journal of Advertising*, 1983, 2.
29 Cooper und Lannon, »Menschliche Werbung, eine kulturelle Perspektive«, *International Journal of Advertising*, 1983, 2.
30 Lunn, Cooper, Murphy, »Die unbeständigen Erfolge der britischen SDP. Eine Anwendung kreativer qualitativer Forschung.«
31 Projekte von Planmetrics Inc., *Wall Street Journal*, 7. Juli 1983; *Adweek*, 5. September; *Advertising Age*, 14. Januar 1985.

32 *Campaign*, 7. Dezember 1984.
33 *Fortune*, 23. Juli 1984.

WERBEFORSCHUNG (2)

1 *Psychology and Marketing*, Bd. 1, Nr. 1, Frühjahr 1984.
2 *Advertising Age*, 31. Oktober 1983.
3 *Sunday Times Magazine*, 30. Oktober 1983.
4 *Marketing Week*, 18. Mai 1984.
5 *The Times*, 31. Mai 1986.
6 *Advertising Age*, 24. November 1986.
7 *And You Call That Creative...?*
8 *Journal of Advertising Research*, Bd. 23, Nr. 5, Oktober/November 1983.
9 *Marketing*, 29. März 1984.
10 *Marketing*, 20. September 1984.
11 James MacLachlan und Michael Siegal, »Kostenreduzierung bei TV-Werbespots durch Zeitraffung«, *Journal of Marketing Research*, Bd. 17, Nr. 1, Februar 1980.
12 James MacLachlan, »Hörerwahrnehmung von Sprechern im Zeitraffertempo«, *Journal of Advertising Research*, Bd. 22, Nr. 2, April/Mai 1982.

13 Brief vom 13. Februar 1986.
14 *Wall Street Journal*, 10. Februar 1984.
15 *Advertising Age*, 14. März 1983.
16 Robert C. Grass, Wallace H. Wallace, Wayne G. Robertshaw, »Das NOLAD-Konzept«, *Journal of Advertising Research*, Bd. 23, Nr. 1, Februar/März 1983.
17 *Journal of Advertising Research*, Bd. 23, Nr. 1, Februar/März 1983.
18 David A. Aaker und Donald E. Bruzzone, »Zuschauerwahrnehmung von Fernsehwerbung zur Hauptsendezeit«, *Journal of Advertising Research*, Bd. 21, Nr. 5, Oktober 1981.
19 *Advertising Age*, 8. August 1983.
20 *Harvard Business Review*, Juli/August 1982.
21 *Financial Times*, 20. Oktober 1980.
22 Brief in *Advertising Age*, 13. Februar 1984.
23 *Harvard Business Review*, März/April 1975.
24 *Campaign*, 22. Februar 1985.
25 *Marketing*, 7. März 1985.
26 *Advertising Inside Out*.
27 *Focus*, März 1987.
28 *Advertising Age*, 6. September 1984.

29 *Journal of Advertising Research*, Bd. 22, Nr. 1, Februar/März 1982.
30 »Werbung für eine Armee«, in *The Lord Kitchener Memorial Book.*
31 *Voice of Civilisation.*
32 I. L. Janis, »Wie wirkt sich die Erregung von Furcht auf das Verhalten aus? Neuere Entwicklungen in der theoretischen und experimentellen Forschung«, *Advances in Experimental Psychology*, Bd. 3, New York 1967.
33 *Tobacco Reporter*, Juni 1982.
34 *Campaign*, 1. März 1985.
35 *Advertising Age*, 7. Mai 1984.
36 *Cosmopolitan*, Juli 1983.
37 »Nackter Affe«, *Guardian.*
38 Davis und Welsch, *International Journal of Advertising.*
39 Chestnut, LaChance und Lubitz, »Das dekorative weibliche Modell. Sexuelle Reize und das Wiedererkennen von Anzeigen«, *Journal of Advertising*, 6, 1977.
40 Baker und Churchill, »Der Einfluß von attraktiven Modellen auf die Bewertung von Werbung«, *Journal of Marketing Research*, November 1977.
41 *Guardian*, 19. Januar 1987.
42 *Advertising Age*, 9. Dezember 1985.

43 *Subliminal Seduction.*
44 Weir, »Weitere Überlegungen zu unterschwelligen Fakten«, *Advertising Age*, 15. Oktober 1984.
45 *Advertising in a Free Society.*
46 *Journal of Advertising*, Bd. 8, Nr. 3, 1979.
47 *Advertising Age*, 26. August 1985.
48 Zanot, Pincus, Lamp, »Die öffentliche Einstellung zu unterschwelliger Werbung«, *Journal of Advertising*, Bd. 12, Nr. 1, 1983.
49 *The Times*, 17. Januar 1986.
50 Grand Rapids Press, 1983.
51 Pressemitteilung in *New Woman* vom 30. September 1983.
52 UPI, 11. Mai 1978.

REGELN UND SCHIEDSRICHTER

1 *Advertising Age*, 1. April 1985.
2 *Marketing*, 3. Juni 1983.
3 *Evening Argus*, Brighton, 16. Februar 1984.
4 *Consumer Behavior.*
5 *The Trouble with Advertsing.*
6 *Advertising Age*, 5. März 1984.
7 *Advertising Age*, 3. Juni 1985.

8 *Advertising Age*, 6. Februar 1984.

9 *Advertising Age*, 17. November 1986.

10 *Admap*-Seminar, London, 29. Oktober 1981.

11 »Überprüfung der Werbeaktivitäten«, Rundfunkbehörde (IBA).

12 *Campaign*, 4. Dezember 1981.

13 *Design and Art Direction*, September 1985.

14 *Campaign*, 4. Dezember 1981.

15 *Campaign*, 2. Oktober 1981.

16 *Guardian*, 10. März 1983.

17 Verschiedene Beschwerden: BA, *Campaign*, 23. September 1983; Rußland, Perücke, *Campaign*, 25. Januar 1985; Rockmusik, *The Times*, 16. März 1983; Heiliger Geist, *Campaign*, 15. Juni 1984; Quavers, *Campaign*, 5. Oktober 1984; Frosch, *The Times*, 9. Juli 1983.

18 Rede beim *Admap*-Seminar, London, 29. Oktober 1981.

19 *Advertising Age*, 25. Juni 1984.

20 *Campaign*, 16. September 1983.

21 *Marketing Week*, 9. September 1983.

22 *Financial Times*, 27. Oktober 1983.

23 *Marketing*, 15. April 1981.

24 Der Fall der Continental Baking Company: *Consumer Behavior*.

25 Anzeige für Listerine-Mundwasser in: *Advertising Age*, Dezember 1980, und *Campaign*, 13. November 1981.

26 *The Mirror Makers*.

27 *Advertising Age*, 15. Juni 1987.

28 *Advertising Age*, 11. Juni 1983.

29 *Campaign*, 2. August 1985.

30 *Wall Street Journal*, 16. Januar 1984.

31 *Journal of International Marketing*, Bd. 1, Nr. 1, 1982.

32 »Multinationale Konzerne in der Werbung«, UN, New York.

33 Noreene Janus und Rafael Roncaglioli: »Advertising entry, Mass Media and Dependency«, Development Dialogue, Latin American Institute for Transnational Studies, 1979.

34 *Advertising Age*, 23. Juni 1986.

35 Richard K. Manoff, Berater für soziales Marketing und Kommunikation, in *Advertising Age*, 13. Februar 1984.

36 *Advertising Age*, 30. August 1984.

37 Professor J. J. Boddewyn, *Journal of International Marketing*, Bd. 1, Nr. 1, 1982.

38 *Admap*-Seminar, London, 29. August 1981.
39 *Campaign*, 28. Mai 1982.
40 *Campaign*, 8. April 1983.
41 *Campaign*, 23. November 1984.
42 *Admap*-Seminar, London, 29. Oktober 1981.
43 Versfelt, *Advertising Age*, 7. Juli 1986; Luken, *Advertising Age*, 13. April 1987.
44 *Marketing*, 21. März 1985.
45 Bruce, Keller, Cunard etc.: »Weltweite Werbebeschränkungen. Ein Überblick über Prinzipien, Probleme und Lösungen«, IAA (Internationaler Verband von Werbefachleuten), 1984.
46 *Advertising Age*, 4. November 1985.
47 *The Shocking History of Advertising.*
48 *Washington-Post*-Service, in *Adweek*, 21. Januar 1985.
49 Beispiele für AIDS-Kampagnen: *Advertising Age*, 9. März 1987, und *Focus*, Februar 1987.
50 *Marketing*, 13. Juni 1985.
51 *Advertising Age*, 11. März 1985.
52 Friedhofs-Anzeigen: *Wall Street Journal*, 27. Januar 1984.
53 Untersuchungen über Berufswerbung: *Focus*, Oktober 1984, und *Advertising Age*, 24. September 1984.
54 *The Times*, 30. September 1983.
55 *Financial Times*, 19. Juli 1984.
56 *Wall Street Journal*, 14. März 1984.

KONSUMENTEN

1 *Advertising Age*, 7. Februar 1985.
2 JICNARS, National Readership Survey (Leserumfrage), 1979.
3 Warner Social Class Hierarchy, zitiert in *Contemporary Marketing*.
4 *Advertising Age*, 16. August 1982.
5 *The Atlantic Monthly*, Oktober 1984.
6 *Marketing*, 2. April 1987.
7 *Time*, 20. April 1987.
8 Forschungen für die Zeitschrift *People*, 1986.
9 *Marketing*, 12. Juni 1986.
10 *Ad Forum*, September 1984.
11 Die VALS-Geschichte und -Kategorien stammen aus *Principles of the VALS Classification System*, SRI.
12 *Ad Forum*, September 1984.
13 SRI-Literatur.
14 *Insight*, 19. September 1984; *Advertising Age*, 9. Novem-

ber 1982; *The Atlantic Monthly*, Oktober 1984.

15 Anzeige in *Advertising Age*, 19. September 1983.

16 *Campaign*, 6. Mai 1983.

17 *International Herald Tribune*, 15. August 1985.

18 *Focus*, November 1984.

19 Untersuchung von Goldring and Co., Chicago, 1987.

20 *Campaign*, 29. Juni 1984.

21 *Wall Street Journal*, 31. August 1984.

22 *The Economist*, 23. Januar 1982.

23 *Sunday Telegraph*, 14. November 1982.

24 *Advertising Age*, 26. März 1984.

25 *Sunday Telegraph*, 14. November 1982.

26 *Advertising Age*, 26. März 1984.

27 *Advertising Age*, 19. November 1984.

28 *Crain's Chicago Business*, 21. Mai 1984.

29 *Wall Street Journal*, 23. März 1982.

30 Carrick James Market Research.

31 Rand Youth Poll (Jugendumfrage), New York, 1985.

32 Anzeigen für *Seventeen*.

33 *Marketing*, 22. Juli 1982.

34 *Advertising Age*, 23. Dezember 1985.

35 *Financial Times*, 7. Februar 1985.

36 *New York Post*, 2. April 1985.

37 *Marketing*, 7. Juni 1984.

38 *The Shocking History of Advertising*.

39 *Boston Globe*, 14. Februar 1985.

40 *Advertising Age*, 23. Dezember 1985.

41 *Marketing*, 6. September 1984.

42 Anzeige in *Advertising Age*, 5. März 1984.

43 Anzeige für *Seventeen*, 1983.

44 *Advertising Age*, 14. November 1985.

45 *Fortune*, 30. März 1987.

46 *Advertising Age*, 4. Juni 1984.

47 *Here's Health*, Juli 1983.

48 *Campaign*, 16. Oktober 1981.

49 *Advertising Age*, 6. April 1981.

50 *Advertising Age*, 27. Juni 1983.

51 *Advertising Age*, 8. Oktober 1984.

52 *Advertising Age*, 3. November 1986; *The Listener*, 9. Oktober 1986.

53 *Marketing*, 5. Februar 1987.

54 *Marketing*, 5. Februar 1987.

55 *Marketing*, 5. Februar 1987.

56 *Business Week*, 25. März 1985.

57 *Observer*, 3. Mai 1987;

Advertising Age, 9. Februar 1987.

58 Bericht über die Spielzeugindustrie, 1987.

59 *Fighting TV Stereotypes*, ein ACT-Handbuch.

60 Bericht an die IPA; die redigierte Version wurde im Frühjahr 1981 in *Advertising* abgedruckt.

61 Roberts, »Children and commercials: Issues, Evidence, Intervention«, 1983.

DIE KRANKEN

1 Die Angaben der Verschreibungen britischer Allgemeinmediziner gelten für die Jahre 1985/86 und stammen vom Chartered Institute of Public Finance and Accountancy.

2 *Marketing*, 19. September 1985.

3 Association of the British Pharmaceutical Industry.

4 *Time*, 27. September 1982.

5 *The Economist*, 18. August 1984.

6 *Wall Street Journal*, 9. Februar 1983.

7 *Marketing Week*, 25. Februar 1983.

8 Die Angaben stammen aus *Medical Marketing and Media*, CRS Communications, Florida.

9 *Wall Street Journal*, 28. Dezember 1981.

10 A.Braithwaite und P. Cooper, »Analgesic Effects of Branding in Treatment of Headaches«, *British Medical Journal*, 1981.

11 Lannon und Cooper in *International Journal of Advertising*, Nr. 2, 1983.

12 *Which?*, Februar 1982.

13 *Advertising Age*, 8. Juli 1985.

14 *Stopping Valium*.

15 *The Times*, 3. August 1984.

16 *Pharmaceutical Executive*, März 1985.

17 *Pharmaceutical Executive*, März 1985.

18 *Medical Marketing and Media*, März 1985.

19 *Campaign*, 16. Juli 1982.

20 *GP*, 4. Dezember 1981.

21 *GP*, 4. Dezember 1981.

22 ESOMAR-Seminar, Zürich, September 1981.

23 Direct Marketing Awards, 1985.

24 Green College Lecture, Oxford, 25. Januar 1982.

25 *Advertising Age*, 28. Januar 1985.

26 *Marketing*, 19. September 1985.

27 *Guardian*, 2. Februar 1983.

28 *Time*, 27. September 1982.

29 *Time*, 27. September 1982.

30 *Sunday Times*, 15. Januar 1984.

31 *Guardian*, 10. September 1984.
32 *Sunday Times*, 13. Mai 1984.
33 *World in Action*, Granada TV, 18. Mai 1987.
34 *The Economist*, 12. März 1983.
35 *Insult or Injury*.
36 *Bitter Pills: Medicine and the Third World Poor*.
37 *Africa Now*, Oktober 1984.
38 M. Silverman, M. Lydecker, Dr. P. Lee, *Prescriptions for Death*, 1982.
39 *Sunday Express*, 24. Januar 1982.
40 *Pharmaceutical Executive*, März 1985.
41 *Advertising Age*, 15. Oktober 1984.
42 *Medical Advertising News*, 15. März 1985.
43 *Advertising Age*, 27. September 1982.
44 *Wall Street Journal*, 22. Juli 1982.
45 *Private Eye*.
46 *Financial Times*, 29. Dezember 1983.
47 *Marketing*, 12. April 1984.
48 *This Fabulous Century*, Time-Life Books.
49 *Sunday Times Magazine*, 18. Februar 1968.
50 Brian Cleeve, *A World Vanishing*, Buchan and Enright, 1982.
51 *Marketing*, 12. April 1984.

52 Zahlenangaben von der Proprietary Association, Washington D. C. Die Zahlen beziehen sich auf Ende 1986.
53 Zahlenangaben von *The British Pharmaceutical Industry*, Jordans and Sons (Umfragen), 1980.
54 *Marketing*, 16. September 1981.
55 *Wall Street Journal*, 6. Mai 1983.
56 *Wall Street Journal*, 19. Oktober 1983.
57 *Advertising Age*, 3. Juni 1985.
58 *Wall Street Journal*, 17. Dezember 1981.
59 *The Observer*, 8. April 1984.
60 *Marketing*, 9. Mai 1985.

RAUCHER

1 *The Smoke Ring*.
2 *The Smoke Ring*.
3 *Campaign*, 20. Februar 1970.
4 *The Making of Modern Advertising* und *The Smoke Ring*.
5 *The Shocking History of Advertising*.
6 Museum of Broadcasting.
7 *This Fabulous Century*, Time-Life Books.
8 *Advertising. The Uneasy Persuasion*.

9 *New York Times*, 26. Februar 1982.
10 *Advertising Age*, 12. September 1983.
11 *Advertising Age*, 31. Dezember 1984.
12 *And You Call That Creative...?*
13 »Forging an Identity for the Non-smoker: The Use of Myth in Health Promotion«, Simon Chapman, Gary Egger, *International Journal of Health Education*, Juli/September 1980.
14 *BBDO Magazine*, Juli 1981.
15 *Advertising Age*, 31. Dezember 1984.
16 *Campaign*, 27. April 1984.
17 *Grey View*, Nr. 3, 1981.
18 *Business Week*, 7. Dezember 1981.
19 *Campaign*, 9. Juli 1982.
20 *Campaign*, 27. August 1982.
21 *Campaign*, 3. September 1983.
22 *Marketing*, 7. Februar 1985.
23 *Marketing*, 10. März 1983.

ALKOHOLKONSUMENTEN

1 Charles Atkin und Martin Block, »The Problem of Alcohol Advertisements in College Newspapers«, in: *The Journal of American College Health Association*, Februar 1979, und »Effectiveness of Celebrity Endorsers«, in: *Journal of Advertising Research*, Februar/März 1983.
2 *Drinks Marketing*, Juni 1983.
3 Die führenden Werbungtreibenden der Nation.
4 BMP Case History No 1, »The Big John Campaign. »A Study of TV Advertising in the Beer Market (Courage)«, 1982.
5 Aussage in einem Hearing des US-Senatsausschusses zum Thema Rauchen, 10. Mai 1982.
6 Brief an *Advertising Age*, 29. Juli 1985.
7 Mike Detsiny in *Campaign*, 1. August 1986.
8 *Wall Street Journal*, 5. Januar 1982.
9 *Business Week*, 12. Juli 1982.
10 *Business Week*, 12. Juli 1982.
11 Zitiert in der *Los Angeles Times*.
12 *Marketing*, 28. November 1985.
13 Bericht der Phillips Russell Ltd., veröffentlicht in *Drinks Marketing*, September 1983.
14 *Hot Shoe*, Nr. 38, 1984.
15 *Focus*, November 1983.
16 *Marketing*, 29. April 1982.
17 *Wall Street Journal*, 28. Juni 1984.
18 *Advertising Age*, 27. Juli 1981.

19 *Ogilvy on Advertising.*
20 Wyman-Harris Research Organisation.
21 *The Booze Merchants.*
22 *Advertising Age*, 16. August 1982.
23 *Voice of Civilisation.*
24 *The Booze Merchants.*
25 Bericht des Department Committee on Liquor Licensing (Ministeriumsausschuß für Alkohollizenzen), Großbritannien, 1972.
26 Williams und Brake, *Drink in Great Britain.*
27 *Focus*, September 1983.
28 *The Booze Merchants.*
29 Alcohol Studies Centre, Paisley College of Technology in Schottland; Wine and Spirit Association; Scotch Whisky Association.

WÄHLER

1 *Advertising Age*, 5. November 1984.
2 *Advertising Age*, 16. Mai 1983.
3 *Advertising Age*, 5. Dezember 1983.
4 *Advertising Age*, 24. Februar 1986.
5 *Advertising Age*, 9. September 1986.
6 Vitt Media International and St. John University Survey in

Advertising Age, 6. August 1984.
7 *Advertising Age*, 11. Mai 1987.
8 *Advertising Age*, 28. Februar 1985.
9 *The Listener*, 3. Oktober 1985.
10 *Advertising Age*, 10. November 1986.
11 *Ogilvy on Advertising.*
12 *Financial Times*, 15. März 1979.
13 *Design and Art Direction*, April 1985.
14 *A Walk Through the 20th Century*, PBS, 8. August 1984.
15 PBS, 8. August 1984
16 *Television.*
17 *Advertising Age*, 10. November 1986.
18 *The Trouble with Advertising.*
19 *Television.*
20 *Ogilvy on Advertising.*
21 *Campaign*, 24. August 1984, und *Ad Age*, Mai 1984.
22 *The Times*, 18. August 1984.
23 *Advertising Age*, 1. Februar 1988.
24 *Observer*, 1. Mai 1984.
25 *Evening Standard*, 4. April 1984.
26 *Advertising Age*, 17. Januar 1983.
27 *Campaign*, 27. Mai 1983.
28 *And You Call That...*

29 *Wall Street Journal*, 26. Mai 1983.
30 *Wall Street Journal*, 26. Mai 1983.
31 *Evening Standard*, 4. April 1984.
32 *Advertising Age*, 12. Juli 1984.
33 *Campaign*, 18. Mai 1979.
34 *Media Week*, 26. Juli 1985.
35 *Campaign*, 25. Januar 1985.
36 *Time*, 21. Februar 1983.
37 *Advertising Age*, 9. Juni 1986.
38 *The Observer*, 31. Mai 1987.
39 *Campaign*, 6. Juni 1980.
40 *Marketing*, 28. Juni 1984.
41 *The Times*, 6. Juni 1987.
42 *Advertising Age*, 12. März 1984.

WERBUNG UND DIE MEDIEN

1 Janus and Roncagliolo, »Advertising Entry, Mass Media and Dependency«, Latin American Institute for Transnational Studies, 1979.
2 *The Media Monopoly*.
3 *Advertising Age Yearbook*, 1981.
4 *The Rage to Persuade*.
5 *Advertising Age*, 5. Dezember 1983.
6 Die Zahlenangaben stammen von Saatchi and Saatchi.
7 *Transnational Corporations in Advertising.*
8 JWT, Unilever Co-ordination Group.
9 AA European Advertising and Media Forecast.
10 *The Complete Guide to Advertising.*
11 Marvin Grapp, Vizepräsident, Magazine Publishers Association, *New York Times* Service, 1985.
12 *Advertising. Its Principles and Practice.*
13 *The Mirror Makers.*
14 *Advertising in Britain.*
15 *The Media Monopoly.*
16 *The Trouble with Advertising.*
17 *The Media Monopoly* und *Television.*
18 *Television.*
19 Russell Davies, »Hype and Hard Sell«, *The Listener*, 24. Oktober 1985.
20 *Television.*
21 *Television.*
22 *Television Today and Tomorrow.*
23 Anthony Sampson, *The New Europeans*, Hodder and Stoughton, 1968.
24 *Business Week*, 21. November 1983.
25 Magazine Publishers Association, 1983.
26 *Marketing*, 2. Mai 1985.
27 *Marketing*, 27. September 1984.

28 *History of Advertising.*

29 *The Shocking History of Advertising.*

30 *The History of Advertising.*

31 *Campaign*, 2. August 1985.

32 *Marketing*, 8. November 1984.

33 *Campaign*, 11. Februar 1983.

34 *Ogilvy on Advertising.*

35 *Where Does the Time Go?* Untersuchung der United Media Enterprises, New York, 1982.

36 Edmund Fawcett, *America, Americans,* Collins, 1983.

37 BARB / AGB Trends in Television.

38 *Advertising Age,* 10. Februar 1986.

39 *Focus*, November 1984.

40 *New Electronic Media*, Euromonitor Reports.

41 *The Times*, 8. November 1983.

42 *Wall Street Journal*, 22. März 1982.

43 *Campaign*, 22. November 1985; *Advertising Age,* 31. März 1986.

44 *Campaign*, 8. Mai 1987.

45 *Focus*, April 1985.

46 *Wall Street Journal*, 27. Januar 1983.

47 *Advertising Age*, 4. Januar 1988.

48 »Advertising and the Media«, Nummer 5 in einer Reihe von JWT-Aufsätzen, 1975.

49 »Advertising and Economics«, Nummer 2 in einer Reihe von JWT-Aufsätzen, 1976.

50 »If Advertising Stopped at Ten O'clock this Morning«, zitiert in: *Advertising in a Free Society.*

51 *Advertising Age*, 10. Mai 1982.

52 *Everybody's Business.*

53 *The Tuppenny Punch and Judy Show.*

54 *Daily Mirror*, 26. Februar 1982.

55 *Advertising Age*, 7. November 1985.

56 *Evening Argus*, Brighton, 16. Juli 1982.

57 *Advertising Age*, 29. August 1983.

58 *Advertising Age*, 11. Juni 1984.

59 *Observer*, 22. April 1984.

60 *Marketing Week*, 6. April 1984.

61 *Campaign*, 3. Februar 1984.

62 *Advertising Age*, 30. April 1984.

63 *Campaign*, 23. Dezember 1983.

64 Rede bei einem Seminar im Center for Communication, New York, 1. November 1984.

65 *Independent*, 9. Dezember 1986.

66 *Advertising Age*, 3. Oktober 1985.

67 *Wall Street Journal,*
22. November 1982.
68 *ACSH News and Views,* Bd. 3,
Nr. 3, Mai/Juni 1982.
69 *Wall Street Journal,*
22. November 1982.
70 *ACSH News and Views,*
Bd. 3, Nr. 3, Mai/Juni
1982.
71 *Guardian,* 17. Februar 1986.
72 *The Listener,* 24. Oktober
1985.
73 *The Trouble with Advertising.*
74 *America and the Americans.*
75 *Advertising Age,* 27. August
1984.
76 *Campaign,* 20. Juli 1984.
77 *Advertising Age,* 3. Oktober
1983.
78 *Advertising Age,* 21. Oktober
1985.
79 *The Listener,* 24. Oktober
1985.
80 *Television.*
81 *Wall Street Journal,* 29. Juni
1982.
82 Brief an *The Times,* 27. März
1986.
83 *Campaign,* 31. August 1984.
84 *Advertising Age,* 8. März
1982.
85 Bericht des Television Moni-
toring Program of the Coalition for Better Television,
Frühjahr 1982.
86 Brief vom 14. Mai 1982.
87 *Independent,* 5. November
1986.

88 *Advertising Age,*
21. November 1983.
89 *The Listener,* 24. Oktober
1985.
90 *The Television Explosion,*
BBC TV, 11. November 1986.
91 BEUC, »The Impact of Satellite and Cable Television on
Advertising«.
92 »Advertising and the
Media«, ein JWT-Aufsatz.
93 *Campaign,* 3. Mai 1985.
94 Brief vom 13. April 1983.
95 *New York Times,*
15. November 1982.
96 *Campaign,* 19. Juli 1985.
97 *Campaign,* 19. Juli 1985.
98 *Evening Argus,* Brighton,
31. Mai 1986.
99 *Spitting Image,* 13. Januar
1985.
100 *The Times,* 23. Oktober
1985.
101 *Sunday Times,* 25. Mai
1986.

DIE ZUKUNFT

1 *Advertising Age,* 7. April
1986.
2 Apostolischer Brief,
März 1985.
3 *Marketing,* 26. Juli 1984.
4 *Advertising Age,* 20. August
1984.
5 *Evening Standard,* 15. Mai
1967.

6 *Focus*, September 1985.
7 Roncaglioli und Janus, Advertising and the Democratisation of Communications«, Development Dialogue, Schweden, 1981: 2.
8 *Advertising Age*, 13. August 1984.

9 *Campaign* Media Report, 14. Oktober 1983.
10 *The Listener*, 20. August 1987.
11 *The Listener*, 27. August 1987.
12 National Consumer Council, »Classroom Commercials«, 1986.

BIBLIOGRAPHIE

ADAMS, ROBERT (HRSG.): Creativity in Communications. London 1971.

ADAMSON, COLIN: Consumers in Business. National Consumer Council. 1982.

ADVERTISING ASSOCIATION (AA): Speaking up for Advertising. 1983.

ALLISON, JAMES MURRAY: Second Essays on Advertising. London 1929.

AMERICAN ASSOCIATION OF ADVERTISING AGENCIES (AAAA): A Practical Solution to Client-Agency Account Conflicts. New York 1979.

ARLEN, MICHAEL J.: Thirty Seconds. New York 1980.

AUSTRALIAN CONSUMERS' ASSOCIATION: Processed Food. A Pain in the Belly. 1982.

BAGDIKIAN, BEN H.: The Media Monopoly. Boston 1983.

BARGMANN, EVE U. A.: Stopping Valium and Ativan, Centrax... New York 1983.

BARTOS, RENA, THEODORE F. DUNN: Advertising and Consumers. New Perspectives. New York 1975.

BEARDSHAW, VIRGINIA: Prescription for Change. Den Haag 1983.

BENSON, S. H.: Facts for Advertiser, 1905–1906. Compiled and Published by S. H. Benson, Advertisers' Agent.

BERNSTEIN, DAVID: Creative Advertising. London.

BLENSTEIN-BLANCHET, MARCEL: The Rage to Persuade. Memoirs of a French Advertising Man. New York 1982.

BRUCE, ROBERT R., BRUCE P. KELLER, JEFFREY P. CUNARD, DEBEVOISE PLIMPTON: Worldwide Restrictions on Advertising. An Outline of Principles, Problems and Solutions. New York 1984.

BULLMORE, J. J. D., M. J. WATERSON: The Advertising Association Handbook. New York 1983.

BUREA EUROPÉEN DES UNIONS DE CONSOMMATEURS: The Impact of Satellite and Cable Television on Advertising. Brüssel 1984.

CAPLES, JOHN: How to Make Your Advertising Make Money. Englewood Cliffs, New York, 1983

CASSON, HERBERT NEWTON: Ads and Sales. A Study of Advertising and Selling form the Standpoint of the New Principles of Scientific Management. Chicago 1911.

CHAPMAN, SIMON: The Lung Goodbye. 1983

DAY, BARRY: And You Call That Creative...? 1984.

DE GROOT, G.: The Persuaders Exposed. London 1980.

DIAMANT, LINCOLN: Television's Classic Commercials. New York 1971.

DICHTER, ERNEST: Strategie im Reich der Wünsche. Aus dem Amerikan. von Maria Rosé. Düsseldorf 1961.

DOUGLAS, TORIN: The Complete Guide to Advertising. London 1984.

DOYAL, LESLIE: Picture of Health. 1983.

DUNKLEY, CHRISTOPHER: Television Today and Tomorrow. Wall-to-wall Dallas? Harmondsworth 1985.

ENGEL, JAMES F., ROGER BLACKWELL, DAVID T. KOTTAT: Consumer Behavior. Hinsdale, Illinois, 1978.

ESOMAR, International Pharmaceutical Marketing Research. Report of a Seminar. 1981.

FLETCHER, WINSTON: Advertising. London 1978.

FOX, STEPHEN: The Mirror Makers. New York 1984.

FREEMAN, WILLIAM M.: The Big Name. New York 1957.

FRYBURGER, VERNON (HRSG.): The New World of Advertising. Chicago 1975.

GABLE, JO: The Tuppenny Punch and Judy Show. 25 Years of TV Commercials. London 1980.

GALBRAITH, JOHN KENNETH: Gesellschaft im Überfluß. Aus dem Amerikan. von Rudolf Mühlfenzl. München, Zürich 1959.

GHERTMAN, MICHEL, MARGARET ALLEN: An Introduction to the Multinationals. London 1984.

GILL, LESLIE E.: Advertising and Psychology. London, New York 1954.

HARRIS, RALPH, ARTHUR SELDON: Advertising in a Free Society. London 1959.

HART, NORMAN A. (HRSG.): The Director's Guide to Choosing and Using an Advertising Agency. 1985.

HOLME, BRYAN: Advertising. Reflections of a Century. London 1982.

INTERNATIONAL ADVERTISING ASSOCIATION GLOBAL MEDIA COMMISSION: Global Marketing. From Now to the Twenty-First Century. 1985.

IS ADVERTISING TODAY A BURDEN OR A BOON? A Discussion by G. D. H. Cole u. a. London 1930.

JACOBSON, BOBBIE: Ladykillers. Warum Rauchen eine Frauenfrage ist. Aus dem Engl. Trier 1985.

JACOBSON, MICHAEL, GEORGE HACKER, ROBERT ATKINS: The Booze Merchants. Washington, DC., 1983.

KATZ, JUDITH A.: The Ad Game. New York 1984.

KEY, WILSON BRYAN: Subliminal Seduction. New York 1974.

KEY, WILSON BRYAN: Media Sexploitation. New York 1977.

KING, STEPHEN: Advertising as a Barrier to Market Entry. 1980.

KLEINMAN, PHILIP: Advertising Inside Out. London 1977.

LITTLECHILD, STEPHEN: The Relationship between Advertising and Price. 1982.

MARKS, JOHN: The Search for the Manchurian Candidate. The Story of the CIA's Secret Efforts to Control Human Behaviour. New York 1979.

MAYER, MARTIN [PRAGER]: Madison Avenue. Verführung durch Werbung. Köln 1959.

MAYLE, PETER: Thirsty Work. Ten Years of Heineken Advertising. London 1983.

MEDAWAR, CHARLES: Insult or Injury. London 1979.

MEYERS, WILLIAM: The Image Makers. New York 1984.

MITCHELL, ARNOLD: The Nine American Lifestyles. New York 1984.

MOSKOVITZ, MILTON, MICHAEL KATZ, ROBERT LEVERING: Everybody's Business. An Almanac. New York 1980.

MULLER, MIKE: Tobacco and the Third World. Tomorrow's Epidemic. London 1978.

NEVETT, T. R.: Advertising in Britain, a History. London 1982.

OGILVY, DAVID: Geständnisse eines Werbemannes. Aus dem Amerikan. von Armin Fehle. Wien, Düsseldorf 1964.

OGILVY, DAVID: Ogilvy über Werbung. Aus dem Amerikan. von Gertie von Rabenau und Thomas Tostmann. Düsseldorf, Wien 1984.

O'TOOLE, JOHN: The Trouble with Advertising. New York 1981.

PACKARD, VANCE: Die geheimen Verführer. Der Griff nach dem Unbewußten in jedermann. Aus dem Amerikan. Düsseldorf 1958.

PEARSON, JOHN, GRAHAM TURNER: The Persuasion Industry. London 1965.

POPE, DANIEL: The Making of Modern Advertising. New York 1983.

RANK, HUGH: The Pitch. How to Analyze Ads. Park Forest, Illinois, 1982.

REEKIE, W. DUNCAN: Advertising and Price. 1979.

RIES, AL, JACK TROUT: Positioning. Die neue Werbestrategie. Aus dem Amerikan. von Klaus Dieter Praglowski-Leary. Hamburg, New York usw. 1986.

SCHISGALL, OSCAR: Blick nach vorn. Der Aufstieg des Markenartikel-Herstellers Procter & Gamble. Aus dem Amerikan. von Gabrielle E. Schlichting und Margit Schneider. Wiesbaden 1985.

SCHUDSON, MICHAEL: Advertising. The Uneasy Persuasion. New York 1984.

SCHULTZ, DON E., DENNIS G. MARTIN: Strategic Advertising Campaigns. Chicago 1979.

TAYLOR, PETER: Smoke Ring. The Politics of Tobacco. London 1984.

THOMPSON, DENYS: Voice of Civilisation. An Enquiry into Advertising. London 1944.

TIPPER, HARRY, HARRY L. HOLLINGSWORTH, GEORGE BURTON HOTCHKISS, FRANK ALVAH PARSONS: Advertising. Its Principles and Practice. New York 1919.

TOFFLER, ALVIN: Der Zukunftsschock. Aus dem Amerikan. unter Mitw. d. Verf. Bern, München, Wien 1970.

TUCK, MARY: How Do We Choose? A Study in Consumer Behaviour. 1976.

TUNSTALL, JEREMY: Communications Deregulation. The Unleashing of America's Communications Industry. Oxford 1986.

TURNER, ERNEST SACKVILLE: The Shocking History of Advertising. Revised Edition. Harmondsworth, Baltimore 1965.

UNITED NATIONS: Transnational Corporations in Advertising. Technical Paper. New York 1979.

UNITED NATIONS CONFERENCE ON TRADE AND DEVELOPMENT: Marketing and Distribution of Tobacco. New York 1978.

VEITCH, ANDREW (HRSG.): Naked Ape. London 1981.

WATERSON, M. J.: Advertising and Cigarette Consumption. New York 1982.

WATERSON, M. J.: Advertising, Brands and Markets. New York 1984.

WHEEN, FRANCIS: Television. London 1985.

WHITE, RODERICK: Advertising. What it is and how to do it. New York 1980.

WICKSTRÖM, BO: Cigarette Marketing in the Third World. Gothenburg 1979.

WILLIAMS, G. P., G. T. BRAKE: Drink in Great Britain 1900–1979. London 1980.

WILLIAMS, KEITH C.: Behavioural Aspects of Marketing. London 1981.

WILLIAMSON, JUDITH: Decoding Advertisements. London, New York 1978.

WILSON, ALEXANDER (HRSG.): Advertising and the Community. Manchester 1968.

YOUNG, JAMES WEBB: How to Become an Advertising Man. Chicago 1963.

REGISTER

A.A.A.A. (Verband amerikanischer Werbe-
    agenturen) 62, 182, 189
Aaker, David A. 138
Abbey National Building Society 495
Abbott, David (Agentur) 61, 65, 337, 350,
    361 f.
Abbott Mead Vickers (Agentur) 69
ABC 177, 214, 217, 464, 505 f.
ABPI (Association of the British Pharmaceu-
    tical Industry) 308 f.
Absorbine (Tiermedizin) 66
Abtaster (Scanner) 149
Achievers (Erfolgreiche) 227 f.
ACORN (A Classification of Residential
    Neighbourhoods) 226, 230, 242–245
Actifed (Medikament) 324
Action for Children's Television 261, 270,
    272, 274, 277
Action Force-Militärfahrzeuge (Spiel-
    zeug) 267
Ad Watch 145
Adams, John Quincy 85
Advertising Age 9, 54, 62, 92, 145, 174, 221,
    270, 273, 391, 396, 406, 408, 411, 483,
    487, 496, 503
Advertising Association 350, 405
Advertising Club New York 257
Advertising Standards Authority 346 ·
Advertorials 485 f.
Advisory Council of the International
    Advertising Association 362
Advocate 252 f.
Adweek 70, 338
Adweight-Methode 148
Affiliated Advertising Agencies Inter-
    national 96
Africa Now 310
After Eight 23
AGB (Werbeforschungsgesellschaft) 233,
    499

Agent Orange (Entlaubungsmittel) 31
Agres, Stuart 21, 129 f.
Aggressive Verkaufstechnik 40, 63
Ahrens, Ronald A. 325
AIDA-Theorie 144
AIDS 32, 161, 212, 214 ff., 253
Ailes, Roger 427
Airwick (Reinigungsmittel) 191
Aldomet (Medikament) 311
Alfa Romeo 30
Alfstad, Sam 324
Alitalia 61
Allen, Woody 378
Allen Brady and Marsh (Agentur) 58, 60,
    402 f.
Allied Breweries 21
Allied Lyons (Alkoholika) 364
Allt, Brian 232
Alter, altern 247, 250 f., 277
AMA (Amerikanischer Marktforschungs-
    verband) 92
Amalgamated Publishers Inc. 405
Ambient Video 9
Ambre Solaire 161
American Advertising Research Founda-
    tion 108
American Association of Advertising
    Agencies 52, 414, 426
American Association of Political Consul-
    tants 431
American Brands Inc. (Tabak) 328 f.
American Cable News Network 471
American Council on Science and Health
    (ACSH) 491 ff.
American Express 48, 520
American Family Physician 295
American Gas Association 454
American Greeting (Spielzeug) 271
American Home Products Corporation 249,
    287 f., 324

American Interpublic Group 45
American Medical Association 399
American Newspaper Advertising
    Bureau 137
American Newspaper Association 428
American Security Fence Corporation 31
American Television Manufactures 266
American Tobacco 333, 463
Amoco 520
AMTES siehe Area Marketing Evaluation-
    System
A.N.A. siehe Association of National Adver-
    tisers
Anacin 324
Anadin 48
Andron (Parfum) 186
Angel (Säuglingsnahrung) 197
Angreifende Werbung 430
Angst, Ängste 14, 153 f., 198, 297, 425
Anheuser-Busch (Bier) 26, 374 ff., 385,
    387 f., 390, 463
Annals of Internal Medicine 295
Annan Committee on Broadcasting 269
Annual Review of Psychology 83
Ansbacher, Laidlaw 391
Anthropologie 77, 109
Antiwerbungsdefensive 279 f.
Anzeigenraum 450
A&P (Kaffee) 260
Apple 26, 266
Aquasun 482
Aquino, Corazon 409
Arbeitsplätze 10
Arden, Elizabeth (Kosmetik) 104
Area Marketing Evaluation-System
    (AMTES) 143
Argos 328
Ariel (Waschpulver) 48
Arm and Hammer (Reinigungsmittel) 192
Arret (Medikament) 326
ASA (britischer Werberat) 183, 185
ASA (Aufsichtsbehörde für Werbungs-
    standard) 394 f., 397
Ashley, Laura 390
Asien 193
ASL siehe Audience Studies
Aspirin (Medikament) 283, 308, 312, 318,
    323 f.
Associated Film Promotions 513
Association of Business Sponsors of
    Arts 360, 530

Association of National Advertisers
    (A.N.A.) 86, 444
Assoziationsspiele 281
Aston, Martin 68
Astra Pharmaceuticals 306
Atari (Videospiele) 170, 516
Athlete's foot (Fußpilz) 66
Ativan (Medikament) 288, 311
AT&T 52, 190, 238, 452, 498
Audience Responce Channel (ARC) 129
Audience Studies (ASL) 129
Aunt Jemima Pancakes 254
Australischer Verbraucherverband 276
Außenwerbung 449, 462 f.
Autry, James 488 f.
Avanti Marketing Services (Marktfor-
    schung) 251
Avebury, Eric Lubbock 396
Avedon, Richard 159
Avis 82, 191
Avon 238
Avorn, Jerry 312 f.
Ayer, N. W. (Agentur) 44, 53, 58, 84
Ayer's Sarsaparilla (Medikament) 320

Babbitt, Bruce 410 f.
Babyboom-Generation 234
Babyboomers 247
Babycham 23, 373
Bacardi (Rum) 48, 364, 366 ff., 372, 378,
    400
Backer Spielvogel Bates Worldwide
    (Agentur) 46
Bagdikian, Ben 476 f., 480, 484, 509
Bailey's Irish Cream (Likör) 364, 378
Baker, Ken 243
Ballantine's (Whisky) 49, 51, 371, 390
Balmforth, Nick 158
Baltimore Sun 405
Banks, Seymour 226
Barbican (Bier) 388 f.
Barbie (Puppen) 262, 274
Barclay (Zigarette) 341, 356
Barclays Bank 26
Barker's Linament (Medikament) 320
Barnet, Sylvan M., Jr. 196, 200, 362
Barnett, Bernard 54, 143, 361
Barnett, Steve 109
Barnouw, Eric 455
Barratt (Baufirma) 518
Barrett, Thomas 33, 459

Bartle Bogle Hegarty (Agentur) 218
Baruch College 195
Barwick, Sandra 489
Bass' Brewers (Bier) 330, 373, 388
BAT siehe British-American Tobacco
Bates, Ted, Worldwide (Agentur) 45, 47, 247 f., 409, 429, 512
Batten, Barton, Durstine and Osborn (BBDO; Agentur) 45, 69, 345, 527
Baxter, Glen 379
Bayer (Pharma-Industrie) 284, 309
Bayer, Cary 327
Bear, Robin 413
Bechtel Corporation 53
Beck, Bob 344f.
Beech, Freddie 487
Beecham (Kosmetik) 143, 186
Beeinflussung 10
Behavioriscan-Messung 149
Behavioural Aspects of Marketing 162
Behaviourismus 86
Behrmann, S. H. 452
Bell, Tim 410, 429 f.
Bell Telephone 164
Belonger 226
Benson, Robert 81
Benson, S. H. (Agentur) 81, 247, 366, 510
Benson and Hedges 346–350, 358, 518 f.
Benton and Bowles (Agentur) 72, 143, 233
Berger, David 124 f.
Bergh, van de 494
Berlei (Unterwäsche) 160
Berlusconi, Silvio 507
Bernbach, William 15, 63, 82, 327 f.
Bernstein, David 13, 42, 49, 90 f., 143, 146
Bernstein, Sid 266, 407, 496
Berry, Norman 140
Berufs- und Interessenverband von Unternehmen 189
Beta Research Corporation 265
Beta-Wellen-Aktivität 121
Betty-Crocker-Backmischung 102
Bevan, Aneurin 521
Bewußtsein 134
Bic 48
Big John/Gros Jos 50
Bildung 11, 524
Bilharziose 286
Birdseye 494
Birnhak, Anne 27
Black Enterprise 256

Black Label (Whisky) 229
Black Orchid (John Player) 359
Black Velvet Whisky 93
Blenstein-Blanchet, Marcel 89 f., 445
Blitz 382
Blundell, Don 260
BMW (Autos) 253
Boase, Martin 54 f., 67, 69, 432, 438
Boase Massimi Pollitt (BMP; Agentur) 54, 60, 112 f., 115, 329, 368, 432 ff., 439
Boddewyn, J. J. 195
Bodinetz, Tony 432
Bogart, Leo 137
Bologna, Bill 295 f.
Bolvidon (Medikament) 307
Bombach, Dwight 240 f.
Bombay's Gin 253
Bonnange, Claude 118
Bonsack 332
Boodle's British Gin 252
Boots Pharmaceuticals 213, 314
Botschaft 16, 22, 34, 57, 113, 126, 136, 151, 163, 171 f., 261, 278
Bouée, Jean-Bruno 50
Bounce 40
Bowater-Scott's Andrex (Toilettenpapier) 209
B&Q (Heimwerker-Bedarf) 43
Bradshaw, Annette 324
Brain typing 125
Brainstorming 97, 281, 344
Brando, Marlon 20, 514
Braun (Küchengeräte) 516
Breakthrough campaigns (Durchbruch-Kampagne) 63
Breed, Warren 370
Brenner, Judith Press 428
Brewers Journal 369
Brewer's Society (Großbritannien) 369, 395
Briefing 348
Briefwerbung siehe Direct mailing
Bright (Zigarette) 340, 357
Bristol-Myers (Pharma-Industrie) 325
British Airways 26, 118, 123, 180, 470
British-American Tobacco (BAT) 30, 331, 351 f., 355, 360
British Broadcasting Corporation (BBC) 15 f., 213, 306, 359, 430, 455 f., 467, 472, 494, 507 f., 518 f., 527
British Direct Television 128
British Film Institute 469, 525

British Gas 32
British Market Research Bureau 243
British Medical Association (BMA) 202, 296, 304 f., 321, 399
British Medical Television 128
British National Formulary 305
British Nuclear Fuels 438
British Pharmaceutical Marketing Club 314
British Rail 60 f., 187, 522
British Rate and Data Lists (BRAD) 294
British Telecom 147, 461
Broadcast Promotion Association 426
Broadcasting Research Unit 469
Broker 238
Brooks, Barry 155
Brown, David 262
Brown, Otis 399
Brown, Pat 462
Brown, Peter 272
Brown, Philip 314
Brown and Williamson Tobacco 174, 327, 356, 358
Brown-Forman Corporation (Spirituosen) 383, 391
Brut/Fabergé Menswear 228
Bruttosozialprodukt 53, 206
Bruzzone, Donald E. 138
Bryan, Jenny 298
Buckingham Company 189
Buckley, James 418
Budweiser (Bier) 145, 374 f., 389 f., 463, 513
Buffalo (Jeans) 159
Buggie, Frederick D. 109
Bullmore, Jeremy 10, 470
Bundesrepublik Deutschland siehe Deutschland
Buppies 256
Burberry (Kleidung) 390
Burford, Ann 419
Burger, Warren 221
Burger King 193 f., 265
Burke Marketingforschung 145
Burnett, Leo 23, 39, 60, 83, 96, 103, 108, 226, 342, 344
Burrell Advertising (Agentur) 255
Burridge, Bernard 299 f.
Burroughs Gin 390
Burroughs Wellcome (Pharma-Industrie) 316, 324
Burton's Menswear 482
Busch, August, Jr. 375 f.

Bush, George 128, 427 f.
Business Week 11, 74, 274, 352, 376, 486
Butter Information Council (Großbritannien) 531
Butterfield, Stewart 468
Buzzi, Aleardo 327
Byrne, Jane 421

C. 17 (Jeans) 159
CACI 243 f.
Cadbury 114, 276
Cadillac 513
California Broadcasters Association 527
Camay-Seife 33
Camel (Zigarette) 333, 337, 340, 344 ff., 356, 359, 454
Campaign 54, 61, 64, 143, 258, 329, 361, 423 f., 485, 487
Campaign 80 (USA) 425
Campaign 84 (USA) 426
Campari 372
Campbell, Jeremy 424
Campbells Soup 116, 175, 463
Canadian Club (Whisky) 381 f.
Canby, Vincent 512
Canon (Kameras) 49, 158, 470, 519
Caples, John 15, 73, 140
Captain Morgan Spiced Rum 378
Cardin, Pierre (Mode) 157
Carey, Walter 425
Carlsberg (Bier) 374, 518
Carpet Fresh (Teppichreiniger) 192
Carrano, Andrea (Schuhe) 160
Carter, Jimmy 204
Cartier (Zigarette) 339
Cash-cow 63
Castro, Fidel 368, 413
CB Fleet Company 209
CB-Funk-Radio 209
CBS 96, 177, 214, 217, 253, 274, 315 f., 318, 453, 464, 506, 515, 526 f.
CCN's Systems Mosaic 245
Cement and Concrete Association 495
Center for Environmental Studies 243
Center for Responsive Law (USA) 479
Center for Sciene in the Public Interest (CSPI) 175, 386 ff., 389, 398
CEO 49
Chandler, Raymond 28
Chanel No. 5 64, 381
Channel 4 180, 217, 458, 505

Chantelle (Unterwäsche) 413
Chapman, Graham 482
Charran, Peggy 274
Charrington (Bier) 395
Chat 484
Chayevsky, Paddy 455
Chemical Industries Association 495
Chemical Insight 284
Cher 123, 126
Chesebrough-Pond's Vaseline 175
Chesterfield (Zigarette) 351
Chesterton, G.K. 478
Chestnut, Robert 126
Chevrolet 454
Chiat, Jay 55, 115 f.
Chiat/Day (Agentur) 26, 55, 112, 115, 512
Chicago Exhibition 460
Children's Channel 270
Children's Market Research 258
Children's Research Unit 128, 263 f.
Chivas Regal (Whisky) 381
Chloramphenicol (Medikament) 311
Chrysler 95, 190, 454
Church of England Children's Society 31
Churchill, Winston 454
Ciba-Geigy (Pharma-Industrie) 286, 292,
    319, 504
Cincinnati Enquirer 34
Cinzano 383, 385
Circus, Philip J. 199, 201, 208, 421
Citicorp-Diners Club 238
Citroën 413
City Limits 179
Clairol (Kosmetik) 258
Claritas Corporation 245
Clark, Matthew (Getränke) 42
Clarke, Arthur C. 467
Clinoril (Medikament) 318
Clioquinol (Medikament) 311
Clusterplus 245
Coalition for Better Television 503
Coca-Cola 8, 20, 23, 26, 49 f., 64, 86, 130,
    145, 162, 238, 255, 259, 265, 366, 378,
    408, 461, 470, 512, 514
Cockburn's Portwein 180
Code of Advertising Practice 269
Codes 148
Coen, Robert J. 8
Cogent Elliott (Agentur) 61
Cohen, Marshall 265
Cohen, Stanley E. 174

Cointreau 359
Cole, Lawrence 445
Coleman, Vernon 311 f.
Colgate (Zahnpasta) 48, 77, 260
Colgate-Palmolive 64, 526
Collett Dickenson Pearce (CDP; Agentur)
    22, 27, 47, 262, 347 f.
Collins, Joan 249
Colman, Prentis and Varley (Agentur) 421
Columbia (Film) 253
Columbia Journal Review 491
Comics 259
Commerciagenic disease 197
Compton (Agentur) 95
Computer 37 ff., 81, 86, 91, 103, 128–131,
    227, 241, 243 f., 414, 469
Comsat Gesellschaft 469
Consumer Behavior 80, 90
Consumer's Union 525
Contac (Medikament) 324
Conteh, John 377
Continental Baking Company 188
Cookeen (Backfett) 494
Cooper, Cary 71
Cooper, Peter 105–109, 281 f., 289, 313
Copy-Testing 85, 151
Cordarone X (Medikament) 308
Cornhill 519
Cortical Evoked Potential (CEP) 121
Cosmopolitan 74, 317, 492
Country Times (Limonade) 249
Courage (Bier) 395, 401
Courvoisier (Weinbrand) 371
Cowan, David 112 ff., 434
Cox, Michael 42
Crain, Rance 396, 406
Cramer, Ross 329
Cramer Saatchi (Agentur) 329
The Creative Business (Agentur) 21
Creative shootout (unverbindliche Präsenta-
    tion) 59
Crest (Zahnpasta) 33, 77
Crocodillo (Getränk) 384
Cronkite, Walter 318
Crossley, Archibald 85
Culver, Alberto (Kosmetika) 94, 192
Cummings, Burt 372
Curran, John T. 317
Cutler, Laurel 457
Cutty Sark (Whisky) 189, 389
Cyclax (Kosmetika) 328

Daddiego, Vincent 55, 63, 65
Dailey, Peter 425
Daily Herald 477
Daily Mail 214, 359, 405, 448, 451 f., 478, 482
Daily News 477
Daily Star 245, 478
Daily Telegraph 214, 482, 486
Daimler Benz 48, 108, 190
Daley, Richie 421
D'Arcy Masius Benton and Bowles (Agentur) 39, 58, 511
Datenbanken 11
Davey, Gary 474 f.
Davies, Russell 495
Dawson, Charles 471
Day After Recall 40
Day, Barry 23, 129, 154, 161, 170, 343, 415, 421 f., 441
DBR&F (Agentur) 431
De Soto (Autos) 454
Dean, Jim 235
Defoe, James R. 370
Delaney, Tim 423
Della Femina, Jerry 61, 73
Della Femina, Travisano and Partners (Agentur) 215, 425
Deltakos (Agentur) 298, 314
Demographie 82, 232, 246, 251, 385, 458
Demokraten (USA) 413 f., 419, 430
Deneuve, Cathérine 249
Denim (Jeans) 159
Dennis Garland (Agentur) 262
Dentsu (Agentur) 46, 53, 56 f.
Design and Art Direction 72
Deskriptive Forschung 98
Detsiny, Mike 21
Deutschland 30, 148, 216, 242, 247, 267, 342, 352 f., 355, 390, 413, 448, 467, 523
Dewar's (Whisky) 189, 253
Dewey, Gouverneur 415 f.
DHL 513
DHSS (Britisches Gesundheits- und Sozialministerium) 308
Diazepan (Medikament) 283
Dichter, Ernest 90–103, 524
Dichter, Hedy 95
Dichter-Methode 99
Diet-Rite 155
Diffusion 302
Digitalis 283

Diners Club 413
Dingell, John D. 316
DiPasquale, Jess 369 f.
Direct mailing 293, 300 ff., 426, 437, 449
Distilled Spirits Council (USA) 383, 400, 403
Distillers Company 513
DOC.P.A.L. (Doctor Priority Action List) 303 f.
The Doctor 399
Dom Perignon (Champagner) 513
Dominotheorie 203
Donnelly Marketing Information 245 f.
Doorley, John 335
Dorland (Agentur) 355
Douglas, Torin 449
Dougherty, Philip H. 335
Dow Chemical Company 30
Downy 40
Doyle Dane Bernbach (DDB; Agentur) 45, 238, 327 f., 425, 510
Dracket Company 191
Drake, Mo 250
3M 22
Drinks Marketing 24, 380
Dritte Welt 13, 16, 195–200, 208, 309 ff., 331, 339, 361, 463, 524, 526
Drug and Therapeutics Bulletin 304
Du Pont 75, 136
Dubonnet 366
Dubow, Joel S. 86
Dukakis, Mike 427 f.
Duke, James Buchanan 332, 347
Dun and Bradstreet's Key British Enterprises 15
Dun and Breadstreet (Agentur) 245
Duncan Hines (Kekse) 33, 39, 41
Dunhill 329, 339, 357, 390
Dunjohn, Kenneth 395, 399
Dunkley, Christopher 507, 509
Durex Gold (Kondom) 212 f., 215
Dusenberry, Philip 69

EAN-Code 148
Early Bird 467
Eastern Airlines 498
Eastman Kodak 49, 75
ECG (Extendet Creative Groups) 282
Eclipse (Rum) 389
The Economist 251, 309
Eddington, Paul 360
Edmonds, Tom 431
EEG-Messung 123

Egyptian Regulator Tea (Medikament) 320
Einschaltquoten 35, 499
Eisenhower, Dwight D. 407, 416, 418
Elektrogeräte 21
Elektronische Entwicklung 11
Elida-Gibbs 51, 94
Elinder, Erik 51
Elliott, W. V., Co. (Spiritousen) 378, 401
Embassy (Zigarette) 25, 339, 357, 359
Emotion 58, 118, 125, 129 f., 153 f., 313, 409, 415 f., 425, 435, 438
Empathy (Shampoo) 250
ENOs Fruit Salt (Medikament) 321
Entero-Vioform (Medikament) 311
Enterprise Holidays 250
Entscheidungszeit 130
Entwicklungsländer siehe Dritte Welt
Erfolgreiche 227 f.
ERIM (Electronic Research for Insights into Marketing) 150
Erinnerung 132
Erinnerungsmethode 144
Esquire 96, 487 f.
Esty, William (Agentur) 324
Ethik 95, 426, 434, 456, 482, 506
Euromonitor 275
Europa 13, 80, 148, 193, 199, 233, 244, 467 f., 470, 473
Europäische Gemeinschaft (EG) 172, 199, 348
Europäische Kommission 201
Europäischer Verband der Werbeagenturen 199
Europäisches Parlament 192
Eustis, Truman E. III. 10
Evening Standard 377, 424
Expando-Vision 168
Express and Star 458
Eye-trecking-Methode 75 f.
Eyescan-Organisation 296

Fajen, Steve 78 ff., 465, 512
Falwell, Jerry 505
Family Circle 223, 447
Fast Moving Consumer Goods (FMCGs) 30
FCB-Raster 124
FCO (Agentur) 67, 462
FDA (Lebensmittel- und Arzneimittelbehörde; USA) 304 ff., 315 f., 319
Federal Communications Commission (FCC; USA) 270, 398, 498, 500

Federal Express (Transporte) 192
Federal Trade Commission 333
Fellini, Federico 27
Fellows, Harold 475
Feminique (Spray) 61
Feminismus 160
Fernandes Distillers 371
Fernsehen 8, 10, 14 f., 50, 55 ff., 78 f., 89, 97, 114, 137, 146, 176, 181 f., 217, 231, 245, 266, 270 f., 273, 294 f., 328, 333, 337, 344, 360, 392, 407 f., 410, 422, 447, 449, 454, 456, 463, 472 f., 495, 497, 506 f., 511 f., 526, 529 ff.
Ferrari 68
Ferraro, Geraldine 419
Fiat 30, 49
Fig Rye (Whisky) 392
Film 9, 14, 20, 26 f., 513
Financial Times 31, 245, 290, 477, 482, 486, 507, 518
Finanzwerbung 183
Fisher, John J. 304
Fisher-Price Toys (Spielwaren) 413
Fishwicke, Malcolm 246
Fitzgerald, Scott 251, 487
Fletcher, Winston 70, 185, 416
Flexnit (Wäsche) 109
Flint, Larry 491
Flora (Margarine) 186
»Fluff« 480 f.
Flymo (Rasenmäher) 192
Focus 220, 470 f.
Fokusgruppe 103, 126, 417
Foot, Michael 423
Foote Cone and Belding (Agentur) 46, 60, 64, 82, 118, 124, 146, 176, 246, 327, 354, 490, 495, 498
Ford 26, 49, 67, 192, 514, 516
Forster, E. M. 456
Forschungsgeschichte 92
Forschungsinstitut für sozialen Wandel 52
Forschungsmaterial 78
Forschungstheorie 83
Fortune 53
Forum 238
Fosters Lager (Bier) 390
Fotographie 159, 415
Foulke, Emerson 132
Fox, Stephen 450 f.
Fragebogen 105
Frank J. Corbett Inc. (Agentur) 304

Freedent (Zahnpasta) 249
French, Richard 67
Freud, Sigmund 90, 103, 105
Frisch, Peter 252
Fritos Corn Chips 254
Frost, David 397
Früstücks-Fernsehen (AM-TV) 274, 458, 502 f., 529
Fruit of the Loom 24
FTC 173, 387 f.
15-Sekunden-Spot 78

Gabor, Eva 340
Gage, Alex 412
Galbraith, John Kenneth 204
Gale, Nick 299
Gallaher (Tabak) 329 f., 336, 346–350, 358 ff.
Gallup, George 84 f., 93
Gallup and Robinson 145
Gandhi, Indira 409
Gandhi, Rajiv 409
Garland-Compton (Agentur) 47
Gatti, Ugo 353 f.
Gay News 253
Gay Times 253
Geer, DuBois (Agentur) 60
Gefühl 124, 210
Geheimdienst 121
Gehirnforschung 119, 125
Gehirnwäsche 17
Geier, Philip 70
General Electric 7, 104, 119 f., 122, 138
General Foods 96, 259, 265
General Medical Council 306
General Mills 30, 266, 515
General Motors 26, 191, 238, 513
Generic 283, 288 f.
Genis, Alexander 522
Geo-demographisches System 244
Geographie 232, 242
Gesellschaft 12, 15, 17
Gestaltung 125
Gewalt 158 f., 501, 504, 507
Gewehrschuß-Methode 242
Gewerkschaften 30
GI Joe (Spielzeug) 271
Gilbey's London Dry Gin 164, 379
Gillette 160, 192, 453
Gimbels and Saks 328
Girl About Town 185

Gitane (Zigarette) 252
Givenchy (Parfum) 228
Glaxo (Pharma-Industrie) 284
Glenn, John 440
Glint (Haarpflege) 258
Glitter, Richard 193
Globale Medienkommission des Internationalen Verbandes der Werbefachleute 171
Globo-TV 516
Gold, Laurence 150
Gold Greenless Trott (Agentur) 59
Gold Label Barley Wine (Bier) 397
Goldstein, Robert V. 36–41, 201, 500 f.
Goldwater, Barry 410, 417
Goluskin, Norman 30, 229
Gonzales, Pancho 340
Good Housekeeping 491 f.
Gorbatschow, Michail 104
Goya Foods Inc. (Lebensmittel) 256
GP 298
Granada Television 181
Grand Manier (Likör) 383, 387
Grand Metropolitan (Alkoholika) 364
Granny's Girl (Kosmetika) 14
Grant's Whisky 515
Grasende Gesellschaft 240
Graves, Earl G. 256
Gray Scotch 160
Grazers 240 f.
Great Neck 263
Greater London Council (GLC) 432 ff., 435 ff., 438 ff.
Greatorex, Wilfred 502
Green, Maggie 347–350
Green, Paula 408
Greenfield, Jeff 506
Grey Advertising (Agentur) 29, 39, 53, 61, 379, 407, 433
Grey View 353
Grove, Trevor 485
Grundlagenforschung 84
Grundrechte 171
Gruppenbefragung 114
Gruppenforschung 109 ff., 112 f.
Guardian 35, 269, 477, 494 f.
Guber, Selina S. 258, 261
Guinness (Bier) 24, 185, 203, 365 f., 373, 376 f., 392, 399
Gulf Oil 497
Gulf States Utilities 111

Haberstroh, Jack 164
Hagopian, Louis 58
Haigh, Barry 303
Haigh, Walsh and Associates 303
Hakle (Toilettenpapier) 210
Hakuhode International (Agentur) 46, 56 f.
Haldeman, Bob 418
Hale Mathews Foundation 120
Halifax Building Society (Bausparkasse) 485
Hall, R. M. 278
Hallmark Cards 52, 59 f., 498
Hamlet (Zigarren) 180
Harp Lager (Bier) 377
Harper's Bazaar 493
Harper's Wine and Spirit Gazette 406
Harris, Rodney 511
Harrisburg Pennsylvanian 85
Harrison, William Henry 414 f.
Harrods (Zigarette) 339
Hart, Gary 419
Harvard Business Review 141, 211 f.
Harvest Crunch (Süßwaren) 525
Harvey, Bob 515
Harvey-Jones, John 43
Hasbro-Bradley (Spielzeug) 271, 275
Hauser, Hans-Peter 285
Hazell Bishop (Lippenstifte) 454
Head and Shoulders-Shampoo 33
Health Action International 199
Health and Human Services Department (USA) 352
Health Education Council (HEC) 329
Hedex (Medikament) 323
Hedges and Butler Company 368
Heineken (Bier) 22, 27, 49, 179, 371, 374
Heinz (Lebensmittel) 259, 330
Helancyl (Seife) 186
Hemingway, Ernest 251, 487
Henkel 30, 143
Hermann's (Hähnchen) 179
Hero (Eiscreme) 276
Heroin 32
Hershey (Süßwaren) 14, 504, 515
Hertz 191
Herxheimer, Andrew 310
Hill, Fred C. 218
Hill, George Washington 333
Hill, Philip 384
Hill Samuel-Banken 505
Hinton, Robert 428

Hispanischer Markt 254, 256
Historic Building and Monuments Commission 32
Hitler, Adolf 95
Hixon, Carl 23, 397 f.
Hoechst (Pharma-Industrie) 323
Hoffmann-La Roche 288, 300, 310, 317
Hogan, Paul 390
Hoggart, Richard 521
Holiday Inns 501 f.
Hollender, Alfred 407
Holloway's Pills (Medikament) 320
Holsten (Bier) 372 f.
HOM-Sportkleidung 28
Home Box Office 465, 468
Home Shopping Show 508
Homepride Cook-in-Sauce 77
Homosexuelle 251 f.
Honda (Autos) 253, 516
Honig, Marvin 425
Hope, Bob 453
Hopkins, Claude 66 f., 83, 139
Hopkins, F. Gowland 392
Hopp, Mark 493
Horrigan, Edward A. 352
Hosford, Adrian 147
Hostetter's Celebrated Stomach Bitters (Magenbitter) 319 f.
Hot Shoe 298 f.
Hot Wheels-Autos (Spielzeug) 270
House and Garden 487
Houston Chronicle 480
Howell, William 400
Howkins, John 469
Hudson, Hugh 439 f.
Hughes, Frank 296
Hughes, Howard 47
Humulin (Medikament) 299
Hunt-Wesson 50
Hur, Ken 220
Hustler 447, 491
Huxley, Aldous 64
Hypnoscan 127
Hypnose 127 f.

IBA 134, 178, 181, 205, 210, 274, 502 f., 509
IBM 30, 49
Ibrufen (Medikament) 325
Ibuprofen (Medikament) 315
Ice Magic (Eis) 265
Ich-Generation 11

ICI (Imperial Chemical Industries) 43
Ideal Sight Restorer (Medikament) 320
Identikit publishing 485
Imagination 108
Imaki, Junji 57
Imodium (Medikament) 326
Impact 365
Imperial Tobacco 25, 328, 336, 461
Impulse (Parfum) 51
IMS International 300
Independent 489
Independent Broadcasting Authority 268,
 395, 457
Independent Television 457
Independent Television Authority 457
Inderal (Medikament) 288
Indoktrination 39
Information 8, 10, 13, 82, 89, 113, 127, 205,
 208, 227, 246
Information Research Inc. (IRI) 149 f.
Innovation and Development Company 364
Instinkt 87
Institute for Communication Research 261
Institute of Outdoor Advertising 448
Institute of Practitioners in Advertising 263
Intal (Medikamt) 299, 312
Interessenverband der unabhängigen Orga-
 nisation zur Aufdeckung irreführender
 Werbung und betrügerischer Geschäfts-
 methoden 189
International Advertising Association
 (I.A.A.) 13, 51
International Distillers and Vintners
 Company 364
International Herald Tribune 48, 342
Internationale Handelskammer 199, 208
Internationalismus 48
Interpretierende Forschung 98, 126
Interpublic Group (Agentur) 11, 47, 70, 75
Interview 76, 82, 109, 110, 113, 123, 130 f.,
 263
Intuition 106, 108
Irreführende Werbung 172, 174 f., 189
Isordil (Medikament) 287 f.
ITCA (Interessenverband der unabhängigen
 kommerziellen Fernsehsender) 181,
 201
ITT 15, 185
ITV-Sendebereich 139, 508 f.
Ives Laboratories (Pharma-Industrie) 287
Ivory Soap 33 f., 38, 95

Jack Daniels (Whisky) 364, 386, 390 f.
Jackson, Andrew 85
Jackson, Jesse 419
Jackson, Michael 20
Jamieson, Kathleen 414 f.
Janssen Pharmaceutical 301, 326
Janus, Noreen 444
Jartran (Lastwagen) 193
Jay, Peter 416, 502
Jellett, Clifford 287
Jelliffe, Derrick B. 197
Jenkin, Patrick 437
Jenkins, Robert 43
Jif (Erdnußbutter) 33, 40
Jiffi (Kondom) 215
Jim Beam (Whisky) 391
Jingle 84, 135, 277
Johannes Paul II. 521
John Player (Zigarette) 25, 349, 357 ff.
Johnny-Lightning-Autos (Spielzeug) 270
Johnny Walker Red Label (Whisky) 228,
 370 f., 381, 387
Johnson, Lyndon B. 410, 417
Johnson and Johnson (Reinigungsmittel,
 Kosmetik) 250
Johnson's Wachspolitur 452, 516
Jontry, Jerry 138
Jordache (Jeans) 157
Journal of Advertising Research 82, 130,
 165
Journal of Marketing 51
Jugendliche 257 f.
Juicy Fruit 155

Kaatz, Ron 463
Kabelfernsehen 51, 257, 265, 465 ff.
Kahlua (Likör) 383
Kalipharma Inc. (Pharma-Industrie) 316
Kallir, John 296, 300 ff.
Kapitalismus 15 f.
Kapsky, Mark S. 259
Karikatur 142
Karp, Dick 379 f.
Karp, Marshall 78
Keep Watching-Botschaft 163
Kellogg's 30, 75, 265 f., 462, 504 f., 531
Kelly, Stephen 165
Kennedy, John E. 44
Kennedy, John F. 415 f., 418, 440
Kenner (Spielzeug) 271
Kent (Zigarette) 340, 342

Kentucky Fried Chicken 60, 180
Kestrel 495
Key, Wilson Brian 161, 163 ff.
Kiam, Victor 25
Kickapoo Indian Salve (Medikament) 320
Kim (Zigarette) 351–355, 357, 359
Kind, Kinder 170, 251, 257–270, 272, 274
  bis 280, 525 f., 529
Kinder-Fernsehen 257, 395
Kinderforschung 261
King, Stephen 290
King's, Dr., New Discovery Consumption
  (Medikament) 320
Kinnock, Neil 412, 439 f.
Kino 9, 17, 55, 158, 449, 464
Kinsey Institute for Sex Research 251
Kipling, Rudyard 454
Kirvan, Peter 60
Klassifikationen 227, 243
Klassifizierungssysteme 229 ff., 246
Klein, Calvin 154, 157, 381
Kleinman, Philip 186
KMP (Agentur) 423
KN-TV 214
Körperliche Reaktion 126
Kognitive Reaktion 130
Kohl, Helmut 413
Komik 139
Kommerzielle Rede 207
Kommerzieller Rundfunk 449, 458 f.,
Kommerzielles Fernsehen 270, 449, 456,
  464, 471, 496 f., 507 f.
Kommunikation 12, 127, 137, 145, 195, 250,
  261, 273, 356, 412, 415, 469, 529
Kommunikationsforschung 86, 136
Konkurrenz 78
Konservative Partei (Torys; Großbritan-
  nien) 47, 420 ff., 430, 432, 435
Konsument 10, 16, 282, 315, 319
Kontakt 124
Kontakter 57, 62
Kontrolle 217
Kool (Zigarette) 327, 333, 341, 358
Kool-Aid-Getränke 259
Kool Jazz Festival 493
Kostenlose Zeitungen 480
Kovoloff, Robert 513 ff.
Kraft (Lebensmittel) 498
Kreditwesen 210
Kriegsspielzeug 210
Krock, Robert 272

Kronenbourg (Bier) 104
Krugman, Herbert 7 f., 119 f., 138, 146, 238
Kulturanthropologie 109
Kunst, Künste 11, 82, 526, 530
Kuras, James 399, 405
KY-Gelee (Creme) 210

La Roches 301
LaBenne, Wallace 168
Labour Party (Großbritannien) 409 f., 412,
  420 ff., 423, 431 ff., 435, 439 ff., 456
Ladies' Home Journal 223
Lambert, Warner 188, 213
Lance, V., Associates 412
Lang, Jane 127
Lange, Hope 317
Language (Agentur) 159
Lannon, Judie 105, 108, 289
Larkin, Denise 71
Las Vegas 25
Lasker, Albert 44, 46, 81, 84, 189, 453
Lautstärke 133
Laxative Bromo Quinine (Medikament) 320
Lay's Potatoe Chips 513
Leadership Council on Advertising
  Issues 358
Leagas, Ron 430
Lebensphasen-Konzept 247
Lebensstil 226, 235, 246
Leber Katz and Partners (Agentur) 335, 425,
  456
Lee Cooper (Agentur) 153, 158
Lego (Spielzeug) 49
Leichtverbraucher 227
Lemmon, Jack 514
Lennon, Peter 518
Lentheric (Kosmetika) 328
Lenton, Giles 313
Leroux Blackberry Flavoured Brandy 383
Lesbierinnen 253
Lester (Anwalt) 208
Leubach, Gerald 290
Levelle, Peter 27
Lever Brothers 25, 105, 521, 531
Levi's (Jeans) 63, 153, 158, 470
Lewis, Brian 310
Lewis, John 297
Leyland Trucks 61
Librium (Medikament) 311
Licensed Beverage Information Council
  (USA) 401

Life 127, 344, 446 f., 457
Lifesavers 277
Lifetime Medical Television 294
Lilia-White (Hygiene) 218
Lilly, Eli and Company (Pharma-Industrie) 291, 318 f.
Lind, Harold 248, 475
Lintas Worldwide (Agentur) 45
Lipton, Thomas 459
Listerine (Mundwasser) 188, 211
Live-Sendungen 455
Livingstone, Ken 433 f., 436, 438
Lloyds Bank 505
L&M (Zigarette) 340
LMS (Agentur) 68
Lobby, Lobbyismus 204, 437
Lodge, Henry Cabot 418
Löwenbräu (Bier) 48, 371
Lokale Fernsehwerbung 473
Lokalhörfunk 494
Lomotil (Medikament) 281
London 9, 10, 21 f., 26 ff., 42 f., 53–56, 60 f., 65, 67 f., 72, 90, 96, 103, 105, 111, 127, 139, 179, 199, 213, 234, 240, 245 f., 258, 284, 289, 325, 337 ff., 358, 364, 374, 424, 433 ff., 436, 458 f., 461 f., 470, 474, 512, 517
London Rubber Company 213 f., 325
London Weekend (Fernsehsender) 528
Lord and Thomas (Agentur) 66, 84
Lord Calvert (Whisky) 74, 389
L'Oréal 160
Lorillard (Tabak) 327
Lorimar-Telepictures 271 f.
Losey, Joseph 27
Louis Harris International Medical Surveys 287
Lowe, Frank 429
Lowe Howard-Spink and Bell (Agentur) 54, 429, 439
Lowe Howard-Spink Campbell-Ewald (Agentur) 42, 429
Lucky Strike (Zigarette) 327, 333 f., 341 f.
Luddington, Garry 373
Lügendetektor 120, 126
Lui 380
Luken, Thomas 208
Lynchburg Lemonade 386

Maccabee, Paul 492
Macht 14, 17, 55

MacLachlan, James 130, 132 f.
Maclean Brand Stomach Powder (Medikament) 321
MacLennan, Hugh 407
Macmillian, Harold 421
Mademoiselle 492
Madonna 513
Mail on Sunday 458
Mallalieu, Simon 377
Management 41
Manahan, Tom 68
Manipulation 38, 95 f., 117, 134, 163 f., 174, 439 f.
Manning, Burt 140, 161, 165, 219 f., 231 f.
Mannstein, Coordt von 413
Mantle, Mickey 340
Mantley, John 454
Marcos, Ferdinand 409
Marion Laboratories (Pharma-Industrie) 316
Mark, Reuben 64
Markenloyalität 323
Markenpräferenz 82
Market Facts (Marktforschung) 248
Market Research Council 92
Marketing Society 278
Marketing Week 39, 127, 283, 322, 329, 485
Marks, Pauline 131
Markteinführung 24
Marktforschung 38 f., 50, 82, 84, 87, 92, 93, 97, 110, 127, 229, 236, 248, 298, 379, 384, 390
Marktwirtschaft 200, 204
Marlboro 23, 48 f., 327, 334, 342–346, 356 ff., 359 f.
Mars 14, 30, 48, 105, 107, 117, 277, 330
Marschalk Company (Agentur) 78, 129 f.
Marsh, Peter 60
Martell (Cognac) 364, 381
Martin, Mary Ruth 412
Martini 23, 364, 385
Marvel Comic Group 259
Maslow, Abraham 236
Massachusetts Institute of Technology (MIT) 110, 388
Massenmärkte 457
Massenproduktion 48
Masters of the Universe (Spielzeug) 271
Matchbox 269
Matsushita 30
Mattel Toys 103, 160, 259, 271, 273 ff.

Matthews, Leonard 135, 182, 414
Mavity, Roger 502 f.
Maxwell, John, Jr. 377
May and Baker (Pharma-Industrie) 319
Mayer, Martin 407
Mayhew, Christopher 456
McCann-Erickson Worldwide (Agentur)
    8, 23, 45 f., 75, 154, 170, 258, 343, 345 f.,
    399, 405, 433, 468
McCollum Spielman & Co. 139
McCollum Spielman Research (Markt-
    forschung) 263
McCormick, Sean 527
McCormick Intermarco Farner (Agen-
    tur) 299
McDonald, Raymond 261
McDonald's 26, 49, 175, 193 f., 255, 265,
    277, 463, 503, 514
McGovern, George 418
McIntyre Marketing Super Profiles 245
McKay, Bill 49
McLuhan, Marshall 163, 445
M/E Marketing Research (Forschung) 265
Mead, Sheperd 72
Mead Vickers (Agentur) 337
Meade, Julia 188
Medical Advertising News 317
Medical Aspects of Human Sexuality 295
Medical Audits (Medikamente) 301
Medicus Intervon (Medikamente) 290
Medienanalyse 45
Mediendemokratie 475
Medienmakler 44
Mega-Agenturen 45
Megary, A. Roy 444
Meinungsforschung 80, 85, 243, 411
Meister Proper 37
Melleril (Medikament) 288 f.
Mennen Company 504
Merck Sharp & Dohme (Pharma-Indu-
    strie) 284, 291, 299, 316, 318
Meredith Publishing Group (Zeitungen) 488
Merit (Zigarette) 341, 357
Merit Report 357
Merrill Dow Pharmaceuticals (Pharma-
    Industrie) 316
Merrill Lynch 238
Messungen 144, 146
Meßverfahren 129, 149
Methode(n) 75, 107 f., 112 f., 121, 127 ff.,
    144 f., 151, 191, 242

Metra Consulting (Marktforschung) 336
Metropolitan Home 488
Mettoy (Spielwaren) 278
Meyer, Ed 70
MFI (Küchen) 186
Michelob (Bier) 248, 371, 385, 387, 389
Midway Airlines 227
Milano and Grey (Agentur) 353
Mild Seven (Zigarette) 339
Milde Sorte (Zigarette) 342
Militär 63
Milk Duds 513 f.
Milky Way 277
Miller Brewing Company (Bier) 253, 363,
    374 ff., 377, 400
Millstein, Lloyd 294 f.
Milton Bradley (Spielzeug) 260
Mimpress, Rod 15
MIMS 282
Minderheiten 15, 254
Mitchell, Arnold 236
Mitchell, Warren 360
Mitterrand, François 412
Mitsubishi 48
Modefotographie 159
Modell(e) 86, 124, 144
Modern Maturity 210
Moducren (Medikament) 298
Moduretic (Medikament) 299
Moët et Chandon (Champagner) 173
Mogadon (Medikament) 311
Molson Golden (Bier) 382 f.
Monbiot, Raymond 116
Mondale, Walter 99, 128, 419, 514
Monk, Keith 42
Monteil, Germaine (Kosmetik) 249 f.
Monthly Prescribing Reference 295
Moral 101, 125, 209, 505
More (Zigarette) 341
Morgan, Janice 214
MORI (Marktforschung) 102, 436
Morley, Robert 123
Mornay (Kosmetika) 328
Morris, Philip, Inc. 23, 327 ff., 344, 346 f.,
    351 f., 363, 365, 375, 520
Morrison, Bruce 156
Mothers Against Drunk Driving (USA) 398
Motilium (Medikament) 301 f.
Motivation 90 f., 99, 102, 115, 164, 313
Motivationsforschung 90 ff., 95, 101, 102 f.,
    116

Motivforschung 90, 105
Motrin (Pharma-Industrie) 315
Mottershead, Derek 153
Ms 382, 492
MTV 508
Muggeridge, Malcolm 521
Mum-Deodorant 334
Mumsey, Frank 451
Mumsey's Magazine 451
Murdoch, Rupert 214, 445, 468 f., 477, 529
Murray, Iain 82
Musk 157
Myers, John G. 130, 383
Mythologie 162

Nabisco (Süßwaren) 328, 330, 518
Nachfrage 30
Nadelberg, Stephen 381
Napalm 31
NASA 120
Nast, Condé 452, 486
Nathanson-Mogg, Carol 363
National Advertising Benevolent Society 71
National Advertising Division 175, 189 f.
National Advertising Review Board
   (USA) 189
National Association for Better Broadcasting
   (Großbritannien) 272
National Association of Broadcasters
   (USA) 270
National Association of Radio and Television
   Broadcasters (USA) 475
National Association of Television Program
   Executives (USA) 515
National Association of Toy Retailers (Groß-
   britannien) 275
National Automobile Dealer's Associa-
   tion 25
National Coalition on Television Violence
   (USA) 503 f.
National Consumer Council 531
National Information Systems 227
National Parent-Teacher Association
   (USA) 398
National Recovery Administration (NRA) 68
National Television Council 456
National Viewers and Listeners Association
   (Großbritannien) 505
National-Bier 254
Nationaler Gesundheitsdienst siehe NHS
Navratilova, Martina 355

NBC 35, 197, 217, 453 f., 464
NCE (New Chemical Entity) 286
Needham Harper and Steers (Agentur)
   45, 151, 233, 255, 527
Negative Werbung 416 f.
Nescafé 49
Nestlé 30, 52, 197
Neuro Communications Research Laborato-
   ries 118
New American 522
New Flash 178
New Hope (Agentur) 41
New Musical Express 382
New Republic 452
New Woman 75, 168
New York 9, 21, 26, 29, 43, 53–56, 58, 61, 68,
   72, 74, 77, 87, 91, 109 f., 118, 129, 135,
   138 f., 175 f., 180, 195, 228, 238, 240,
   257, 259, 261, 263, 291, 318, 334 f., 358,
   364, 377, 379, 405, 415 f., 418, 425, 428,
   445, 450, 463, 465, 472, 476, 512
New York 446
New York Export Advertising Associa-
   tion 200
New York Post 483
New York Times 9 f., 68, 96, 333, 335, 399,
   486, 512
New Yorker 462, 491
Newhouse 452
Newnes, George 451
Newport (Zigarette) 340, 342
Newspater Advertising Bureau 420
Newsweek 74, 316
Ney, Ed 12, 49, 427
NHS (Nationaler Gesundheitsdienst; Groß-
   britannien) 300, 305
Nickelodeon (Kinder-Fernsehen) 257
Nicklaus, Jack 492
Nicorette (Medikament) 316
Nielsen Company 35, 83, 85, 156, 499
Nielsen-Skala 463
Nike (Sportkleidung) 116
Nippon 518
Nissan 520
Nixon, Richard M. 415, 417 f., 425
Non Listening Attention Demand
   (NOLAD) 136 f.
Nordimer, Gary 412
Normen 63
Norris, Vincent P. 530
Northcliffe, Alfred Harmsworth 451, 478

Northcliffe's Associated Press 451
Northwest Airlines 328
Nuprin (Medikament) 325
Nurofen (Medikament) 325

Objektivität 115
Observer 325, 432, 485
Obszönität 163
O'Donnell, Robert 486
Office of Health Economics 284, 304
Ogilvy, David 53, 60, 74, 139, 141 f., 145, 268, 363, 386, 410, 415 f., 426
Ogilvy and Mather (O&B; Agentur) 46, 49, 140 f., 238, 329, 425, 445, 486, 512
Oliver, Daniel 174
Olympic Asphalt 156
Olympische Spiele 9, 116, 518
Omnicom Group 47
Opium 283, 320
Opren (Medikament) 318 f.
Options 357 f.
Optrex (Pharma-Industrie) 323 f.
Orabolin (Medikament) 310
Oraflex (Medikament) 318
Orelia (Getränk) 160
Organon (Pharma-Industrie) 307, 310
Orion Pictures 508
Orwell, George 382
Ostler, William 296
O'Toole, John 16, 44, 82, 84, 174, 354, 417 f., 426, 495
Owen, Richard 408
Oxamniquin (Medikament) 286
Oxfam 310

Pabst (Bier) 376
Packard, Vance 90, 95, 163
Paddington Corp's Rumple 372
Page, Martin 298
Paling Ellis (Agentur) 299 f.
Palitoy (Spielzeug) 259, 266
Pall Mall Magazine 511
Palmer-Moore, Geoffrey 42
Pampers (Windeln) 33, 40
Panadol (Medikament) 323 f.
Pancaldi 354
Papandreou, Andreas 200
Parade 492
Paramount (Film) 252
Parco (Kaufhaus) 58
Paris-Match 457

Parke Davis (Agentur) 299
Parker, Alan 26
Parkinson, Malcolm (B&Q) 43
Parliament (Zigarette) 327
Parsons, Peter 352
Patterson, Neil 65
Pawlow, Iwan 86 f.
Peacock Committee 472
Pears Soap 33
Pearson, Drew 400
Pearson, John 338
Pedigree (Tiernahrung) 25, 262
Peer, Ron de 459
Penbritin (Medikament) 312
Penicillin (Medikament) 283
Penthouse 191
People 60, 75, 216, 223, 247, 316, 405, 447
Pepsi-Cola 9, 20, 26, 50, 63, 130, 135, 191, 259, 370, 463, 471, 512
Pepsodent (Zahnpasta) 66, 135
Perception Analyser 129
Perception Research Services 75
Pernod (Schnaps) 359, 380, 388
Pernod Light 380
Perrier (Mineralwasser) 104, 352, 515
Perriss, John 458, 461, 511
Persantin (Medikament) 308
Persil 49
Peter Stuyvesant (Zigarette) 358 f.
Pfizer Inc. (Pharma-Industrie) 252, 285, 290, 306 f.
P&G White Soap 33
Pharmaceutical Society 305
Pharmacin (Medikament) 289, 323
Pharmaindustrie 283 ff.
Pharmazeutika 282 ff.
Phaylex catarrh tablets (Medikament) 321
Philip Morris Inc. siehe Morris, Philip
Philosophie 115
Phoenix-Seidenstrümpfe 154
Physiologie 129
Piazza, Marguerite 340
Pickford (Reisebüro) 485 f.
Pill/ill-Syndrom 296
Pillsbury Company 191
Pinkham, Lydia E. (Pharma-Industrie) 320
Pinochet, Augusto 409
Pinpoint's PIN 245
Plakate 50
Plakatwand 462
Planmetrics Inc. (Werbeforschung) 110

Planung 21, 115
Platt, Richard 468
Playboy 74 ff., 191, 214
Player's (Zigarette) 333, 342
Player's Gold Leaf (Zigarette) 339
Playtex 65, 190
Plazierung von Anzeigen 142, 513
Plouviez, Charles 360
Plummer, Joseph T. 126, 282
Poe, Edgar Allan 7
Polaroid 513
Political Actron Committees (PACs) 419
Politische Werbung/Anzeigen 407, 430, 439
Politz, Alfred 69, 93
Pollitt, Stanley 112
POM-System 325
Pomeroy, Henry 51, 371, 393
Ponstan (Medikament) 299
Popular Television Association (Großbritan-
    nien) 456
Pornographie 173, 334, 421, 447, 491, 530
Porsche 68, 339
Post Raisin Bran 265
Potato Quaterly 160
Potter, Ian 67
Pougny, Michèle 52
Powell, Chris 439 f.
Prawda 31
Pretty Polly 518
Price Waterhouse (Wirtschaftsprüfer) 222
Prime (Kondom) 216
Primery Research (Forschung) 263
Primilin I, II 104
Printer's Ink 226
Pritikin, Bob 66
Privatsender 176, 449
PRIZM 245
Procardia (Medikament) 306
Procter, Harley 33
Procter and Gamble 25, 32–41, 47, 117, 136,
    145, 175, 201, 238, 255, 500, 503, 513,
    521
Product Placement 513 f.
Program Evaluation Analysis Computer
    (PERC) 129
Prohibition 381, 393 f., 396, 401, 405 f.
Promiscuous Pat 384
Propaganda 121, 407, 423, 426, 502
Propoxyphen (Medikament) 312
Proviron (Medikament) 310
Pryov, Richard 513

Psychoanalyse 103
Psychogalvanometer 126
Psychographie 232, 234, 246
Psychologie, Psychologe 77, 86 f., 90, 92 bis
    95, 99, 106, 117, 120, 129, 134, 144, 164,
    168, 226, 232, 236 f., 256, 263 f., 281,
    363, 397
Psychozeichnung 107, 281
Public Broadcasting (USA) 497
Public Citizen Health Research Group 291
Public Relation 17, 202, 437, 494
Public TV 497
Publicis (Agentur) 89, 445
Publitek (Agentur) 296
Punch 12
Pureta Sausage & Co. (Lebensmittel) 66
Purley 94

Quaker Oats (Lebensmittel) 66, 114, 452
Qualcast (Rasenmäher) 192
Qualitative Consultancy (Marktfor-
    schung) 103
Qualitative Forschung 97 f., 103, 108, 112,
    116 f., 233
Quantitative Forschung 97
Quaver (Fertiggerichte) 180
Questrel (Agentur) 233
Quizsendungen 516

Radio 8, 10, 36, 55, 104, 132, 134, 136 f.,
    176 f., 214, 267, 449, 452 f., 473, 493
Radio Advertising Bureau 448
Radio Times 314
Raffles (Zigarette) 339, 357
Ragno 490
RAI 210, 507
Rainbow Toys (Spielzeug) 259
Ramada Inns Inc. (Marktforschung) 250
Rank, Hugh 89
Rankin, William H. 453
Raphaelson, Joel 141 f.
Rassismus 277
Ratchford, Brian 124
Rawlings, Michael 292 f.
Raymond, Miner 26 f.
Razer Ribbon (Stacheldraht) 31
RCA-Satellit 74, 468
Reader's Digest 35, 75, 447, 482, 491 f.
Reagan, Ronald 31, 99, 104, 128, 174 f., 260,
    270, 305, 315, 408 f., 419, 424 ff., 427,
    432, 439, 497, 502, 519

Redbook 492
Reese Pieces (Schokolade) 515
Reeves, Rosser 10, 407, 409
Refuge Assurance (Versicherung) 518
Reidy, John 476
Reilly, Keith 265
Reinforcement messaging 167
Reith, John 456
Reklametafel 13, 332
Rembrandt Group siehe Rothmans International
Remy Martin (Cognac) 382
Renault 30
Renault-Alliance 28 f.
Rennie, Peter 178, 181, 201
Rensselaer Polytechnisches Institut 130
Repräsentation 102
Republikaner (USA) 413 f., 417 ff.
Research Business (Marktforschung) 374
Research & Development (R&D) 286
Resor, Stanley 364
Restland Inc. (Bestattungen) 219
Revlon (Kosmetik) 23, 249
Revson, Charles 23
Reynolds, R. J., Tobaccos 238, 328, 330, 335 f., 352, 356 f., 491
Richardson-Vicks (Pharma-Industrie) 33, 324
Rid (Arznei) 252
Ries, Al 135
Riney, Hal 425
Ritchie, Robin 367
Robb, Denis 113, 434 ff., 437 f., 440
Roberts, Donald F. 261, 275, 279
Roberts, Tony 372
Robertson, T. S. 279
Robinson's Lemon Barley (Getränk) 277
Robson, Sue 103
Roch, André 380
Rockefeller, Jay 419
Rockwell, Norman 425
Rogers, E. M. 302
Rogich, Sig 427
Rohr, Stewart 249
Rollenspiel 106, 117
Rolling Stone 369, 446
Rolls Royce 141, 390, 510
Roncagliolo, Rafael 444
Ronson (Feuerzeuge) 23
Roosevelt, Franklin D. 20
Röper, Elmo 85

Roper Organisation (Forschung) 508
Ross, Harold 462
Rossiter, J. R. 279
Rotes Kreuz 97
Rothmans International (Tabak) 328, 339, 341
L. F. Rothschild, Unterberg and Towbin (Marktforschung) 318
Rotzoll, Kim B. 10
Roussell (Pharma-Industrie) 308
Routledge, Stewart 179
Rowntree Mackintosh (Süßwaren) 105, 107
Royal Crown Cola 515
Royal Society for the Prevention of Cruelty to Animals 202
R&R Advertising 427
RSCG (Agentur) 216
RTE 210
RTVE 216
Rubicam, Raymond 85
Rubin, Gerrold 527
Rudman, Warren 429
Rufen (Medikament) 315
Rumpel Minze (Pfefferminzschnaps) 378
Rundfunk siehe Radio
Russell, Bertrand 456
Ruthraef, Erwin Wasey 42
Ruthrauff and Ryan (Agentur) 127

S 26 (Säuglingsnahrung) 198
Saatchi, Charles 47, 70, 329, 429
Saatchi, Maurice 47, 70, 329, 429
Saatchi and Saatchi Compton (Agentur) 11, 39, 45 ff., 50, 78, 139, 180, 271, 328 f., 355, 408, 410, 422 ff., 429 f., 439 f., 458, 461, 465, 467, 511 f., 517
Säuglingsmilch 196
Sainsbury's (Lebensmittel) 65, 173, 478, 505
St. Paul's Brewery 372
Salem (Zigarette) 340, 342, 356, 520
Sales Performance Analysis' Marketing Machine 245
Salmon, John 22 f., 47
Samstag, Nicholas 10
Sandoz Inc. (Pharma-Industrie) 288, 316 f., 516
Sanpro-Markt 216
Sasser, Jim 413
Satellitenfernsehen 51, 465–471, 529
Satin (Zigarette) 342, 351
Saturday Evening Post 491

Saumur (Wein) 173
Saunders, Edgar 369
Savalas, Telly 366 f.
Savannah Gold (Alkohol) 363
Savvy 493
Sayers, Dorothy L. 81
Scanner 149 f.
Scatter market 512
Schallplatten 460
Schaufensterpuppen 460
Schering (Pharma-Industrie) 310
Schisgall, Oscar 36
Schistosomiase siehe auch Bilharziose
Schlagzeilen 141 f.
Schlitz (Bier) 364, 366, 376
Schmitt, Harrison 413 f.
Schnapple Appeal (Likör) 378
Schneider, Cy 257
Schockwerbung 152
Schöner Wohnen 299
Scholastic Inc. (Forschung) 264
Schussheim, Jorge 159
Schwartz, Tony 417
Schwarze 254, 278
Schwarze Werbeagenturen 255
Schwedische Kabelfernsehbehörde 471
Schweitzer, George F. 273
Schwerin, Horace 147
Scotch Videotape 22
Scott, George C. 514
Scott, Peter 70
Scott-Levin Associates 315
Scoundrel (Kosmetik) 249
Screen Actors Guild 278
Screen Sport 471
Scribner's 450
SDP-Liberal Alliance (Großbritannien)
    420, 441
Seagram (Spirituosen) 75, 252, 363, 372,
    382, 384, 386, 401
Searle, G. D., and Co. 33, 319
Searle (Pharma-Industrie) 281, 298
Sears Roebuck 96
Segalas, Hercules 36
Séguéla, Jacques 28, 50, 55, 412 f.
Selbstkontrolle 171, 181 ff., 189, 194, 341,
    393, 524
Sendezeit 9, 26, 78, 418, 473
Senior Service (Zigarette) 25
Sensipan (Kondom) 216
Sensor 118 f.

Service-Journalismus 487 f.
Servier Laboratories (Medikamente) 306
Servis (Waschmittel) 180
Seventeen 258
Sex, Sexismus, Sexualität, Erotik 154–161,
    164, 168, 251, 262, 277, 358, 363, 370 ff.,
    381, 387, 482, 501, 504
Shapiro, Leo 240 f.
Sharp, Charles 370
Sharps Extra Strong Mints 113
Shell 31
Sherman Act 173
Sherry Producers of Spain 520
Shields, Brooke 157
Shields, Margaret 166
Dr. Shoops Stärkungsmittel 44
Shortway, Richard 452
Shotgun approaches (Schrotflinten-
    Ansatz) 63
Showbusiness 54, 60
Siematic (Küchen) 186
Sihler, Helmut 143
Silicon Valley 236
Silk Cut (Zigarette) 25, 329, 357 ff., 520
Silverbert, Robert 506
Silverglade, Bruce 175
Simmons Market Research Bureau 245
Sindy (Spielzeug) 262
Sky Channel 467 f., 471, 475
Skyrocket Diving Co. 461
Slang 255
Sloan Management Review 388
Slogan 22
S&M Chic-Trend 159
Small, David 381
Smarties 170
Smash Instant Potato 114
Smirnoff (Wodka) 364, 378
Smith, Glen 128, 263, 278
Smith, R. C. 491
Smith Greenland (Agentur) 30, 109, 228
Smith Kline Beckman (Agentur) 317, 324
Smithsonian 447
Snikkers 157
Snow, C. P. 521
Soap Opera Digest 330, 447
SOFRES (Marketing-Beratung) 249
Somerset Importers (Spirituosen) 387
Sony 191, 465
The Sound Track 260
South African Tourist Board 482

Southern Comfort (Schnaps) 161, 386
Sozialdemokratische Partei (SDP, England) 107 f.
Soziale Angst 153
Soziale Helfer 81
Soziale Klassen 226, 229
Soziale Surrogate 81
Sozialwissenschaft 235
Soziologie 73, 77, 236
Speaking up for Advertising 207
Spero, Robert 421
Spillers Foods (Lebensmittel) 77
Spiroprop (Medikament) 298
Sponsor(ing) 17, 138, 317, 327, 340, 354, 356, 359 ff., 376, 452 ff., 455 f., 470, 497 f., 503, 516 ff., 519 f., 530
Sport 9, 63, 390, 519, 526
Sports Illustrated 75, 216, 316
Sprache, Sprechen 62, 82, 106, 108, 123, 132 f., 255, 504
SRI International Research Center 145, 227, 235 f., 238 f.
Stallone, Silvester 514 f.
Star (Zigarette) 352
Star 458
Starch, Daniel 84 f., 144
Statistik 139, 457, 461
Status, sozialer 233
Stead, Tony 473
Stella Artois (Bier) 518
Sterling (Zigarette) 339
Sterling Health (Pharma-Industrie) 323, 494
Stetson 24
Stewart-Hunter, David 139
Sticht, Thomas 132
Stiftung für Werbemittelforschung 126
Still Price Court Twivy D'Souza (Agentur) 42
Stimutech Inc. 167
Stone, Roger 417
Strand 511
Strand-Zigaretten-Spot 247
Strategic Innovations International 109
Strategie 33, 129
Streisand, Barbra 354
Streß 70
Streuplanung 510 ff.
Streuung 63
Strip programming 468
Strother, Raymond 440
Sucrets Hustenpastillen 155
Sugerman, Len 64, 146, 176

Sun 214, 242, 478
Sunbeam 518
Sunday 406
Sunday Express 214
Sunday People 213
Sunday Sport 530
Sunday Telegraph 214
Sunday Times 214, 307, 485 f., 529
Sunlight Lemon Liquid (Spülmittel) 531
Suntory (Getränke) 57 f.
Super Channel 471
Supra-Kultur 470
Suquet, Michel 249
Surgam (Medikament) 308
Sustainers (Erhalter) 227, 236
Sutherland's Paste 478
Sydney Morning Herald 335
Symbol, Symbolik 90, 166, 254

Tabu 216 f., 219
Tabu-Produkte 212
Tagamet (Medikament) 317
Tages-Anzeiger (Zürich) 478
Tale-Lord (Jeans) 159
Tambrands 217
Tampax 190, 217
Tang (Getränk) 277
Target audiences 63
Target Group Index 243
Tarzan 222
Tavist-I (Medikament) 317
TBWA (Agentur) 65, 118
Teasers 298
Technik der willkürlichen Auswahl 85
Teeling-Smith, George 284, 304
Teens 23, 265
Telefoninterview 131
Telekommunikation 80
Telemeter 150
Television 496
Television Information Office (USA) 508
Temple, Robert 319
Tench, David 221
Tesco 517
Test 38, 75, 115, 119, 123, 126 f., 129 f., 135, 138 f., 349, 412
Testanzeige 217, 434
Testgruppe 85
Testmarkt 40, 411
Testosteron 311
Testperson 76, 105, 110 f., 119, 126, 128

Testphase 76
Testsight-Verfahren 151
Testsystem 131
Test-Werbespot 148
Testzeitschrift 322
Texttest-Methode 144
Thalidomid (Medikament) 312
Thames TV 482, 528
Thatcher, Margaret 408, 410, 429 f., 432,
    437, 440, 472
Theobalds, Harry 178, 217
Theorie(n) 124, 203, 236
Therapeutics Bulletin 310
Thioridazin (Medikament) 289
Thomas, Barbara 109
Thomas, Denis 450
Thomas, Peter 515
Thompson, Denys 153, 285, 525
Thompson, J. Walter (JWT; Agentur) 10,
    46 f., 49, 53 f., 68, 72, 75, 83, 85, 105,
    140, 147, 192, 219, 231, 235, 289, 298,
    364, 450, 459, 463, 470, 473 f., 498, 508
Thomson, Douglas 273
Thomson, Peter 207
Thundercats 271 f.
Tia Maria (Alkohol) 357, 378
Tide (Seifenpulver) 24, 33, 260, 514
Tiefen-Forschung 111
Tiefeninterview 90, 108, 113
Time 10, 164, 215, 230, 238, 316, 338, 465,
    486, 492
Time Life 520
Time Out 382
The Times 7, 167 f., 187, 214, 327, 425, 439,
    451 f., 459 f., 474, 477 f., 482, 502, 530
Timex Medical Products 234 f.
Timotei 94 f.
Tobacco Advisory Council 335 f., 351
Tobacco Institute 335
Tobacco Reporter 153, 354
Today 478
Tokio 9, 53, 56
Tomy (Spielzeug) 272
Tonka Corporation (Spielzeug) 261, 271
Tonovan (Medikament) 310
Toronto Globe and Mail 444
Toshiba 64
Touring Road Show 318
Townsin, Mike 26
Toy Manufacturers of America 273
Toynbee, Arnold 521

Toyota 30
Tracey, Michael 469
Trades Union Congress (Großbritan-
    nien) 433
Trance 127
Travis, James 425
Trickfilm 113, 142, 264, 267
Trojans (Kondom) 214
Trolley Ads 461
Trott, Dave 69
Trout, Jack 135
Trout and Ries Advertising (Agentur) 135
True Story 446
Truman, Harry S. 415
Tuck, Mary 117
Tuesday Team 425 f., 428
Tunstall, Jeremy 493
Tupperware 238
Turner, E. S. 333, 351, 453
Turner, Fred 42
Turner, Graham 338
Turner, Ted 471
TV-Guide 316 f.
Tweedy, Colin 530
Twens 23
Twentieth Century Fox 252
Twin Cities Reader 493
Two Fingers Tequila Gold 370 f.
Typologie 236

UCLA School of Public Health 197
Überredung 45, 82, 416
Überzeugung 14
U-Haul International (Lastwagen) 193
Ullmann, Liv 60
Ultrasure (Kondom) 213
Umweltschutz 31
Unaussprechliche Produkte 218
Unaussprechliche Werbung 211 f., 220
UNICEF 197
Uniform Product Code 148
Unilever 30
Unique Selling Proposition (USP) 48, 407
United Airlines 498, 513
United Kingdom Alliance 396
UNO 172, 196, 207, 449
UNS Radio Services 494 f.
Unterbewußtsein 127
Unternehmensberater 41
Unterschwellige Botschaft 168 f.
Unterschwellige Manipulation 169

Unterschwellige Werbung 161 ff., 165 ff.
Upjohn (Pharma-Industrie) 292, 307, 315
Urwick Orr and Partners (Management-
    berater) 203
USA Today 398
US Brewers' Association 393
US-Navy 48, 120 f.
US-Regierung 120

Vadehra, David 139
Vail, Paul 522
Valium (Medikament) 283, 288, 297, 311
VALS (Consumer Classification System) 227,
    234 ff., 238 f.
Van Dooren, Monique 378
Vanish (Toilettenreiniger) 191
Vantage (Zigarette) 341 f., 356
Vasodilatoren 312
Vaughn, Richard 124
Vauxhall Motors 330, 513
Verbeck, Peter 486
Verbot 17, 208
Verbraucherorganisationen 172, 199, 201,
    315
Verführung 10, 25, 89, 91, 95, 101
Vergleichende Werbung 190 f., 194
Verkaufsförderung 17, 293
Verkaufstaktik 40 f.
Verkaufstechnik 10
Verpackung 45
Versfelt, David 207
Versteckte Werbung 14, 17, 530 f.
Vertrieb 17
Vicary, James 162
Viceroy (Zigarette) 327, 340
Vicino, Robert Keith 462 f.
Victory V Pastillen 113
Vidal, Gore 454
Video 9, 22, 74, 79, 106, 110 f., 136, 160, 170,
    460, 464 f.
Video Storyboard Tests 139
Vine, Paul 296
Virginia Slims (Zigarette) 351
Visa 518
Visuelle Bildung 11
Vitamine 321
Vitaminets Fortes (Medikament) 310
VO5-Shampoo 94
Vogue 452, 487
Volkswagen 30, 192, 357
Volvo 191, 253, 518

Vorabtest 114
Vos, Bert de 58

Wachstum 8, 17, 25, 86, 205
Wade, Gordon 36
Wahlen, Wähler 8, 16, 95, 99, 435
Wahrheit 10, 128, 174
Wald, Judy 70
Walden, Brian 440
Walker (Pommes frites) 180
Walker, Hiram, International Inc. (Spirituo-
    sen) 51, 364, 371, 381, 393
Wall Street Journal 155, 219, 256, 281, 287,
    318, 324, 372, 375, 422, 444, 490 f., 493
Wallace Berry (Spielzeug) 271
Walsh, Jeremy 303
Walt Wesley Company 138
Warner, W. Lloyd 230
Warner Amex Satellite Entertainment Co.
    (Forschung) 265
Wasey Campbell-Ewald (Agentur) 42, 402
Wasey Pritchard Wood (Agentur) 42
Washington Daily News 476 f.
Washington Post 476 f.
Washington Star 476 f.
Watergate-Affäre 73, 488
Waterman, Denis 395
Waterson, Mike 202–206, 405
Watney Mann and Truman 513
Wayne, John 340, 393, 418
WCRS (Agentur) 70
Wear, Donald, Jr. 214
Weaver, Gordon 252
Webber, Richard 230, 242 f.
Webster, Daniel 415
Webster, John 10, 69
Weininger, Bruce 391
Weinstein, Sidney 118–123
Weiss, Robert L. 145
Weleda (Kosmetik) 14
Welland, Colin 439
Wells, H. G. 10
Wells, Willam D. 151
Wells Rich Greene (Agentur) 39
Weltgesundheitsorganisation (WHO) 196,
    311, 403, 526
Wendy's (Hamburger) 194
Werbeappeal 125
Werbebeschränkung 172, 209, 221, 268,
    334, 355 f., 393, 398 f., 421
Werbefeldzug 323

Werbefreiheit 220
Werbekontrolle 203, 206 (siehe auch Selbst-
  kontrolle)
Werbemarkt 9
Werbeplanung 112
Werbestil 40
Werbestrategie 107, 110, 113
Werbungs-Theorie 146
Werteskala 38, 88
West, Christopher 211
West Australian 335
Westbrook, Tom 129
Westinghouse 96, 111, 454
Weston, Alan, Communications (Marke-
  ting) 372
Wettbewerb 24
Wettbewerbsrecht 173
Wheaties 513 ff.
Wheeler, Carol 493
Wheen, Francis 496
Which? 289, 322
Whitbread (Bier) 377
White, Llewellyn 453
White, Peter 262
Whitehall Laboratories 501
Whitehouse, Mary 505
Wicks, Chris 272
Wiggins Teape (Papier) 328
Wight, Robin 55, 70, 192, 428
Wight, Collins, Rutherford and Scott
  (Agentur) 22, 192, 478
Wilder, Gene 513
Wildmon, Donald 503
Williams, C. Richard 176
Williams, Francis 474
Williamson, David 346
Wills-Tabak 247
Wilson, Aubry 211
Wimpy's 265
Windex (Glasreiniger) 190
Wine Institute's Code of Advertising 394
Winston (Zigarette) 341, 356
Winters, Obie 66
Wireless World 467
Wirklichkeit 13
Wirkung 14, 83, 131, 143, 146 f.
Wirtschaftswissenschaft 202
Wissenschaft 11, 83, 87, 115, 131, 156, 226
Woman Against Pornography 160

Woman's Own 482
Wondra (Creme) 40, 175
Wood, Pritchard 42
Woodward, Stephen 384
Woolworth (Kaufhauskette) 59
Worcester, Robert 102
Wordsworth, Samuel 27
Worme, Frank 272
WPP-Group 47
Wrangler (Jeans) 153
Wright and Partners (Agentur) 423 f.
Wrigley's Gum 504
Wurtzel, Alan 177, 505 f.
Wyeth Laboratories (Pharma-Industrie) 288
Wyeth's Serax (Medikament) 297

Xanax (Medikament) 307

Yankelovich, Clancy and Schulman (Werbe-
  forschung) 234, 258
Yardley (Kosmetika) 320, 494
Yellow Pages 60
Yellowhammer (Agentur) 26, 31
Yoplait Yoghurt 515
Yoshida, Hideo 57
Young, Elliot 75
Young, Stuart 519
Young and Rubicam (Y&R; Agentur) 12, 26,
  43, 46, 52, 55, 60, 75, 83, 85, 96, 126,
  238, 427, 439
Youth Garde-Feuchtigkeitscreme 249
Yuppies 248, 256

Zählen von Köpfen 97
Zapping 79, 447
ZDF (Zweites Deutsches Fernsehen) 210
Zeffirelli, Franco 14
Zeitraffung 131 ff.
Zeitschrift/Zeitung 8 ff., 50, 56, 78, 330,
  332, 428, 444–520, 526, 530
Zeitungsleser 16
Zeltner, Herbert 77
Zest (Getränk) 277
Zest Soap 33
Zetland (Agentur) 158
Zielperson 78
Zodiac Stores (Spielzeugkette) 272
Zovirax (Medikament) 317
Zwang 197